栄光学園中学校

〈収録内容〉

2024 年度 …………………………………… 算・理・社・国
2023 年度 …………………………………… 算・理・社・国
2022 年度 …………………………………… 算・理・社・国
※国語の大問一は、問題に使用された作品の著作権者が二次使用の許可を出していないため、問題を掲載しておりません。

2021 年度 …………………………………… 算・理・社・国
2020 年度 …………………………………… 算・理・社・国
※国語の大問二は、問題に使用された作品の著作権者が二次使用の許可を出していないため、問題を掲載しておりません。

2019 年度 …………………………………… 算・理・社・国
平成 30 年度 ………………………………… 算・理・社・国
平成 29 年度 ………………………………… 算・理・社・国
DL 平成 28 年度 ………………………………… 算・理・社・国
DL 平成 27 年度 ………………………………… 算・理・社・国
※国語の大問二は、問題に使用された作品の著作権者が二次使用の許可を出していないため、問題を掲載しておりません。

DL 平成 26 年度 ………………………………… 算・理・社・国
DL 平成 25 年度 ………………………………… 算・理・社・国
※国語の大問一は、問題に使用された作品の著作権者が二次使用の許可を出していないため、問題を掲載しておりません。

DL 平成 24 年度 ………………………………… 算・理・社・国

便利な DL コンテンツは右の QR コードから

解答用紙　過去年度　国語の問題は紙面に掲載 ⇒

※データのダウンロードは 2025 年 3 月末日まで。
※データへのアクセスには、右記のパスワードの入力が必要となります。 ⇒ 795387

〈合格最低点〉

2024年度	149点	2018年度	143点
2023年度	138点	2017年度	159点
2022年度	146点	2016年度	140点
2021年度	155点	2015年度	150点
2020年度	141点	2014年度	139点
2019年度	142点	2013年度	127点

本書の特長

実戦力がつく入試過去問題集

- ▶ 問題 …………… 実際の入試問題を見やすく再編集。
- ▶ 解答用紙 …… 実戦対応仕様で収録。
- ▶ 解答解説 …… 詳しくわかりやすい解説には、難易度の目安がわかる「基本・重要・やや難」の分類マークつき（下記参照）。各科末尾には合格へと導く「ワンポイントアドバイス」を配置。採点に便利な配点つき。

入試に役立つ分類マーク

基本 確実な得点源！
受験生の 90％以上が正解できるような基礎的、かつ平易な問題。
何度もくり返して学習し、ケアレスミスも防げるようにしておこう。

重要 受験生なら何としても正解したい！
入試では典型的な問題で、長年にわたり、多くの学校でよく出題される問題。
各単元の内容理解を深めるのにも役立てよう。

やや難 これが解ければ合格に近づく！
受験生にとっては、かなり手ごたえのある問題。
合格者の正解率が低い場合もあるので、あきらめずにじっくりと取り組んでみよう。

合格への対策、実力錬成のための内容が充実

- ▶ 各科目の出題傾向の分析、合否を分けた問題の確認で、入試対策を強化！
- ▶ その他、学校紹介、過去問の効果的な使い方など、学習意欲を高める要素が満載！

解答用紙ダウンロード 解答用紙はプリントアウトしてご利用いただけます。弊社ＨＰの商品詳細ページよりダウンロードしてください。トビラのＱＲコードからアクセス可。

UD FONT 見やすく読みまちがえにくいユニバーサルデザインフォントを採用しています。

栄光学園中学校

カトリックの理念に基づく 中高一貫の指導 東大・難関私立への進学も多い

URL	https://ekh.jp/

生徒数　551名
〒247-0071
神奈川県鎌倉市玉縄4-1-1
☎0467-46-7711
東海道本線・根岸線・横須賀線大船駅
徒歩15分

プロフィール　キリスト教精神が教育の信条

「より大いなる神の栄光のために」という言葉から、その名がついた栄光学園。1947年、戦後の混乱期に新しい教育の光を灯すことを願い、カトリックのイエズス会によって創立された。

キリスト教的価値観に基礎を置き、「真理を求め、たえず学び続ける人間」、「素直な心を持ち、人々に開かれた人間」、「確信したことを、勇気を持って実行する人間」、「己の小ささを知り、大いなる存在に対して畏敬の念を持つ人間」、「多くを与えられた者として、その使命を果たすことができる人間」の育成を目指しており、現代社会、特に国際社会の一員としての自覚を促す教育を実践している。

環境　「みらいの学校」恵まれた体育施設

約11万㎡の敷地に、野球・サッカー・陸上・バスケットボール・テニスなどの、各種スポーツのグラウンドを個別に設けている。また、本校舎（南北棟）の他に、聖堂・図書館・小講堂などを含む複合校舎と、第１・第２体育館、美術室・技術室・コンピュータ室などを含む西棟もある。

校外施設として、丹沢札掛に「山小屋」を持っている。

礼拝の行われる聖堂

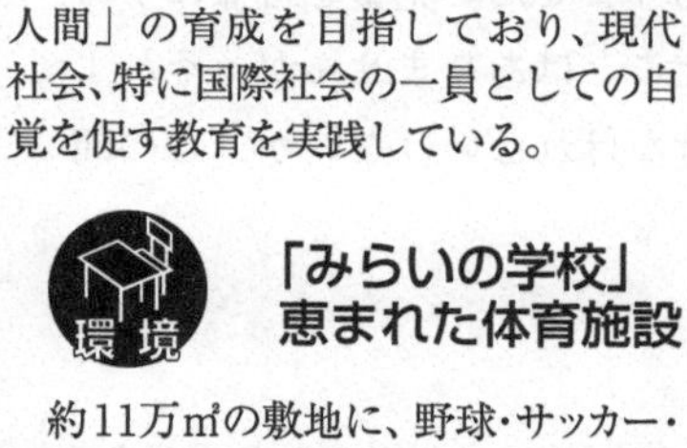

カリキュラム　学習・生活の両面を重視した独自の教育

教育の第一の目的は人間形成にあり、そのためには、学習指導と生活指導のどちらも怠ることができないもの、という考えから、学園独自のカリキュラムで指導に当たっている。

学習面では、中高一貫教育の特色を生かし、基本的な学力や教養に加え、さらに高度な学問に耐えられる学力をつけることに重点を置く。中学では、主要３教科に力を入れ、時間数は多く、授業内容もハイレベルである。高校では、３年次に文系・理系に分かれ、興味・適性にふさわしい高度な学力を身につけさせる。

生活指導では、特に他人を思いやる心と、規律や責任ある態度を養うことを心がけ、そのために倫理の時間を設けて、より良い人間の形成に努めている。また、カトリック校のため、教育の根底に宗教は欠くことのできないものであるが、正規の科目としての宗教授業の設置や、礼拝の強要はない。自発的に学びたい生徒には、課外活動として聖書研究の機会が設けられている。

学校生活　規律正しい学園生活

学園生活の１日は朝礼から始まる。そして、授業の始めと終わりには１分間の瞑目をする。さらに、２時間目が終わると、生徒は全員校庭に集まり、上半身裸になって体操をし、集中力とけじめを養い気分をリフレッシュする。

主な学校行事には、中１春のオリエンテーションキャンプや栄光祭、丹沢での山のキャンプ、体育祭、全校作文コンクール、歩く大会、地元の人たちとの触れ合いが楽しい修学旅行などがある。また、ボランティア活動も盛んで、「愛の運動」として例年児童福祉施設の訪問、クリスマスの施設招待、病院奉仕キャンプなどを行っている。そのほか、フィリピンの高校生との交流を行うなど、海外の異文化に触れる機会も設けている。

学習への真摯な取組み

進路　現役合格者の多いバツグンの合格実績

卒業生全員が４年制大学への進学を目指しており、超難関大の進学実績が高い。東大へは毎年、50名以上が合格している。また、現役合格者が多く、京大、東京工業大、一橋大などの国公立大や、早稲田大、慶應義塾大、上智大などの難関私立大へも多くの生徒が進学している。

ひとこと　先生からのメッセージ

本校の職員室には通路との間に壁がありません。そのため、生徒が気軽に入ってくることができます。昼休みや放課後はもちろんのこと、短い休み時間にも授業の質問や話をするために多くの生徒が出入りをしていて、教員と楽しい時間を過ごしています。

2024年度入試要項

試験日　2/2

試験科目　国・算・理・社

募集定員	受験者数	合格者数	競争率
180	662	259	2.6

過去問の効果的な使い方

① **はじめに**　ここでは，受験生のみなさんが，ご家庭で過去問を利用される場合の，一般的な活用法を説明していきます。もし，塾に通われていたり，家庭教師の指導のもとで学習されていたりする場合は，その先生方の指示にしたがって，過去問を活用してください。その理由は，通常，塾のカリキュラムや家庭教師の指導計画の中に過去問学習が含まれており，どの時期から，どのように過去問を活用するのか，という具体的な方法がそれぞれの場合で異なるからです。

② **目的**　言うまでもなく，志望校の入学試験に合格することが，過去問学習の第一の目的です。そのためには，それぞれの志望校の入試問題について，どのようなレベルのどのような分野の問題が何問，出題されているのかを確認し，近年の出題傾向を探り，合格点を得るための試行錯誤をして，各校の入学試験について自分なりの感触を得ることが必要になります。過去問学習は，このための重要な過程であり，合格に向けて，新たに実力を養成していく機会なのです。

③ **開始時期**　過去問との取り組みは，通常，全分野の学習が一通り終了した時期，すなわち6年生の7月から8月にかけて始まります。しかし，各分野の基本が身についていない場合や，反対に短期間で過去問学習をこなせるだけの実力がある場合は，9月以降が過去問学習の開始時期になります。

④ **活用法**　各年度の入試問題を全問マスターしよう，と思う必要はありません。完璧を目標にすると挫折しやすいものです。できるかぎり多くの問題を解けるにこしたことはありませんが，それよりも重要なのは，現実に各志望校に合格するために，どの問題が解けなければいけないか，どの問題は解けなくてもよいか，という眼力を養うことです。

算数

どの問題を解き，どの問題は解けなくてもよいのかを見極めるには相当の実力が必要になりますし，この段階にいきなり到達するのは容易ではないので，この前段階の一般的な過去問学習法，活用法を2つの場合に分けて説明します。

☆偏差値がほぼ55以上ある場合

掲載順の通り，新しい年度から順に年度ごとに3年度分以上，解いていきます。

ポイント1…問題集に直接書き込んで解くのではなく，各問題の計算法や解き方を，明快にわかるように意識してノートに書き記す。

ポイント2…答えの正誤を点検し，解けなかった問題に印をつける。特に，解説の 基本 重要 がついている問題で解けなかった問題をよく復習する。

ポイント3…1回目にできなかった問題を解き直す。同様に，2回目，3回目，…と解けなければいけない問題を解き直す。

ポイント4…難問を解く必要はなく，基本をおろそかにしないこと。

☆偏差値が50前後かそれ以下の場合

ポイント1～4以外に，志望校の出題内容で「計算問題・一行問題」の比重が大きい場合，これらの問題をまず優先してマスターするとか，例えば，大問②までをマスターしてしまうとよいでしょう。

理科

理科は1から順番に解くことにほとんど意味はありません。理科は，性格の違う4つの分野が合わさった科目です。また，同じ分野でも単なる知識問題なのか，あるいは実験や観察の考察問題なのかによってもかかる時間がずいぶんちがいます。記述，計算，描図など，出題形式もさまざまです。ですから，解く順番の上手，下手で，10点以上の差がつくこともあります。

過去問を解き始める時も，はじめに1回分の試験問題の全体を見通して，解く順番を決めましょう。得意分野から解くのもよいでしょう。短時間で解けそうな問題を見つけて手をつけるのも効果的です。くれぐれも，難問に時間を取られすぎないように，わからない問題はスキップして，早めに全体を解き終えることを意識しましょう。

社会

社会は1から順番に解いていってかまいません。ただし，時間のかかりそうな，「地形図の読み取り」，「統計の読み取り」，「計算が必要な問題」，「字数の多い論述問題」などは後回しにするのが賢明です。また，3分野（地理・歴史・政治）の中で極端に得意，不得意がある受験生は，得意分野から手をつけるべきです。

過去問を解くときは，試験時間を有効に活用できるよう，時間は常に意識しなければなりません。ただし，時間に追われて雑にならないようにする注意が必要です。“誤っているもの”を選ぶ設問なのに“正しいもの”を選んでしまった，“すべて選びなさい”という設問なのに一つしか選ばなかったなどが致命的なミスになってしまいます。問題文の“正しいもの”，“誤っているもの”，“一つ選び”，“すべて選び”などに下線を引いて，一つ一つ確認しながら問題を解くとよいでしょう。

過去問を解き終わったら，自己採点し，受験生自身でふり返りをしましょう。できなかった問題については，なぜできなかったのかについての分析が必要です。例えば，「知識が必要な問題」ができなかったのか，「問題文や資料から判断する問題」ができなかったのかで，これから取り組むべきことも大きく異なってくるはずです。また，正解できた問題も，「勘で解いた」，「確信が持てない」といったときはふり返りが必要です。問題集の解説を読んでも納得がいかないときは，塾の先生などに質問をして，理解するようにしましょう。

国語

過去問に取り組む一番の目的は，志望校の傾向をつかみ，本番でどのように入試問題と向かい合うべきか考えることです。素材文の傾向，設問の傾向，問題数の傾向など，十分に研究していきましょう。

取り組む際は，まず解答用紙を確認しましょう。漢字や語句問題の量，記述問題の種類や量などが，解答用紙を見て，わかります。次に，ページをめくり，問題用紙全体を確認しましょう。どのような問題配列になっているのか，問題の難度はどの程度か，などを確認して，どの問題から取り組むべきかを判断するとよいでしょう。

一般的に「漢字」→「語句問題」→「読解問題」という形で取り組むと，効率よく時間を使うことができます。

また，解答用紙は，必ず，実際の大きさのものを使用しましょう。字数指定のない記述問題などは，解答欄の大きさから，書く量を考えていきましょう。

栄光学園の算数

──出題傾向と対策 合否を分けた問題の徹底分析──

出題傾向と内容

出題分野1 〈数と計算〉

「数の性質」の出題率が高く，「演算記号」に関する問題も出題が見られる。「四則計算」が独立して出題されることはなく，「単位の換算」は文章題の中で基本的な変換が試される。

2 〈図形〉

「平面図形」の問題は毎年，出題されており，「立体図形」も「展開図」の問題を含めて，ほぼ毎年，出題されている。

一方，「図形や点の移動・対称な図形」の出題率も高いが，「相似」の問題はそれほど多くは出題されていない。

3 〈速さ〉

「図形」ほどは出題率が高くない。近年では，「流水算」が出題されていない。過去に出題された「時計算」も，デジタルの問題である。「速さの三公式と比」は，年度によって出題されたりされなかったりしており，他の上位校と比べても，「速さ」の出題率は高くない。

4 〈割合〉

「図形」ほどは出題率が高くなく，「仕事算」・「ニュートン算」・「消費税」の問題のほか，基本に近いレベルの「濃度」の問題が過去2年，連続して出題されている。

5 〈推理〉

「論理・推理」，「場合の数」の問題が，よく出題されており，「数列・規則性」の問題も出題率が高い。

6 〈その他〉

特に，これといった分野の出題は見当たらないが，各分野の基本問題から難しめの問題までを，日ごろから練習しておこう。目新しい問題に出合ったときは，問題の条件を把握したうえで，作業して試行錯誤し，内容を整理して正確に答えを推理するという姿勢を目指そう。

出題率の高い分野

❶平面図形 ❷数の性質 ❸図形や点の移動 ❹数列・規則性 ❺場合の数 ❻立体図形

来年度の予想と対策

出題分野1 〈数と計算〉…奇数・偶数，約数・倍数，商・余りに関する「数の性質」が出題される。

2 〈図形〉…「平面」・「立体」・「移動」の応用問題，融合問題を徹底して練習しよう。過去問を利用して，本校で出題された図形問題を解き，レベルを把握しよう。

3 〈速さ〉…比を使う「旅人算」の解き方を練習しよう。「特殊算」の練習も必要である。

4 〈割合〉…「速さの比」・「面積比」・「比の文章題」の応用問題を練習しよう。

5 〈推理〉…「推理」・「場合の数」・「数列・規則性」，その他の応用問題を練習しよう。

6 〈その他〉…基本をマスターした上で応用問題を練習しよう。

学習のポイント

●大問数4～5題 小問数20題前後 ●試験時間60分 満点70点

●過去問を利用し，作業してヒントを見つける，という方法と出題傾向に慣れておこう。

年度別出題内容の分析表　算数

（よく出ている順に，☆◎○の3段階で示してあります。）

	出題内容	27年	28年	29年	30年	2019年	2020年	2021年	2022年	2023年	2024年
数と計算	四則計算								○		
	単位の換算		○				○		○		○
	演算記号・文字と式									☆	
	数の性質	☆	☆	☆	☆		☆	☆	☆	☆	☆
	概　数	☆			◎	◎					
図形	平面図形・面積	☆	☆	☆	☆	☆	☆	☆	☆	☆	☆
	立体図形・体積と容積		☆	◎	☆	☆		☆		☆	☆
	相似（縮図と拡大図）			◎			◎		○	☆	
	図形や点の移動・対称な図形		☆	☆	☆	◎	☆	☆	☆	☆	
	グラフ										
速さ	速さの三公式と比		☆				☆		☆	○	
	旅人算								☆		
	時計算						☆				
	通過算		☆								
	流水算										
割合	割合と比	☆							☆	☆	☆
	濃　度										
	売買算	☆									
	相当算										
	倍数算・分配算										
	仕事算・ニュートン算	☆									
	比例と反比例・2量の関係										
推理	場合の数・確からしさ		☆	☆	☆	○	○		☆		☆
	論理・推理・集合	○		☆	○	◎	○	○	○		
	数列・規則性・N進法	☆	○		☆	◎	☆		☆	☆	☆
	統計と表										
その他	和差算・過不足算・差集め算										
	鶴カメ算					◎					
	平均算				○		☆				
	年令算										
	植木算・方陣算							☆			
	消去算				○						

栄光学園中学校

2024年度 栄光学園中学校 合否を分けた問題 算数

4　(3)〈平面図形，立体図形〉

> 簡単ではない問題であるが，解ける可能性がある。
> (1)・(2)が終わった後に，挑戦してみるとよい。

【問題】

底辺が2cm，高さが2cmの二等辺三角形を底面とする高さが2cmの三角柱がある。右図の2つの立体の共通部分の立体をZとする。

(ア)　立体Zの各面は何角形が何個あるか。

(イ)　立体Zの体積を求めよ。

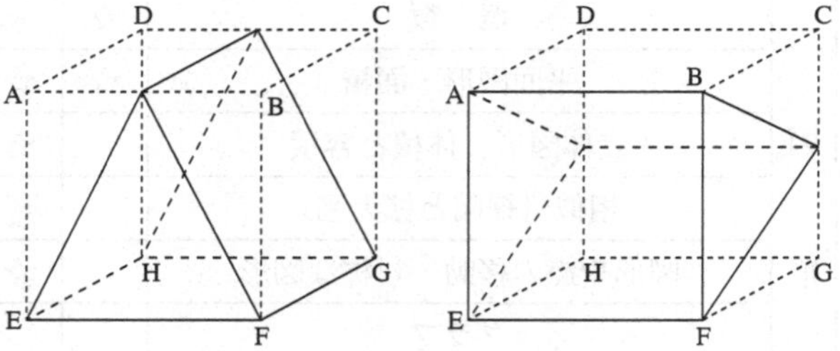

【考え方】

(ア)　Zの面の形

…図ウより，三角形が4面，四角形が1面

(イ)　三角錐Q－OPFの体積×2

$\cdots 2\times2\div2\times2\div3=\dfrac{4}{3}$ (cm^3)

三角錐O－PQRの体積

$\cdots \dfrac{4}{3}\div2=\dfrac{2}{3}$ (cm^3)

Zの体積

$\cdots \dfrac{4}{3}+\dfrac{2}{3}=2$ (cm^3)

試行錯誤！

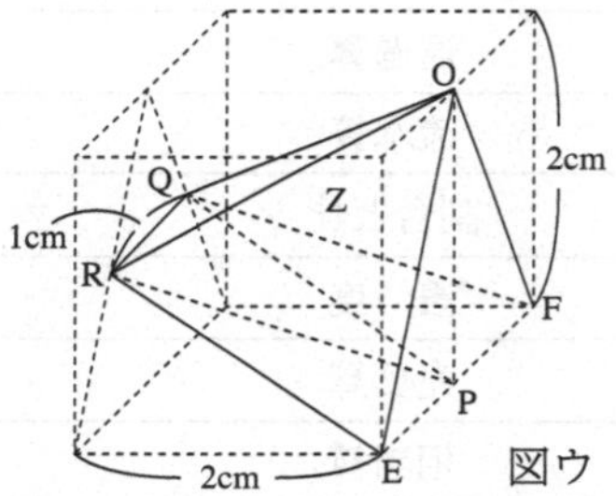

図ウ

受験生に贈る「数の言葉」――――――――――――「ガリヴァ旅行記のなかの数と図形」

作者　ジョナサン・スウィフト(1667～1745)

…アイルランド　ダブリン生まれの司祭

リリパット国…1699年11月，漂流の後に船医ガリヴァが流れ着いた南インド洋の島国

①人間の身長…約15cm未満　②タワーの高さ…約1.5m

③ガリヴァがつながれた足の鎖の長さ…約1.8m　④高木の高さ…約2.1m

⑤ガリヴァとリリパット国民の身長比…12：1　⑥ガリヴァとかれらの体積比…1728：1

ブロブディンナグ国…1703年6月，ガリヴァの船が行き着いた北米の国

①草丈…6m以上　②麦の高さ…約12m　③柵(さく)の高さ…36m以上

④ベッドの高さ…7.2m　⑤ネズミの尻尾(しっぽ)…約1.77m

北太平洋の島国…1707年，北緯46度西経177度に近い国

王宮内コース料理　①羊の肩肉…正三角形　②牛肉…菱形　③プディング…サイクロイド形

④パン…円錐形(コーン)・円柱形(シリンダ)・平行四辺形・その他

2023年度 栄光学園中学校 合否を分けた問題 算数

3 （2）〈演算記号，数の性質，規則性〉

> よく出題される問題であるが，あわてるとミスが出やすい問題である。
> 注意して点検して，正解できるようにしなければいけない。

【問題】

2以上の整数に対して，以下の操作を行う。

操作：偶数なら2で割り，奇数なら1を足す。

2以上の整数に対して，以下の操作をくり返し，結果が1になるまでの操作の回数を[A]とする。さらに[2]，[3]，[4]，…，[A]の和を《A》とする。

例えば，5に対して操作をくり返すと，5→6→3→4→2→1になり，5回の操作で1になるので[5]＝5になる。同様に[2]＝1，[3]＝3，[4]＝2になり，《5》＝[2]＋[3]＋[4]＋[5]＝1＋3＋2＋5＝11

（2）　[A]＝5になる整数Aをすべて答えなさい。

【考え方】

右表より，————→ミスに注意

整数Aは32，15，14，12，5

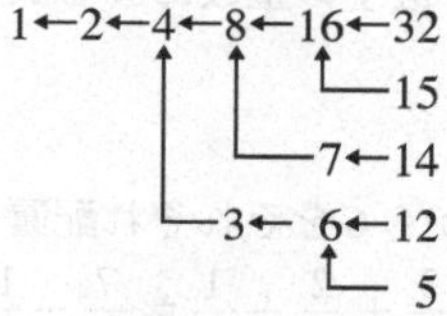

受験生に贈る「数の言葉」————バートランド・ラッセル（1872～1970）が語るピュタゴラス（前582～496）とそのひとたちのようす（西洋哲学史）

①ピュタゴラス学派のひとたちは，地球が球状であることを発見した。

②ピュタゴラスが創った学会には，男性も女性も平等に入会を許された。
財産は共有され，生活は共同で行われた。科学や数学の発見も共同のものとみなされ，ピュタゴラスの死後でさえ，かれのために秘事とされた。

③だれでも知っているようにピュタゴラスは，すべては数である，といった。
かれは，音楽における数の重要性を発見し，設定した音楽と数学との間の関連が，数学用語である「調和平均」，「調和級数」のなかに生きている。

④五角星は，魔術で常に際立って用いられ，この配置は明らかにピュタゴラス学派のひとたちにもとづいており，かれらは，これを安寧とよび，学会員であることを知る象徴として，これを利用した。

⑤その筋の大家たちは以下の内容を信じ，かれの名前がついている定理をかれが発見した可能性が高いと考えており，それは，直角三角形において，直角に対する辺についての正方形の面積が，他の2辺についての正方形の面積の和に等しい，という内容である。
とにかく，きわめて早い年代に，この定理がピュタゴラス学派のひとたちに知られていた。かれらはまた，三角形の角の和が2直角であることも知っていた。

2022年度 栄光学園中学校 合否を分けた問題 算数

1 (2)～(4)〈四則計算，数の性質，場合の数〉

> 10までの整数を組み合わせて分数の式を作る問題であるが，一見，簡単そうであるが実際にはそう簡単ではない。
> (1)・(5) を除いて，(4) まで挑戦してみよう。

【問題】

1から10までの整数を1個ずつ□に入れて，分数のたし算の式を作る。

$$\frac{\square}{\square}+\frac{\square}{\square}+\frac{\square}{\square}+\frac{\square}{\square}+\frac{\square}{\square}$$

(2) 計算結果が$\frac{9}{5}$より小さくなる式を作り，計算結果を約分できない分数で答えよ。

(3) 計算結果が7以下の整数になる式を作り，計算結果を答えよ。

1から10までの整数を1個ずつ□に入れて，分数のかけ算の式を作る。

$$\frac{\square}{\square}\times\frac{\square}{\square}\times\frac{\square}{\square}\times\frac{\square}{\square}\times\frac{\square}{\square}$$

(4) 計算結果が最小の整数になる式を作り，計算結果を答えよ。

【考え方】

(2) 分母に10から6をそれぞれ配置し，それぞれの分子に5から1までを配置する。

$$\frac{5}{10}+\frac{4}{9}+\frac{3}{8}+\frac{2}{7}+\frac{1}{6}=\frac{7}{8}+\frac{11}{18}+\frac{2}{7}$$ ← 簡単ではない

$$=1\frac{37}{72}+\frac{2}{7}=1\frac{389}{504}$$

(3) $\frac{1}{2}+\frac{7}{6}+\frac{4}{8}+\frac{3}{9}+\frac{5}{10}=\frac{11}{2}+\frac{1}{2}=3$

$\frac{1}{3}+\frac{6}{9}+\frac{7}{2}+\frac{8}{4}+\frac{5}{10}=1+2+4=7$

(4) 分子3, 5, 6, 7, 8…これらの積が$2\times2\times2\times2\times3\times3\times5\times7$

分母1, 2, 4, 9, 10…これらの積が$2\times2\times2\times2\times3\times3\times5$

したがって，例としては$\frac{3}{1}\times\frac{5}{2}\times\frac{6}{4}\times\frac{7}{9}\times\frac{8}{10}=7$

（(3)・(4)）難しくない

受験生に贈る「数の言葉」

数学者の回想　　高木貞治1875～1960

数学は長い論理の連鎖だけに，それを丹念にたどってゆくことにすぐ飽いてしまう。論理はきびしいものである。例えば，1つの有機的な体系というか，それぞれみな連関して円満に各部が均衡を保って進んでゆかぬかぎり，完全なものにはならない。

ある1つの主題に取り組み，どこか間違っているらしいが，それがはっきり判明せず，もっぱらそればかりを探す。神経衰弱になりかかるぐらいまで検討するが，わからぬことも多い。夢で疑問が解けたと思って起きてやってみても，全然違っている。そうやって長く間違いばかりを探し続けると，その後，理論が出来ても全く自信がない。そんなことを多々経験するのである。(中略)

技術にせよ学問にせよ,その必要な部分だけがあればよいという制ちゅう(限定)を加えられては,絶対に進展ということはあり得ない。「必要」という考え方に，その必要な1部分ですらが他の多くの部分なくして成り立たぬことを理解しようとしないことがあれば，それは全く危険である。

栄光学園の理科

——出題傾向と対策 合否を分けた問題の徹底分析——

出題傾向と内容

問題の形式と分量

毎年，1つのテーマに絞って，いくつかの実験や観察を通し，その手法や意義，結果の グラフ化，分析，考察，そして，応用と予測など，自然科学の本道をいく出題が続いている。解答形式は，グラフなど図面の作成が多く，文章記述も多い。数値計算もある。使用される数値は，実験や観察の生データに近いもので，処理には手間を要するものも多い。一見すると問題数が少なく見えるが，試験時間内で行う作業量と思考過程はたいへん多いので，てきぱき進めることが重要である。

問題の傾向

2024年度…野菜を栽培する鉢の材質と温度変化，日当たりと置き場所など
2023年度…炭酸水から二酸化炭素が抜ける現象と，溶かしこむ実験など
2022年度…豆苗が乾燥してしおれ，吸水して元に戻る実験・観察など
2021年度…地層が粒の大きさごとに分かれていることに関するモデル実験
2020年度…スパゲッティをテーマに，コムギとその栄養分，力に対する強さなど
2019年度…石積みをテーマに，生息する植物，石の積み方の工夫，水抜きなど
30年度…ロウソクを用いた走馬燈を効率よく回す条件に関する実験
29年度…森林の「緑のダム」としての機能をテーマに，スポンジの吸水やオクラの蒸散実験など

このように，本校の理科の試験は，通常の小学校の教育課程，あるいは，一般的な中学受験用の教材の単元割に沿って出題されてはいない。はじめにテーマ設定があり，それに関連する諸分野について，複数の大問を横断して出題されている。だから，どの分野が出題頻度が高いとか，どの分野を重点的に学習すればよいとか考える戦略も，本校ではほとんど意味を成さない。以下に記したように，自然科学の基本的な流れを踏まえて学習することこそ，本当の理科の実力となる。

学習のポイント

●グラフ作成や作図と，それをもとにした考察に充分に慣れておこう。

来年度の予想と対策

まず，全分野の基礎的な学習は欠かすことができない。一般的な理科の受験参考書を学び，問題集を解いておくことは，充分に意味がある。その際，用語の暗記やパターン計算に陥らないようにしなければならない。基礎学力とは，やさしい問題を正答する力ではない。応用発展をおこなうときに，頭の中で自在に使える道具立てを完備することが基礎学力である。

さらに本校では，自然科学の探求の本道に沿って，実験の手法，結果の整理，考察が順序よく問われる。学校の実験，あるいは，博物館や科学館での経験，野外での体験や観察など，自ら手を動かしたことが学力に結びつく。レポート作成を経験するのは，もっとも有意義である。器具の使用法ひとつひとつにも，理由がある。ただ使用法を暗記するのではなく，理由を考えることである。

グラフの書き方は，練習をつんでおくことが必要である。2つの量に対して，「比例」などの先入観ありきでいきなり直線から描き出すのでは，合格は難しい。本校の問題に使われる数値は，実験や観察の生データに近いものであり，当たり前に誤差を含んでいる。また，曲線などのグラフになるケースも多い。先入観や安易な予想を捨てて，正面から問題に取り組む姿勢が必要である。ていねいに軸を設定し，各点を取ってグラフを書き，そのグラフを素直に読んで解釈することである。

本校の過去問はもちろん，他校の問題の中で，グラフ処理や考察を主とした問題は，ぜひ数多く解いておきたい。

年度別出題内容の分析表　理科

（よく出ている順に，☆◎○の3段階で示してあります。）

出題内容		27年	28年	29年	30年	2019年	2020年	2021年	2022年	2023年	2024年
生物的領域	植物のなかま	◎	○		○	○	◎		◎		○
	植物のはたらき	☆		☆		◎			☆		○
	昆虫・動物		○								
	人体		○								
	生態系			☆							
地学的領域	星と星座										
	太陽と月										☆
	気象										◎
	地層と岩石			○		○		☆			
	大地の活動										
化学的領域	物質の性質			○	○	◎	◎			○	◎
	状態変化			○						○	◎
	ものの溶け方									☆	
	水溶液の性質									○	
	気体の性質									○	
	燃焼				○						
物理的領域	熱の性質	☆			◎						○
	光や音の性質										
	物体の運動		◎		☆			○			
	力のはたらき				○	☆	☆	○			
	電流と回路		◎								
	電気と磁石										
その他	実験と観察	☆	☆	☆	☆	☆	☆	☆	☆	☆	☆
	器具の使用法									○	
	環境			◎							
	時事										
	その他	◎	◎	◎	◎	◎	◎	◎	◎	◎	◎

栄光学園中学校

2024年度 栄光学園中学校 合否を分けた問題 理科

■この大問で，これだけ取ろう！

問1～問3	空気の温度と土の温度	標準	問1は基本事項。問2～問3は，図をていねいに読む必要がある。全部取りたい。
問4～問9	プラ鉢と素焼き鉢の比較	標準	問5～問6は，図をていねいに読み取る必要があり，時間はかかるが確実に得点したい。問7は，類似の実験の経験があれば書きやすい。この範囲での失点は2つ以内にしたい。
問10～問13	1日の影の動き	やや難	問10は基本的な問題だが，この結果が問11以降に関わるので，慎重に選びたい。問11～13は，問10の結果を用いて，それぞれの時刻での影の向きの長さを順に考えていく必要がある。この範囲での失点は2つ以内にしたい。
問14	ピーマンの種子	標準	日頃の観察が活かされる。正解したい。

■鍵になる問題は，問10～問13だ！

本年は，鉢植えの置き場所をテーマに，気象や太陽の動き，鉢の素材の性質と水の蒸発，そして植物と，多分野にわたる総合的な内容の問題であった。素焼き鉢に水が浸透するようすは，実際に鉢植えの植物を栽培したことがある受験生ならば容易に想像がつく。問4，問7，問14などは，理科の学習を机の上だけで終始させず，実体験を持って学ぶ姿勢のある受験生には有利な設問だろう。

問2，問3は小数第1位まで，問5は一の位までと，グラフの目盛りの10分の1の位まで目分量で読み取る必要がある。さらに，プラ鉢，素焼き鉢のそれぞれについて，読み取った値の引き算もおこなうため，問2，問3，問5の計10項目を答えるだけで，かなりの時間を要するだろう。しかし，特別に難しいところはなく，細かく作業すれば得点が取れる設問だけに，焦らず根気よくていねいに作業して，確実に正解を重ねたい設問である。

問10～問13は，鉢を置く場所を選定するという場面設定で，太陽と影の動きを考える設問であった。問10に出てくる日影曲線は，本校を目指す受験生なら学習したことのある内容だろう。7月20日という日時と，点の間隔を角度で見ることに注目すれば，正解が出せる。そして，その結果が問11～問13の作図につながる。本校の問題には，ときどき後の問いにつながる分岐点のような設問がある。ここは試験時間を消費してでも慎重に答える必要がある。

問11は真西に190cmの影を描けばよいので容易だろう。

問12は，8時～13時でずっと日なたの領域を図示する設問である。8時の影は問11で描いたので，あとは13時のデータだけ見そうになるが，影が北へ最も長く伸びる南中時のデータも見逃せない。8時から南中時までは，西向きの影は短くなり，北向きの影は長くなる。南中時から13時までは，東向きの影は長くなり，北向きの影は短くなる。よって，8時，南中時，13時の3つの時刻の影を重ねて，どれにも含まれていない領域が正解である。

問12は，13時～日没でずっと日かげの領域を図示する設問である。15時と16時の間で影が北向きから南向きに変わることに注目すれば，南北方向にずっと日かげの領域はないことに気づける。あとは，13時の段階で東向きの影がかかっていた領域だけが正解である。

2023年度 栄光学園中学校 合否を分けた問題 理科

■この大問で，これだけ取ろう！

問1～問3	二酸化炭素が抜けた量の測定	標準	問2は，あとの問3がヒントになるかもしれない。水だけでも重さが減っている原因を考えれば，二酸化炭素が抜ける以外に起こっていることに気付ける。3問とも取りたい。
問4～問7	二酸化炭素の発生量と溶けた割合	標準	問題文の流れに沿って計算を進める。計算自体は，化学計算では頻出の問題である。たくさん出てくる数量が何を表しているかよく把握して，ていねいに計算を進めたい。ここまでの失点は2つ以内にしたい。
問8～問11	炭酸水を元に戻す操作	やや難	問9では，まず表を埋める作業が必要である。さまざまな数量が入れ混じっているので，計算はたいへんである。問11は，ここまですべての情報を使って解く設問で難しい。問9以降が得点できたらかなり優位だろう。

■鍵になる問題は，問5～問7，問9だ！

本年は，二酸化炭素の抜けた炭酸水に，再び二酸化炭素を溶かしこむという，身近ながら難しい操作について考えていく問題であった。問題文に沿って考えを進めていくスタイルは例年通りだが，本年は数値の扱いと計算量が多く，四捨五入の場面も多い。また，早い段階で考えを間違ったり計算ミスをしたりすると，あとの問いに影響していくため，差のつきやすい試験だったといえる。

長大な問題の中に埋もれて気付きにくいかもしれないが，問7までは，他中学校の入試でも見かけるタイプの応用題である。あとの問いへ連動しそうな計算問題は，急がずていねいに検討し，検算をするくらいの慎重さがあってよい。急いで解いて失点を繰り返すことだけは避けたい。問8までを確実に取るのが必須であり，問9以降を取れたらかなり自信を持ってよい。

問5は，図4の折れ曲がり点を読み取って，過不足なく反応するときの量比を書く。その比の重曹の重さを0.75gに変えれば，正しいグラフが選べる。

問6は，クエン酸：重曹：二酸化炭素の重さの比が，16：21：11であることを使う。クエン酸と重曹を0.75gずつ混ぜたら，クエン酸が不足することから，重曹の重さをもとに計算を進め，発生した二酸化炭素の重さを求める。発生した二酸化炭素から，集まった二酸化炭素を引くと，溶けた二酸化炭素の重さが求まる。二酸化炭素の体積は，1.8g/Lを使って重さに直すとよい。

問7は，問題文の意味を正しくつかみたい。水100cm^3あたり，1.32÷5＝0.264(g)の二酸化炭素が抜けたのだから，クエン酸と重曹を使って0.264gの二酸化炭素を溶かしこみたいのである。よって，0.264gの水を溶かすには，何gの二酸化炭素を発生させればよいか考える。

問9は，表を作ってグラフを描くという，かなり手間のかかる設問である。表にはヒントが示されているので，問6での考え方を思い出しながら，繰り返し計算を進める。本年度は，描図の設問はこの一問のみである。グラフは，しっかり○を取り，直線は重ね書きしないようにする。

2022年度 栄光学園中学校 合否を分けた問題 理科

■この大問で，これだけ取ろう！

問1・問2	植物の種類	標準	植物に関する基本的な知識の問題。問2の食用部分についても頻出の植物ばかりである。2問とも取りたい。
問3～問8	豆苗の乾燥	標準	問3～問5は，問題文に沿っていねいに計算し描図すればよい。問6は先入観を持たず，できたグラフから忠実に判断する。問7は，表3を表2と比較すれば容易に想像がつく。問8は三角フラスコに立てるところを想像すればわかるだろう。ここまででの失点は最小限にしたい。
問9～問11	豆苗の吸水	標準	問9は縦軸，横軸の意味をよく考える。表4の全てを計算すると試験時間が足りないので，概算で見当をつけたい。問10は，元に戻ると実験結果はどうなるのかよく考えたい。問11は，問10のグラフとともに，問5のグラフも参考にするとよい。

■鍵になる問題は，問9～問11だ！

本年は，2015年度以来となる豆苗の実験であった。2015年度は豆苗の成長に関する実験だったが，今回は水やりを忘れたとき，どこまでなら元に戻るかを探る実験であった。例年通り，実験や観察のデータをもとに，計算とともに読図や作図を行って，さらに考察するという，本校ではおなじみの出題形式で，自然科学の探求の王道を行く問題といえる。

問8までは，豆苗の重さが減っていく実験結果の分析である。最初の重さを100とすることで，比較しやすくする。作業と描図，その考察が続くが，問題の意味を正しく読み取って作業していくと解答できる。問1～問8での失点はできるだけ避けるように，ていねいに作業したい。

問9，問10は，図3の横軸と縦軸の意味を正しくつかむことが重要で，ここから得点差が開くと想定される。横軸は，乾燥させたら豆苗の重さが何倍になったかを表す。縦軸は，吸水させたら豆苗の重さが何倍になったかを表す。表4のどれでもいいので，実際に計算してグラフと比較してみると，意味がつかめるだろう。

問9はグラフから実際のデータを選ぶ問いである。表4で，「最初の重さ」の0.24倍が「乾燥後の重さ」のものを探せばよい。ざっと見ていき，0.24に近そうなものを計算すればよい。ただし，グラフの読み取りの誤差があるので，1つに絞らず，いくつかの候補を計算するのがよいだろう。縦軸についても同様である。

問10は，乾燥させて吸水させて元に戻るとはどういうことか，例えば，重さが半分になった後で2倍になれば元に戻る。つまり，縦軸と横軸の積が1になるようなグラフを描けばよい。

問11は，総まとめの設問である。先入観で書くのではなく，ここまでの設問の結果を踏まえた文を書かなければならない。問10でグラフの各点が描いた線に近ければ元に戻ったといえる。

栄光学園の社会

——出題傾向と対策 合否を分けた問題の徹底分析——

出題傾向と内容

長文や資料を示し，そのテーマの歴史的・現代的意義を考えさせるという出題傾向は，ゆるぎないものとなっている。

知っているか，いないかというだけの知識問題は少なく，資料の読み取り問題を中心に，原因や結果を考えさせる問題や，出来事と現代の諸問題との関連などについて，受験生自身の考えを展開させる問題が多くなっている。そこでは，教科書や参考書から仕入れただけの自分自身で消化しきれていない知識はほとんど役に立たない。

解答形式は，用語記入，論述式が中心で，記号選択問題は少ない。特に，論述問題が多くみられ，配点もこれが大きいと考えられる。文字数の制限がない論述がほとんどであるが，解答用紙の枠から考えるとある程度の文字数は必要であろう。自分の考え方をいかにまとめて，相手にわかりやすく表現できるかが合否を分けるポイントである。いわゆる，難問や奇問はほとんどみられない。

分野別では，地理，歴史の問題が中心で，政治分野の問題はほとんど出題されない。一般常識の有無を問う問題の出題もみられる。時事的な問題がそのまま出題されることはあまりない。

本年度は「貨幣」を全体のテーマとして，以下のように出題された。

1 日本の歴史－縄文時代～奈良時代
2 日本の歴史－平安時代～室町時代
3 日本の歴史－戦国時代～安土桃山時代
4 日本の歴史－江戸時代
5 日本の歴史－明治時代
6 日本の歴史－貨幣をテーマにした日本の歴史

学習のポイント

- 歴史：時代毎の通史だけでなく，さまざまなテーマを持って歴史をまとめ直そう。
- 地理：統計の数値の背景を考えてみよう。

来年度の予想と対策

例年，文章や資料の間に設問を組み込むという形が続いている。また，大量の資料をもとに考えさせる問題が本校の大きな特色の一つとなっている。いずれの分野が出題されるとしても，自分たちの身のまわりにアンテナをはり，考えながら生活することの大切さを教えようとする傾向は，今後とも変わらないであろう。

ただ暗記するといった学習方法では対応することが困難であり，社会全般について，興味・関心をもった学習が必要である。自分自身がどう考えたのか，また，他にどのような考え方があるかなどを頭の中で整理して文章にするように心がけよう。文章力を鍛えるには，新聞を活用するのが有効である。社会科の試験で要求されるのは，主に論説的な文章表現なので，興味を持った新聞記事を要約する作業はかなり有効である。これが，社会科的なものの考え方を身につけることにもつながる。

年度別出題内容の分析表　社会

（よく出ている順に，☆◎○の３段階で示してあります。）

			出題内容	27年	28年	29年	30年	2019年	2020年	2021年	2022年	2023年	2024年
地理	日本の地理	テーマ別	地形図の見方	○							◎		
			日本の国土と自然	☆				○			○		
			人口・都市	○					◎				
			農林水産業	○	☆	○						☆	
			工　業	◎		○							
			交通・通信			○				◎		○	
			資源・エネルギー問題	○		○		○		○			
			貿　易					○					○
		地方別	九州地方										
			中国・四国地方										
			近畿地方										
			中部地方										
			関東地方										
			東北地方										
			北海道地方										
	公害・環境問題							○	☆				
	世界地理										○		
日本の歴史	時代別		旧石器時代から弥生時代		◎		○	○		○			◎
			古墳時代から平安時代		○	☆	○			◎	◎		○
			鎌倉・室町時代		○	◎	○			◎			◎
			安土桃山・江戸時代	◎	◎	○	○	◎		○	☆	○	☆
			明治時代から現代	○	○	◎	☆	☆	◎	☆		◎	○
	テーマ別		政治・法律	○	◎	◎	☆	☆		☆	☆		◎
			経済・社会・技術	○	☆	◎	◎	☆	◎	☆	☆	○	☆
			文化・宗教・教育		◎	☆	○	○		○	◎	○	○
			外　交					○		○	○	○	
政治	憲法の原理・基本的人権												
	国の政治のしくみと働き						◎		○				
	地方自治						○						
	国民生活と社会保障												
	財政・消費生活・経済一般						○						
	国際社会と平和												
時事問題								○					
その他				○	○	◎		◎	☆	☆		☆	◎

栄光学園中学校

2024年度 栄光学園中学校 合否を分けた問題 社会

5

問3・問4　問3は紙幣のデザイン変更について，問4では硬貨に使用されている金属について問われた。これを踏まえ，ここでは，表1では，紙幣のデザイン変更について，表2では硬貨に使用されている金属についてまとめ，受験生の理解を助けたい。

表1　紙幣のデザイン変更（肖像画）

額面	旧紙幣	新紙幣 2024年7月3日改刷
千円	野口英世 （黄熱病の研究）	北里柴三郎 （破傷風の治療法， ペスト菌の発見）
五千円	樋口一葉 （代表作 『たけくらべ』）	津田梅子 （岩倉使節団に同行， 女子英学塾の設立）
一万円	福沢諭吉 （慶應義塾の設立， 『学問のすすめ』 などの著作）	渋沢栄一 （500をこえる会社を 創設。日本資本主義 の父といわれる）

※2千円札は変更なし。

表2　硬貨の材質

額面	材質
一円	アルミニウム（アルミニウム100%）
五円	黄銅（銅60～70%，亜鉛30～40%）
十円	青銅（銅95%，亜鉛3～4%，すず1～2%）
五十円	白銅（銅75%，ニッケル25%）
百円	白銅（銅75%，ニッケル25%）
五百円	ニッケル黄銅，白銅及び銅（銅75%，ニッケル12.5%，亜鉛12.5%）

2023年度 栄光学園中学校 合否を分けた問題 社会

5

「生乳」と「牛乳」の違いに注意して答えることが求められている問題。これを確認しておくと，「生乳」は「搾った牛の乳」，「牛乳」は「工場で生乳から脂肪分を取り除いたり，殺菌をしたりするなどして，安全に飲めるようにしたもの」である。

ここでは，5の表を簡略化することにより，受験生の理解を助けたい。

表

	都道府県内での「生乳」の生産量(①)	都道府県内での「牛乳」の生産量(⑤)	他の都道府県から運ばれた「生乳」の量(③)	都道府県内で乳製品へ加工するために利用された「生乳」の量(⑥)
北海道	4,048,197トン	546,980トン	なし	2,939,035トン
神奈川県	30,947トン	291,784トン	294,223トン	18,167トン

表から読み取れるように，都道府県内での「生乳」の生産量(①)は，神奈川県に比べて北海道は圧倒的に多い。しかし，都道府県内での「牛乳」の生産量(⑤)では，それほど大きな差がない。このようなことがなぜ起こるのかを知るには，他の都道府県から運ばれた「生乳」の量(③)に注目する。すなわち，北海道はこれが「なし」なのに対し，神奈川県は，県内での「生乳」の生産量の10倍近い大量の生乳が，他の都道府県から運び込まれていることがわかる。これが，ポイントの一つである。

一方，北海道は，都道府県内での「生乳」の生産量の10％程度しか道内で「牛乳」に加工されていない。これは，道内で乳製品へ加工するために利用された「生乳」の量(⑥)が，道内での「生乳」の生産量(①)の4分の3ほどを占めているからである。一方，神奈川県では，乳製品へ加工するために利用された「生乳」の量(⑥)はごくわずかで，生乳の大半は「牛乳」に加工されていることがわかる。これもポイントの一つである。

以上のことを指摘した上で，その背景も含めて説明するとよいだろう。

2022年度 栄光学園中学校 合否を分けた問題 社会

Ⅰ 問3，問4

いずれも基本的な知識の確認で，絶対に落としてはならない問題である。また，頻出問題でもあるので，周辺知識も含めて確認しておきたい。

まず，問3では，江戸時代の五街道が問われた。本問では，「山城国（京都府），近江国（滋賀県），美濃国（岐阜県南部），信濃国（長野県），上野国（群馬県）などを結んで江戸に向かう街道」とあるので，中山道である。下に示した図F中のdがこれにあたる。ちなみに，東海道はe，甲州街道はf，日光街道はg，奥州街道はhである（奥州街道は，4の問6でも問われている）。

次に，問4では，下に示した図A（いわゆる行基図）を見て，中国地方，中部地方の，「前」，「中」，「後」の文字が入っている国について，これらの国がどのような順に並んでいるのかを説明する問題である。いずれも都（平城京や平安京）に近い国から，この順に並んでいることは明らかである。「前」，「後」に限ると，このような例は，他にもいくつかあり，九州地方の「筑前，筑後」，「肥前，肥後」，「豊前，豊後」などが例としてあげられる。

なお，「上」，「下」の組合せも同じような考え方による命名で，「上」が都に近く，「下」が都から遠いことを意味している。上野（現在の群馬県）のほうが下野（現在の栃木県）よりも都に近いというわけである。上総（現在の千葉県中部），下総（現在の千葉県北部）は，畿内から船でこの地域を目指したとき，前者が後者よりも早く着くという考え方から命名されたものである。

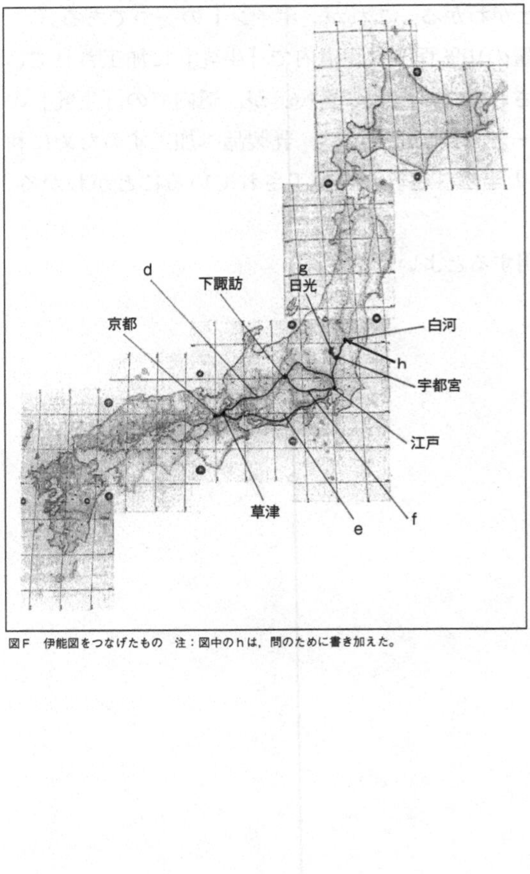

図F　伊能図をつなげたもの　注：図中のhは，問のために書き加えた。

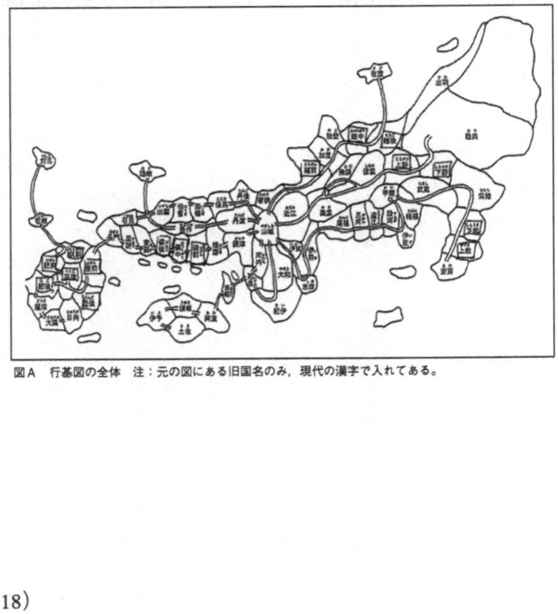
図A　行基図の全体　注：元の図にある旧国名のみ，現代の漢字で入れてある。

栄光学園の国語

――出題傾向と対策　合否を分けた問題の徹底分析――

出題傾向と内容

素材文の傾向：文章題は，物語文と論説・説明文で構成されることが多い。物語文は，受験生と同世代の登場人物を主人公としたものが中心である。論説・説明文は，内容を整理して，順序立てて理解することを求めるものが多い。物語文と論説・説明文の基礎的な読み方を，ていねいにおさえておきたい。

記述形式：例年，記述の設問数の割合が高い。そして，文章ジャンルを問わず，20～60字程度で書くことを求められる問題が，それなりの数，出題される。設問形式は，字数指定のないものが，かなり多い。解答欄の大きさから，求められる記述量を把握して，解答を作り上げなくてはならない。

記述問題の特徴：特に物語文で，文章中の表現をそのまま使うだけでは解決しない記述問題が出題される。物語の展開，または，場面の中の様々な表現から，解答に役立つ表現を類推しなくてはならない。つまり，「自分の言葉」で表現することが求められる。文章中の比喩表現などの意味することは的確におさえ，素材文を読み進めることを心がけたい。

漢字：基本～標準レベルの漢字問題が，毎年10～15問程度，出題される。男子の難関校では，出題数が多い方である。配点上からも，落としたくない。漢字の学習をコツコツ進めて，手がたく得点したい。

出題頻度の高い分野

❶物語文　❷論理・説明文　❸心情・細部表現の読み取り　❹類推型の記述
❺漢字書き取り

来年度の予想と対策

出題分野　物語文と論説・説明文の二題構成。漢字書き取り10～15題。

1　20～60字程度の記述。字数指定なし。

2　文章全体から書く内容を類推して，「自分の言葉」で表現する記述。

3　基本～標準レベルの漢字問題。

4　受験生と同世代を主人公にした，物語文。

学習のポイント

●20字～60字程度の記述問題に慣れる。　●試験時間50分　満点70点
●過去問演習を通して，さまざまな記述問題に取り組む体験を積む。
●漢字の書き取りで，不要な失点をしない。

年度別出題内容の分析表　国語

（よく出ている順に，☆◎○の３段階で示してあります。）

出　題　内　容			27年	28年	29年	30年	2019年	2020年	2021年	2022年	2023年	2024年
設問の種類		主題の読み取り		○	○				○	○		○
		要旨の読み取り						○	○		○	
		心情の読み取り	☆	☆	☆	☆	☆	☆	☆	☆	☆	☆
		理由・根拠の読み取り	○	○	○	○	○	○	○	○	○	○
		場面・登場人物の読み取り	○	○	○	○	○	○	○	○	○	○
		論理展開・段落構成の読み取り							○		○	
		文章の細部表現の読み取り	☆	☆	☆	☆	☆	☆	☆	☆	☆	☆
		指示語	○						○		○	
		接続語										
		空欄補充				○	○				○	○
		内容真偽										
	根拠	文章の細部からの読み取り	☆	☆	☆	☆	☆	☆	☆	☆	☆	☆
		文章全体の流れからの読み取り	○	○	○	◎	◎	◎	◎	○	○	○
設問形式		選択肢	○			○	○	○	○	○	○	○
		ぬき出し					○	○	○			○
		記　述	☆	☆	☆	☆	☆	☆	☆	☆	☆	☆
記述の種類		本文の言葉を中心にまとめる	☆	☆	☆	☆	☆	☆	☆	☆	☆	☆
		自分の言葉を中心にまとめる	◎	◎	◎	◎	◎	◎	◎	○	○	○
		字数が50字以内	◎	◎	○	◎	◎	◎	◎	○	○	○
		字数が51字以上	☆	☆	☆	☆	◎	◎	◎	☆	◎	◎
		意見・創作系の作文										
		短文作成										
語句・知識		ことばの意味	○			○	○	○	○		○	
		同類語・反対語										
		ことわざ・慣用句・四字熟語			○							
		熟語の組み立て										
		漢字の読み書き	◎	◎	◎	◎	◎	◎	◎	◎	◎	◎
		筆順・画数・部首										
		文と文節										
		ことばの用法・品詞										
		かなづかい										
		表現技法										
		文学史										
		敬　語										
文章の種類		論理的文章（論説文，説明文など）	○	○	○	○	○		○		○	○
		文学的文章（小説，物語など）	○	○	○	○	○	○	○	○	○	○
		随筆文						○				
		詩（その解説も含む）								○		
		短歌・俳句（その解説も含む）										
		その他										

栄光学園中学校

2024年度 栄光学園中学校 合否を分けた問題 国語

【一】 問一

★合否をわけるポイント（言葉を見分けて，正確に得点する）

空欄に一語をあてはめる形の設問である。あてはまる言葉の手がかりになるのは，空欄①よりも前の部分。文章の内容を読み取って，空欄にあてはまる言葉の意味を予測することが大切になる。同時に必要となるのが，言葉を見分ける力。予測した意味にピタリとあてはまる言葉はあるのか。それぞれの選択肢を，正しく見分けなければならない。

★言葉の意味は把握できているか

選択肢には「一般性」「厳密性」「消極性」「独善性」「楽観性」などの言葉が並ぶ。それぞれの言葉の意味を理解して，読み取った文脈にあうのかどうか，確認する必要がある。中途半端な言葉の意味の理解では，見極める際に間違えてしまうこともあるだろう。

★これで「合格」！

空欄よりも前には，「厳密な事実」に安堵した人が「厳密な事実」を言い訳に使うようになって，物事を検証せず，他者を責めるようになる様子が書かれている。これがひとりよがりな様子であることを見抜き，その意味であるエの「独善性」が選べると良い。文脈を読み取るとともに，選択肢の中の言葉の意味も正しくおさえられるかどうかが合否を左右する。

【二】 問四

★合否をわけるポイント（展開をおさえて，適切にまとめる）

ふたりが親しい関係であったことをおさえて，傍線部④から傍線部⑤の展開をおさえていく。この展開によって，アオイとカンナの気持ちには隔たりが生じてしまうのである。展開をおさえて，指定の条件にあわせて，七十字以内で記述すれば良い。

★展開をおさえて，もれなく記述する。

展開は右の図のようになる。①～④のように話は進み，アオイのとげのある反応が生まれる。この①～④をおさえ，順番にまとめていく。また，設問には「次の空欄に合うように」とある。つまり，「……こと」という表現につながるようにする必要がある。この点にも注意して，指定字数に合わせてまとめていきたい。合格のためには，落とすことのできない設問である。

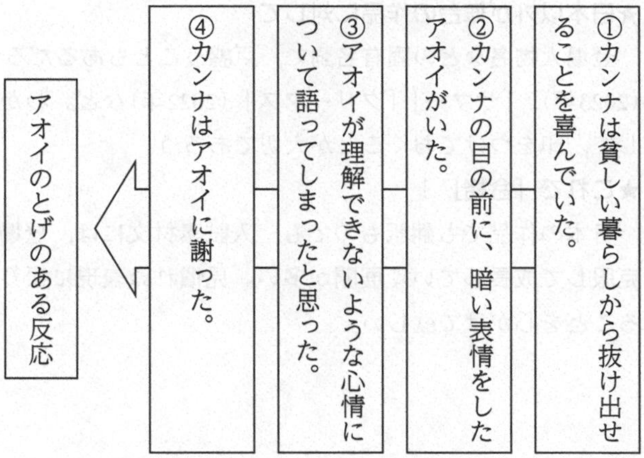

①カンナは貧しい暮らしから抜け出せることを喜んでいた。
②カンナの目の前に、暗い表情をしたアオイがいた。
③アオイが理解できないような心情について語ってしまったと思った。
④カンナはアオイに謝った。
アオイのとげのある反応

2023年度 栄光学園中学校 合否を分けた問題 国語

【一】 問三・問四

★合否をわけるポイント（解答の手がかりをどこに見つけるか）

問三には「こうした負の連鎖」とある。問四には「そういう希望を持てる社会」とある。ともに，「こうした」「そういう」とあり，指示語の設問に見える。だが，解答の手がかりの見つけ方は大きく異なる。

★これで「合格」！

問三：設問には「それはどのようなことですか」とある。つまり，「こうした負の連鎖」の具体化が求められているだ。「こうした」が指している傍線部②直前の表現を活用してまとめることができる。

問四：設問には「筆者はどのような社会をつくるのがよいと考えていますか」とある。筆者の考えを明らかにすることが求められている。そのため，単純に「そういう」が指す内容を活用すればよい訳ではない。「筆者の考え」を明らかにして，まとめる必要がある。

ともに指示語の問題のように見えるが，その性質は大きく異なる。合格のためには，見分けて取り組んで欲しい。

問三
傍線部②の直前を中心に、文章中の表現を活用してまとめることができる。
問四
傍線部③のかなり前まで「筆者の考え」を探してまとめていく。

本校の物語文の素材文

★合否をわけるポイント（翻訳ものが多いことを知る）

今年度の作品は，韓国を舞台にしたものである。栄光学園の物語文の素材文は，日本以外を舞台にした翻訳ものが非常に目立つ。（2023年韓国，2022年アメリカ，2020年アメリカ，2017年フランス，2014年フランス，2013年オーストラリア）

★日本以外が舞台の作品に対して

登場人物名などの固有名詞で，戸惑うこともあるだろう。「ナル」「スンナム」「セチャン」「ドンヒ」（2023年），「サマー」「クリータス」（2022年）など。わかりにくい表現の場合，これは人物名だと意識して，印をつけておくことが大切であろう。

★これで「合格」！

日本の作品でも翻訳ものでも，入試素材文には，登場人物が何らかの問題点を抱えていて，それを克服して成長していく展開が多い。見慣れぬ表現に振り回されないように注意して，正確に読み進めることを心がけて欲しい。

2022年度 栄光学園中学校 合否を分けた問題 国語

【二】問二

★合否をわけるポイント(複数の要素のまとめ方が合否を決める)

葬儀のときの,「おじちゃんとあたし」の様子をまとめる記述問題である。傍線部③以降の文章中の複数部分に解答の手がかりが見つかる。見つけた解答の手がかりをうまく組み合わせて,解答を作り上げることが必要だ。

★これで「合格」!

Ⓐ:文章中に「葬儀屋さん」「牧師さん」「大勢の親類やそれまで会ったこともなかった人」と関わっている様子が書かれている。

Ⓑ:文章中に「残された家族の悲しみが型にはめられてしまう」とある。二人も,型にはめられていたのであろう。

Ⓒ:ⒶとⒷから読み取ることができる。また,「髪をかきむしって泣きわめくなんてできなかった」という表現からも読み取れる。

以上,ⒶからⒸの要素をまとめて,「Ⓐ+Ⓑという状況で,Ⓒだったから」と書き上げると良い答案ができるであろう。解答の手がかりは,すべて文章中から読み取れる。手がたく得点したい問題である。

解答例)

[お葬式のときのおじちゃんとサマーは]Ⓐ多くの人が出入りする中で、Ⓑ残された家族としての型に従って悲しまなければならず、Ⓒ思い通りに悲しむことができなかった[から。]

【二】問四

★合否をわけるポイント(この設問がなぜ合否をわけるのか?)

「……メイおばさんのおかげだな」というクリータスの発言を分析する問題である。クリータスが語っている話題は,「あたし」→おじさんと,直前で変化している。クリータスが最も言いたいことは何か。文章の展開を正確におさえて,必要なことは類推してまとめたい。

★こう答えると「合格できない」!

傍線部⑤直前まで,クリータスは「あたし」の想像力について,話を進めている。「あたし」の想像力にふれていない答案は,十分な評価を得られない。

★これで「合格」!

クリータスのいう「おばさんのおかげ」とは,おじさんの想像力とともに,「あたし」の想像力にも関わっている。才能を受け入れるというおばさんの姿勢が,おじさんと「あたし」の想像力を養ってくれたのだ。記述の際には,「おばさんが受け入れてくれた」+「おじさんとあたしの想像力が養われた」という内容を中心にする。

MEMO

大切なことはメモしておこうネ！

2024年度

入　試　問　題

2024
年
度

2024年度

栄光学園中学校入試問題

【算　数】（60分）　＜満点：70点＞

1． 1段目に数をいくつか並べ，隣《とな》り合う2つの数の積を下の段に並べていきます。

例えば，1段目に左から **3**，**4**，**2**，**1** と並べると，右の図のようになります。

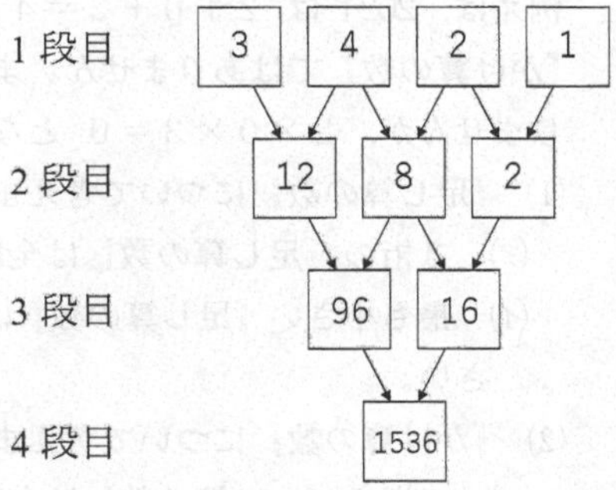

⑴　1段目に左から次のように並べるとき，4段目の数をそれぞれ答えなさい。

㋐　**3**，**4**，**1**，**2** と並べるとき

㋑　**3**，**2**，**4**，**1** と並べるとき

⑵　1段目に1から**6**までの数を1つずつ並べるとき，6段目の数が最も大きくなるのは1段目にどのように並べたときですか。並べ方を1つ答えなさい。

⑶　1段目に左から **3**，**5**，**4**，**2**，**1**，**6** と並べるとき，6段目の数は5で最大何回割り切れますか。例えば，75は5で最大2回割り切れます。

⑷　1段目に左から **1**，**2**，**3**，**4**，**5**，**6** と並べるとき，6段目の数は2で最大何回割り切れますか。

⑸　1段目に1から**8**までの数を1つずつ並べます。並べ方によって，8段目の数が2で最大何回割り切れるかは変わります。2で割り切れる回数が最も多いのは何回か答えなさい。

2． 容積が100Lの水槽《すいそう》があり，給水用の蛇口《じゃぐち》A，Bと排水《はいすい》用の蛇口C，Dがあります。蛇口から出る1分あたりの水の量はそれぞれ一定です。

また，水槽内の水量によって蛇口を開けたり閉めたりする装置①～④がついています。それぞれの装置の動作は次の通りです。

装置①：水槽内の水が20Lになったとき，Bが閉まっていたら開ける。
装置②：水槽内の水が70Lになったとき，Bが開いていたら閉める。
装置③：水槽内の水が80Lになったとき，Dが閉まっていたら開ける。
装置④：水槽内の水が40Lになったとき，Dが開いていたら閉める。

蛇口がすべて閉まっていて，水槽内の水が60Lである状態を『始めの状態』とします。

『始めの状態』からA，Cを同時に開けると，7分30秒後にBが開き，さらにその7分30秒後に水槽は空になります。一方，『始めの状態』からB，Dを同時に開けると，先にDが閉まり，その後Bが閉まりました。B，Dを開けてからBが閉まるまでの時間は15分でした。

⑴　Bが1分間に給水する量は何Lですか。

⑵　『始めの状態』からA，B，Cを同時に開けると，何分何秒後に水槽は空になりますか。

⑶　『始めの状態』からA，C，Dを同時に開けると，何分何秒後に水槽は空になりますか。

『始めの状態』からＡ，Ｂを同時に開けると，通常は水槽が水でいっぱいになることはありませんが，装置②が壊《こわ》れて動かなかったので水槽がいっぱいになりました。

(4)　Ａが１分間に給水する量は何Ｌより多く何Ｌ以下と考えられますか。求め方も書きなさい。

３． 100以上の整数のうち，次のような数を『足し算の数』，『かけ算の数』とよぶことにします。

『足し算の数』：一の位以外の位の数をすべて足すと，一の位の数になる

『かけ算の数』：一の位以外の位の数をすべてかけると，一の位の数になる

例えば，2024 は ２＋０＋２＝４ となるので『足し算の数』ですが，２×０×２＝０ となるので『かけ算の数』ではありません。また，2030 は ２＋０＋３＝５ となるので『足し算の数』ではありませんが，２×０×３＝０ となるので『かけ算の数』です。

(1)　『足し算の数』について考えます。

(ア)　３桁《けた》の『足し算の数』は全部でいくつありますか。

(イ)　最も小さい『足し算の数』は101です。小さい方から数えて60番目の『足し算の数』を答えなさい。

(2)　『かけ算の数』について考えます。

(ア)　３桁の『かけ算の数』は全部でいくつありますか。

(イ)　最も小さい『かけ算の数』は100です。小さい方から数えて60番目の『かけ算の数』を答えなさい。

(3)　『足し算の数』でも『かけ算の数』でもある数について考えます。

(ア)　一の位の数として考えられるものをすべて答えなさい。

(イ)　『足し算の数』でも『かけ算の数』でもある数はいくつあるか，一の位の数ごとに答えなさい。ただし，無い場合は空欄《くうらん》のままで構いません。

４． 底辺が２㎝で高さが２㎝の二等辺三角形を底面とする，高さ２㎝の三角柱を考えます。この三角柱を以下の図のように１辺の長さが２㎝の立方体ABCD－EFGHの中に置きます。なお，角すいの体積は「(底面積) ×（高さ）÷３」で求められます。

(1)　図１のように，三角柱の向きを変えて２通りの置き方をしました。これらの共通部分の立体Xの体積を答えなさい。

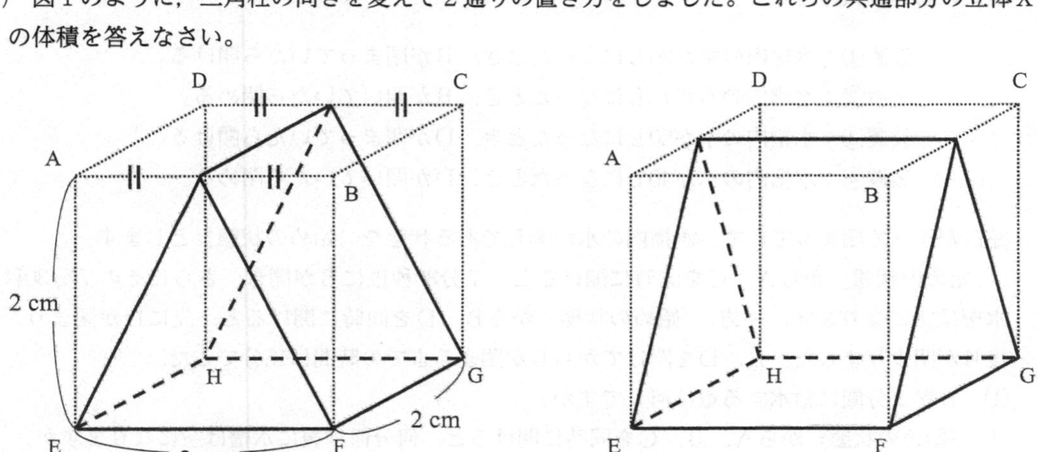

図１

(2) 図２のように，三角柱の向きを変えて２通りの置き方をしました。これらの共通部分の立体をＹとします。

(ア) 立体Ｙの面はいくつありますか。

(イ) 立体Ｙの体積を答えなさい。

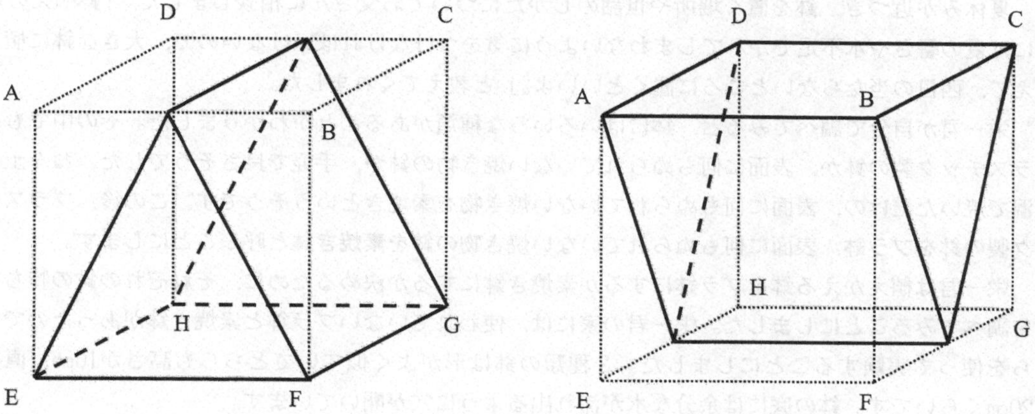

図２

(3) 図３のように，三角柱の向きを変えて２通りの置き方をしました。これらの共通部分の立体をＺとします。

(ア) 立体Ｚのそれぞれの面は何角形ですか。答え方の例にならって答えなさい。

（答え方の例）三角形が３面，四角形が２面，五角形が１面

(イ) 立体Ｚの体積を答えなさい。

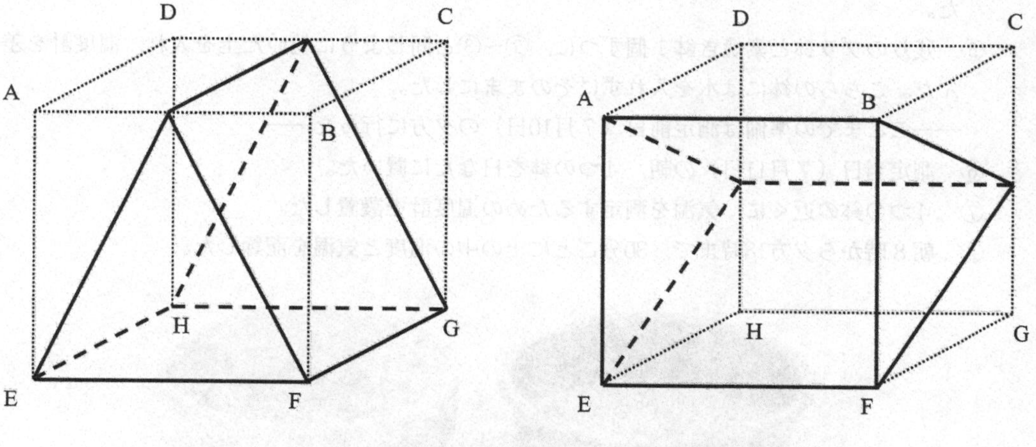

図３

【理　科】（40分）　＜満点：50点＞

栄一君たちは，５月ごろから学校でいろいろな野菜を育ててきました。夏休みの間は，鉢《はち》に植えられた野菜を家に持ち帰り育てることになりました。栄一君はピーマンを選びました。

夏休みが近づき，鉢を置く場所や世話のしかたについてお父さんに相談しました。「鉢植えの場合には夏の暑さや水不足でかれてしまわないように気をつけなければいけないので，大きな鉢に植えかえて，西日の当たらないところに置くといいよ。」と教えてくれました。

栄一君が自分で調べてみると，鉢にはいろいろな種類があることがわかりました。その中でも，プラスチック製の鉢か，表面に何もぬられていない焼き物の鉢が，手軽で良さそうでした。ねん土を高温で焼いただけの，表面に何もぬられていない焼き物を素焼《すや》きというそうです。この後，プラスチック製の鉢を**プラ鉢**，表面に何もぬられていない焼き物の鉢を**素焼き鉢**と呼ぶことにします。

栄一君は植えかえる鉢をプラ鉢にするか素焼き鉢にするか決めるために，それぞれの鉢の特ちょうを調べてみることにしました。栄一君の家には，使われていないプラ鉢と素焼き鉢があったのでそれらを使って実験することにしました。２種類の鉢は形がよく似ていてどちらも高さが16cm，直径が20cmくらいです。鉢の底には余分な水が流れ出るように穴が開いています。

実験１

① プラ鉢と素焼き鉢を２個ずつ，合計４個用意した。

② プラ鉢と素焼き鉢１個ずつに，買ってきた乾《かわ》いた土をそれぞ800ｇ入れた。（**図１**）
土の深さは12cmくらいになった。

③ 土の真ん中あたりの温度をはかるために，深さ６cmあたりまで温度計を差しこんだ。

④ プラ鉢と素焼き鉢それぞれに，鉢底の穴から余分な水が流れ出てくるまでたっぷり水を入れた。

⑤ 残りのプラ鉢と素焼き鉢１個ずつに，②～③と同じように乾いた土を入れ，温度計を差しこんだ。こちらの鉢には水を入れずにそのままにした。

――ここまでの準備は測定前日（７月10日）の夕方に行った――

⑥ 測定当日（７月11日）の朝，４つの鉢を日なたに置いた。

⑦ ４つの鉢の近くに，気温を測定するための温度計を設置した。

⑧ 朝８時から夕方18時まで，30分ごとに土の中の温度と気温を記録した。

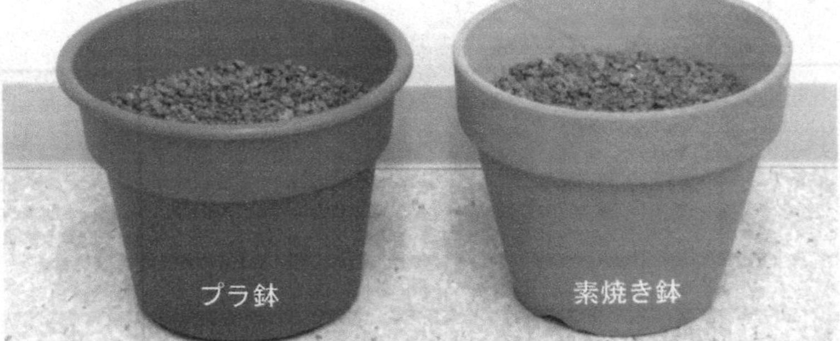

図１

実験１の結果

実験１の結果をグラフにしたものが**図２**と**図３**です。水を入れたプラ鉢と素焼き鉢の結果を示したのが**図２**，水を入れなかったプラ鉢と素焼き鉢の結果を示したのが**図３**です。

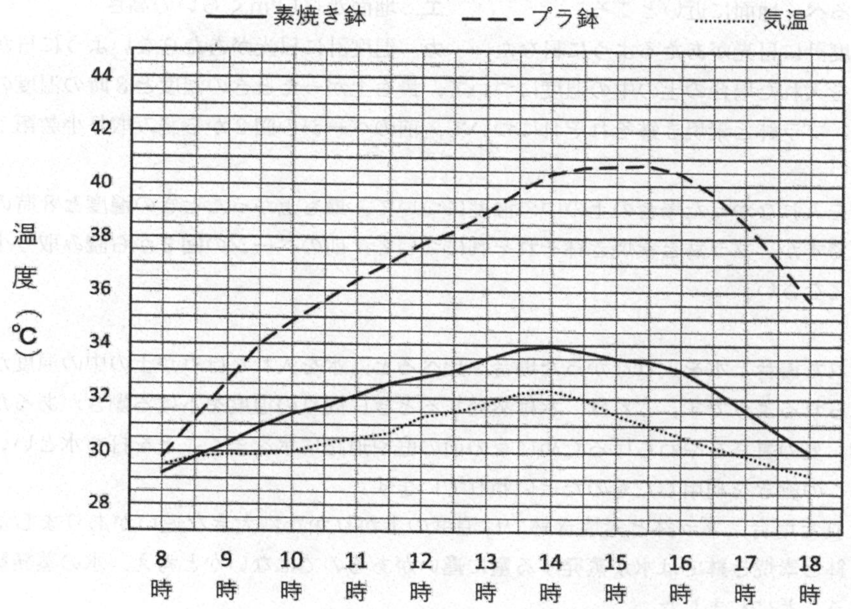

図２　水を入れた場合の土の中の温度変化

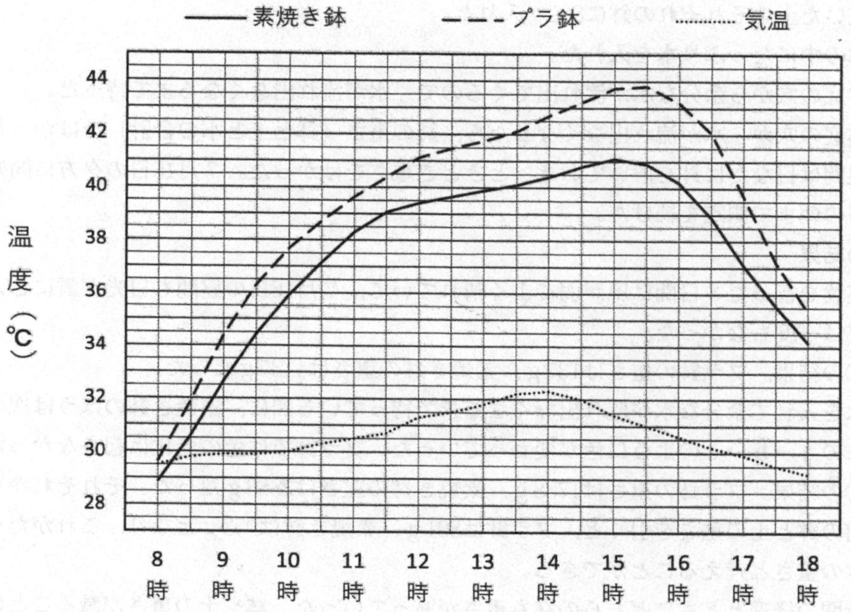

図３　水を入れなかった場合の土の中の温度変化

問１　気温をはかるための温度計を設置する場所の条件を次の**ア～カ**から三つ選び，記号で答えなさい。

ア．風通しの良いところ　　**イ**．風があたらないところ

ウ．なるべく地面に近いところ　　**エ**．地面から1.2mくらいの高さ

オ．温度計に日光があたるように日なた　　**カ**．温度計に日光があたらないように日かげ

問２　水を入れた場合の土の中の温度について，最も上がったときの温度と８時の温度の差は何度ですか。プラ鉢と素焼き鉢それぞれについて，前のページの**図２**から読み取り小数第１位まで答えなさい。

問３　水を入れなかった場合の土の中の温度について，最も上がったときの温度と８時の温度の差は何度ですか。プラ鉢と素焼き鉢それぞれについて，前のページの**図３**から読み取り小数第１位まで答えなさい。

水を入れた場合と水を入れなかった場合を比べると，水を入れたほうが土の中の温度が上がるのをおさえられるようです。これは，水は蒸発するときに周りの温度を下げる働きがあるためと考えられます。夏の暑さをやわらげるために家の前の庭や道路に水をまくことを打ち水といいますが，打ち水はこの働きを利用したものだといわれています。

水を入れた場合，プラ鉢と素焼き鉢では温度の上がりかたに大きな違《ちが》いがありました。栄一君は，プラ鉢と素焼き鉢では水が蒸発する量に違いがあるのではないかと考え，水の蒸発量を調べる実験をすることにしました。

実験２

①　プラ鉢と素焼き鉢を１個ずつ，合計２個用意した。

②　鉢だけの重さをそれぞれはかった。

③　乾いた土をそれぞれの鉢に800ｇ入れた。

④　鉢の中にたっぷり水を入れた。
鉢底の穴から余分な水が流れ出てくるので，水が流れ出なくなるまで待った。

⑤　鉢底の穴から水が流れ出なくなったら，鉢の重さ（鉢と土と水の合計）をはかった。

⑥　昼間は日なたに鉢を置いておき，ときどき重さをはかった。７月15日の夕方に開始し，７月17日の朝まで測定を続けた。

実験２の結果

・　実験を行った３日間は風が弱くよく晴れていて，７月16日の昼間も日光が雲にさえぎられることは一度もなかった。

・　②の結果，プラ鉢の重さは137ｇ，素焼き鉢の重さは1135ｇだった。

・　水を入れて余分な水が流れ出なくなるまで待っている間に，素焼き鉢のほうは次のページの**図４**の**a**→**b**→**c**のように色が変わっていった。プラ鉢では色の変化は起きなかった。

・　⑤の結果，プラ鉢の重さは1738ｇ，素焼き鉢の重さは2888ｇだった。それぞれから水を入れる前の鉢と土の重さを引くと，プラ鉢は801ｇ，素焼き鉢は953ｇとなり，これがたくわえられた水の重さと考えることができる。

・　時間の経過とともにどちらの鉢も重さが減っていった。鉢や土の重さが減ることは考えられないので，重さが減った分だけたくわえられた水が蒸発したのだと考えられる。

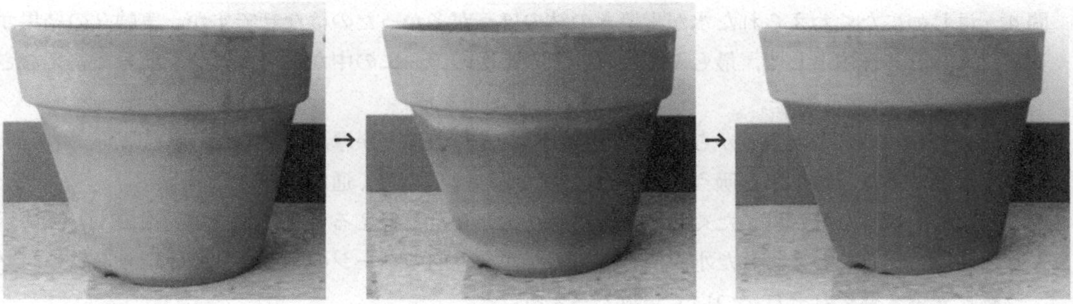

a　　　　　　　　b　　　　　　　　c

図４

図５が，たくわえられた水の重さの変化をグラフにしたものです。

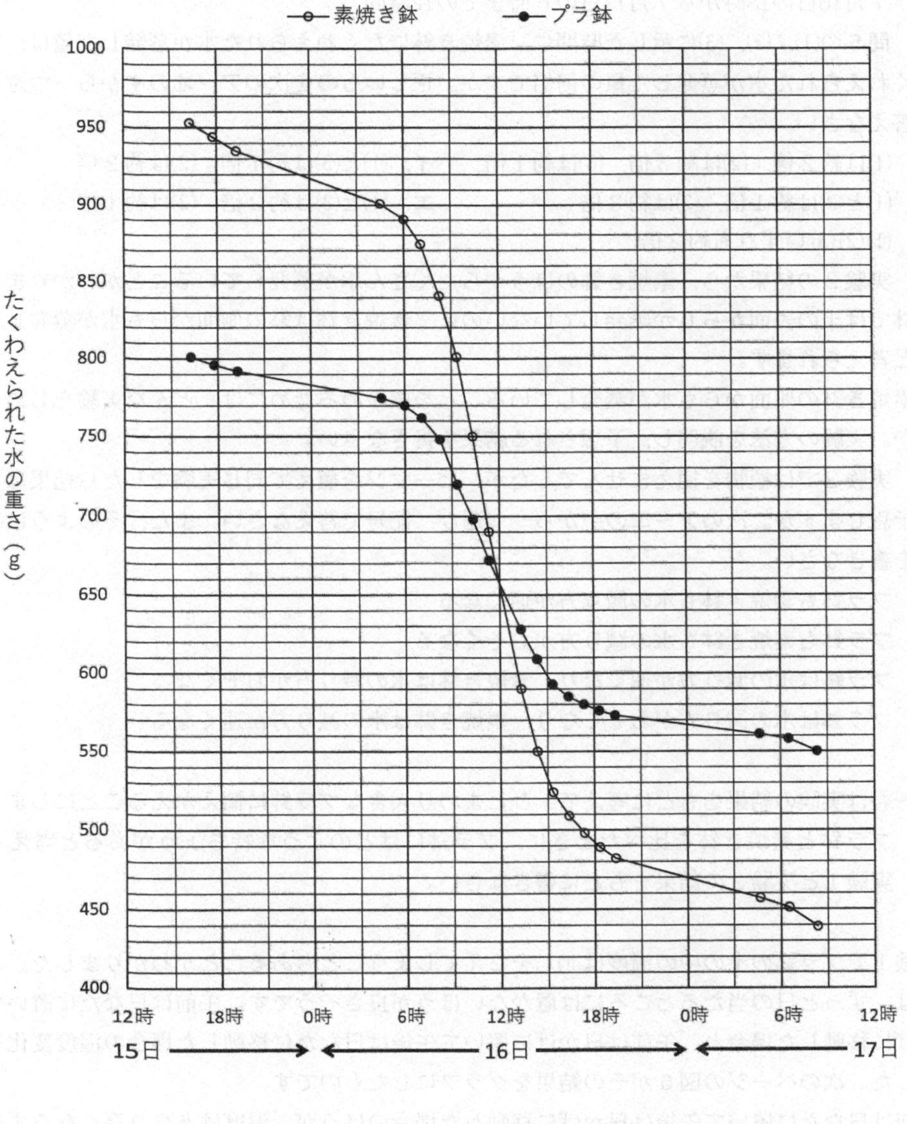

図５　たくわえられた水の重さの変化

問4　はじめにたくわえられた水が素焼きの鉢のほうが多かったのはなぜですか。実験2の結果から考えられる理由として，最もふさわしいものを次の**ア**～**エ**の中から一つ選び，記号で答えなさい。

ア．素焼き鉢のほうが重いから　　　　**イ**．素焼き鉢のほうが厚みがあるから

ウ．素焼き鉢は，鉢も水を吸うから　　**エ**．プラ鉢は水をよく通すから

問5　重さが減った分だけ，たくわえられた水が蒸発したと考えることにします。次の(1)～(3)に示した時間に，たくわえられた水が何g蒸発したかを，前のページの**図5**から読み取りなさい。プラ鉢と素焼き鉢それぞれについて整数で答えること。

(1)　7月15日の18時から7月16日の6時までの12時間

(2)　7月16日の6時から7月16日の18時までの12時間

(3)　7月16日の18時から7月17日の6時までの12時間

問6　**問5**の(1)，(2)，(3)に示した時間に，素焼き鉢にたくわえられた水が蒸発した量は，プラ鉢にたくわえられた水が蒸発した量の何倍ですか。正しいものを次の**ア**～**オ**の中から一つ選び，記号で答えなさい。

ア．(1)は約2倍，(2)は約3倍，(3)は約1倍　　**イ**．(1)と(3)は約1倍，(2)は約2倍

ウ．(1)と(3)は約1倍，(2)は約3倍　　**エ**．(1)と(3)は約2倍，(2)は約1倍

オ．(1)(2)(3)いずれも約2倍

問7　実験2の結果から，素焼き鉢のほうからたくさん水が蒸発していることがわかりました。プラ鉢では土の表面からしか蒸発していないのに，素焼き鉢は鉢の側面からも水が蒸発しているからと考えられます。

素焼き鉢の側面からも水が蒸発していることを確かめるためには，どんな実験をしたらよいですか。実験の方法を説明し，予想される結果を書きなさい。

問8　実験2では植物を植えませんでしたが，ピーマンを植えて同じ実験をしたら結果はどうなると予想しますか。次の**ア**～**エ**の中から一つ選び，記号で答えなさい。また，そのように考えた理由を書きなさい。

ア．プラ鉢も素焼き鉢も水の減り方が速くなる

イ．プラ鉢も素焼き鉢も水の減り方がおそくなる

ウ．プラ鉢は水の減り方が速くなり，素焼き鉢は水の減り方がおそくなる

エ．プラ鉢は水の減り方がおそくなり，素焼き鉢は水の減り方が速くなる

栄一君は実験の結果をもとに考えて，ひとまわり大きなプラ鉢に植えかえることにしました。

問9　プラ鉢と素焼き鉢を比べたときに，プラ鉢にはどのような特ちょうがあると考えられますか。実験1と実験2の結果をもとに書きなさい。

実験1でプラ鉢の土の中の温度は40℃をこえてしまうこともあることがわかりました。夏の暑い季節は，ずっと日の当たるところには置かないほうが良さそうです。午前は日なたに置いて午後は日かげに移動した場合と，午前は日かげに置いて午後は日なたに移動した場合の温度変化も調べてみました。次のページの**図6**がその結果をグラフにしたものです。

午前は日なたに置いて午後は日かげに移動した場合のほうが，温度はあまり高くならずにすみま

した。栄一君は，西日の当たらないところに置くと良いというのはこういうことなのかと思いました。

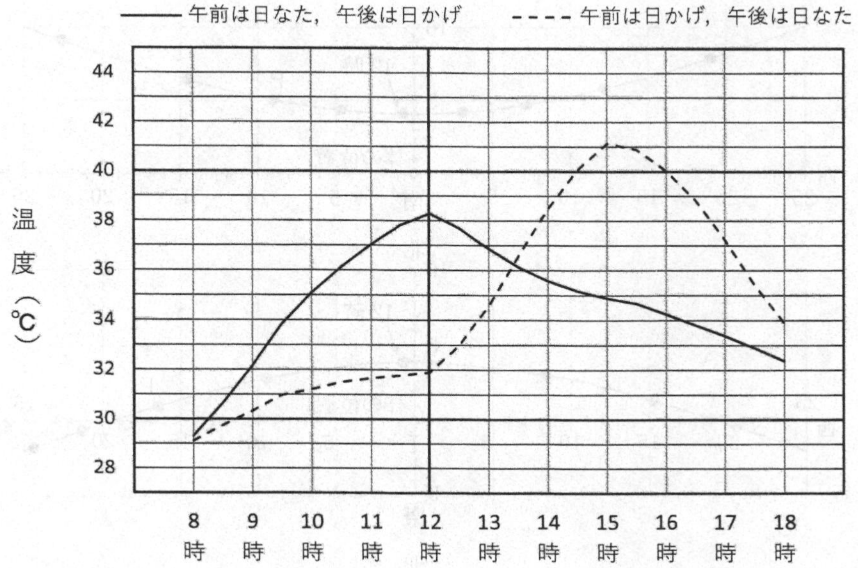

図６　鉢を移動させた場合の土の中の温度変化

栄一君はピーマンを植えた鉢を，８時から13時まではずっと日なたに，13時から日の入りまではずっと日かげになるところに置こうと思いました。そこで，時刻が変わるとかげの向きや長さがどうなるかを調べることにしました。

問10　栄一君は水平に置いた板の上に長さ15cmの棒を垂直に立てて，棒のかげの先端《せんたん》の位置を１時間ごとに記録しました。この測定は７月20日に神奈川県鎌倉《かまくら》市で行いました。栄一君が記録したものとして正しい図を後のア～エから一つ選び，記号で答えなさい。なお，軸《じく》に書かれた数字は棒からの距離《きょり》をcm単位で表したものです。また，棒のかげの先端がＰの位置になった時刻を答えなさい。

ア

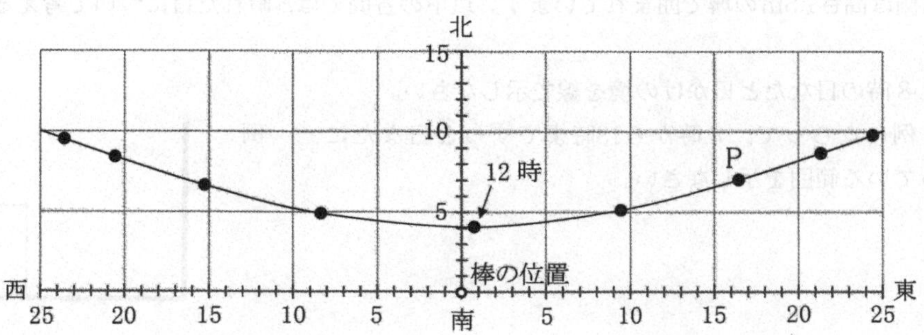

イ

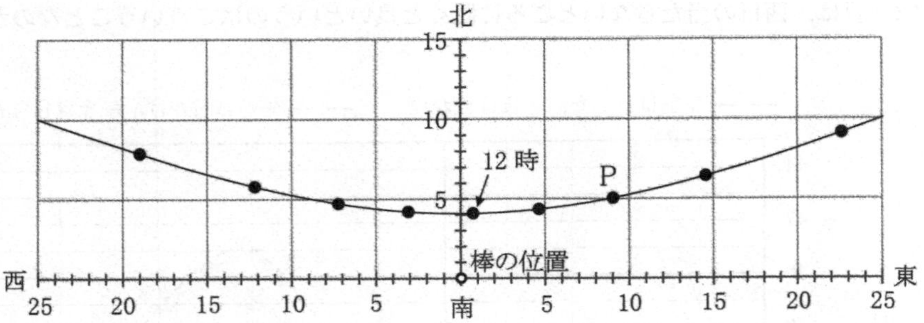

ウ

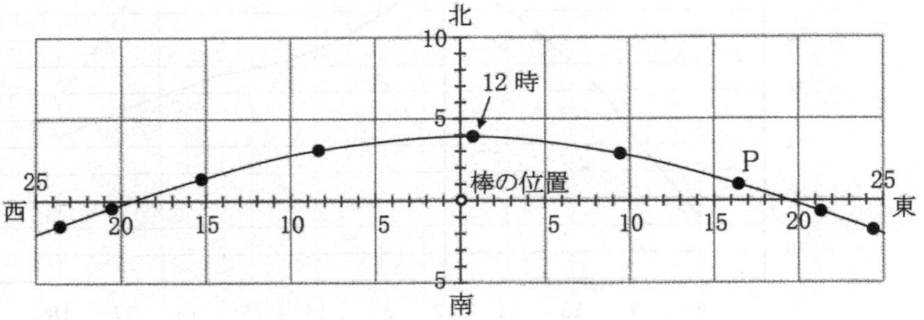

エ

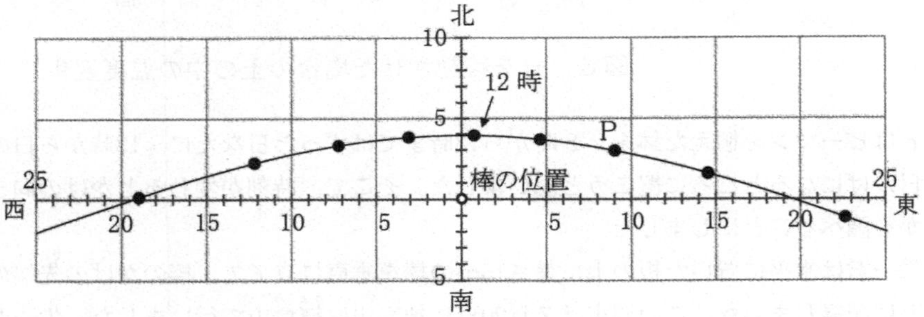

時刻とかげの位置の関係がわかったので，実際に栄一君の家の庭のどこに鉢を置けばよいのか考えることにしました。次のページの図７は栄一君の家の庭で，図中の黒い方眼の間隔《かんかく》は，実際の長さの１ｍにあたります。また，青い方眼の間隔は，実際の長さの10㎝にあたります。庭の東側，南側，西側は高さ1.5ｍの塀《へい》で囲まれています。以下の各問では，晴れた日について考えるものとします。

問11　８時の日なたと日かげの境を線で示しなさい。

問12　例にならって，８時から13時までずっと日なたになっている範囲《はんい》を示しなさい。

例

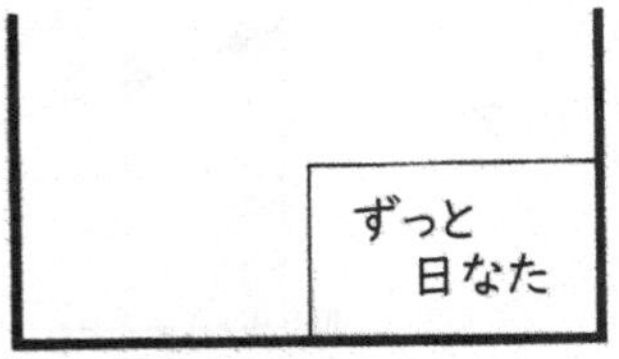

問13　例にならって，13時から太陽がしずむまでずっと日かげになっている範囲を示しなさい。

例

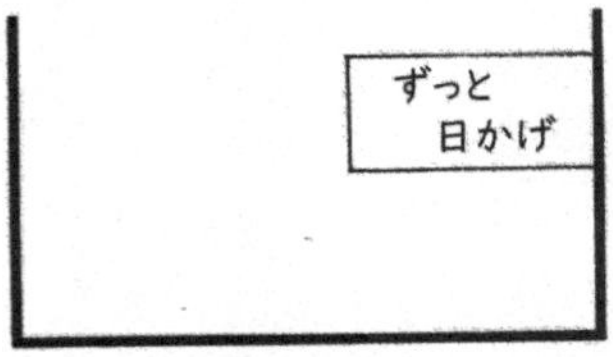

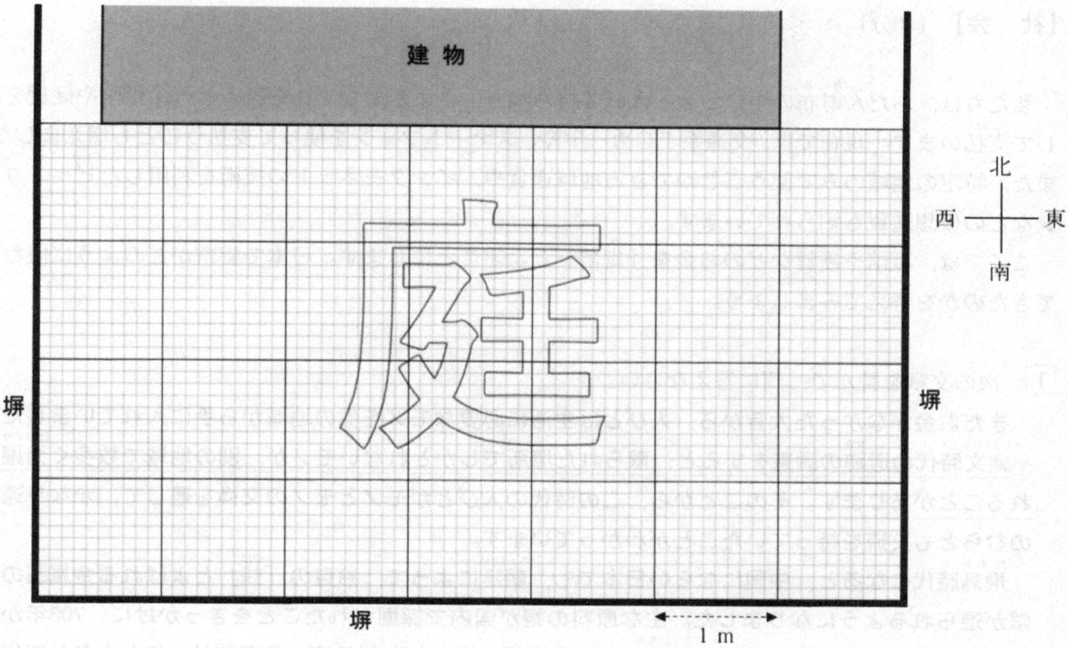

図７

これらの結果から，栄一君は庭のどこに鉢を置けばよいのかがわかりました。

問14　次の各図は，ピーマンの実を輪切りにしたときの種子の位置を○の印で示したものです。正しいものをア～エから一つ選び，記号で答えなさい。

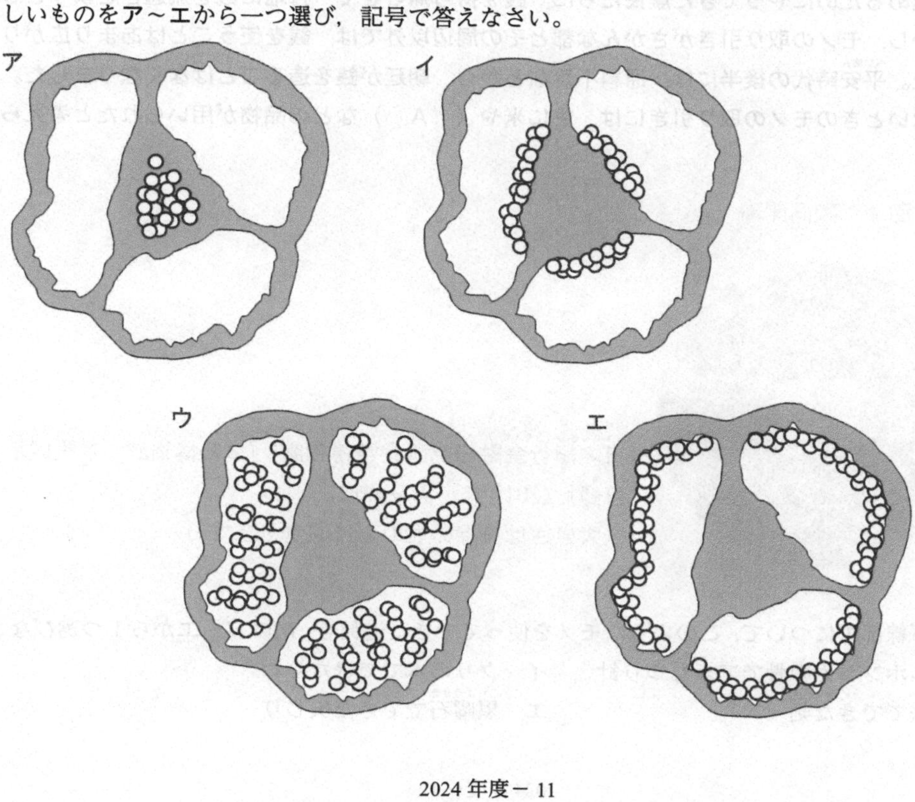

【社　会】（40分）　＜満点：50点＞

私たちは，ふだん財布《さいふ》の中にお金を入れて持ち歩き，さまざまなモノを買うときに紙幣《しへい》や硬貨《こうか》を出して支払《しはら》います。現在では，交通系ＩＣ《アイシー》カードや，スマートフォンを使って支払うことも増えました。また，特定の地域のみで使うことができる地域通貨や，インターネットの技術を利用したビットコインなどの仮想通貨も知られています。

ここでは，紙幣や硬貨などのお金を「貨幣《かへい》」とよぶことにします。日本で貨幣がどのように使われてきたのかを考えてみましょう。

1　次の文章を読んで，問に答えなさい。

まだお金がなかった大昔から，人びとは生活に必要なモノを他の地域から手に入れていました。①縄文《じょうもん》時代の遺跡《いせき》の調査をすると，限られた場所でしかとれないモノが，別の地域で数多く発掘《はっくつ》されることがあります。そのことから，この時代の人びとがモノとモノの交換《こうかん》を通じて，かなり遠くのむらとも交流を持っていたことがわかっています。

飛鳥《あすか》時代になると，中国にならい日本でも，朝廷《ちょうてい》によって，独自の「銭《ぜに》」とよばれる金属製の貨幣が造られるようになりました。主な原料の銅が国内で採掘《さいくつ》されたことをきっかけに，708年から造られはじめたのが図１の「和同開珎《わどうかいちん》」という青銅で造られた銭です。この銭は②ねん土などで作った型に，とかした銅やスズなどを流しこむ鋳造《ちゅうぞう》という技術でできています。朝廷は，平城京《へいじょうきょう》を造るために働いた人びとの賃金や，役人の給料を支払うときに，銭を使うことがありました。奈良《なら》時代には，都に設けられた市での商売に銭が使われるようになりました。一方で，朝廷は，地方から都に税を納めるためにやってきた農民たちに，銭を持ち帰らせて，各地に銭を流通させようとしました。しかし，モノの取り引きがさかんな都とその周辺以外では，銭を使うことはあまり広がりませんでした。平安《へいあん》時代の後半には，原料不足などから，朝廷が銭を造ることはなくなりました。銭が使われないときのモノの取り引きには，主に米や（　Ａ　）などの品物が用いられたと考えられています。

図１　和同開珎

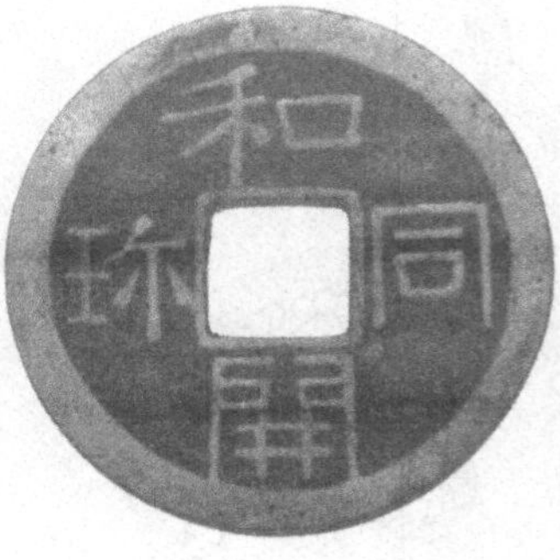

日本銀行金融研究所貨幣博物館《にっぽんぎんこうきんゆうけんきゅうじょかへいはくぶつかん》『貨幣博物館《かへいはくぶつかん》　常設展示《じょうせつてんじ》目録《もくろく》』（2017年）より作成。
（大きさは実際のものとは異なります。）

問１　下線部①について，このようなモノを使ってできた道具を，次のア～エから１つ選びなさい。

ア　ニホンジカの骨でできたつり針　　イ　クリの木でできたくわ
ウ　鉄でできた剣《けん》　　エ　黒曜石《こくようせき》でできた矢じり

問２　下線部②について，このような鋳造の技術は，弥生《やよい》時代から用いられていました。弥生時代に鋳造技術を用いて造られ，祭りのときに鳴らして使われたと考えられている青銅でできた祭器を答えなさい。

問３　（Ａ）は，律令《りつりょう》で定められた税である「庸《よう》」の支払いにも使われました。その品物を答えなさい。

２　次の文章を読んで，問に答えなさい。

平安時代の終わりごろになると，中国の（　Ｂ　）との貿易が，さかんに行われるようになりました。その輸入品のひとつとして，図２のような青銅で造られた中国銭が，大量にもたらされるようになりました。中国銭は，日本だけではなく，東南アジアなどにも広まっていたといわれています。中国銭は，まず貿易港のある博多《はかた》の町を中心に広まり，やがて平安京などでもモノの取り引きに使われるようになりました。はじめ天皇や多くの貴族たちは，中国銭を受け入れることに消極的でした。一方，①中国との貿易によって利益を得る人びとは，中国銭の輸入を重視し，銭を国内で流通させることにも積極的でした。

その後，鎌倉《かまくら》時代になると，朝廷や幕府《ばくふ》も中国銭の使用を認めるようになりました。このころから，それまで地方から米を運んで納められていた年貢《ねんぐ》が，米の代わりに銭でも納められるようになりました。また，つぼに入っている大量の銭が，土の中にうめられた形で見つかることがあります。さらに，中国銭はとかされて，②鎌倉に造られた大きな仏像の原料となったともいわれています。

室町《むろまち》時代のころには，各地の③農業生産力が高まるとともに，焼き物，紙すきなど，ものづくりの技術も発展しました。全国で特産品が作られて，港から各地へ運ばれて広がりました。東北地方から九州地方にいたるまで，人びとが多く集まる場所には，市が開かれるようになりました。港や市で行われた商売では，銭が広く使われるようになりました。室町幕府の３代将軍足利義満《あしかがよしみつ》は，中国の（　Ｃ　）との国交を開きました。この貿易でもたくさんの中国銭がもたらされました。

図２　中国銭

日本銀行金融研究所貨幣博物館『貨幣博物館　常設展示目録』（2017年）より作成。
（大きさは実際のものとは異なります。）

問１　（Ｂ）・（Ｃ）に入る中国の王朝をそれぞれ答えなさい。

問２　下線部①について，このような勢力の代表が平清盛《たいらのきよもり》でした。平清盛について述べた文としてまちがっているものを，次のページのア～エから１つ選びなさい。

ア　兵庫《ひょうご》の港を整備した。
イ　国ごとに守護《しゅご》，各地に地頭《じとう》を置いた。
ウ　厳島神社《いつくしまじんじゃ》を守り神とし保護した。
エ　武士としてはじめて太政大臣《だいじょうだいじん》となった。

問３　下線部②について，この仏像がある寺院を，次のア～エから１つ選びなさい。
ア　高徳院《こうとくいん》　　イ　中尊寺《ちゅうそんじ》　　ウ　東大寺《とうだいじ》　　エ　平等院《びょうどういん》

問４　下線部③について，室町時代のころまでに開発された農法や農具について述べた文としてまちがっているものを，次のア～エから１つ選びなさい。
ア　同じ年にイネとムギを栽培《さいばい》する二毛作《にもうさく》が行われた。
イ　牛や馬にすきを引かせて，農地を耕した。
ウ　草木を焼いた灰やふん尿《にょう》を肥料として使った。
エ　備中《びっちゅう》ぐわを使って農地を深く耕した。

問５　米などの品物よりも，銭が貨幣として優《すぐ》れている理由を，２の文章から考え，２つあげて説明しなさい。

３　次の文章を読んで，問に答えなさい。

戦国《せんごく》時代になると，中国から日本に輸入される銭の量が減って，モノの取り引きに必要な銭が不足するようになりました。そこで中国銭をまねて国内でも銭が造られましたが，質の悪い銭もありました。①戦国大名のなかには，このような質の悪い銭でも，条件を設けて使用を認めることで，支配地域の商売がとどこおることを防ごうとする者もいました。一方，②金・銀の鉱山開発を進めて独自に貨幣を造る戦国大名もあらわれました。このころは，特に銀山の開発がめざましく，国内で銀を用いた取り引きが行われるとともに，輸出されるようになりました。戦国大名どうしが，鉱山の支配をめぐって，激しく争うこともありました。全国を統一して各地の鉱山を支配した豊臣秀吉《とよとみひでよし》は，③天正大判《てんしょうおおばん》とよばれる金貨を造りました。

問１　下線部①について，このような戦国大名のひとりに織田信長《おだのぶなが》がいます。織田信長について述べた文としてまちがっているものを，次のア～エから１つ選びなさい。
ア　安土城《あづちじょう》の城下町《じょうかまち》で人びとが自由に商売を行うことを認めた。
イ　商工業で栄えていた堺《さかい》を直接支配した。
ウ　ポルトガルやスペインとの貿易を行った。
エ　各地に関所《せきしょ》を設けて，通過する品物に税金を課した。

問２　下線部②について述べた次の文章を読んで，⑴・⑵に答えなさい。

戦国時代に開発された銀山のひとつに石見銀山《いわみぎんざん》があります。石見銀山では，灰吹法《はいふきほう》とよばれる技術が朝鮮《ちょうせん》半島から伝わり，大量の銀が生産されるようになりました。灰吹法は，採掘された鉱石から銀を取り出す方法です。
この技術は，佐渡金山《さどきんざん》にも伝わり，鉱石から金を取り出すようになったといわれています。

⑴　石見銀山と佐渡金山の場所を，次のページの地図のア～カからそれぞれ選びなさい。
⑵　下線部について，鉱石から金を取り出すようになる前は，金をどのように採取していたか説明しなさい。

地図

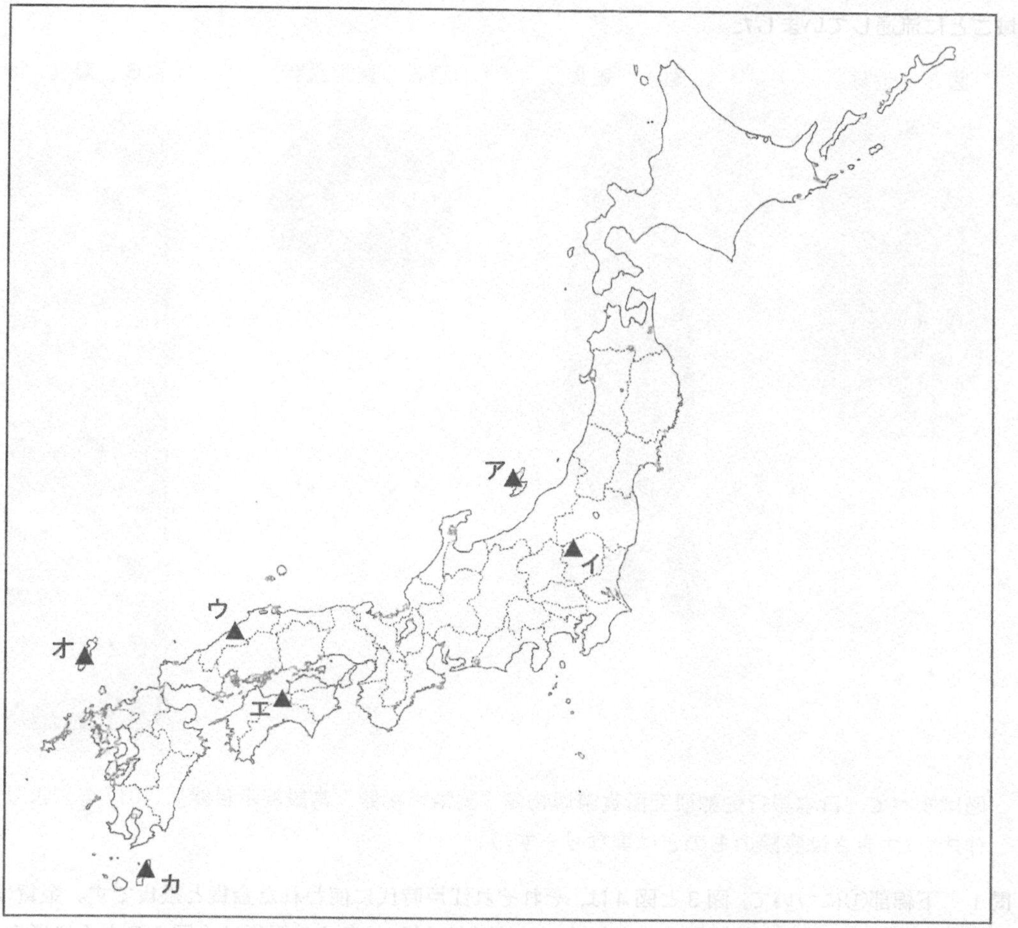

問３　下線部③について，この金貨は，日常的なモノの取り引きに使われたものではありませんでした。どのような使われ方をしたと考えられるか，その例を１つあげなさい。

4　次の文章を読んで，問に答えなさい。

江戸《えど》時代になると，徳川《とくがわ》幕府は，各地の主な鉱山に奉行所《ぶぎょうしょ》などを置いて直接支配をしました。そして，そこから産出された金・銀・銅などを使って，幕府は全国共通の①金貨・銀貨・銭の三貨《さんか》を流通させました。金貨は主に②江戸を中心に東日本で使われたのに対して，銀貨は③大阪や京都など西日本で使われました。使われる地域にちがいがあったため，幕府は金貨と銀貨を交換する比率《ひりつ》を定めました。また，江戸時代には足尾《あしお》などの銅山開発が進み，産出された銅は，銭の原料として使われました。江戸時代に造られた代表的な銭が，図５（次のページ）の「寛永通宝《かんえいつうほう》」です。④寛永通宝は，全国の庶民《しょみん》が日常的に使う貨幣となりました。

これらの三貨以外に，地方を支配していた⑤多くの大名が，「藩札《はんさつ》」とよばれる紙幣を発行しました。藩札はそれぞれの藩のなかで使われた紙幣です。この紙幣には⑥木版の技術が使われて，和紙に印刷されていました。藩札のなかには，すかしの技術や特殊《とくしゅ》な文字を使っているものもありました。図6は，大洲藩《おおずはん》（現在の愛媛県）で発行された藩札です。江戸時代には，このような藩札が地域ごとに流通していました。

図3　金貨

図4　銀貨

図5　寛永通宝

図6　藩札

図はすべて，日本銀行金融研究所貨幣博物館『貨幣博物館　常設展示目録』（2017 年）より作成。（大きさは実際のものとは異なります。）

問1　下線部①について，**図3**と**図4**は，それぞれ江戸時代に使われた金貨と銀貨です。金貨は「壱《いち》両《りょう》」などと貨幣の価値が刻まれていました。それに対して多くの銀貨は，**図4**のように形や大きさがまちまちで，貨幣の価値は刻まれていませんでした。銀貨はどのようにして支払われていたのか説明しなさい。

問2　下線部②について，江戸では，参勤交代《さんきんこうたい》で集まった武士の生活を支えるモノの取り引きが活発になりました。一方で参勤交代によって，江戸以外に東海道《とうかいどう》沿いの品川《しながわ》や小田原《おだわら》，中山道《なかせんどう》沿いの板橋《いたばし》や奈良井《ならい》などの町でも，商売がさかんになりました。これらの町を何というか答えなさい。

問3　下線部③について，江戸時代の大阪について述べた文としてまちがっているものを，次の**ア**～**エ**から1つ選びなさい。

ア　全国の大名が蔵屋敷《くらやしき》を置いて，米などを売りさばいた。

イ　北海道や東北地方の特産物が，日本海まわりの船で運ばれた。

ウ　高度な織物や焼き物などの手工業が発展した。

エ　「天下の台所」とよばれ，商人の町として栄えた。

問4　下線部④について，寛永通宝は，城下町の町人や農村の百姓《ひゃくしょう》にも広く使われました。一方，金貨や銀貨は主に武士などの身分の高い人などが使うものでした。江戸時代の町人や百姓の生活について述べた文としてまちがっているものを，次のア～エから１つ選びなさい。

ア　町人や百姓は，旅行が禁止されたため，有名な寺や神社にお参りすることができなかった。

イ　町人や百姓は，武士と同じようなぜいたくな着物を着ることをたびたび禁止された。

ウ　百姓は，酒や茶などを買って飲むことを禁止されることがあった。

エ　町人は，住む場所を決められ，町を整備するための費用を負担させられた。

問５　下線部⑤について，次のア～エは藩札を発行した藩です。このなかで「親藩《しんぱん》」とされた藩を１つ選びなさい。

ア　加賀《かが》（金沢《かなざわ》）藩　　イ　尾張《おわり》（名古屋《なごや》）藩　　ウ　土佐《とさ》（高知《こうち》）藩　　エ　肥前《ひぜん》（佐賀《さが》）藩

問６　下線部⑥について，江戸時代には，木版の印刷技術を使って，多色刷りの同じ絵が大量に作られました。この絵を何というか答えなさい。

5　次の文章を読んで，問に答えなさい。

明治《めいじ》時代になると，政府は1871年に「円《えん》」を基本の通貨単位にしました。欧米《おうべい》から新しい技術を学び，紙幣や硬貨が造られるようになり，人びとの間で使われるようになりました。また，①政府は税のしくみも，それまでの米で納める年貢から，土地の価格に応じて貨幣で納めるように変えました。

1882年に政府によって日本銀行《にっぽんぎんこう》が設立され，「日本銀行券《にっぽんぎんこうけん》」とよばれる紙幣が発行されました。その後，日清戦争《にっしんせんそう》で得た賠償金《ばいしょうきん》をもとにして，日本銀行は金との交換を約束した日本銀行券を発行しました。そのころ欧米では，それぞれの国の通貨は金と交換する比率が定められていました。日本もこのとき，金0.75グラムを１円と定めました。金1.5グラムは，２円となり，アメリカの通貨では，およそ１ドルでした。このようにすることで，外国との貿易をスムーズに行うことができるようになりました。その後，1930年代からは，円と金との交換の約束はなくなり，現在は，円と②ドルなど外国の通貨を交換する比率は，毎日変化するようになっています。

現在，紙幣は，一万円券，五千円券，二千円券，千円券の４種類の日本銀行券が発行され，2023年の終わりでは185.4億枚，124.6兆円が流通しています。③紙幣は現在まで，同じ額面のものでもデザインが変更《へんこう》されてきました。近年では1984年，2004年と20年ごとに変更され，2024年にも新たな紙幣の発行が予定されています。一方，硬貨は，６種類が政府によって発行されています。１円硬貨は，（　Ｄ　）でできています。それ以外の５種類の硬貨は，ニッケル，亜鉛《あえん》，スズなどが含まれていますが，すべて銅が主な成分となっています。④銅は貨幣の主な原料として，日本では古くから使われてきました。なかでもスズを含む青銅は，現在も10円硬貨の材料となっています。

問１　下線部①について，このことを何というか答えなさい。

問２　下線部②について，現在，日本は，ドルを通貨単位とするアメリカとの貿易がさかんですが，日本との貿易額がアメリカよりも多い国を答えなさい。また，その国の通貨単位を答えなさい。

問３　下線部③について，紙幣のデザインの変更を行わないと，どのような問題がおこると考えられるか説明しなさい。

問４　（Ｄ）に入る金属を答えなさい。

問５　下線部④について，金属のなかで銅は，貨幣の原料として適していると考えられます。金や鉄と比べて，銅はどのような点で適しているのか，それぞれ説明しなさい。

6 日本で貨幣が広く使われるようになったことについて，これまでの問題文や問をふまえて，次の問に答えなさい。

問１ 貨幣が造られるようになってから江戸時代まで，貨幣が使われる場所や地域は，どのように広がっていったか説明しなさい。

問２ 貨幣が広く使われるようになるには，朝廷や幕府，政府などが大きな役割を果たしてきました。それは，どのような役割か説明しなさい。

オ　アオイがおいしいカレーを毎日無料で食べられる恵まれた立場にあることを、はっきりわからせてやりたいという思いがある。

【三】　次のカタカナの部分を漢字に直しなさい。

1　道をさえぎっているショウガイを取りのぞく。
2　力士がドヒョウ入りをする。
3　職業はハイユウだ。
4　土地の争いをチョウテイする。
5　大阪までのリョヒを支払う。
6　都市がフッコウする。
7　人間のヨクボウはきりがない。
8　紙のウラに書く。
9　身のチヂむ思い。
10　空きかんをヒロう。

わたしは、だまってお皿を片づけた。お父さんはなにもきかない。わたしもなにも言わない。

百円玉だけが、テーブルの上にそのまま残っていた。

その夜、よくねむれなくて、何度も何度も寝返《ねがえ》りをうった。

窓はあけていても、風はほとんど入ってこない。

「ねえ、エアコンつけようよ」

たまらず、勉強中のお姉ちゃんに言った。

だけど、「だめ」と、お姉ちゃんが首を横にふる。

「電気をむだに使わない！」

「お姉ちゃんだって、暑いと頭に入んないでしょ」

「玉田カレー、休業中なんだよ、わかってる？」

「もう！」

タオルケットをけとばしながら、わたしはベッドをごろごろ転がった。

ほら、うちだって貧乏《びんぼう》じゃん。なにが、アオイはめぐまれてる、よ。

カンナだって、わたしのこと、ちっともわかってないくせに——。

心のなかでカンナに文句を言って、顔をごしごしこすった。

むしょうに泣きたかった。

わたしはカンナが大好きだったのに……。

やりきれなくて、はね起きた。そしてまた、ばたんと寝転がる。お姉ちゃんに、「うるさい！」とどなられながら、そんなことを何度もくり返した。

（あんずゆき『アゲイン』）

（注1）　スキッパー　問題文よりも前に、「スキッパーは、今、人気ナンバーワンのボーイズグループだ。ガリ勉のお姉ちゃんでさえ、いつもその音楽をきいている」とある。

問一　傍線部①「あーあ、あーあ。」とありますが、このときアオイはどのような気持ちでしたか。

問二　傍線部②「気まずくて」とありますが、アオイが「気まずく」感じたのはなぜですか。

問三　傍線部③「それを見ていて鼻のおくがツンとした。」とありますが、それはなぜですか。

問四　傍線部④「あわてるカンナ」とありますが、なぜカンナは「あわて」たのですか。次の空欄に合うように七十字以内で答えなさい。（字数には句読点等もふくみます。）

［七十字以内］ことによって、思いもよらず、アオイからとげのある反応を示されたから。

問五　傍線部⑤「テーブルの上に百円玉をコトリと置く。」とありますが、このときのカンナの気持ちの説明として最も適当なものを次の中から選び、記号で答えなさい。

ア　アオイとは思った通りに話が運ばず、二人の仲をこじらせてしまったので、何もしないで仲直りはできないという思いがある。

イ　アオイの家庭も自分の家庭と同様に生活の状況が厳しいことを考えたことで、わずかであってもお金を払《はら》いたいという思いがある。

ウ　アオイとの環境《かんきょう》の違いを実感し、気持ちに隔《へだ》たりが生じたことで、一方的にごちそうされるわけにはいかないという思いがある。

エ　アオイとは別に、おいしいカレーをふるまってくれたアオイのお父さんには、せめてものお礼をさせてほしいという思いがある。

わかっていても、心臓がドクンとはねた。

「う、うん。ありがと」

もっと言いたいことがあるはずなのに、頭のなかがまっ白だ。

「わたし、お水入れてくるね」

にげるようにキッチンに行くと、お父さんが、

「アオイ、ついでにカレーも運んでくれるか」

と言った。カレーの入った密閉容器が、電子レンジの光の下で、くるくる回っている。それを見ながら、笑顔でいなくちゃ、と自分に言い聞かせる。

チン！と高い音がした。

「よし、できたぞ！」

お父さんが、ごはんをお皿にもって、カレーをそえた。それとお水もいっしょにトレーで運ぶ。

「さ、食べよっか」

「ありがと。いただきまーす」

なぜだか大好きなはずのお子さまカレーが、ちっともおいしくなかった。スプーンでくちゃくちゃまぜているだけで、なかなか減らない。

でも、カンナは、ぱくり、ぱくりとおいしそうに食べて、スプーンを置いた。

「ごちそうさま。あー、おいしかった。幸せー」

ふわーっと胸をそらし、それから両ひじをテーブルについて、食べあぐねているわたしに、はずんだ声で話しかける。

「あたしね、ほんっとに、ワクワクしてんだ。だって、じいちゃんちに行ったら、ふつうの暮らしができるんだよ。自分の部屋だって……」

わたしが暗い顔をしていたのだろうか、カンナが、ぷつっと話すのをやめた。

「ごめん。こんな気持ち、アオイにはわかんないよね」

え？ わたしにはわからない？

わたしにとって、カンナは大切な友だちだった。カンナの気持ちもわかっているつもりだった。けれど、カンナは――。

心のなかに、黒いあぶくがぷくりとういた。

「ふうん。そんなふうに、わたしのことを思ってたんだ」

「え。そうじゃないよ、そうじゃないけど」

④<u>あわてるカンナを、わたしはふし目がちに見つめる。</u>

ふっとカンナの顔つきが変わった。いつも教室で見ていた、あのツンとしたすまし顔。近寄りがたい雰囲気《ふんいき》……。

「うん、やっぱり、アオイにわかるわけがないんだよ」

カンナはポケットをさぐり、百円玉を一枚出した。

「だってアオイは、あたしから見たらとってもめぐまれてるもん」

ひと息にそう言って、⑤<u>テーブルの上に百円玉をコトリと置く。</u>

「こんだけしかないけど、タダで食べるのは気をつかうから」

ゆっくりと立ちあがり、よくひびく声で、「ごちそうさまでした！」と、お父さんに頭をさげる。

お父さんが、ぎこちない笑顔で声をかけた。

「カンナちゃん、またいつか、なっ」

「はい。ありがとうございました」

わたしを見ないまま、カンナはドアに向かう。

パタン。空気が小さくふるえた。

「休業中ってはってあって、あれ？　って思ったんだけど、ドアがあいてるし、のぞいたらアオイの頭が見えて」

「わー、会えてよかったー。引っこし、明日なのに、家を知らないから……」

「ありがと。もうね、家はダンボール箱の山。っていうほど、荷物ないけどね」

カンナが、ふふっと軽く笑う。どんよりしているわたしとちがって、ずいぶんすっきりした顔だった。

お父さんが、わざとか？　って思うくらいに大きな声で言った。

「カンナちゃんが引っこすからって、アオイがしょげちゃってさ」

「もう！　よけいなこと言わないでよ」

ほおをプッとふくらませて、きつく言ったのに、お父さんはそれを無視した。

「こんなあまったれとなかよくしてもらって、ありがとよ」

「あ、いえ、こちらこそ……」

カンナが店を見回して、「今、休業中なんですか？」ときいた。

「じつは、そうなんだ」

お父さんが頭をかく。カンナがわたしをちらりと見た。②気まずくて、小さくなった。

この前会ったとき、もう休業していたのに、休むかも、としか言えなかった。わたしなりに見栄《みえ》をはっていたのだ。

そんなわたしの気持ちも考えないで、お父さんはぺらぺらとしゃべり続けた。

「カンナちゃんに言うのもなんだけど、お客が減っちゃってね。店をあけた分だけ赤字でさ。けど、あきらめてないよ。またイチからやり直すつもりで、ただいま研究中ってとこかな」

「イチからやり直すって、うちといっしょですね」

カンナとお父さんが笑顔を交《か》わす。

「そうだね。おたがいに、まっさらな気持ちで再出発だね」

「再出発できるの？」

わたしは、わざといじわるな言い方をした。

「そりゃあ、わからないけどさ」

お父さんは、けろりとそう答え、「そうだ」と手を打った。

「カンナちゃん。冷凍《れいとう》したお子さまカレーがあるから、食べてくか？」

「いいんですか？」

「もちろんだよ。店をしめた日に残ってたのを冷凍したから味は落ちるけど、ごはんもあるしね。ま、そのへんに座《すわ》って待っててよ」

お父さんがキッチンに入って、エプロンをつけ、オレンジのバンダナを巻いた。

③それを見ていて鼻のおくがツンとした。毎日、下校時にここにきて、お父さんとふたりですごした時間が、急によみがえってきた。

ああ、もう。せっかくカンナが訪ねてきてくれたのに、気持ちが暗いほうへ、暗いほうへと引きずられていく。

それをさとられないように、少しすまして、わたしはカンナと向かいあった。

カンナがゆっくりと口を開いた。

「あのさ、あたし、明日の朝、九時には出発しちゃうんだ。それで、アオイにだけは会っておきたくて」

そんなことを言っていた。

　でも、わたしをさそったのは初めてだ。

「何時でもいいよ。アオイも気分転換《てんかん》になるかな、と思ってさ」

　実際、わたしはすっかり落ちこんでいた。

　カレンダーを見るたびにため息をついて、でもなにもできない。

　家にいたって苦しいだけではあった。

「じゃあ、十一時ごろに行こ」

「オッケー。じゃあ、その予定で」

　お父さんは、また水道の蛇口《じゃぐち》をひねってから、思いだしたようにわたしに言った。

「そうだ、洗濯《せんたく》終わってんだった。ほしてくれるか？」

「うん、いいけど」

　また、めんどくさいな、と思いながら洗面所に行き、洗濯機のフタをあけた。

　お金持ちは、乾燥《かんそう》までやってくれる洗濯機を買うんだろうな。そう思って、はーっとため息をつく。

　お父さんの分まで働く、と息まいていたお母さんはほとんど家にいなくて、夜はクタクタみたいだし、お姉ちゃんは、「塾《じゅく》、減らしたから、もっとがんばらないと」と、以前にもまして勉強するようになった。いつも(注1)スキッパーをききながら、ときどき新曲を口ずさんでいる。

『♪ずっとずっと暗やみのなかをかけていた。やっと見えたよ、ひとすじのあかり。あかりのなかにきっとある、ぼくの居場所――』

　わたしの居場所は、どこにもない気がした。

　十一時になって、お父さんが「そろそろ行くか」と声をかけてきた。急いで夏休みの宿題をバッグに入れ、店に向かう。

　しめきった店内は、熱気がこもってムッとしていた。お父さんが窓をあけ、ドアもあけて、風を通す。

「やっぱり店はいいなあ」

　そう言って、うーんとのびをする。

　なにが、店はいいなあ、よ。店を再開してから言ってちょーだい――お母さんがここにいたら、きっとそう言う。

　お父さんは電気をつけ、窓ガラスをふきはじめた。

　しかたなく、わたしも店内のテーブルを全部ふき、おくのテーブルに宿題を広げた。

　ノートに日づけを入れ、木曜日、と書いたとたんにドキドキした。

　カンナの引っこしは、明日だ……。

　もしかして、もう会えないかもしれない。会いにいきたいけれど、家を知らない。それに、きっと準備でいそがしくしているだろう、いきいきと、はりきって……。

①あーあ、あーあ。

　らくがきをしたり、消しゴムをはじいたりしていると、コンコンとドアをたたく音がして、たちまちお父さんの声がひびいた。

「おお、いらっしゃい！」

　以前のお客さんかな？　と顔をあげたら、カンナが笑顔《えがお》で立っていた。

「わっ、カンナ！」

　はねるようにして、かけよった。

イ　教師と子供たちの集団が一言も発さなかったという体験談から、山口さんの左耳の鼓膜が破れていたことがより鮮明《せんめい》に伝わって、原爆の悲惨《ひさん》さを改めて実感できたから。

ウ　教師と子供たちの集団だけでなく、川で溺れて亡《な》くなる人々も見たという生々しい体験談を聞いたことで、筆者も山口さんの経験をありありと感じることができたから。

エ　教師と子供たちの集団の様子は想像を絶するほど悲惨なものであり、山口さんが語る原爆の体験は客観的に捉えようとして理解できるものではないと気付かされたから。

オ　教師と子供たちの集団の様子や行動を、自身もひどいやけどを負って、体力も限界に近づいていた状態でも冷静に観察していた山口さんの姿勢に強い衝撃《しょうげき》を受けたから。

問三　傍線部③「でも、それは違うと気づいたのです。」とありますが、筆者は、山口さんの体験をどのようなものとして受け止めたのですか。

問四　傍線部④「ひどく混乱した状況を冷静に考える上で客観性はとても重要です。」とありますが、そう言えるのは筆者が「客観性」をどのようなものだと捉えているからですか。それが分かる一文の最初の五字を抜《ぬ》き出《だ》しなさい。（字数には句読点等もふくみます。）

問五　傍線部⑤「あれこれと迷って生きる」とは、どういうことですか。

【二】　次の文章を読んで、あとの問に答えなさい。

小学六年生の玉田《たまだ》アオイは、席替《せきが》えで転校生八神《やがみ》カンナの隣《となり》になった。カンナが「子ども食堂」と呼ばれる無料の食事施設《しせつ》に入るのを偶然《ぐうぜん》見たことをきっかけに、ふたりは親しくなっていく。「子ども食堂」に頻繁《ひんぱん》に通うカンナには、厳しい貧困《ひんこん》という背景があることも、アオイは分かってきた。一方、感染症《かんせんしょう》流行の影響《えいきょう》で、アオイの父の店「玉田カレー」は客が激減し、一時休業を余儀《よぎ》なくされた。家計の悪化、姉の高校受験の問題などが重なり、不安定な日々を過ごすアオイであった。

　夏休み中のある日、カンナからアオイに一週間後に祖父のもとに引《ひ》っ越《こ》すことが唐突《とうとつ》に告げられた。急な別れにショックを受けるアオイであったが、一方のカンナは現状からの脱出《だっしゅつ》が可能になったことで、嬉《うれ》しくてたまらない様子であった。

　ちなみにカンナは、以前「玉田カレー」を訪れて、アオイお気に入りの「お子さまカレー」をごちそうされている。

　それから、あっという間に木曜日になってしまった。

　朝、寝《ね》ぼけまなこでキッチンに行くと、お父さんが洗いものの手を止めて、

「アオイ、今日店に行くけど、いっしょに行くか？」

と、きいた。

「えー。何時ごろ？」

　めんどくさいなあ、と思った。

　お父さんは、休業中のはり紙をしたあとも、ときどき店をのぞきにいく。お母さんに「もったいない」と言われながら、電気もガスも水道も止めていない。

「切っちゃったら、ほんとうにおしまいになりそうだから」

との繰《く》り返《かえ》しがない現実に対し遅《おく》れてしか対応できないからです。

僕らの重用している客観は、どうも常に「いま・ここ」で起きている問題を他人事としてよそよそしく捉えてしまうほうに力を発揮しています。いわば、「いま・ここ」にいる生者の世界をわざわざ「この世に足場のない幽霊」の目で捉えようと努力している。自分が現にいま立っている事実を見失ってまで足場のないところを求めてしまう。

いまここで吹く風、いまここで咲《さ》く花以外に客観的に吹く風や咲く花があるでしょうか。

世界はいつも退《の》っ引《ぴ》きならない在りようで、本当なら自らの生を他人事にはできないはずです。もしかすると、客観的に語れてしまう「世界一般《いっぱん》というものがある」という考えが多くの不幸の始まりなのかもしれません。その不幸は主観は独善だと戒《いまし》め、客観性への(注8)信奉《しんぽう》をいつしか信仰《しんこう》に格上げし、そうして他人の思考に(注9)隷従《れいじゅう》し、隷従した同士がいがみ合う、という流れを生み出します。

では、主観的に吹く風も客観的に咲く花もないとしたら、どうやって人はこの世界を知り、語ることができるのでしょう。

それについての正解を僕は知りません。ただ客観的な正しさに行きつけないから、そこが行き止まりかというと、そんなことはないでしょう。むしろ「正解」を追ってしまうとき、新たな発見はなくなります。

生きているものの眼から見ることは、物事を他人事にする安易さを許さない。「おまえはちゃんと立っているのか。おまえの立っている場所はどこなのだ?」と自らに問い、ハッと我に返るときにのみ世界は姿を表す。それは自分が正しいと客観を盾《たて》に独善を掲《かか》げるときにはまったく見えません。物事を見るとは、外の知識を通じて見るのではなく、ただ自分が観《み》ることであり、そして見る自分を観ることでもあるのでしょう。

（尹雄大《ユン・ウンデ》『やおらかな言葉と体のレッスン』）

問題作成にあたり、表記を改めたところがあります。

(注I) 可視化　目に見えるようにすること。
(注2) 怖気を震う　恐ろしくて体が震えること。
(注3) 阿鼻叫喚　非常にむごたらしい状態のこと。
(注4) 齟齬　物事がくいちがうこと、うまくかみ合わないこと。
(注5) スポイルする　こわす、損《そこ》ねる、だめにする。
(注6) ファクト　事実。
(注7) エビデンス　証拠《しょうこ》、根拠《こんきょ》。
(注8) 信奉　かたく信じて従うこと。
(注9) 隷従　他に付き従って言いなりになること。

問一　空欄《くうらん》 ① に入る言葉として最も適当なものを次の中から選び、記号で答えなさい。

ア　一般性　イ　厳密性　ウ　消極性
エ　独善性　オ　楽観性

問二　傍線部《ぼうせんぶ》②「けれども、だから『恐ろしい』と思ったのではありません」とありますが、筆者はなぜ「恐ろしい」と思ったのですか。最も適当なものを次の中から選び、記号で答えなさい。

ア　教師と子供たちの集団の様子が客観的な事実として受け取られるのではなく、彼らに遭遇した山口さんの、その時の体感そのままに筆者の中に浮かびあがってきたから。

そのときの体感を通じて手渡《てわた》すしかない事実がそこにあった。僕にできるのは、その断片《だんぺん》をなんとかつかまえ、文字に焼き付けることでした。

こうしたエピソードから「客観性などあてにならない」とか「結局は主観でしかない」と言いたいわけではありません。④ひどく混乱した状況を冷静に考える上で客観性はとても重要です。だからこそ思うのは、そんな大事なものを独善的な言動や言い訳といった個人的な事情のために用いる必要はまったくない、ということなのです。

正直なところ、正しくあろうとして客観性を呼び出すことに僕らは疲《つか》れてはいないでしょうか。

一日の言動を振《ふ》り返《かえ》ると、ちゃんとした基準やきちんとしたルールに添《そ》えず、「ああ、前もって考えた通りできなかった」とか「あれほど言ったのになぜ間違えたのか？」と自他を責めることに忙《いそが》しい自分を発見できるでしょう。どれほどのエネルギーを割《さ》いても、つまるところ自分の正しさと誰かの正しさがあって、すり合わせようとすればするほど逸《そ》れていく。思《おも》い描《えが》いた正しさの数だけ(注4)齟齬《そご》が生まれる。客観的に正しくちゃんとしようとすればするほど、正しさをめぐる争いそれ自体は止《や》めむことはありません。

おそらく客観性が大事なのは、それが広場のようなものだからで、そこに各人の思う「こういう事実があります」を置いて、その上で話し合える余裕《よゆう》をもたらすためにあるのではないかと思うのです。客観性は決して自分や他人を押《お》さえつける武器ではないのです。

そしてもうひとつ客観をめぐっての問題があると、最近とみに感じていることがあります。それは客観性を大事に取り扱うことと、寄りかかることの違いがわからないため、僕らは自信をどんどん失っているということです。

いつしか自分の思いや感覚を他者の価値観と引き比べるようになり、自分が純粋《じゅんすい》に感じ取ったものを貶《おとし》めるようになっています。正しさは常に自分の外にあると思うならば、自分の感覚とそこから生まれた考えを(注5)スポイルするようになるのは自然の成り行きです。「正解は常に自分の外にある」と思《おも》い込《こ》むようになって以来、自分の感覚に蓋《ふた》をするようになってしまったのです。

だから「何かおかしいな」と感じても、「いやいや、やはり(注6)ファクトがないと」「(注7)エビデンスがはっきりしない限り、何も言えない」と現に自分が率直《そっちょく》に感じたことを否定してまで「客観」にこだわろうとするのです。

自分の感覚をもとに考えるよりも、「客観的にはこう考えられる」というモードになってしまうのは、自分の中から生まれた考えよりも、他人に向けた正しさの表明というアリバイづくりを大事にしているからではないでしょうか。そこでの正しさは、他人の視線を気にするがゆえの「間違えたことを言えない」程度であり、本当にそうだと心から思っているわけでもない。

自分で考えるほどに正しさから外れるリスクが高まる。なおのこと自分で考えないで済むために、他人事《ひとごと》の客観に寄りかかっていく。そうなると活《い》き活《い》きと生きられなくなってしまいます。⑤あれこれと迷って生きることを常の姿にしたとき、その瞬間《しゅんかん》がもう二度と訪《おとず》れない、同じこに努め、ひたすら生きることに向けて歩みを進めてきた。生に徹《てっ》してきた人の熱を感じられたことが、僕にとって最大の喜びだったのです。でも、その喜びは(注2)怖気《おぞけ》を震《ふる》うような話を通じて得られたものでした。

一九四五年八月六日の朝、明るい夏の空はいつも通りの日中の暑さを感じさせ、そこに「もうひとつの太陽」と山口さんが表現した原爆《げんばく》の白光が炸裂《さくれつ》しました。爆風《ばくふう》に吹《ふ》き飛《と》ばされ、気絶した山口さんが意識を取り戻した後、街を見回すと空の青さはかき消え、一転してのどす黒い空と黒い雨があたりを包んでいました。ひどい火傷を負った山口さんは港近くから街中の会社の寮《りょう》へと向けて歩き始めたそうです。

夏の夕刻であればまだ明るい。しかし、その日の広島は真っ暗で、焼ける家屋以外の灯《あか》りはまったくなかったといいます。闇《やみ》の中、川沿いを歩き続けたところ、向こうからひとりの大人を先頭にした子供の集団がやって来ました。おそらく小学校の教師と生徒たちだと山口さんは見当をつけました。

服と呼べるようなものは身につけておらず、布切れがまとわりついているのみ。幽霊《ゆうれい》のように手の甲《こう》をこちらに向け、指先からは腕《うで》の皮膚《ひふ》が手袋《てぶくろ》のように垂れ下がり、性別も定かではなかったそうです。

「定かではなかった」と言い終えた後、目に留めたひとりの子供について、山口さんは「かろうじて膨《ふく》らんだ胸で女の子だとわかった」と続けました。そのとき僕は山口さんの眼《め》に映った少女の姿をはっきりと見たのです。

そして、恐《おそ》ろしいことに彼女《かのじょ》たちは「一言も話さず。悲鳴も漏《も》らさず」幽鬼《ゆうき》のような格好で、山口さんの右を静かに過ぎ、闇の中へ去って行ったというのです。山口さんの左手には川が流れ、燃える街の炎《ほのお》に水面は煌々《こうこう》と照らされ、口々に「熱い」「助けて」と叫《さけ》ぶ人たちが次々と水の中へ入っては沈《しず》んでいき、やがてぷかりと浮《う》かぶと流れていった。その様子は「筏《いかだ》のようだった」そうです。

「恐ろしいことに」といったのは、教師と子供たちの集団が一言も発していなかったからです。普通《ふつう》なら映画で見られるような(注3)阿鼻叫喚《あびきょうかん》の姿がリアルだと思ってしまいます。実際のところはそうではありませんでした。②けれども、だから「恐ろしい」と思ったのではありません。

山口さんは被爆した際、左耳の鼓膜《こまく》が破れました。史実を客観的に捉《とら》えようとする態度からすれば、体力も限界に近づいていた山口さんの「左側の川から聞こえた溺《おぼ》れる人の声というのが、実は右側をすれ違《ちが》った集団の呻《うめ》き声《ごえ》だったのではないか」と「実際」の状況を検分し、推論しようとするでしょう。③でも、それは違うと気づいたのです。

その日の広島のその時その場にいたのは、世界中でたったひとり山口さんだけでした。

山口さんが見聞きした以外に世界はなかった。すれ違う彼女たちは一言も発さず、そして鼓膜の破れた左からは人々の悲鳴が聞こえた。それ以外の世界はなかったのです。

たったひとりで「一言も話さず。悲鳴も漏らさず」に闇へと歩み去る一団を見送ったその眼と耳の澄《す》ませ方に広島で起きた本当の恐ろしさが伝わってきました。

客観的になど語りようのない出来事が本当に起きたのだと、そのとき身震《みぶる》いとともに理解しました。むしろ頭ではなく、怖気を震うことのみで把握《はあく》したのです。

【国　語】（五〇分）〈満点：七〇点〉

【一】　次の文章を読んで、あとの問に答えなさい。

正しくあろうとしてしまう態度に次いで、いまの世の中で大事だとされているのは、客観的なものの見方ではないでしょうか。知識も情報も客観的な考えに向かわなければ説得力がありません。だから、「あれはよいがこれは悪い」と人それぞれに唱える際、法律あるいは統計に代表される数値や科学的知見が「客観的事実」として持ちだされます。それらは「これ以上さかのぼることができないような事実」であり、それを参照しさえすれば確実なことが言える、と思われています。しかも、それらは目で確認《かくにん》でき、疑問の余地もないような明確な記述でなければいけません。というのは必ず誰《だれ》もが「確かにそうだ」と確認できるような「（注1）可視化」された形でないと客観的な認識は共有されないからです。

客観という言葉が含《ふく》む厳密さに人は安心します。多様な情報が溢《あふ》れる時代ならなおさらです。なぜなら「これ以上さかのぼることができないような事実」なので、迷ったときはそこに戻《もど》ればよいという安心感を与《あた》えてくれるからです。

しかし、この心の落ち着きは曲者《くせもの》です。というのは人間は楽なことが好きだからです。いつかの時点から安堵《あんど》が高じて「それに寄りかかりさえすれば大丈夫《だいじょうぶ》だ」と思い始め、「厳密な事実」を言い訳に使うようになるからです。物事を検証するのではなく、他者を責めるための取り回しのよい道具として扱《あつか》い始めます。「だから私は正しく、おまえは悪いのだ」と言うために客観性を用いるようになりさえする。

つまり客観的事実から ① が生じてしまうわけです。事実がどうであるかよりも、自分が「これが現実だ、これが正しい」と思いたがっている事実のほうが大事になってくる。客観性を物事への問いかけではなく、答えにしたとき、自分が騙《だま》されてしまうという〝事実〟について見えなくなってしまうのです。

誰しも客観的なものの見方を大事にしているけれど、肝心《かんじん》の客観性とはいったい何なのだろう。そういうことについて考えるようになったきっかけは、戦争体験者への取材でした。

広島と長崎で二回被爆《ひばく》された山口彊《やまぐちつとむ》さんという方がいらっしゃいました。僕《ぼく》は山口さんの話の聴《き》き取《と》りを行い、自伝『生かされている命――広島・長崎「二重被爆者」、90歳《さい》からの証言』（講談社、現在は文庫として『ヒロシマ・ナガサキ二重被爆』［朝日新聞出版］刊行）としてまとめるお手伝いをしました。

二重被爆した人は一六五人いると推定されています。実際のところどれだけの人が被爆したかは、それこそ客観的なデータがありません。

山口さんは長崎の三菱《みつびし》造船所に製図工として勤めており、出張先の広島で被爆しました。たいへんな火傷《やけど》を負いながらも、街が壊滅《かいめつ》した状況《じょうきょう》報告と安否を実家に知らせるために長崎に戻り、会社に出勤した直後、再び被爆しました。

話を聞く中で「山口さんに出会えて本当によかった」と思ったことがあります。もちろん稀有《けう》な体験をされた方に直《じか》に話をうかがえたこともありますが、それだけではありませんでした。

山口さんの話の中に織《お》り込《こ》まれた生々しい情感や感性に触《ふ》れることができた。どれほどの惨事《さんじ》に遭遇《そうぐう》しようとも、そのとき自分のできること

2024年度

解　答　と　解　説

《2024年度の配点は解答欄に掲載してあります。》

＜算数解答＞ 《学校からの正答の発表はありません。》

1　(1)　(ア)　384　　(イ)　1536　　(2)　解説参照　　(3)　5回　　(4)　26回
(5)　217回

2　(1)　$2\frac{2}{3}$L　　(2)　22分30秒後　　(3)　12分45秒後　　(4)　$5\frac{1}{3}$Lより多く8L以下

3　(1)　(ア)　45個　　(イ)　1157　　(2)　(ア)　32個　　(イ)　1326
(3)　(ア)　4・6・8・9　　(イ)　解説参照

4　(1)　$2\frac{2}{3}$cm^3　　(2)　(ア)　4面　　(イ)　$1\frac{1}{3}$cm^3　　(3)　(ア)　三角形4面・四角形1面
(イ)　2cm^3

○推定配点○
3(3)，4　各4点×7　　他　各3点×14(2(4)，3(3)(ア)，4(3)(ア)各完答)　　計70点

＜算数解説＞

1　(数の性質，規則性)

基本　(1)　(ア)　右表より，384
　　　(イ)　右表より，1536

(ア)
3　4　1　2
12　4　2
48　8
384

(イ)
3　2　4　1
6　8　4
48　32
1536

(2)　中央から，大きい数を並べると，以下のような例がある。
1，3，5，6，4，2　　1，4，5，6，3，2

重要　(3)　1段目…3，5，4，2，1，6
2段目…5と他の数との積が2個
3段目…5×5と他の数との積が1個，5と他の数との積が1個
4段目…5×5×5と他の数との積が1個，5と他の数との積が1個
5段目…5×5×5×5と他の数との積が1個，5と他の数との積が1個
6段目…5×5×5×5×5と他の数との積が1個
したがって，6段目の数は5で5回割切れる。

(4)　1段目…1，2，3，4，5，6
2段目…2が1個の積，2が1個の積，2が2個の積，2が2個の積，2が1個の積
3段目…2が2個の積，2が3個の積，2が4個の積，2が3個の積
4段目…2が5個の積，2が7個の積，2が7個の積
5段目…2が12個の積，2が14個の積

6段目…2が26個の積

したがって，6段目の数は2で26回割切れる。

やや難　(5)　2がN個の積…〈2－N〉と表記する

並べ方…中央から$8=2\times2\times2$，$4=2\times2$，2，$6=2\times3$を並べる

2段目…〈2－1〉，〈2－3〉，〈2－5〉，〈2－4〉，〈2－1〉

3段目…〈2－1〉，〈2－4〉，〈2－8〉，〈2－9〉，〈2－5〉，〈2－1〉

4段目…〈2－5〉，〈2－12〉，〈2－17〉，〈2－14〉，〈2－6〉

5段目…〈2－17〉，〈2－29〉，〈2－31〉，〈2－20〉

6段目…〈2－46〉，〈2－60〉，〈2－51〉

7段目…〈2－106〉，〈2－111〉

8段目…〈2－217〉

したがって，8段目の数は2で217回割切れる。

2　(立体図形，割合と比，単位の換算)

水槽…容積100L，始めの水量は60L

A・B…給水蛇口　　　C・D…排水蛇口

B…水量が20Lになると開き，70Lになると閉める

D…水量が80Lになると開き，40Lになると閉める

ア始め(60L)A・Cを開ける…7.5分後(20L)Bを開け，15分後に水量0L

イ始め(60L)B・Dを開ける…その後(40L)Dを閉め，15分後(70L)Bを閉める

重要　(1)　毎分の「Cの排水量－Aの給水量」…$(60-20)\div7.5=\frac{16}{3}$(L)

毎分の「Cの排水量－(A＋B)の給水量」…$20\div7.5=\frac{8}{3}$(L)

したがって，毎分のBの給水量は$\frac{16}{3}-\frac{8}{3}=\frac{8}{3}$(L)

(2)　(1)より，$60\div\frac{8}{3}=22.5$(分後)　　すなわち22分30秒後

やや難　(3)　イの場合，Dを閉めた後，Bで給水した時間…$(70-40)\div\frac{8}{3}=11.25$(分)

イの場合，Dを閉めた時刻…$15-11.25=3.75$(分後)

毎分の「Dの排水量－Bの給水量」…$(60-40)\div3.75=\frac{16}{3}$(L)

毎分のDの排水量…$\frac{16}{3}+\frac{8}{3}=8$(L)

毎分の「(C＋D)の排水量－Aの給水量」…$8+\frac{16}{3}=\frac{40}{3}$(L)

水量が40Lになる時刻(Dを閉める)…$(60-40)\div\frac{40}{3}=1.5$(分後)

水量が20Lになる時刻(Bを開ける)…$1.5+(40-20)\div\frac{16}{3}=5.25$(分後)

毎分の「Cの排水量－(A＋B)の給水量」…$\frac{8}{3}$L

したがって，求める時刻は$5.25+20\div\frac{8}{3}=12.75$(分後)　　すなわち12分45秒後

(4)　B…70Lになっても開けたまま

Aの毎分の最少給水量…(3)より，$\frac{16}{3}$L

Aの毎分の最多給水量…(3)より，8L

(70LになってBを閉じても満水になることがない場合)

重要 3 **(数の性質，場合の数)**

足し算の数の「一の位の数」…一の位以外の数の和

かけ算の数の「一の位の数」…一の位以外の数の積

(1) (ア) 100台の「足し算の数」…101，112，～，189の9個

200台の「足し算の数」…202，213，～，279の8個

⋮　　　⋮

800台の「足し算の数」…808，819の2個

900台の「足し算の数」…909の1個

したがって，求める個数は(9＋1)×9÷2＝45(個)

(イ) (ア)より，4ケタの60－45＝15(番目)の「足し算の数」を求める。

1000台の「足し算の数」…1001，1012，～，1089の9個

1100台の「足し算の数」…1102，1113，1124，1135，1146，1157

したがって，求める数は1157

(2) (ア) 100台の「かけ算の数」…100，111，～，199の10個

200台の「かけ算の数」…200，212，～，248の5個

300台の「かけ算の数」…300，313，326，339の4個

400台の「かけ算の数」…400，414，428の3個

500台の「かけ算の数」…500，515の2個

⋮　　　⋮

900台の「かけ算の数」…900，919の2個

したがって，求める個数は10＋5＋4＋3＋2×5＝32(個)

(イ) (ア)より，4ケタの60－32＝28(番目)の「かけ算の数」を求める。

1000台の「かけ算の数」…1000，1010，～，1090の10個

1100台の「かけ算の数」…1100，1111，1122，～，1119の10個

1200台の「かけ算の数」…1200，1212，1224，1236，1248の5個

1300台の「かけ算の数」…1300，1313，1326

したがって，求める数は1326

(3) (ア) 「同じ数」が「足し算の数」でも「かけ算の数」でもある場合，その「一の位の数」を求める。

(1)・(2)より，4，6，8，9

(イ) (ア)より，4，6，8，9についてそれぞれの場合を計算する。

一の位	0	1	2	3	4
個数	個	個	個	個	1個
一の位	5	6	7	8	9
個数	個	6個	個	22個	10個

4…224の1個

6…1236について123の並び方は3×2×1＝6(通り)

8…11248について1124の並び方は4×3÷2×2×1＝12(通り)

112228について11222の並び方は5×4÷2＝10(通り)

合計12＋10＝22(通り)

9…111339について11133の並び方は10通り

4 **(平面図形，立体図形)**

重要 (1)　Xの体積

…図アより，$2\times2\times2\div3=\frac{8}{3}(\mathrm{cm}^3)$

(2)　(ア)　Yの面

…図イより，4面

(イ)　二等辺三角形LMNの面積

…$2\times2\div2=2(\mathrm{cm}^2)$

Yの体積

…$2\times2\div3=\frac{4}{3}(\mathrm{cm}^3)$

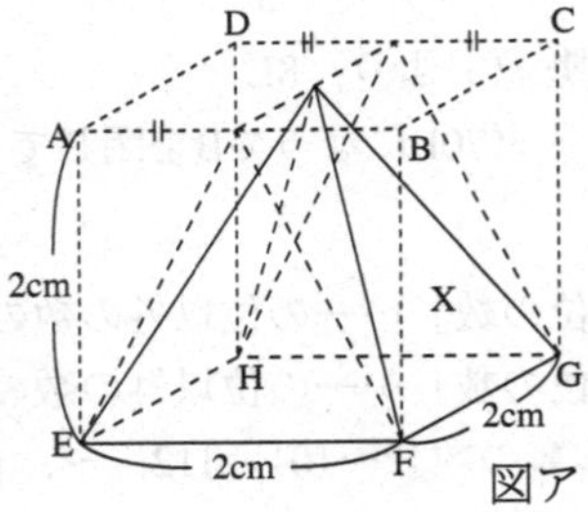

図ア

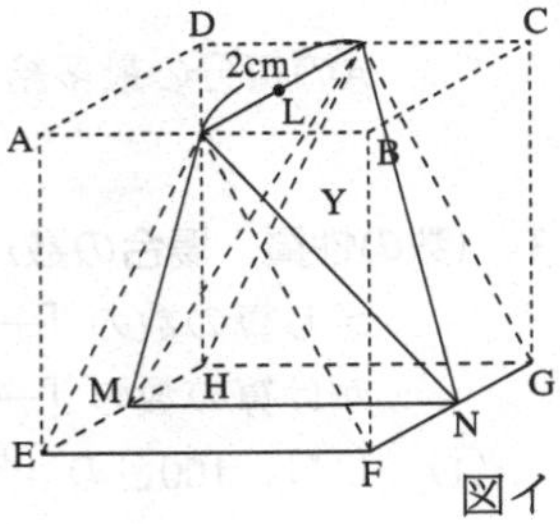

図イ

やや難 (3)　(ア)　Zの面の形

…図ウより，三角形が4面，四角形が1面

(イ)　三角錐Q－OPFの体積×2

…$2\times2\div2\times2\div3=\frac{4}{3}(\mathrm{cm}^3)$

三角錐O－PQRの体積

…$\frac{4}{3}\div2=\frac{2}{3}(\mathrm{cm}^3)$

Zの体積

…$\frac{4}{3}+\frac{2}{3}=2(\mathrm{cm}^3)$

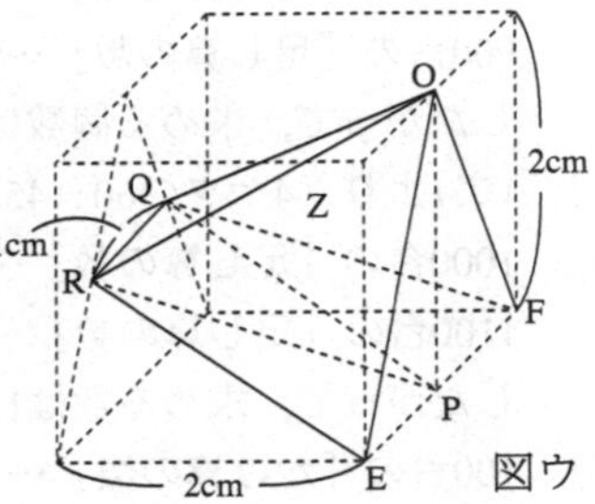

図ウ

★ワンポイントアドバイス★

1「隣り合う数の積」は難しい印象を受けるが，取り組んでみるとそれほどでもないことがわかり，2「4つの蛇口」の問題は，条件を把握するのにミスが出やすい。3「2種類の数」，4「立体の重なり」は難しいが，解ける問題である。

＜理科解答＞ 《学校からの正答の発表はありません。》

問1　ア，エ，カ　　問2　プラ　10.9℃　　素焼き　4.8℃

問3　プラ　14.2℃　　素焼き　12.2℃　　問4　ウ

問5　(1)　プラ　25g　　素焼き　52g

(2)　プラ　192g　　素焼き　399g

(3)　プラ　19g　　素焼き　39g　　問6　オ

問7　方法　両方の鉢にそれぞれ実験2と同じように土と水を入れ，側面にラップを巻き付けておおい，そのまま何時間か置いておく。　　予想　素焼きの鉢ではラップの内側に多数の水滴がつくが，プラ鉢では変化が見られない。

問8　予想　ア　　理由　ピーマンが土の中の水を根から吸い，葉などから蒸散するため。　　問9　ためておける水の量が少なく，側面から水が蒸発しにくいため，土の中の温度変化が大きい特徴。

問11

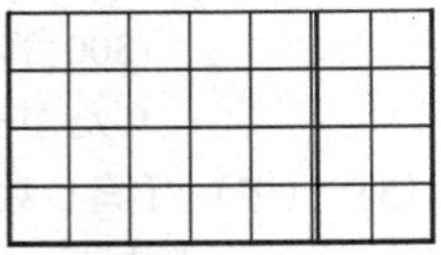

問12

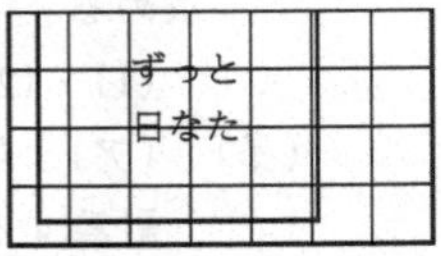

問13

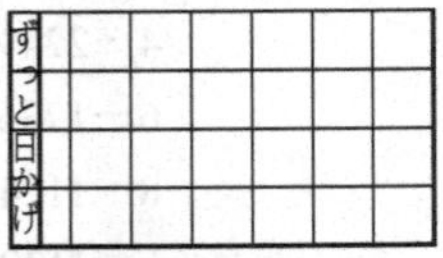

(注) 問11と問12の右側の線は，右端から19目盛り。問12の下側の線は，下端から4目盛り。問12と問13の左側の線は，左端から4.8目盛り。

問10　記号　エ　　時刻　14時　　問11～問13　前ページ図　　問14　イ
○推定配点○
問1～問6，問10，問14　各2点×16(問1完答)　　他　各3点×6(問7・問8完答)　　計50点

＜理科解説＞

(総合―植木鉢の温度変化)

基本　問1　風通しが悪いと，局所的に周囲と気温が異なる場所ができてしまう。地面に近すぎると温度が高く測定されてしまう。温度計の液だめに直射日光があたると，温度計の中の液体の温度が上がってしまう。

問2　図2でプラ鉢の場合，8時の温度は29.8℃で，最も高くなったのは15時30分ごろの40.7℃である。その差は，40.7－29.8＝10.9(℃)である。一方，素焼き鉢の場合，8時の温度は29.2℃で，最も高くなったのは14時ごろの34.0(℃)である。その差は，34.0－29.2＝4.8(℃)である。プラ鉢の方が温度の変化が大きい。

問3　図3でプラ鉢の場合，8時の温度は29.6℃で，最も高くなったのは15時30分ごろの43.8℃である。その差は，43.8－29.6＝14.2(℃)である。一方，素焼き鉢の場合，8時の温度は28.9℃で，最も高くなったのは15時ごろの41.1℃である。その差は，41.1－28.9＝12.2(℃)である。プラ鉢の方が温度の変化が大きいが，問2ほどの差はない。

問4　プラ鉢と素焼き鉢の大きさや形はよく似ており，入れた土の量も同じである。よって，土が保持している水の量もほぼ同じである。にもかかわらず，素焼き鉢の方が水を多くたくわえているのは，素焼きの鉢そのものにも水をたくわえているからである。プラスチックの鉢は水を通しにくいが，素焼きの鉢には小さな穴が多数あいていて，そこに水を含むことができる。そのため，図4の写真のように水を含んだ部分の色が変わって見えている。確かに素焼き鉢の方が重さや厚みが大きいが，もしもプラ鉢の重さまたは厚みが素焼き鉢と同じだったとしても，プラ鉢が水を吸うことはないので，やはり素焼き鉢の方が水を多くたくわえる。

問5　図5を読み取り，その差から蒸発量を計算すると，次のようになる。

<table>
<tr><td></td><td colspan="2">15日18時</td><td colspan="2">16日6時</td><td colspan="2">16日18時</td><td colspan="2">17日6時</td></tr>
<tr><td>プラ鉢</td><td colspan="2">795</td><td colspan="2">770</td><td colspan="2">578</td><td colspan="2">559</td></tr>
<tr><td>プラ鉢の蒸発量</td><td></td><td colspan="2">25</td><td colspan="2">192</td><td colspan="2">19</td><td></td></tr>
<tr><td>素焼き鉢</td><td colspan="2">942</td><td colspan="2">890</td><td colspan="2">491</td><td colspan="2">452</td></tr>
<tr><td>素焼き鉢の蒸発量</td><td></td><td colspan="2">52</td><td colspan="2">399</td><td colspan="2">39</td><td></td></tr>
</table>

重要　問6　問5の値から，素焼き鉢の蒸発量÷プラ鉢の蒸発量を計算する。(1)は52÷25＝2.08(倍)，(2)は399÷192＝2.07…(倍)，(3)は39÷19＝2.05…(倍)となり，どの時間帯もおよそ2倍である。このように，素焼き鉢からは水が多く蒸発することで熱が奪われやすく，夏でも高温になりにくい。

重要　問7　素焼き鉢の側面から水が蒸発していることを確かめるには，実験2の①～④と同じようにプラ鉢と素焼き鉢のそれぞれに土と水を入れたうえで，側面にラップを巻き付けて，何時間か置いておくとよい。素焼き鉢の側面に巻き付けたラップは，水の蒸発によって内側に多数の水滴がついて濡れた状態になっているが，プラ鉢の方は目立った変化がないと予想される。

なお，鉢全体をポリ袋に入れる方法では，鉢の側面だけでなく，土の表面からの蒸発も含まれてしまい，プラ鉢と素焼き鉢の両方で水滴ができてしまうので不適当である。また，鉢の外側に塩化コバルト紙を貼っておく方法も考えられるが，鉢の側面には最初から水がしみ込んでいるた

めに，最初から変色してしまい，水の蒸発を確かめるには不充分であろう。

問8　植物を植えると，土の表面からの蒸発だけでなく，植物が土の中の水を吸って，葉などの表面から蒸散する効果も加わるので，プラ鉢，素焼き鉢のどちらも水の減り方が速い。

問9　実験1の結果から，プラ鉢は素焼き鉢と比べ，土の中の温度の変化が大きいことがわかる。また，実験2の結果から，プラ鉢は素焼き鉢と比べ，鉢自体に水を含むことはなく，側面からの水の蒸発もない。

重要　問10　7月20日は，夏至と秋分の間にある。太陽は真東よりもやや北からのぼり，真西よりもやや北に沈む。そのため，棒の影の先端の動きを記録すると，早朝や夕方には影が南側にも現れる。つまり，ウやエの形になる。アやイは秋分～冬至～春分の時期の記録の形である。さらに，太陽は1時間に15°ずつ一定の角度で動く。記録の各点と棒の位置を結んで，各線どうしの角度を調べると，イやエではほぼ一定であるが，アやウでは12時前後の角度が大きくなってしまい，誤った図といえる。以上より，7月20日の記録はエである。太陽は東から西へ動くので，影は西から東へ動く。Pは12時よりも2時間後の14時である。

問11　問10のエの図から，15cmの棒の影が，8時には真西に19cm伸びていることがわかる。よって，高さ1.5mの塀の影も，8時には真西に1.9mできる。これに合うように，東側（右側）の塀の影を作図する。塀の高さが一定なので，日なたと日かげの境は，塀と平行に描かれる。

やや難　問12　問10のエの図から，15cmの棒の影が北側に最も伸びるのは，太陽が南中したときで4cmである。つまり，高さ1.5mの塀の影も，太陽が南中したときには40cmまで伸びる。これに合うように，南側（下側）の塀の影を作図する。

次に，問10のエの図では，13時の影は東へ4.8cm，北へ3.8cmの位置まで伸びている。よって，高さ1.5mの塀の影も，13時には真西に東へ48cm，北へ38cmの位置まで伸びている。これに合うように，南側（下側）と西側（左側）の塀の影を作図する。

影は8時から太陽の南中時までは短くなり，南中時から13時までは長くなる。よって，8時にも南中時にも13時にも影でない部分が，ずっと日なたの部分である。

やや難　問13　13時から後は，影が北向きは短くなり，東へ向かって伸びていく。やがて，16時前ごろからは北側の影はなくなり南側に影ができる。よって，南側（下側）の塀の影がずっとかかり続ける場所はない。一方，西側（左側）の塀の影は東側に長くなっていくので，13時に西側の塀の近くで日かげだった幅48cmの場所は，そのまま太陽が沈むまで日かげのままである。

問14　ピーマンでふつう食用にする部分は，めしべの子房が変化してできる果実である。子房の中が大きな空洞になっているので，食用部分の果実も中が空洞になっている。子房の空洞の付け根の部分に胚珠が多数あり，そこに多数の種子ができる。料理のときには「ワタ」とよばれ，取り去ることの多い部分である。

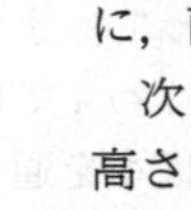

★ワンポイントアドバイス★

グラフや図の読み取りは，あせらず根気よくていねいに行い，1問1問の得点を確実に積み上げていこう。

＜社会解答＞《学校からの正答の発表はありません。》

1 問1 エ　問2 銅鐸　問3 布

2 問1 B 宋　C 明　問2 イ　問3 ア　問4 エ　問5 （例）・軽くて，かさばらず運びやすい。・長期間にわたって価値を保存できる。

3 問1 エ　問2 (1)（石見銀山）ウ　（佐渡金山）ア　(2)（例）河床や海浜の砂の中から砂金を集めた。　問3 （例）大名や皇族に対する贈答品として用いられた。

4 問1 （例）重さに応じ，切り分けて使われた。　問2 宿場町　問3 ウ
問4 ア　問5 イ　問6 浮世絵[錦絵]

5 問1 地租改正　問2 （国名）中国　（通貨単位）元　問3 （例）偽札の発行が増加する。　問4 アルミニウム　問5 （金と比べて）（例）価格が安く，入手しやすい。（鉄と比べて）（例）やわらかく，いろいろな形に加工しやすい。

6 問1 （例）奈良時代，都である平城京に設けられた市で銭が使われるようになった。しかし，都とその周辺以外では，銭が使われることはほとんどなかった。しかし，鎌倉時代になると，年貢を米の代わりに銭でも納められるようになり，室町時代には，港や市で行われた商売では，銭が広く使われるようになった。江戸時代になると，幕府は全国共通の金貨・銀貨・銭の三貨を流通させ，代表的な銭である永楽通宝は全国の庶民が日常的に使う貨幣となった。　問2 （例）飛鳥時代，朝廷は，平城京を造るために働いた人びとの賃金や，役人の給料を支払うときに，銭を使用し，奈良時代には，地方から都に税を納めるためにやってきた農民たちに，銭を持ち帰らせて，各地に銭を流通させようとした。室町時代以降は，貨幣の発行が幕府に大きな利益をもたらすようになり，鉱山の開発も積極的に行われた。明治時代以降，政府は，税のしくみや貨幣を発行する体制を整備する上で，大きな役割を果たすようになった。

○推定配点○

1 問2 2点　他 各1点×2　2 問2～問4 各1点×3　他 各2点×4　3 各1点×5
4 各1点×6　5 各2点×7　6 各5点×2　計50点

＜社会解説＞

1 （日本の歴史―縄文時代～奈良時代）

重要 問1 黒曜石は，黒色でガラス質の火成岩。大分県姫島，島根県隠岐諸島，長野県和田峠，静岡県天城山，北海道白滝・十勝岳などで産出する。旧石器時代から縄文時代まで，矢じりなど石器の材料として用いられた。産地が限定され，また産地によって石質に多少の違いがあるため，黒曜石石器の分布状況は，当時の交易や交通の事情を知る手がかりとなる。なお，鉄などの金属は，縄文時代には使われていない。

基本 問2 銅鐸は，弥生時代の青銅器の一種。釣鐘を偏平にした形で，元々は内部に舌(ぜつ)を吊るし，揺り動かして音を出した。次第に大型化し，装飾が多くなり，鳴りものの機能を失ったと考えられる。装飾には原始絵画の刻まれたものがあって，当時の生活を知る手がかりとなる。

問3 庸は，律令制における租税負担の一つで，養老令では年間10日の労役の義務を規定し，その代納として1日あたり2尺6寸の布を納めるものとした。なお，当時，麻布を納めるのが一般的であった。

2 （日本の歴史―平安時代～室町時代）

重要 問1 B 日宋貿易は，平安時代中期から鎌倉時代中期にかけて行われた日本と宋との間の貿易。平

清盛は大輪田泊を開いて，瀬戸内海航路を整備し，貿易の振興に尽力。この貿易によって流入した宋銭は国内の貨幣経済の進展に寄与した。　C　日明貿易は，室町時代，日本と明との間で行われた勘合船による貿易。1401年，室町幕府3代将軍足利義満の朝貢使派遣で始まり，1404年より朝貢勘合形式となる。輸出品は刀剣，硫黄，銅など，輸入品は銅銭，生糸，絹織物など。

基本　問2　国ごとに守護，各地に地頭を置いたのは，平清盛ではなく，源頼朝。

やや難　問3　高徳院は，神奈川県鎌倉市長谷にある浄土宗の寺院。鎌倉の大仏として有名な阿弥陀如来像を本尊とする。

問4　備中ぐわが発明されたのは，江戸時代初期の元禄期。

問5「それまで地方から米を運んで納められていた年貢が，米の代わりに銭でも納められるようになりました。」，「つぼに入っている大量の銭が，土の中にうめられた形で見つかることがあります。」などの記述に注目して考える。

3　(日本の歴史―戦国時代～安土桃山時代)

基本　問1　織田信長は，商業活動の活性化を図るため，関所を廃止し，通行を自由とした。

問2　(1)　石見銀山は，島根県大田市大森にあった銀山。16～17世紀に銀を大量に産出。江戸時代，幕府の直轄地であったが，幕末にはその寿命を終えた。佐渡金山は，新潟県佐渡島の相川にあった金山。16世紀後半，大量に金・銀を産出。江戸時代，幕府の直轄地で，明治政府に引き継がれ，のちに三菱に払い下げられた。　(2)　砂金は，自然金の一つで，金鉱床が風化，侵食され，その金粒が流水に運ばれ，川底などに砂礫とともに沈積している。採取法は，皿にのせた砂を流水で少しずつ流していき，最後に比重の大きい砂金が残ることを利用する。

やや難　問3　大判は，安土桃山時代～江戸時代に鋳造された大型の金貨。大判は，価値があまりにも大きいため，一般に流通することはなく，贈答用，賞賜用などとして使われた。

4　(日本の歴史―江戸時代)

やや難　問1　図4は，丁銀とよばれる銀貨。丁銀は，形は一定せず，なまこ形で，少額の支払いには切って，その重量により使用された。

基本　問2　宿場町は，江戸時代，主な街道の中継点や分岐点などに，宿場を中心に，問屋場，旅籠，本陣，茶店などが集まって形成された町。東海道五十三次，中山道六十九次の宿場町が有名である。

問3　江戸時代，高度な織物(西陣織)，焼き物(清水焼)などの手工業が発達したのは京都。

問4　江戸時代，一般庶民が旅行することは，原則として禁止されていた。しかし，神社仏閣を参詣することは例外的に許され，伊勢神宮に参詣すること(伊勢参り)は民衆の間で流行，行事化。本人に代わって参詣する代参講なども習慣化した。

問5　親藩は，江戸時代，徳川氏の親戚が封じられた藩。徳川家康の子が藩主となった御三家(尾張・紀伊・水戸)をはじめ，松平家などがこれにあたる。なお，ア，ウ，エはいずれも外様大名である。

問6　浮世絵は，江戸時代に発達した民衆的な風俗画の一様式。肉筆画もあるが，特に版画において独自の美をひらいた。17世紀後半，菱川師宣によって版画挿絵としても様式の基礎がつくられ，さらに1765年には鈴木春信によって多色刷版画(錦絵)が創始されて，全盛期を迎えた。

5　(日本の歴史―明治時代)

基本　問1　地租改正は，1873年の地租改正条例により実施された土地制度，課税制度の改革。村ごとに土地台帳を作成し，土地の検査を受け，土地所有者が地価の3%の地租を，豊凶に関係なく現金で納めることとした。この結果，政府の財政は安定したが，農民の負担は軽減されなかった。

問2　2021年現在，日本の最大の貿易相手国は中国。輸出額，輸入額とも最大である。中国の通貨単位は元で，1元＝10角である。

問3　印刷技術は日進月歩の進歩を遂げている。そのため，紙幣のデザインの変更を行わないと，精巧にできた偽札が広まるおそれがある。

問4　一円硬貨は，1955年に発行が開始された硬貨で，純アルミニウム製。重量は1グラムである。

問5　2024年3月現在，金は1グラムあたり11,000円前後，銅は1グラムあたり1.2円前後で，圧倒的に銅の価格の方が安い。また，銅は，鉄に比べて軟らかく，さまざまな形に加工しやすい。そのため，古くから貨幣，メダル，銅像などに利用されてきた。

6　**（日本の歴史―貨幣をテーマにした日本の歴史）**

問1　飛鳥時代・奈良時代は，貨幣は都やその周辺でしか通用しなかったが，その後，経済の発達に伴い，貨幣の使われる場所や地域はしだいに拡大し，江戸時代には全国に広がった。

問2　朝廷は，貨幣の流通を拡大しようとしたが，大きな成果をあげることはできなかった。幕府は，貨幣を発行することによって利益を得ようとし，鉱山の開発にも力を入れた。明治政府は，日本銀行を設立したり，税制を整えたりするなど，通貨を利用することにより，経済のしくみを確立しようした。

★ワンポイントアドバイス★

本年は，歴史中心の出題であった，しかし，例年は，地理分野の出題も多いので，十分な準備が必要である。

＜国語解答＞《学校からの正答の発表はありません。》

【一】　問一　エ　　問二　ア　　問三　（例）　客観的には語りようのない，体感でしか伝えられない，おそろしく衝撃的なもの。　　問四　おそらく客　　問五　（例）　自分が率直に感じたことを否定して，他人の視線を気にして客観性にこだわり，思い悩み続けること。

【二】　問一　（例）　カンナの引っこしが明日であると思い出し，会いたいと思いながらも，家を知らないため会えないとがっかりした。また，カンナが引っこしを喜ぶ様子を想像して残念な気持ちにもなっている。　　問二　（例）　見栄を張って休業していていないように見せかけていたことがばれてしまったから。　　問三　（例）　キッチンに入るお父さんの姿を見て，以前お店でお父さんとすごした時間が思い出され，そのように過ごせていない今の状況を実感して，悲しくて泣きそうになってきたから。　　問四　（例）　貧しい暮らしから抜け出せることを喜ぶ自分の前でアオイが暗い顔をしていたので，アオイを気づかい，この気持ちはアオイにはわからないよねと謝った　　問五　ウ

【三】　1　障害　　2　土俵　　3　俳優　　4　調停　　5　旅費　　6　復興　　7　欲望　　8　裏　　9　縮む　　10　拾(う)

○推定配点○

【一】　問五　6点　　他　各5点×4　　【二】　問二・問五　各5点×2　　他　各8点×3

【三】　各1点×10　　計70点

＜国語解説＞

【一】　（論説文―主題・理由・細部表現の読み取り，空欄補充，記述）

重要　問一　空欄①直前の段落に着目する。「厳密な事実」に安堵した人は，「厳密な事実」を言い訳に使うようになり，物事を検証するのではなく，他者を責めるために客観性を用いるようになる。そのような状況を意味する表現が空欄①にあてはまる。自分ひとりが正しいとひとりよがりに考えることを意味する，エの「独善性」があてはまる。アの「一般性」は広く認められ共通して成り立つことを意味する。イの「厳密性」は，物事を厳しく正確に扱うことを意味する。ウの「消極性」は，積極的に行動しないで受け身の態度を取ることを意味する。オの「楽観性」は，物事を明るく前向きに捉える性質を意味する。

問二　傍線部②以降を読み取り，筆者が「恐ろしい」と思った理由をおさえる。山口さんは被爆した際，左耳の鼓膜が破れた。そのため，左側の川から聞こえた溺れる人の声というのは実際の状況に合わず，おかしい。だが，筆者は異なる理解を進める。その日の広島のその時その場にいたのは，山口さんだけ。山口さん以外に，世界には誰もいなかった。山口さんがたったひとりで「一言も話さず。悲鳴も漏らさず」に闇へと歩み去る一団を見送った。その眼と耳の澄ませ方を思い浮かべ，筆者は本当のおそろしさを感じたのだ。そして，客観的になど語りようのない出来事を山口さんは体験したに違いないと，身震いとともに理解したのだ。客観的な事実があっているかどうかではなく，山口さんが体験したそのときの状況に筆者はおそろしさを感じた。このように読み取ることがポイントである。「教師と子供たちの集団……彼らに遭遇した山口さんの，その時の体感そのままに筆者の中に浮かびあがってきた」とある，アが正解になる。イは「山口さんの鼓膜が破れていたことがより鮮明に伝わって」とあるが，おかしい。イは，山口さんの鼓膜が破れたことが原爆の悲惨さを伝えているような文面になっているが，筆者の感じた「おそろしさ」と異なる。ウは「客観的になど語りようのない出来事が本当に起きた」という状況が選択肢の中にない。エは「教師と子供たちの集団の様子は想像を絶するほど悲惨なもの」とあるが，その状況を目にした時の山口さん自身が体感したであろう悲惨さについては述べられていない。筆者は，山口さん自身が体験したであろう悲惨さを思い浮かべて，恐ろしいと思ったのである。オは「体力も限界に近づいた状態でも冷静に観察していた山口さんの姿勢」とあるが，山口さんは「冷静に観察」していたわけではない。

問三　傍線部③以降の内容をおさえて，書くべき内容を判断する。山口さんが体験したことに関して，「本当のおそろしさが伝わって(くる)」「客観的になど語りようのない出来事」だと書かれている。さらに，「頭ではなく，怖気を震うことでのみ把握」できるような，「体感を通じて手渡すしかない事実」だとも書かれている。以上の点をふまえて，書くべき内容をまとめるとよい。記述の際には「客観的には語りようがない」＋「体感を通じてしか伝えられない」＋「非常に恐ろしいもの/体験」という方向性にする。

問四　傍線部④には「……客観性はとても重要です」とある。その後を読み進めていくと，「客観性」に関する説明が続き，「おそらく客観性が大事なのは……」とあり，客観性が重要と考える筆者の思いが書かれている。そこでは客観性が「広場のようなもの」だととらえられている。各人が「こういう事実があります」とそれぞれ置き，話し合える余裕をもたらす。そのような役割を果たす広場だというとらえ方だ。「おそらく客観性が大事なのは……」で始まるこの一文が，問四の解答になる。設問の条件にあわせて，最初の五字を抜き出す。

重要　問五　「だから『何かおかしいな』……」で始まる段落から，傍線部⑤を含む段落までの内容をおさえることで，解答できる。「何かおかしいな」というのは，何かの証拠に基づくものではなくとも，自分が率直に感じたことである。だが，自分が率直に何かを感じても，「客観的にはこう考えられる」というモードになってしまうのである。それは，他人の視線を気にしたアリバイづくりのようなものであり，自分が本当にそうだと思っているわけでもないのだ。だから，あれこれと迷って生きる。つまり，思い悩み続けることになる。「だから『何かおかしいな』……」で始まる段落以降のそのような文脈をふまえて，書くべき内容をまとめていく。「自分が率直に感じたことを否定して，客観性にこだわる」＋「思い悩み続ける」という内容を中心にするとよい。

【二】（物語文―主題・心情・場面・細部表現の読み取り，記述）

問一　傍線部①を含む場面から，書くべき内容を考える。店に入ったアオイはしばらく「お父さん」と一緒に掃除を続けるが，ノートに日づけを入れたとき，さまざまなことが頭に浮かぶようになる。①カンナの引っこしが明日であること。②会いたいけれども家を知らないこと。つまり，会えないこと。③「いきいきと，はりきって」とあるように，カンナが引っこしを楽しみにしていると思われること。①～③のような様子を思い浮かべ，非常に残念な気持ちになったため，アオイは「あーあ，あーあ」という嘆きの声をあげるのだ。記述の際には，上記①～③の要素を書き，「……残念な気持ちになっている」などとまとめるとよい。

基本　問二　アオイが気まずくなった理由は，傍線部②前後から読み取ることができる。本当は休業中だったのにも関わらず，見栄をはって，「休むかも」と言って，まだ休業していないように見せかけていたのである。ところが，カンナとお父さんのやり取りによって，アオイが見栄をはっていたことがばれてしまった。だから，気まずくなったのである。以上の点をまとめる。記述の際には，「休業していたことをあいまいにしていた」＋「ばれてしまった」という内容を中心にする。

やや難　問三　傍線部③を含む場面に書かれた情報を意識して，書くべき内容を判断する。また，「鼻のおくがツンとした」という言葉から，ここでのアオイの心情を理解することもできる。傍線部③前後には，キッチンに入るお父さんの姿を見て，アオイが「お父さんとすごした時間」を思い出す様子が書かれている。そして，アオイは暗くなる。沈んだ気持ちになる。以前は，下校時にお父さんとお店で一緒に過ごし，楽しかったのだ。だが感染症流行の影響で，今はお父さんとそのように過ごすことができていない。キッチンに入るお父さんの姿は，現在が楽しかった日々と異なることをアオイに強く実感させる。そのため，アオイは悲しくなり，泣きそうになったから，鼻のおくがツンとしたのである。「鼻のおくがツンとする」というのは，泣きそうになって，鼻の粘膜が刺激されるような状況である。以上の内容をおさえて，書くべき内容を考える。記述の際には，「キッチンに入るお父さんの姿を見た」＋「お父さんと以前のように過ごせていないことを実感」＋「悲しくて泣きそうになる」という内容を中心にする。

重要　問四　場面の状況を理解して，空欄につながる内容を考える。空欄の後には，「思いもよらず，アオイからとげのある反応を示された」とあるため，空欄部分には，アオイのとげのある反応を生み出したカンナの様子があてはまるとわかる。そのため，この場面のカンナの様子を中心に読み取るとよい。「あたしね，ほんっとに，ワクワクしてんだ」という言葉からもわかるように，カンナは貧しい暮らしから抜け出せることを喜んでいた。しかし，目の前には暗い表情をしたアオイがいた。そのためカンナは，アオイが理解できないような心情について語ってしまったと思って，「ごめん。こんな気持ち，アオイにはわかんないよね」と謝罪した。このカンナの謝罪が，アオイの「ふうん。そんなふうに，わたしのことを思ってたんだ」というとげのある反応を生み出す。以上の展開をおさえ，カンナの様子を七十字以内でまとめる。記述の際には，①「貧しい暮らしから抜け出せることを喜んでいた」＋②「アオイが暗い顔をしていた」＋③「アオイには理解できないことを言ってしまったと謝罪」という形にまとめると良い。

問五　ふたりが親しい関係であったことをおさえて，傍線部④から傍線部⑤の展開をおさえていく。アオイのとげのある反応にカンナはあわてたが，その表情はすぐに変わる。カンナの顔つきは，ツンとしましたすまし顔になり，「やっぱりアオイにわかるわけがないんだよ」と発言する。そして，ポケットから百円玉を一枚出し，テーブルの上に置いていくのである。親しい関係のままであったのなら，アオイのお父さんのカレーをごちそうになることに問題はないはずである。だが，カンナはアオイを理解し合えない相手であると見なして，その親しい関係を断ち切ろうとしたのだ。「アオイ……気持ちに隔たりが生じた」「一方的にごちそうされるわけにはいかない」とある，ウが解答になる。アは「何もしないで仲直りはできないという思い」とあるが，おかしい。この時点で，カンナは仲直りをするつもりはない。イは「アオイの家庭も自分の家庭と同様に生活の状況が厳しい」とあるが，傍線部⑤直前で，カンナは「あたしから見たらとってもめぐまれてるもん」と発言している。同様に生活が厳しいとは考えていない。エは「アオイのお父さんには……」とあるが，カンナの意識がアオイのお父さんに向かっている様子は見られない。オは「おいしいカレーを毎日無料で食べられる恵まれた立場」「わからせてやりたい」とあるが，アオイとカンナの仲が崩れたことに言及していない。

【三】 **（漢字の書き取り）**

1 邪魔をするもののこと。さまざまな障害物をおいた状態でする競走を，「障害物競走」という。

2 相撲をとる場所。ボクシングをする場所は「リング」という。

3 映画や演劇などで演じる人。女性の俳優を「女優」と呼ぶこともある。

重要 4 ここでは，第三者が争いに介入して，お互いの譲歩を導き，解決に導くこと。

5 旅の費用のこと。「路用(ろよう)」という言い方もある。

6 一度衰えたものが，再び盛んになること。復興の応援をすることを，「復興支援」という。

7 欲しいと思う心のこと。食べ物が欲しいと思う心が「食欲」で，もっと知識を得たいと思う心が「知識欲」である。

基本 8 表面と反対の面のこと。表側の面を「表面(ひょうめん)」といい，裏側の面を「裏面(りめん)」という。

9 ここでは，心や身体が小さくなること。「身の縮む思い」と同じような意味を二字熟語で表現すると「畏縮(いしゅく)」になる。

基本 10 落ちているものを手で取り上げること。「捨てる」は不要なものとして，放置することを意味する。

★ワンポイントアドバイス★

「鼻のおくがツンとする」「心の中に黒いあぶくがぷくりとういた」などの比ゆ的な表現の意味がわかれば，物語文の展開がさらに読みやすくなった。言葉の知識を豊かにして，さまざまな表現の意味を正確にとらえていきたい。

2023年度

★★★★★★★★★★★★★★★★★★★★★★★★★

入　試　問　題

2023年度

栄光学園中学校入試問題

【算　数】（60分）　＜満点：70点＞

1．　３辺の長さが３cm，４cm，５cmの直角三角形ABC（図１）と１辺の長さが２cmの正方形（図２）があります。正方形の対角線の交点を点Ｏとします。まず，図３のように点ＯがＡと重なるように正方形をおきます。

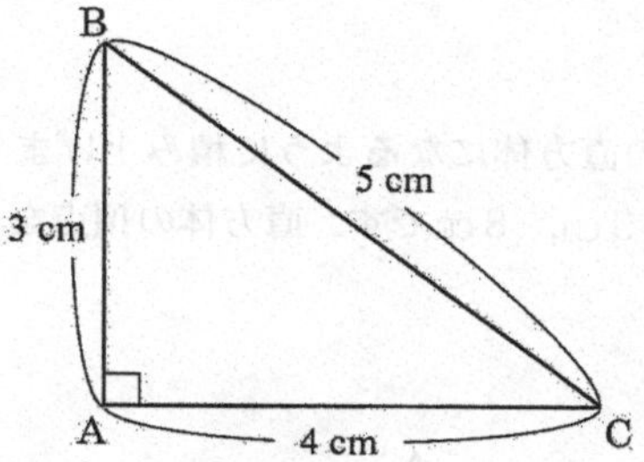

図１

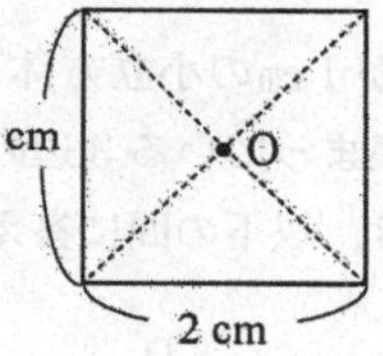

図２

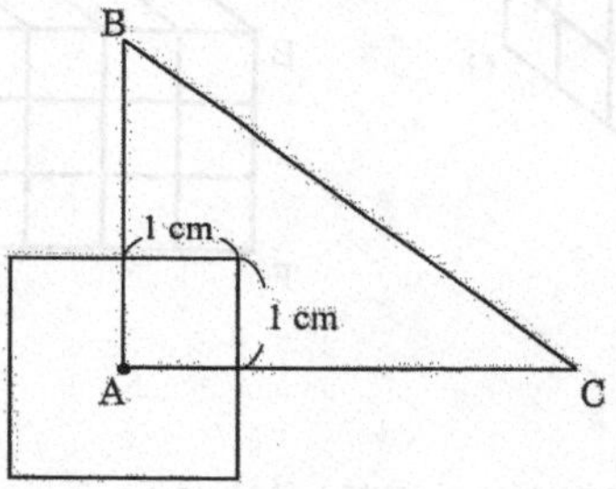

図３

この状態から正方形を，向きを保ったまま（回転することなく）動かします（図４）。点Ｏは，直角三角形の辺上をＡ→Ｂ→Ｃ→Ａの順に毎秒１cmで動き，再びＡに戻《もど》ってきたら止まります。

以下の問では，直角三角形と正方形が重なっている部分の面積（図４の斜《しゃ》線部）について考えます。

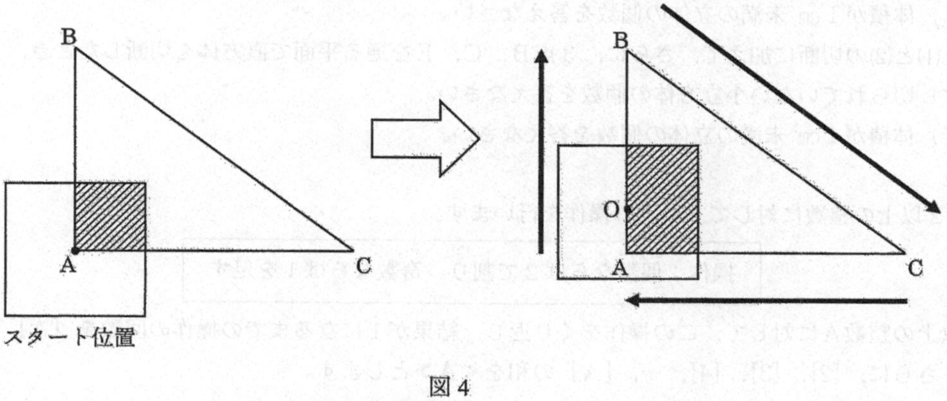

図４

⑴　次のときの重なっている部分の面積をそれぞれ答えなさい。

（ア）スタートしてから３秒後

（イ）スタートしてから４秒後

（ウ）スタートしてから５秒後

⑵　重なっている部分の面積が２cm^{2}であるのは，スタートしてから何秒後ですか。答え方の例にならって，すべて答えなさい。

例：$\frac{1}{2}$秒後から２秒後の間と３秒後のとき　　（答え方）$\frac{1}{2}$～２，３秒後

⑶　重なっている部分の面積が$\frac{32}{75}$cm^{2}であるのは，スタートしてから何秒後ですか。すべて答えなさい。

２． 1辺の長さが１cmの小立方体72個を下の図の直方体になるように積み上げます。この直方体の１つの頂点に集まっている３辺の長さは３cm，３cm，８cmです。直方体の頂点を下の図のようにA～Hとするとき，以下の問に答えなさい。

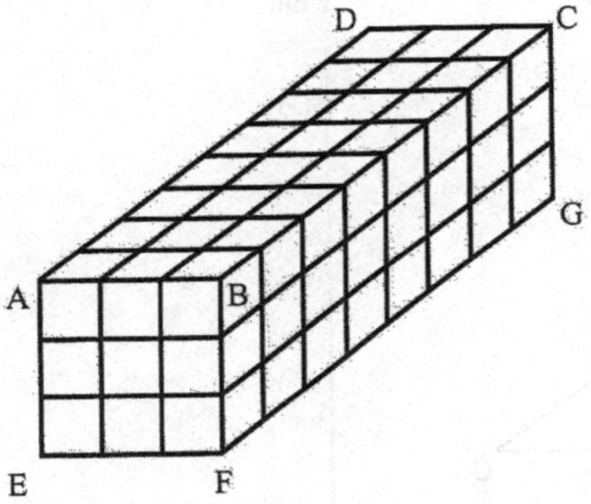

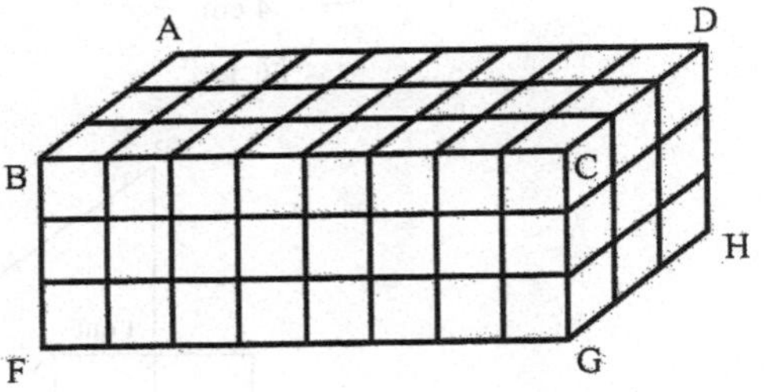

⑴　３点A，B，Gを通る平面で直方体を切断したとき，

（ア）切られていない小立方体の個数を答えなさい。

（イ）体積が１cm^{3}未満の立体の個数を答えなさい。

⑵　⑴の切断に加えて，さらに，３点A，D，Fを通る平面で直方体を切断したとき，

（ア）切られていない小立方体の個数を答えなさい。

（イ）体積が１cm^{3}未満の立体の個数を答えなさい。

⑶　⑴と⑵の切断に加えて，さらに，３点B，C，Eを通る平面で直方体を切断したとき，

（ア）切られていない小立方体の個数を答えなさい。

（イ）体積が１cm^{3}未満の立体の個数を答えなさい。

３． ２以上の整数に対して，以下の操作を行います。

操作：偶数《ぐうすう》ならば２で割り，奇数《きすう》ならば１を足す

２以上の整数Aに対して，この操作をくり返し，結果が１になるまでの操作の回数を［A］とします。さらに，[2]，[3]，[4]，…，［A］の和を≪A≫とします。

例えば，５に対して操作をくり返すと，

5 → 6 → 3 → 4 → 2 → 1

になり，５回の操作で１になるので，[5]＝5になります。同様に，[2]＝1，[3]＝3，[4]＝2になるので，

≪５≫＝[2]＋[3]＋[4]＋[5]＝1＋3＋2＋5＝11

になります。

⑴　[2023] を求めなさい。

⑵　[Ａ]＝５になるような２以上の整数Ａをすべて答えなさい。

⑶　[6] ～ [30] を求めて，解答欄《らん》の表に書き入れなさい。

【下書き用】

	[2]	[3]	[4]	[5]	[6]	[7]	[8]	[9]	[10]
	1	3	2	5					
[11]	[12]	[13]	[14]	[15]	[16]	[17]	[18]	[19]	[20]
[21]	[22]	[23]	[24]	[25]	[26]	[27]	[28]	[29]	[30]

⑷　以下の計算式の［ア］，［イ］に当てはまる整数をそれぞれ答えなさい。

≪64≫＝[2]＋[3]＋[4]＋[5]＋[6]＋[7]＋[8]＋…＋[61]＋[62]＋[63]＋[64]
　＝[2]＋[4]＋[4]＋[6]＋[6]＋[8]＋[8]＋…＋[62]＋[62]＋[64]＋[64]＋［ア］
　＝[2]＋([4]＋[6]＋[8]＋…＋[62]＋[64])×2＋［ア］
　＝[2]＋([2]＋[3]＋[4]＋…＋[31]＋[32]＋［イ］)×2＋［ア］
　＝[2]＋(≪32≫＋［イ］)×2＋［ア］
　＝1＋≪32≫×2＋［イ］×2＋［ア］

⑸　≪128≫を求めなさい。

4． 正方形のマス目と，向かい合う面の目の和が７の立方体のさいころがあり，最初は左上のマスにさいころが図１の向きでおかれています。以下の問では，すべてこの向きから始めます。

このさいころを右下のマス（図１においては斜線のマス）に止まるまで，右のマスまたは下のマスに１マスずつ転がします。このとき，各マスにおけるさいころの上面に出た目とそれらの和について考え

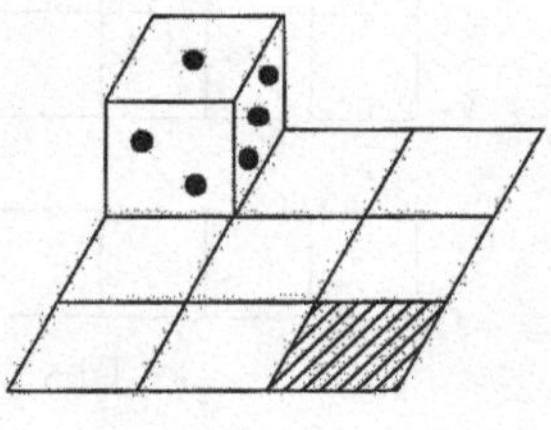

図１

ます。

例えば，３×３のマス目（縦３マス，横３マスのマス目）において，図２の経路でさいころを転がすと図３のようになります。出た目は最初の１を含《ふく》めて順に「１→４→５→３→６」となるので，出た目の和は，

$$1 + 4 + 5 + 3 + 6 = 19$$

となります。

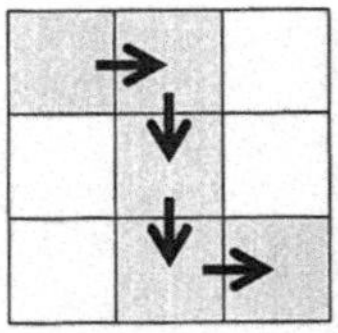

図２

図３

⑴　４×４のマス目において，図４の経路でさいころを転がしたとき，出た目の和を答えなさい。

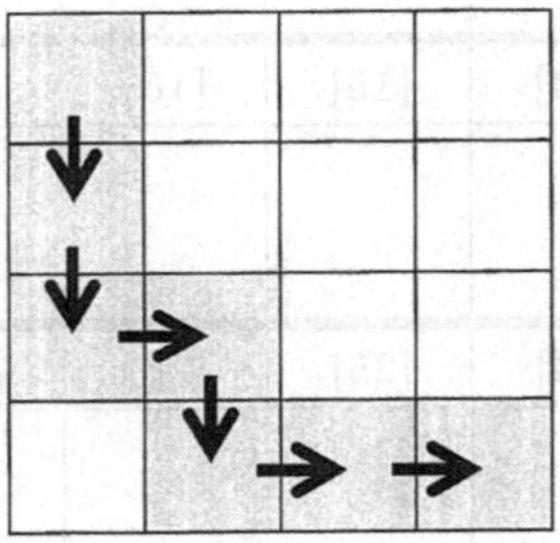

図４

⑵　100×100のマス目において，（ア）図５の経路，（イ）図６の経路でさいころを転がしたとき，出た目の和をそれぞれ答えなさい。ただし，（ア）は解答欄に途中《とちゅう》式も記入すること。

（ア）右上のマスに到着《とうちゃく》するまで右に転がし，その後，下に転がす。

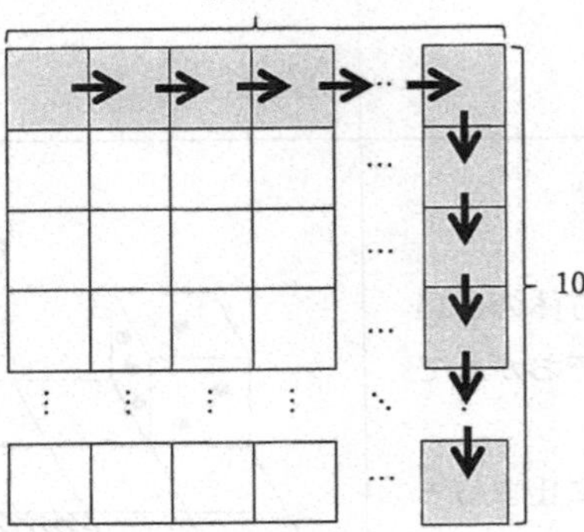

図５

（イ）奇数回目は右に，偶数回目は下に転がす。

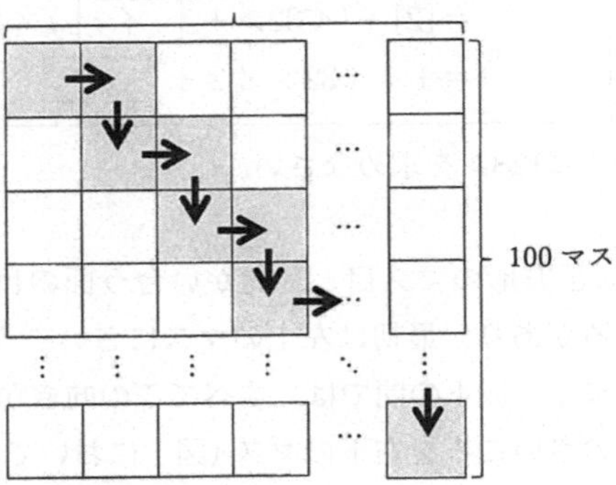

図６

⑶　100×100のマス目において，さいころを転がしたとき，

（ア）最初に左上のマスで出たものを含めて，１の目が30回出ました。このとき，６の目が出た回数として考えられるものをすべて答えなさい。

（イ）２の目が40回出ました。このとき，５の目が出た回数として考えられるものをすべて答えなさい。

⑷　100×100のマス目において，さいころを転がしたとき，出た目の和として考えられるものをすべて答えなさい。

【理　科】（40分）　　＜満点：50点＞

栄一君は炭酸水が大好きです。しかし，炭酸水は開けてから時間がたつとだんだん気がぬけておいしくなくなっていきます。栄一君は，このような気がぬけた炭酸水を元のおいしい炭酸水に戻《もど》したいと考え，まずは気がぬけていくようすを学校の実験室で観察することにしました。なお，実験はすべて25℃程度の室温や水温で行いました。

【実験１】

お店で買ってきたペットボトルの炭酸水のふたを開け，重さを量りました。以降ふたを開けたまま放置し，30分ごとに重さを量って，重さが変化していくようすを調べました。同じペットボトルに大体同じ量の水を入れたものでも実験しました。結果を**表１**に示し，**表１**をグラフにしたものを**図１**に示します。

表１　炭酸水と水の重さの変化

実験開始からの時間(分)	炭酸水(g)	水(g)
0(開けた直後)	505.24	503.22
30	505.01	503.21
60	504.73	503.20
90	504.51	503.19
120	504.36	503.18
150	504.20	503.18
180	504.09	503.17
210	503.99	503.16
240	503.90	503.15
270	503.84	503.14

※ペットボトルとふたの重さは除いてある。

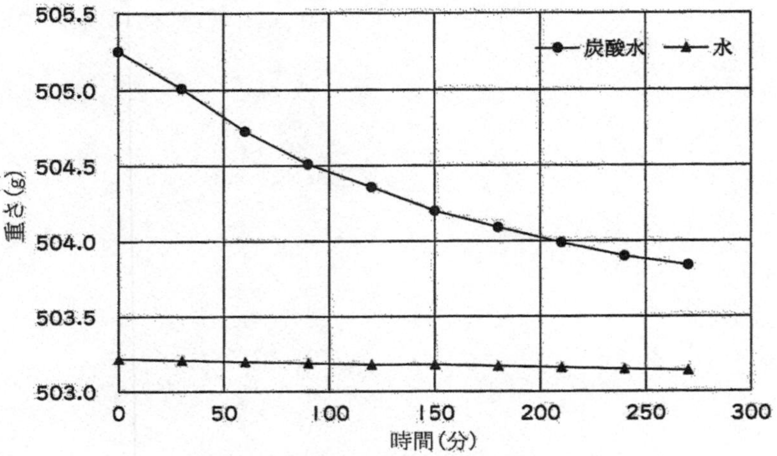

図１　炭酸水と水の重さの変化

問１　炭酸水とは，二酸化炭素がとけた水のことです。したがって，気がぬけるとはとけている二酸化炭素がぬけていくことと考えられますが，ぬけていく気体が二酸化炭素なのかどうかを確かめる方法として正しいものを，次のア～エの中から一つ選び，記号で答えなさい。

ア　炭酸水からぬけた気体を集めた容器に，火のついたろうそくを入れる。

イ　炭酸水からぬけた気体を集めて，石灰水に通す。

ウ　炭酸水からぬけた気体を集めて，においをかぐ。

エ　炭酸水からぬけた気体を集めて，ムラサキキャベツ液に通す。

問２　栄一君は，炭酸水だけではなく，水のペットボトルでも同じ実験を行っています。水のペットボトルで同じ実験を行う理由を説明しなさい。

問３　ペットボトルを開けた直後から270分間でこの炭酸水からぬけた二酸化炭素の重さを答えなさい。

インターネットで調べたところ，水にクエン酸と重そうを入れると二酸化炭素が発生し，一部が水にとけて炭酸水ができる，という記事を発見しました。そこで栄一君はお店で食用のクエン酸と重そうを買ってきて，次のような実験をしました。

【実験２】

図２のような装置を作りました。三角フラスコの中に水とクエン酸と重そうを入れてすぐにガラス管の通ったゴム栓《せん》をつけると，発生した二酸化炭素のうち，水にとけなかった分がガラス管やゴム管を通ってメスシリンダーにたまるという仕組みです。メスシリンダーは最初水で満たしておきます。メスシリンダーには目盛りがついていて，気体がたまると水位が下がるので，気体の体積を測定することができます。三角フラスコの下の機械はマグネチックスターラー（かくはん器）というもので，棒状の磁石を回転させることで三角フラスコ内の液体をよくまぜ，クエン酸や重そうのとけ残りを防ぎます。この装置を使って，100ｇの水に様々な重さのクエン酸や重そうをとかして４分間反応させ，メスシリンダーに集まった二酸化炭素の体積を量りました。体積はメスシリンダーを動かし，中の水面と水そうの水面を同じ高さにしてから量りました。結果の一部を次のページの表２に示します。

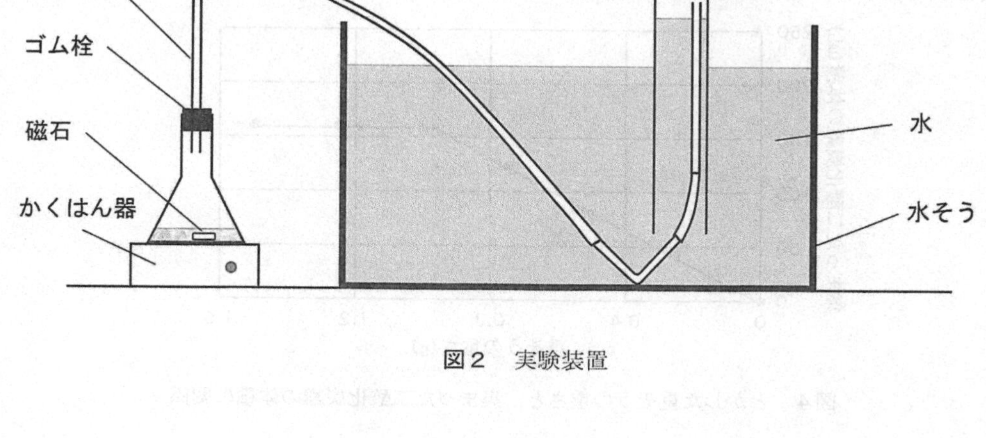

図２　実験装置

表２　水 100g にクエン酸と重そうをとかして集まった二酸化炭素の体積

クエン酸の重さ(g)	重そうの重さ(g)	集まった二酸化炭素の体積(mL)
0.75	0.25	42
	0.50	81
	0.75	126
	1.00	158
	1.25	160
	1.50	160

問４　栄一君が最初に作った実験装置は図３のようなものでした。しかしある問題点に気づき，この装置の１か所を図２の装置のように改良して，実験をしました。栄一君が気づいた問題点とはどのようなことだと思いますか。

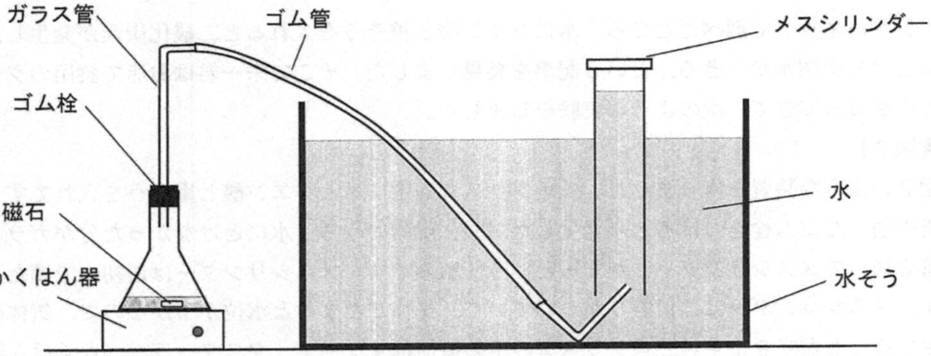

図３　最初に作った装置

図４は表２の結果をグラフにしたものです。とかしたクエン酸の重さは0.75ｇで変えずに，重そうの重さだけ様々に変えて実験しています。栄一君は先生にこのグラフを見せました。先生は「**16ｇのクエン酸がなくなるまで反応させるには21ｇ以上の重そうが必要**です。このグラフはその性質をよく表していますね。」と話してくれました。

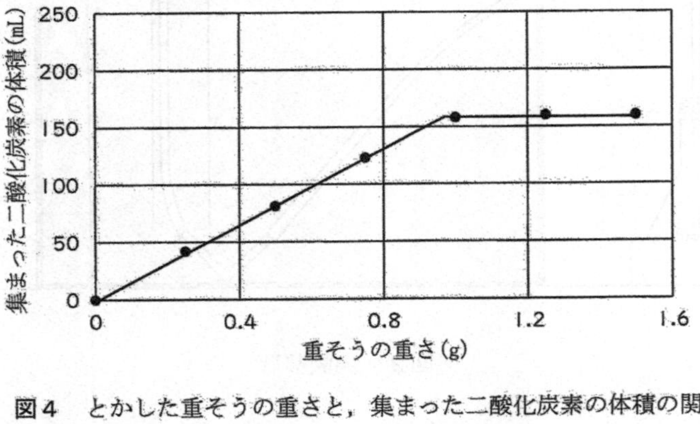

図４　とかした重そうの重さと，集まった二酸化炭素の体積の関係

問５　栄一君は図２の装置を使って，とかした重そうの重さは0.75ｇで変えずに，クエン酸の重さだけ変える実験もしました。その結果を，横軸《じく》に「クエン酸の重さ（ｇ）」，縦軸に「集まった二酸化炭素の体積（mL）」をとってグラフにしたものとして，最も適当なものを次のア～エの中から一つ選び，記号で答えなさい。

ア

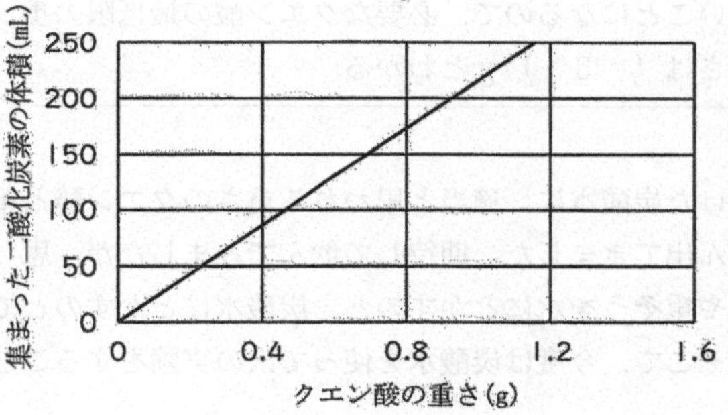

イ

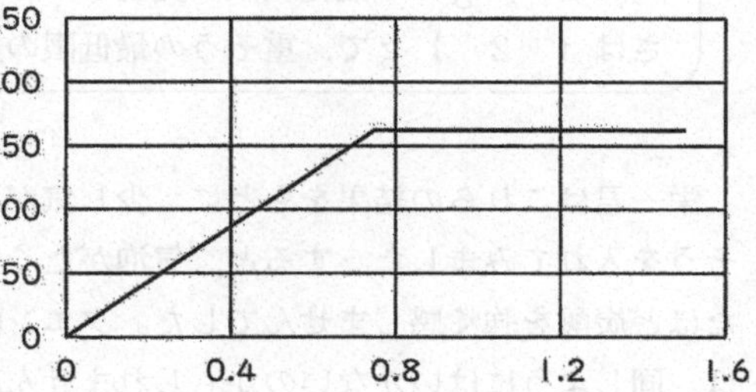

ウ

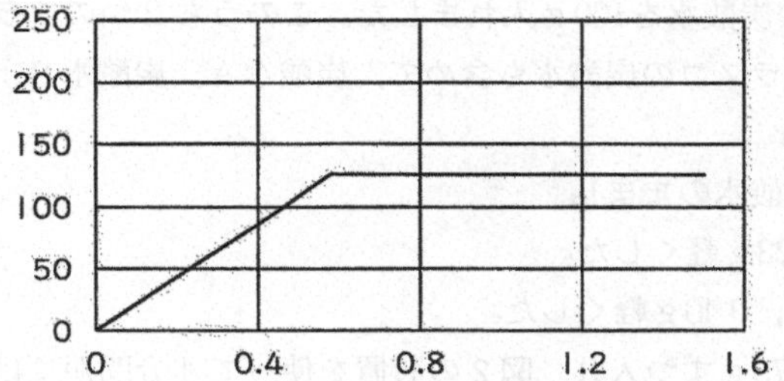

エ

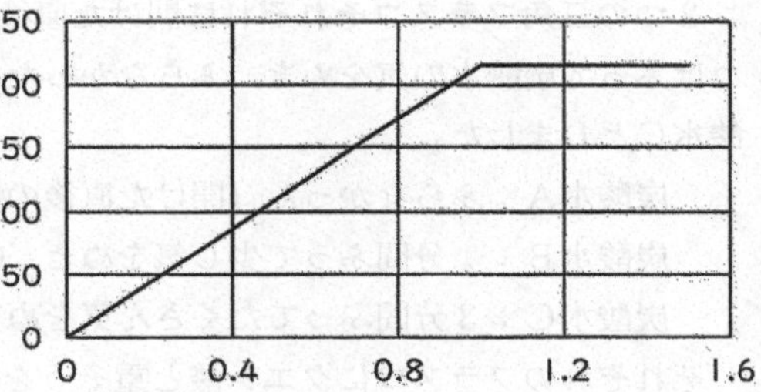

さらに栄一君は先生から，**16ｇのクエン酸と21ｇ以上の重そうを水にとかすと，二酸化炭素が11ｇ発生し，そのうちの一部が水にとけること**，そして**気体の二酸化炭素１Ｌの重さが，25℃程度では1.8ｇであること**を教えてもらいました。そこで栄一君は，とかしたクエン酸や重そうの重さと，集まった二酸化炭素の体積から，二酸化炭素がどの程度水にとけたのかを求めることにしました。

問６　クエン酸と重そうを0.75ｇずつ，100ｇの水にとかして発生した二酸化炭素のうち，何％が水にとけたかを求める考え方を述べた次の文をよく読んで，（１）にはクエン酸または重そうのどちらかを入れなさい。次に（２）と（３）に入る適当な数値を，小数第三位を四捨五入して，小数第二位まで求めなさい。最後の（４）に入る数値は，下の**【数値】**ア～エの中から最も適当なものを選び，記号で答えなさい。

> クエン酸16ｇに対して重そうは21ｇ反応するので，クエン酸と重そうを0.75ｇずつ反応させると（　１　）のほうがすべて反応してなくなる。よって，発生する二酸化炭素の重さは（　２　）ｇとなる。**表２**より，そのうち126mLが水にとけず集まったので，水にとけたのは（　３　）ｇとなる。これは発生した二酸化炭素のおよそ（　４　）％である。

（４）の**【数値】**　**ア**　10　　**イ**　25　　**ウ**　40　　**エ**　55

問７　開けた直後から270分間放置して少し気がぬけてしまった炭酸水100ｇを，開けた直後の炭酸水と同じ重さの二酸化炭素がとけている状態に戻すのに必要な，クエン酸と重そうの最低限の重さを求める考え方を述べた次の文をよく読んで，（１）～（３）に適当な数値を入れなさい。

表１より，開けた直後から270分間でおよそ500ｇの炭酸水からぬけた二酸化炭素は（　問３の答え　）ｇとわかる。100ｇの炭酸水で考えるときには，この値を５で割ればよい。
問６の【数値】で選んだ，発生した二酸化炭素のうち水にとける割合の値を使うと，全部で（　１　）ｇの二酸化炭素が発生すればよいことになるので，必要なクエン酸の最低限の重さは（　２　）ｇで，重そうの最低限の重さは（　３　）ｇとわかる。

栄一君はこれらの結果をもとに，少し気がぬけた炭酸水に，適当と思われる重さのクエン酸と重そうを入れてみました。すると，気泡がたくさん出てきました。期待して飲んでみましたが，思ったほど炭酸を強く感じませんでした。クエン酸や重そうを水にとかすのと，炭酸水にとかすのとでは，同じようにはいかないのかもしれません。そこで，今度は炭酸水を使って次の実験をすることにしました。

【実験３】

３つの三角フラスコそれぞれに開けた直後の炭酸水を100ｇ入れました。このうち２つのフラスコはふって炭酸水の気をぬき，ふらなかったフラスコの炭酸水も含めて，炭酸水Ａ，炭酸水Ｂ，炭酸水Ｃとしました。

炭酸水Ａ：ふらなかった（開けた直後の炭酸水のまま）。
炭酸水Ｂ：１分間ふって少し気をぬき，0.23ｇ軽くした。
炭酸水Ｃ：３分間ふってたくさん気をぬき，0.40ｇ軽くした。

それぞれのフラスコにクエン酸と重そうを0.75ｇずつ入れ，図２の装置を使って４分間かくはんし，集まった二酸化炭素の体積を量りました。結果を表３に示します。

表３　炭酸水にクエン酸と重そうを0.75ｇずつとかして集まった二酸化炭素の体積

	炭酸水Ａ	炭酸水Ｂ	炭酸水Ｃ
集まった二酸化炭素の体積(mL)	365	260	161

水にとかしたときと比べて，集まった二酸化炭素の体積が多かったので，栄一君は炭酸水にとけていた二酸化炭素がふくまれているのではと思い，さらに実験をしました。

【実験４】

実験３と同じ３種類の炭酸水をもう一度100ｇずつ用意して，今度はクエン酸と重そうを入れずに，図２の装置を使って４分間かくはんし，集まった二酸化炭素の体積を量りました。結果を表４に示します。

表４　炭酸水から集まった二酸化炭素の体積

	炭酸水Ａ	炭酸水Ｂ	炭酸水Ｃ
集まった二酸化炭素の体積(mL)	180	95	11

問８　実験３と実験４の結果をまとめた次のページの文をよく読んで，（１）～（３）に適当な数値を入れなさい。

実験４より，クエン酸と重そうを入れなくても，かくはんすると二酸化炭素が炭酸水からぬけることがわかる。こうしてぬける二酸化炭素の量が実験３の条件でも変わらないとすると，表３の値から表４の値を引けば，実験３で集まった二酸化炭素のうち，クエン酸と重そうが反応して発生した量を求められる。炭酸水Ａでは（　１　）mL，炭酸水Ｂでは（　２　）mL，炭酸水Ｃでは（　３　）mLとなる。

問９　栄一君が買ってきた炭酸水は25℃程度のとき，開けた直後で100ｇあたり0.8ｇの二酸化炭素がとけているようです。このことと，今までの実験の結果をまとめて，表５を作ることにしました。作成途中《とちゅう》のこの表を参考に，横軸に「水または炭酸水100ｇにもともととけている二酸化炭素の重さ（ｇ）」，縦軸に「クエン酸と重そうが反応すると発生するはずの二酸化炭素のうち水または炭酸水にとけた割合（％）」をとった折れ線グラフを作りなさい。グラフに示す値は○でかきなさい。なお，９ページにあるように，16ｇのクエン酸がなくなるまで反応させるには21ｇ以上の重そうが必要で，このとき二酸化炭素が11ｇ発生します。そして気体の二酸化炭素１Ｌの重さは，25℃程度では1.8ｇです。

表５　クエン酸と重そうを0.75gずつ反応させた結果

	炭酸水Ａ	炭酸水Ｂ	炭酸水Ｃ	水
水または炭酸水100gにもともととけている二酸化炭素の重さ(g)	0.80	0.57	0.40	0.00
実験で集まった二酸化炭素の体積(mL)	365	260	161	126
上の値のうち，クエン酸と重そうが反応して発生した二酸化炭素の体積(mL)	問８（　１　）	問８（　２　）	問８（　３　）	126
クエン酸と重そうが反応すると発生するはずの二酸化炭素の重さ(g)		左と同じ	左と同じ	左と同じ
上の値のうち，水または炭酸水にとけた割合(％)				

問10　問９でかいたグラフからわかることをまとめたものとなるように，次の文を完成させなさい。

クエン酸と重そうが反応すると発生するはずの二酸化炭素のうち水または炭酸水にとけた割合は，（　　　　　　　　　　　　　　　　　　　　　　　　　　）。

問11　開けた直後から270分間放置して少し気がぬけてしまった炭酸水100ｇを，開けた直後の炭酸水と同じ重さの二酸化炭素がとけている状態に戻すには，最低何ｇのクエン酸と重そうを入れればよいですか。問９と問10を参考にしなさい。答えは小数第三位を四捨五入して，小数第二位まで求めなさい。

栄一君は今度こそと思って，少し気がぬけた炭酸水に，適当と思われる重さのクエン酸と重そうを入れて飲んでみました。すると今度は，炭酸を強く感じることができました。

こうして栄一君は，気がぬけた炭酸水を元のおいしい炭酸水に戻す術《すべ》を身につけることができました。

【社　会】（40分）　＜満点：50点＞

以下の文章を読み，問に答えなさい。

みなさんは家庭で，また学校の給食で牛乳を飲む場面があると思います。牛乳は牛の乳から作られます。みなさんの中には，乳搾《しぼ》りの体験をしたことがある人もいるでしょう。この搾った牛の乳を**「生乳（せいにゅう）」**とよびます。

しかし，みなさんがふだん飲んでいる牛乳は，牛から搾った生乳そのままではありません。生乳にはさまざまな菌《きん》が混じっているので，そのまま飲むと腹をこわしてしまうことがあります。そこで，工場で生乳から脂肪分などを取り除いたり，殺菌《さっきん》をしたりするなどして，安全に飲めるようにしたものが**「牛乳」**です。

また，生乳を利用してバターやチーズ，ヨーグルトなどが作られます。このような製品を**「乳製品」**とよびます。

日本ではどのように牛乳を生産してきたか，どこで生産されてきたかを考えてみましょう。

1　江戸《えど》時代以前には，一般《いっぱん》の人々に牛の乳を飲む習慣はありませんでした。そのことは，当時の外国人の残した記録からもわかります。ただし，鎖国《さこく》をしていた江戸時代に，長崎《ながさき》の①出島《でじま》では，外国人が牛を飼って牛乳を利用していました。

乳製品については，戦国《せんごく》時代にヨーロッパ人がバターやチーズを伝えて以来，日本人に知られてはいました。江戸時代にも出島では食用にしていました。また，蘭学《らんがく》者の書いた書物にも紹介《しょうかい》されていました。

実際に牧場を設けた例としては，徳川吉宗《とくがわよしむね》が今の千葉県にひらいた嶺岡牧場《みねおかぼくじょう》をあげることができます。しかし，江戸時代には乳製品は一般の人が口にするような食品ではなく，将軍家など一部の身分が高い人が，薬の代わりとして食べる特別なものでした。

牛乳や乳製品が広まっていくのは，開国以降のことでした。②1860年代に日本人が横浜《よこはま》で牛を飼って牛乳を搾って売りはじめ，その後，東京にも広まっていきました。一般の人々の間に広まっていったことには，③海外に渡《わた》った日本人の中に牛乳や乳製品を現地で口にした者がいたり，日本でも欧米《おうべい》人の食生活を見聞きする機会がふえたこと，書物などで牛乳や乳製品の効用が説かれるようになったことなどが影響《えいきょう》しているようです。

問１　下線部①で幕府から貿易を許されていた国を答えなさい。

問２　下線部②について，横浜でこのような商売が始まった理由を，開国との関係を考えて答えなさい。

問３　下線部③について，アメリカに渡って帰国したあと，当時の欧米の様子を紹介した『西洋事情《せいようじじょう》』や，『学問のすゝめ《がくもんのすすめ》』を書いた人を答えなさい。

2　牛乳はとても腐《くさ》りやすいので，安全に飲むために，明治《めいじ》時代のはじめから行政による監視《かんし》や指導が行われていました。東京で1873年に知事から出された文書では，あまり人がいない静かな場所で搾乳《さくにゅう》することが勧《すす》められていたり，1878年に警視庁から出された規則では，器具の衛生的な取りあつかい方法が定められていたりします。

明治時代に，まず牛乳の普及《ふきゅう》が進んだのは病院でしたが，明治後半になると都市を中心に，家庭でも少しずつ飲まれるようになっていきました。当初は牛乳の販売《はんばい》店が④少量の牛乳を毎日配達するという形が多かったようです。また，はじめは【資料１】のように大きな金属製の缶《かん》に入れた牛乳を，ひしゃくですくって配っていたものが，しだいに【資料２】のような⑤びんに牛乳を入れて配るようになりました。びんは回収されて繰《く》り返し使われました。さらに1928年，東京では配達用の牛乳には無色透明《とうめい》のびんを使うように定められました。

【資料１】

【資料２】

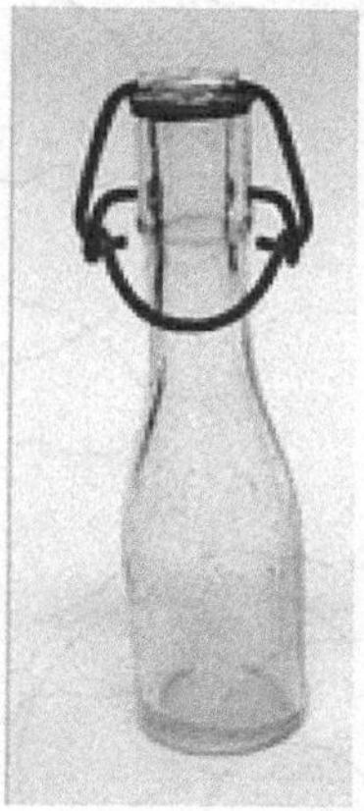

武田尚子《たけだなおこ》『ミルクと日本人』

一般社団法人全国牛乳流通改善協会ホームページ（https://zenkaikyou.or.jp）より引用

問１　下線部④について，少量の牛乳を毎日各家庭に配達するという方法がとられた理由を考えて説明しなさい。

問２　下線部⑤について，牛乳をびんに入れて配ることが，ひしゃくを使って配ることに比べて，衛生面でどのような利点があるか説明しなさい。

３　「牛乳」はどこで生産されているのでしょうか。これを考えるにはまず「生乳」がどこで生産されているかということに着目しなければなりません。「生乳」は乳牛から搾られますが，乳牛を飼育しているのは酪農《らくのう》家です。すなわち酪農がどこで行われているかということに着目することになります。

東京都を例にしてみてゆくと，明治時代に牛乳の生産がはじめられたころは，⑥東京の中心部に牧場付きの牛乳販売店が増えていきました。ところが人家の密集したところに牧場があるのは衛生面で問題があるということから，1900年に政府が規制をはじめ，しだいに牧場は郊外《こうがい》へ移っていきました。さらに20世紀後半には，東京都全体から業者の数が減っていくという変化をたどりました。

問１　下線部⑥のように，人口の多い東京の中心部に牧場があったのは，どのような良い点があったからでしょうか。考えられることを答えなさい。

問２　次のページのア～オは，1901年・1927年・1954年・1980年・2010年のいずれかで，東京都内のどこに乳搾りをする業者があったか，地区ごとに業者の戸数をあらわしたものです。**ア～オ**

を，年代の古い順に並べると，どのような順番になるか答えなさい。

ア

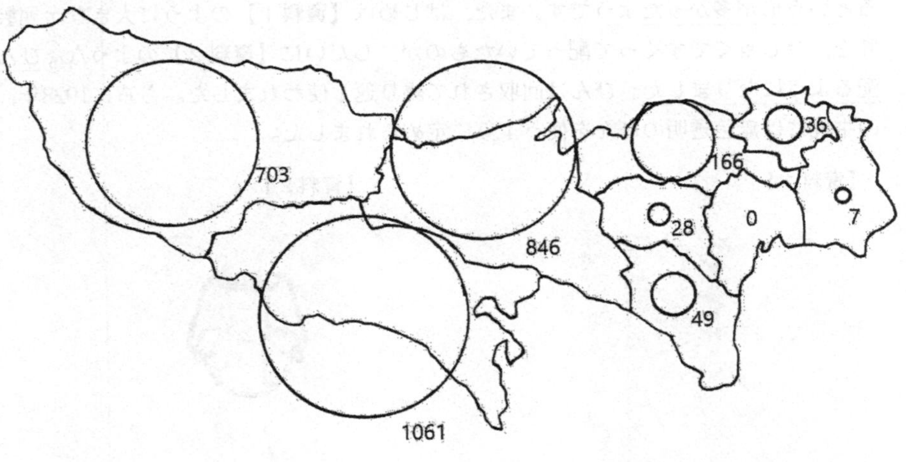

イ

ウ

エ

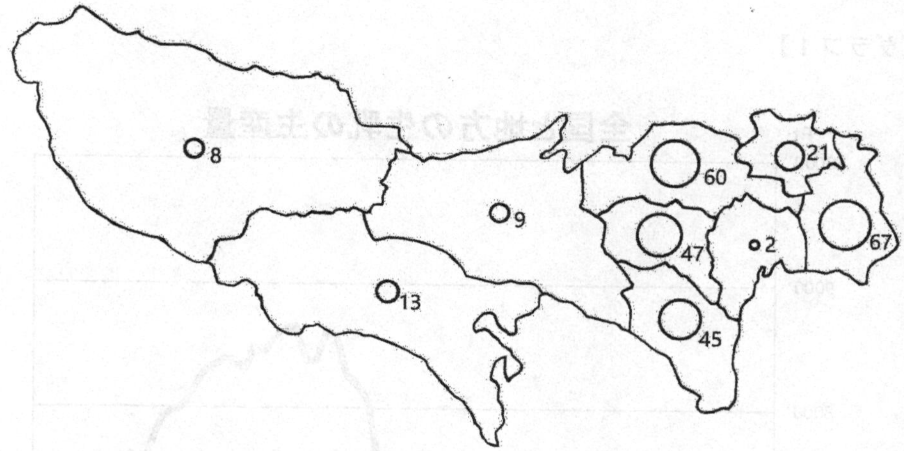

オ

前田浩史《まえだひろふみ》・矢澤好幸《やさわよしゆき》『東京ミルクものがたり』をもとに作成

海岸線は 1889 年当時の位置を推定したものです

4 つぎに，第二次世界大戦《だいにじせかいたいせん》が終わってから現在までの，日本の生乳生産量と，生乳が日本のどこで生産されてきたかということを見てみましょう。次のページの【グラフ１】は全国の生乳の生産量と，地方別の生産量の移り変わりをあらわしたものです。17ページの【グラフ２】は，北海道および神奈川県の乳牛頭数と酪農家戸数の移り変わりをあらわしたものです。これらを見てあとの問に答えなさい。なお【グラフ２】の北海道と神奈川県のグラフでは，縦の目盛りの値が違《ちが》っているので，注意してください。

問１　【グラフ１】について，1950年ごろから1990年ごろまで約40年間で，全国の生乳生産量の変化とあわせて起きていたと考えられることがらとして，ア～エから適切なものを１つ選びなさい。

ア　１人あたりの牛乳消費量はあまり変わらなかった。

イ　食生活が変化し，牛乳だけでなく乳製品の消費も増えた。

ウ　外国へ輸出される牛乳が増えた。

エ　廃棄《はいき》される生乳の量が大幅に増えた。

【グラフ１】

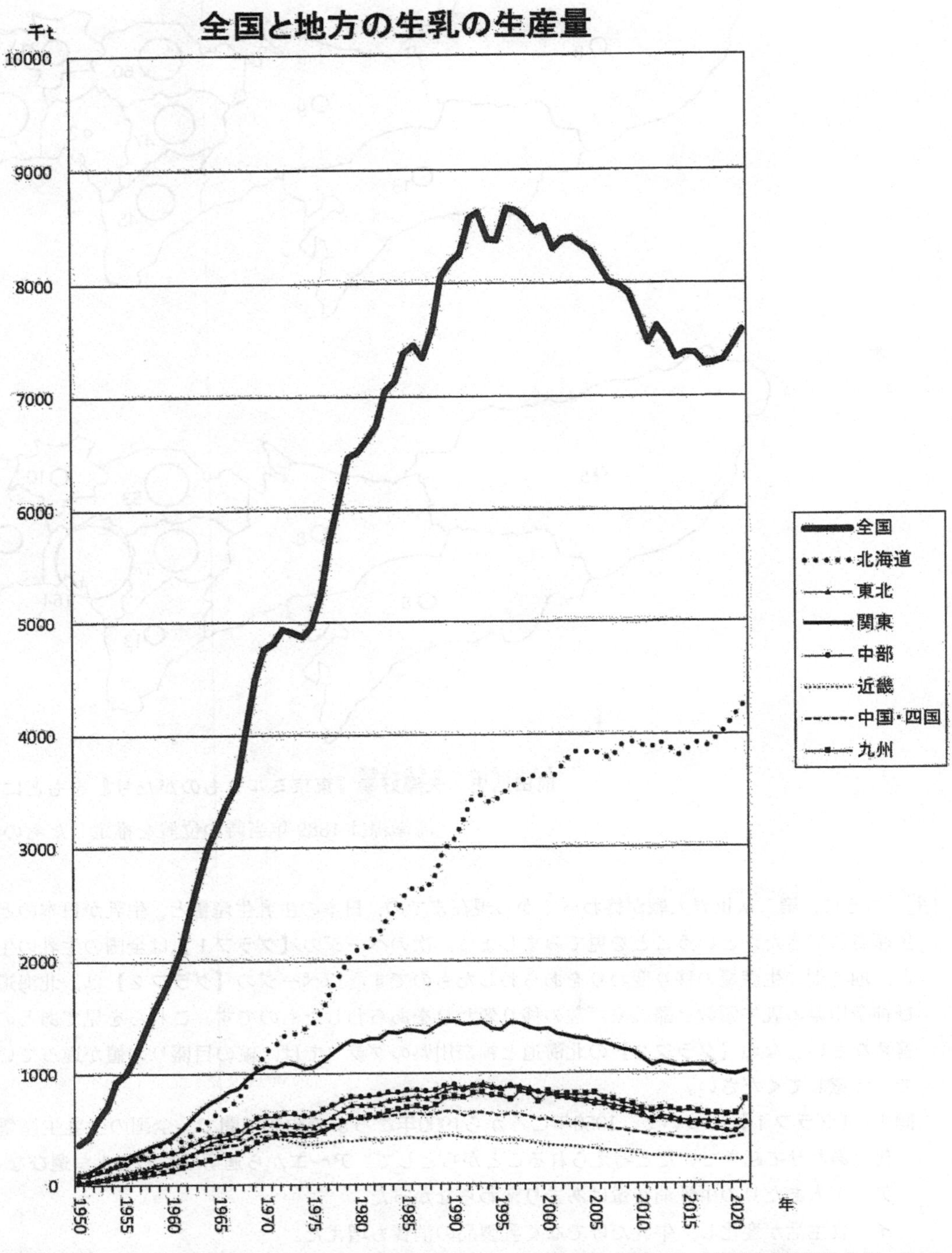

『日本国勢図会』『牛乳・飲用牛乳・乳製品の生産消費量に関する統計』『牛乳・乳製品統計』をもとに作成

【グラフ２】

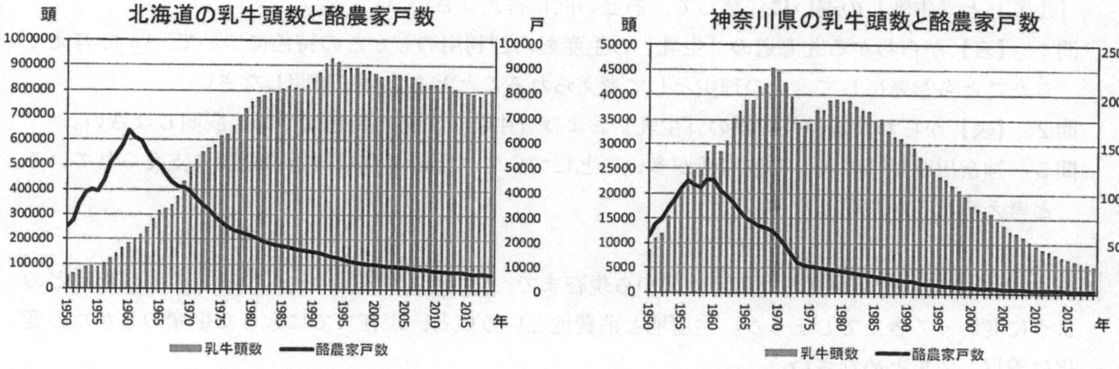

注:酪農家戸数には乳牛を飼っている農家を含む

『牛乳・飲用牛乳・乳製品の生産消費量に関する統計』『畜産統計』『e-stat長期累計』『北海道農林水産統計年報』をもとに作成

問２　【グラフ１】について，北海道と他の地域の生乳の生産量の変化を比べて，次の⑴・⑵に答えなさい。

⑴　1990年まではどのように変化しているか説明しなさい。

⑵　1990年以降はどのように変化しているか説明しなさい。

問３　【グラフ２】について，1960年ごろから1990年ごろにかけての酪農のやり方の変化として，北海道と神奈川県で，ともに起こったことを答えなさい。またそのことについて，北海道と神奈川県を比べるとどのような違いがあるか，【グラフ２】からわかることをもとに説明しなさい。

5　地域ごとの「生乳」の利川方法を調べていくと，「牛乳」に加工するときに「生乳」を他の都道府県から運んで「牛乳」に加工することも少なくありません。また「牛乳」に加工するだけではなく，乳製品の原料とすることもあります。下の【表】は，2019年に「生乳」の生産量が１位～３位，「牛乳」の生産量が１位～３位だった都道府県について，以下の①～⑥をまとめたものです。

①都道府県内での「生乳」生産量

②他の都道府県へ運ばれた「生乳」の量

③他の都道府県から運ばれた「生乳」の量

④都道府県内で「牛乳」に加工するために利用された「生乳」の量

⑤都道府県内での「牛乳」生産量

⑥都道府県内で乳製品へ加工するために利用された「生乳」の量

【表】

単位はトン

	①	②	③	④	⑤	⑥
北海道	4,048,197	529,547	なし	556,498	546,980	2,939,035
栃木県	330,598	179,591	8,151	156,902	150,673	706
神奈川県	30,947	なし	294,223	306,570	291,784	18,167
愛知県	160,406	27,300	83,933	205,705	188,925	10,634
熊本県	252,941	92,297	17,630	119,669	118,692	57,890

『日本国勢図会 2021/22 年版』，『牛乳乳製品統計 2019 年版』をもとに作成

北海道は「生乳」・「牛乳」とも生産量が１位で，神奈川県は「牛乳」の生産量が２位になっています。なお，ここでの「牛乳」には，成分を調整したものなども含みます。

「生乳」と「牛乳」の違いに注意して，あとの問に答えなさい。

問１　【表】からわかる北海道の「生乳」の生産および利用のしかたの特色について，４で考えてきたことも参考にして，その理由として考えられることとあわせて説明しなさい。

問２　【表】からわかる神奈川県の「生乳」および「牛乳」生産の特色について説明しなさい。

問３　神奈川県で「牛乳」の生産量が多いことについて，どのような技術の進歩に支えられていると考えられるか説明しなさい。

６　日本で牛乳の普及が進んだ明治時代から現在まで，「生乳」の生産地と「牛乳」の生産地はどのように変わってきたでしょうか。生産地と消費地という点と，現在までに起きた生産のしかたの変化に着目してまとめなさい。

b 「無鉄砲に」

ア 礼儀《れいぎ》もわきまえずに　　イ あとさきを考えずに

ウ 自信に満ちあふれて　　エ かざり気のない態度で

オ 自分の都合を優先して

問二 傍線部①「メンタルの強さだけで勝てないときだってありますよね」とありますが、このような言い方でナルが本当に主張したいことは何ですか。

問三 傍線部②「がっかりしたようないら立ち」とありますが、スンナムはナルのどのような態度に対して「がっかりしたようないら立ち」を感じたのですか。

問四 傍線部③「申し訳ないと思う気持ち」とありますが、ナルがスンナムに対して申し訳ないと思うのはどうしてですか。六十字以内で答えなさい。

問五 傍線部④「よくわかりません」とありますが、コーチの言葉を理解することができないのは、ナルがどのような考えを抱《いだ》いているからですか。解答欄《かいとうらん》に合うように十五字以内で答えなさい。

【三】 次のカタカナの部分を漢字に直しなさい。

1 カンソな生活をおくる。　　2 アッカンの演技。

3 今後の方針をキョウギする。　　4 年功ジョレツ。

5 月の表面をタンサする。　　6 イニン状を渡す。

7 キュウトウ器が壊《こわ》れる。　　8 しずくがタれる。

9 日がクれる。　　10 キヌの名産地。

「すみません」

じつは、ナルも知っていた。水着の問題じゃないと。キム・チョヒは、ナルより速いだけなのだ。でも、それをみとめてしまうと、このまま負け続けてしまいそうで怖《こわ》かった。どんないいわけをしてでも、この状況《じょうきょう》から逃《に》げ出《だ》したかった。でも、コーチがわざわざそこまでして、ナルの目の前で確認《かくにん》をしたのは、これ以上逃げてはいけないという警告なのかもしれない。

「きのうお母さんから電話があったよ。かなり心配されているようだった」

ナルはここ数日間、見苦しいところばかり見せていた自分が、はずかしくなった。お母さんにも、スンナムにも、③申し訳ないと思う気持ちが満ち潮のように押しよせてきた。

「ナル、わたしは勝ち負けだけが水泳じゃないと思うんだ」

「でも、試合は勝つためにやるものじゃないですか。アタシ、勝ちたいんです」

コーチが軽くため息をついた。

「ナルのいうとおりだ。でも試合で一生勝ち続ける選手なんてひとりもいない。だれにだって負けるときがあるんだよ。もしかしたらどう負けるかが、どう勝つかより大切かもしれない」

コーチは、ナルには理解できないことをいうときがある。このあいだは気持ちを整理しろといって、今日は負けるのが勝つよりも大切だといっている。ナルが知るかぎりで、そんな試合はない。

「④よくわかりません」

「どうして水泳をやっているのか、一度自分でちゃんと考えてみるといいよ」

ナルは試合がなくても、月曜日から金曜日まで毎朝一時間、ひとりで練習をする。それから授業が終わると、水泳部で二時間、今日みたいに陸上トレーニングか水中トレーニングをする。特訓期間中には、週末も休まない。ナルは好きでしているけれど、いつも楽しいわけではない。なのに毎日早起きするのも、真冬にがまんしてプールに行くのも、心臓がバクバクしているうちにまたスタートするのも、腕と足がズキズキ痛くてもなわとびを決まった回数までとぶのも、けっきょく試合で勝つためではなかったか。ナルは水泳で勝つこと以外に、どんな意味があるのかがわからなかった。ただ楽しむだけなら、こんなに苦しまなくていいはずだ。

（ウン・ソホル作　すんみ訳『5番レーン』）

（注1）ナル　漢江《ハンガン》小学校に通う六年生。水泳部の女子部員であり、チームのエース。サラン、セチャン、スンナム、ドンヒも同じ水泳部に所属している。

（注2）キム・チョヒ　ナルとは別の小学校に通う六年生。水泳部の女子部員であり、ナルのライバル。

（注3）スンナム　漢江小学校に通う六年生。水泳部の部長をつとめる男子部員。

問一　傍線部《ぼうせんぶ》a「おじけづいている」、b「無鉄砲に」の意味として最も適当なものを次の中から選び、それぞれ記号で答えなさい。

a「おじけづいている」

ア　落ちこんでいる　　イ　緊張《きんちょう》している

ウ　あきらめている　　エ　こわくなっている

オ　覚悟《かくご》を決めている

頭をさげた。
「こんにちは。六年二組のチョン・テヤンです。水泳部に入りたいです」
　とつぜんの申し入れに、部員たちがおどろいた。水泳部には、ふつう放課後の水泳教室でずばぬけた実力の子がすいせんで入るか、両親とコーチの話し合いで低学年のときから入るか、がほとんどだった。テヤンのようにb無鉄砲《むてっぽう》に押し入ってきて、入部を中し入れるケースは、見たことがない。でも、思いのほかコーチはうれしそうにテヤンを迎《むか》えた。
「そうか。チョン・テヤン、よく来たな。スンナム、みんなをジムに連れていって運動を始めて」
　コーチがスンナムにトレーニング日誌を手わたした。部員たちはそのまま部室に残って、どんな話をするのかききたかったが、コーチの目つきに押されてだまって外へ出ていった。
「何？　アイツ、水泳やってるの？」
　サランがびっくりした声でいった。びっくりしたのはナルも同じだけれど、おどろいたそぶりは見せなかった。
「選手登録してる子なら、コーチは転校してくる前から知ってたはずだろ」
　スンナムのいうとおりだ。大会の成績がぜんぜんよくなかったとしても、選手ならコーチが知らないはずはない。全国の小学校の競泳選手が千五百人以上いたとしても、コーチどうしはみんな知り合い同然なのだ。
「じゃあ、いまからやるつもりなのかな」
「え？　六年生なのに、いまさら？」
　部員たちは、ありえない話だと口をそろえていったが、内心、新しい仲間ができるかもしれないという期待で、なんとなくウキウキしていた。
「シッ、静かに」
　セチャンはさっきからドアに耳を当てて、テヤンとコーチの会話にきき耳を立てている。何もきこえないだろうに、ドアに耳を当てているだけで何かつかんだような気がするのか、目がキラキラとかがやいている。
「もう運動しに行こうよ」
　スンナムが真ん中に立って、その両側から部員たちが向き合うように輪になった。一、二、三、四と号令に合わせて準備運動を始めた。
　ナルは、テヤンが本当に水泳部の部室をおとずれるとは、思ってもいなかった。数日前に、テヤンから入部したいときいたときは、「水泳部を甘《あま》く見るな！」といいたいのをぐっとこらえた。授業中だからがまんできたわけで、休み時間だったらきっととがめ立てただろう。ナルは、泳ぎにちょっと自信があるという男子から舞《ま》いこんでくる挑戦状《ちょうせんじょう》に、うんざりしていた。テヤンがどういう考えで来たのかは知らないが、どうせコーチが受け入れるはずはない。ナルはコーチが水泳にかんしては甘くないということを、だれよりもよく知っていた。
　ナルがキム・チョヒの水着を疑ったことだって、コーチはあっさりと解決してくれた。国際水泳連盟に承認《しょうにん》されている水着モデルのリストから、キム・チョヒの水着を見つけてくれたのだ。有名メーカーの新商品でキラキラがついているだけの、変わったところのない水着だった。

のピンチにも、自分の味方になってくれないスンナムがにくらしかった。

「全身水着を着たらタイムがちぢまるって話、知らないの？　あやしい薬を飲んだのが、あとからバレることだってあるし。あの子だって何かあるかもしれないといってるだけなのに何よ！」

　スンナムも引きさがらなかった。

「ナルがいったとおり、あれが特殊《とくしゅ》な水着だとしよう。じゃあ、あれを着たら、タイムがどれくらいちぢまるの？」

「どれくらいちぢまるかの問題じゃないでしょ？　決勝ではちょっとのちがいが致命的《ちめいてき》なの！　あんたにはそれがわからないだろうけど」

　スンナムの眉《まゆ》がピクッとした。

「カン・ナル、ちょっと言葉がひどくないか？」

「ふたりともそこまでにしなさい」

　見かねたコーチがふたりのケンカを止めた。ふたりは顔をそらした。

「あれが問題のある水着だったら、キム・チョヒは試合に出られなかったはずだ」

　ナルはまだ何かをいいはりたいと思ったが、何もいうことが見つからなかった。

「ナルは、少し気持ちを整理したほうがよさそうだね」

　ナルの心は、整理どころかぽっきり折れてしまった。ナルとスンナムは六歳《さい》（韓国《かんこく》は生まれたときを一歳とする数え年）のときにＹＭＣＡの子どもスポーツ団で初めて会った。ふたりとも鼻から水が入ってコホンコホンとせきこんだ瞬間から、ひとりは漢江《ハンガン》小水泳部のエースになり、もうひとりは部長になったいままで、ふたりの水泳歴はそっくりそのまま重なっている。

　水の中でも外でも、うれしいときもつらいときも、ナルのとなりにはスンナムがいた。そんなスンナムが、初めてナルに背を向けた。ナルはさびしさのあまり、自分がスンナムをどれほど傷つけたかについては考えられなかった。ナルが切実に優勝を願うように、スンナムだって自分の決勝進出を心から望んでいる。そんなことを知らないはずはなかった。これだけはスンナムも怒《いか》りがおさまらないのか、ナルからうんと離《はな》れたまま立っていた。八年の友情に危機がおとずれた。

　ふたりのあいだに冷たい風が吹きこみ、水泳部の空気も冷えてしまった。そのおかげでというべきか、練習ではだれひとりふざけることなく、すっかりまじめな雰囲気《ふんいき》で行われた。

　テヤンが部室にやってきたのは、それから二日後のことだった。

「こんにちは」

　水泳部の全員が、ちょうど部室に集まっていた。テヤンはナルと目が合うと、こっそり手をふった。ナルとテヤンを交互《こうご》に見る部員たち。ナルは「何も知らない」と伝えるために肩をすくめてみせた。スンナムがテヤンを上から下までじろじろながめた。自分より背が高いのに、ほっそりした体つき。顔は……スンナムはそれとなく鏡のかわりにスマホの画面に自分をうつして髪《かみ》をいじった。

「あっ、二組の転校生、チョン・テヤンでしょ？」

　サランが声をかけると、ぎこちなく立っていたテヤンがうなずいた。

「そうなのか。なんの用事？　だれかのお使いか？」

　コーチがきいた。テヤンはコーチの前に行って、あらためて深ぶかとラで、助けてくれと、もがいているようだった。

「テンポを失いました」

「なんで？　キム・チョヒにぬかれたから？」

ナルは何度も経験していることなのに、いざコーチからそういわれると、プライドが傷ついた。

「それならもっとキックを強くするなりなんなりして、前に出ようとしないと。こうやってくじけちゃだめだよ。水泳はメンタルの勝負なんだから」

ナルも知っていた。競泳はどの種目より集中力が必要だと。自分には、息ぴったりのチームメートもいなければ、体の弱点をおぎなう特別な技術なんてものもない。信じられるのは、もっぱら自分と水だけ。でも、ときには、水さえ自分の味方ではない。選手になってから痛いほど思い知ったことなのに、体が思うように動かないと、どうしても孤独《こどく》な気持ちがしてしまう。試合が始まったら、自分しか信じられないのに、そんな自分とたえず闘《たたか》わなければならない。

ナルはコーチからそうアドバイスされると、悲しさを通り越してくやしくなった。いまコーチがちゃんと見なければいけないのは、ナルではなくキム・チョヒなのに。わかっているくせにわからないふりをしているのか、本当にわからないのか、ナルはどうしても確かめたかった。

「①メンタルの強さだけで勝てないときだってありますよね」

「なんの話だ」

コーチがきいた。こうなった以上、話をやめるわけにはいかなかった。ナルはついに自分から切り出した。

「相手が反則をおかしたとしたら？」

「反則？　きのうだれか失格（ＤＱ）したっけ？」

ずっとよそ見していたセチャンが、反則の話に興味がわいたのか、割りこんできた。

「先生はへんだと思いませんか？　キム・チョヒって、もともとそんなに速い子でもなかったのに。あの子って絶対何かあるはずです。水着だってあの子だけ目立ってるじゃないですか。あれってほんとに競技用ですか？」

ナルは、キム・チョヒがあやしいということを説明するこの瞬間《しゅんかん》でさえ、キム・チョヒが速いという事実をみとめなければいけないのがイヤだった。

「キム・チョヒの水着がどうしたの？」

部員たちが画面に近づいて、キム・チョヒの水着をじろじろと見つめた。でも、コーチは画面ではなくナルにじっと目を向けていた。

「ほんとだ。あの子の水着だけめっちゃキラキラしてる」

サランがとなりでナルの肩《かた》を持った。

「そんなバカな」

だまっていた(注3)スンナムがいった。

「身につけたら超能力《ちょうのうりょく》が出るスパイダーマンのスーツじゃあるまいし。水着のせいで負けたなんて、話に無理があるだろ？」

スンナムの声から②がっかりしたようないら立ちが伝わってきた。セチャンとドンヒはスパイダーマンの話に反応して、おたがいに手首からクモの糸を放ち合うふりをし始めた。そのようすを見ていた後輩たちも、ふたりの悪ふざけにクスクスと笑い始めた。けっきょくサランが、空気の読めないじゃまものたちを外に連れ出した。ナルはこの絶体絶命

オ　ストレスのかかる状況をやりすごし、気をまぎらわせるためのものを初めて発見したのは、現代人である。

【二】　次の文章を読んで、あとの問に答えなさい。

「あんたのクラスに転校生が来たって?」

サランが(注1)ナルの教室の前で待っていた。

「そう、となりの席だよ」

ナルがぶっきらぼうな返事をした。

「ほんと? みんなカッコいいっていってたけど、どこどこ? どんな顔か見てみたい」

サランが後ろの戸口から教室をきょろきょろと見回した。ナルはサランのリュックを引っぱった。

「カッコいいってだれが? 早く部室に行こうよ」

ナルは廊下《ろうか》を走りながら、頭の中でテヤンのことを思《おも》い浮《う》かべた。カッコいいといわれているらしい顔は浮かばなかったが、長い腕《うで》ははっきり覚えている。体育会系で何よりも重要なのは顔ではなく体だ。

ナルとサランが部室に入ると、コーチと部員たちがふたりを待っていた。後輩《こうはい》たちの顔を見て、すでにaおじけづいているのがわかった。しかたない。今日は大会の反省会がある日だから。反省会は、試合の映像を見ながら、これからもっと力を入れるべきことについて考える集まりで、大会に引けを取らないくらい大切な時間だった。でも、それはコーチの考えであって、部員たちにとっては、けっきょく怒《おこ》られる時間にすぎなかった。大会の経験が多い六年生だって、反省会の日は部室に来たくないのに、初めて全国大会に参加した後輩ならなおさらだろう。

楽しくない反省会だったが、ナルは内心期待しているところがあった。あのキラキラのかがやき。きのうの試合映像を見れば、コーチだって(注2)キム・チョヒの水着があやしいということに気づくはずだった。

あれは規定の水着じゃないだろう。水泳連盟に連絡《れんらく》してメダルを取り消さないと。

そこまではしないにしても、コーチならただじゃおかないはずだった。ナルはそう思うだけでもこれまでの屈辱感《くつじょくかん》が吹《ふ》き飛《と》ぶような気がした。

「わかったか? いまの話を忘れないで、練習のときに生かすようにしよう。それじゃ、最後の映像を見ようか」

ナルの番が来た。コーチがナルの試合映像を画面にうつした。ナルは胸をドキドキさせながらだまってコーチの表情をうかがった。でも、コーチは最後までちっとも表情を変えずに、落ち着いて画面をじっと見ていた。

「もう一回ゆっくり見てみようか」

コーチは映像をスローで再生した。画面の中のキム・チョヒは、ナルより1メートルも後ろにいる。だが、少しずつピッチをあげると、やがてナルをぬいた。自分を追《お》い越《こ》していくキム・チョヒの姿がありありと目に浮かぶようだった。いま思っても、手から力がぬけて、こぶしが握《にぎ》れないほどだ。コーチが一時停止ボタンを押《お》した。

「ナル、ここから急に体勢がくずれるな。どうした? ローリングがぜんぜんできてない」

静止画面にうつっている自分のポーズが笑えた。手足の動きがバラバアメリカでは、アルコール依存症や薬物依存症から回復して社会に復帰した人たちは、人々から(注3)リスペクトされます。有名な俳優やミュージシャンたちが依存症からの回復を公表し、(注4)自助グループにも積極的に参加しています。そのことが、依存症への誤解や差別を減らし、また回復の途中《とちゅう》にある人を勇気づけています。

僕は、日本でも、依存症から立ち直った人が一般《いっぱん》の人に触《ふ》れ合《あ》う機会がもっとあったらいいのにと考えています。みなさんにも、ぜひそういう人に会ってもらいたいです。学校で行われている薬物乱用防止教育では、「ダメ。ゼッタイ。」というキャッチコピーのもと、一度でも薬物に手を染めたら人生が台なしになるかのように伝えられています。しかし、事実は違《ちが》います。こうしたやり方は、依存症とは縁《えん》のない子に差別や偏見の種を植えつけます。一方で、自分は依存症ではないかと不安になっている子、すでに依存症になっている子を深く傷つけます。

依存症には、ならないほうがいい。その理由は、この本の中でくり返し伝えてきたつもりです。ただ、依存症になったからといって、人生おしまいではありません。人は失敗することがある。だけど、そこから立ち直ることもできる。③そういう希望を持てる社会のほうが、ずっといいと思いませんか？

（松本俊彦《まつもととしひこ》『世界一やさしい依存症入門』）

(注1) リバウンド　投薬を突然《とつぜん》やめたとき、急激に症状が悪化すること。

(注2) シンナー　前の章で筆者は「シンナーとは有機溶剤《ようざい》（塗装《とそう》や洗浄《せんじょう》などに使われる有機化合物）の一種で、脳の働きを抑制《よくせい》する薬物です。当時の不良たちはこれをビニール袋《ぶくろ》に入れ、気化したものを吸っていました」と説明している。

(注3) リスペクト　尊敬。

(注4) 自助グループ　同じ問題をかかえる人たちが集まり、相互《そうご》理解や支援をし合うグループ。

問一　傍線部《ぼうせんぶ》①「僕は、そうは思いません」とありますが、それはどういうことですか。解答欄《かいとうらん》に合うように四十五字以内で答えなさい。

問二　本文には、次の【　】の文章が抜《ぬ》けています。【　】の文章が入るところとして最も適当なものを、文中の空欄【A】～【E】から選び、記号で答えなさい。

【考えてもみてください。依存症として問題視されているものとされていないものの線引きって、どこにあるのでしょうか。】

問三　傍線部②「こうした負の連鎖」とありますが、それはどのようなことですか。

問四　傍線部③「そういう希望を持てる社会」とありますが、筆者はどのような社会をつくるのがよいと考えていますか。

問五　本文の内容と一致《いっち》するものを次の中から選び、記号で答えなさい。

ア　一般の人と依存症から回復した人とがかかわりあう機会を増やすことが、日本では積極的に行われている。

イ　がんなどの激しい痛みを和《やわ》らげるために医療用麻薬を使い続ける患者も、依存症として扱うことができる。

ウ　昔は問題視されず、治療に使われていた物質が、現在は依存性の高い物質として問題視されることがある。

エ　違法薬物を使い依存症になることで一番傷ついているのは、それを使用した本人ではなくその家族である。

の知恵《ちえ》でもあります。

【　C　】現代では依存性物質とされているタバコは、かつて儀式《ぎしき》や治療に使われるものでした。大勢の人が日常的に楽しんでいるアルコールが、違法《いほう》だった時代もあります。大麻《たいま》が違法とされる国もあれば、合法とされる国もある。ゲーム依存は問題になるのに、どれだけ本を読んでも問題にならないのはなぜでしょう？　その時代、大人たちが気にくわないものを依存と称《しょう》して突《つ》き放《はな》しているようなきらいさえあります。1日10時間以上勉強して、勉強以外のことがおろそかになったとしても「勉強依存」とはいいませんしね。１９８０年代、あれほど多かった(注2)シンナー依存は、不良文化の衰退《すいたい》とともに激減しました。インターネットができればインターネット依存が生まれ、スマホが浸透《しんとう》すればスマホ依存が問題になります。

【　D　】結局、「○○依存」と名前をつけて問題になるものの総量は、どんな社会でも、どんな時代でも、それほど変わらないのかもしれません。ある依存症がなくなったところで、別の依存症が生まれるだけ。だとしたら、何に依存しているかということよりも、根本にある生きづらさのほうに目を向けて、それを生み出す社会のあり方を疑問視するべきです。

【　E　】違法薬物を使うことを「被害者《ひがいしゃ》なき犯罪」と表現することがあります。では、依存症によって傷つく人はいないのでしょうか？　そんなことはありません。十中八九、家族は大変な思いをするでしょう。中高生なら、先生や友達に迷惑《めいわく》をかけるかもしれません。働いている人なら仕事に影響《えいきょう》が出て、周囲の人を困らせたりもするでしょう。しかしながら、一番傷ついているのは、おそらく依存症になった本人ではないでしょうか。もともと歪んだ人間関係の中で悩《なや》みや苦しみ、心の痛みを抱えていたのです。そのうえ依存症によって健康を害し、生活が壊《こわ》れ、場合によっては差別すらされてしまうのですから。違法薬物の場合は、とりわけ厳しい差別や偏見《へんけん》にさらされます。人とつながることができなくて、孤立《こりつ》しているから依存症になったのに、依存症になったことでますます孤立を深め、回復から遠ざかっていくのです。

　②こうした負の連鎖《れんさ》を少しでも減らしていくためには、根本的な問題に向き合わなければなりません。虐待《ぎゃくたい》やいじめをなくしていくことはもとより、暴力や支配の背景には、貧困《ひんこん》や失業、過激な受験戦争や少子化などがあります。貧困家庭を支援《しえん》したり、経済格差を正したり、社会のしくみから見直すべきなのだろうと思います。

　そうやってできるだけの工夫《くふう》を重ねたうえで、気をまぎらわせるツール、すなわち薬物やゲームやギャンブルといったものを撲滅《ぼくめつ》するのではなく、うまくつきあっていく。そうできたらいいなと思います。もちろん、度を越《こ》して使ってしまう人はゼロにはならないでしょう。どんなよりよい社会になろうとも、それは難しい。であれば、そういう人が出てくることをあらかじめ想定したうえで、社会をつくっておけばいいのです。切《き》り離《はな》し、辱《はずかし》め、排除《はいじょ》するのか。それとも心の痛みに寄《よ》り添《そ》い、回復を支援し、もう一度迎《むか》え入《い》れるのか。僕は、後者のような社会でなければ、依存症になった人に限らず、みんなが幸せになれないように思います。

【国　語】（五〇分）〈満点：七〇点〉

【一】次の文章を読んで、あとの問に答えなさい。

　時代が移り変わり、価値観が変化する中で、依存症《いぞんしょう》という病気のとらえ方もまた大きく変わりつつあります。依存症という呼び方すら変わる可能性があります。実際、アメリカの医学界は、すでに薬物依存については「依存」という言葉を使うのをやめ、「物質使用障害」と呼ぶようになりました。

　依存という言葉は、「依存性のある薬物をくり返し摂取《せっしゅ》すると、馴《な》れが生じ、同じ効果を得るために必要な量がどんどん増えていく。そして、急にやめると離脱症状《りだつしょうじょう》（注1）リバウンドのような症状）が出る」という現象を指しています。ただし、これは、動物実験でわかったことにすぎません。これだけでは説明のつかないことがあるのです。

　例えば、がんの激しい痛みをしずめるために医療用《いりょうよう》麻薬《まやく》を使うことがあります。けれども、その患者《かんじゃ》が依存症になり、病院から麻薬を盗《ぬす》んだ、もしくは売人から不法に入手したなどという話は聞いたことがありません。医療用麻薬は、症状によってはかなりの量をある程度の期間使いつづけます。だから、馴れも生じるし、量も増えていきます。それでも、医療用麻薬を使っている患者を依存症とは呼びません。アトピー性皮膚《ひふ》炎《えん》などの治療《ちりょう》に使われるステロイドという薬もまた、使い続けるうちに馴れが生じるものの一つです。内服薬として継続的《けいぞくてき》に使っていた場合、急にやめることは難しく、ゆっくりと少しずつ量を減らしていかなければなりません。しかし、だからといってこの薬を使っている患者が依存症として扱《あつか》われることはありません。

　第3章に書いたように、依存症のしくみは脳のメカニズムにあります。それはそれで、理解しておくべき事実です。しかし、複雑な社会の中で生きる僕《ぼく》たち人間は、それだけですべてを説明しきれるほど単純なものでしょうか。①僕は、そうは思いません。脳のしくみを解明するだけでは、依存症という病気の核心《かくしん》にはたどり着けません。歪《ゆが》んだ人間関係の中で心に痛みを抱《かか》え、それを放置したまま薬物あるいは特定の行為《こうい》で一時しのぎをつづけ、いつしかコントロールできなくなって生活が破《は》綻《たん》してしまう。これが依存症の全貌《ぜんぼう》です。つまり、依存症という病気は、僕たちがどんな人間関係を築き、どんな社会をつくっていくのかということと直結しているのです。

【　A　】僕は、依存症がこの世からなくなることはないだろうと考えています。絶望的になっているわけではなくて、人間は、どんな時代も、何かしらよりかかるものを必要としているような気がするのです。

【　B　】面倒《めんどう》な単純作業をしなければならないとき、昔聞いた歌をいつのまにか頭の中でぐるぐるとループしていること、ありませんか？　それから、授業がどうにもつまらないときに、ノートを取っているふりをしながらラクガキしたり、わけもなく図形を塗《ぬ》りつぶしたり。多くの人は身に覚えがあるでしょう。人間は、ストレスを感じる状況《じょうきょう》に置かれたとき、それをやりすごすために気をまぎらわせようとするものなのです。そして、僕たちの祖先は、そうやって気をまぎらわせるのにうってつけのものを見つけました。アルコールやカフェインをはじめとする薬物です。やがて社会が複雑化したとき、それを乱用する人が出てきてしまったわけですが、何かで気をまぎらわせるという行為は、僕たち人間

MEMO

大切なことはメモしておこうネ！

2023年度

解　答　と　解　説

《2023年度の配点は解答欄に掲載してあります。》

＜算数解答＞ 《学校からの正答の発表はありません。》

1 (1) (ア) $0.625cm^2$ 　(イ) $1.665cm^2$ 　(ウ) $2cm^2$

(2) 1～1.25秒後，4.25～$6\frac{1}{3}$秒後，$10\frac{1}{3}$～11秒後 　(3) $7\frac{11}{12}$秒後，$8\frac{1}{15}$秒後

2 (1) (ア) 42個 　(イ) 60個 　(2) (ア) 28個 　(イ) 108個

(3) (ア) 18個 　(イ) 160個

3 (1) 14 　(2) 5・12・14・15・32 　(3) 解説参照 　(4) ア 31 　イ 31

(5) 1090

4 (1) 24 　(2) (ア) 697 　(イ) 694 　(3) (ア) 29・30 　(イ) 40・41

(4) 694・696・697・698

○推定配点○

3 各2点×5((2)，(4)各完答) 　他 各3点×20(4(3)(ア)，(イ)(4)各完答) 　計70点

＜算数解説＞

1 (平面図形，相似，図形や点の移動，割合と比，数の性質，速さの三公式と比)

重要 (1) (ア) 図ア…$(1+0.25)\times1\div2=0.625(cm^2)$

(イ) 図イ…$(1.6+0.25)\times1.8\div2=1.665(cm^2)$

(ウ) 図ウ…$(1.75+0.25)\times2\div2=2(cm^2)$

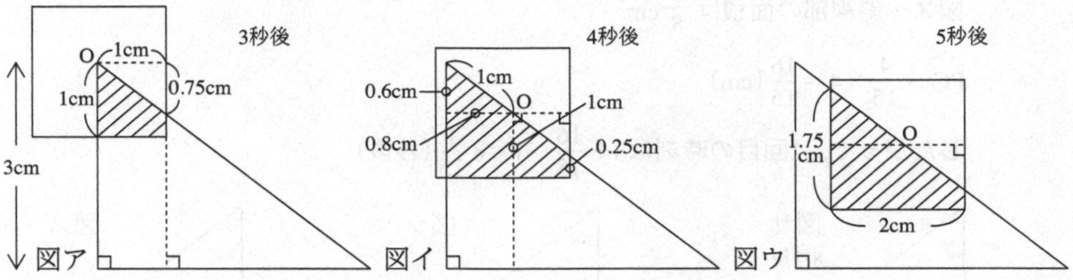

(2) 図エ…1cm，図オ…$3-\left(\frac{3}{4}+1\right)=1.25$(cm)より，1～1.25秒後

図カ…$3+1.25=4.25$(cm)，図キ…$3+5-\frac{5}{3}=6\frac{1}{3}$(cm)より，4.25～$6\frac{1}{3}$秒後

図ク…$8+2\frac{1}{3}=10\frac{1}{3}$(cm)，図ケ…$8+4-1=11$(cm)より，$10\frac{1}{3}$～11秒後

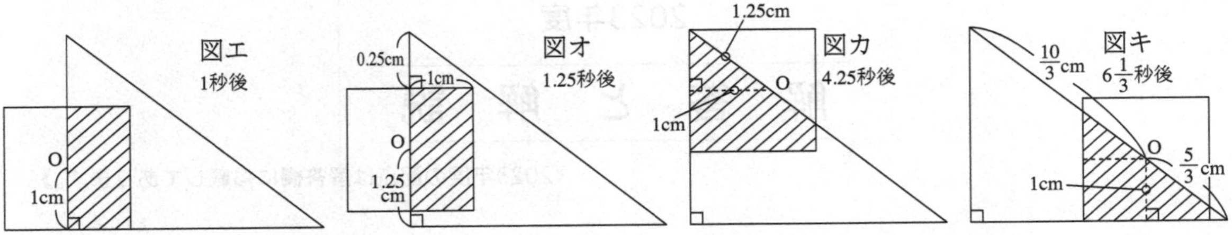

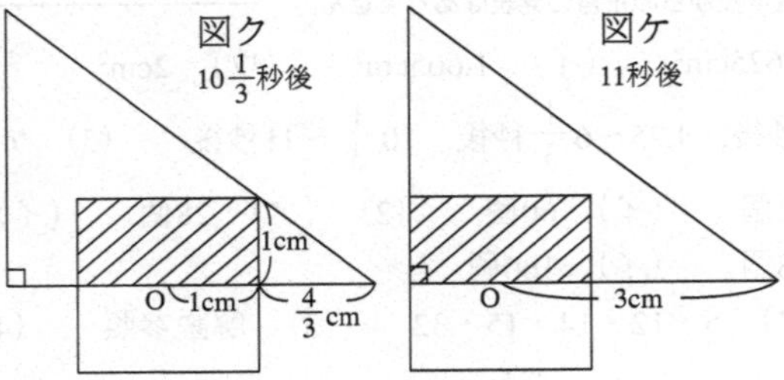

やや難　(3)　〈1回目〉

図サ…斜線部の面積は$\frac{3}{8}\mathrm{cm}^2$

図シ…斜線部の面積が$\frac{32}{75}\mathrm{cm}^2$のとき，$\boxed{4}\times\boxed{3}=\boxed{12}$は$\frac{32}{75}\times2=\frac{64}{75}(\mathrm{cm}^2)$

$\boxed{1}$…$\frac{64}{75}\div12=\frac{16}{225}=\frac{4}{15}\times\frac{4}{15}(\mathrm{cm}^2)$

OC…$\frac{4}{15}\times5-\frac{5}{4}=\frac{1}{12}(\mathrm{cm})$

したがって，1回目の時刻は$8-\frac{1}{12}=7\frac{11}{12}$(秒後)

〈2回目〉

図ス…斜線部の面積は$\frac{3}{8}\mathrm{cm}^2$

PC…$\frac{4}{15}\times4=\frac{16}{15}(\mathrm{cm})$

したがって，2回目の時刻は$8+\frac{16}{15}-1=8\frac{1}{15}$(秒後)

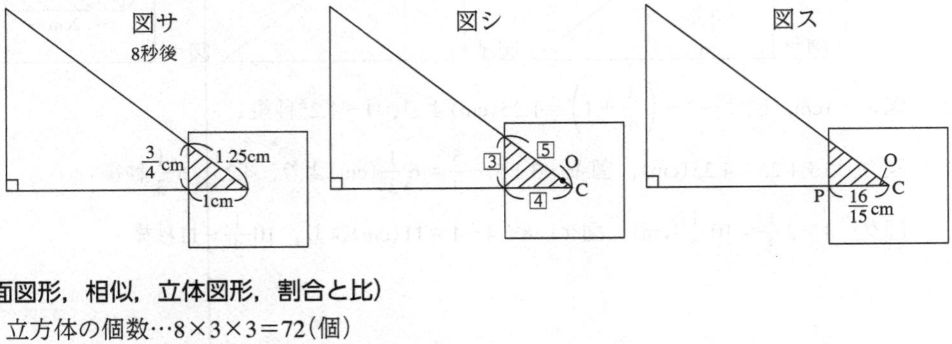

2　(平面図形，相似，立体図形，割合と比)

立方体の個数…$8\times3\times3=72$(個)

重要　(1)　(ア)　図1・2…切断された個数は$(3+8-1)\times3=30$(個)

したがって，切断されない個数は$8\times3\times3-30=42$(個)

(イ)　(ア)より，$(3+8-1)\times2\times3=60$(個)

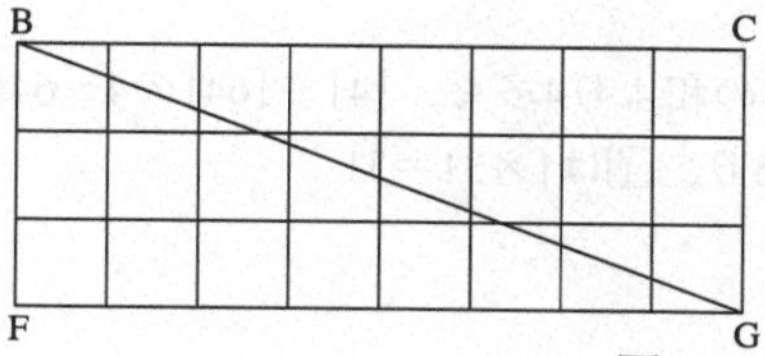

図2

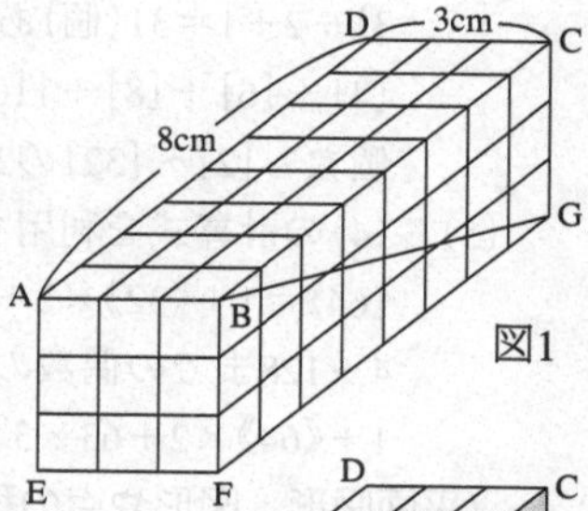

図1

(2)　(ア)　図3…色がついた部分より，(5×2＋4)×2＝28(個)
(イ)　切断面が交わる立方体…4個に切断される。
最下段の求める立体の個数…5×2＋3×4＋3×2×2＝34(個)
中段の求める立体の個数…4×2×2＋4×2＋4×4＝40(個)
したがって，求める個数は34×2＋40＝108(個)

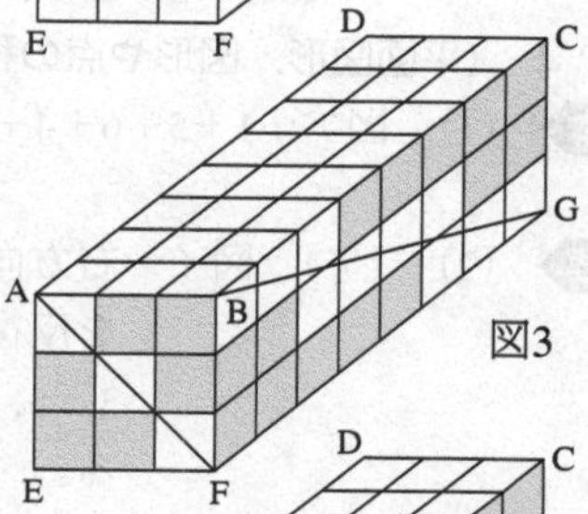

図3

やや難　(3)　(ア)　図4…色がついた部分より，5×2＋2×2×2＝18(個)
(イ)　最下段の求める立体の個数…(5×2＋3×4)×2＋3×2＝50(個)
中段の求める立体の個数…4×2×2＋2×4×2＋7×2×2＝60(個)
(切断面，3面が交わる立方体…7個に切断される)
したがって，求める個数は50×2＋60＝160(個)

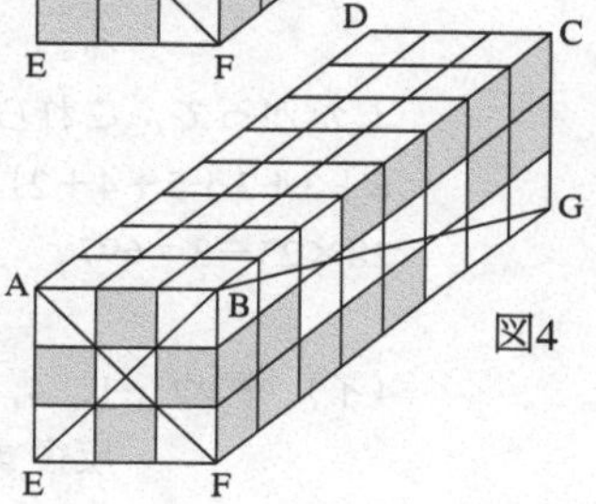

図4

3　(演算記号，数の性質，規則性)

基本　(1)　2023→2024→1012→506→253→254→127→128→64＝2×2×2×2×2×2
したがって，8＋6＝14

重要　(2)　右表より，整数Aは32，15，14，12，5

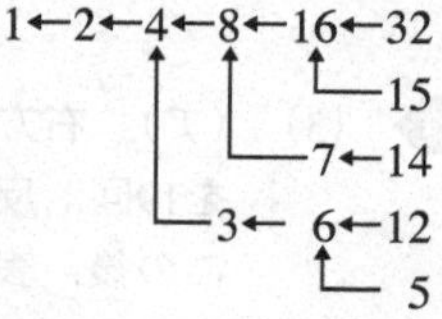

重要　(3)　下表のように，数字が記入される。

	[2]	[3]	[4]	[5]	[6]	[7]	[8]	[9]	[10]
	1	3	2	5	4	4	3	7	6
[11]	[12]	[13]	[14]	[15]	[16]	[17]	[18]	[19]	[20]
6	5	6	5	5	4	9	8	8	7
[21]	[22]	[23]	[24]	[25]	[26]	[27]	[28]	[29]	[30]
8	7	7	6	8	7	7	6	7	6

やや難　(4)
①…2
3②…4
5④4③…8
7⑥6⑤　6⑤5④…16
9⑧8⑦　8⑦7⑥　8⑦7⑥　7⑥6⑤…32
11⑩10⑨　10⑨9⑧　10⑨9⑧　9⑧8⑦　10⑨9⑧　9⑧8⑦　9⑧8⑦　8⑦7⑥…64

上表にもとづいて計算する。右の計算式において，[3]～[63]までの3～63の奇数は(63－

《64》＝[2]＋[3]＋[4]＋[5]＋[6]＋[7]＋[8]＋…＋[61]＋[62]＋[63]＋[64]
＝[2]＋[4]＋[4]＋[6]＋[6]＋[8]＋[8]＋…＋[62]＋[62]＋[64]＋[64]＋ア
＝[2]＋([4]＋[6]＋[8]＋…＋[62]＋[64])×2＋ア
＝[2]＋([2]＋[3]＋[4]＋…＋[31]＋[32]＋イ)×2＋ア
＝[2]＋(《32》＋イ)×2＋ア
＝1＋《32》×2＋イ×2＋ア

3)÷2+1=31(個)ある。したがって，ア は31

[4]+[6]+[8]+[10]の和は[2]+[3]+[4]+[5]の和より4多く，[4]～[64]の4～64の偶数の個数も[2]～[32]の2～32の整数の個数も31個であり，イ は1×31=31

(5)　(4)の計算式を利用する。

《64》=1+《32》×2+31×3=1+178×2+93=450

4～128までの偶数の個数…128÷2−1=63(個)

1+《64》×2+63×3=1+450×2+63×3=1090

4 (平面図形，図形や点の移動，立体図形，規則性)

基本　(1)　図ア…1+5+6+4+2+1+5=24

重要　(2)　(ア)　図イ…右方向に1，4，6，3を反復し，下方向に3，5，4，2を反復する。

したがって，これらの和は(1+4+6+3+3+5+4+2)×100÷4−3=28×25−3=697

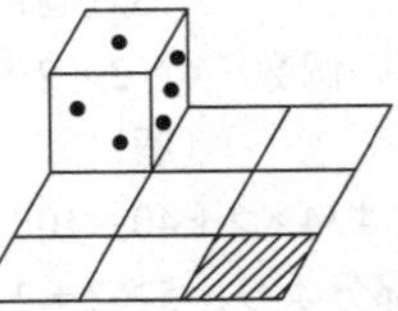

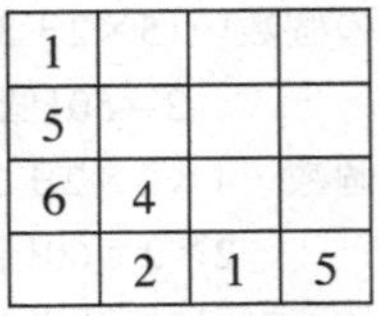

図ア

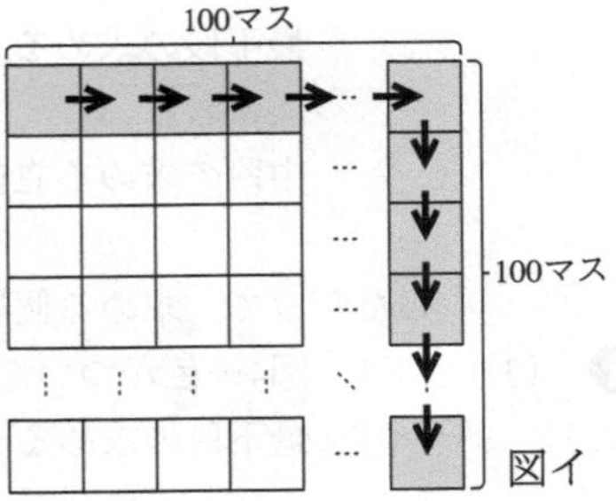

図イ

(イ)　図ウ…1，4，5，6，3，2を反復する。

100÷3=33…1

したがって，これらの和は(1+4+5+6+3+2)×33+1=21×33+1=694

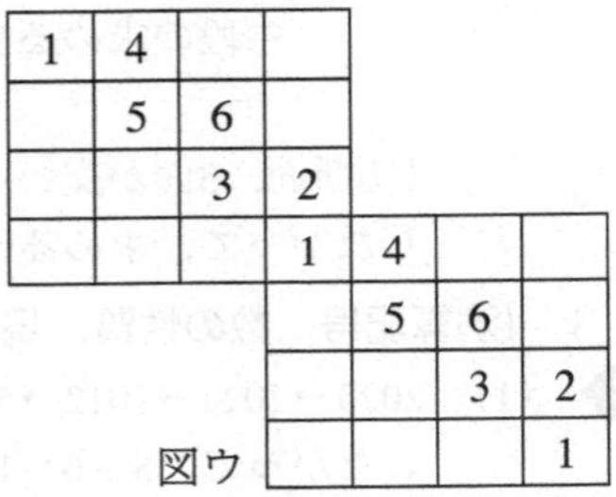

図ウ

やや難　(3)　(ア)　右方向に1，4，6，3を18回，反復し下方向に5，4，2，3を19回，反復する。

この後，表1のパターンを5回，反復し，最後に表2のように移動する。このとき，1は18+2×5+2=30(回)，6も30回

また，最後に表3のように移動するとき，6は29回

行＼列	73	74	75	76	77
77	1	4	6	3	1
78					5
79					6
80					2
81					1

表1

(イ)　表4により，このパターンを16回，反復して65行66列から右方向に6，5，1，2を7回，反復し65行97列からは下方向に4，6，3，1を8回，反復する。最後に，表5のように移動すると，2は2×16+7+1=40(回)，5も40回

また，65行95列からは下方向に4，1，3，6を8回，反復し，最後に表6のように移動すると，5は41回

行＼列	93	94	95	96	97	98	99	100
97	1	4	6	3	1			
98					5	4	2	3
99								6
100								4

表2

行＼列	93	94	95	96	97	98	99	100
97	1	4	6	3				
98				5				
99				4	1			
100					2	3	5	4

表3

(4)　(2)より，694，697，

(3)　(ア)の表3の場合…14×(18+19)+14×2×5+14×2+5+4+1=14×49+10=696

698…右方向に1，4，6，3を6回，反復して，次の

1から下方向に5，6，2，1を6回，反復して右方向，下方向，右方向，下方向を反復すると，14×6×2×4＋(1＋5＋2)×2＋4＋6＝698

行＼列	1	2	3	4	5	6
1	1	2				
2		4				
3		5				
4		3				
5		2	6	5	1	2

表4

行＼列	97	98	99	100
97	1			
98	4			
99	6			
100	3	2	4	5

表5

行＼列	95	96	97	98	99	100
97	6	5	1	2		
98				4		
99				5		
100				3	6	4

表6

★ワンポイントアドバイス★

1「正方形の移動」は(3)の計算が難しく，2「直方体の切断」も(3)「3面」による切断が間違いやすい。3「数の性質と演算記号」は(4)の計算が面倒であり，4「サイコロの移動」は(1)・(2)でしっかり得点しよう。

＜理科解答＞ 《学校からの正答の発表はありません。》

問1　イ　　問2　重さの減少のうち，水面からの水の蒸発によるぶんを調べるため。

問3　1.32g　　問4　二酸化炭素の泡が水中を通る間に水に溶けてしまい，集まる二酸化炭素の体積が少なくなってしまうこと。　　問5　ウ　　問6　(1)　重そう　(2)　0.39　(3)　0.16　(4)　ウ　　問7　(1)　0.66　(2)　0.96　(3)　1.26　　問8　(1)　185　(2)　165　(3)　150　　問9

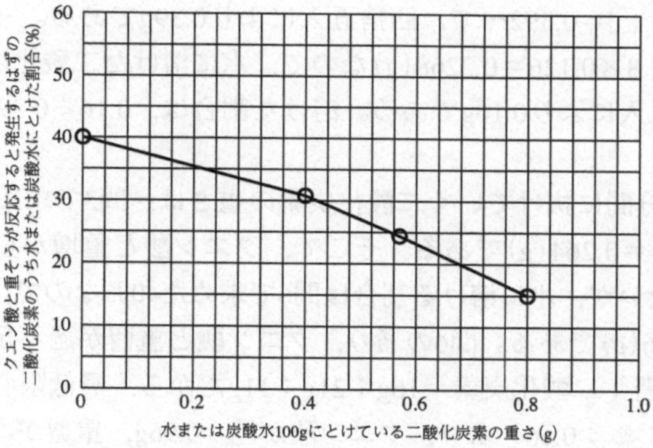

問10　(クエン酸と重そうが反応すると発生するはずの二酸化炭素のうち水または炭酸水にとけた割合は，)もともと水に溶けている二酸化炭素の量が少ないほど大きくなる。

問11　(クエン酸)　1.54g　　(重そう)　2.02g

○推定配点○

問6～問8　各2点×10　　問9　6点　　他　各3点×8　　計50点

＜理科解説＞

(ものの溶け方―炭酸水の性質と作り方)

問1　二酸化炭素だと確認できるのはイだけである。アは酸素以外の気体で満たした容器であれば，二酸化炭素の場合と同じ結果になることがある。ウは二酸化炭素ににおいがない。エはムラサキキャベツ液がうすい桃色になるので，弱い酸性であることはわかるが，それが二酸化炭素であるとは特定できない。

重要　問2　炭酸水の重さが減ったのは，溶けていた二酸化炭素が抜けただけでなく，液面から水が蒸発したのも原因である。そこで，蒸発した水の重さを知るために，炭酸水ではなく水を使って同じ条件で実験をする。蒸発した水の重さがわかれば，次の問3の要領で，抜けた二酸化炭素だけの重さを計算することができる。

問3　表1の炭酸水の実験で270分間に減った重さは，505.24－503.84＝1.40(g)である。これは，溶けていた二酸化炭素が抜けた分と，水が蒸発した分の合計である。一方，水の実験で270分間に減った重さは，503.22－503.14＝0.08(g)である。これは，水が蒸発した分であり，炭酸水の実験でも同じ重さの水が蒸発している。よって，抜けた二酸化炭素の重さは，1.40－0.08＝1.32(g)である。

問4　図3では，発生した二酸化炭素が泡になって水中を通る部分が長い。そのため，水に溶ける二酸化炭素が増えてしまう。できるだけ二酸化炭素を水に溶かさないように，図2のように気体を集める管はメスシリンダーの奥の方まで入れるのがよい。

重要　問5　表2と図4から，クエン酸と重曹が過不足なく反応するときの量の比は，およそクエン酸：重曹：二酸化炭素＝0.75g：1.0g：160mLである。この比を使うと，重曹を0.75gにしたときの比は，およそ0.5625g：0.75g：120mLとなる。つまり，クエン酸は最大約0.56g溶けて，二酸化炭素が約120mL発生する。これを示したグラフはウである。

問6　問題文から，クエン酸と重曹が過不足なく反応するときの量の比は，クエン酸：重曹：二酸化炭素＝16g：21g：11gである。この比をもとに考えると，クエン酸と重曹を0.75gずつ混ぜた場合，重曹が反応し切って不足する。このとき発生する二酸化炭素の重さは，重曹：二酸化炭素＝21：11＝0.75：□　より，□＝0.392…で，四捨五入により0.39gである。一方，集まった126mLの二酸化炭素の重さは，1.8×0.126＝0.2268(g)なので，水に溶けた二酸化炭素の重さは，0.39－0.2268＝0.1632で，四捨五入により0.16gである。溶けた割合は，0.16÷0.39＝0.410…で，選択肢だと40％が近い。

重要　問7　500gの炭酸水から270分間に抜けていく二酸化炭素の重さは，問3で求めた1.32gなので，100gの炭酸水の場合は1.32÷5＝0.264(g)である。そこで，クエン酸と重増から作った二酸化炭素の0.264gぶんを水に溶かしたいが，水に溶ける割合は問6で求めた40％なので，必要な二酸化炭素の発生量は0.264÷0.40＝0.66(g)である。問6の通り，クエン酸と重曹が過不足なく反応するときの量の比は，クエン酸：重曹：二酸化炭素＝16g：21g：11gだから，最低限必要なクエン酸と重曹の量は，16：21：11＝□：△：0.66　より，クエン酸が□＝0.96g，重曹が△＝1.26gとなる。

問8　表3が，クエン酸と重曹を混ぜてかくはんしたときに集まった二酸化炭素の体積，表4がクエン酸と重曹を入れずにかくはんしたときに集まった二酸化炭素の体積だから，表4のぶんが，もともと炭酸水に入っていた二酸化炭素を示す。よって，クエン酸と重曹から発生し集まった二酸化炭素の体積は，表3と表4の差で，炭酸水Aでは365－180＝185(mL)，炭酸水Bでは260－95＝165(mL)，炭酸水Cでは161－11＝150(mL)となる。

重要　問9　問6で求めた通り，クエン酸と重曹を0.75gずつ混ぜた場合，発生する二酸化炭素の重さは0.39gである。これをもとに，表5のいちばん下の行の割合を求めていく。

表5　クエン酸と重そうを0.75gずつ反応させた結果

	炭酸水A	炭酸水B	炭酸水C	水
水または炭酸水100gにもともととけている二酸化炭素の重さ(g)	0.80	0.57	0.40	0.00
実験で集まった二酸化炭素の体積(mL)	365	260	161	126
上の値のうち，クエン酸と重そうが反応して発生した二酸化炭素の体積(mL)	185	165	150	126
クエン酸と重そうが反応すると発生するはずの二酸化炭素の重さ(g)	0.39	0.39	0.39	0.39
上の値のうち，水または炭酸水にとけた割合(%)	15	24	31	40

炭酸水Aの場合，集まった二酸化炭素185mLの重さは1.8×0.185＝0.333(g)であり，水に溶けた重さは0.39－0.333＝0.057(g)だから，溶けた割合は0.057÷0.39＝0.146…で，15%である。同じように，炭酸水Bの場合，集まったのは1.8×0.165＝0.297(g)，水に溶けたのは0.39－0.297＝0.093(g)，溶けた割合は0.093÷0.39＝0.238…で，24%である。炭酸水Cの場合，集まったのは1.8×0.150＝0.270(g)，水に溶けたのは0.39－0.270＝0.120(g)，溶けた割合は0.120÷0.39＝0.307…で，31%である。水の場合は問6の40%である。これらをもとにグラフを描く。

問10　クエン酸と重曹が反応すると発生するはずの二酸化炭素の重さは，どの場合も0.39gだが，そのうち水または炭酸水に溶けた量や割合は，炭酸水A＜炭酸水B＜炭酸水C＜水である。つまり，もともと溶けている二酸化炭素の量が少ないほど，溶けた割合は大きくなる。

重要　問11　問3のことから，270分放置した炭酸水では500cm^3あたり1.32g，100cm^3あたりでは1.32÷5＝0.264(g)の二酸化炭素が抜けた。もともと炭酸水100cm^3には0.80gの二酸化炭素が溶けているので，270分後も溶けている二酸化炭素は0.80－0.264＝0.536(g)である。このとき，問9で描いたグラフでは，二酸化炭素が水に溶ける割合は25%と読める。よって，0.264gの二酸化炭素を溶かしこむためには，0.264÷0.25＝1.056(g)の二酸化炭素を発生させる必要がある。クエン酸と重曹が過不足なく反応するときの量の比は，クエン酸：重曹：二酸化炭素＝16g：21g：11gだから，最低限必要なクエン酸と重曹の量は，16：21：11＝□：△：1.056　より，クエン酸が□＝1.536で，四捨五入により1.54g，重曹が△＝2.016gで，四捨五入により2.02gとなる。

★ワンポイントアドバイス★

最初の方の計算結果が後の問いに関係してくる問題の場合は，特に最初の計算は慎重に行い，検算も実行しよう。

＜社会解答＞ 《学校からの正答の発表はありません。》

1 問1 オランダ　問2 （例） 横浜が貿易港として開港され，外国人が多く居住するようになったため，牛乳の需要が高まったから。　問3 福沢諭吉

2 問1 （例） 牛乳はとても腐りやすいので，新鮮な牛乳を毎日家庭に届ける必要があった。また，家庭で必要な牛乳はそれほど多くなかったから。　問2 （例） びんには，一つ一つにしっかりとしたキャップがついているので，異物の混入を防ぐことができる。

3 問1 （例） 牛乳を購入する家庭までの距離があまりないので，新鮮なうちに家庭に届けることができたから。　問2 オ(→)エ(→)ア(→)イ(→)ウ

4 問1 イ　問2 (1) （例） 生乳の生産量は，北海道も他の地域も増加したが，北海道の増加率がより高い。　(2) （例） 北海道は増加を続けたが，増加率は鈍化した。一方，他の地域は減少するようになった。　問3 （例） 1960年ごろから北海道，神奈川県とも酪農家戸数が減少するようになった。北海道では乳牛の頭数は1960年以降も増え続け，近年もそれほど減っていない。一方，神奈川県では，乳牛の飼育頭数は1970年以降急激に減少した。よって，酪農家一戸あたりの乳牛の飼育頭数は，北海道では増加傾向，神奈川県では減少傾向にあるといえる。

5 問1 （例） 北海道の生乳の生産量は，他の都道府県に比べて圧倒的に多いが，その4分の3ほどは道内で乳製品に加工されている。これは，北海道が東京や大阪などの大消費地から離れているため，生乳を出荷するには不利だからである。　問2 （例） 他の都道府県から大量の生乳を運び，神奈川県内でこれを牛乳に加工している。乳製品に加工する割合は低い。問3 （例） 低温で，長時間にわたり生乳を運ぶことができる輸送技術によって支えられている。

6 （例） 明治時代に牛乳の生産がはじめられたころは，東京の中心部に牧場付きの牛乳販売店が増えた。これは，新鮮な牛乳を消費者に届けやすいという事情があったからである。つまり，このころは，生乳，牛乳の生産地は一致していた。しかし，牧場はしだいに郊外に移転し，さらに20世紀後半には，東京都全体から業者の数は減っていった。第2次世界大戦後は，北海道や東北地方など，大消費地から離れている地域で生乳の生産が盛んになり，東京近郊の神奈川県などは，北海道や東北地方から生乳を運び，これを牛乳に加工するようになった。つまり，生乳，牛乳の生産地が分離するようになったといえる。この背景には，低温で生乳を運ぶことができる輸送技術の進歩があったと考えられる。

○推定配点○

1 問2 3点　他 各2点×2　2 問1 4点　問2 3点　3 問1 3点　問2 2点
4 問1 2点　問2 各3点×2　問3 4点　5 問1 5点　問2 4点　問3 3点
6 7点　計50点

＜社会解説＞

1 （総合―「牛乳」を題材にした日本の歴史など）

基本 問1 出島は，江戸時代，オランダ人が居住した長崎港内の人工築島。当初はポルトガル人の隔離を目的として築造されたが，1639年にポルトガル人が追放されたため，1641年平戸にあったオランダ商館が出島に移された。鎖国中にもかかわらず，オランダが幕府との貿易を許されたのは，キリスト教の布教を行わないことを約束したからである。

重要 問2 横浜は，1858年に結ばれた安政の五か国条約（アメリカ合衆国，オランダ，イギリス，フラン

ス，ロシアのそれぞれと結んだ修好通商条約）によって開港され，外国人が居住するようになった。現在の横浜市中区関内は，幕末の開港にあたり，外国人居留地として埋め立てられた地域である。このような外国人を主な顧客として，牛乳の生産が始まったと考えられる。

基本 問3　福沢諭吉は明治時代の啓蒙思想家。豊前中津藩士出身。緒方洪庵に蘭学を学び，のちに英学を修める。1860～67年に，3度にわたり欧米を視察し，1868年に私塾を慶応義塾と名付けた。著作に『西洋事情』，『学問のすゝめ』，『文明論之概略』などがある。

[2] （総合―「牛乳」を題材にした日本の歴史など）

問1　本文中の「牛乳はとても腐りやすいので，安全に飲むために，明治時代のはじめから行政による監視や指導が行われていました。」，「器具の衛生的な取りあつかい方法が定められていたりします。」という記述に注目して考える。

問2　資料1のように，大きな金属製の缶に入れた牛乳を，ひしゃくですくって配るより，資料2のようなキャップがついたびんに牛乳を入れて配るほうが，異物の混入を防ぐことができ，衛生的だといえる。資料2から，このキャップは，隙間なくしっかりと閉まるものだと読み取れる。

[3] （総合―「牛乳」を題材にした日本の地理など）

問1　[2]の本文中にあった「牛乳はとても腐りやすい」という記述をもとに考える。明治時代に牛乳の生産がはじめられたころは，牛乳を低温を保ったまま輸送する手段がなかったため，消費者の多い東京の中心部に牧場付きの牛乳販売店を設置し，牛乳を新鮮なうちに家庭に届けようとしたのである。

やや難 問2　[3]の本文中の「ところが人家の密集したところに牧場があるのは衛生面で問題があるということから，1900年に政府が規制をはじめ，しだいに郊外に移っていきました。さらに20世紀後半には，東京都全体から業者の数が減っていくという変化をたどりました。」という記述に注目して考える。

[4] （総合―「牛乳」を題材にした日本の地理など）

基本 問1　日本人の食生活は1950年ごろから1990年ごろまでの約40年間で著しく変化し，従来の米と魚を中心とした状況から，肉，卵，牛乳，乳製品をかなり摂取するようになった。このような変化を，「食生活の洋風化」という。

問2　(1)　1990年まで，北海道も他の地域も生乳の生産量は増加した。しかし，北海道は1990年ごろまで急増が続いたが，他の地域は1970年ごろから増加が鈍化し，1990年ごろには生産が頭打ちになった。　(2)　1990年以降も，北海道の生乳の生産量は増加が続いた。しかし，増加率は1990年以前に比べて鈍化した。一方，他の地域は，生乳の生産量が減少に転じた。

重要 問3　北海道，神奈川県とも，1960年ごろから酪農家戸数が急速に減少するようになった。しかし，その後，乳牛の飼育頭数は，北海道ではなお増加を続け，近年もそれほど減少していない。一方，神奈川県では1970年ごろから減少傾向にあり，近年も急速な減少が続いている。これらのことから，北海道では，酪農家一戸あたりの乳牛の飼育頭数は増加しているが，神奈川県ではこれが減少しているといえる。

[5] （総合―「牛乳」を題材にした日本の地理など）

問1　表から，北海道は，生乳の生産量が約400万トン，そのうち約300万トンが乳製品に加工され，牛乳に加工されたのは56万トンにすぎないことが読み取れる。これは，北海道が，大消費地から距離的に遠く離れており，新鮮さを保ったまま輸送するのにコストがかかることが背景にあると考えられる。

問2　表から，神奈川県は，生乳の生産量は約3万トンとわずかであるが，他の都道府県から運ばれた生乳は約30万トンとかなり多いこと，また乳製品に加工される生乳は約2万トンとごく少ないことが読み取れる。

重要 問3　神奈川県で，牛乳の生産量が多いのは，他の都道府県から生乳を運び入れ，これを牛乳に加工しているからである。この背景には，低温を保ったまま長時間にわたって輸送できる「コールドチェーン」のしくみが確立されたことがある。

6　**(総合―「牛乳」を題材にした日本の地理，歴史など)**

記述のポイントは，①明治時代には，「生乳」の生産地と「牛乳」の生産地は一致していたが，現在では，「生乳」の生産地と「牛乳」の生産地は分離しているということ，②この背景には，低温を保ったまま長時間にわたって輸送できる技術の進歩があったということ，の2点である。

★ワンポイントアドバイス★

昨年に続き，本年も，グラフなどの作図の問題は出題されなかった。しかし，復活する可能性は十分にあるので準備は必要である。

＜国語解答＞ 《学校からの正答の発表はありません。》

【一】　問一　(例)　脳のメカニズムの解明で，複雑な社会の中で生きる人間の依存症のすべては説明できる　　問二　C　　問三　(例)　孤立が原因で依存症になった人が，依存症になったことで差別や偏見にさらされて孤立を深め，回復から遠ざかっていくこと。

問四　(例)　依存症の根本原因を見直すとともに，依存症になる人が出ることをあらかじめ想定して，なった人の回復を支援し，回復後は敬意をもって受け入れられるような，みんなの幸せに結びつく社会。　　問五　ウ

【二】　問一　a　エ　　b　イ　　問二　(例)　自分のメンタルに原因があるのではなく，キム・チョヒが規定違反の水着を着ていたから試合に負けたのだということ。

問三　(例)　負けた原因に素直に向き合えず，相手の水着のせいにする情けない態度。

問四　(例)　負けを認めずに小さい頃から寄り添ってくれたスンナムの期待を裏切り，さらにひどい言葉を投げつけて傷つけてしまったから。　　問五　(例)　水泳は勝つことが何よりも大切だ(という考え。)

【三】　1　簡素　　2　圧巻　　3　協議　　4　序列　　5　探査　　6　委任　　7　給湯　　8　垂(れる)　　9　暮(れる)　　10　絹

○推定配点○

【一】　問一　7点　　問二・問五　各4点×2　　他　各8点×2

【二】　問一　各2点×2　　問二　7点　　問四　8点　　他　各5点×2

【三】　各1点×10　　計70点

＜国語解説＞

【一】　**(論説文―主題・理由・細部表現の読み取り，指示語，空欄補充，記述)**

問一　傍線部①には「僕は，そう思いません」とある。「そう」にあてはまる内容を，解答欄の形に合わせて記述する問題である。つまり，筆者がそうは思っていない内容をまとめる。「第3章に書いたように……」で始まる段落には，「依存症のしくみは脳のメカニズムにあります」と書かれていて，それは「理解しておくべき事実」だと述べられている。だが，傍線部①直前にあるよ

うに筆者は，脳のしくみを明らかにしただけではすべてを説明しきれるとは思っていないのである。以上の文脈を意識して，あてはまるように書くべき内容をまとめる。記述の際には「脳のメカニズムの解明＋依存症のすべてを説明できる」という内容を中心にして，「と筆者は思っていないということ」という表現につなげる。

問二　抜け落ちた文章の「依存症として問題視されているものとされていないものの線引き」という表現に着目する。抜け落ちた文章は「依存症として問題視されているものとされていないものの線引き」という内容に結びつく。その線引きについて具体的にふれられているのは【C】以降の段落である。その前の【B】以降の段落には，私たちの祖先がアルコールやカフェインなどの薬物で気をまぎらわせる方法を見つけたことが述べられている。その後，【C】以降の段落で，タバコと大麻，ゲームと本などの具体例を用いて，「依存症として問題視されているものとされていないものの線引き」について，述べられているのだ。その後，【D】以降の段落では，「結局，『○○依存』と……」とまとめられている。抜け落ちた文で「考えて見てください」「線引きって，どこにあるのでしょうか」と呼びかけ，【C】以降の段落で，考える題材になる具体例を提示して，その後の【D】以降の段落でまとめる。このような文章構成だと考えられる。つまり，抜け落ちた文は【C】にあてはめるのが適当だとわかる。【A】【E】は，直前や直後に線引きに関する具体的な内容がない。

重要　問三　傍線部②直前の段落内に解答の手がかりを見つけることができる。「連鎖」とは，くさりのようにつながり続くこと。負の連鎖とは，悪い状態がくさりのようにつながり続く。つまり，ここでは悪いことがきっかけになり，どんどん悪いことが生じる状態のことである。傍線部②の「負の連鎖」の内容は，「こうした」という指示語の直前から読み取ることができる。「人とつながることができなくて，孤立しているから依存症になったのに，依存症になったことでますます孤立を深め，回復から遠ざかっていく」という部分である。この部分を活用して，さらに説明が具体的になるようにまとめる。記述の際には「孤立して，依存症」「依存症になり，差別や偏見にさらされてますます孤立」「回復から遠ざかる」という内容を中心にする。

やや難　問四　「こうした負の連鎖を少しでも減らしていくためには……」で始まる段落以降には，筆者のこうすべきだという考えが並んでいる。設問には「筆者はどのような社会をつくるのがよいと考えていますか」とある。そのため，筆者のこうすべきだという考えを読み取り，まとめていくのがよい。傍線部②を含む段落で，筆者は依存症の根本原因と向き合うべきだと述べている。また次の段落では，依存症を撲滅しようとするのではなく，撲滅は難しいので，ある程度依存症になる人が出てくることを想定すべきだと述べている。そして，依存症になった人に対しては回復を支援して，回復後は社会にもう一度迎え入れるような社会になることが，みんなの幸せにも結びつくと述べている。さらに，アメリカでは依存症から回復した人がリスペクト，つまり敬意をもって受け入れられていることを述べ，「日本でも……」と続けている。筆者は敬意を持って受け入れることを望んでいるのだ。以上の文脈をおさえて，解答をまとめていくとよい。記述の際には「依存症の根本原因を見直す」「依存症になる人が出ることをあらかじめ想定」「なった人は回復を支援」「回復後は敬意をもって受け入れる」という，筆者がこうすべきと述べている点を中心にまとめる。

基本　問五　ア　文章の最後の方の，「僕は，日本でも……」で始まる段落に着目する。「日本でも，依存症から立ち直った人が一般の人に触れ合う機会がもっとあったらいいのにと考えています」とある。つまり，現在の日本では依存症から回復した人が一般の人と積極的にかかわるような状況ではないのである。　イ　文章の最初の方にある，「例えば，がんの激しい痛みを……」で始まる段落に着目する。医療用麻薬を使った患者が依存症になって問題を起こした例を聞いたことがないとある。つまり，医療用麻薬を使い続ける患者を依存症として扱うことはできない。　ウ　【C】で始まる段落に着目する。儀式や治療に使われていたタバコが，現在では依存性物質とされているのである。「現在は……問題視される」とあるウは正解になる。　エ　【E】で始まる段落に着目する。「一番傷ついているのは，おそらく依存症になった本人」とある。「一番傷ついているのは……家族である」と書かれたエは誤答になる。　オ　【B】で始まる段落に着目する。「僕たちの祖先は，そうやって気をまぎらわせるのにうってつけのものを見つけました」とある。現代人が初めて使用したわけではない。

【二】（物語文―主題・心情・場面・細部表現の読み取り，記述）

問一　a　恐ろしいという気持ちになることを，「おじけづく」という。傍線部aでは，大会の反省会で何か言われるのではないかと，後輩たちが恐れているのである。「こわくなっている」とあるエが正解である。傍線部aを含む部分の文脈だけを考えると，「緊張している」とあるイもあてはまるように感じる。だが，「おじけづく」という言葉のもともとの意味は，緊張ではない。

b　先のことをよく考えずに強引に物ごとを行うことを「無鉄砲」という。傍線部bでは，チャンのような入部の仕方が「無鉄砲」だというのである。「あとさきを考えずに」とある，イが正解になる。傍線部bの文脈だけを考えると，「礼義もわきまえずに」があてはまるようにも感じる。だが「無鉄砲」に礼儀をわきまえないという意味はない。

問二　傍線部aよりも後にある，「楽しくない反省会だったが……」で始まる段落以降を読み進める。キム・チョヒの水着のきらきらしたかがやき。ナルは，コーチがこのあやしさに気づくことを期待した。だが，ナルの試合映像が画面に映ってもコーチは表情を変えることがなく，ナルのメンタルの問題点を指摘し始めたのだ。傍線部①以降からも読み取れるように，「もともとそんなに速い子でもなかった」キム・チョヒの泳ぎに関して，ナルは疑問を抱いている。そして，水着がおかしいことにも納得できず，「反則」という言葉も口にする。ナルは，自分のメンタルに問題があるとは思っていない。キム・チョヒが規定違反の水着を着ていたので，それが勝敗に影響したと思っているのだ。以上を読み取り，解答をまとめる。記述の際には，「キム・チョヒが規定違反(反則)の水着を着ていたから，試合に負けた」という内容を中心にする。

問三　傍線部②を含む場面の中のスンナムの様子を読み取り，書くべき内容を判断する。傍線部②より前の「そんなバカな」「……水着のせいで負けたなんて，話に無理があるだろ？」などの言葉から，スンナムがナルの主張に対して否定的であることがわかる。また，傍線部②以降，「ナルの心は，整理どころか……」で始まる段落から，ナルとスンナムが小さい頃からの水泳仲間で，スンナムもナルの決勝進出を心から望んでいたことがわかる。スンナムはナルの能力を評価して，期待していたのである。だが，ナルは負け，その原因をコーチが分析しようとしたとき，ナルは水着のせいにした。期待していたナルがそのような態度であったため，スンナムは情けないと感じ，がっかりしていら立ったのだ。以上をおさえる。記述の際には，「自分の負けに向き合わない」「水着のせいにしている」というナルの実際の様子を書き，「情けない態度」と，ナルの様子を短くまとめた表現につなげるとよい。

重要　問四　傍線部③までの展開を読み取り，書くべき内容をまとめる。問三にも関連するが，ナルはスンナムの期待を裏切り，がっかりさせた。また，傍線部②以降の「あれを着たら，タイムがどれくらいちぢまるの？」というスンナムの言葉に対する，「決勝ではちょっとのちがいが致命的なの！あんたにはそれがわからないだろうけど」というナルの言葉に着目する。ここからは，スンナムが決勝に出られないことが読み取れるが，ナルは「(決勝に出られない)あんたにはそれがわからないだろうけど」と言うことで，今まで自分に寄り添ってくれていたスンナムを，相当傷づけてしまったのだ。以上の展開を読み取り，解答をまとめる。記述の際は，「スンナムの期待を裏切った」「ひどい態度や言葉でスンナムを傷つけた」という内容を中心にする。

重要 問五　最後の場面の先生とナルの会話から、書くべき内容を考える。ナルの様子を心配したコーチは「ナル，わたしは勝ち負けだけが水泳じゃないと思うんだ」と語る。それに対して，傍線部④で，ナルは「よくわかりません」と返す。さらにナルは，「試合は勝つためにやるものじゃないですか」とまで言う。以上の点をおさえて，書くべき内容をまとめる。記述の際には，「勝つことが何よりも大切(重要)だ」という内容を中心にする。

【三】（漢字の書き取り）

1　むだがなく，質素なこと。「簡」には，むだをはぶくという意味がある。その意味で，「簡素」以外にも，「簡潔」などの言葉がある。　2　他のものと比べて，はるかにすぐれていること。
3　話し合って決めること。話し合って決まった離婚を，「協議離婚」という。　4　あるきまりによって並べられた順序のこと。勤続年数や年齢によって会社内の地位や給料の額が決まる仕組みを「年功序列」という。　5　さぐり調べること。月の表面を探査するための機械を，月面探査機という。　6　あることがらの処理を他の人に任せること。委任するための書類が「委任状」である。
7　湯を供給すること。湯を供給するための機械が給湯器である。　8　ここでは水滴がしたたり落ちること。「垂れる」には教訓や模範を示すという意味もある。その意味で「教訓を垂れる」と表現できる。　9　ここでは太陽が沈んで，あたりが暗くなること。「日が暮れる」の反対の表現は「夜が明ける」である。　10　蚕のまゆからとった繊維のこと。糸の状態のとき，絹糸(きぬいと)ともいう。

★ワンポイントアドバイス★

設問の中の，「解答欄に合うように」というような表現に注意する。解答欄の前後に言葉が書かれていて，その言葉に合うような解答を書く必要がある。注意したい。

MEMO

大切なことはメモしておこうネ！

2022年度

入　試　問　題

2022年度

2022年度

栄光学園中学校入試問題

【算　数】（60分）　＜満点：70点＞

1. 1から10までの10個の整数を1つずつ下の□に入れて，分数のたし算の式を作ります。

$$\frac{\square}{\square}+\frac{\square}{\square}+\frac{\square}{\square}+\frac{\square}{\square}+\frac{\square}{\square}$$

(1)　次のように式を作ったときの計算結果を，これ以上約分できない分数で答えなさい。

$$\frac{2}{1}+\frac{4}{3}+\frac{6}{5}+\frac{8}{7}+\frac{10}{9}$$

(2)　計算結果が$\frac{9}{5}$より小さくなる式を1つ作りなさい。また，その計算結果をこれ以上約分できない分数で答えなさい。

(3)　計算結果が7以下の整数になる式を1つ作りなさい。また，その計算結果の整数を答えなさい。

次に，1から10までの10個の整数を1つずつ下の□に入れて，分数のかけ算の式を作ります。

$$\frac{\square}{\square}\times\frac{\square}{\square}\times\frac{\square}{\square}\times\frac{\square}{\square}\times\frac{\square}{\square}$$

(4)　計算結果が整数になる式のうち，最も小さい整数となるものを1つ作りなさい。また，その計算結果の整数を答えなさい。

(5)　計算結果が整数になる式について，考えられる計算結果の整数をすべて答えなさい。

2. 図1のようなすごろくと，1，2，3，4のいずれかの目が出るルーレットがあります。

図1

スタートにあるコマを，以下のルールで，ゴールにぴったり止まるまで動かします。

- ルーレットを回して出た目の数だけ右に動かします。
- ゴールにぴったり止まれない場合は，ゴールで折り返して，余った分だけ左に動かします。
- 折り返した後も，次にルーレットを回したとき，まずは右に動かします。
- 一度止まった①～④のマスは「スタートに戻《もど》る」マスになり，次以降にそのマスに止まった場合は，コマをスタートに戻します。

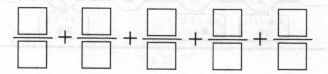

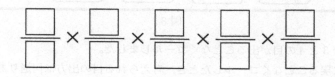

例えば，ルーレットの目が１，３，４の順に出たとき，コマは①マス，④マスの順に止まった後，ゴールで折り返して②マスに止まります（図２）。

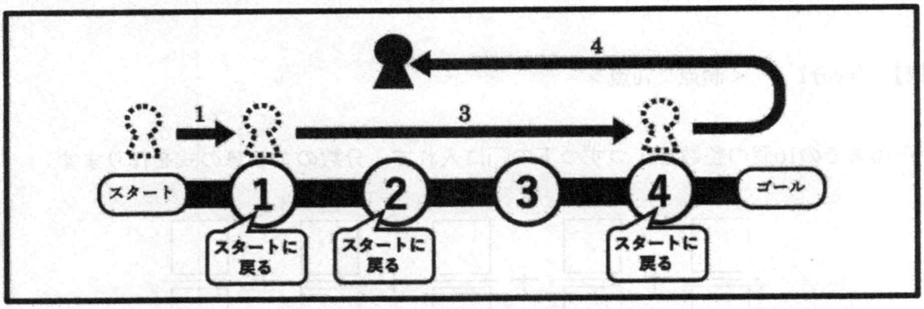

図２

続いて，ルーレットの目が１，１の順に出ると，コマは③マス，①マスの順に止まり，④マスはすでに「スタートに戻る」マスになっているので，スタートに戻ります（図３）。

これ以降，ルーレットでどの目が出てもスタートに戻ることになり，ゴールできません。

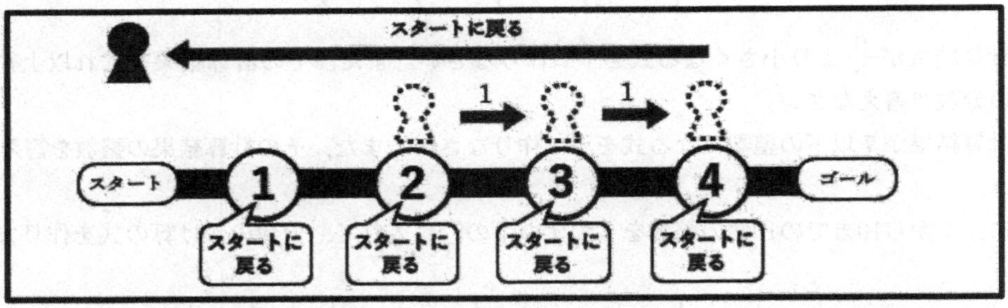

図３

(1)　ルーレットで３と４の目が出ることなくゴールしました。

　(ア)　スタートに戻ることなくゴールしたとき，考えられる目の出方は何通りありますか。

　(イ)　ゴールするまでに出た目の和として考えられるものを，小さい方から３つ答えなさい。

(2)　ルーレットで１と２の目が出ることなくゴールしました。

　(ア)　スタートに戻ることなくゴールしたとき，ゴールするまでに出た目の和として考えられるものをすべて答えなさい。

　(イ)　ゴールするまでに出た目の和が2022のとき，何回ルーレットを回しましたか。

(3)　スタートに戻ることなくゴールしました。このとき，ゴールするまでに出た目の和として考えられるものをすべて答えなさい。

(4)　ゴールしたとき①～④のすべてのマスが「スタートに戻る」マスになっていて，ゴールするまでに出た目の和は12でした。このとき，考えられる目の出方は何通りありますか。

3. 1周300mの池の周りを，A君とB君は同じ地点Xから同時にスタートし，左回り（反時計回り）に走ります。A君は分速200m，B君は分速250mで走りますが，自分の前10m以内に相手がいるときは速さが1.2倍になります。

例えば，スタート直後は，A君の前10m以内にB君がいるので，A君は分速240mで走ることになります。一方，B君は分速250mで走ることになります。また，B君が1周分の差をつけてA君に追いつく直前では，B君の前10m以内にA君がいるので，A君は分速200m，B君は分速300mで走ることになります。

(1)　A君とB君が初めて10m離《はな》れるまでに，A君が走る距離《きょり》は何mですか。

(2)　B君がちょうど1周分の差をつけてA君に追いつくまでに，A君が走る距離は何mですか。

(3)　A君が10周してスタート地点Xに戻《もど》ってくるまでにかかる時間は何分何秒ですか。

今度は，A君とB君にC君を加えて，3人で池の周りを左回りに走ります。3人は同時にスタートしますが，C君だけはスタートする地点が違《ちが》います。また，C君の走る速さは，B君と同じ分速250mで，3人とも自分の前10m以内に誰《だれ》かがいるときは速さが1.2倍になります。

(4)　C君のスタートした地点が，他の2人のスタート地点Xから左回りに150mのところでした。

(ア)　B君がちょうど1周分の差をつけてA君に追いつくまでに，A君が走る距離は何mですか。

(イ)　A君が10周してスタート地点Xに戻ってくるまでの時間は，(3)で求めた時間より何秒短くなりますか。

(5)　A君が10周してスタート地点Xに戻ってくるまでの時間が，(3)で求めた時間より7秒短くなりました。また，B君とC君が10m以内に近づくことはありませんでした。このとき，C君がスタートした地点は，他の2人のスタート地点Xから左回りに何mのところでしたか。

4. 図1のような円すいがあります。この円すいの側面を直線XAに沿って切りひらくと，円の4分の1であるおうぎの形になります。また，円すいの底面の円には，すべての頂点が円周上にあるような正方形ABCDが書いてあります。正方形ABCDの1辺の長さは10cmです。

(1)　XAの長さは底面の円の半径の長さの何倍ですか。

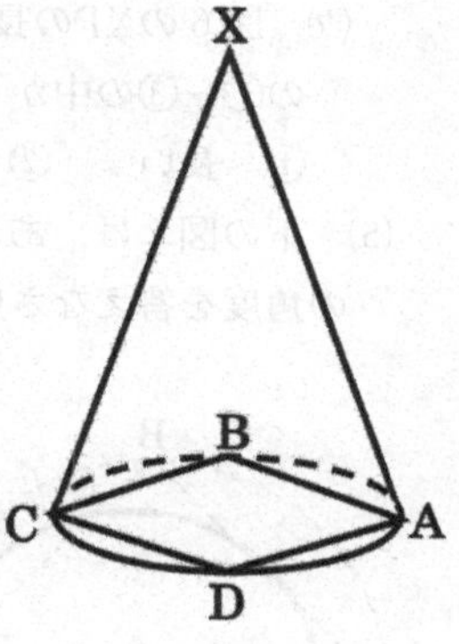

図1

この円すいの表面上を動く点Pと点Qを考えます。

点Pは，図2のように，Aを出発して円すいの側面を最短距離《きょり》で左回りに1周してAに戻《もど》ってきます。一方，点Qは，図3のように，Aを出発して正方形ABCDの辺上を左回りに1周してAに戻ってきます。点Pと点Qは同時にAを出発して，それぞれ一定の速さで動きます。点Pの速さは点Qの速さの4倍です。このとき，円すいを真上から見ると，点Pは図4の実線部分に沿って動いていました。

（図2，図3，図4は次のページにあります。）

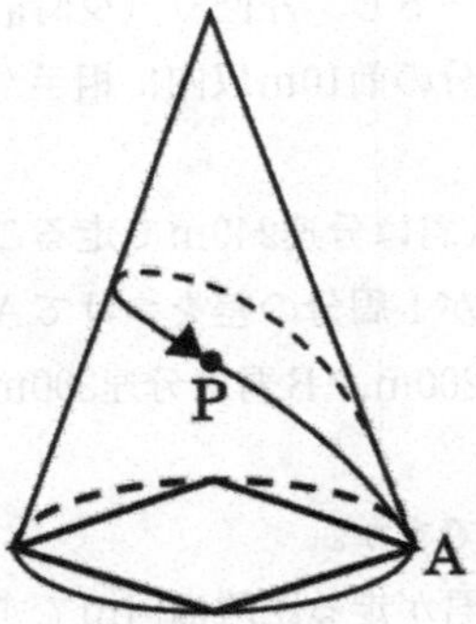

図２

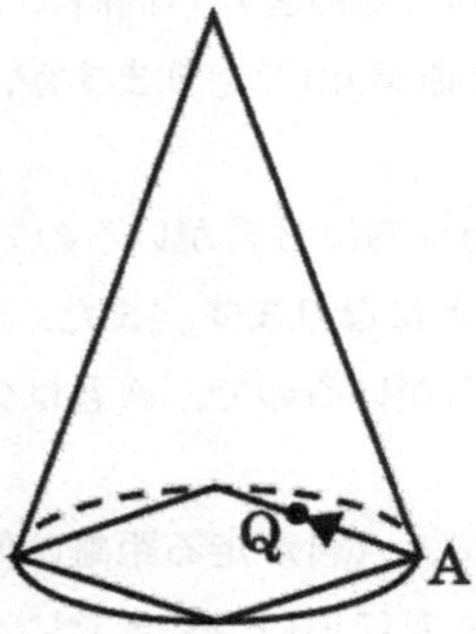

図３

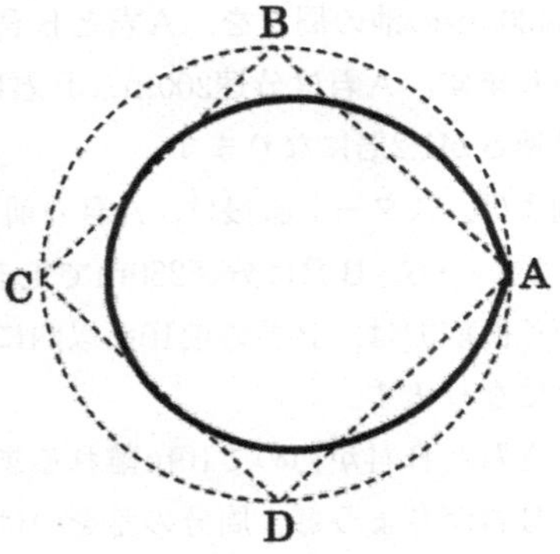

図４

⑵　点ＰがＡを出発してから，再びＡに戻るまでに移動した距離を答えなさい。また，点ＰがＡに戻ったときの点Ｑの位置を，次の①～⑧の中から選び，記号で答えなさい。

①　Ａ　②　ＡとＢの間　③　Ｂ　④　ＢとＣの間

⑤　Ｃ　⑥　ＣとＤの間　⑦　Ｄ　⑧　ＤとＡの間

⑶　下の図５は，あるときに円すいを真上から見た図で，３点Ｃ，Ｐ，Ｘは一直線上にありました。このとき，実際のXPの長さ（円すいの頂点から点Ｐまでの長さ）と，図５のXPの長さ（真上から見たときのＸＰの長さ）を答えなさい。

⑷　下の図６は，あるときに円すいを真上から見た図で，３点Ｂ，Ｐ，Ｘは一直線上にありました。

㈠　Ａを出発してからこのときまでにかかった時間は，点Ｐが１周する時間の$\frac{1}{4}$倍の時間と比べて，長いですか，短いですか，同じですか。次の①～③の中から選び，記号で答えなさい。

①　長い　②　短い　③　同じ

㈡　図６のあの角度を答えなさい。

㈢　図６のXPの長さは，図６のXQの長さと比べて，長いですか，短いですか，同じですか。次の①～③の中から選び，記号で答えなさい。また，その理由も書きなさい。

①　長い　②　短い　③　同じ

⑸　下の図７は，あるときに円すいを真上から見た図で，点Ｐは辺AB上にありました。図７のいの角度を答えなさい。

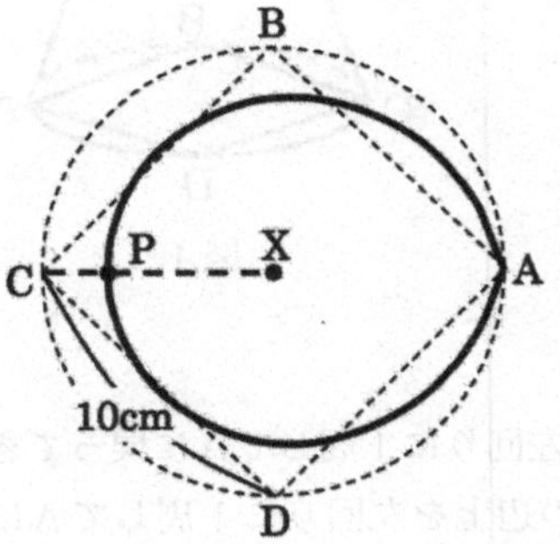

図５

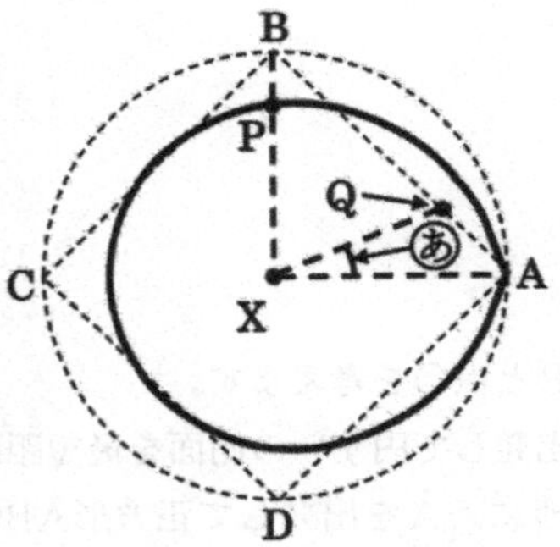

図６

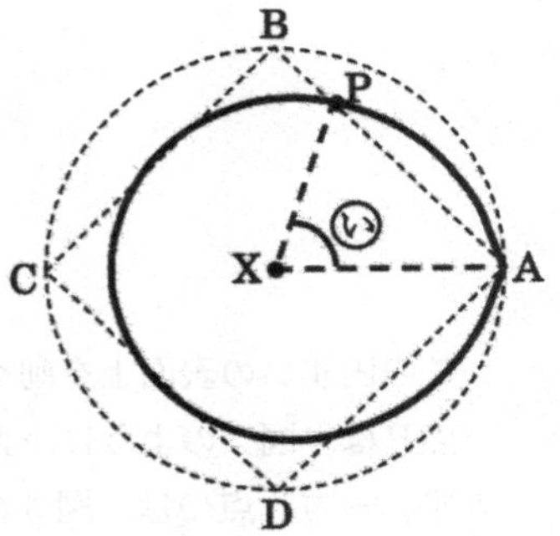

図７

【理　科】（40分）　　＜満点：50点＞

栄一君の家では，庭でいろいろな野菜を育てています。庭では野菜の花も咲《さ》きます。栄一君は水やりなどの手伝いをしています。

問1　キュウリの花は何色ですか。次の**ア**～**オ**の中から正しいものを選び，記号で答えなさい。

ア　白　　**イ**　黄　　**ウ**　緑　　**エ**　むらさき　　**オ**　赤

問2　大きくなった根を主に食べる野菜を，次の**ア**～**オ**の中からすべて選び，記号で答えなさい。

ア　ニンジン　　**イ**　ダイコン　　**ウ**　レンコン　　**エ**　ジャガイモ　　**オ**　サツマイモ

あるとき，栄一君は水やりを2日間忘れてしまいました。この2日間，雨は降りませんでした。3日目に気がついて，あわてて様子を見に行くと，土の表面はかわいていて，野菜の葉がしおれていました。心配になった栄一君は水をたっぷりやりました。次の日，野菜を見ると，葉はしっかりしていて，いつもの元気を取りもどしていました。「植物ってすごいなぁ。どのくらいしおれると，元にもどらなくなるのだろう？」栄一君は疑問に思ったので，実験してみることにしました。

【実験1】

お店で豆苗《とうみょう》（エンドウマメの苗《なえ》）を買ってきました。ふくろの中にたくさんの苗が入っていて根がからまっている（**写真1**）ので，根を傷つけないように1本ずつ取り外しました。苗には豆（種子）がついているのでそれを取り外し（**写真2**），根をアルミ箔《はく》で包みました（**写真3**）。この状態で豆苗を置いておくと，豆苗はだんだんと乾燥《かんそう》していきます。午前8時にそれぞれの苗の重さを量り，以降4時間ごとに重さを量りました。栄一君がねている間の記録はありません。結果を**表1**に示し，**表1**をグラフにしたものを**図1**に示します。アルミ箔の重さは除いてあります。

写真1

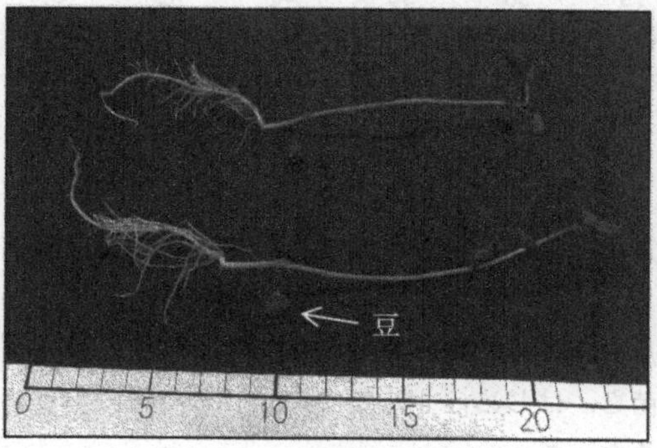

写真2

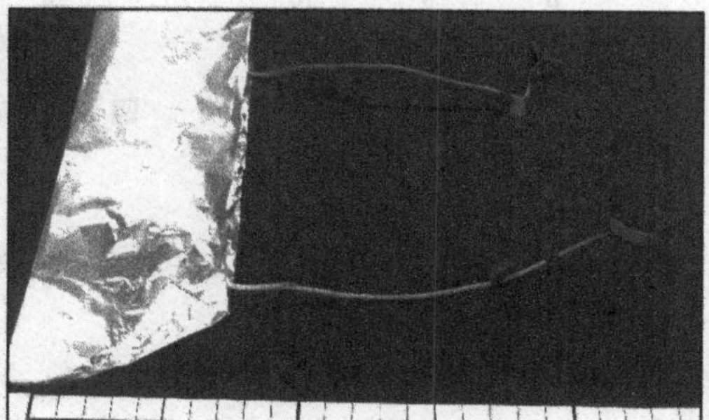

写真3

（ものさしの単位はcm）

表１　豆苗の重さの変化

実験開始からの時間（時間）	豆苗A	豆苗B	豆苗C	豆苗D
0	1.45	1.30	1.01	1.12
4	0.97	1.00	0.71	0.88
8	0.69	0.79	0.57	0.74
12	0.60	0.70	0.49	0.67
16				
20				
24	0.40	0.45	0.33	0.48
28	0.35	0.41	0.29	0.39
32	0.29	0.36	0.25	0.33
36	0.25	0.31	0.21	0.28
40				
44				
48	0.21	0.25	0.17	0.23

（重さの単位はｇ）

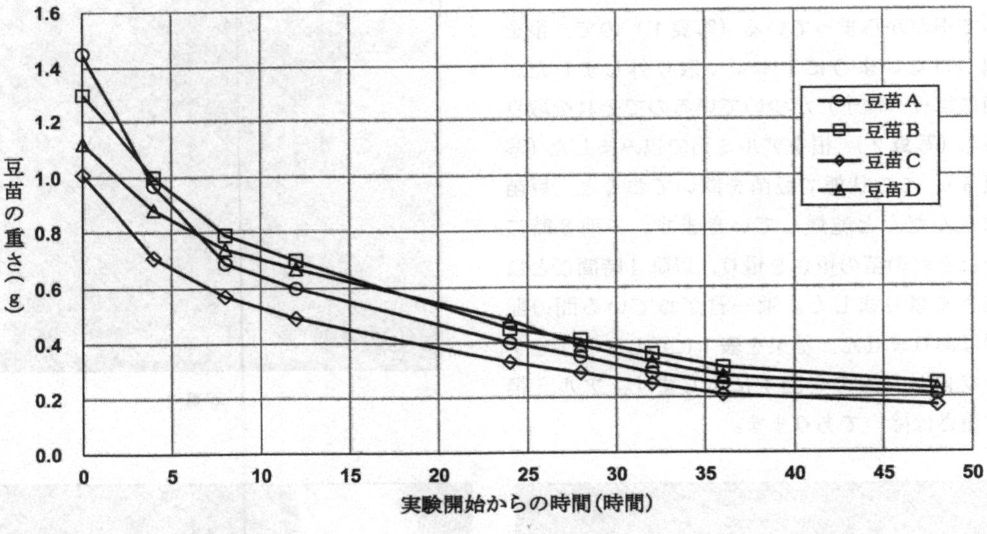

図１　豆苗の重さの変化

問３　表１や図１からわかることをまとめた次の文章を読み，空らんに適当な数字や語句を入れなさい。

豆苗Aの重さは，はじめの４時間で（　１　）ｇ減少し，32時間後から36時間後までの４時間では（　２　）ｇ減少している。豆苗A以外の苗も，はじめの４時間に比べて32時間後から36時間後までの４時間のほうが減少量は（　３　）くなった。

４本の苗は実験開始時の重さがちがうので，重さの減り方のちがいについては，前のページの**表１**や**図１**からではわかりにくいです。そこで栄一君は，それぞれの苗の最初の重さを100として，重さの変化を比率で表すことにしました。それが**表２**です。また，**表２**の豆苗Ａ，豆苗Ｂ，豆苗Ｃについてグラフにしたものが**図２**です。

表２　最初の重さを 100 としたときの，豆苗の重さの変化

実験開始からの時間（時間）	豆苗Ａ	豆苗Ｂ	豆苗Ｃ	豆苗Ｄ
0	100	100	100	100
4	67	77	70	79
8	48	61	56	66
12	41	54	49	あ
16				
20				
24	28	35	33	43
28	24	32	29	35
32	20	28	25	29
36	17	24	21	い
40				
44				
48	14	19	17	21

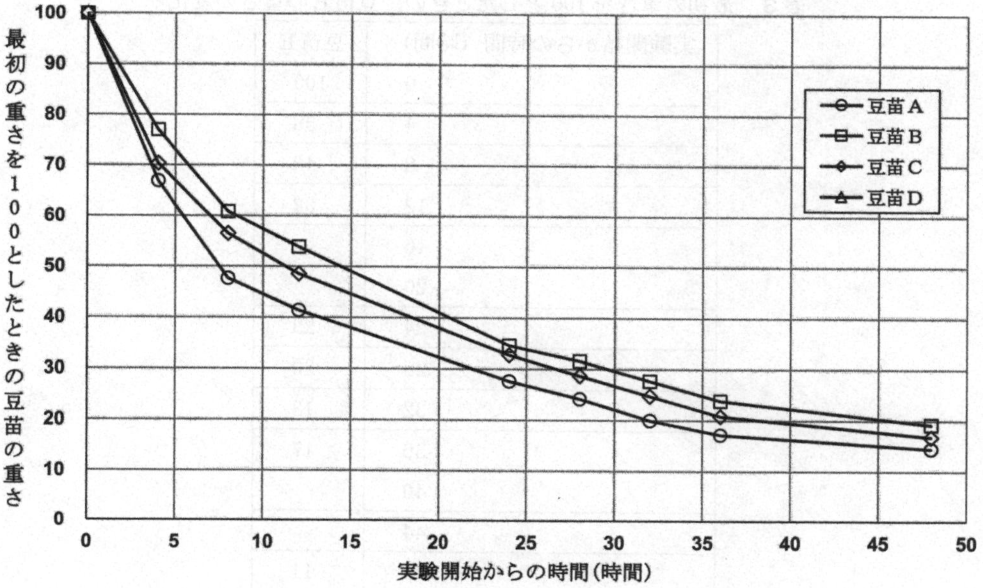

図２　最初の重さを 100 としたときの，豆苗の重さの変化

問4　前のページの**表2**の空らん あ と い に入る数値を，小数第一位を四捨五入して，整数で答えなさい。

問5　豆苗Dについてのグラフを，解答らんの図にかきいれなさい。グラフの点は△で示しなさい。

問6　最初の重さを100としたときの豆苗の重さについて述べた，次の**ア**～**ウ**の文について，正しいものには○，まちがっているものには×を書きなさい。

ア．実験開始直後と比べて，実験開始4時間後の重さが最も軽くなった豆苗も，実験開始48時間後の重さが最も軽くなった豆苗も，豆苗Cである。

イ．重さの変化を比率で表したとき，豆苗Aと豆苗Dでは，数値が100から70になるまでにかかった時間は，数値が70から40になるまでにかかった時間の半分以下である。

ウ．重さの変化を比率で表したとき，それぞれの時刻の値が最も大きい豆苗と値が最も小さい豆苗を比べると，実験開始4時間後よりも8時間後のほうが値の差が大きくなっている。しかし，24時間後を過ぎると差は小さくなり始め，48時間後には8時間後よりも差は小さくなっている。

栄一君は，根をアルミ箔で包まなかった場合にどうなるかも調べました。**表3**は，根をアルミ箔で包まずに乾燥させた豆苗Eの重さの変化です。最初の重さを100として，重さの変化を比率で表しています。

問7　豆苗A～豆苗Dの結果と豆苗Eの結果を比べて，根をアルミ箔で包まなかった場合，どのようなことが起こったのか，あなたの考えを説明しなさい。なお，豆苗は根を包む以外は同じ環境《かんきょう》で乾燥させたとします。

表3　最初の重さを100としたときの，豆苗Eの重さの変化

実験開始からの時間（時間）	豆苗E
0	100
4	58
8	40
12	32
16	
20	
24	23
28	20
32	18
36	17
40	
44	
48	11

次のページの**写真4**は乾燥を始めた直後の苗のようす，**写真5**，**写真6**は乾燥を始めてから24時間後と48時間後の苗のようすです。

写真４

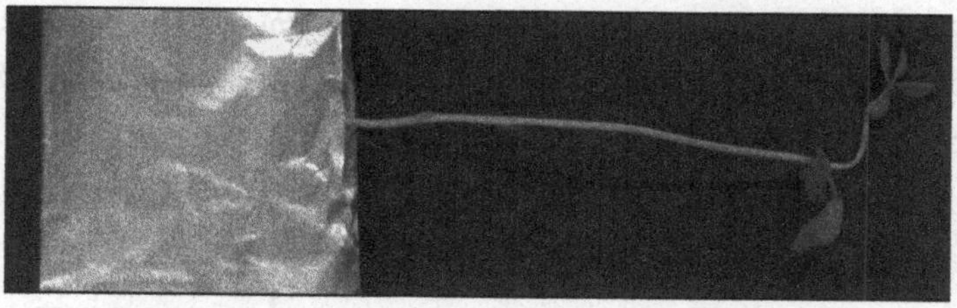

写真５

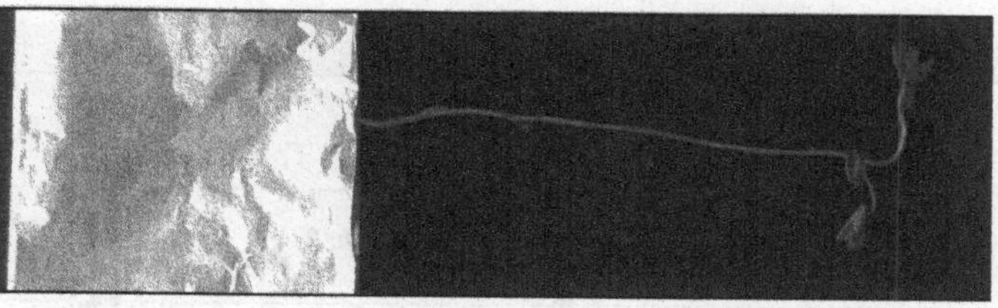

写真６

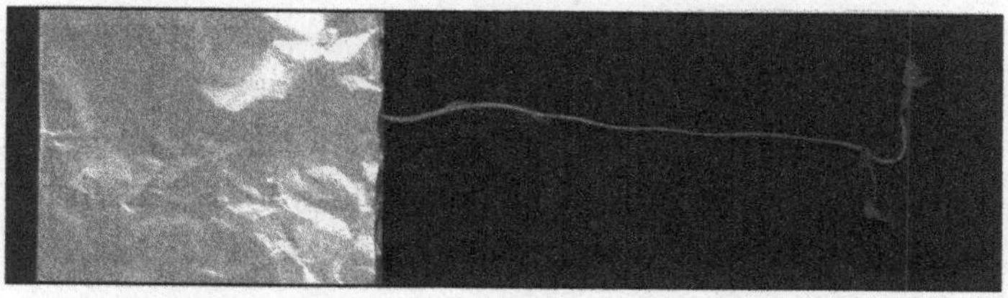

豆苗が乾燥していく様子を観察できたので，次に栄一君は，乾燥した豆苗に水をあたえて，しおれた豆苗の重さがどの程度もどるのか，重さを量ってその変化を調べようと思いました。

栄一君は教科書を参考にして，水を入れた三角フラスコに乾燥させた苗を立てて水を吸わせようとしましたが，問題が生じてうまくいきませんでした。そこで栄一君は水の吸わせ方を工夫して，48時間乾燥させた豆苗にも，根から水を吸わせることに成功しました。

問８　下線部の「問題」とはどんなことだと思いますか。**写真４～６**を参考にして答えなさい。また，この問題を解決して根から水を吸わせるために，あなたならどのような工夫をするか説明しなさい。三角フラスコ以外の道具を使ってもかまいません。必要なら図をかいてもよいです。

【実験２】

実験１と同じように１本ずつ取り外した苗を，たくさん用意しました。すべての苗の豆（種子）を取り外し，重さを量ったあと根をアルミ箔で包んで，しばらく乾燥させました。乾燥時間は豆苗ごとに変えました。乾燥を終えた豆苗は，アルミ箔を外して再度重さを量った後，根を水につけて，これ以上重さが増えなくなるまで十分に吸水させ，重さを量りました。結果の一部を**表４**に示します。

表４　豆苗の重さの変化

	豆苗①	豆苗②	豆苗③	豆苗④	豆苗⑤	豆苗⑥	豆苗⑦	豆苗⑧	豆苗⑨	豆苗⑩
最初の重さ(g)	1.24	1.34	1.28	1.09	1.24	1.16	1.14	1.38	1.21	1.29
乾燥後の重さ(g)	0.78	0.73	0.61	0.37	0.39	0.30	0.27	0.29	0.22	0.18
吸水後の重さ(g)	1.24	1.29	1.22	0.91	0.95	0.76	0.62	0.71	0.62	0.58

前のページの**表４**には10本分の値しか示されていませんが，実際には90本ほどの苗を量りました。すべての苗の結果を，横軸《じく》に乾燥後の重さを最初の重さで割った値，縦軸に吸水後の重さを乾燥後の重さで割った値をとって図に表したものが**図３**です。

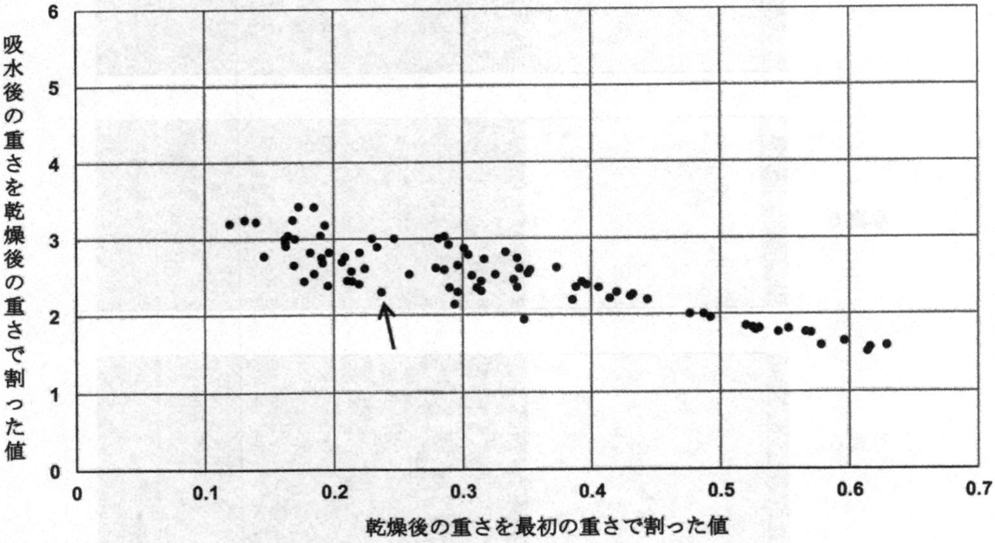

図３　実験２の結果

問９　**図３**中の矢印で示した値は，**表４**の豆苗①～⑩のうちのどれかです。どの豆苗のものか，番号で答えなさい。

問10　**図３**について，乾燥後に吸水して完全に最初の重さにもどった場合のグラフはどのような曲線になりますか。解答らんの図にかきいれなさい。

栄一君がこの実験を始めたきっかけは，水やりを忘れて野菜をしおれさせてしまったことでした。あわてて水をあげると，次の日には葉がしっかりして元気を取りもどしていました。植物の生命力におどろくとともに，いったいどこまでたえられるのかという疑問がわいたのでした。もう一日水やりを忘れていたら枯《か》れてしまったのかもしれません。

植物がしおれるのは，乾燥して水分が減ったからです。しおれてしまっても再び水をやれば，水を吸って元通りに回復することもあるのです。乾燥させすぎれば，元にはもどらないこともあります。

問11　栄一君の「どのくらい乾燥させると元にもどらなくなるのか，どれくらいまでなら元にもどるのか。」という疑問に対して，**図３**と**問10**でかきいれた曲線を参考にして答えなさい。

【社　会】（40分）　＜満点：50点＞

みなさんは，ふだん地図を見ますか。街歩き用の絵地図，住宅地図，地形を知るための地図など，さまざまな地図がありますが，日本のすがたを一目で見ることができる日本図は，学校や家の壁《かべ》にはってあることも多いかもしれません。ここでは，江戸《えど》時代までの日本図に着目してみましょう。

1　日本のすがたをえがこうとした日本図に，「行基図《ぎょうきず》」と呼ばれるものがあります。これは奈良《なら》時代の僧侶《そうりょ》である行基《ぎょうき》がつくったとされますが，行基図と呼ばれる地図はたくさんあることから，長い期間にわたって書き写されてきたと考えられています。16ページの図Aは，江戸時代初期に書物に載《の》せられていた，行基図のひとつをもとにした図です。これを見て，あとの問に答えなさい。

問１　図Aには，「山城《やましろ》」という場所から日本各地に道が通じていることを示す線があります。「山城」は山城国のことですが，山城国は，河内《かわち》国，和泉《いずみ》国，摂津《せっつ》国，大和《やまと》国とともに「五畿《ごき》」と呼ばれました。河内国，大和国，山城国は，それぞれ現在のどこの都道府県にありますか。正しい組み合わせを示しているものを，次のア～エから１つ選びなさい。

ア　河内国－京都府，大和国－奈良県，山城国－大阪府
イ　河内国－大阪府，大和国－奈良県，山城国－京都府
ウ　河内国－大阪府，大和国－京都府，山城国－奈良県
エ　河内国－奈良県，大和国－京都府，山城国－大阪府

問２　奈良時代には大和国から，平安《へいあん》時代には山城国から各地に道が通じていました。それはどうしてなのか，そのころの農民が納めた調《ちょう》や庸《よう》のしくみから考えて説明しなさい。

問３　山城国，近江《おうみ》国，美濃《みの》国，信濃《しなの》国，上野《こうずけ》国を結ぶ道は，「東山道《とうさんどう》」と呼ばれていたことがあります。これらの国ぐにを通って，江戸に向かう街道が江戸時代に整備されました。この街道を何といいますか。

問４　図Aを見ると，中国《ちゅうごく》地方と中部《ちゅうぶ》地方には国名に前，中，後の文字が入っている国があります。これらの国ぐにがどのような順にならんでいるか，２つの地方に共通することを説明しなさい。

2　次の文章を読んで，あとの問に答えなさい。

16ページの図Bは，18世紀の後半に水戸藩《みとはん》の学者であった長久保赤水《ながくぼせきすい》がつくった日本図で，「赤水図《せきすいず》」と呼ばれています。江戸時代のおわりまでに，①地域が色分けされて複製された赤水図は，人びとのあいだに広まっていきました。

一枚の赤水図には，全部で4000か所以上の地名が記されています。しかし，房総《ぼうそう》半島と伊豆《いず》半島の形や位置が実際とちがっていたり，隠岐島《おきのしま》や佐渡島《さどがしま》が実際よりも目立ってえがかれていたりしています。

赤水図以前に，幕府《ばくふ》は1604年以降たびたび②全国の大名《だいみょう》に国ごとの地図の作成と提出を命じました。そうしてつくられた地図を「国絵図《くにえず》」といい，赤水は赤水図をつくるのにこれらを利用しました。幕府は地図とともに，③各地の米の収穫《しゅうかく》量についての資料も提出させました。国絵図にも，それに関する数値が記入されています。

17ページの図Cは，赤水図の一部を拡大したものです。この図を見ると，地名や④川筋が細かくかかれています。

問１　下線部①のように複製した技術は浮世絵《うきよえ》にも使われていますが，それはどのような技術ですか。

問２　下線部②について，幕府がこのように命じて実際に地図の作成と提出をさせることができた理由を，1600年と1603年のできごとを取り上げて説明しなさい。

問３　下線部③を知るために，田畑の面積を測量したり土地の良しあしなどを調べたりしたことを何といいますか。

問４　下線部④について，17ページの図Ｃで，←Ｘは現在の何という川の河口を示していますか。川の名を答えなさい。

3　18世紀後半の地図づくりには，江戸時代にみられた学問の発達が大きく関わっていました。伊《い》能忠敬《のうただたか》の地図づくりもそのひとつです。このことについて，次の文章を読んで問に答えなさい。

17世紀前半に，幕府は日本人が海外に行くことを禁じ，①他の国や地域との貿易や交流を制限するしくみをつくりました。これを「鎖国《さこく》」と呼んでいます。鎖国の時代には，漢文に訳されたヨーロッパの書物の輸入を制限していました。

その後，18世紀前半に将軍の徳川吉宗《とくがわよしむね》は，鎖国を続けながら，それまで輸入を禁じていた書物のうち②一部を除いて許可し，海外の文化や技術の導入につとめました。この政策によって発達した学問のひとつが天文学です。

天文学は暦《こよみ》づくりに必要で，幕府では天文方《てんもんがた》をつとめる役人が天文学を用いて暦をつくっていました。天文方の高橋至時《たかはしよしとき》は，漢文に訳されたヨーロッパの書物に学んで1797年に「寛政暦《かんせいれき》」をつくり，それまでの暦を修正することができました。至時はさらに正確な暦をつくろうと，オランダ語の天文学書の研究をしているうちに亡《な》くなりました。このように，直接ヨーロッパ，とくにオランダ語の書物を読んで研究する学問を③蘭学《らんがく》といいます。

伊能忠敬が高橋至時の弟子となったのは，至時が寛政暦の作成にとりかかったころです。忠敬は至時から天文学や測量を学び，④緯度《いど》差１度の距離《きょり》を知りたくなりました。それには，天体観測を行いながら，長い距離を測る必要がありました。至時が幕府にはたらきかけたことにより，忠敬は江戸から蝦夷地《えぞち》までの距離を測ったり天体観測をしたりしただけでなく，蝦夷地の南側の海岸線の地図もつくることができました。そのころ，北方から（　Ｙ　）の船が蝦夷地周辺に現れ，鎖国を続ける幕府に対して貿易を求めていました。

伊能忠敬の測量は，その後，蝦夷地だけでなく日本の各地で行われました。天文学の知識を使うことで，観測地点が地球上のどの位置にあるかを知ることができました。

問１　下線部①について，次の文章⑴～⑷は鎖国の時代の日本と他の国々地域との関係について述べたものです。文章の空らん（ａ）～（ｄ）にあてはまる言葉を，あとの**ア**～**カ**からそれぞれ１つずつ選びなさい。

⑴　オランダとは長崎の出島《でじま》と呼ばれるうめ立て地で，（　ａ　）の監視《かんし》の下で貿易が行われた。オランダ商館長は江戸の将軍を訪ね，海外のできごとを記した報告書を提出した。

⑵　朝鮮《ちょうせん》からは朝鮮通信使《ちょうせんつうしんし》と呼ばれる使節が，将軍がかわるごとに日本に送られた。また，（　ｂ　）がプサンに船を送って朝鮮との間で貿易を行った。

⑶　琉球《りゅうきゅう》王国は17世紀はじめに（　ｃ　）に攻《せ》められ，政治を監督《かんとく》されるとともに年貢《ねんぐ》を取り立てられたり，国王や将軍がかわるごとに使節を送らされたりした。

(4) 北海道のアイヌの人びとは（　d　）と交易を行っていたが，不正な取引に対する不満を高めたアイヌの人びとが戦いをおこして敗れた。

ア　佐賀《さが》藩　イ　薩摩《さつま》藩　ウ　対馬《つしま》藩　エ　長州《ちょうしゅう》藩　オ　幕府　カ　松前《まつまえ》藩

問2　下線部②について，この時に輸入が認められなかったのはどのような内容の書物ですか。幕府が鎖国のしくみをつくった目的を考えて答えなさい。

問3　下線部③の中で，大きく発達したもののひとつは医学でした。小浜《おばま》藩（福井県）の医師であった杉田玄白《すぎたげんぱく》たちは，オランダ語で書かれた解剖書《かいぼうしょ》の図の正確さを知り，その翻訳《ほんやく》書を1774年に出版しました。これについて(1)，(2)に答えなさい。

(1) 杉田玄白たちは，どのようにして，この解剖書の図の正確さを知ることができたのか，説明しなさい。

(2) 杉田玄白たちが出版した翻訳書を何といいますか。

問4　下線部④について，緯度差１度の距離は約何kmですか。次のア～エからもっとも近いものを１つ選びなさい。なお，地球の半径は6370km，円周率《えんしゅうりつ》は3.14とします。

ア　55km　イ　111km　ウ　222km　エ　333km

問5　空らん（Y）に入る国名を，次のア～エから１つ選びなさい。

ア　アメリカ　イ　スペイン　ウ　ポルトガル　エ　ロシア

4　伊能忠敬の地図（「伊能図」）がつくられた手順について，次の文章を読んであとの問に答えなさい。

実際の測量は，街道などの道や海岸線に沿って行われました。曲がりくねった道や海岸線を正確にあらわすために，少しずつまっすぐな区間に区切りました。そして区間ごとの距離を測り，その区間がどのような方位になるか，北からの角度で測りました。忠敬たちは，地球が球体であると考え，①さまざまな器具を使って正確に測量を行いました。地上の角度や距離を測定しただけではなく，北極星《ほっきょくせい》などの天体も観測し，地球上における測量した場所の位置を確定するということも行いました。さらに，測量した場所の周りの風景をスケッチして記録に残しました。忠敬たちは，これらの作業を地道にくりかえしました。

測量の結果をもとに地図をあらわしていきます。どのような大きさであらわすか，まず②縮尺を決めます。最初に３万6000分の１の地図がつくられました。測量した区間ごとに縮尺に応じた直線をえがいて下書きをつくります。この作業でえがかれたものの例が17ページの図Dです。こうしてえがかれた図を，清書用の大きな紙に順番に写し取ると，街道や海岸線をあらわす図ができあがります。そしてこの図に，測量したところで実際に見た風景をえがき，歩いた村などの地名をいれて，地図を仕上げました。地図にあらわしたのは，実際に測量を行った場所やそのまわりの風景だけで，想像でえがいたところはありません。街道に城がある場合は城の絵をえがき，大名の名前もいれました。このようにしてつくられた３万6000分の１の地図をもとに，地図上の長さを６分の１に縮めて③21万6000分の１の縮尺の地図が，さらにこれを半分に縮めて43万2000分の１の地図がつくられました。

18ページの図Eは，21万6000分の１の地図の一例です。この地図では，現在ふつうに使われているものとは少しちがいますが④地図記号も使われ，城・大きな神社・港・⑤天体観測をした地点などがえがかれています。そして21万6000分の１の縮尺でつくられた地図を８枚つなぎ合わせたものが19ページの図Ｆです。つまり⑥伊能忠敬の日本図は，最初から日本全体をえがく地図としてつくられたのではなく，部分図をつなぎ合わせて日本全体の図になっているのです。

問１　下線部①について，測量ではいろいろな器具が使われましたが，下の写真１～４の器具について説明したものを，それぞれ下の文ア～エから選びなさい。同じ記号を２度用いてはいけません。

1

2

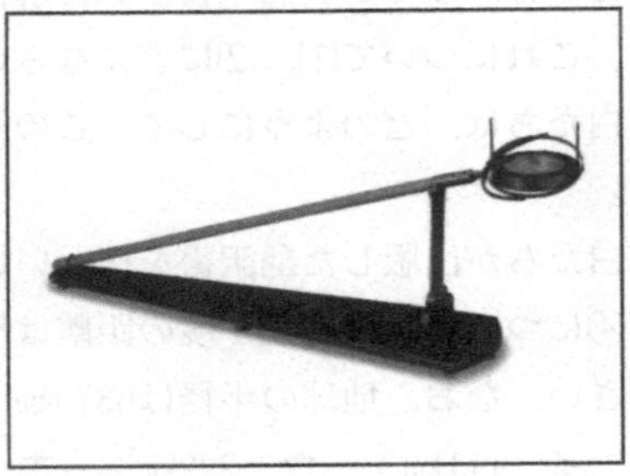

3

4

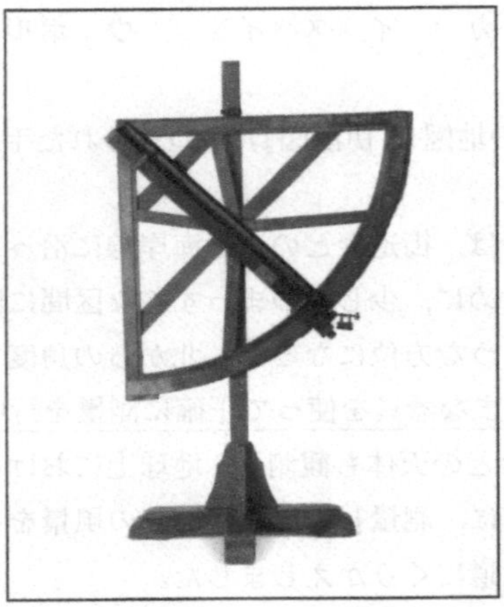

酒井一輔《さかいかずほ》，北風美恵《きたかぜみえ》，宮西英洋《みやにしひでひろ》編集『国宝《こくほう》　伊能忠敬《いのうただたか》　関係資料《かんけいしりょう》』(2018) より作成。

ア　車輪の回転で内部の歯車が回り，連動する目盛りが距離を示すようにしたもの。

イ　水平に置いて，星の高さを細かい角度まで測れるようにしたもの。

ウ　杖《つえ》の先につけられた方位磁石が常に水平になるようにしたもの。

エ　望遠鏡の接眼部につけて，日食《にっしょく》や月食《げっしょく》を観測できるようにしたもの。

問２　下線部②について，伊能忠敬の地図で用いられた縮尺のうち，同じ大きさの用紙を使った場合，もっとも広い範囲《はんい》をあらわすことができるのはどれですか。次のア～ウから１つ選びなさい。

ア　３万6000分の１　　**イ**　21万6000分の１　　**ウ**　43万2000分の１

問３　下線部③について，21万6000分の１の地図の場合，地図上での１㎝は実際の距離では何ｍになりますか。

問４　下線部④について答えなさい。

18ページの**図E**では←**e**で示したところに小田原《おだわら》がえがかれています。３万6000分の１の地図とはことなり，小田原には赤い線で四角形（□）がえがかれています。この四角形は城をあらわす記号です。このように，城を記号であらわしている理由を説明しなさい。

問５　下線部⑤について，天体観測などによってわかったこととして，**図E**に太く記された黒い線 **f**，**g**があります。これらの線を何といいますか。次の**ア**～**エ**からそれぞれ１つずつ選びなさい。

ア　緯線《いせん》　**イ**　経線　**ウ**　国境線　**エ**　等高線

問６　下線部⑥について，19ページの**図F**には，伊能忠敬たちが測量をして歩いたおもな街道があらわされています。これらのうち，←**h**で示した場所を江戸からの終点とする街道を何といいますか。

5　これまでの問題で読んだ文章や問，16～19ページの**図**を見返して，次の問に答えなさい。

伊能忠敬は，それまでの行基図や赤水図とくらべて，日本のすがたを正確にあらわした日本図をつくることができました。それはどのような考え方をもって，どのように地図づくりを行ったからですか。江戸時代の後半に発達した学問や，伊能忠敬が行ったことをもとにしてまとめなさい。

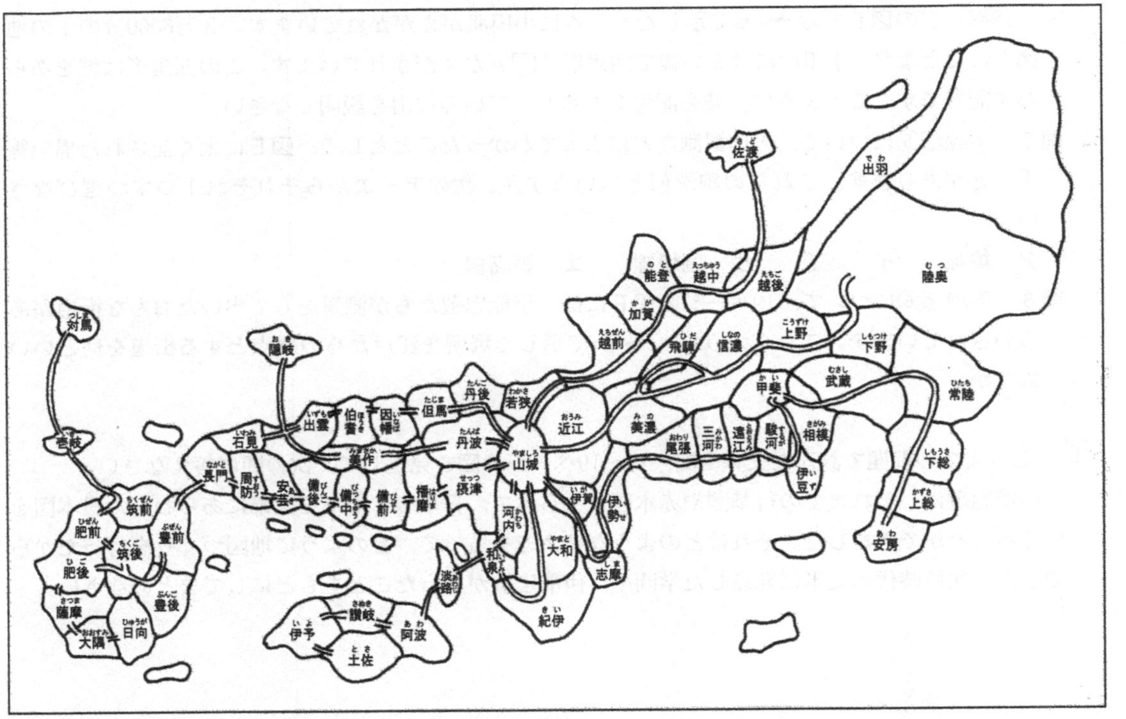

図Ａ　行基図の全体　注：元の図にある旧国名のみを，現代の漢字で入れてある。

海田《かいだ》俊一《としかず》著『流宣図《りゅうせんず》と赤水図《せきすいず》』（2017）より作成。

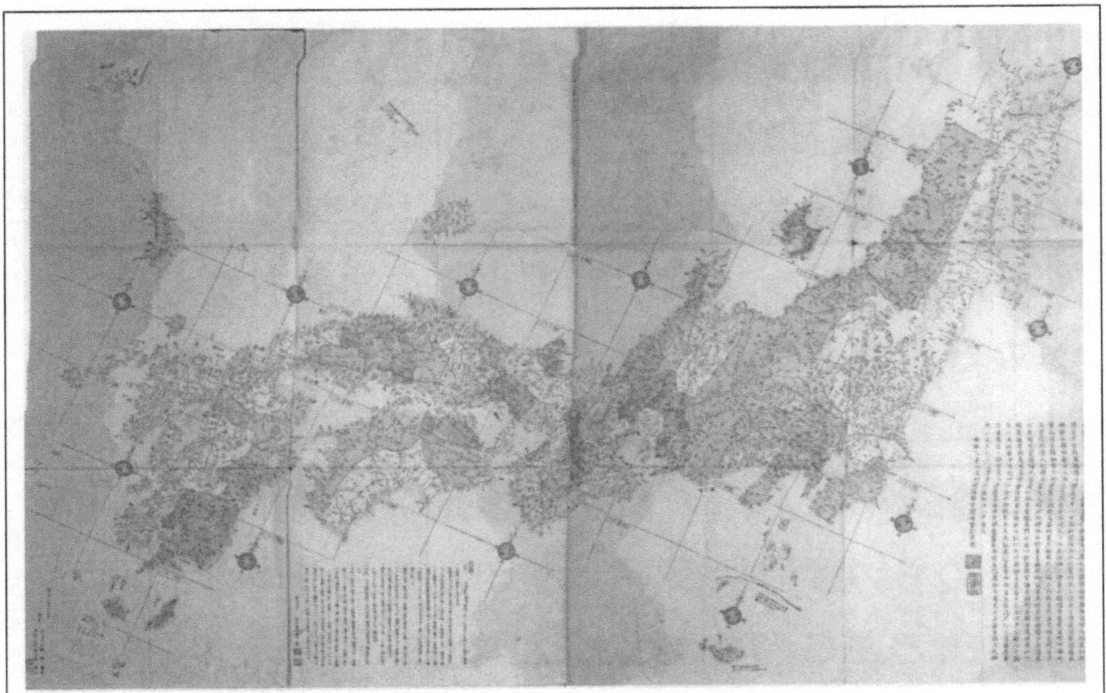

図Ｂ　赤水図の全体

海田《かいだ》俊一《としかず》著『流宣図《りゅうせんず》と赤水図《せきすいず》』（2017）より作成。

図Ｃ　赤水図の一部　注：図中のＸは，問のために書き加えた。

神戸《こうべ》市立《しりつ》博物館《はくぶつかん》編集『伊能図上呈《いのうずじょうてい》200年記念特別展《ねんきねんとくべつてん》「伊能忠敬《いのうただたか》」』（2021）より作成。

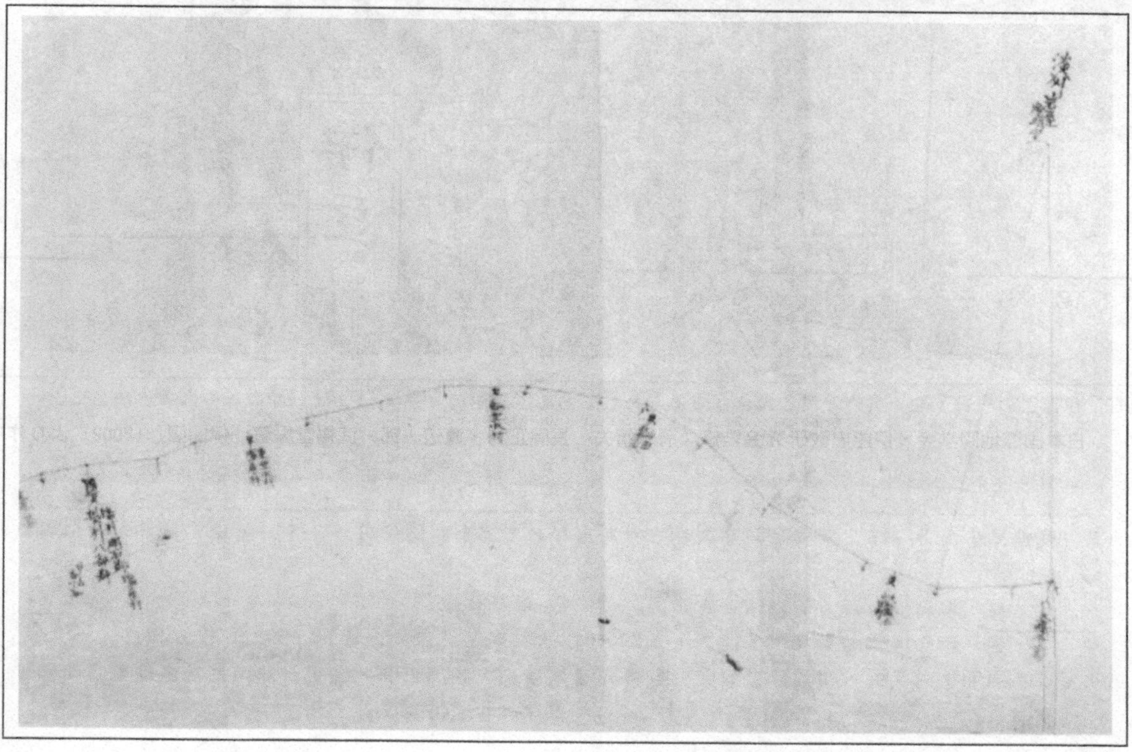

図Ｄ　伊能図の下書きの例

海田俊一《かいだとしかず》著『流宣図《りゅうせんず》と赤水図《せきすいず》』（2017）より作成。

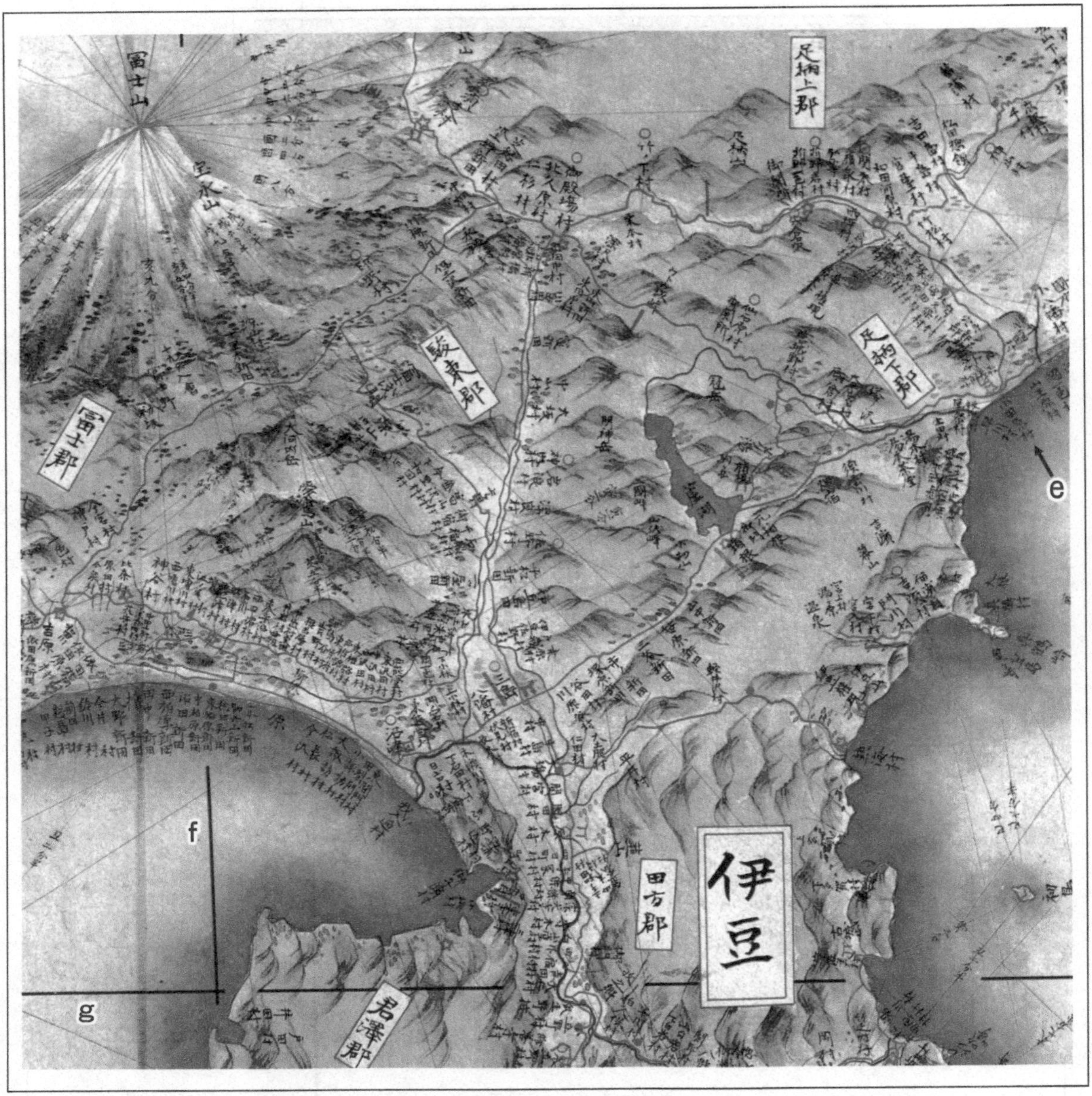

図Ｅ　伊能図の一部　注：実物と同じ大きさであらわしてある。図中のｅ，ｆ，ｇは，問のために書き加えた。
日本《にほん》国際《こくさい》地図《ちず》学会《がっかい》・伊能忠敬《いのうただたか》研究会《けんきゅうかい》監修《かんしゅう》，清水靖夫《しみずやすお》・長岡正利《ながおかまさとし》・渡辺一郎《わたなべいちろう》・武揚堂《ぶようどう》編著『伊能図』（2002）より作成。

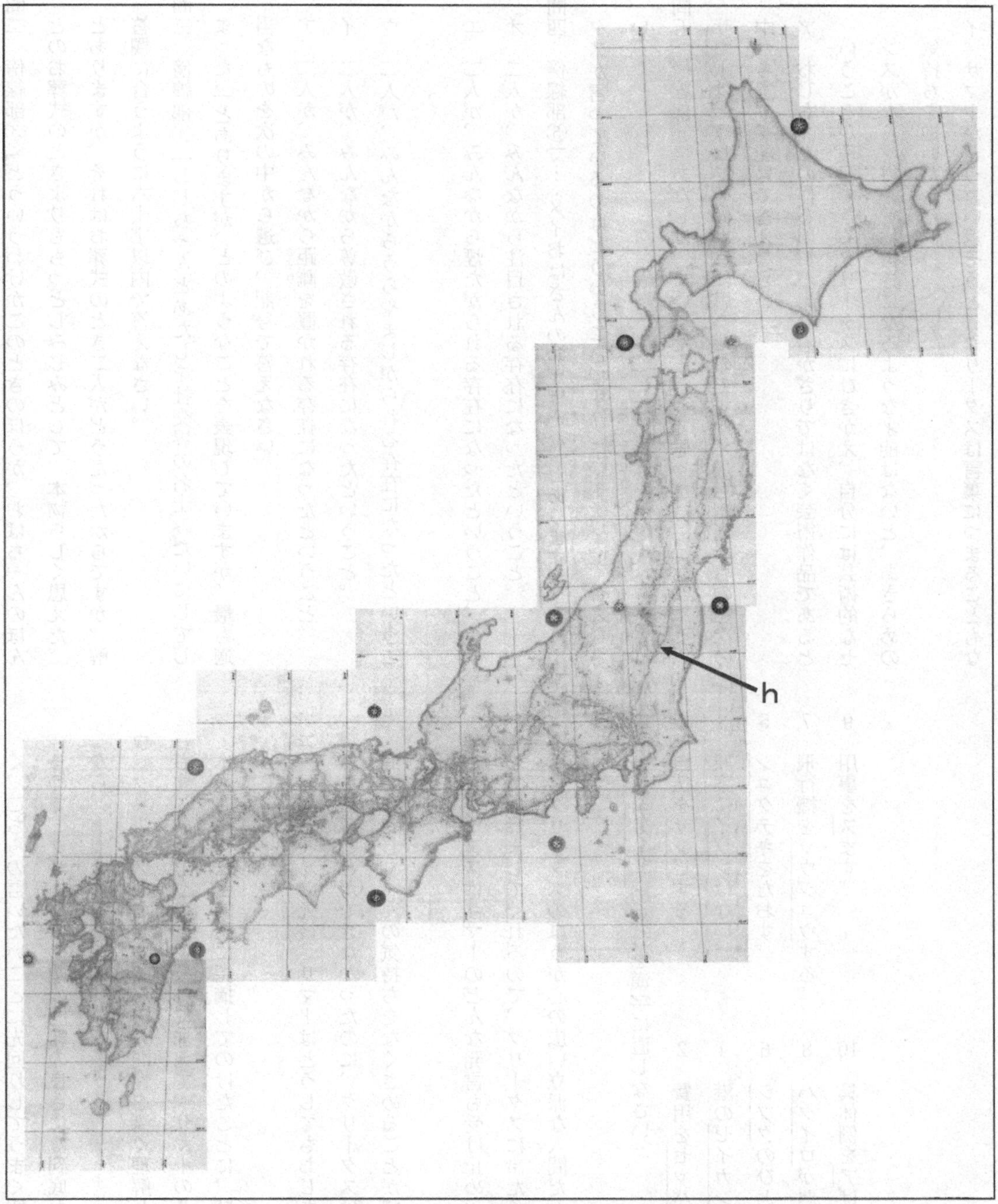

図Ｆ　伊能図をつなげたもの　注：図中のｈは，問のために書き加えた。

神戸《こうべ》市立《しりつ》博物館《はくぶつかん》編集『伊能《いのう》図《ず》上呈《じょうてい》200年《ねん》記念《きねん》特別展《とくべつてん》「伊能《いのう》忠敬《ただたか》」』（2021）より作成。

問二　傍線部③「どういうわけかこのときのほうが、おばちゃんのほんとのお葬式のときよりももっとしみじみとして、本物らしく思えた。」とありますが、それはお葬式のとき二人がどうだったからですか。解答欄《らん》に合うように六十字以内で答えなさい。

問三　傍線部④「おじちゃんとあたしを社交界の名士みたいにしてしまった。」とありますが、どのようなことを表現していますか。最も適当なものを次の中から選び、記号で答えなさい。

ア　二人が、みんなから距離《きょり》を置かれる存在になったということ。
イ　二人が、みんなから尊敬される存在になったということ。
ウ　二人が、みんなからうらやましがられる存在になったということ。
エ　二人が、みんなから煙《けむ》たがられる存在になったということ。
オ　二人が、みんなから注目される存在になったということ。

問四　傍線部⑤「……メイおばさんのおかげだな」とありますが、クリータスが言っているのはどういうことですか。六十字以内で答えなさい。

問五　傍線部⑥「あたしは、まいった！　って思った。」とありますが、サマーはどうしてそのように思ったのですか。最も適当なものを次の中から選び、記号で答えなさい。

ア　おじちゃんの作る風舞が単なるかざりではなく芸術作品であるということが理解できるクリータスにひきかえ、自分には芸術的なセンスがなく、将来、物書きになるような才能はないと、あきらめの気持ちを抱《いだ》いたから。
イ　サマーがどう言い返そうと、クリータスは言葉につまることもなく、こちらの言いたいことに先回りしてうまく切り返すことができるので、クリータスの頭の回転の良さには到底《とうてい》かなわないと思ったから。
ウ　クリータスがおじちゃんの人間性を深く理解していることだけでもすごいと思うのに、それに加えて、サマーの心のうちまで、当の本人も驚《おどろ》くほど的確に指摘《してき》してのけたことに、びっくりさせられたから。
エ　おばちゃんの死後、サマーはどうしてもおじちゃんの気持ちをなぐさめることができなかったのに、クリータスはほんのわずかな時間で、おじちゃんの気持ちをなぐさめることができるなんてすごいと感じたから。
オ　クリータスはサマーのどんな発言も受け止め、そのすべてを肯定《こうてい》してはげましてくれるので、クリータスに冷たくしてきた自分よりも、クリータスのほうが心の広い立派な人間だと思い知ったから。

【三】　次のカタカナの部分を漢字に直しなさい。

1　自然をサンビする。
2　費用をセッパンする。
3　原案にイゾンはない。
4　港のゼイカンを通る。
5　シュクテキをたおす。
6　シフクのひとときを過ごす。
7　飛行機をソウジュウする。
8　ハタイロが悪い。
9　用事をスます。
10　具体例をアげる。

るっていうのよ?」

クリータスは肩をすくめた。

「べつに。ただ、君にはもっと想像力があるのかと思ってただけさ。(注3)物書きってのはそうだろ」

「あたしは物書きなんかじゃないわ」

「ちぇっ、そうだろうとも」クリータスがものすごくいらいらしてるのが、顔つきからわかった。

「クリータス、お説教するのはやめてよ」わめくか、泣きさけぶかしてしまいそうな気がしてきたけど、どっちもしたくなかった。とにかく非難がましい口調でしゃべるのをやめてほしかった。

クリータスは目をそらして、森のほうをみた。

「⑤……メイおばさんのおかげだな」クリータスが、わかりきったことだっていうようにいった。

あたしは体をぴんとのばした。

「えっ? なにがおばちゃんのおかげなのよ?」

クリータスはしゃがむと、ブロッコリーのかわいた葉をいじった。

「おじさんがつくる(注4)風舞《かざまい》はさ、ぼくたちがみて、ぱっとわかるようなものじゃないよね。子犬とか子ネコとかをつくらないだろ。なぜかっていうと、おじさんは実際に目にみえるようなものには関心がないからだよ。庭のかざりをつくる気なんてないのさ。おじさんは芸術品をつくってるんだ。なぜおじさんが風舞を庭におかないのか、わかるよ。隣《となり》近所を楽しませようなんて思ってないからさ。

ぼくは思うんだけど、メイおばさんはおじさんの豊かな想像力を受け入れてたんだよ。おじさんが思うぞんぶん才能を発揮できたのは、おばさんのおかげさ」

クリータスはあたしの顔をみあげた。

「サマー、おじさんには実際にはみえないものをみる力があるんだよ。君にもね。ただ、君はいつもそれを追いはらおうとしてるけど」

クリータスがそういったとき、⑥あたしは、まいった! って思った。このさきどんな競争にも勝てないような気がした。クリータスのどこがあんなにきらいだったのかさえ、わからなくなった。クリータスの前にたってることさえできなかった。

(シンシア・ライラント作　斎藤倫子《さいとうみちこ》訳『メイおばちゃんの庭』)

(注1)シアーズ　アメリカ合衆国の百貨店。カタログによる通信販売で知られていた。

(注2)トレーラーハウス　自動車につないで運ぶことのできる、生活するための設備を備えた住居。

(注3)物書きってのは……　本文より前の箇所《かしょ》に「あたしがいつも、レイシー先生から作文をほめられてる」という記述がある。

(注4)風舞　「訳者あとがき」によれば、「原文では whirligig という言葉で『くるくる回るもの』のこと」。「動物の手足や翼《つばさ》の根元のほうに風を受けるための羽根がついていて、この羽根が風を受けると、手足や翼がくるくる回る仕組みになってい」る。

問一　傍線部①「それほど期待してたわけじゃない。」、傍線部②「あたしたちは、奇跡がおこるんじゃないかって希望をもてたんだと思う。」とありますが、「あたし」が「おばちゃんが現れる」ことを「期待してたわけじゃない」のに、「奇跡がおこるんじゃないかって希望をもてた」のはなぜですか。

しって泣きわめくなんてできなかった。まわりの人たちが、ふつうのやり方で悲しむことを望んでたからだ。

そんなわけで、ふきっさらしのなにもない庭にたって、おじちゃんが思い出話の中でおばちゃんをよみがえらせてるのをきいてると、今まで欠けていたなにかがそそぎこまれるような気がした。お葬式のときからずっと欠けてたなにかが。そして、思ってもみなかったことだけど、クリータスがあたしたちの求めてた役割、つまり葬儀屋さんや牧師さんや親類の人たちにしてほしいって思ってた役割を果たしてた。そう、クリータスはかんぺきになぐさめ役をやってのけたのだ。つまり、クリータスはおじちゃんのひと言ひと言に耳をかたむけて、自分のぶあつい唇《くちびる》はきっちり閉じていたのだ。クリータスには特別な能力がいくつかそなわってるってことがだんだんわかってきてたけど、自分がしゃべるべきときと、そうでないときとを知ってるってことも、そのひとつなんだろうなって思った。

とうとう、ほめたいだけおばちゃんのことをほめつくしてしまうと、おじちゃんは口を閉じてだまった。おじちゃんもクリータスと同じように空に目を向けた。あたしも思わず同じように空をみつめた。黒いカラスが一羽《わ》頭の上を飛んでいったほかは、なにもみえなかった。おじちゃんの荒《あら》い息づかいと、鼻が出はじめたクリータスがときどき鼻をすすりあげる音以外は、なにもきこえなかった。

おじちゃんがじっとたちつくしているあいだ、クリータスもあたしもじっとしてた。しばらくして、おじちゃんが頭をあっちに向けたりこっちに向けたりしはじめた。まるでラジオのつまみを合わせてるみたいだった。そして、ついにおじちゃんが大きなため息をついたので、おばちゃんがこなかったんだなってわかった。おじちゃんはつかれきった様子で首をふると、あたしたちから離《はな》れて、からっぽのトレーラーハウスに向かって歩いていった。

おじちゃんが坂をのぼって歩いていき、トレーラーハウスの玄関《げんかん》に入るのをあたしとクリータスはみていた。それから顔をみあわせて、あたしたちもため息をついた。ふたりともがっかりしてた。

「このままじゃ、おじちゃんは病気になるか、頭がおかしくなっちゃうわ」ふいに、のどに大きなかたまりがつっかえたような気がした。なんだか目もじわっとしてきたみたいだ。

クリータスは肩をすくめて、独特の不思議な笑《え》みをうかべた。

「少なくともオブおじさんには、やることができたんだ。朝ベッドから起きようって気にならせるようなことがさ」

あたしは首をふっただけで、なにもいわなかった。あたしがどんなに傷ついてるか、クリータスには知られたくなかった。あたしじゃだめだったんだ。おじちゃんを元気づけることはできなかったんだ。おばちゃんがいなくなっても、おじちゃんにはまだ愛情をそそぐ相手が残されてるっていうのに、そう、このあたしがいるっていうのに、それじゃだめだったんだ。

クリータスがあたしをみた。

「オブおじさんがメイおばさんの気配を感じたこと、君は信じてないんだろ？」まるで、あたしがなにか悪いことでもしたっていうような口調だった。

あたしはクリータスをにらみつけた。

「なんで？　あたしが信じようと信じまいと、あなたにどんな関係があものだ。でなければ、あたしが水ぼうそうにかかったときのこと。死んだほうがましだって思うくらい苦しくて、うわごとをいいつづけてたあたしを、おばちゃんは三十二時間ぶっとおしで看病してくれた。クリータスに、そういうすごいことを話してきかせるのかと思ってた。

だけどおじちゃんは、そういうかっこいいことじゃなくて、ずっとささいなことを選んで話した。たとえば、おじちゃんの不自由なひざにぬり薬をぬって毎晩毎晩さすったこと。次の朝起きたときにその足がよくなってるかもしれないからって、おばちゃんはひと晩もかかさずにさすったのだ。それから、あたしがまだ小さかったころ、おばちゃんが家事の合間に窓から顔を出しては、ぶらんこで遊んでるあたしに、「かわいいサマーちゃん、世界じゅうでいちばんいい子ちゃん」って声をかけたこと。(このことは、おじちゃんの話をきくまで、すっかり忘れてた)それからおじちゃんは、いろんなことをひきあいに出して、おばちゃんがどんなにやさしかったかをきかせた。おじちゃんがこういうできごとのひとつひとつを思い出の中で大切にしていて、なんとかまたそのやさしさにふれたいって思ってることが、よくわかった。

クリータスは空をじっとみてたけど、ときどきおじちゃんのほうをちらっとみてうなずいた。話をちゃんときいてるよって、態度で示してるのだ。クリータスがかぶってる帽子《ぼうし》には、毛皮もどきの耳おおいがついてた。まるでスヌーピーの耳みたい。あの耳おおいをぱたぱたさせたら、スヌーピーみたいに宙にうかぶんじゃないかな。クリータスが庭を横ぎって飛んでくところを想像したら、おかしくてくすくす笑ってしまいそうだった。

だけど、クリータスの帽子はお行儀《ぎょうぎ》よくじっとしていたし、クリータスもしんぼう強くじっとたったまま、おじちゃんに話したいだけ話をさせていた。あたしたちはまるで、お葬式《そうしき》をしてるみたいな雰囲気《ふんいき》につつまれてた。庭の冷たい土にかわいがってたペットを埋葬《まいそう》したところって感じ。そして、③どういうわけかこのときのほうが、おばちゃんのほんとのお葬式のときよりももっとしみじみとして、本物らしく思えた。

外部の人たち、たとえば葬儀屋《そうぎや》さんや牧師さんがいったん入ると、残された家族の悲しみが型にはめられてしまうように思える。ちょうど、映画館に入る人たちがみんな同じように並んでたり、病院の待合室で待ってる人たちが同じようにすわってたりするのと似てる。おばちゃんを失ったとき、おじちゃんとあたしがしたかったのは、(注2)トレーラーハウスの中でおたがいにしがみついて何日も何日も泣くこと、ただそれだけだった。だけど、そんなふうにはできなかった。なぜって、結婚《けっこん》するときや教会にいくときや子どもを育てるときにふつうはこうするっていうやり方があるのと同じように、悲しむときにもふつうはこうするっていうやり方があるからだ。

おばちゃんが死んだとき、おじちゃんとあたしは、事務的なことは葬儀屋さんと、宗教的なことは牧師さんと話さなきゃならなかったし、大勢の親類やそれまで会ったこともなかった人たちと、こまごまとした打ち合わせをしなきゃならなかった。そういった人たちがつくってくれた食事を食べ、だまって肩《かた》を抱《だ》かれてなきゃならなかった。悲しみのあまりおかしくなってやしないかと、みんながあたしたちの顔をみつめるのを、ただみてなきゃならなかった。

おばちゃんのお葬式は、ちょっとのあいだ、④おじちゃんとあたしを社交界の名士みたいにしてしまった。それで、あたしたちは髪《かみ》をかきむ

【国語】〈五〇分〉〈満点：七〇点〉

【一】※問題に使用された作品の著作権者が二次使用の許可を出していないため、問題を掲載しておりません。

（出典：阿部《あべ》公彦《まさひこ》『詩的思考のめざめ　心と言葉にほんとうは起きていること』）

【二】次の文章を読んであとの問に答えなさい。

幼くして両親を亡くした「あたし」（サマー）を引き取り、大切に育てたオブおじちゃんとメイおばちゃんは、深い愛情で結ばれていた。しかし、六ヶ月ほど前の夏、おばちゃんは庭で植物の世話をしている最中に亡くなってしまう。おじちゃんは最近、おばちゃんの気配を感じると言い始め、「あたし」の同級生（中学一年生）であるクリータスと意気投合するようになった。クリータスには、亡くなった祖父の存在を感じ取った体験があり、その話を聞いたおじちゃんは、おばちゃんからのメッセージを通訳してもらうために、後日クリータスを庭へと連れ出した。以下、問題文は三人が冬枯《が》れの庭に立つ場面から始まる。

あたしはおばちゃんが現れるなんてこと、①それほど期待してたわけじゃない。だけど、おじちゃんはものすごくいれこんでたし、奇跡《きせき》がおきるにちがいないって本気で信じてた。だから、あたしも心のかたすみでほんの少しだけ思った。もしかしたらおばちゃんのやさしい魂《たましい》が天国から舞《ま》いおりてきて、あたしたちのところにくるんじゃないかって。おばちゃんは生きてたころ、ぜったいにあたしたちをがっかりさせることがなかった。いてほしいって思うところにはかならず現れた。おばちゃんは期待をうらぎらないっていう思いがあったから、②あたしたちは、奇跡がおこるんじゃないかって希望をもてたんだと思う。

クリータスがどう思ってたのかはわからない。クリータスがだまって静かにしてるのをみたのは初めてだった。おじちゃんはひとりでしゃべったり説明したりしながら、マメやブロッコリーの枯《か》れた茎《くき》が残ってる庭を歩きまわっていた。そしてクリータスは、小さい子みたいにおじちゃんについて歩きながら、会ったこともない女の人の魂をさがし求めてた。

きっと、おじちゃんはこう考えたんだと思う——おばちゃんが大事にしてた庭でおばちゃんのことを話して、なにも知らないクリータスにおばちゃんの姿をえがいてみせれば、超《ちょう》自然的な力が庭にあふれて、おばちゃんがひきよせられてくるんじゃないかって。うわさをされるとくしゃみが出るっていうじゃない。おじちゃんは、そんなような力をひきおこそうとしたんだと思う。

そんなわけで、あたしたちはポケットの奥《おく》に手をつっこんでたっていた。おじちゃんはクリータスをみつめ、クリータスは空をみあげ、あたしは地面をみつめてた。おじちゃんは、メイおばちゃんがあたしたちにどんなにすばらしい奥さんだったか、それから、おばちゃんがあたしたちにどんなにやさしくしてくれたかを話した。おじちゃんがした思い出話に、あたしはちょっとびっくりした。もっとすごいことを話してきかせるんだろうって思ってたからだ。たとえば、おばちゃんがこっそり三年間もお金をためて、高価なのこぎりを買ったこと。そののこぎりは、おじちゃんが（注1）シアーズの通信販売《はんばい》のカタログでみて、とってもほしがってた

2022年度

解 答 と 解 説

《2022年度の配点は解答欄に掲載してあります。》

＜算数解答＞ ≪学校からの正答の発表はありません。≫

1 (1) $6\frac{248}{315}$ (2) 式：解説参照 結果 $1\frac{389}{504}$ (3) 式：解説参照
結果例 3，5，6，7 (4) 式：解説参照 結果 7 (5) 7・28・63・112・175・252

2 (1) (ア) 8通り (イ) 5・11・13 (2) (ア) 11・13 (イ) 673回
(3) 5・7・9・11・13 (4) 10通り

3 (1) 240m (2) 1380m (3) 14分24秒 (4) (ア) 1580m (イ) 12秒
(5) 25mのところ

4 (1) 4倍 (2) 距離 40cm 位置 ③ (3) 実際のXP 20cm 図のXP 5cm
(4) (ア) ① (イ) 22.5度 (ウ) ③ 理由：解説参照 (5) 72度

○推定配点○
2，3 各3点×12 他 各2点×17(1(5)，2(1)(イ)・(2)(ア)・(3)，4(4)(ウ) 各完答)
計70点

＜算数解説＞

1 (四則計算，数の性質，場合の数)

基本 (1) $2+4+\frac{4}{9}+\frac{12}{35}=6\frac{248}{315}$

重要 (2) 分母に10から6をそれぞれ配置し，それぞれの分子に5から1までを配置する。
$\frac{5}{10}+\frac{4}{9}+\frac{3}{8}+\frac{2}{7}+\frac{1}{6}=\frac{7}{8}+\frac{11}{18}+\frac{2}{7}=1\frac{37}{72}+\frac{2}{7}=1\frac{389}{504}$

(3) $\frac{1}{2}+\frac{7}{6}+\frac{4}{8}+\frac{3}{9}+\frac{5}{10}=1+2=3$
$\frac{1}{3}+\frac{6}{9}+\frac{2}{8}+\frac{7}{4}+\frac{10}{5}=1+2+2=5$
$\frac{1}{2}+\frac{6}{9}+\frac{7}{3}+\frac{8}{4}+\frac{5}{10}=1+3+2=6$
$\frac{1}{2}+\frac{4}{8}+\frac{7}{5}+\frac{6}{10}+\frac{9}{3}=1+2+3=6$
$\frac{2}{1}+\frac{6}{9}+\frac{7}{3}+\frac{4}{8}+\frac{5}{10}=2+3+1=6$
$\frac{1}{3}+\frac{6}{9}+\frac{7}{2}+\frac{8}{4}+\frac{5}{10}=1+2+4=7$

(4) 分子3，5，6，7，8…これらの積が$2\times2\times2\times2\times3\times3\times5\times7$
分母1，2，4，9，10…これらの積が$2\times2\times2\times2\times3\times3\times5$
したがって，例としては$\frac{3}{1}\times\frac{5}{2}\times\frac{6}{4}\times\frac{7}{9}\times\frac{8}{10}=7$

やや難 (5) (4)より，7以外に以下の例がある。
$\frac{7}{1}\times\frac{8}{2}\times\frac{3}{4}\times\frac{10}{5}\times\frac{6}{9}=28$ $\frac{7}{1}\times\frac{9}{2}\times\frac{6}{3}\times\frac{8}{4}\times\frac{5}{10}=63$

$\frac{7}{1}\times\frac{8}{2}\times\frac{4}{3}\times\frac{10}{5}\times\frac{9}{6}=112$　　$\frac{7}{1}\times\frac{10}{2}\times\frac{8}{3}\times\frac{5}{4}\times\frac{9}{6}=175$

$\frac{7}{1}\times\frac{6}{2}\times\frac{9}{3}\times\frac{8}{4}\times\frac{10}{5}=252$

2　(論理，数の性質，場合の数)

ルーレットの目…1，2，3，4

コマ…右へ動かし，ちょうどゴールしない場合のみ，折り返す。

①～④のマスに1度止まった場合に，さらに，それぞれのマスに止まる目が出るとき，スタートに戻る。

重要　(1)　1，2の目だけ出る場合

(ア)以下の8通りがある。

(1，1，1，1，1)…1通り　(1，1，1，2)…4通り　(1，2，2)…3通り

(イ)　(ア)より，目の和が5

目の和が11の例…(2，2，2，1，2，2)　目の和が13の例…(2，2，2，2，1，2，2)

(2)　3，4の目だけ出る場合

(ア)スタートに戻らない場合

目の和が11の例…(4，4，3)　目の和が13の例…(3，3，4，3)

(イ)スタートに戻る場合

(3，4)より，スタートに戻り，3を反復して，最後に(4，4，3)でゴールする

…{2022－(3×2＋4×3)}÷3＝668(回)

したがって，ルーレットの回数は全部で668＋2＋3＝673(回)

(3)　スタートに戻らない場合

(1)・(2)より，目の和は5，11，13

(3，3，1)の場合，目の和は7　(4，3，2)の場合，目の和は9

やや難　(4)　①～④のマスに1度以上，止まっている場合，以下の10通りがある。

(1，1，1，4，4，1)(1，1，2，2，1，3，2)(1，2，1，2，1，2，3)(1，2，1，3，2，3)

(1，2，4，2，2，1)(1，3，2，1，2，1，2)(2，1，1，3，1，4)(2，1，4，1，3，1)

(3，1，3，1，1，3)(3，4，1，1，2，1)

3　(速さの三公式と比，旅人算，規則性，単位の換算)

池の周り…300mをA君・B君が同時にスタートして左回りに走る

A君…分速200m，10m以内にB君がいるとき，分速240m

B君…分速250m，10m以内にA君がいるとき，分速300m

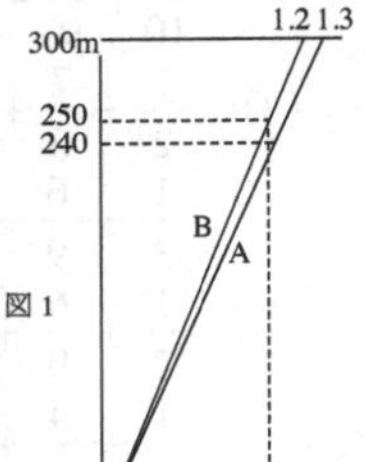

図1

基本　(1)　10÷(250－240)＝1(分)より，A君は240×1＝240(m)…図1

重要　(2)　A君が1周する時間…1＋(300－240)÷200＝1.3(分)

A君が2周する時間…1.3＋300÷200＝1.3＋1.5＝2.8(分)

A君が4周する時間…1.3＋1.5×3＝5.8(分)

B君が1周する時間…300÷250＝1.2(分)

B君が5周する時間…1.2×5＝6(分)

6分のときのA君・B君の間…200×(6－5.8)＝40(m)

A君・B君の間が10mになる時間…(40－10)÷(250－200)

＝0.6(分)

B君がA君に追いつく時間…10÷(300－200)＝0.1(分)

したがって，A君が走った距離は300×4＋200×(6－5.8＋0.6＋0.1)

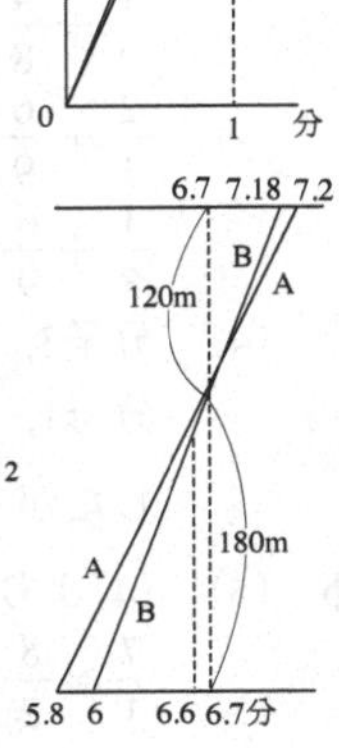

図2

＝1200＋200×0.9＝1200＋180＝1380(m) …図2

やや難 (3) A君が5周した時刻… (1)より，6.7＋(300－180)÷240
＝7.2(分)
B君が6周した時刻…同じく，6.7＋120÷250＝7.18(分)
7.2分のときの2人の間…250×(7.2－7.18)＝5(m)
2人の間が10mになる時刻…7.2＋(10－5)÷(250－240)
＝7.7(分)
A君が6周した時刻…7.7＋(300－120)÷200＝8.6(分)
B君が7周した時刻…7.18＋300÷250＝7.18＋1.2＝8.38(分) …図3

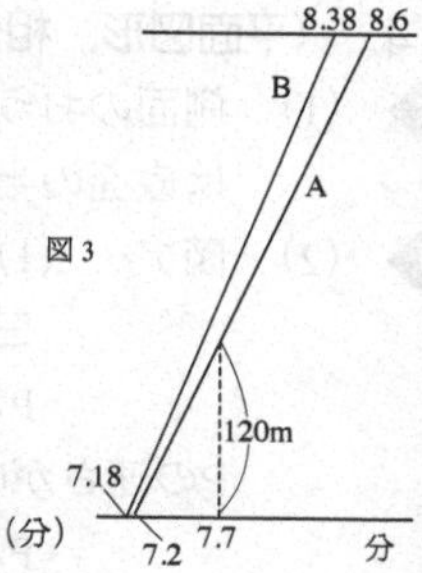

図3

A君が9周した時刻…8.6＋1.5×3＝13.1(分)
B君が11周した時刻…8.38＋1.2×4＝13.18(分)
13.8分のときの2人の間…200×(13.18－13.1)＝4(m)
2人の間が10mになる時刻…13.18＋(10－4)÷(250－200)＝13.3(分)
B君がA君に追いつく時刻…13.3＋10÷(300－200)＝13.4(分)
したがって，A君が10周する時刻は13.4＋{300－200×(13.4－13.1)}÷240＝14.4(分)
すなわち14分24秒

(4) (ア)C君も同時に分速250mで左回りに150m先から走り始め，10m以内に他の人がいるとき，分速300mで走り，(1) ～ (3)より，計算する。
A君が2周した時刻…1.3＋1.5＝2.8(分)
C君が2.5周した時刻…1.2×2.5＝3(分)
A君が3周した時刻…4.2分
A君が5周した時刻…7.1分
B君が6周した時刻…7.2分
B君がA君に追いつく時刻…7.5分
したがって，A君が走った距離は300×5＋200×(7.5－7.1)＝1580(m)
(イ)A君が8周してC君が9.5周した時刻 …11.4分
A君が9周した時刻…12.7分
A君が10周した時刻…14.2分
したがって，A君が10周した時間は(3)より，14.4－14.2＝0.2(分)すなわち12秒短い

(5) B君が1周する時間は1.2分であり，C君が他の2人が初めてスタートした地点に着く時間が1.1分になる場合，C君は左回りに25m先から走り始めることになる。
すなわち，(300－25)÷250＝1.1(分)であり，(1) ～ (4)より，計算する。
A君が5周する時刻…$\frac{77}{60}$分
A君が6周する時刻…$\frac{85}{12}$分
A君が9周する時刻…12.9分，C君が11周する時刻…13.08分
2人の間が10mになる時刻…13.08＋{200×(13.08－12.9)－10}÷(250－200)＝13.6(分)
C君がA君に追いつく時刻…13.6＋0.1＝13.7(分)
A君が10周する時刻…13.7＋{300－200×(13.7－12.9)}÷240＝14$\frac{17}{60}$(分)
したがって，C君は左回りに25m先から走り始めると，(3)より，A君が10周する時間が24－17＝7(秒)短くなる。

4 （平面図形，相似，図形や点の移動，速さの三公式と比，割合と比，論理）

基本 (1) 側面のおうぎ形が四分円になるので，母線XAの長さは底面の半径の4倍

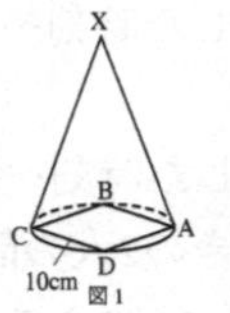

図1

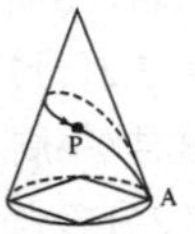

図2

図3

重要 (2) 図ア…（1)より，側面と底面のそれぞれ直角二等辺三角形の相似比は4：1

Pが1周する距離は10×4＝40（cm）

Pの速さがQの速さの4倍…40÷4＝10÷1 より，Pが1周すると，Qは10cm移動するので位置は③B

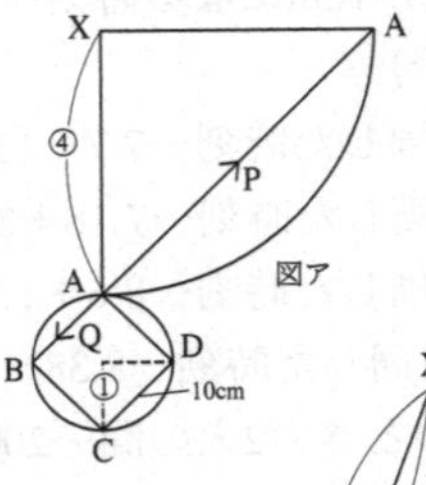

図ア

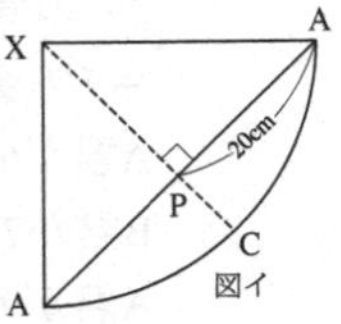

図イ

(3) 図イ…三角形XPAは直角二等辺三角形であり，(2)より，XPは40÷2＝20（cm）

図ウ…直角三角形XPHとXCOは相似であり，それぞれの2辺の比は4：1

PH（図5のPX）は20÷4＝5（cm）

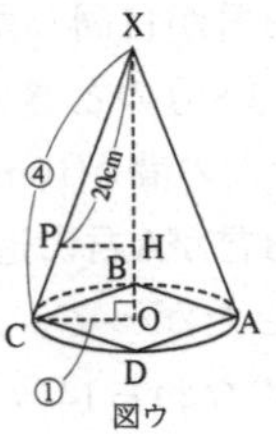

図ウ

(4) （ア） 図エ…直角三角形PALとMANは相似

AL＝LCより，ALはLNより長く

APもPMより長い

したがって，APまでの時間はPが1周する時間の$\frac{1}{4}$よりも①長い

（イ） 図エ…角BXAは90÷4＝22.5（度）

Pの速さがQの速さの4倍…APの長さの40cmに対する割合と，AQの長さの10cm（AB）に対するそれが等しいので，角㋐も22.5度

（ウ） ③同じ　理由（解答例）…（イ）より，側面の展開図の三角形XAPと図6の三角形XAQが相似であり，これらの図においてXA＝XBであるから，XP＝XQ

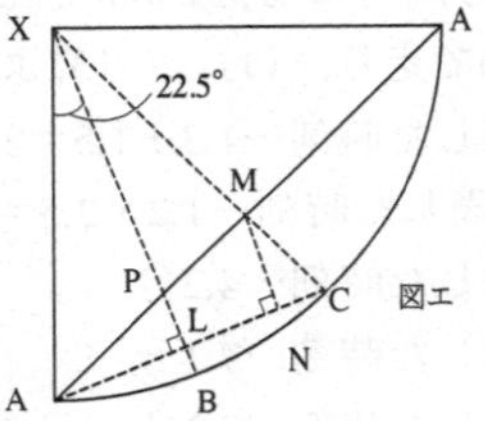

図エ

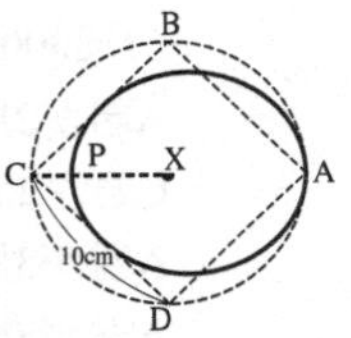

図5

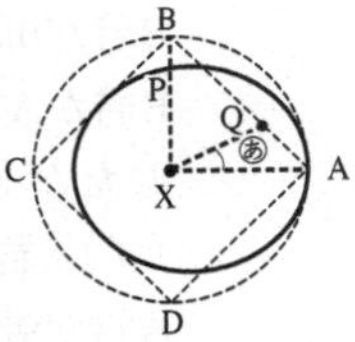

図6

(5) 図7…同じ時間で動くPの角度とQの角度の大きさの比も4：1

三角形QXAとPXBは合同であり角㋑の大きさは

90÷（4＋1）×4＝72（度）

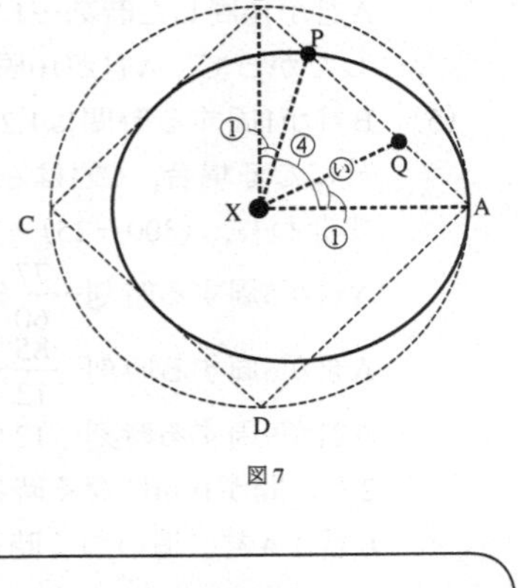

図7

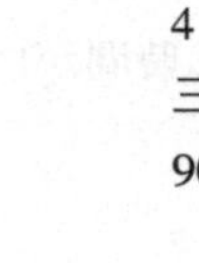

★ワンポイントアドバイス★

1「分数」は(4)までで得点できそうだが，2「コマの進め方」は問題の条件を読み飛ばすと当然まちがってしまう。3「旅人算」は(1)で得点できるが(2)でも時間がかかりそう。4「円錐」が，算数感覚で解けそうだ。

＜理科解答＞ ≪学校からの正答の発表はありません。≫

問1　イ

問2　ア，イ，オ

問3　(1)　0.48　　(2)　0.04　　(3)　小さ

問4　あ　60　　い　25

問5

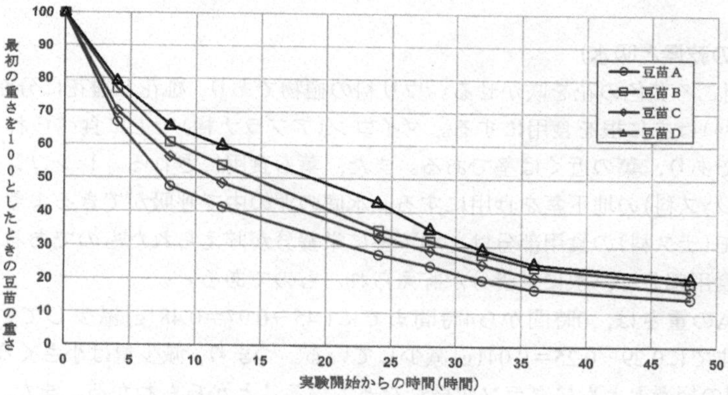

問6　ア　×　　イ　○　　ウ　○

問7　豆苗A～Dでは，根の部分をアルミはくでおおったので水が保たれていたが，豆苗Eでは，根の部分からも水が失われたため，重さが大きく減少した。

問8　問題点　しおれた豆苗は自力で直立できず，三角フラスコの水中に沈んでしまう。
解決方法　(例)　全体を横にして置き，根の部分を水を含ませた脱脂綿で包む。

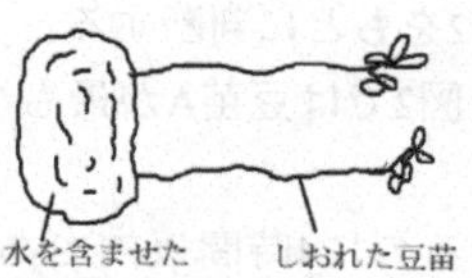

問9　豆苗⑦

問10

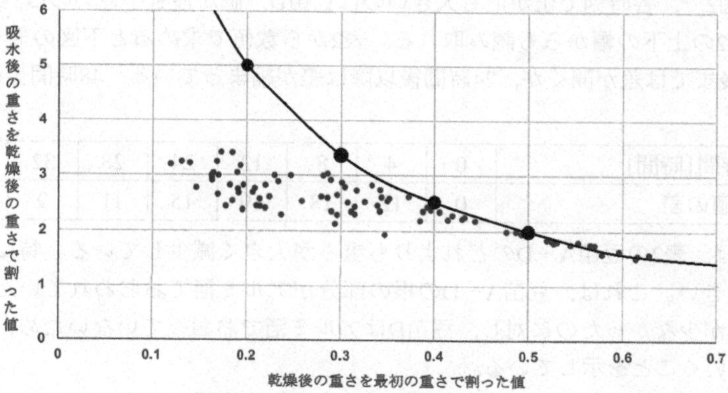

問11　最初の重さを100としたときに，乾燥しても40までならその後に水をやれば元に戻る可能性が高いが，40を下回ると元に戻らない可能性が高い。つまり，根のまわりが乾燥してから水をやるまでが12時間くらいまでなら元に戻るが，25時間を超えると元に戻らな

い可能性が高い。

○推定配点○

問1～問4，問6　各2点×10　　問5，問7～問11　各5点×6(問8完答)　　計50点

＜理科解説＞

(植物のはたらき－豆苗の乾燥と吸水)

問1　キュウリは，6月ごろ黄色の花を咲かせる。ウリ科の植物であり，雄花と雌花に分かれている。

問2　ニンジン(セリ科)は主に根を食用にする。ダイコン(アブラナ科)で主に食べられる太く白い部分は，大半は根であり，葉の近くは茎である。また，葉も食用にされる。レンコンは蓮根と書くが，実際はハス(ハス科)の地下茎を食用にする。水底の泥の中で呼吸ができるように穴が開いている。ジャガイモ(ナス科)の食用部分は，地下茎に栄養分が貯えられたものである。サツマイモ(ヒルガオ科)の食用部分は，根に栄養分が貯えられたものである。

問3　表1から，豆苗Aの重さは，0時間から4時間までに1.45－0.97＝0.48(g)減少している。また，32時間から36時間までに0.29－0.25＝0.04(g)減少している。つまり，減少量は小さくなっている。これは，図1で時間の経過とともにグラフが緩くなっていることからもわかる。また，豆苗B～Dについても，図1で時間の経過とともにグラフが緩くなっており，減少量は小さくなっていることが読み取れる。

問4　表1で最初の重さを100としたときの値が表2である。よって，(あ)は0.67÷1.12×100＝59.8…で，四捨五入により60である。また，(い)は0.28÷1.12×100＝25である。

重要　問5　表2の豆苗Dの値を，△印ではっきりと記入し，折れ線で結ぶ。

問6　本問では最初の重さを100とした比率で考えるので，表2，図2をもとに判断する。

ア：誤り。表1や図1では豆苗Cが最も小さいが，比率である表2や図2では豆苗Aが最も小さく，豆苗Cは2番目に小さい。

イ：正しい。図2を見ると，豆苗Aでは，数値が100から70まで減るのに4時間以内である。また，数値が70から40まで減るのに8時間以上かかっている。また，豆苗Dでは，数値が100から70まで減るのに8時間以内である。また，数値が70から40まで減るのに16時間以上かかっている。

ウ：正しい。表2や図2で，各時刻で値が最も大きいのは豆苗D，値が最も小さいのは豆苗Aである。その差の増減は図2の上下の幅からも読み取れる。表2から数値で求めると下図の通りである。4時間後から8時間後までは差が開くが，24時間後以降は差が縮まっている。48時間後は8時間後よりも差が小さい。

実験開始からの時間〔時間〕	0	4	8	12	24	28	32	36	48
豆苗Dと豆苗Aの値の差	0	12	18	19	15	11	9	8	7

問7　表3の豆苗Eでは，表2の豆苗A～Dのどれよりも重さが大きく減少している。特に，最初の12時間の減り方が大きい。これは，豆苗A～Dの根の部分がアルミ箔でおおわれていたために，水が保持され，蒸発が少なかったのに対し，豆苗Dはアルミ箔でおおっていないため，根の部分からも水が蒸発していくことを示している。

重要　問8　栄一君は最初に，乾燥した苗を三角フラスコに立たせて水を吸わせようとしているが，乾燥した苗はしおれているために，三角フラスコの水に根だけを浸しても，自力で立つことができないため，すぐに折れ曲がって三角フラスコの水中に全身が入り込んでしまう。しおれた豆苗を立たせて実験するのは困難なので，台などの上に横にした状態で置き，湿らせた脱脂綿やろ紙など

で根の部分だけを包むとよい。

問9　図3の矢印で示された値は，横軸「乾燥後の重さを最初の重さで割った値」が約0.24である。表4で，最初の重さの約0.24倍が乾燥後の重さになっているものを探す。一方，縦軸「吸水後の重さを乾燥後の重さで割った値」が約2.3である。表4で，乾燥後の重さの約2.3倍が吸水後の重さになっているものを探す。豆苗①～⑩のすべての値を計算する必要はない。概算で近い値と予想されるのは豆苗⑥⑦⑧くらいだから，それらだけ計算する。値は四捨五入している。

豆苗⑥	横軸	0.30÷1.16＝0.26	縦軸	0.76÷0.30＝2.5
豆苗⑦	横軸	0.27÷1.14＝0.24	縦軸	0.62÷0.27＝2.3
豆苗⑧	横軸	0.29÷1.38＝0.21	縦軸	0.71÷0.29＝2.4

以上より，豆苗⑦が最もよく当てはまる。

問10　乾燥後に吸水して完全に最初の重さに戻るのは，乾燥したとき重さが△分の1になり，吸水したときに重さが△倍になる場合である。つまり，横軸「乾燥後の重さを最初の重さで割った値」と，縦軸「吸水後の重さを乾燥後の重さで割った値」の積が1になる場合である。よって，0.2×5＝1，0.4×2.5＝1など，縦軸と横軸の積が1になるような点をいくつか取って，なめらかな曲線を描けばよい。反比例のグラフとなる。

重要　問11　まず問10で描いたグラフを見る。横軸「乾燥後の重さを最初の重さで割った値」がおよそ0.4以上の場合は，実験2の結果の各点と問10で描いたグラフが近い。つまり，乾燥後に吸水すると最初の重さに近づくので，元に戻ったと考えてよい。しかし，横軸が0.4を下回ると，各点が問10で描いたグラフから離れるものが多い。つまり，乾燥したとき重さが減りすぎて，その後に吸水しても，元には戻らないということである。以上から，元に戻る限界は，横軸がおよそ0.4だと判断できる。

次に，問5で描いたグラフを見る。「乾燥後の重さを最初の重さで割った値」が0.4以上とは，最初の重さを100としたときに40以上ということである。豆苗ごとに異なるものの，乾燥しはじめてから12～25時間で，重さは40を下回るので，それ以上乾燥させた場合は，その後に吸水しても，元には戻らないといえる。

これらのことから，根のまわりが乾燥して12時間くらいであれば，その後に水をやれば元に戻る可能性が高い。25時間以上が経つと，元に戻る可能性は少なくなっていくと考えられる。

★ワンポイントアドバイス★

グラフでは，軸に取られている値が何なのかを正しく理解したうえで，読図，作図を進めよう。

＜社会解答＞ ≪学校からの正答の発表はありません。≫

1 問1 イ 問2 (例) 調や庸は，農民が都まで運んで納めなければならなかったから。
問3 中山道 問4 (例) 都に近い順に，前，中，後の文字を含んだ国が並んでいる。

2 問1 (例) 版画によって何枚も同じものを印刷する技術。
問2 (例) 徳川家康は，1600年に関ヶ原の戦いに勝利し，1603年に江戸幕府を開いて，全国の大名を従えたから。 問3 検地 問4 利根川

3 問1 (a) オ (b) ウ (c) イ (d) カ 問2 (例) キリスト教に関係のある書物。 問3 (1) (例) 処刑された罪人の死体解剖を見学し，図の正確さを知った。
(2) 解体新書 問4 イ 問5 エ

4 問1 1 エ 2 ウ 3 ア 4 イ 問2 ウ 問3 2160(m)
問4 (例) より広い範囲をあらわす地図では，城の絵をえがいたり，大名の名を入れるスペースがないため，記号で表すようにした。 問5 f イ g ア
問6 奥州街道

5 (例) 江戸時代の後半に蘭学が発達した。伊能忠敬はその中で特に天文学や測量術を学び，天文観測や測量を行った。地図をつくるときは，日本全国を実際に歩いて，地道な測量を繰り返し，地図にあらわしたのは実際に測量を行った場所やそのまわりの風景だけで，想像を交えることはなかった。そのため正確な地図をつくることができた。

○推定配点○

1 問1 1点 問3 2点 他 各3点×2
2 問1・問2 各3点×2 他 各2点×2
3 問3(2) 2点 問2・問3(1) 各3点×2 他 各1点×6
4 問4 3点 5 5点 他 各1点×9 計50点

＜社会解説＞

1 (総合－行基図を題材にした日本の地理，歴史)

基本 問1 河内国は旧国名の一つで，現在の大阪府南東部に相当する。大和国は旧国名の一つで，現在の奈良県に相当する。山城国は旧国名の一つで，現在の京都府南部に相当する。

重要 問2 調，庸は，律令制度における主要な税。調は地方の特産物，庸は布(麻の布)を，奈良時代は平城京(現在の奈良)，平安時代は平安京(現在の京都)の中央政府に納めた。調，庸は農民によって都に運ばれ，中央政府の財源にあてられた。

基本 問3 中山道は，近世の五街道の一つで，江戸と京都を結ぶ東海道の裏街道の役割を果たした。宿駅は板橋から武蔵，上野，信濃，美濃，近江の各国を経て守山まで67宿を数える。守山から先は草津で東海道に合流し，京都まで69宿ともいう。途中，碓井，福島(木曽福島)には関所が置かれていた。

問4 中国地方では，都に近い順に，備前(現在の岡山県の南東部)，備中(現在の岡山県の西部)，備後(現在の広島県の東部)が並んでいる。また，中部地方(北陸地方)では，都に近い順に，越前(現在の福井県の東部)，越中(現在の富山県)，越後(現在の新潟県)が並んでいる。

2 (総合－「赤水図」，「国絵図」を題材にした日本の地理，歴史)

問1 浮世絵は，江戸時代に発達した風俗画の一様式で，主要な表現として大量生産できる版画形式を用い，絵画の大衆化を促進した。安土桃山時代から江戸時代初期にかけて流行した肉筆画を母胎とし，元禄期の菱川師宣によって版本挿絵としての様式の基礎がつくられ，さらに1765年に

は鈴木春信により多色刷版画(錦絵)が創始されて，黄金期を迎えた。

重要 問2　徳川家康は，1600年，豊臣秀吉の死後の覇権をかけて石田三成らと戦い，これに勝利した。この結果，豊臣秀頼は摂津，河内，和泉を領する一大名に転落し，徳川政権成立への道が開かれた。また，1603年，家康は征夷大将軍に任命され，江戸に幕府を開いた。これらにより，家康は武士の棟梁として，全国の大名を従える地位を確立した。

基本 問3　検地は，戦国時代～江戸時代に実施された，土地を実測し，収穫高，耕作人などを決定する土地調査。戦国時代以降，大名は領国の土地生産力を把握するために土地調査を実施し，特に豊臣秀吉は全国統一完了以前から，その平定地に奉行を派遣し，土地・農民を直接支配しようとした(太閤検地)。江戸時代も藩主が国替えになると施行した。

基本 問4　利根川は，新潟・群馬の県境，越後山脈の山中に源を発し，関東平野を南東に流れ，千葉県の銚子市付近で太平洋に流れ込む河川。図C のX の矢印の先端付近に銚子市が位置する。また，河口から少し遡ったところにある大きな湖は霞ヶ浦である。

3 (総合－伊能忠敬の地図づくりを題材にした日本の地理，歴史)

問1　a　長崎は，江戸時代，幕府の直轄地(天領)として，長崎奉行の支配下におかれた。なお，「海外のできごとを記した報告書」は「オランダ風説書」のことである。　b　対馬藩は，対馬の府中に藩庁を置いた外様藩。藩主は宗氏。豊臣秀吉による朝鮮侵略(文禄の役，慶長の役)ののち，日本と朝鮮との国交回復に努力し，回復後は，江戸幕府の朝鮮貿易を独占的に担った。
c　薩摩藩は，江戸時代，薩摩国，大隅国の全域，日向国の一部を領有し，鹿児島に城を有した外様大藩。1609年，藩主島津家久は徳川家康の許可を得て琉球を征服し，与論島以北の奄美諸島を割譲させた。また，慶賀使(将軍の就任を祝う使節)・謝恩使(琉球国王の就任を報告し，感謝の意を示す使節)を江戸に派遣させ，幕府への従属を示させた。　d　松前藩は，江戸時代，蝦夷地，松前周辺を領有した外様小藩。米の生産がないため，石高はなく，アイヌ人との交易で利益を得た。なお，「アイヌの人々が戦いを起こして敗れた」というのは，「シャクシャインの 戦い」(1669年)のことをさしている。

問2　幕府が鎖国のしくみをつくった大きな目的は，貿易の利益を幕府が独占すること，キリスト教の禁止を徹底することの 2つである。後者は，キリスト教の「神の前では人はすべて平等」とする教えが封建的な身分秩序を壊すこと，またキリスト教徒が一向一揆のような勢力になることをおそれたことなどが背景にある。そのため，徳川吉宗によって洋書輸入が緩和された際も，キリスト教関係の書物は厳禁とされた。

問3　(1)　杉田玄白は，蘭学者の中川淳庵が持参したオランダ語で書かれた医学書『ターヘル・アナトミア』を見て，その中に図示されている人体の解剖図の精密さに驚くとともに，それまで学んでいた漢方の「五臓六腑」とは随分異なることに疑問をもった。そこで，1771年，杉田玄白，前野良沢らは，江戸の小塚原で，処刑された死刑囚の腑分け(解剖)を見学し，『ターヘル・アナトミア』の正確さに驚愕，これを日本語へ翻訳することを決断した。　(2)　『解体新書』は，江戸時代後期に成立した日本最初の西洋医学書。ドイツ人クルムスの『解剖図譜』のオランダ語訳『ターヘル・アナトミア』をさらに日本語に翻訳したもの。杉田玄白，前野良沢，中川淳 庵らによって訳され，1774年に刊行された。このときの翻訳の苦心談が，のちに杉田玄白が著した『蘭学事始』である。

問4　地球一周は約4万km。よって，緯度1度の距離は，40000(km)÷360＝111.111 …≒ 111km。

問5　1792年，ロシアの軍人ラクスマンが，皇帝エカチェリーナ2世の命により，通商要求を目的に来日。大黒屋光太夫ら日本人の漂流民を伴って根室に来航した。翌年，松前で幕府の役人と交渉したが，通商は拒否され，長崎入港を許可する証明書である信牌を受けて帰国した。

4　(総合－伊能忠敬の地図づくりを題材にした日本の地理，歴史)

問1　1　測食定分儀とよばれる器具で，望遠鏡の接眼部につけて，日食や月食などの観測の時に，食の進行状況を測定した。　2　杖先羅針とよばれる器具で，方位磁針が杖を傾けても常に水平が保てるようになっており，精度としては10分(6分の1度)単位の角度まで読むことができた。

3　量程車とよばれる器具で，地面に置いて車輪を転がしながら進むことによって，車輪に連動した歯車が回り，移動した距離が表示されるようになっている。　4　象限儀とよばれる器具で，恒星の南中高度を測るために用いられた。地面に対して正確に垂直になるように設置する必要があり，本体以外に大量の木材が必要であった。

問2　縮尺を分数で表したとき，分母の数が大きいほど，広い範囲を示すことができる。一方，分母の数が小さいほど地表のようすを詳細に示すことができる。

問3　縮尺が「21万6000分の1」の地図の場合，地図上の1cmは，実際は，1cm×216000＝216000cm＝2160m。

やや難　問4　図Eの縮尺は「21万6000分の1」，図Dの縮尺は「3万6000分の1」。図Dにくらべ，図Eはより広い範囲を示すことができるが，「城の絵」や「大名の名前」のような細かい要素を地図上に表すことはスペースの都合で困難である。このため，地図記号を用いて細かい要素を表そうとしたのである。

基本　問5　経線は，地球の両極をたてに結び，緯線と直角に交わる仮想の線。経度を表す。子午線ともよぶ。一方，緯線は，地球の表面に赤道に平行に引いた仮想の線。同じ緯度の点を結ぶ。

基本　問6　奥州街道は，江戸時代の五街道の一つで，江戸と奥州間の幹線道路。江戸と宇都宮間17宿は日光街道と兼ね，白河(福島県)まで通じる。

5　(総合－伊能忠敬の地図づくりを題材にした日本の地理，歴史)

本文中の「海外の文化や技術の導入につとめました。この政策によって発達した学問のひとつが天文学です。」，「直接ヨーロッパ，とくにオランダ語の書物を読んで研究する学問を蘭学といいます。」，「忠敬は江戸から蝦夷地までの距離を測ったり天体観測をしただけでなく，蝦夷地の南側の海岸線の地図をつくることができました。」，「測量した場所の周りの風景をスケッチして記録に残しました。忠敬たちは，これらの作業を地道にくりかえしました。」，「地図にあらわしたのは，実際に測量を行った場所やそのまわりの風景だけで，想像でえがいたところはありません。」などに注目して考える。

★ワンポイントアドバイス★

本年は，グラフなどの作図の問題は出題されなかった。しかし，復活する可能性もあるので油断はできない。

＜国語解答＞ ≪学校からの正答の発表はありません。≫

【一】 問一　イ・カ

問二　（例）　他のおならの音は読者の予想の範囲内におさまるが，「ぴょ」は音であるかどうかもあやしく，さまざまな想像が引き出される点。

問三　（例）　「ふたり」という言葉は，おならはこっそりやるものだという私たちの先入観にあわないから。

問四　（例）　詩の中に問答の形式がひそみ，読者が無意識に答えを探すようになっていて，だが詩人が先に答えを示すので，そこで読者が相づちを打ち，わかったと思える仕掛け。

【二】 問一　（例）　おじちゃんが本気で奇跡が起こると信じている上に，生前のおばちゃんは決して期待を裏切らない人だったから。

問二　（例）　（お葬式のときのおじちゃんとサマーは）多くの人が出入りする中で，残された家族としての型に従って悲しまなければならず，思い通りに悲しむことができなかった（から。）

問三　オ

問四　（例）　才能を受け入れてくれたおばさんのおかげで，おじさんも「あたし」も豊かな想像力が養われたということ。

問五　ウ

【三】 1　賛美　2　折半　3　異存　4　税関　5　宿敵　6　至福　7　操縦　8　旗色　9　済　10　挙

○推定配点○

【一】　問一　各3点×2　問三　5点　他　各8点×2

【二】　問三　4点　問五　5点　他　各8点×3

【三】　各1点×10　計70点

＜国語解説＞

【一】 （詩・解説文 - 主題・理由・細部表現の読み取り，記述）

問一　傍線部①よりも前に解答の手がかりがあり，すべての選択肢を見分けることができる。

ア　文章中に「リズムも大事」「実に軽快」「舌や口や手足ともなじみがいい」とある。リズムが軽快で，体になじみがいいのである。「リズム」「体にしっくりくる」と書かれたアはあてはまる。

イ　文章中に「非日本語圏の人たちでもわかる」とある。だが，イのように「発音しやすい音である」とは述べられていない。イは「それ」の指す内容にあてはまらない。　ウ　文章中に「言葉の平易さ」があると書かれている。また，「わかりやすい語」「漢字もなくぜんぶ平仮名」と書かれている。つまり，理解しやすい言葉だけで詩が形成されているのである。ウはあてはまる。

エ　文章中に「単純な構文」「すごく短い」と書かれている。つまり，文の組み立てがわかりやすく，短いのである。エはあてはまる。　オ　文章中に「ぜんぶ平仮名だから……わかるでしょう」とある。「すべてひらがなだということ」と書かれた，オはあてはまる。　カ　おならが身近なものだという説明はない。カは「それ」の指す内容にあてはまらない。

問二　傍線部②前後から，書くべき内容を考えることができる。傍線部②より前には，「ぶ」「ぼ」「へ」などのおならの音が私たちの予想の範囲におさまる音であることが書かれている。だが，傍線部②よりも後を見ると，「ぴょ」は，それが音であるかどうかさえ疑問が生じるものなのである。

さらに音であるとしても，共鳴しているのか，あるいは心理の音なのではないかなど，さまざまな想像につながるのだ。以上の点をふまえてまとめる。記述の際には，「他のおならの音は予想の範囲内」＋「『ぴょ』は，音であるかどうかもあやしい」＋「『ぴょ』は，さまざまな想像につながる」という内容を中心にまとめる。

問三　傍線部③よりも前の，「そのメカニズムを……」で始まる段落に着目する。「『おなら』という生理現象はできれば他人には聞かれたくない」「おならというだけで，私たちは『こっそりやるもの』という先入観がある」と書かれている。そのような人に聞かれたくない「こっそりやるもの」であるおならが，「ふたり」という言葉と組み合わされているのである。私たちの先入観と「ふたり」という言葉があわないことが読み取れる。あわないから，「意外」だといえるのだ。記述の際には，「おならにはこっそりやるものという先入観がある」「『ふたり』という言葉とはあわない」という内容を中心にする。

問四　傍線部を含む一文に着目する。「そこ」とは，谷川の詩を指す。そして，傍線部④直後の「たとえば」以降に，谷川の詩の仕掛けが説明されている。「問答の形」がひそんでいるのだ。そのため，私たちは知らず知らずのうちに，問いに答えようとしてしまうのだ。だが，私たちが答えを探しつつも，結局は，詩人に先に答えを出されてしまう。そして，その答えに相づちを打ち，私たちは「わかった」と思うのだ。以上が，谷川の詩の仕掛けである。そのような仕掛けがある詩を読むとき，私たちたちは自分でも気づかないうちにわかろうとするのだ。以上の点をおさえて，記述に取り組む。記述の際には，「問答の形式がひそむ」＋「無意識に答えを探すようになっている」＋「先に詩人が答えを示して，わかったと思える」という内容を中心にまとめるとよい。

【二】　（物語文―主題・心情・場面・細部表現の読み取り，記述）

問一　傍線部①から傍線部②までに書くべき内容が見つかる。おじちゃんは「奇跡がおきるにちがいない」と本気で信じていたのである。だから，「あたし」も「おばちゃんのやさしい魂が天国から舞いおりてきて，あたしたちのところにくる」かもしれないと考えたのだ。また，おばちゃんは生きていたころ，「あたしたち」をがっかりさせることがなかったのである。これも，「あたし」の奇跡が起きるのではないかと思った理由につながる。以上の点をおさえて解答をまとめるとよい。記述の際には，「おじちゃんが本気で奇跡を信じていたから」「生前のおばちゃんは決して期待を裏切らない人だったから」という二点を中心にまとめる。

問二　傍線部③直後の「外部の人たち……」から始まる段落と，その後の「おばちゃんが死んだとき……」で始まる段落に解答の手がかりがある。「外部の人たち……」から始まる段落には「残された家族の悲しみが型にはめられてしまう」とある。本当は「トレーラーハウスの中でおたがいにしがみついて何日も何日も泣くこと」をしたかったのであるが，その型に従わなくてはならず，思い通りに悲しめなかったのだ。そして，「おばちゃんが死んだとき……」で始まる段落には，「葬儀屋さん」「牧師さん」「大勢の親類やそれまで会ったこともなかった人たち」とさまざまなやり取りをしなければならない様子が書かれている。葬儀では，さまざまな人とのやり取りがあり，それも思い通りに悲しめない理由である。以上の点をおさえて，二人のお葬式のときの様子をまとめる。記述の際には，「多くの人の出入りがあった」＋「残された家族の悲しみの型がある」＋「思い通りに悲しめない」という内容を中心にして，解答欄に合うようにまとめる。

問三　「社交界」とは，普通は，上流階級の人々が互いに交際する社会を意味する。「名士」とは，世間に名を知られている人のこと。傍線部④では，おばちゃんの葬儀が開かれており，「みんながあたしたちの顔を見つめる」とあるように，「おじちゃんとあたし」は注目の的だったのである。「注目される存在になった」とある，オが正解になる。アには，「距離を置かれる存在」とあるがおかしい。イは「尊敬される存在」とあるが，尊敬されている訳ではない。ウは，おばちゃんが亡くなっているのに，うらやましがられるはおかしい。エの「煙たがられる存在」は，アの選択肢に意味が近いが，この文脈で読み取れることではない。

問四　傍線部⑤より前の部分に着目する。クリータスは「あたし」の想像力について話をして，その後に「おばさんのおかげだな」と発言，おじさんの想像力の話を進めた。そして傍線部⑤以降では，おじさんが作る風舞を例にあげて「芸術品」だと言い，「メイおばさんはおじさんの豊かな想像力を受け入れてた」「おじさんが思うぞんぶん才能を発揮できたのは，おばさんのおかげさ」と続けた。その後でクリータスは「あたし」の顔を見上げて，「君にもね」と言う。あたしにも，同じように豊かな想像力があるということだ。以上の展開から考えて，クリータスのいう「おばさんのおかげ」とは，おじさんの想像力とともに，「あたし」の想像力にも関わっている。才能を受け入れるというおばさんの姿勢が，おじさんと「あたし」の想像力を養ってくれたのだ。記述の際には，「おばさんが受け入れてくれた」＋「おじさんとあたしの想像力が養われた」という内容を中心にする。

問五　傍線⑥以降のクリータスの語った内容をおさえて，選択肢の内容を分析する。クリータスは，おじさんが才能を発揮している背景をわかっていた。それだけではなく，「あたし」がおじさんと同じような力を持っていても，その力を追い払おうとしている事情についてもわかっていた。おじさんと「あたし」について，しっかり見抜いているクリータスに対して，「あたし」は「まいった！」と思うのである。「おじちゃんの人間性を深く理解している」「サマーの心のうちまで……的確に指摘してのけた」とある，ウが正解になる。アは「あたし」の心を見抜いたことが書かれていない。誤答になる。イはクリータスの頭の良さについては書かれているが，「まいった！」とこの場面で「あたし」が思った具体的な理由については書かれていない。エ・オも，クリータスが見抜いて発言した，おじさんの人間性と「あたし」の心について書かれていない。

【三】　**（漢字の書き取り）**

1　ほめたたえること。キリスト教で神様をほめたたえる歌を「讃美歌」という。

2　半分にわけること。「折半」は，二人でわける場合に使う。例えば，食事にかかった費用の場合，三人以上の場合は，「費用を割りかんにする」となる。

3　ここでは反対意見のこと。「異存がない」とは，反対しないという意味。

4　外国から入ってくる品物に税金をかける役所のこと。そこでかけられる税金を「関税」という。

5　ずっと以前からの敵のこと。ずっと以前からの願いのことを「宿願」という。

6　これ以上がないほどの幸せだという意味。「至」には，これ以上がないという意味がある。その意味で，「至急」という言葉がある。「至急」とは，これ以上がないほど急いでいるということ。つまり，大急ぎという意味である。

7　ここでは，飛行機を思いのままに動かすこと。「操」には，あやつるという意味がある。その意味で，「操作」「操業」などの言葉がある。

8　試合などの状況のこと。「旗色が悪い」とは，負けそうなことを意味する。

9　ここでは，終わること。「用事を済ます」とは，用事を終わらせることを意味する。

10　ここでは取り出して示すこと。「挙げる」には，上の方にのばすという意味もある。その意味で「手を挙げる」と表現する。

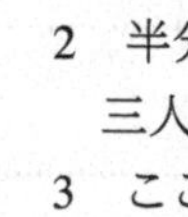

★ワンポイントアドバイス★

漢字は基本的な内容が多い。手がたく得点したい。ただし，同音異義語や同訓異字を意識した出題もあるので，ケアレスミスをしないように，問題文の内容を正しくおさえたい。

MEMO

大切なことはメモしておこうネ！

2021年度

★★★★★★★★★★★★★★★★★★★★★★★

入　試　問　題

2021年度

栄光学園中学校入試問題

【算　数】（60分）　＜満点：70点＞

1． 立方体の各面に，下のような１～６の目がかかれたシールを１枚ずつ貼《は》り，さいころを作りました。

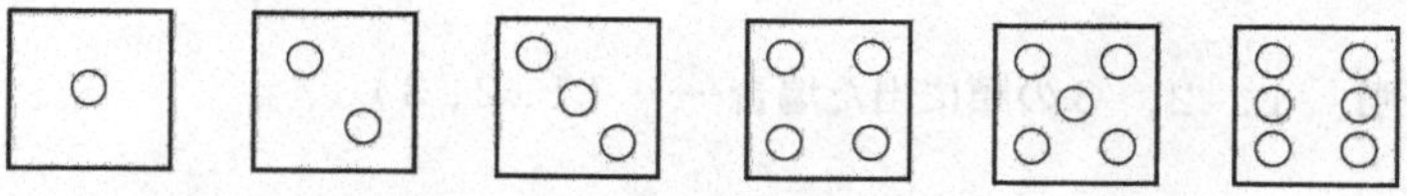

このとき，さいころの向かい合う面の目の和が７になるようにしました。

⑴　このさいころを２の目を上にして，ある方向から見ると図１のように見えました。また，１の目を上にして，ある方向から見ると（図２），見えた目は図１で見えた目とはすべて異なりました。手前の面（斜線《しゃせん》が引かれた面）の目を算用数字で答えなさい。

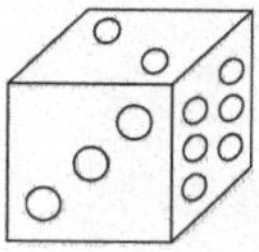

図１

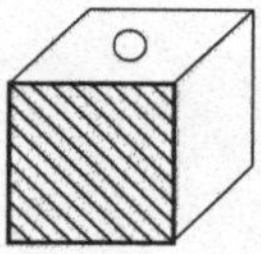

図２

⑵　下の図はこのさいころの展開図です。と，と，との目の向きの違《ちが》いに注意して，展開図を完成させなさい。

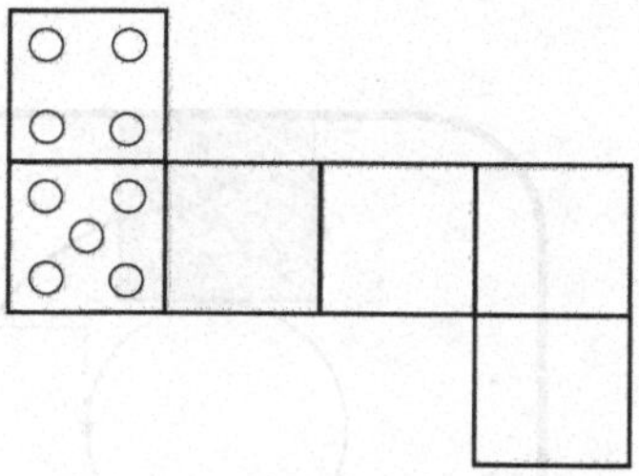

⑶　このさいころを４回ふったところ，出た目（上面の目）は大きくなっていきました。また，手前の面（斜線が引かれた面）の目はすべて２でした。またはを正しくかきいれなさい。

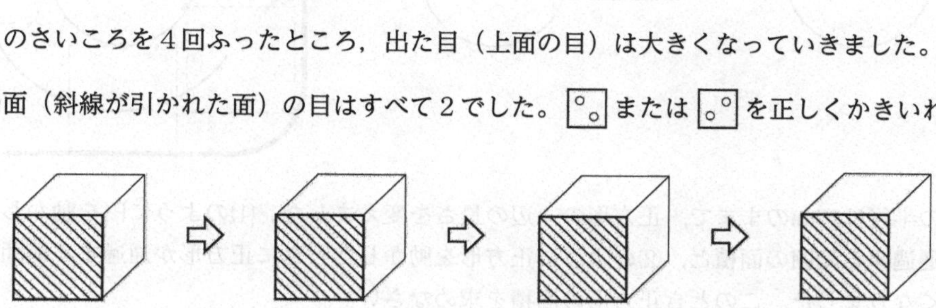

１回目　　２回目　　３回目　　４回目

(4)　このさいころを３回ふったところ，出た目は大きくなっていきました。また，手前の面は下の図のようになりました。

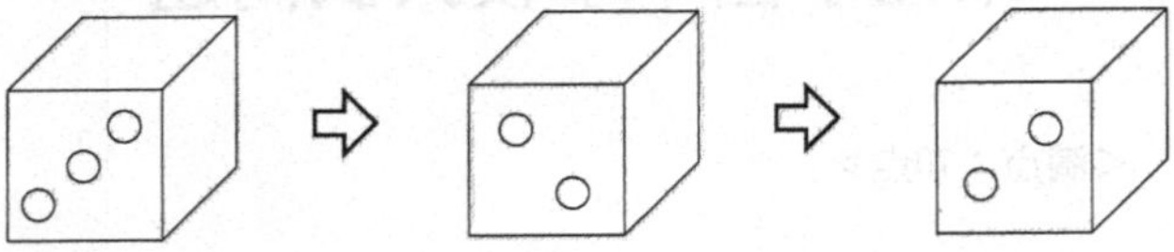

１回目　　２回目　　３回目

出た目として考えられる組み合わせを，答え方の例にならってすべて答えなさい。

【答え方の例】　１，２，３の順に出た場合……（１，２，３）

２． 次の問に答えなさい。ただし，円周率は3.14とします。

半径が10cmの円と一辺の長さが15cmの正方形について考えます。

(1)　円を，正方形から離《はな》れないように正方形の周りを一周転がしたとき，円が通過する範《はん》囲《い》の面積を求めなさい。

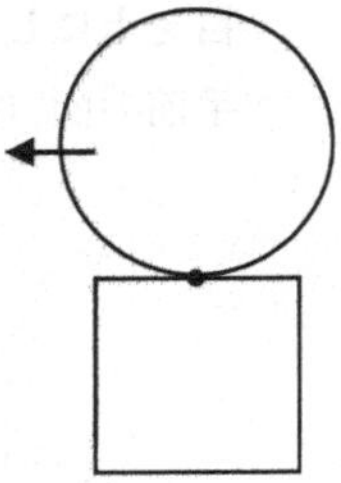

(2)　正方形を，向きを保つたまま（回転することなく），円から離れないように円の周りを一周動かすと，下の図のようになります。

①　正方形が通過する範囲の外周（右はじの図の太線部）の長さを求めなさい。

②　正方形が通過する範囲の面積を求めなさい。

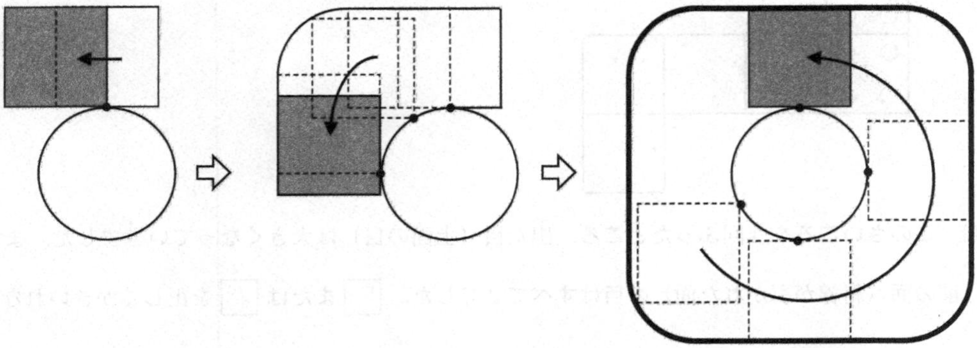

(3)　円の半径は10cmのままで，正方形の一辺の長さを変えました。(1)のように円を動かしたときに円が通過する範囲の面積と，(2)のように正方形を動かしたときに正方形が通過する範囲の面積が等しくなりました。このとき正方形の面積を求めなさい。

次に，半径が10cmの円と一辺の長さが15cmの正三角形について考えます。

⑷　正三角形を，向きを保ったまま（回転することなく），円から離れないように円の周りを一周動かしたとき，正三角形が通過する範囲の外周の長さを求めなさい。

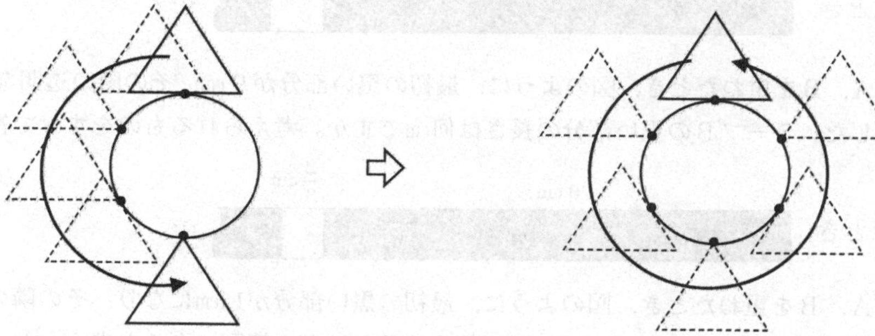

3． 図のように，ある一定の長さの黒い部分と，長さ１cmの透明《とうめい》な部分が交互《こうご》になっているテープＡ，Ｂがあります。テープＡの黒い部分の長さは４cmです。テープＢの黒い部分の長さは分かりません。

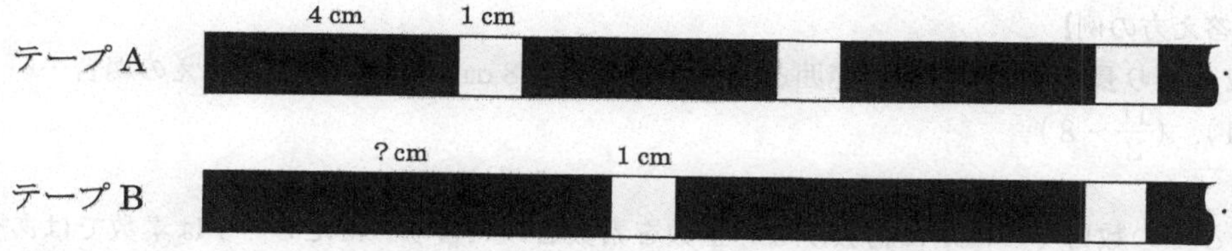

この２つのテープを，左はじをそろえて重ねたときの見え方について考えます。ただし，透明な部分と黒い部分が重なると黒く見えるものとします。

例えば，テープＢの黒い部分が１cmのとき，図のように，最初の黒い部分が９cm，その隣《となり》の透明な部分が１cmになります。

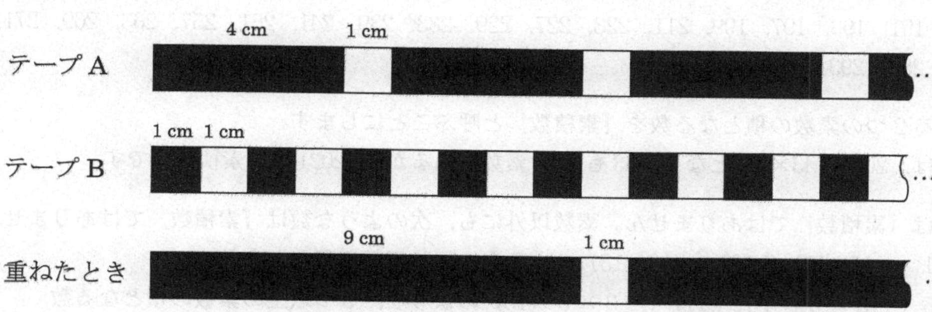

⑴　図のように，テープＢの黒い部分が$\frac{5}{2}$cmのとき，テープＡ，Ｂを重ねると，最初の黒い部分とその隣の透明な部分の長さはそれぞれ何cmになりますか。

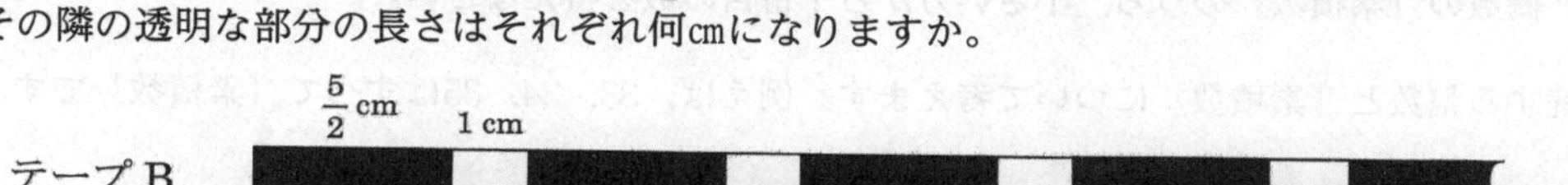

⑵　テープＡ，Ｂを重ねたとき，次のページの図のように，最初の黒い部分が９cm，その隣の透明な部分が１cmになりました。テープＢの黒い部分の長さは何cmですか。上の例であげた１cm以外

で考えられるものをすべて答えなさい。

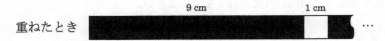

重ねたとき

⑶　テープA，Bを重ねたとき，図のように，最初の黒い部分が９cm，その隣の透明な部分が$\frac{2}{3}$cmになりました。テープBの黒い部分の長さは何cmですか。考えられるものをすべて答えなさい。

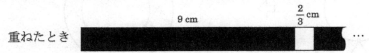

重ねたとき

⑷　テープA，Bを重ねたとき，図のように，最初の黒い部分が14cmになり，その隣の透明な部分が１cm未満になりました。テープBの黒い部分の長さはどの範囲にあると考えられますか。答え方の例にならって，その範囲をすべて答えなさい。

重ねたとき

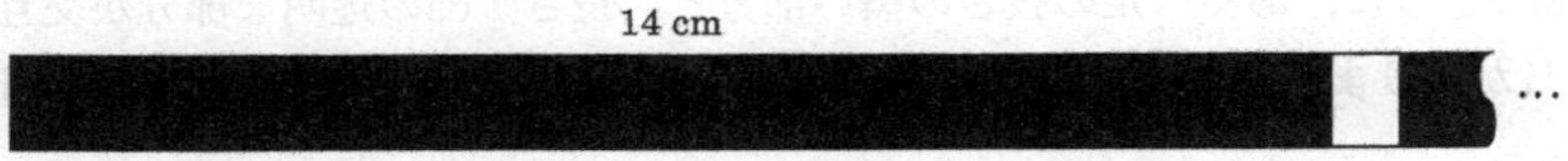

【答え方の例】
２cmより長く４cmより短い範囲と，$\frac{11}{2}$cmより長く８cmより短い範囲が答えの場合……（２～４），（$\frac{11}{2}$～８）

４．　１とその数自身のほかに約数がない整数を素数といいます。ただし，１は素数ではありません。

素数を小さい順に並べていくと，次のようになります。

２，３，５，７，11，13，17，19，23，29，31，37，41，43，47，53，59，61，67，71，73，79，83，89，97，101，103，107，109，113，127，131，137，139，149，151，157，163，167，173，179，181，191，193，197，199，211，223，227，229，233，239，241，251，257，263，269，271，277，281，283，293，……

異なる２つの素数の積となる数を『素積数』と呼ぶことにします。
例えば，2021＝43×47 となり，43も47も素数であるから，2021は『素積数』です。

素数は『素積数』ではありません。素数以外にも，次のような数は『素積数』ではありません。
・121（＝11×11）や169（＝13×13）のような，同じ素数の積となる数
・105（＝３×５×７）や117（＝３×３×13）のような，３つ以上の素数の積となる数

⑴　偶数の『素積数』のうち，小さい方から７番目の数を答えなさい。

連続する整数と『素積数』について考えます。例えば，33，34，35はすべて『素積数』です。

⑵　連続する４つの整数がすべて『素積数』であるということはありません。その理由を説明しなさい。

⑶　100以下の整数のうち，連続する３つの整数がすべて『素積数』であるような組がいくつかあり

ます。前のページの例で挙げた33，34，35以外の組を，答え方の例にならってすべて答えなさい。

【答え方の例】（33，34，35）

⑷　連続する７つの整数のうち６つが『素積数』であるような組を，答え方の例にならって１つ答えなさい。

【答え方の例】31～37の連続する７つの整数が答えの場合……（31～37）

【理　科】(40分)　　＜満点：50点＞

栄一くんは学校の理科の授業で，次のような実験をしました。

実験１

方法　１．高さ30㎝の透明《とうめい》な容器に砂・白いビーズ（細かいガラスの粒《つぶ》）・泥《どろ》を入れ，水で満たし，ふたをした。

２．容器を何度かひっくり返して，中のものをよく混ぜた。（**図１**）

３．容器を平らな台の上に立てて置き，しばらくそのままにした。

結果　砂・ビーズ・泥が沈《しず》んで水は透明になり，容器の底に下から順に砂・ビーズ・泥が分かれて積もり，しまもようができた。（**図２**）

図１　混ぜたところ

図２　砂・ビーズ・泥が積もったようす

栄一くんは，この実験で観察した砂・ビーズ・泥のしまもようが，旅行のときにがけで観察した大地のしまもよう（**図３**）によく似ていることに気がつきました。

問１　**図３**のような大地のしまもようを何といいますか。漢字で答えなさい。

「なぜこのようなしまもようができるのだろう？」
そう疑問に感じた栄一くんは，友達といっしょに，さらに実験をやってみることにしました。

図３　大地のしまもよう

実験２

目的　いろいろな大きさの消しゴムの粒を使って，それぞれの粒が一定の深さの水に沈むのにかかる時間を測定する。

予想　粒の大きさがちがうと沈むのにかかる時間もちがう。

材料と道具　消しゴム・水・カッターナイフ・ものさし・虫めがね・ピンセット・深い水槽《すいそう》
ストップウォッチ

方法　１．消しゴムをカッターナイフで切って，いろいろな大きさの立方体の粒を作った。立方体は一辺の長さが10㎜，５㎜，４㎜，３㎜，２㎜，１㎜，0.5㎜の７種類で，５個ずつ作った。小さいものは虫めがねで見ながら切った。
２．水槽に水を入れた。
３．一人がピンセットを使って粒を１個つまみ，水槽の水面で静かに放した。
４．別の一人が，粒が沈み始めてから水槽の底につくまでの時間をストップウォッチではかり記録した。
５．作ったすべての粒について，３．～４．を行い，平均を求めた。

立方体の粒の一辺の長さを「一辺の長さ」，粒が水面から底まで沈むのにかかった時間を「沈む時間」と呼ぶことにする。

結果

いろいろな大きさの消しゴムの粒が水の中で沈むのにかかる時間

一辺の長さ	沈む時間（秒）					
(mm)	１個目	２個目	３個目	４個目	５個目	平均
10	2.06	2.25	あ	1.90	2.15	2.10
5	2.72	2.99	3.01	2.74	3.14	2.92
4	3.09	3.20	3.31	3.23	3.12	い
3	3.58	3.74	3.72	3.77	3.44	3.65
2	4.61	4.22	4.90	4.24	4.53	4.50
1	7.32	7.04	7.21	7.48	7.00	7.21
0.5	15.45	14.37	14.00	16.55	14.63	15.00

問２　実験２の結果の表の空欄《くうらん》 あ ・ い のそれぞれにあてはまる小数第２位までの数値を１つずつ答えなさい。

問３　実験２の結果の平均を折れ線グラフにしなさい。値《あたい》を○で示しなさい。

問４　実験２の結果からわかることを述べた次のページの文章の空欄 う ～ け を埋《う》めなさい。

か ～ く は問３でかいたグラフを参考にして，実験結果の表の数値から計算して求めなさい。小数第３位を四捨五入して小数第２位まで答えなさい。

(1) 大きさが [う] ほど沈む時間が長く，大きさが [え] ほど沈む時間が短い。沈む時間が長いということは，沈む速さが [お] ということである。

(2) 一辺の長さが0.5㎜ちがうものどうしで沈む時間の差を比べてみると，たとえば，0.5㎜と1㎜とでは [か] 秒，2.5㎜と3㎜とでは [き] 秒，9.5㎜と10㎜とでは [く] 秒の差である。

つまり，[け] 。

問5 **実験1**で使った砂・ビーズ・泥を顕微鏡《けんびきょう》で観察した写真を**図4**に示します。これらの写真と**実験2**の結果をもとに，**実験1**のようなしまもようができたしくみを説明しなさい。

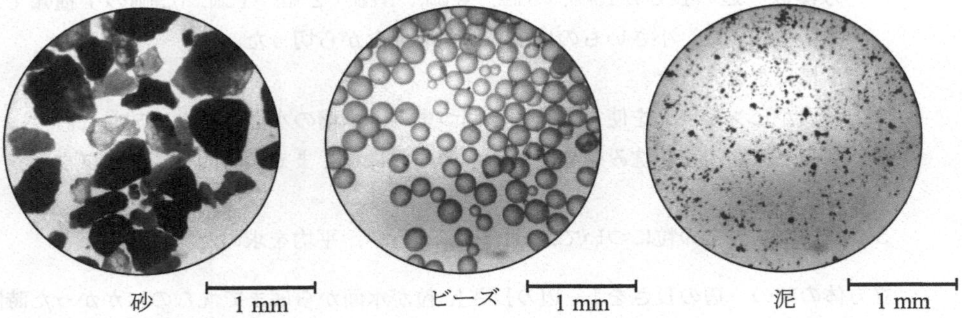

図4 **実験1**で使った砂・ビーズ・泥を顕微鏡で観察した写真

栄一くんたちは，ここまで考えて，あることに気がつきました。

「大地のしまもようは主に海の底で作られると学校で学んだね。海の中でも本当に**実験1**と同じことが起こるだろうか？」

「そうだね，そういえば，海水は塩水だ。塩水の中では物が浮《う》きやすいと聞いたことがあるよ。それなら，小さい粒は塩水の中だとますます沈みにくくなるのではないかな。」

栄一くんたちは，次の**実験3**を考えて，やってみました。

実験3

目的　いろいろな大きさの消しゴムの粒を使って，それぞれの粒が一定の深さの食塩水に沈むのにかかる時間を測定する。

予想　食塩水の中では沈む時間が水より長くなる。さらに，粒の大きさのちがいによる沈む時間の差が水より大きくなる。

材料と道具　**実験2**で使ったものと食塩

方法　1．水に食塩を入れて，食塩水を作った。

2．水槽に**実験2**と同じ深さまで食塩水を入れた。

3．**実験2**の3．～5．と同じことを行った。

結果

いろいろな大きさの消しゴムの粒が食塩水の中で沈むのにかかる時間

一辺の長さ (mm)	沈む時間の平均 (秒)
10	2.70
5	3.76
4	4.04
3	4.69
2	6.19
1	11.50
0.5	23.69

栄一くんは，食塩水を作るときに，水や食塩の量をはからずに容器に入れてしまいました。このような場合でも，使った水と食塩の量を知る方法があります。

食塩水の同じ体積あたりの重さは，食塩水の重さに対する食塩の重さの割合によって変わります。**図５**は，「食塩水の重さに対する食塩の重さの割合」と「食塩水100mLの重さ」との関係を表したグラフです。食塩水100mLをとって重さをはかると，**図５**を使ってその食塩水の重さに対する食塩の重さの割合がわかります。その結果を使えば，食塩水に含《ふく》まれる水と食塩の量を求めることができます。

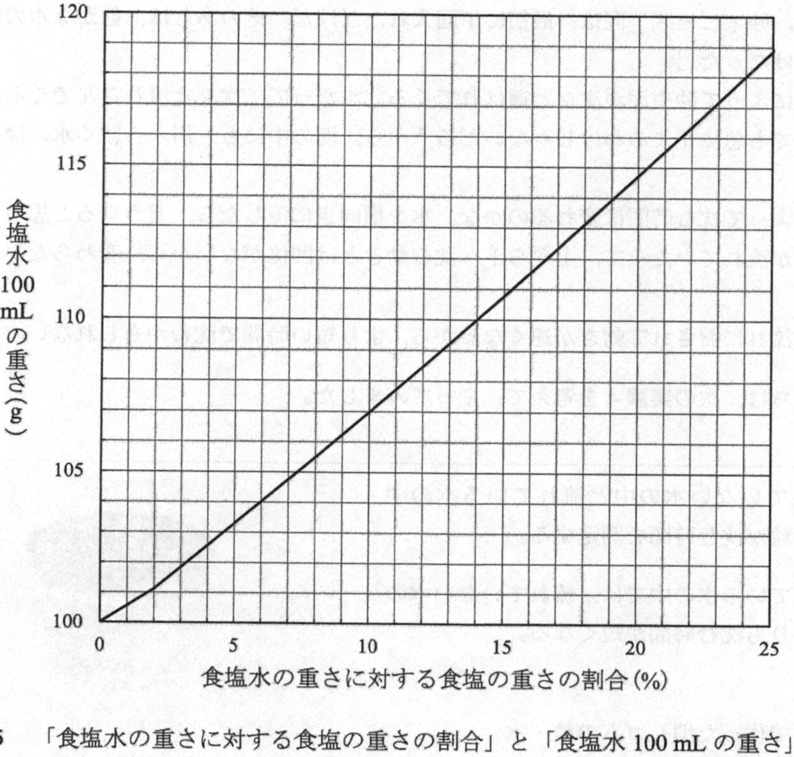

図５　「食塩水の重さに対する食塩の重さの割合」と「食塩水 100 mL の重さ」の関係

問6　作った食塩水を500mLとって重さを測ると，550ｇでした。この食塩水の，食塩水の重さに対する食塩の重さの割合は何％ですか。

問7　この食塩水を作るのに使った水がちょうど１Ｌだったとすると，使った食塩は何ｇだったと考えられますか。小数第１位を四捨五入して整数で答えなさい。

実験３の結果を整理し，まとめます。

問8　**実験３**の結果を折れ線グラフにしなさい。値を□で示しなさい。**問３**と同じ解答欄に記入しなさい。

問9　**問３**と**問８**でかいたグラフから言えることを，次の**ア**～**オ**の中からすべて選び，記号で答えなさい。

ア．同じ大きさの粒の沈む時間は，水に比べて，食塩水でのほうが長い。

イ．沈む時間が同じになる粒の大きさは，水に比べて，食塩水でのほうが大きい。

ウ．食塩水と水とでの沈む時間の差は，粒が大きいほど大きい。

エ．粒の大きさのちがいによる沈む時間の差は，食塩水では，粒が大きいほど大きい。

オ．一辺の長さが４㎜以下の粒では，栄一くんたちの予想（**実験３**の予想の 二重線 をつけた部分）は正しい。

栄一くんたちは，さらに考えを広げました。

「**図３**の大地のしまもようも**実験１**と同じようにしてできたと思ってきたけれども，よく考えてみると，そうではないかもしれない。」

「**実験１**では，砂・ビーズ・泥は，最初に１回入れただけだ。そのあとは，静かな水の中でただ沈んでいくだけだった。」

「海には，川によって砂や泥が次々と運ばれてくる。水だって，次々と流れこんでくる。川の流れは，海に出ても急に止まるわけじゃないだろうから，海の中にも，川から続く水の流れがあるはずだ。」

「水の流れによって沈む時間は変わるのかな。水を横向きに流したら，どうなると思う？」

「横向きに水が流れていたって，上から下へ沈む動きとは関係がないから，変わらないんじゃないかな。」

「そうかな。流れにおされて動きが速くなるから，より短い時間で沈むかもしれないよ。」

栄一くんたちは，次の**実験４**を考えて，やってみました。

実験４

目的　流れていない水の中と流れている水の中で，粒が沈む時間を測定する。

予想　流れている水の中では，流れていない水の中よりも沈む時間が短くなる。

材料と道具

実験２で作った消しゴムの粒・水

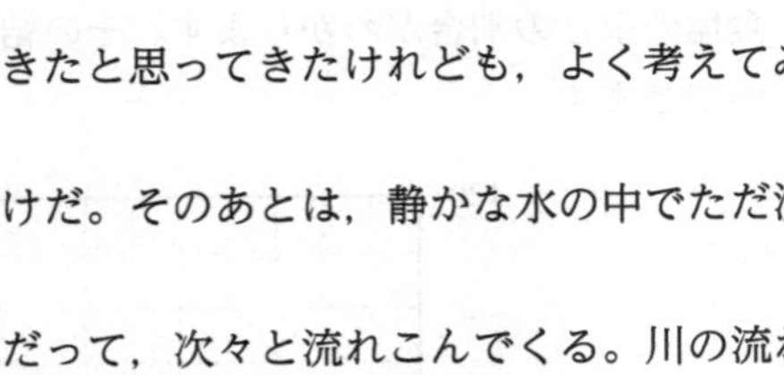

図６　プラスチック板で水路をつけた水槽

円形の水槽（高さ15㎝，直径30㎝）・プラスチックの板・ホース・ガムテープ

方法　１．水槽の中に筒形《つつがた》にしたプラスチックの板をガムテープで固定して，**図６**のような装置を作った。
　　　　プラスチックの板より外側の部分を「水路」と呼ぶことにする。
　　　２．水槽を水で満たし，水が流れていない状態で，**実験２**と同じように粒が沈む時間を測った。１㎜と４㎜の２種類の大きさの粒で行った。
　　　３．水槽に水道からつないだホースを入れ，水を流して水路を回る水流を作った。そして，**実験２**と同じように粒が沈む時間を測った。１㎜と４㎜の２種類の大きさの粒で行った。
　　　４．水の流れを強くして３．を行った。

結果

水の流れと消しゴムの粒が沈む時間

一辺の長さ (mm)	流れ	沈む時間の平均（秒）
4	なし	1.23
4	弱い	2.22
4	強い	測れなかった
1	なし	3.12
1	弱い	5.34
1	強い	測れなかった

沈むときの様子

　弱い流れのときには，沈みながら水路を半周から１周ほど進んだ。

　強い流れのときには，粒が底に沈んでも止まらずに流されて転がり続けたり，底に沈みそうだと思っても水流でうき上がったりしたので，沈む時間をうまく測れなかった。その場合には，粒はかなり長い時間，底にとどまることなく流され続けた。

実験４の結果を整理します。

問10　一辺の長さ４㎜の粒と１㎜の粒のそれぞれについて，流れがないときに比べて，弱い流れがあるときには，沈む時間は何倍になりましたか。小数第２位を四捨五入して小数第１位まで答えなさい。

「おどろいたなあ。予想とちがって，弱い流れがあると，沈む時間が長くなったね。」

「ただ，流れていないときと流れているときの沈む時間の比は，１㎜の粒と４㎜の粒とであまり変わらなかったね。」

「でも，流れていないときと流れているときの沈む時間の差は，［　こ　］。とても小さい粒は，流れがあるとかなり長い時間沈まないということが言えそうだ。」

「それに，粒が沈んでも転がり続けたり，浮き上がったりするというのも予想しなかったことだよ。」

問11　文中の下線部に注意して，空欄［こ］に入る適切な文を答えなさい。

　流れていない水の中に，大きさのちがう粒が混ざったものを一度に入れると，分かれて底に積もりますが，少しずつ長い時間をかけて入れると，分かれずに混ざったまま積もり，しまもようにはなりません。

　しかし，栄一くんたちの実験を参考にすると，大きさのちがう粒が混ざったものを，少しずつ長

い時間をかけて入れても，粒の大きさごとに分かれて積もるような方法が考えられます。

問12　一辺の長さ４㎜の消しゴムの粒と１㎜の消しゴムの粒がたくさんあるとします。この２種類の大きさの消しゴムの粒を混ぜたものを，少しずつ長い時間をかけて水に入れたとき，それらが分かれて積もるようにするには，どのような方法が考えられますか。ただし，実験室で，直方体の水槽１つとその他の必要な材料や道具を用いて行うことにします。その方法と結果の予想を図で示し，簡単な語句を加えて説明しなさい。

【社　会】（40分）＜満点：50点＞

いま，日本の路上でよく使われているくるま（車輪がついた乗り物）には，自動車，自転車，オートバイがあります。３つのくるまのうち，日本でもっとも古くから使われていて，いちばん台数が多かったのは自転車です。ここでは，自転車を中心にして人が乗るくるまのことを考えることにします。

Ｉ　下の表は，ある都市を①～⑦の地域に分け，それぞれの地域で通勤・通学者が用いる交通手段の割合（％）を表したものです。①～④の地域は，図１の①～④にあたります。なお，図１は灰色が濃《こ》いところほど，地表面の傾《かたむ》きが急であることを表しています。これらの表と図１をみて，あとの問に答えなさい。

表　ある都市の通勤・通学者が用いる交通手段の割合　（％）

地域／利用交通手段	①	②	③	④	⑤	⑥	⑦
徒歩のみ	7	7	7	8	8	6	6
鉄道（他の交通手段との組合せを含む）	64	60	67	53	40	60	67
バス	1	5	1	6	7	3	4
自動車・タクシー	8	12	5	8	10	8	11
オートバイのみ	3	5	2	3	3	3	3
自転車のみ	8	4	11	14	21	10	2
その他 ※	7	9	7	9	12	9	7

2010年国勢調査《こくせいちょうさ》をもとに作成。　注）四捨五入したため，合計が100にならないことがある。
※鉄道以外の交通手段を２種類以上組み合わせた場合など。

図１　ある都市の地表面の傾き

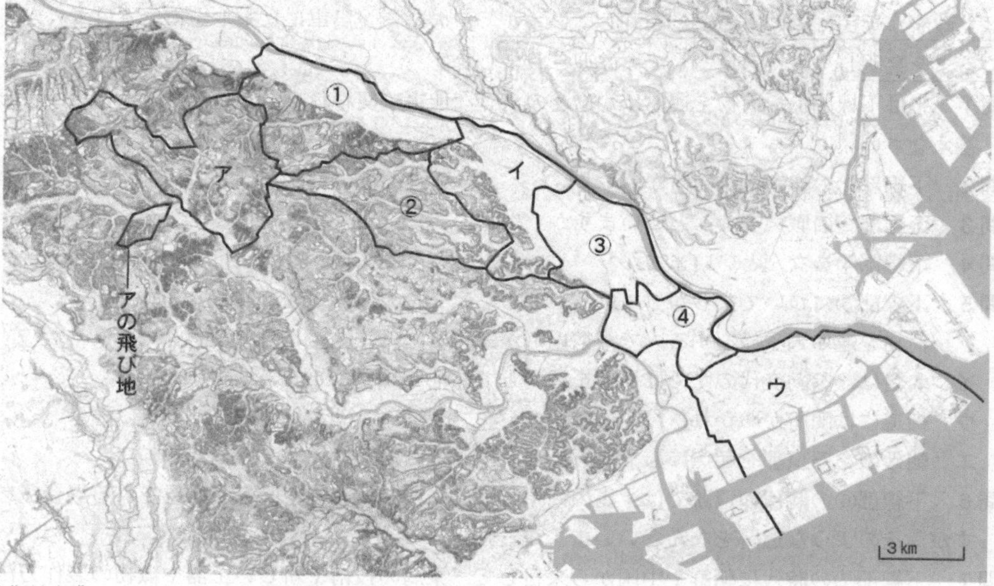

地理院地図《ちりいんちず》より作成。注）水色のところは川や海を表す。

問１　前のページの**表**と**図１**をみて，**表**の①～④について利用交通手段と地表面の傾きの関係をよく表している交通手段を１つ取り上げ，その関係を説明しなさい。

問２　**表**の⑤～⑦は，**図１**の**ア**～**ウ**のうち，それぞれどの地域にあたりますか。**問１**で考えたことをもとに答えなさい。

Ⅱ　次の文章を読んであとの問に答えなさい。

ここでは，自転車が使われるまでの乗り物の歴史をふりかえってみましょう。

日本でもっとも古い**くるま**は牛車《ぎっしゃ》で，平安《へいあん》時代から貴族《きぞく》が乗るようになりました。牛車は，①人を乗せる**くるま**を牛に引かせたものです。貴族たちが牛車に乗る様子は，②『枕草子《まくらのそうし》』などの文学作品に書かれています。身分の低い者は，牛車に乗ることを禁じられていました。

貴族のほかにも，鎌倉幕府《かまくらばくふ》や，室町《むろまち》幕府の将軍《しょうぐん》は牛車に乗りました。しかし，室町時代，③将軍のあとつぎをめぐる争いに有力な武士《ぶし》たちも加わった大きな戦いによって京都が荒廃《こうはい》すると，牛車はすたれました。それから長い間，日本で**くるま**が使われることはめっきりと減りました。

江戸《えど》時代には④人がかついで運ぶ乗り物が使われました。これは町の中だけでなく，⑤街道を往来するのにも使われました。この乗り物は武士のほか，百姓《ひゃくしょう》や町人《ちょうにん》も使いました。ただし，身分の高い武士のものは豪華《ごうか》につくられていて，外からは中に乗っている人がわからないようになっていました。

くるまの利用が目につきはじめるのは，開国《かいこく》以後です。外国人が日本に馬車を持ち込《こ》んで走らせるようになりました。

馬は⑥縄文《じょうもん》時代には日本にいましたが，人が馬に乗るようになったのは⑦古墳《こふん》時代からでした。武士の時代には，⑧武士にとって馬はなくてはならないものでした。牛車は平安時代から使われていましたが，日本で**くるま**を馬に引かせる馬車が走ることは開国するまでありませんでした。

明治維新《めいじいしん》後の1869年から，乗客を運ぶ乗合《のりあい》馬車が横浜《よこはま》－東京間を走りました。人々は運賃を払《はら》いさえすれば，馬車で横浜－東京間を，徒歩よりも短い時間で行けるようになりました。⑨1871年には，政府が平民《へいみん》に馬に乗ることを許しています。そのころ，馬車にヒントを得て⑩日本人が新しい**くるま**を発明し，人々の足として大歓迎《かんげい》されました。

問１　牛は下線部①や荷物を運ぶほかにどのような仕事に使われていましたか。重要なことを１つ答えなさい。

問２　下線部②の作者は誰《だれ》ですか。

問３　下線部③の戦いをなんといいますか。

問４　下線部④をなんといいますか。

問５　下線部⑤についてまちがっているものを，**ア**～**エ**から１つ選びなさい。

ア　荷物を運ぶ人や旅をする人で，宿場町《しゅくばまち》が栄えた。

イ　大名《だいみょう》は，参勤交代《さんきんこうたい》のために街道を行列して領地と江戸とを往来した。

ウ　街道には関所《せきしょ》がおかれ，「入《い》り鉄砲《でっぽう》と出女《でおんな》」をきびしく取りしまった。

エ　朝廷《ちょうてい》のある京都を起点にして，五街道《ごかいどう》が整備された。

問６　下線部⑥の時代の遺跡《いせき》では，馬の歯や骨のほかに，食べ物の残りが発見される場合がありますが，そのような遺跡をなんといいますか。

問７　下線部⑦の時代に朝鮮《ちょうせん》や中国《ちゅうごく》から来日して，乗馬の技術や新しい土器や織物の製作方法などを伝えた人々をなんといいますか。

問８　下線部⑧について，鎌倉時代の御家人《ごけにん》が馬に乗ってつとめた奉公《ほうこう》にはどのようなことがありますか。

問９　下線部⑨から西南戦争《せいなんせんそう》までの間に政府が平民について定めたこととしてまちがっているものを，ア～エから１つ選びなさい。

ア　自由に刀を身に付けることを認めた。

イ　苗字《みょうじ》を名乗ることを認めた。

ウ　軍隊に入ることを義務付けた。

エ　子どもを小学校に行かせることにした。

問10　下線部⑩について，この新しいくるまをなんといいますか。

問11　Ⅱの問題文や問に答えたことをもとに，江戸時代までと明治維新以降で，身分によって利用できる乗り物がどのように変化したか，まとめなさい。

Ⅲ　自転車は，日本では開国以後に使われはじめ，日本の自転車の台数は1896年から記録に残っています。その年には１万9000台の自転車があり，割合にして2000人に１台もありませんでした。それ以後のくるまの台数と人口の移りかわりを示した図２をみて，あとの問に答えなさい。

図２　日本の自転車・オートバイ・自動車の台数と人口の移りかわり

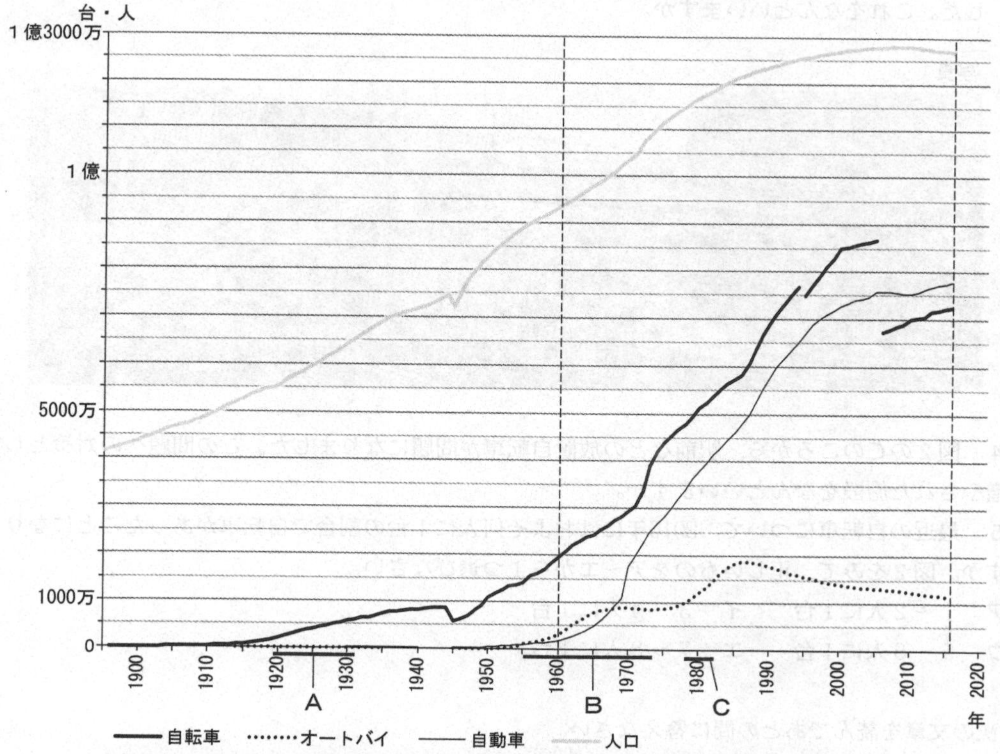

『日本帝国統計年鑑《にほんていこくとうけいねんかん》』，『日本帝国統計全書《にほんていこくとうけいぜんしょ》』，『世界歴史統計《せかいれきしとうけい》』，『日本自動車産業史《にほんじどうしゃさんぎょうし》』および自動車工業会資料，『自転車《じてんしゃ》の一世紀《いっせいき》』，『自転車統計要覧《じてんしゃとうけいようらん》』，『数字《すうじ》でみる日本《にほん》の100年《ねん》』をもとに作成。1995年以後の自転車の台数は，調査ごとにわけて示しているため，グラフに途切《とぎ》れているところがある。

問１　次の文章の空らんにあてはまる言葉を答えなさい。

図２のAのころには，人が乗るくるまのほかに荷物を運ぶために人や動物が引く荷車が220万台から260万台あり，くるまも荷車も全国でいまのような（ａ）通行をすることになりました。交差点には（ｂ）が設置されはじめ，それまでの人による交通整理からかわっていきました。歩行者も（ａ）通行と決められていましたが，こちらはのちに（ｃ）通行にかえられていまにいたっています（歩道と車道の区別がある場合などをのぞく）。

問２　1960年にはおよそ何人に１台の割合で自転車があったことになりますか。図２をみて，正しいものをア～エから１つ選びなさい。

ア　２～３人に１台　　イ　４～５人に１台

ウ　６～７人に１台　　エ　８～９人に１台

問３　図２のBのころについて，⑴と⑵に答えなさい。

⑴　このころの出来事についてまちがっているものを，ア～エから１つ選びなさい。

ア　東京と大阪の間にはじめての新幹線が開通した。

イ　滋賀県と兵庫県の間にはじめての高速道路が開通した。

ウ　郊外《こうがい》の団地に住む人が増え，朝の時間に都会にむかう通勤電車の混雑が激しくなった。

エ　工業だけでなく農業もさかんになり，農業で働く人の数が大きく増えた。

⑵　このころから，下の写真のような，歩行者が道を渡《わた》るための施設《しせつ》がつくられるようになりました。これをなんといいますか。

写真

問４　図２のCのころから，駅前などの放置自転車が問題になりました。この問題への対策として増やされた施設をなんといいますか。

問５　最近の自転車について，2016年にはおよそ何人に１台の割合で自転車があったことになりますか。図２をみて，正しいものをア～エから１つ選びなさい。

ア　１～２人に１台　　イ　３～４人に１台

ウ　５～６人に１台　　エ　７～８人に１台

Ⅳ　次の文章を読んであとの問に答えなさい。

日本で使われはじめたころの自転車は，欧米《おうべい》からの輸入品でした。①欧米との不平等条約によって自由に関税をかけることが出来ないころでも，自転車は値段が高くて一般《いっぱん》の人には買えませんでした。

やがて日本でも，輸入品を真似《まね》て自転車がつくられるようになります。1881年に東京で国内の博覧会が開かれたときに，はじめて日本人が自分でつくった自転車を出品しました。この博覧会は，政府が②国内の産業をさかんにするためにはじめた催物《もよおしもの》です。1900年ごろには大阪府の③堺市《さかいし》で自転車部品を製造する工業がはじまっていました。しかし欧米の自転車にはかなわず，自転車を輸入に頼る時代が続きました。

ところが，④第一次世界大戦《だいいちじせかいたいせん》がおこると，日本国内で自転車の生産が進みました。日本製の自転車は，国内で売れただけでなく中国や東南《とうなん》アジアにも輸出されました。

日本の自転車生産台数がはじめてわかるのは1923年です。その年には６万9000台を生産し，輸入自転車の約７倍になっていました。以後しばらくの間，日本は自転車を輸入に頼ることはありませんでした。

問１　下線部①についてまちがっているものを，**ア～エ**から１つ選びなさい。

ア　イギリスは，陸奥宗光《むつむねみつ》との交渉《こうしょう》で治外法権《ちがいほうけん》を廃止《はいし》した。

イ　イギリスは，日露戦争《にちろせんそう》がはじまる直前に日本に関税自主権《かんぜいじしゅけん》を認めた。

ウ　アメリカは，小村寿太郎《こむらじゅたろう》との交渉で日本に関税自主権を認めた。

エ　アメリカは，岩倉使節団《いわくらしせつだん》と条約改正の交渉を行った。

問２　下線部②の政策をなんといいますか。

問３　下線部③で自転車の製造業がさかんになりましたが，その理由として正しいものを，**ア～エ**から１つ選びなさい。

ア　古くから商業がさかんで，鉄砲や刀などの金属加工の技術を持った人が多かった。

イ　古くから銀の産地で，銀貨をつくる職人が集まっていた。

ウ　江戸時代の末に日米修好通商条約《にちべいしゅうこうつうしょうじょうやく》で開港地となり，海外から金属加工技術が採り入れられた。

エ　明治時代に政府が戦争で得た賠償金《ばいしょうきん》を使って製鉄所を建て，鉄鋼の生産をさかんに行った。

問４　下線部④について，その理由を説明しなさい。

Ⅴ　次のページの**図３**は，日本の自転車生産台数と輸入台数の移りかわりを示したものです。19ページの**図４**は，日本で1957年から1973年までの間に日本で生産された自転車の車種別割合の移りかわりを示したものです。これらの図をみて，あとの問に答えなさい。

問１　**図３**の**D**のころに生産台数が落ち込んだのは，自転車工場が軍需品《ぐんじゅひん》をつくるようになったためでもあります。軍需品をつくる工場には女学生や中学生も動員されるようになりましたが，それはなぜですか。理由を説明しなさい。

問２　**図３**と**図４**をみて，1960～73年における自転車生産台数と車種別の割合の変化を説明しなさい。

問３　**図３**のように．1980年代の後半から自転車の輸入台数が増えています。人々が輸入自転車を買うようになったのはどうしてですか。おもな理由を答えなさい。

図３　日本の自転車生産台数と輸入台数の移りかわり

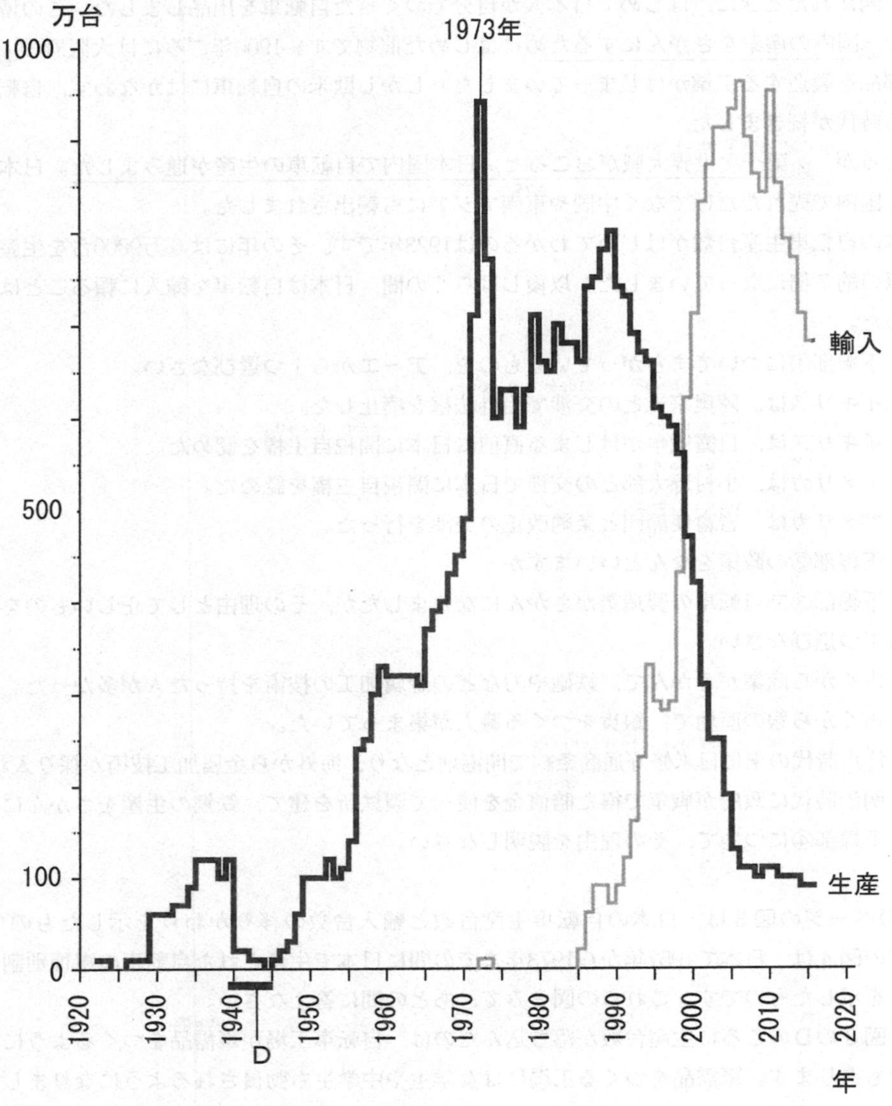

『自転車の一世紀』,『自転車統計要覧』をもとに作成。

図 4　日本の自転車生産台数の車種別割合の移りかわり

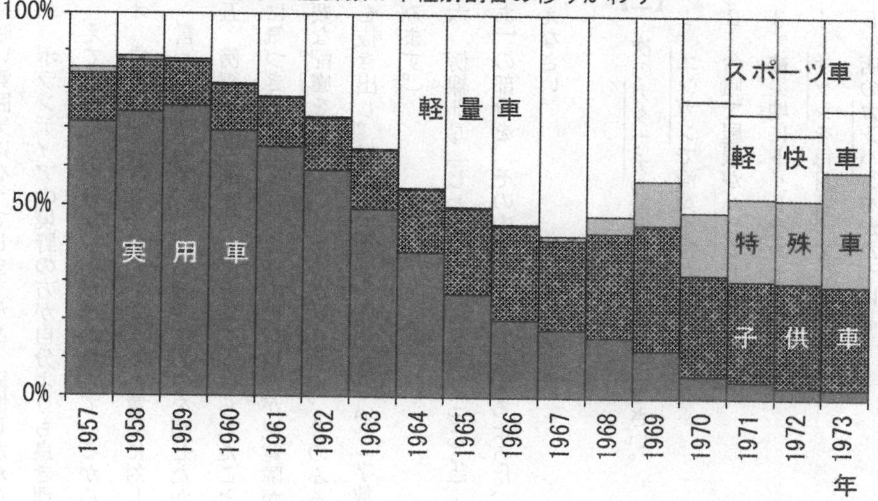

注）1970 年以後，軽量車は軽快車とスポーツ車に分けられた。

実用車：交番で使用されるものや，郵便物などの運搬に使われるもので重い。

子供車：小学生などの子供用につくられたもの。

スポーツ車：サイクリング，レジャー，その他のスポーツ用で軽い。

軽快車：通勤，通学，買い物用などで軽い。

特殊車《とくしゅしゃ》：軽快車よりも車輪の小さい大人用自転車，三輪自転車など。

『自転車統計要覧』をもとに作成。

Ⅵ　15ページのⅢ以降の問題文や，問に答えたことをもとに，自転車が明治時代から今日までどのように広まってきたか，自転車の生産・輸入，自転車の使われ方の移りかわりとあわせて説明しなさい。

だと決めつけていたことを、恥《は》ずかしく思ったから。

ウ　久しぶりの二人きりの外出であるのに、自分がもちかけた話題で暗い雰囲気《ふんいき》になってしまったと、後悔《こうかい》したから。

エ　ボランティアの境野の方が自分よりも良き理解者であると朔が考えていることが分かり、がっかりしているから。

オ　自分が朔のことを思って発言した意見に対して、批判的なことを言ってくるので、じわじわと憎《にく》しみを感じたから。

問五　傍線部④「滝本君！」と声をかけられたことで、朔は境野の存在に気づきます。この後の文中に、境野が視覚障がい者一般《いっぱん》に対して必要な配慮《はいりょ》を示している箇所《かしょ》があります。そのふるまいが描《えが》かれた一文を抜き出し、最初の五文字を答えなさい。（字数には句読点等もふくみます。）

問六　傍線部⑤「じゃあ、これも食べてみる？」とありますが、「じゃあ」の部分を、その内容がはっきりするように、分かりやすく言いかえなさい。

【三】　次のカタカナの部分を漢字に直しなさい。

1　エンガンで漁業を営む。
2　台風で屋根がハソンした。
3　被災地《ひさいち》にトイレをカセツする。
4　ザッシを毎月買っている。
5　店のカンバンをかたづける。
6　ユウビン局で葉書《はがき》を買う。
7　母のキョウリは岩手県である。
8　ヨウジ教育にかかわる。
9　親族のケイズを調べる。
10　シフクを肥やす。
11　ムネが苦しい。
12　セーターをアむ。
13　入学をイワう。
14　ほめられてテれる。
15　締《し》め切りをノばす。

「新ちゃんのため?」

「ん?」

「ブラインドマラソン」

「そういうわけじゃないよ」

「じゃあどういうわけ?」

朔は水滴《すいてき》のついたグラスに指を当てた。

「べつに。なにか始めてみたいと思って」

「でも、走るの好きじゃないでしょ。なにか始めてみたいっていうのは、わかるんだけど、マラソンって朔っぽくないよ」

「だからだよ」

「だから?」

そう、と朔はひと言言って冷めた珈琲を口に含《ふく》んだ。

「いままでのオレとは違うことをしてみたいんだ。どうせ始めるなら、見えていたときのオレなら絶対にしていなかったことをしたい」

「…………」

お待たせしました、とウェートレスがパフェを運んできた。

梓は生クリームをスプーンですくって、いたずらそうな笑みを浮かべて朔の顔に近づけた。

「⑤じゃあ、これも食べてみる?」

甘《あま》いクリームの匂いに朔は苦笑した。

「それはいいや」

「なーんだ、つまんない」と梓はクリームをぱくりとした。

（いとうみく『朔と新』）

（注1）　白杖＝視覚に障がいのある人が歩行する際、使用する白い杖《つえ》。

（注2）　ブラインドマラソン＝視覚に障がいのある人が走るマラソン。

（注3）　マッチング＝組み合わせること。

（注4）　レクチャー＝説明。

問一　波線部a「閉口した」、b「おずおずと」の意味として最も適当なものを次の中から選び、それぞれ記号で答えなさい。

a「閉口した」

ア　疲《つか》れ果《は》ててしまった　イ　飽き飽きしてしまった

ウ　怒《いか》りで心を閉ざした　エ　あわれみの情がわいた

オ　困り果ててしまった

b「おずおずと」

ア　ごく自然なふるまいで、さりげない様子

イ　おそるおそる、ためらいながら行動する様子

ウ　あわてず、ゆっくりと静かにふるまう様子

エ　気になることがあって、落ち着かない様子

オ　納得《なっとく》のいかないことがあって、不満げな様子

問二　傍線部《ぼうせんぶ》①「さっきより少しやわらいだ表情をしていた。」とありますが、それはなぜですか。

問三　傍線部②「ふーん、と曇った返事をする」とありますが、ここから梓のどのような気持ちが読み取れますか。

問四　傍線部③「梓は朔を見て、視線をさげた。」とありますが、それはなぜですか。最も適当なものを次の中から選び、記号で答えなさい。

ア　自分が朔のことを、手助けしてあげなければならない対象として見ていたことに気がついて、気まずくなったから。

イ　盲学校のボランティアであるならば障がい者を深く理解するべき

練習だけど、日曜に代々木公園で練習会をやってるから、そこに参加してみたらどうだろう」

「代々木公園ですか」

「毎月第一日曜にやってるから」

「でも、いきなりそんなところへ行って大丈夫？」

梓が朔の表情をうかがうように言うと、境野はにっと笑った。

「ウォーキングの人もいるし、走力に応じて練習するから心配はないよ。走れる格好だけしてきてくれれば、伴走者もそのときに(注3)マッチングするし」

「伴走者ですけど」

「ん？」

「練習会に、伴走者も一緒に参加することはできますか？」

「え、もう決まってるの？」

驚いたように言う境野に、「はい」と朔は頷いた。

「あ、もしかして上城さん？」

「わたし？」

「じゃないです」と朔はかぶりを振った。

「弟に、頼《たの》むつもりです」

梓はことばを呑《の》み込むようにして、朔の横顔を見た。

「弟クンかぁ、いまいくつ？」

「高校一年で、もうすぐ十六になります」

境野は低くうなりながらカップを口に運んだ。

「高校生は、ダメですか？」

「ダメっていうことはないんだよ」

カチャッと音を立ててカップをソーサーの上に戻した。

「でも」

「でも？」

「兄弟っていうのは、なかなか難しいと思うよ」

「それでも、オレは弟に伴走してもらいたいんです」

境野は朔をじっと見て、ゆっくり頷いた。

「それなら今度の日曜日、代々木公園に来られる？　僕が君たちの練習付き合うよ」

「でも、練習会があるならそのときに」

「今月はもう終わっちゃったんだよね。代々木公園ではほかの団体も練習会をやってるから、そこに参加してもいいんだけど……。最初は僕のほうが気兼《きが》ねないだろ？」

「それは、はい」

「なら日曜日、ふたりで来なよ。言っておくけど、(注4)レクチャーを受けないまま練習を始めさせるわけにはいかないからね」

境野の口調は柔らかいけれど、ことばには毅然《きぜん》とした厳しさが混じっていた。

「伴走者には資格もなければ、特別な技術が必要なわけでもない。それでも視覚障がい者についての基礎的《きそてき》な知識や、伴走にあたっての注意点を知らないまま練習をスタートするのは、僕は認めないからね」

「わかりました。よろしくお願いします」

境野は「おう」と応えてカップを口に運んだ。

小一時間ほど話をしたあと、境野は一足先に店を出た。梓は苺《いちご》のパフェを追加で注文してから、視線をあげた。

の香《こう》ばしい匂《にお》いがした。

「④滝本《たきもと》君！」

店の奥《おく》から声が聞こえると、朔はほっと息をついて声のほうにからだを向けた。梓が同じほうに顔を向けると、窓際《まどぎわ》の席で四十歳《さい》くらいの細身の男が右手をあげていた。

「元気そうだね」

「境野さんも」

「なんとかね。えっと、彼女《かのじょ》は？」

境野は梓のほうに目をやって、どうもと笑《え》みを浮《う》かべた。

「上城《かみしろ》梓です。初めまして」

「こんにちは。なんだ滝本君は彼女いたのか。ちっともそんな話しないからさ」

「聞かれてませんし、言いませんよ、わざわざ」

朔は苦笑した。

「まあ座ろう。ここの珈琲美味《おい》しいんだよ。滝本君、珈琲好きだろ。上城さんはなににする？」

境野はメニューを広げて梓のほうに向けた。

「じゃあ、わたしも同じもので」

境野は珈琲を三つ注文すると、「水の入ったグラスは正面、その左におしぼり置くよ」と、グラスを朔の前に、左側におしぼりを置いた。

「どうも」と朔はグラスに手を伸《の》ばして、口を湿《しめ》らせると顔をあげた。

「それで、電話でお話ししたことなんですけど」

「ああ、(注2)ブラインドマラソンのことだよね」

「やってみたいんです、オレ」

「えっ！」

梓の声に、境野が驚《おどろ》いたように顔をあげた。

「あ、すみません。ちょっとびっくりしちゃって」

そう言って梓はちらと朔を見た。

お待たせしました、とウエートレスが珈琲カップをテーブルにのせて向こうへ行くと、朔は背筋を伸ばした。

「スポーツって小学校の頃《ころ》にやってたくらいで、走るのも得意じゃないし、正直言うと体力とか自信ないんですけど」

境野はうんうんと頷いて、イスの背からからだを離《はな》した。

「体力云々《うんぬん》っていうのは気にしなくてもいいと思うよ。そんなのはトレーニングしていけば自然とついていくしね。それにマラソンっていったっていきなり四十二・一九五キロ走らなきゃいけないなんてことはないんだから。大会にしたってハーフもあるし、五キロとか十キロなんていうレースもあるから。僕《ぼく》としてはランナーが増えてくれるっていうのは嬉しい」

「あの、境野さんって」

bおずおずと梓が口を挟《はさ》むと、朔が口角をあげた。

「盲学校の先生でブラインドマラソンをやってる人がいて、境野さんはその先生の伴走者《ばんそうしゃ》。で、陸上部のコーチもやってくれてる」

「コーチっていっても月に一、二度行けるかどうか、って程度なんだけどね」

境野は額をこすりながら、まあ僕のことはどうでもいいんだけどと眉《まゆ》を動かした。

「滝本君がやってみたいっていうなら、もちろん協力はするよ。まずは

「それは、違《ちが》うんじゃないかな」

「えっ？」

「だってオレから連絡《れんらく》して、都合つけてもらってるわけだし」

「それはそうかもしれないけど」

梓の不満気な声に朔は鼻をこすった。

「アズは、オレが視覚障がい者だから、境野さんは気を遣うべきだって思ってるんじゃない？」

③梓は朔を見て、視線をさげた。

「オレは嬉《うれ》しかった。境野さんが新宿でって言ってくれて」

「……」

「て言っても、結局アズに迷惑《めいわく》かけちゃってるんだけど」

「迷惑なんて思ってないよ」

「うん……。ありがとう」

「ありがとうとかもいらない。ふたりで出かけるのって久しぶりだし、わたしだって嬉しいし」

梓が言うと、朔は柔《やわ》らかく口角をあげた。

三十分ほどして新宿駅に着いた。車内は空いていたけれど、新宿駅は平日の日中でも大勢の人が足早に行きかっている。

ホームに降りた途端《とたん》、発車を知らせるメロディーや構内放送、行きかう人の足音に話し声……、あらゆる音が洪水《こうずい》のように朔の耳に流れ込《こ》んできた。白杖を握《にぎ》る手が汗《あせ》ばむ。すっと息を吸い、白杖を握り直したとき、うしろからどんと誰《だれ》かが肩にぶつかった。

バランスを崩《くず》す。一瞬《いっしゅん》、朔は立っている方向を見失った。

「朔、大丈夫？」

梓の手を背中に感じて首肯《しゅこう》したけれど、声が出なかった。前から横から、うしろから、あらゆる方向に人が行きかう。へたに白杖を動かすとはじかれそうになる。梓は朔の左腕をつかんでぴたりとからだを寄せた。

「エスカレーター、点検中だ。階段で行くけど」

「大丈夫」

階段の前で梓が足を止めると、うしろの男が舌打ちして抜《ぬ》かしていった。足の裏で丸い点字ブロックをとらえる。

「手すり持ったほうがいいでしょ」

梓が右側に移って背中に手を当てた。

階段の高さや幅《はば》を白杖で確かめて、朔は足を上げた。わきが汗ばみ、呼吸が浅くなる。

「あともう少し」

梓の声の直後、手すりが水平になり足元にまた点字ブロックを感じた。

梓が左側に立つと、朔は反射的に梓の腕をつかんだ。

新宿駅は何度も利用したことのある駅だ。ホームから改札口までの構造もだいたい頭に入っている。そのつもりだったのに、立っている方向がわからなくなった途端、すべてが飛んだ。

「ごめん」

「なに？」と首を傾げる梓に、ううん、と朔はかぶりを振った。

待ち合わせの店は、駅から徒歩五分ほどのところにあるカフェだった。

入り口のドアを開けると、カランコロンとカウベルが音を立て、珈琲《コーヒー》

た。

「もしなにかあったら」

「母さん、オレいくつだと思ってんの？　アズも一緒《いっしょ》なんだし、心配ないから」

朔がため息をつく横で、梓は笑顔《えがお》を見せた。

「おばさん、この時間なら電車も混んでないし、絶対に無理はしませんから」

梓が言うと、加子《かこ》は大きく息をついた。

「それじゃあ気を付けてね。そうだ、向こうに着いたら電話してちょうだい」

「母さんっ」

「わかったわよ。梓ちゃんよろしくお願いね」

「はい」

「じゃあ、行ってくるから」

「気を付けてね」

はいはいと頷《うなず》きながら朔は（注1）白杖《はくじょう》を手にして玄関《げんかん》のドアを押《お》した。

朔が家に戻《もど》って一ヵ月になる。これまで、近所の店や公園に出かけることはあったけれど、電車を使っての外出は今日が初めてだ。

「母さん、まだこっち見てるんじゃない？」

まさか、と振《ふ》り返った梓が「わっ」と声を漏《も》らした。

「さすが朔、お見通しだね」

「二十年近く、息子《むすこ》をやってるんで」

なるほどーと、うなる梓に朔は苦笑《くしょう》した。

最寄《もより》駅から東京行きの快速に乗ると、梓は朔の腕《うで》を引いて座席に座《すわ》った。

「空いててよかったね」

顔を向けると、朔は①さっきより少しやわらいだ表情をしていた。

外を歩くときの朔は、口数も少なく、表情もかたい。隣《となり》を歩いていても、緊張《きんちょう》しているのがわかる。

「平日の昼間だからなあ」

「でも少し時間がずれると、けっこう学生がいるよ」

話しながら梓が正面に顔を向けると、前の座席に座っている中年の女が白杖に視線をとめて、朔を見ていた。梓がその女を見返していると、ふいに目が合い、女はまばたきをしながら視線をそらして目をつぶった。

「どうかした？」

「え？　ううん。それよりいまから会う人って、盲学校の先生なんでしょ？」

「境野《さかの》さんね。先生じゃなくて、月に一、二度学校に来る人」

「ボランティアさん？」

「そんな感じ」

②ふーん、と曇《くも》った返事をする梓に「ん？」と朔が首を傾《かし》げると、梓は肩《かた》をあげた。

「だったら、もう少し気を遣《つか》ってくれたっていいのに」

「気を遣う？」

「最寄駅まで来てくれるとか」

梓は窓の外に目を向けた。

（注1）言語聴覚士＝言語や聴覚、食べものの飲みこみに関する障がいがある人に対して、指導や支援《しえん》をする資格を持つ人。
（注2）サプリメント＝健康の維持《いじ》増進に役立つ成分を濃縮《のうしゅく》し、錠剤《じょうざい》やカプセル状にしたもの。
（注3）プロテインバー＝タンパク質を主にふくんだ棒状の食品。
（注4）門地＝家柄《いえがら》。

問一　傍線部《ぼうせんぶ》①「これ」とありますが、「これ」の指している内容はどのようなことですか。

問二　傍線部②「わたしは食べることをやめて、もっと勉強時間を増やす、とか、人類の文化をより高尚なものにするとかいうことには大きな疑問を感じる人間です。」とありますが、筆者がそのように言うのはなぜですか。本文中の言葉を使って答えなさい。

問三　傍線部③「この遠回りの行為」とありますが、それはどういうことですか。解答欄《らん》に合うように二十字以内で答えなさい。（字数には句読点等もふくみます。）

問四　傍線部④「戦争を止めることが飢えをなくすために必要です。」とありますが、筆者は「戦争を止める」以外に、どうすることで「飢え」を減らせると考えていますか。

問五　本文の内容と一致《いっち》するものを次の中から一つ選び、記号で答えなさい。

ア　食べものの未来について人々が真剣《しんけん》に考え始めたなかで、特に若者が食事に関心を持つことは重要である。
イ　ゼリーやムースは、アメリカの軍人のために独自に開発された、戦争と密接なつながりを持つ食品である。
ウ　現在コンビニで安く入手できるゼリー食品と、十九世紀にアメリカで普及した流動食とは、無関係である。
エ　『二〇〇一年宇宙の旅』のために開発された宇宙食は、食事から歯ごたえをなくす流れの一つの例である。
オ　大企業による流通のコントロールを利用しさえすれば、食べものを無料で提供することは実現可能である。

問六　この文章を五つの段落にまとめるとすると、次のどの組み合わせがよいですか。最も適当なものを次の中から選び、記号で答えなさい。

ア　1－2 3 4 5 6 7 8 9 10－11 12－13－14 15 16
イ　1－2 3 4 5 6 7 8 9 10 11 12－13－14 15－16
ウ　1 2－3 4 5 6－7 8 9 10 11 12－13－14 15 16
エ　1 2－3 4 5 6 7 8 9 10－11 12－13－14 15 16
オ　1 2 3 4 5 6－7 8 9 10 11 12－13－14 15－16
カ　1 2 3 4 5 6－7 8 9 10－11 12－13－14 15 16

【二】　次の文章を読んで、あとの問に答えなさい。

朔《さく》は高二の冬、高速バスの事故にあって視力を失った。同じバスに乗っていた弟の新《あらた》は軽傷ですんだものの、兄の失明に責任を感じ、将来を期待されていたマラソンをやめた。ケガの治療《ちりょう》後、盲学校《もうがっこう》で過ごしていた朔は、一年ぶりに帰宅し、ガールフレンドの梓《あずさ》を通じて新がマラソンをやめたことを知る。

「本当に大丈夫《だいじょうぶ》なの？　お母さん、車で送ってあげようか」
昨日から何度も同じことを繰《く》り返す母親に、いい加減、朔もa閉口しは、ＮＡＳＡ（アメリカ航空宇宙局）が映画製作のために独自に開発したものだったようです。みなさんはいかがでしょうか。

12 食べものから噛みごたえがなくなっていく未来。わたしは望ましいものではないと思います。噛むということは、飲み込むことでは得られない栄養を体内に取り込むために必要な行為でありますが、わたしはもっと重要な意味合いがあると思います。人間は給油される自動車ではありません。できるだけスムーズに栄養が体内に注入されることは、人間を自動車にするようなものだと思っています。しかし、人間は噛みます。脳内に血が巡《めぐ》ります。しかしそれだけではありません。噛むと食事中に時間が生まれます。この時間が、食事に、「共在感覚」、つまり「同じ場所に・ともに・いる」気持ちを生み出すのです。③この遠回りの行為が、給油のように直接消化器官に栄養補給しないことが、人間を人間たらしめているように思えます。たとえば、食材である生きものやそれを育ててくれた農家や漁師のみなさん、あるいは、料理をしてくれた人に対して感謝の気持ちをもつことも、人間ならではの感覚だと思うのです。

13 食べものが一日一回で済むクッキーのようなものになること、栄養素満点のゼリーやムースになること。どちらの未来もすでに進行中の話です。では、以上の二つの未来とは違った未来はどのように描けるでしょうか。これをみなさんと一緒《いっしょ》に考えていきたいのですが、そのまえにわたしの考えていることを少しお話させてください。

14 それは、歯ごたえがあって、おいしい食べものが、全部無料になる未来です。いまは、食べものの流通は一部の大企業《だいきぎょう》によってコントロールされており、そうである以上、そんなことは絶対に不可能だ、と言う方もおられるでしょう。しかし、実は実現できないこともない、というのがわたしの実感です。というのも、実際に、わたしの家の近くの中華《ちゅうか》料理屋では、皿洗いを手伝えば代金は無料になります。もちろん、使用済みのお皿を何枚も洗わなければなりませんから「タダ」ではありませんが、それでもお金に困ったときにこういうお店があると、ちょっとほっとするような気持ちになるのはわたしだけでしょうか。最近は「子ども食堂」といって、夜に家族とご飯を食べることができない子どもたちが自由に入って、信じられないくらい安い値段でおいしい食事をすることができます。かならずしも無料ではありませんが、自由に入って食べられる空間は、いたるところに出てきています。

15 インドのシク教徒の寺院には、足を洗い、頭にターバンを巻けば、宗教、性別、（注4）門地、国籍《こくせき》を問わず、誰《だれ》でも入れる無料食堂があります。だいたいナンとカレーですが、寺院のヴォランティアと職員さんが、毎日カレーをつくり、無償《むしょう》で提供しています。現在、食糧《しょくりょう》はつくりすぎの傾向《けいこう》にあり、企業や国の倉庫で眠《ねむ》っています。こんな食堂が世界中に広がれば、その食糧をそこで利用するだけで飢餓《きが》はかなり減らせることができます。二〇一六年の国連の統計では、現在飢餓の状態にある人は八億一五〇〇万人と言われ、増加傾向にあるとされています。地球上の一一パーセントが飢《う》えているのです。

16 もちろん、その半分以上は紛争《ふんそう》地帯ですから、④戦争を止めることが飢えをなくすために必要です。それは、とても困難な歩みです。ただ、宗教や国籍を問わないで誰でも受け入れる無料食堂の試みは、そういった歩みの難しさをちょっとずつ軽減してくれるように思います。

（藤原辰史《ふじはらたつし》『食べるとはどういうことか』）

6　(注1)言語聴覚士《ちょうかくし》という仕事をしている古くからの親友がこんなことを教えてくれました。鳥取《とっとり》の病院で働く彼《かれ》は、病気になってご飯を飲み込《こ》むことが難しいお年寄りにつきそって、ご飯を噛《か》んで飲み込むためのお手伝いをしています。彼が言うには、胃に穴をあけて、そこからご飯を流し込む「胃ろう」という装置にするよりも、頑張《がんば》って口からご飯を食べられるようになったときの患者《かんじゃ》さんはいつもより生き生きとしていた、と。それで彼は、ギターを持って高齢者《こうれいしゃ》のまえで歌をうたったりしながら、いい雰囲気《ふんいき》をつくることにも労力を割《さ》いたと聞いて、自分はいい友だちをもったな、と、とても感激しました。食べることは、実は、人間が人間であるための根源的な行為だと思うのです。けれども、こういう未来はどんどん現実化しています。(注2)サプリメントの誕生や、(注3)プロテインバーなどの携帯食《けいたいしょく》の発達です。ちなみに、『戦争がつくった現代の食卓《しょくたく》―軍と加工食品の知られざる関係』(アナスタシア・マークス・デ・サルセド著、白揚社《はくようしゃ》、二〇一七年)という本に書いてありますが、プロテインバーは、アメリカの軍人のために軍隊が開発したもので、戦争と密接に関《かか》わっている食品であることを補足しておきましょう。

7　二つ目に、こんな未来も描けるかもしれません。できるだけ早く食事が済むように、おいしい味や香《かお》りのするムースやゼリーがどんどん開発され、売られていく、という未来です。これだと、手軽だし、消化も早く、胃腸への負担も少なくなってよいかも、と思う人もおられるかもしれません。実際に、現在、すぐに食べきれるゼリー食品は薬局やコンビニなどで安く手に入れることができます。

8　実は、こうした未来は、すでにアメリカで求められて来ました。日本語で『家政学の間違《まちが》い』(ローラ・シャピロ著、晶文社《しょうぶんしゃ》、一九九一年)と訳された英語の歴史書があります。

9　この本は一九八六年に出版され、現在も読み継《つ》がれています。わたしも『ナチスのキッチン』という本を書くとき、参考にした本です。一九世紀から二〇世紀にかけての世紀転換期《てんかんき》で料理の合理化、効率化《こうりつか》が進んでいくという内容。アメリカで、胃腸の消化を助けるために、今後はできるだけ細かく刻んでドロドロとした、噛む時間があまり必要ないレシピを開発すべきだ、という考えが、一九世紀に流行したと書かれてあります。この考えは一定の評価を得て、流動食のような食べものが普《ふ》及《きゅう》するのを助けました。

10　歯ごたえをなくす動きです。実は、こうした流れもすでにあります。歯ごたえのある食べものは嫌《きら》われるようになり、噛み切りやすいもの、すぐに飲み込めるものが求められています。それがもっと進んでいくと、食べものはすべてゼリーやムースになってしまうかもしれません。

11　ここで思い出すのは、いまから五〇年前の一九六八年、アメリカで公開された映画『二〇〇一年宇宙の旅』です。この映画では、「ハル」という名前の人工知能のようなものが宇宙船の全システムを制御《せいぎょ》しているのですが、いま見ても本当に面白《おもしろ》いです。この映画に、宇宙旅行中に宇宙食を食べるシーンがあります。無重力状態で食べものが浮《う》かないように、さまざまな色彩《しきさい》のムースみたいな食べものがプラスチックの皿にくっついていて、それをスプーンで削《そ》ぎ落として食べるのです。お世辞にもおいしそうとは言えませんが、白くてさっぱりとしたツルツルの宇宙船の船内のイメージにぴったりとあっていました。実は、この食事

【国語】（五〇分）〈満点：七〇点〉

【一】次の文章を読んで、あとの問に答えなさい。（1～16は段落番号を表しています。）

1 未来のことを考えるのは、とても心が躍《おど》る楽しいことです。たとえば、月に住むことができるだろうか、とか、リニアモーターカーの次の世代の乗りものはどんなものだろう、とか、スカイツリーよりも高い建てものはいつ、どうやってできるだろうか、とか、がんを根治する薬はいつできるのだろうか、とか、とてもワクワクしますね。

2 でも、食べるという行為《こうい》が今後どのように変わっていくのか、そんな未来の予想はあまりなされません。「食べもの」は、「乗りもの」や「建てもの」と比べて地味な印象があるかもしれません。あるいは、人間は食べないと生きていけないから、そんなに変わることはないのでは、と思う人もいるでしょう。けれども、食べものの未来を考えることも、とくに若い人たちにとってはとても重要です。なぜなら、未来が自分たちの望むとおりに変化してくれればよいのですが、必ずしもそうではない可能性があるからです。

3 たとえば、こんな未来だって思い描《えが》くことができます。一日一回、小さな食べものを食べて、それで一日分の栄養補給ができるという世の中です。ある食品会社の広報部の方が、池袋《いけぶくろ》の本屋さんでのトークショーのあと、わたしにこんなことを教えてくれました。これさえ食べられれば一日の栄養を賄《まかな》える食品を開発したけれども、いざ試食をしてみると、とてもまずかった、と。ただし、①これを理想だと考える人がいることも事実です。知人から聞いたのですが、ある集まりで、食べる体験をヴァーチャルリアリティなどの力を借りて、できるだけリアルにしようと考えている人が、その目的として「食べるという煩《わずら》わしいことから人間を解放するために」と言ったそうです。食べることが「煩わしい」と考える人がいることに、わたしはとても驚《おどろ》きました。そして、この話を聞いて気づきました。もっと仕事をするためには、もっと経済成長するためには、ご飯の時間を削《けず》って働いてくれたほうがよい、と考える人には、こうした技術が完成するのはありがたいことなのかもしれない。人間が食べる時間を節約できれば、もっと人類の文化芸術の発展に役立つと考える人にとっても、やはり素晴《すば》らしい話なのかもしれません。食べることが数秒で終わってしまう未来。その代わり、食べる時間を、映画、読書、ショッピングなど、別の楽しいことに充《あ》てることができる未来。みなさんはいかがでしょうか。

4 ②わたしは食べることをやめて、もっと勉強時間を増やす、とか、人類の文化をより高尚《こうしょう》なものにするとかいうことには大きな疑問を感じる人間です。

5 なぜかといいますと、一つは、食事みたいな楽しいことが人びとの暮らしからなくなってしまうのは、もったいないと思うからです。この楽しみを失ってまで到達《とうたつ》すべき高尚な文化などあるのでしょうか。たしかに、わたしだって、食べることを忘れて仕事に没頭《ぼっとう》することもあります。だけれども、その仕事が終わったあとに食べるご飯はまた格別のおいしさです。わたしが単純に食いしん坊《ぼう》だけなのかもしれませんが、こんなに楽しいことができなくなるなんて、とてもつらいことだと思います。現に病気で食べることが難しくなって元気がなくなる人はたくさんおられます。

MEMO

大切なことはメモしておこうネ！

2021年度

解　答　と　解　説

《2021年度の配点は解答欄に掲載してあります。》

＜算数解答＞ ≪学校からの正答の発表はありません。≫

1　(1)　4　(2)　解説参照　(3)　解説参照　(4)　(2，3，6)　(2，4，6)

2　(1)　2456cm^2　(2)　①　182.8cm　②　2100cm^2　(3)　314cm^2　(4)　152.8cm

3　(1)　最初の黒い部分9.5cm　隣の透明な部分0.5cm　(2)　$\frac{7}{3}$cm，9cm

(3)　$\frac{20}{9}$cm，$\frac{26}{3}$cm　(4)　$\left(2\frac{2}{3}\sim2\frac{3}{4}\right)$(6～6.5)(13～14)

4　(1)　38　(2)　解説参照　(3)　(85，86，87)　(93，94，95)　(4)　(213～219)

○推定配点○

3　(1)　各2点×2　他　各3点×22　計70点

＜算数解説＞

1　(立体図形，平面図形)

基本　(1)　図アにおいて，前面の目は4である。

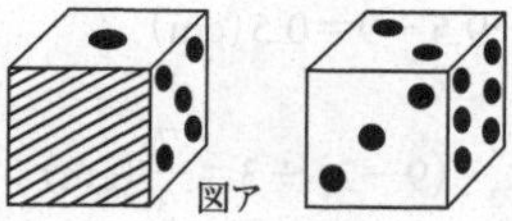

図ア

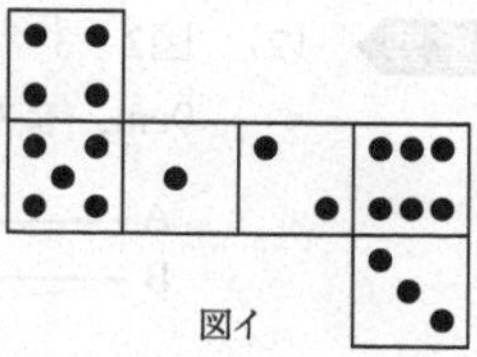

図イ

重要　(2)　(1)の2，3，6の目の配列に注意して展開図を完成させると，図イのようになる。

重要　(3)　上の面に2，5を除く目が1，3，4，6の順に出るので，前面の2の配列が下図のようになる。

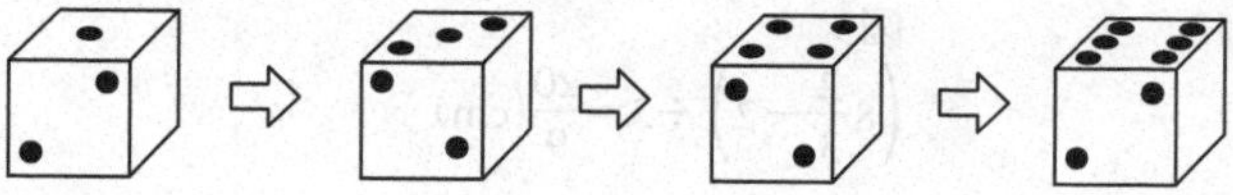

重要　(4)　(1)・(3)より，3回の目の組み合わせは(2，3，6)，(2，4，6)になる。

2　(平面図形，図形や点の移動)

基本　(1)　図1より，20×20×3.14＋15×20×4＝1256＋1200＝2456(cm^2)

重要　(2)　①　図2より，20×3.14＋15×2×4＝182.8(cm)

②　図2より，(15×15×2－5×5＋10×10)×4＝2100(cm^2)

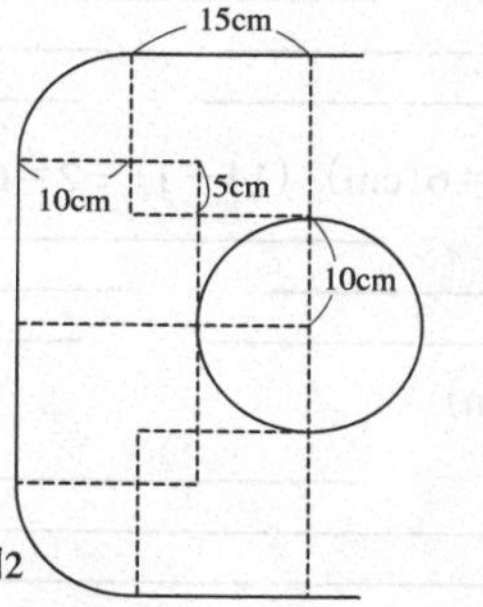

図2

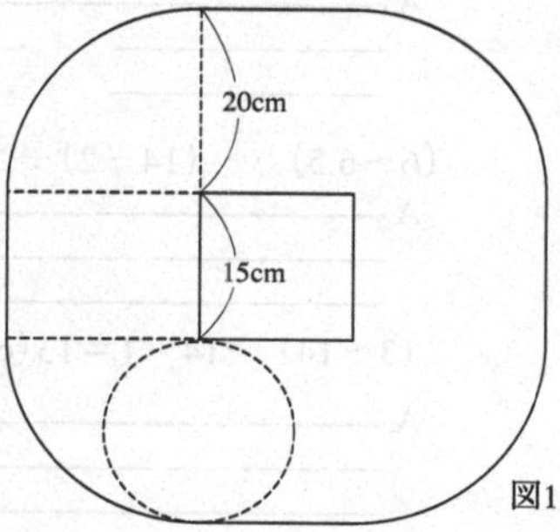

図1

やや難 (3) 右図において，2つの色ついた部分の面積がそれぞれ等しい。

図アの式…（10＋△）×20＋20×20×3.14÷4

＝△×20＋200＋314（cm^2）

図ウ（図イ）の式…□×□＋10×△×2＋100×2

したがって，□×□は314cm^2

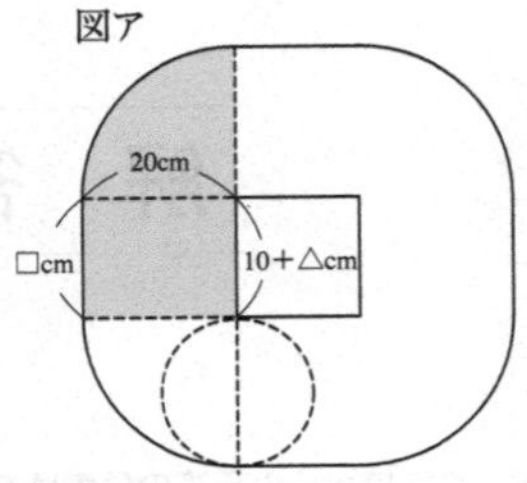

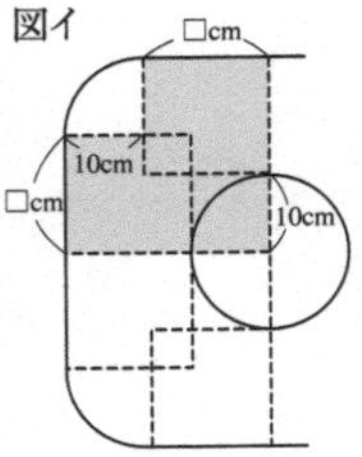

(4) (2)と同様に，正三角形を「水平に保ったまま」円の周囲に移動させる。

問題の図に描いてある円周にそった矢印に惑わされてはいけない。

図エにおいて，外周の長さは

15×6＋10×2×3.14＝152.8（cm）

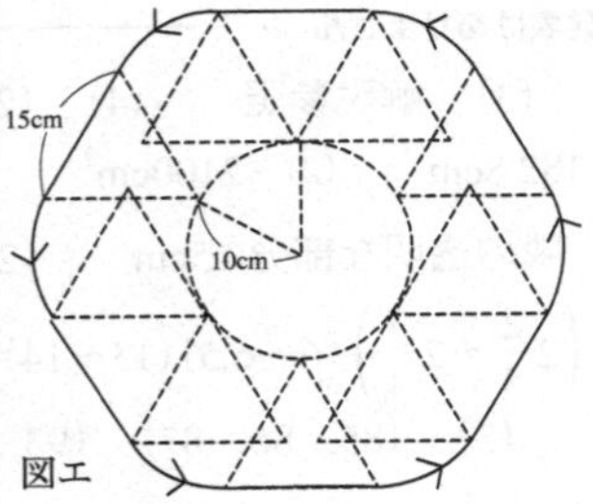

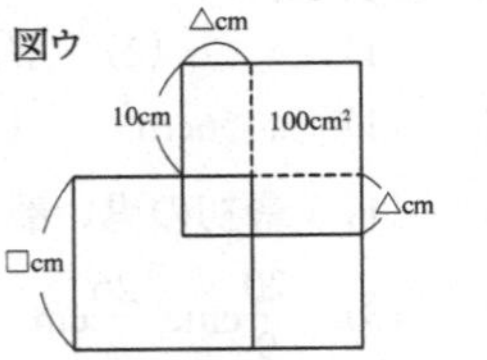

3 （平面図形，植木算）

基本 (1) 図1

黒い部分…（2.5＋1）×2＋2.5＝9.5（cm）

透明な部分…9.5－9＝0.5（cm）

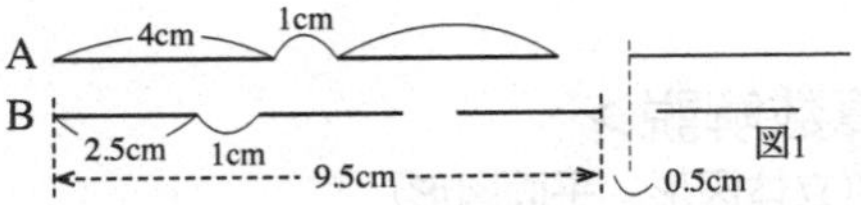

重要 (2) 図2・3

9cm，または，$(9-2)\div3=\frac{7}{3}$（cm）

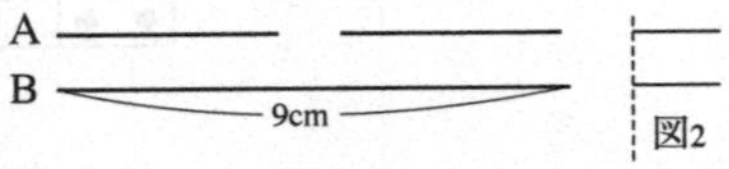

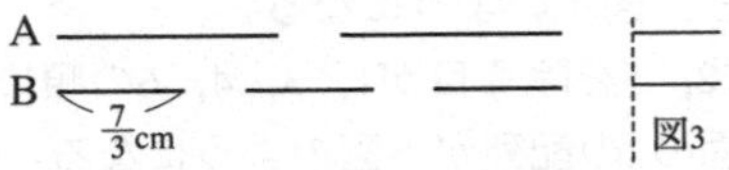

重要 (3) 図4

$9-\left(1-\frac{2}{3}\right)=8\frac{2}{3}$（cm）

図5

$\left(8\frac{2}{3}-2\right)\div3=\frac{20}{9}$（cm）

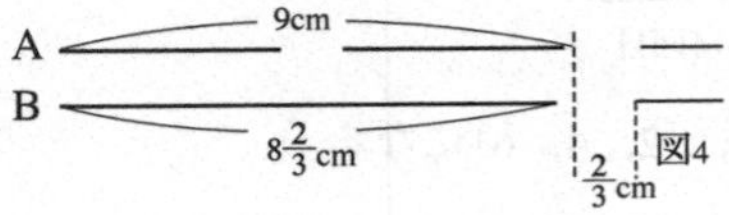

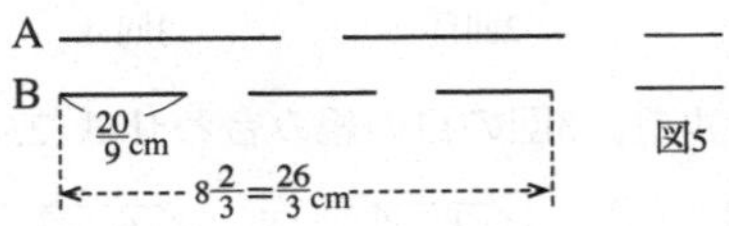

やや難 (4) 「最初の黒い部分が14cm」，「隣の透明部分が1cm未満」という条件により，以下の範囲がある。

$\left(2\frac{2}{3}\sim2\frac{3}{4}\right)$ … $(14-4-2)\div3=\frac{8}{3}$　$(14-3)\div4=\frac{11}{4}$（cm）

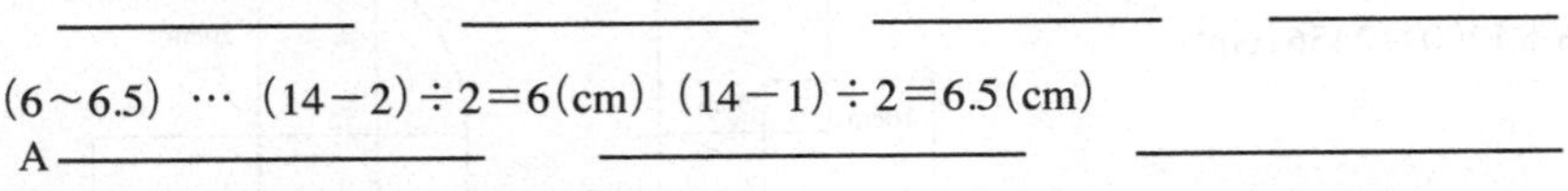

（6～6.5）…（14－2）÷2＝6（cm）（14－1）÷2＝6.5（cm）

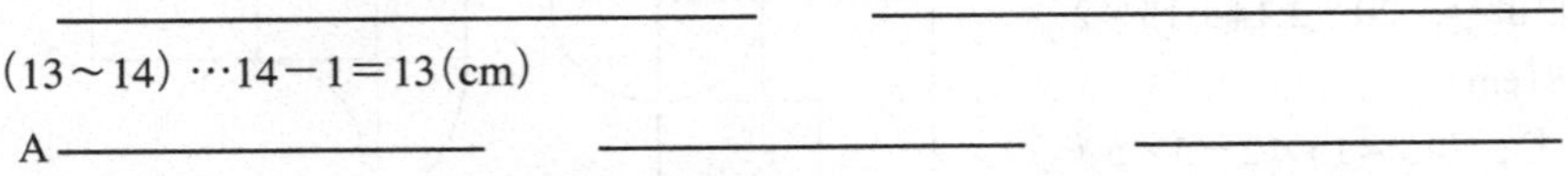

（13～14）…14－1＝13（cm）

4　(数の性質，論理)

(1)　2の次の3から7番目の素数は19であり，2×19＝38

(2)　理由(解答例)：4つの連続する整数には4＝2×2の倍数がふくまれており，それが素積数ではないから。

(3)　右表より，(85，86，87)
(93，94，95)がある。

	2	3	5	7	11	13	17	19	23	29	31	37	41	43	47
2		6	10	14	22	26	34	38	46	58	62	74	82	86	94
3			15	21	33	39	51	57	69	87	93				
5				35	55	65	85	95							
7					77	91									

(4)　以下より，(213～219)
213＝71×3　214＝107×2　215＝41×5　216＝6×6×6　217＝31×7
218＝109×2　219＝73×3

★ワンポイントアドバイス★

2(3)「正方形」の面積，(4)「正三角形」の移動，3(4)「黒い部分の範囲」，4「連続する7つの整数」が難しい。ということは，これら以外の問題で問題文をよく読み，時間配分を考慮すれば合格点が得られるということである。

＜理科解答＞　≪学校からの正答の発表はありません。≫

問1　地層　　問2　あ　2.14　　い　3.19　　問3　下図

問4　う　小さい　　え　大きい　　お　遅い　　か　7.79　　き　0.43　　く　0.08
　　け　立方体が大きいほど，粒の大きさに対する沈む時間の減り方が小さくなる。

問5　粒の大きい砂は短い時間で沈み，粒の大きい泥は長い時間かけて沈むため，最初に砂が水底に積もり，次にビーズ，泥の順に積もるから。

問6　14%　　問7　163g　　問8　下図　　問9　ア，イ，オ

問10　4mmの粒　1.8倍　　1mmの粒　1.7倍

問11　1mmの粒の方が大きい

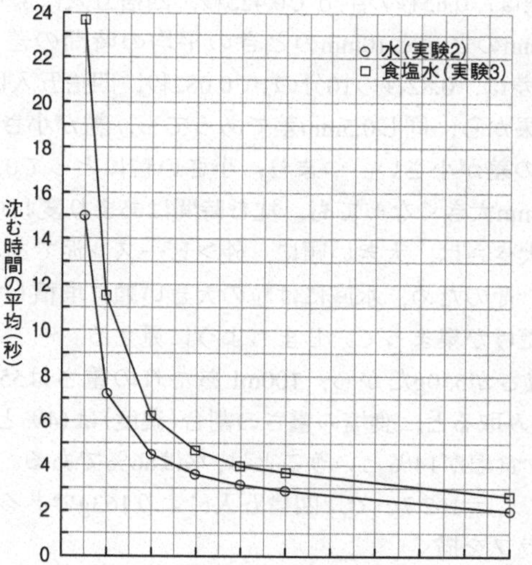

問12 （例） 水そうに水を入れ，といを使って，粒を混ぜたものを少しずつ静かに水に流す。
すると，といに近い側に4mmの粒，といから遠い側に1mmの粒が分かれて積もる。

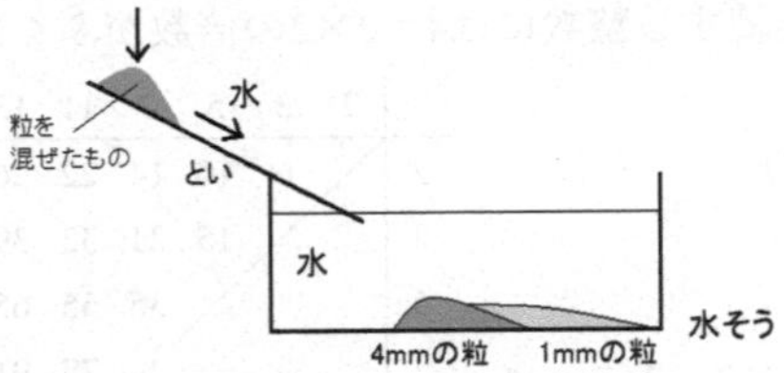

○推定配点○

問1，問2，問4，問6，問7，問10，問11　各2点×15

問3，問5，問8，問9，問12　各4点×5　　計50点

＜理科解説＞

（地層と岩石－地層のでき方のモデル実験）

問1　土地は，かつて砂や泥などが堆積してできた。その砂や泥などの重なりは，現在はしまもようになって見えており，地層とよばれる。

問2　（あ）　一辺の長さが10mmのとき，5回の時間の合計が2.10×5＝10.50だから，3個目の時間は，10.05－(2.06＋2.25＋1.90＋2.15)＝2.14となる。　（い）　一辺の長さが4mmのとき，5個の時間の平均は，(3.09＋3.20＋3.31＋3.23＋3.12)÷5＝3.19となる。

重要　問3　一辺の長さが10mmから0.5mmまでの7つのデータについて，グラフ用紙にはっきり○で書き込む。それらの点を，問題文の指定どおりに折れ線で結ぶ。

重要　問4　（う）～（お）　問3でできたグラフを見ると，一辺の長さが短い方が，沈む時間が長い。つまり，粒が小さいほど，沈む速さが遅いということが読み取れる。

（か）　表の平均の時間どうしを引き算して，15.00－7.21＝7.79となる。

（き）　一辺の長さが2mmのときと3mmのときの平均の時間の差は，4.50－3.65＝0.85である。2.5mmと3mmの場合の差は，0.85秒の半分で0.425秒，四捨五入により0.43秒である。

（く）　一辺の長さが5mmのときと10mmのときの平均の時間の差は，2.92－2.10＝0.82である。9.5mmと10mmの場合の差は，0.82秒の10分の1で0.082秒，四捨五入により0.08秒である。

（け）　（か）～（く）の結果から，同じ0.5mm差であっても，粒が小さいときは時間の差が大きく，粒が大きいときは時間の差が小さい。つまり，小さい粒にとって0.5mmの差は影響が大きいが，大きい粒であれば，0.5mm大きくなっても，沈む時間はあまり変わらないということである。

問5　図4を見ると，粒の大きさは，大きい順に，砂＞ビーズ＞泥である。実験2から，小さい粒は，水中で沈む時間が長い。そのため，水底には粒の大きい順に堆積していく。砂は砂だけ，ビーズはビーズだけ，泥は泥だけが集まって，しまもように見える。

問6　500mLの食塩水の重さが550gだから，100mLあたりの重さは550÷5＝110gである。そこで，図5の縦軸の110gから読み取ると，食塩の重さの割合（濃度）は14％とわかる。

問7　水1Lは1000gである。食塩が14％ということは，水は86％である。よって，使った食塩の重さは，14：86＝□：1000より，□＝162.7…で，四捨五入により163gである。

問8　問3と同じようにグラフを描く。

やや難　問9　ア　正しい。どの大きさの粒でも，食塩水のグラフが上にあり，時間が長くかかっている。

イ　正しい。できたグラフで，たて軸の沈む時間を1つ決めて横に見ていくと，食塩水のグラフの方が粒が大きい。例えば，沈む時間が5.00秒のときの粒の大きさは，水のグラフでは1.8mmほどだが，食塩水のグラフでは2.8mmほどである。　ウ　誤り。粒が大きいときは，2つのグラフが接近しており，時間差が小さい。　エ　誤り。食塩水のグラフでは，粒が小さい方が，沈む時間が急激に変化している。このことは，問4で水について考えたときと同じである。　オ　正しい。2つのグラフの4mm以下の部分を見ると，水のグラフに比べて食塩水の方が急激に変化しているので，時間差が大きいといえる。

問10　一辺の長さが4mmの粒の場合，流れがないときに比べて，弱い流れがあるときに沈む時間は，2.22÷1.23＝1.80…で，四捨五入により1.8倍である。また，一辺の長さが1mmの粒の場合，5.34÷3.12＝1.71…で，四捨五入により1.7倍である。

問11　一辺の長さが4mmの粒の場合，流れがないときと，弱い流れがあるときの，沈む時間の差は，2.22－1.23＝0.99である。また，一辺の長さが1mmの粒の場合，5.34－3.12＝2.22である。つまり，沈む時間の差は，1mmの粒の方が大きい。粒が小さい方は，沈むのに時間が長くかかるため，比が同じ程度ならば，差は大きくなるためである。

問12　流れがある場合，粒の大きさによって流れる時間の差が大きくなる。そこで，問題の条件に合う実験の例を解答に示した。一辺が4mmの粒と1mmの粒を混ぜたものを，とい(樋)を使って少しずつ水で流しながら直方体の水槽に入れていく。大きい粒は，水そうの中で長く進む前に短時間で沈んでしまうが，小さい粒は水そうの中でも横に流されてから沈む。そのため，水そうの左右で粒の大きさごとに分かれて積もる。

他にも解答例が考えられる。条件として，粒を少しずつ水に入れることと，水に流れがあって粒ごとに分かれて積もることが実現するような実験を答える必要がある。

★ワンポイントアドバイス★

時間が長い/短い，時間の差が大きい/小さい，などの表現に気を付けて，問題で注目していることが何か的確に理解しよう。

＜社会解答＞ ≪学校からの正答の発表はありません。≫

Ⅰ　問1　(例)　通勤・通学者が用いる交通手段の中で，自転車のみを用いる人の割合は，地表面の傾きがゆるやかであるほど高く，地表面の傾きが急であるほど低くなっている。

問2　⑤　ウ　⑥　イ　⑦　ア

Ⅱ　問1　(例)　田畑を耕す。　問2　清少納言　問3　応仁の乱　問4　かご

問5　エ　問6　貝塚　問7　渡来人

問8　(例)　普段は京都や鎌倉の警備に就き，戦《いくさ》のときは将軍のために戦った。

問9　ア　問10　人力車

問11　(例)　江戸時代までは，身分の高い人は牛車や豪華なかごに乗ったが，身分の低い人はこれらに乗ることは許されなかった。明治維新以降は，運賃さえ払えば乗合馬車に乗ることができるなど，身分により乗り物が制限されることはなくなっていった。

Ⅲ　問1　(a)　左側　(b)　信号機　(c)　右側　問2　イ

問3　(1)　エ　(2)　歩道橋　問4　駐輪場　問5　ア

Ⅳ　問1　イ　問2　殖産興業　問3　ア

問4　(例)　第一次世界大戦でヨーロッパは戦場となり，自転車をヨーロッパ諸国から輸入することができなくなった。そのため，日本国内で自動車産業が発達したから。

Ⅴ　問1　(例)　男性の多くが兵士として戦場に送られ，軍需品をつくる工場で労働力が不足したから。

問2　(例)　自動車の生産台数が急増するとともに，実用車の割合が低下し，軽量車や子供車の割合が上昇した。つまり，自転車は，仕事で使われるものから，家庭で使われるものに変化した。

問3　(例)　国産の自転車に比べ安価で，購入しやすいから。

Ⅵ　(例)　日本で自転車が使われはじめたころ，自転車は欧米からの輸入品で，値段が高く，一般の人には買えないものであった。しかし，第一次世界大戦が起こると国内での自転車生産が進み，自転車は急速に普及していった。近年は，値段の安い外国の自転車の輸入が増加し，さらに自転車は普及するとともに，実用車よりも軽量車や子供車の占める割合が高くなってきている。

○推定配点○

Ⅰ　問1　3点　他　各1点×3
Ⅱ　問8　3点　問11　4点　他　各1点×9　Ⅲ　各1点×8
Ⅳ　問4　3点　他　各1点×3　Ⅴ　問2　4点　他　各3点×2
Ⅵ　4点　計50点

＜社会解説＞

Ⅰ　(総合－自転車をテーマにした日本の地理など)

重要　問1　表の「自転車のみ」をみると，地表面の傾きが大きい図1中の②のような場所では割合が低く，地表面の傾きが小さい図1中の③，④のような場所では割合が高いことがわかる。

問2　問1で考えたことを，表の⑤～⑦にあてはめると，地表面の傾きが最も大きいアが「自転車」のみの割合が最も低い⑦，地表面の傾きが最も小さいウが「自転車のみ」の割合がもっと高い⑤である。また，地表面の傾きがアとウの中間であるイが残った⑥である。

Ⅱ　(総合－自転車をテーマにした日本の歴史など)

問1　牛に犂を引かせることで深く耕すことが可能になり，生産力が増大した(牛耕)。

基本　問2　清少納言は，平安時代中期の女流随筆家・歌人。歌人清原元輔の娘。紫式部と並び称された才女で，一条天皇の中宮定子に仕えた。著書に『枕草子』，家集『清少納言集』などがある。

基本　問3　応仁の乱は，1467年から1477年にかけて，京都を中心に行われた大規模な戦乱。8代将軍足利義政の後継争いに守護大名の勢力争いがからんで，約10年間の長期にわたる大乱となった。この結果，京都は焦土と化し，将軍家の権威はまったく失われてしまった。

問4　かごは，人を乗せる箱型の台に一本の棒を通し，二人以上の人が前後からかついで運ぶ乗り物。竹製または木製で，江戸時代に広く普及した。

問5　五街道は，江戸日本橋を起点とした５つの主要な街道。東海道，中山道，日光街道，甲州街道，奥州街道からなる。

基本　問6　貝塚は人が食した貝の殻が堆積して形成された遺跡。世界的に分布するが，日本の縄文時代のものが数も多く，内容も豊かである。土器･石器とともに埋葬人骨や各種の自然遺物が出土し，生活や自然環境を知る手がかりとなる。

基本　問7　渡来人は，大陸から来日した人々の総称で，特に4～7世紀に日本に渡来した中国･朝鮮の人々をさす。日本に高度な文化や技術をもたらし，政治や文化の発展に貢献した。

問8　奉公は，中世武家社会の封建的主従関係のもとで，従者が主人に奉仕すること。鎌倉時代，御家人の奉公には，戦時の従軍と平時の大番役(京都や鎌倉の警備に就くこと)などがあった。

問9　明治政府は，1876年，軍人，警察官，官吏などや大礼服着用者以外の帯刀を禁止した(廃刀令)。これは，1870年の庶民の帯刀禁止，1871年の散髪脱刀令を経て発布されたものであった。

やや難 問10　人力車は，明治時代の代表的な乗り物で，人力で引く乗用二輪車。1869年，和泉要助らが発明し，文明開化の象徴の一つとして普及した。関東大震災後は，中国，東南アジアなどにも輸出さ問れた。

問11　本文中の「身分の低い者は，牛車に乗ることを禁じられていました」，「身分の高い武士のもの(かご)は豪華につくられていて」，「人々は運賃さえ払いさえすれば，馬車で横浜－東京間を，徒歩よりも短い時間で行けるようになりました」などに注目して考える。

Ⅲ　(総合－自転車をテーマにした日本の歴史など)

基本 問1　(a)・(c)　日本では，道路交通法により，くるま(自動車)は左側通行，歩行者は右側通行と定められている。　(b)　信号機は，道路や鉄道に設置し，進行・停止などの交通信号を表示する機器。

問2　1960年の日本の人口は約9500万人，日本の自転車の台数は約2000万台。よって，4～5人に1台の割合で自転車があったことになる。

問3　(1)　Bは高度経済成長期。工業は大きく発展したが，農業は衰え，農村では過疎化が進んだ。なお，アは1964年(東海道新幹線の開通)，イは1963年(名神高速道路の尼崎～栗東間の開通)である。　(2)　歩道橋は，交通量の多い幹線道路を歩行者が横断できるように，一定の間隔を置いて地方公共団体が設置した陸橋。人間より自動車を優先するということで，しばしば問題にされる。

問4　駐輪場は，駅や商店街の近くなどに設けた自転車置き場のこと。

問5　2016年の日本の人口は約1億3,000万人，日本の自転車の台数は約7000万台。よって，1～2人に1台の割合で自転車があったことになる。

Ⅳ　(総合－自転車をテーマにした日本の歴史など)

やや難 問1　日本に対し，最初に関税自主権を認めたのはアメリカ合衆国。日露戦争後の1911年の出来事である。

問2　殖産興業は，富国強兵を目指した明治新政府の産業育成政策のこと。軍需工場，鉱山，鉄道，通信などの官営化や，製糸・紡績などの官営模範工場の設置が推進された。

問3　堺は，16世紀には，遣明船，南蛮船の往来が多く，環濠都市を形成し，豪商による自治が行われた。また，鉄砲鍛冶，日本刀，包丁などの工業も発達した。現在，これらの金属加工の技術を生かした自転車の製造業が盛んである。イ－堺は銀の産地ではない。ウ－日米修好通商条約で開港地となったのは，神奈川(横浜)，兵庫(神戸)，長崎，新潟，函館の５港。堺はこれに含まれていない。エ－明治時代に政府が戦争(日清戦争)で得た賠償金を使って建てた製鉄所は八幡製鉄所。現在の北九州市に建てられた。

問4　第二次世界大戦で，ヨーロッパは戦場となり，ヨーロッパ諸国から自転車を輸入することができなくなった。その穴を埋めるように，日本国内で自動車産業が発達し，生産された自転車の一部はアジア諸国へも輸出されるようになった。

Ⅴ　(総合－自転車をテーマにした日本の歴史など)

問1　Dのころは太平洋戦争中で，男性の多くが兵士として戦場に送られた。その結果，軍需工場などでは労働力が不足し，生産を継続することが困難となった。そのため，女子学生や中学生が工場に動員され，武器や兵器などを生産するようになったのである。

問2　図3から，1960～1973年にかけて，日本の自転車の生産台数は急激に増加したことが，図4から，同じ時期，実用車の比率が低下し，軽量車や子供車などの比率が上昇したことが読み取れる。

重要　問3　1980年代後半から自転車の輸入台数が増加しているのは，国産の自転車に比べ，輸入自転車の方が値段が安いからである。これは，発展途上国の人件費が，日本の人件費に比べてかなり低いことが大きな要因である。

Ⅵ　（総合－自転車をテーマにした日本の歴史など）

図2から，自転車の台数は，基本的に増加してきたこと，図3から自動車の生産台数は，戦後急激に増加したが，1973年をピークに頭打ちになり，これに代わって自転車の輸入が増えたことが読み取れる。また，Ⅳの文章からは，日本で自転車が使われはじめたころ，自転車は欧米からの輸入品で，値段が高く，一般の人には買えないものであったこと，しかし，第一次世界大戦が起こると国内での自転車生産が進み，自転車は急速に普及していったことなどが読み取れる。

★ワンポイントアドバイス★

自転車が全体のテーマとなっている。地理も問題も含まれているが，大半は歴史の問題である。歴史を中心とした学習が求められる。

＜国語解答＞ ≪学校からの正答の発表はありません。≫

【一】　問一　（例）　摂取することで，一日の栄養が簡単に賄える食品。［一日の栄養を，一回の小さな食品で簡単に賄えてしまう状況。］

問二　（例）　食べることは楽しくて，人を生き生きとさせ，「同じ場所に・ともに・いる」という共在感覚を生み出すなど，人間を人間たらしめているように思えるから。

問三　（例）　噛みながら時間をかけて食事をする(こと。)

問四　（例）　誰でも受け入れる無料食堂を世界中に広げ，つくりすぎて企業や国の倉庫で眠っている食品を提供すること。

問五　エ　　問六　ウ

【二】　問一　a　オ　　b　イ

問二　（例）　無事に電車に乗れ，しかも座ることができ，緊張感が和らいで落ち着いたから。

問三　（例）　朔の待ち合わせ相手が盲学校の関係者であるにも関わらず，待ち合わせ場所に関して朔に気を遣っていないので，不満を抱いている。

問四　ア　　問五　境野は珈琲

問六　（例）　見えていたときの自分なら絶対にしなかったことをしたいというのなら。

【三】　1　沿岸　　2　破損　　3　仮設　　4　雑誌　　5　看板　　6　郵便　　7　郷里　　8　幼児　　9　系図　　10　私腹　　11　胸　　12　編(む)　　13　祝(う)　　14　照(れる)　　15　延(ばす)

○推定配点○

【一】　問二・問六　各6点×2　　他　各4点×4

【二】　問一　各2点×2　　問三　6点　　問六　5点　　他　各4点×3

【三】　各1点×15　　計70点

＜国語解説＞

【一】　（論説文－要旨・細部表現・段落構成の読み取り，指示語，記述）

基本　問一　傍線部①の「これ」が指す内容を明らかにする設問である。3段落の初めから傍線部①「これ」までの部分に，解答の手がかりを求めることができる。3段落の初めの方に，「一日，一回小さな食べものを食べて，それで一日分の栄養補給ができる」という，筆者の未来予想が書かれている。傍線部①直前には，「これさえ食べられれば一日の栄養を賄えられる食品」とある。傍線部①を理想だと考える人は，このような食品。あるいは，このような食品で一日分の栄養が賄えてしまう状況が理想だと考えているのである。以上の内容をまとめて解答を作成する。ただし，文末は「……食品。」「……状況。（こと。）」と二通り考えられる。

やや難　問二　5段落と6段落には，食べることの楽しさや，食べることが人を生き生きとさせる様子が書かれている。筆者は食べることを「人間が人間であるための根源的な行為」であるとも言う。また，12段落では，食べることが「同じ場所に・ともに・いる」という共在感覚を生むことを述べている。筆者はここでも，食べることが「人間を人間たらしめている」と主張する。筆者にとって，食べることは人間性に関わる行為なのだ。だから，食べることをやめるという考えに対して，大きな疑問を感じるのだ。記述の際には，「楽しい」「人を生き生きとさせる」「共在感覚を生み出す」という食べることの効果を書き，「人間を人間たらしめているように思えるから」とまとめるとよい。

問三　傍線部③直前の文脈をおさえることで，書くべき内容が判断できる。傍線部直前には「人間は噛みます」とあり，「噛むと食事中に時間が生まれる」ともある。この噛んで食事をして時間が生まれることが，簡単に栄養を体内に取り入れるという食事と比較して，遠回りな行為になる。だが，傍線部③前後にあるように，そのような時間が「同じ場所に・ともに・いる」気持ちを生み出し，人間を人間たらしめているのだ。記述の際には，「噛むこと」「時間をかけること」という表現を活用する。

問四　15段落と16段落の内容を活用して記述することができる。15段落には「現在，食糧はつくりすぎの傾向にあり，企業や国の倉庫で眠っています」とある。また16段落には「宗教や国籍を問わないで誰でも受け入れる無料食堂の試みは，そういった歩みの難しさ（＝飢えをなくすことの難しさ）をちょっとずつ軽減してくれるように思います」とある。つまり，無料食堂の試みを広げて，そこで倉庫内で眠っている食品を提供することで，飢えの問題に対応できると筆者は考えているのだ。記述の際には，「誰でも受け入れる無料食堂を世界中に広げる」＋「つくりすぎて眠っている食糧を提供する」という内容を中心にする。

問五　ア　2段落に「食べるという行為が今後どのように変わっていくのか，そんな未来の予想はあまりなされません」とある。「人々が真剣に考え始めた」とある，アは一致しない。　イ　6段落の最後の部分に着目する。軍人のために開発されたのはプロテインバーである。イは一致しない。　ウ　7段落に，コンビニでゼリー食品が買える状況が書かれている。9・10段落に，流動食のような食べものが普及する背景が書かれている。ただし，両者が「無関係である」とは書かれていない。一致しない。　エ　11段落の内容に一致する。10段落にある「ゼリーやムース」の一例として，この具体例が使われているのだ。エが正解になる。　オ　14段落の初めの方の「大企業によってコントロールされており……絶対に不可能だ」という部分に一致しない。

重要　問六　1，2段落は問題提起の部分である。食べるという行為の未来を考えることは大切だと，筆者の考えが述べられている。3段落からは，小さな食べもので一日の必要量が賄えてしまう未来について。4段落はそのような未来に対する筆者の疑問が書かれており，5段落は筆者が疑問を持つ理由の説明，6段落にも筆者が疑問を持つ理由の説明が続いている。つまり，3段落～6段落は小さな食べもので一日の必要量が賄えてしまう食品が存在する未来の話でまとまっている。7段落には「二つ目に，こんな未来も描けるかもしれません」とあり，ムースやゼリー食品の話が始まる。8段落～10段落には，ムースやゼリー食品が広まる背景や状況。11段落には，ムースやゼリー食品が取り上げられた映画の具体例。そして，12段落に，それらの食品に問題を感じる筆者の考えがまとめられている。つまり,7段落～12段落はムースやゼリー食品の話でまとまっている。13段落は，ここまでの二点とは異なる未来を読み手と一緒に考えたいという，筆者の呼びかけ。そして，14から16段落には，「歯ごたえがあって，おいしい食べ物が，全部無料になる未来」について書かれている。以上のようにおさえると，ウが解答になる。

この文章の中には，3つの食べるという行為の未来が描かれている。3段落から，小さな食べもので一日の必要量が賄えてしまう未来。7段落から，ムースやゼリー食品がどんどん広まる未来。14段落から，歯ごたえがあって，おいしい食べものが全部無料になる未来。この三つの未来に関する話がどの段落から始まるのか，正確におさえることが大切だ。

【二】　(物語文－主題・心情・場面・細部表現の読み取り，記述，ことばの意味)

問一　a「閉口」とは，どうにもならなくて困る様子を意味する。オの「困り果ててしまった」が正解になる。母親から「大丈夫なの？」と何度も何度も言われ，しかも，ガールフレンドの前でも言われて，朔は困り果てているのである。　b「おずおずと」とは，おそれためらいながら行動する様子を意味する。イが正解になる。ここでは梓がためらいながら会話に割り込む様子を表している。

問二　傍線部①よりも前の部分に，「電車を使っての外出は今日が初めてだ」とある。そこから，朔が電車に乗るときに緊張する様子が想像できる。だが，朔は無事に電車に乗ることができ，しかも，座ることもできた。傍線部は，座った直後の表情である。無事に電車に乗ることができた。しかも，座ることもできた。そのような状況に対して，緊張感が和らぎ，落ち着いたから，やわらいだ表情になったのである。記述の際には，「無事に電車に乗れ，座ることもできた」という状況に，「緊張感が和らいだから」「落ち着いたから」という心情を加えて，最後に理由を表す「から」などをつける。

やや難　問三　傍線部②が含まれる場面で，梓は「盲学校の先生なんでしょう？」と，朔の待ち合わせ相手が盲学校の関係者かどうかを確認している。そして，盲学校の関係者であることを確認したあと，「ふーん」と曇った返事をして，「もう少し気を遣ってくれたっていいのに」「最寄り駅まで来てくれるとか」と発言する。この展開から，梓の不満が読み取れる。以上の内容を整理して，解答する。記述の際には，「待ち合わせ相手は盲学校の関係者」＋「朔に対して，気を遣っていない」＋「不満」という内容を中心にする。

基本　問四　傍線部③直前の展開をおさえ，選択肢の内容を分析する。梓は「もう少し気を遣ってくれたっていいのに」と，待ち合わせの場所に関して気を遣わなかった境野さんを非難する。それに対して，朔は「アズは，オレが視覚障がい者だから……気を遣うべきだと思ってるんじゃない？」と発言。ここで，梓は視線を下げる。視線を下げた様子から，視覚障がい者の朔は手助けすべき存在なのだと決めつけていたことに対する，梓の気まずさや反省する気持ちが読み取れる。「朔のことを手助けしてあげなければならない対象と見ていた」「気まずくなった」とある，アが正解になる。イは，朔に対する決めつけについて書かれていない。誤答である。ウは，もちかけた話題の内容が書き表されていない。誤答である。エも，梓自身の朔に対する決めつけが書かれていない。誤答である。オは，そもそも「憎しみを感じた」という部分がおかしい。

問五　カフェ内の場面に，境野の視覚障がい者に対する配慮がわかる表現がある。梓が自己紹介を終えたあと，境野は珈琲を注文するが，そのとき，「水の入ったグラスは正面，その左におしぼり置くよ」と，それぞれの位置について詳しく説明する。普通の飲食の場面では，「ここに置くよ」

などと指示語を使って相手に伝えることはあっても，「正面」「その左」などと位置を細かく示すことはない。これは，視覚障がい者に対しての，境野の配慮だと考えられる。この部分が解答になる。設問の指示にあわせて，一文の最初の五文字を答える。

重要 問六　傍線部⑤の少し前の部分で，朔は「今までのオレとは違うことをしてみたい」と言う。さらに，「見えていたときのオレなら絶対にしていなかったことをしたい」とも言う。以上の言葉を受けて，梓は「じゃあ……」と続けたのである。以上の，朔と梓の会話をおさえて，書くべき内容をまとめる。

【三】　**（漢字の書き取り）**

1　海，湖，河川などに沿ったところ。鉄道の路線に沿ったところは，沿線という。　2　こわれること。似た意味の言葉に「破壊」「損壊」などがある。　3　一時的に設置すること。「仮説」の場合，まだ証明されていない物ごとを説明するために仮にたてた説，という意味になる。　4　定期的に発行される，簡単な作りの書物。毎週発行される雑誌のことを「週刊誌」という。　5　ここでは，広告のために店頭に出す板状のもの。「看板」には，評判・評価という意味もある。その意味で，「店の看板に傷がつく」などと使われる。　6　「郵便局」とは，郵便物や小包などの業務を行うところ。書類や荷物を送り届けるサービスの中で，日本郵便株式会社が行うものだけを，「郵便」という。7　ふるさとのこと。同じ意味の言葉に「故郷」がある。　8　おさない子供のこと。法律では，小学校に就学するまでの子どものこと。「幼児」を，おさなごと読むこともある。

基本

9　先祖代々の人名や血縁関係などを記したもの。「系」には，ある特性をもってまとまるものという意味もある。その意味で「体育会系」「外資系」という言葉がある。　10　「私腹」とは，自分の財産という意味。「私腹を肥やす」で，自分の地位を利用して，自分の財産を増やすことを意味する。

重要

基本 11　体の全面の，首と腹の間の部分。「胸元(むなもと)」「胸板(むないた)」など，下に別の漢字が続く場合は，むなと読む。　12　ここでは，糸状のものを組み合わせて，あるものを作ること。「編む」には，いくつかの文章を集めて本を作るという意味がある。その意味で「編集」という言葉がある。　13　でたいことに対して，喜びの気持ちを表すこと。特に国が定めた祝うべき日を「祝日」という。　14　恥ずかしさを感じること。すぐに照れる人を「照れ屋」という。　15　ここでは，期間を長くすること。熟語にすると「延長」となる。

★ワンポイントアドバイス★

文章中の表現を十分に活用して解答を作成できる記述問題が多い。文章の展開をていねいにおさえ，設問の条件を読み込み，解答の手がかりを整理して，記述で確実に得点したい。

MEMO

大切なことはメモしておこうネ！

2020年度

★★★★★★★★★★★★★★★★★★★★★★★★★★

入　試　問　題

2020年度

栄光学園中学校入試問題

【算　数】（60分）　　＜満点：70点＞

1． 1からある数までのすべての整数の中から1つだけ取り除き，残った整数を考えます。例えば，1から7までの整数から3を取り除くと，

1，2，4，5，6，7

が残ります。

次の問に答えなさい。

(1)　1から100までの整数の中から1つだけ取り除きました。残った整数の平均は，$\frac{554}{11}$になりました。取り除いた整数を答えなさい。求め方も書きなさい。

(2)　1からある数までの整数の中から1つだけ取り除きました。残った整数の和は，600になりました。取り除いた整数を答えなさい。

(3)　1からある数までの整数の中から1つだけ取り除きました。残った整数の平均は，$\frac{440}{13}$になりました。取り除いた整数を答えなさい。

2． 時針（短針）・分針（長針）・秒針がすべてなめらかに動く時計があります。この時計の針と針のなす角について，次の問に答えなさい。

ただし，針と針のなす角とは，2本の針が作る角のうち，その大きさが180度以下のものを指します。

例えば，下の図において，時針と分針のなす角とは，印をつけた角のことです。

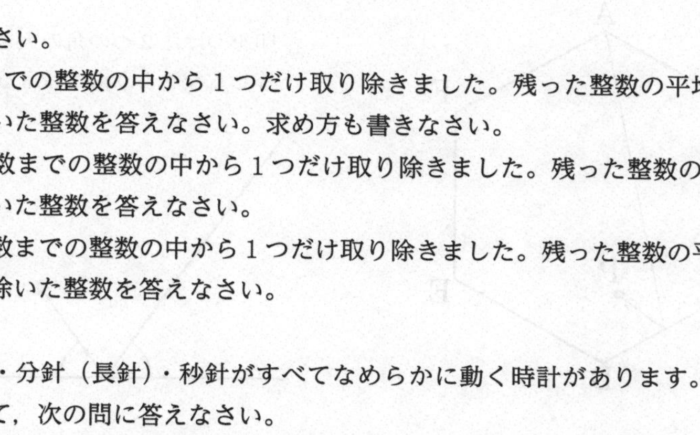

(1)　1時23分45秒での，時針と秒針のなす角の大きさを答えなさい。

(2)　12時0分0秒に，時針・分針・秒針の3本はぴったり重なります。この次に時針と分針がぴったり重なる時刻について考えます。

①　12時0分0秒からこの時刻までに，時針は何度動きましたか。

②　この時刻での，時針と秒針のなす角の大きさを答えなさい。

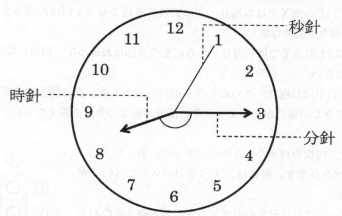

(3) 時針・分針・秒針の３本がぴったり重なるとき以外で，時針と分針がぴったり重なるときを考えます。これらの時刻の，時針と秒針のなす角のうち，最も小さいものの大きさを答えなさい。

(4) 時針・分針・秒針の３本がぴったり重なるとき以外で，いずれか２本がぴったり重なるときを考えます。これらの時刻の，重なっている２本の針ともう１本の針とのなす角のうち，最も小さいものの大きさを答えなさい。

3． 図１のような１辺の長さが１cmの正六角形ABCDEFの内部を，まっすぐ進む点Ｐの道すじを考えます。点Ｐは辺に到達《とうたつ》すると，図２のようにはね返ります。ただし，頂点に到達した場合は，そこで止まります。

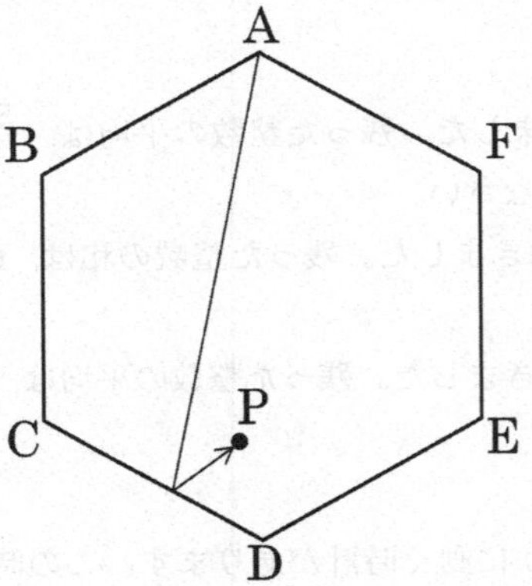

図１

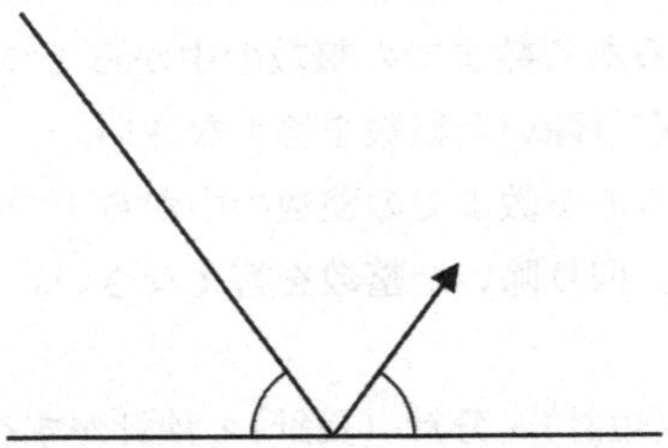
印をつけた２つの角の大きさが
等しくなるようにはね返る。
図２

点Ｐは頂点Ａから出発して，はじめに辺CD上のどこかではね返りました。次の問に答えなさい。

(1) はじめに辺CDではね返った後，次に到達する辺として考えられるものをすべて答えなさい。

(2) はじめに辺CD上の点Ｘではね返り，次に到達する辺でもう１回はね返って，頂点Ｄに到達しました。CXの長さを答えなさい。

(3) はじめに辺CD上の点Ｙではね返り，さらにもう２回はね返って，頂点Ｄに到達しました。CYの長さを答えなさい。

(4) はじめに辺CDではね返り，さらにもう１回はね返った後，次に到達する辺または頂点を考えたとき，到達できない部分があります。その部分の長さの合計を答えなさい。

4． 図１のような，16枚のパネルと８つのボタンＡ，Ｂ，Ｃ，Ｄ，Ｅ，Ｆ，Ｇ，Ｈがあります。最初は，すべてのパネルに「○」が表示されています。

ボタンＡ，Ｂ，Ｃ，Ｄはそれぞれのボタンの下に並ぶ縦４枚のパネルに対応し，ボタンＥ，Ｆ，Ｇ，Ｈはそれぞれのボタンの右に並ぶ横４枚のパネルに対応しています。各パネルは，対応するボタンが押《お》されるたびに，○→△→×→○→△→×→○→……と，表示されている記号が変化していきます。

例えば，最初の状態から，ボタンＡを押すと次のページの図２の

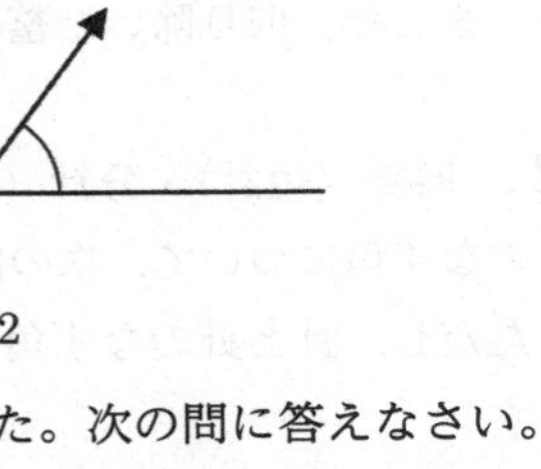

図１

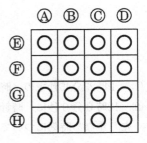

ようになり，さらにボタンE，ボタンAの順番で押すと，図３，４のように変化します。

	Ⓐ	Ⓑ	Ⓒ	Ⓓ
Ⓔ	△	○	○	○
Ⓕ	△	○	○	○
Ⓖ	△	○	○	○
Ⓗ	△	○	○	○

図２

	Ⓐ	Ⓑ	Ⓒ	Ⓓ
Ⓔ	×	△	△	△
Ⓕ	△	○	○	○
Ⓖ	△	○	○	○
Ⓗ	△	○	○	○

図３

	Ⓐ	Ⓑ	Ⓒ	Ⓓ
Ⓔ	○	△	△	△
Ⓕ	×	○	○	○
Ⓖ	×	○	○	○
Ⓗ	×	○	○	○

図４

⑴　最初の状態から，ボタンを次のような順番で押すと，どのようになりますか。パネルに表示される記号を解答用紙の図にかき入れなさい。

①　Aを１回，Bを１回，Cを２回，Eを２回，Fを２回，Hを１回

②　Aを３回，Cを２回，Dを５回，Eを２回，Gを３回，Hを４回

⑵　最初の状態から何回かボタンを押したところ，一番上の４枚のパネルに表示されている記号は，図５のようになりました。このとき，ボタンA，B，C，Dはそれぞれ何回押しましたか。以下の答え方にならって，考えられる組み合わせをすべて答えなさい。ただし，それぞれのボタンを押した回数は，最大で２回とします。

【答え方】　(　)の中に，A，B，C，Dの順に押した回数を記入する。

例えば，Aを１回，Cを２回押し，B，Dを押さなかった場合，(1，0，2，0) と書く。

	Ⓐ	Ⓑ	Ⓒ	Ⓓ
Ⓔ	○	○	△	×
Ⓕ				
Ⓖ				
Ⓗ				

図５

⑶　最初の状態から何回かボタンを押したところ，いくつかのパネルに表示されている記号は次の図のようになりました。記号のかかれていないパネルのうち，記号が１つに決まるパネルにはその記号を，決まらないパネルには「？」をかき入れなさい。

①

	Ⓐ	Ⓑ	Ⓒ	Ⓓ
Ⓔ	○	○	△	×
Ⓕ		△	×	
Ⓖ				△
Ⓗ				

②

	Ⓐ	Ⓑ	Ⓒ	Ⓓ
Ⓔ		△	○	○
Ⓕ				
Ⓖ	×	×		
Ⓗ				○

⑷　最初の状態から，ボタンA，Bは１回も押さず，ボタンCは１回，ボタンDは２回押しました。EからHのボタンはどのように押したか分からないとき，○が表示されているパネルの枚数として考えられるものをすべて答えなさい。

⑸　最初の状態から何回かボタンを押したとき，○が表示されているパネルの枚数として考えられるものをすべて答えなさい。

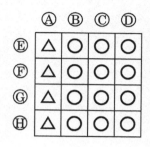

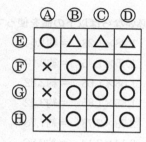

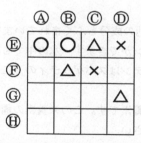

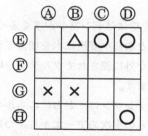

【理　科】（40分）　＜満点：50点＞

※必要ならば以下の値を使ってもよい。

1.28×1.28	＝約1.64	1.28×1.28×1.28×1.28	＝約2.68
1.45×1.45	＝約2.10	1.45×1.45×1.45×1.45	＝約4.42
1.68×1.68	＝約2.82	1.68×1.68×1.68×1.68	＝約7.97
1.85×1.85	＝約3.42	1.85×1.85×1.85×1.85	＝約11.7
2.78×2.78	＝約7.73	2.78×2.78×2.78×2.78	＝約59.7
3.14×3.14	＝約9.86	3.14×3.14×3.14×3.14	＝約97.2

1． 次に示した植物**A～D**の名前を後の**ア～エ**から１つずつ選び，記号で答えなさい。図の縮尺は同じとは限りません。

A　B　C　D

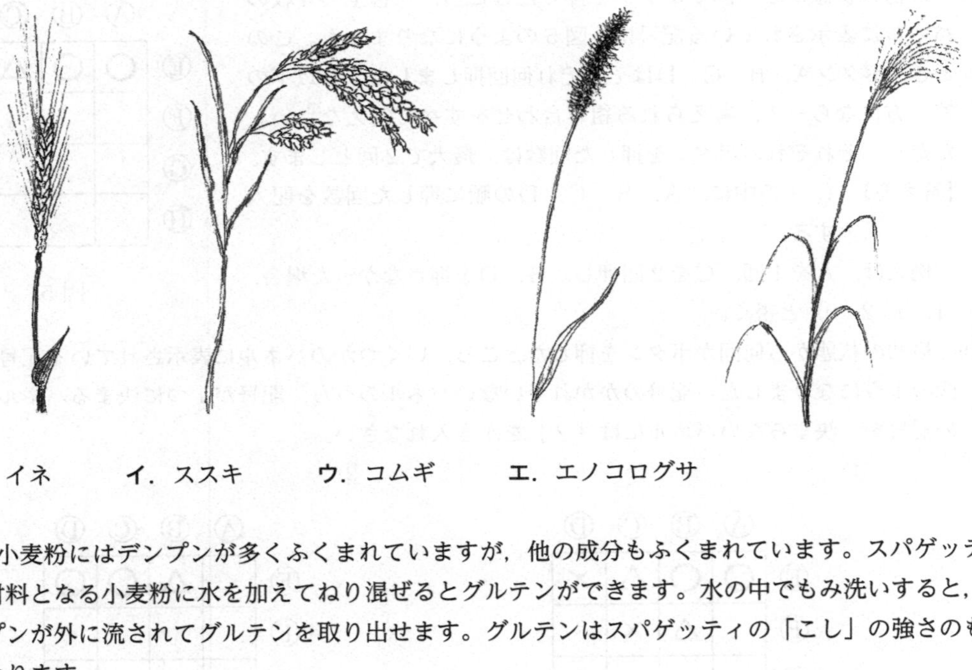

ア．イネ　**イ．**ススキ　**ウ．**コムギ　**エ．**エノコログサ

2． 小麦粉にはデンプンが多くふくまれていますが，他の成分もふくまれています。スパゲッティの材料となる小麦粉に水を加えてねり混ぜるとグルテンができます。水の中でもみ洗いすると，デンプンが外に流されてグルテンを取り出せます。グルテンはスパゲッティの「こし」の強さのもとになります。

問１　デンプンは，おもにエネルギーのもとになる栄養素です。この栄養素の種類として，最も適当なものを次の**ア～エ**から１つ選び，記号で答えなさい。

ア．炭水化物　**イ．**脂質《ししつ》　**ウ．**たんぱく質　**エ．**ビタミン

問２　グルテンについて説明した次の文の空欄《くうらん》①に入る栄養素の種類として，最も適当なものを後の**ア～エ**から１つ選び，記号で答えなさい。

「グルテンは，［①］の一種です。［①］はおもに体をつくるもとになる栄養素です。」

ア．炭水化物　**イ．**脂質　**ウ．**たんぱく質　**エ．**ビタミン

3． 栄一君は乾燥《かんそう》したスパゲッティの強さに興味を持ち，スパゲッティの太さや長さと，強さの関係を調べることにしました。

図1　スパゲッティの例

ふつうのスパゲッティは細長い円柱形をしています。まず，直径1.68㎜のスパゲッティを100本とり，まとめて重さをはかりました。結果は82.5ｇでした。次に，この100本から１本ずつとって長さを測りました。結果は表１のようになりました。

問１　直径1.68㎜のスパゲッティの平均の長さは何㎜ですか。小数第１位まで求めなさい。

表1　直径1.68mmのスパゲッティの長さと本数

長さ(mm)	本数
240	0
241	0
242	0
243	2
244	2
245	4
246	15
247	26
248	24
249	19
250	7
251	1
252	0
253	0
254	0
255	0
計	100

スパゲッティをわずかに曲げて両端《りょうはし》をおさえるように持ち，少しずつ力をかけて曲げていくと，はじめのうちはしなり（力を受けて曲がること）が大きくなりますが，ある強さの力になるとスパゲッティは急にくだけて数本のかけらになります。このときの力の強さとスパゲッティの太さや長さの関係を調べてみることにしました。

直径1.28㎜，1.45㎜，1.68㎜，1.85㎜の４種類のスパゲッティを用意しました。各直径のスパゲッティを100㎜，120㎜，140㎜，160㎜，180㎜の長さに10本ずつ切断しました。１本ずつについて以下の操作をしました。

1．キッチンスケール（はかり）の上に軽いゴム板とスパゲッティ１本をのせ，このときに表示の値が０になるように調整した。
2．ゴム板の上にスパゲッティを垂直に立て，スパゲッティの上の端を手でおさえた。
3．はじめスパゲッティを少しだけ横向きにしならせてから，折れるまで，下に向かって力を少しずつかけていった。
4．スパゲッティが折れる直前にキッチンスケールで表示されていた重さの値（単位ｇ）を，スパゲッティが折れる力として記録した。

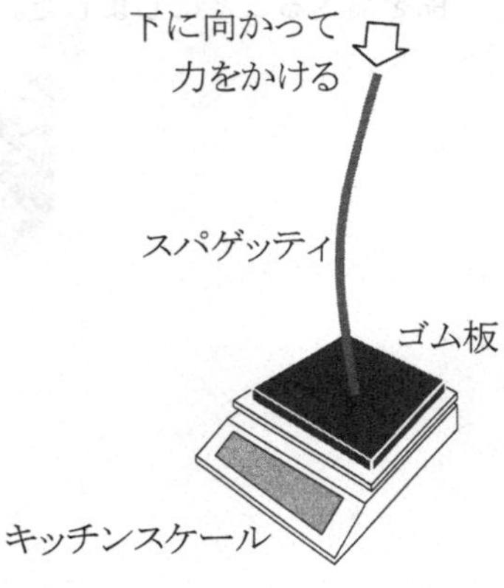

図2 折れる力の測定

太さと長さが同じスパゲッティ10本の折れる力の平均値をそれぞれ求めました。結果は**表２**のようになりました。

表2 スパゲッティが折れる力

長さ(mm)	折れる力(g)			
	直径1.28mm	直径1.45mm	直径1.68mm	直径1.85mm
100	53	90	150	239
120	40	64	115	167
140	28	47	86	128
160	21	36	68	98
180	18	30	54	78

問２　直径1.68㎜のスパゲッティと直径1.85㎜のスパゲッティは，成分も長さの平均値も同じであるとします。直径1.85㎜のスパゲッティ１本の重さは，直径1.68㎜のスパゲッティ１本の重さの何倍ですか。小数第１位まで求めなさい。

問３　横軸《よこじく》をスパゲッティの長さ，縦軸をスパゲッティが折れる力として，４種類のスパゲッティの測定の結果をグラフに表しなさい。直径のちがいが分かるように示しなさい。

問４　横軸をスパゲッティの直径，縦軸をスパゲッティが折れる力として，長さ100㎜，140㎜，180㎜のスパゲッティの測定の結果をグラフに表しなさい。長さのちがいが分かるように示しなさい。

栄一君は，次のページのブカティーニという，スパゲッティに似たものがお店で売られているのを見つけ，買って家に帰りました。

ブカティーニは全体としてストローのような形をしており，断面の中心には**図４**（次のページ）のように円形の穴があいています。１本あたりの平均値は，長さが257.6㎜，重さが2.07ｇでした。またブカティーニの外径は2.78㎜でした。ブカティーニの成分はスパゲッティと同じであるとみなします。

今までの結果から，ブカティーニの重さは，同じ長さで直径1.68㎜のスパゲッティの約2.4倍だと計算できます。

図3 ブカティーニの例

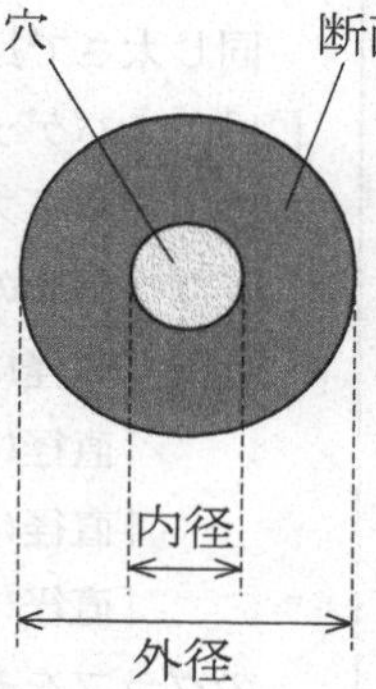

図4 ブカティーニの断面

問5 次の式は，同じ長さで比べた場合に，ブカティーニの重さが直径1.68㎜のスパゲッティの何倍かを求めるものです。空欄A～Dにあてはまる数をそれぞれ，今までの問題文中の数値や解答欄の数値から選んで答えなさい。

［A］÷［B］×［C］÷（［D］÷100）

スパゲッティと同じ方法でブカティーニが折れる力をはかり，ブカティーニの長さと折れる力の関係をグラフにしたところ，**表3**および**図5**のようになりました。

表3 ブカティーニが折れる力

長さ(mm)	折れる力(g)
100	833
120	679
140	570
160	486
180	418

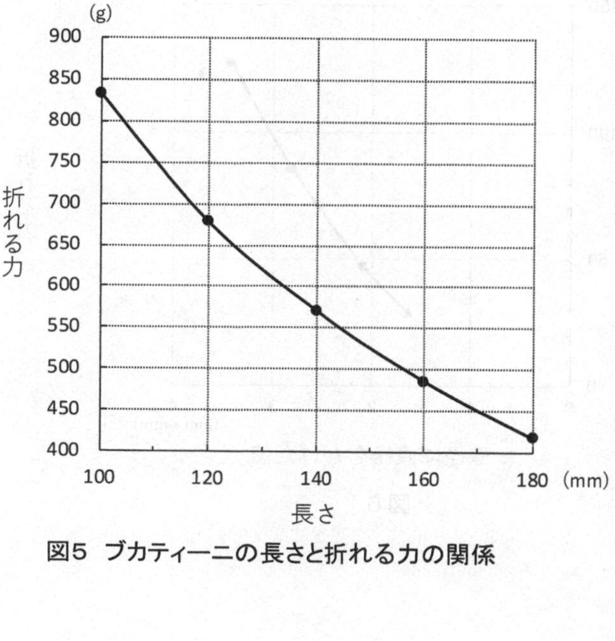

図5 ブカティーニの長さと折れる力の関係

栄一君はこれらの実験結果から，スパゲッティやブカティーニの折れる力について次のように考えました。

［1］　スパゲッティの折れる力は，同じ長さで比べたときは ① ，同じ太さで比べたときは ② ことがわかった。

［2］　スパゲッティの太さと折れる力の強さの間には決まった関係がありそうだ。学校の先生のアドバイスから，すでにかいた長さ140㎜のスパゲッティの「直径と折れる力の関係」のグラフ（問4の答）の他に，

「直径に直径をかけた値と折れる力の関係」（図6），
「直径に直径を2回かけた値と折れる力の関係」（図7），
「直径に直径を3回かけた値と折れる力の関係」（図8），
「直径に直径を4回かけた値と折れる力の関係」（図9），

のグラフをそれぞれかいてみた。　（図8，図9は次のページにあります。）

これらのグラフをくらべて見た結果，どの直径のスパゲッティでも「直径に直径を3回かけた値」と折れる力の比はほぼ一定だということがわかった。直径が1㎜のときに折れる力は約 ③ g，直径が2㎜のときに折れる力は約 ④ gである。

［3］　長さ140㎜のブカティーニは約 E gで折れる。ブカティーニの外径2.78㎜と同じ直径のスパゲッティの場合では，［2］で見つけた比が成り立つとして計算すると，約 F gで折れるはずである。また，ブカティーニの断面の面積と同じ面積のスパゲッティの場合では，約 G gで折れるはずである。これらのことから，ブカティーニが折れる力の強さは， ⑤ 。

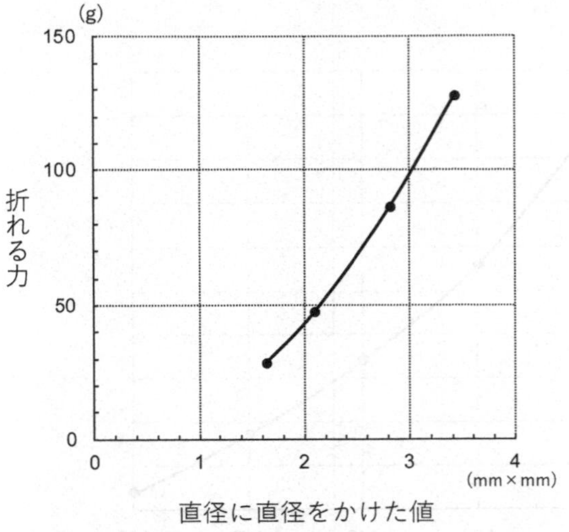

図6

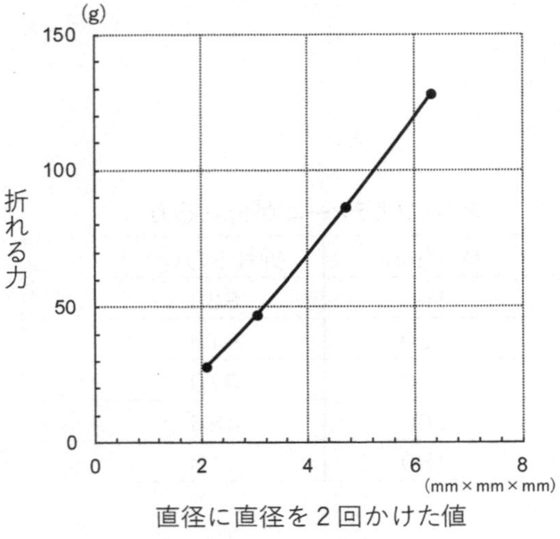

図7

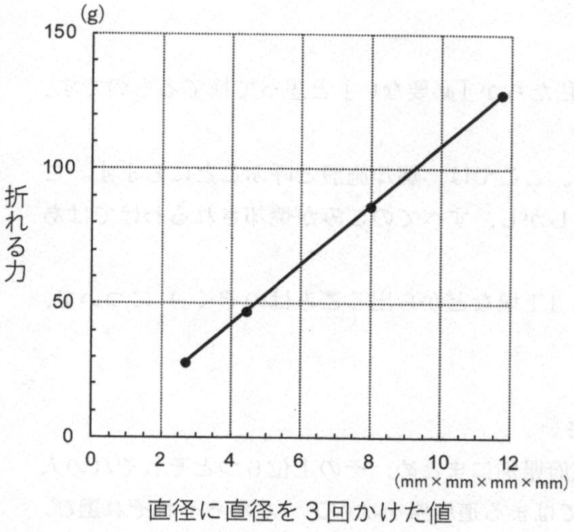

図８

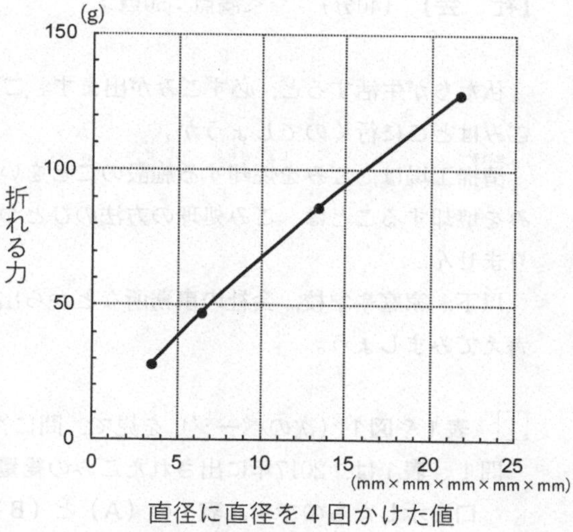

図９

問６　栄一君が考えたことの文章が正しい内容になるように，空欄①，②を埋《う》めなさい。

問７　栄一君が考えたことの文章が正しい内容になるように，空欄③，④にあてはまる最も近い数を，それぞれの選択肢《せんたくし》から１つずつ選び，記号で答えなさい。

空欄③の選択肢　　ア．7　　イ．11　　ウ．18　　エ．33　　オ．61

空欄④の選択肢　　ア．22　　イ．55　　ウ．100　　エ．180　　オ．4100

問８　栄一君が考えたことの文章が正しい内容になるように，空欄Ｅ～Ｇにあてはまる数を，それぞれ四捨五入して10の倍数で答えなさい。

問９　栄一君が考えたことの文章が正しい内容になるように，空欄⑤にあてはまるものを次のア～クから１つ選び，記号で答えなさい。

ア．同じ外径のスパゲッティより強い

イ．同じ外径のスパゲッティと変わらない

ウ．ブカティーニの内径と同じ値の直径のスパゲッティと変わらない

エ．断面の面積が同じスパゲッティと同じである

オ．同じ外径のブカティーニと比べると，内径が大きいほど強くなる

カ．同じ外径のスパゲッティと比べると，より少ない量の材料で同じ強さとなる

キ．同じ長さのスパゲッティと比べると，より少ない量の材料で同じ強さとなる

ク．長さや外径と無関係に，使われている材料の量が同じであれば同じ強さである

【社　会】（40分）　＜満点：50点＞

私たちが生活すると，必ずごみが出ます。ごみは，私たちが「必要ない」と思って捨てるものです。ごみはどこに行くのでしょうか。

清掃《せいそう》工場は，ごみを焼却《しょうきゃく》する施設《しせつ》のことをいいます。ここでは，焼却施設と呼ぶことにします。ごみを焼却することは，ごみ処理の方法のひとつです。しかし，すべてのごみが焼却されるわけではありません。

以下，家庭や学校，会社の事務所などから出るごみ（工場などから出るごみはのぞく。）について，考えてみましょう。

Ⅰ　**表１や図１**（次のページ）を見て，問に答えなさい。

問１　**表１**は，2017年に出されたごみの総量を都道府県別にまとめ，その上位６つとそれぞれの人口を示したものです。**表１**の（Ａ）と（Ｂ）にあてはまる道府県を次の**ア～オ**からそれぞれ選び，記号で答えなさい。

ア　愛知県　**イ**　神奈川県　**ウ**　京都府　**エ**　福岡県　**オ**　北海道

表１　おもな都道府県で出されたごみの総量（2017年）

都道府県	出されたごみの総量	人口
東京都	441.7 万 t	1362.7 万人
大阪府	305.4 万 t	885.5 万人
（Ａ）	287.3 万 t	917.2 万人
（Ｂ）	252.2 万 t	754.7 万人
埼玉県	230.4 万 t	735.9 万人
千葉県	207.5 万 t	629.9 万人
全国	4289.4 万 t	12771.8 万人

環境省《かんきょうしょう》環境再生《かんきょうさいせい》・資源循環局《しげんじゅんかんきょく》『日本《にほん》の廃棄物処理《はいきぶつしょり》（平成29年度版）』をもとに作成。

問２　**図１**は，2017年に東京23区で集められたごみのおもなゆくえや，それぞれの量を長方形で示そうとしたものです。**図１**中の［１］は，集められたごみの量とその内わけを表しています。［２］は，焼却施設とそれ以外の施設で処理されたごみの量を表しています。［３］は，ごみが最後にどのような量になるのかを表そうとしたものです。ここでは，ごみの量をくらべやすいように，［１］～［３］それぞれの図の縦の長さをそろえてあります。

図中に示した数字を見て，うめ立てられたごみと資源に変えられたごみの量がそれぞれわかるように，［２］のかき方にならって，［３］の図のつづきをかいて長方形を完成させなさい。

図1 東京23区で集められたごみのおもなゆくえ

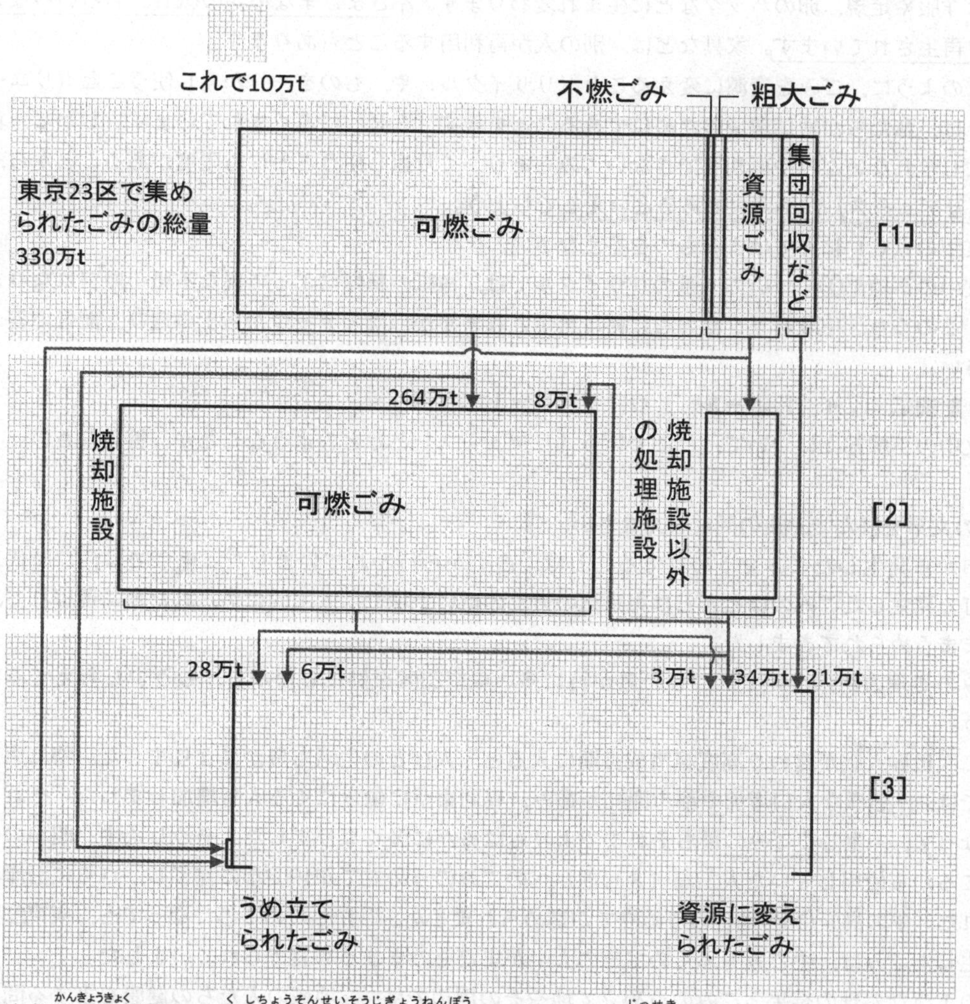

東京都環境局《かんきょうきょく》『東京都区市町村清掃事業年報《くしちょうそんせいそうじぎょうねんぽう》　平成29年度実績《じっせき》』をもとに作成。

※「可燃ごみ」には，紙，生ごみ，プラスチックなどがふくまれる。「不燃ごみ」「粗大《そだい》ごみ」「資源ごみ」には，金属・ガラス・焼き物，ふとんや家具，缶《かん》などがふくまれる。また，「集団回収」とは，資源として地域などのグループで自主的に集めて出されたもののことをいう。

問3　問2で完成させた**図1**を見て，焼却施設に運ばれた可燃ごみの量と，焼却施設から出されたごみの量をくらべて，その差がどのようにして生まれるのか，説明しなさい。

問4　**図1**中の「粗大ごみ」について，次の⑴⑵に答えなさい。

⑴　粗大ごみは「焼却施設以外の処理施設」でどのように処理されますか。**図1**を参考にして答えなさい。

⑵　かつておもに粗大ごみとして出されていたテレビ，冷蔵庫，エアコン，洗たく機は，現在は法律により，販売店《はんばいてん》などによって回収されることになっています。この法律を答えなさい。

問5　**図1**中の「資源ごみ」について，次のページの文章を読んで，後の⑴⑵⑶に答えなさい。

資源ごみのうち，スチール缶は，とかされて鉄製品に生まれ変わります。（　Ｃ　）は，たとえば洋服や定規，卵のパックなどに生まれ変わります。①さまざまな種類の紙も，いろいろな製品に再生されています。家具などは，別の人が再利用することもあります。

このように，ごみを資源に変えること（リサイクル）や，ものをくりかえし使うこと（リユース）は，私たちが地球環境のためにできることを表す「３Ｒ」にふくまれています。しかし，資源にしきれないごみや再利用できないごみもあり，くり返し使うことにも限度があることから，②「リデュース」が不可欠であるといえるでしょう。

⑴　文中の（Ｃ）にあてはまるものを答えなさい。

⑵　文中の下線部①について，紙のリサイクルでは，古紙の種類によって異なる紙の原料になります。このうち，牛乳パックはおもに何に再生されますか。次のア～ウから１つ選び，記号で答えなさい。

ア　新聞紙　　イ　段ボール　　ウ　トイレットペーパー

⑶　文中の下線部②について，ここでいう「リデュース」とはどのようなことか，答えなさい。

Ⅱ　次の文章を読んで，後の問に答えなさい。

都市から発生したごみをうめ立てることは，古くから行われていました。東京では江戸時代《えどじだい》以来，町で発生したごみのほとんどは東京湾の近くの低い土地や，人工的に造られた島に運ばれて，そのままうめられてきました。

ごみの処理方法について，ごみの量が特に多い東京23区を例にしながら，もう少し考えてみましょう。

第二次世界大戦《だいにじせかいたいせん》が終わり高度経済成長期に入ると，人びとの生活も豊かになりました。特に東京23区では，①急激な人口増加や都市開発が進み，昼間東京に働きにくる人も増加しました。それにともなって，②生じるごみの量もそれまでよりもはるかに多くなりました。そうした中，昭和《しょうわ》のはじめころから使用していた人工島（８号地）へのごみのうめ立てが1962年に完了し，さらに沿岸に造られた「夢《ゆめ》の島《しま》」（14号地）のうめ立てが進められました。しかしこのころになっても，東京23区で発生したごみは，生ごみもふくめてその大半がまだそのままうめ立てられていました。

このような処理の結果，ごみのうめ立て地やその周辺では，③地域の人たちの健康を害する問題が起きました。ごみが増えたことで，人びとの暮らしに多くの悪影響《あくえいきょう》が出てきたため，東京都は直接うめ立てるごみの量を減らすとともに，衛生的にごみ処理を行うことを目指しました。そのための方法が，ごみの焼却です。

この時期にはごみの種類も多様になりました。中でも特に量が増えたのがプラスチックのごみでした。それまで使われていた木材や紙などに代わって，容器や包装《ほうそう》，おもちゃなどの用途《ようと》に，軽くてじょうぶなプラスチックが使われるようになったためです。しかし，④ごみとなったプラスチックは，これまでとちがう新たな問題を引き起こすことがありました。

同じころ，⑤東京都は各区に焼却施設を新設しようとしましたが，これは計画通りには進みませんでした。その後1970年代になると，都は「自分の区で出たごみは自分の区で処理する」という原則をおし進め，焼却施設は増えていきました。現在では多くの区に焼却施設ができており，これらの施設では⑥かつての焼却施設にあったような問題点を解消するためのくふうがなされています。また，⑦ごみを燃やすことによって発生するものをさまざまな形で利用しています。

一方，ごみのうめ立ては現在でも行われています。うめ立てられるごみ自体が完全になくなることはないのです。ですから，今使用しているうめ立て処分場も，このままではいずれいっぱいになってしまいます。

問１　下線部①について，**図２**は，東京23区の1955年から1972年にかけての建物の用途別床《ゆか》面積を表したものです。図中の**D**が示しているものを，次の**ア**～**エ**から１つ選び，記号で答えなさい。

ア　工場

イ　倉庫

ウ　店，旅館，ホテル，事務所，銀行

エ　劇場，映画館，病院，浴場

図２　東京 23 区の建物の用途別床面積

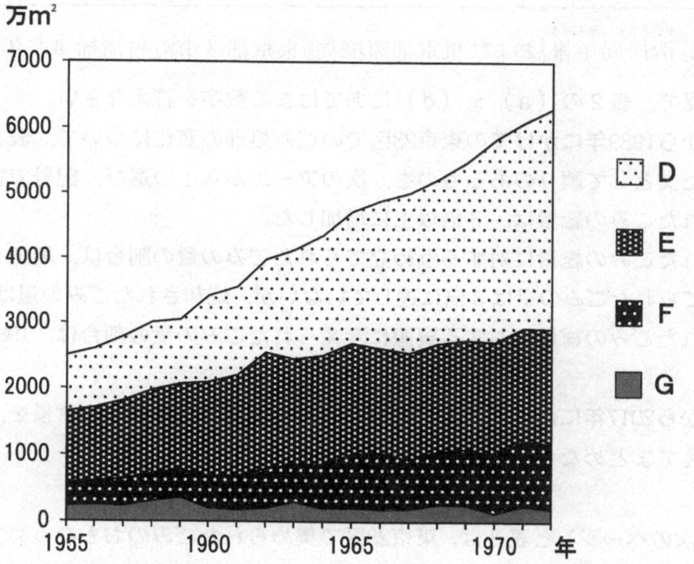

大都市統計協議会《だいとしとうけいきょうぎかい》『大都市比較統計年表《だいとしひかくとうけいねんぴょう》』各年版をもとに作成。

問２　下線部②について，高度経済成長期に東京23区で生ごみなどに混ざって捨てられたものの中で，もっとも増えたものを次の**ア**～**エ**から１つ選び，記号で答えなさい。

ア　衣類　　**イ**　紙　　**ウ**　ガラス　　**エ**　缶

問３　下線部③について，これはどのような問題か，１つ答えなさい。

問４　下線部④について，プラスチックをごみとして処理する際，環境に悪影響を与える点を，「そのままうめ立てる」場合と「焼却する」場合について１つずつあげなさい。

問５　下線部⑤について，東京都はいくつかの区で建設計画を立てましたが，近隣《きんりん》の住民からは反対の声があがりました。これらの中には，焼却施設そのものについての反対だけでなく，周囲の交通への影響に対する心配の声もありました。これはどのような影響か，考えて答えなさい。

問６　下線部⑥について，このような問題点を解消するためのくふうの例を１つあげなさい。

問７　下線部⑦について，焼却施設で発生するものを２つあげ，それぞれの利用例を答えなさい。

Ⅲ 次の**表２**は，東京23区におけるごみ処理の内わけを示したものです。**表２**と11ページの**図１**を見て，後の問に答えなさい。

表２ 東京 23 区におけるごみ処理の内わけ（万t）

	集められたごみの総量	うめ立てられたごみの量	焼却されたごみの量	資源に変えられたごみの量
1961 年	158	134	17	0
1975 年	516	297	240	0
1989 年	557	303	297	4
2003 年	400	78	300	55
2017 年	（ a ）	（ b ）	（ c ）	（ d ）

東京都清掃局『清掃局年報《せいそうきょくねんぽう》』および東京都環境局『東京都区市町村清掃事業年報』をもとに作成。

問１　**図１**を見て，**表２**の（a）～（d）にあてはまる数字を答えなさい。

問２　1961年から1989年にかけての東京23区でのごみ処理の変化について，**表２**から読み取れることを説明した文として誤りのあるものを，次の**ア**～**エ**から１つ選び，記号で答えなさい。

ア　集められたごみの総量は，３倍以上に増加した。

イ　集められたごみの総量に対するうめ立てられたごみの量の割合は，増加を続けている。

ウ　うめ立てられたごみの量は３倍に達していないが，焼却されたごみの量は15倍以上になった。

エ　集められたごみの総量に対する資源に変えられたごみの量の割合は，1989年でも１％未満である。

問３　1989年から2017年にかけての東京23区でのごみ処理の変化とその背景を，これまでの問題や**表２**をふまえてまとめなさい。

Ⅳ 次の**図３**（次のページ）と**表３**は，東京23区で集められたごみのおもなうめ立て処分場を示したものです。これらを見て，後の問に答えなさい。

表３ 東京 23 区のごみのおもなうめ立て処分場

	処分場	うめ立て量	うめ立て期間
❶	８号地	約 371 万 t	1927～1962 年度
❷	14 号地	約 1034 万 t	1957～1966 年度
❸	15 号地	約 1844 万 t	1965～1974 年度
❹	中央防波堤内側埋立地《ちゅうおうぼうはていうちがわうめたてち》	約 1230 万 t	1973～1986 年度
❺	中央防波堤外側埋立処分場《ちゅうおうぼうはていそとがわうめたてしょぶんじょう》	約 5471 万 t 2016 年度末現在	1977 年度～(うめ立て中)
❻	（ X ）沖《おき》	約 168 万 t	1984～1991 年度
❼	新海面処分場《しんかいめんしょぶんじょう》	約 777 万 t 2016 年度末現在	1998 年度～(うめ立て中)

東京都環境局ホームページをもとに作成。

図３ 東京23区のごみのおもなうめ立て処分場

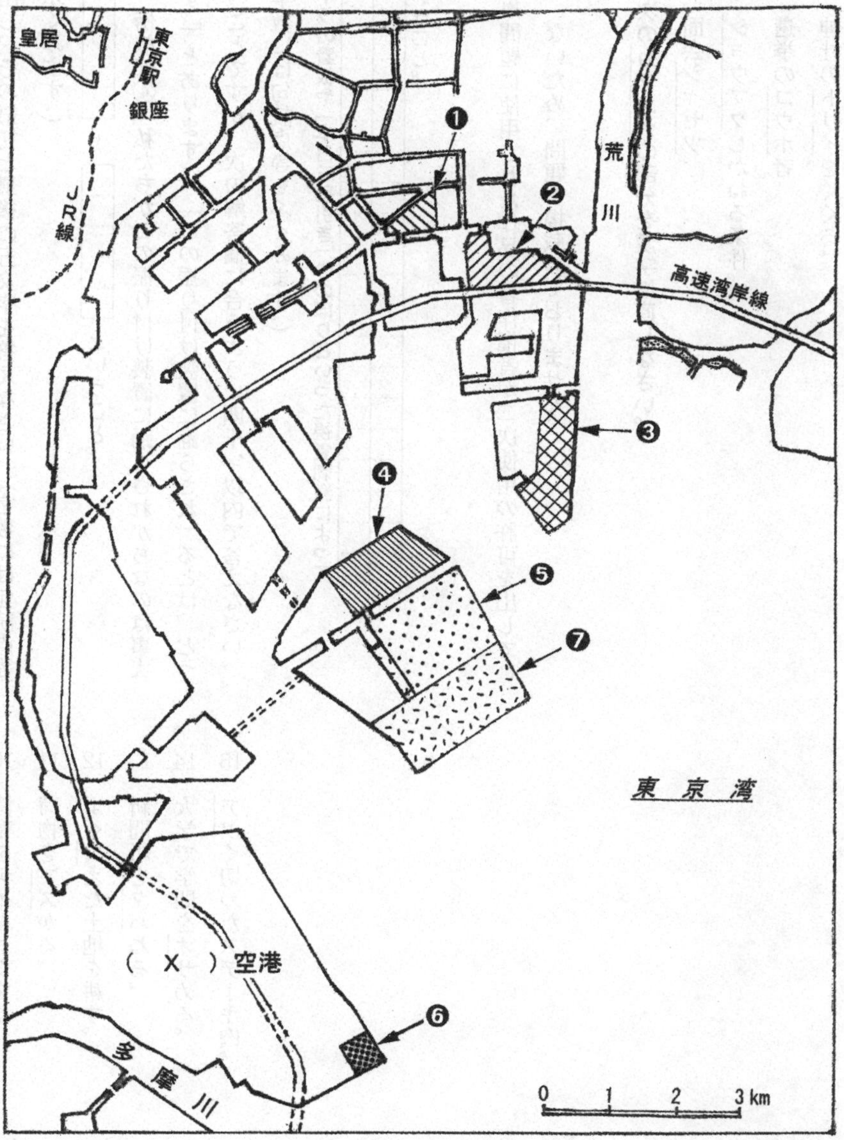

国土地理院《こくどちりいん》5万分の1地形図《ちけいず》（平成17年および平成19年発行），東京都清掃局《せいそうきょく》『東京ごみ白書《はくしょ》』をもとに作成。

問１　**図３**および前のページの**表３**中の（Ｘ）にあてはまる地名を答えなさい。

問２　うめ立て地の場所はどのように変化してきたか，**図３**と**表３**からわかることを答えなさい。

問３　**図３**および**表３**中の❷❸の14号地・15号地と，❺中央防波堤外側埋立処分場とでは，うめ立ての期間にちがいがあります。その理由を，うめ立てられるものの変化に注目して，11ページの**図１**や14ページの**表２**をもとに説明しなさい。

き出《だ》し、その最初と最後の五文字を答えなさい。（字数には句読点等もふくみます。）

□□□□□～□□□□□ということ。

問四　傍線部④「私たちがこの振り付け装置に踊らされがちなのは事実です。」とありますが、「この振り付け装置に踊らされ」るとは、どういうことですか。次の解答欄に合うように四十字以内で答えなさい。（字数には句読点等もふくみます。）

コーラの看板や「本日三割引き」ののぼりといった視覚刺激によって

□□□□□□□□□□□□□□□□□□□□
□□□□□□□□□□□□□□□□□□□□

ということ。

【二】

※問題に使用された作品の著作権者が二次使用の許可を出していないため、問題を掲載しておりません。

【三】　**次のカタカナの部分を漢字に直しなさい。**

1　面会シャゼツ。
2　ショウフクしかねる条件。
3　選挙のコウホ者。
4　神社のトリイをくぐる。
5　さじカゲンが分からない。
6　負傷者をキュウゴする。
7　キンセイのとれた体つき。
8　きびしいカンパにおそわれる。
9　コウゴウ陛下のお召《め》し物《もの》。
10　情報をテイキョウする。
11　荷物をアズかる。
12　よくコえた土地を耕す。
13　新聞紙をタバねる。
14　大学で学問をオサめる。
15　アツく切ったステーキ肉。

あるトリガーから別のトリガーへとめまぐるしく注意を奪われながら、人は環境の中を動かされていきます。人の進むべき方向を示す「道」とは、「こっちに来なさい、こっちに来てこうしなさい」と、行為を次々と導いていく環境の中に引かれた導線です。

たとえば京都の(注11)桂離宮《かつらりきゅう》に行くと、その場所でどこを見るべきかというまなざしの行方《ゆくえ》までもが計算されていることに気づきます。人の行動をいざなう「道」が随所《ずいしょ》に仕掛《しか》けられているわけです。実際に訪《おとず》れてみて、桂離宮というのはまるで(注12)舞踏譜《ぶとうふ》のようだなとしきりに感心しました。

桂離宮ではひとつの道が明瞭《めいりょう》に引かれていますが、都市においては無数の道が縦横無尽《じゅうおうむじん》に引かれています。しかもその多くは、人の欲望に強く訴《うった》えてくる。真夏のかんかん照りの道にコーラの看板があれば飲みたくなってしまうし、「本日三割引き」ののぼりを見ればついスーパーに入って余計な買い物をしてしまう。その欲望がもともと私の中にあったかどうかは問題ではありません。視覚的な刺激《しげき》によって人の中に欲望がつくられていき、気がつけば「そのような欲望を抱《かか》えた人」になっています。

(注13)資本主義システムが過剰《かじょう》な視覚刺激を原動力にして回っていることは言うまでもないでしょう。それを否定するのは簡単ではないしするつもりはありませんが、都市において、④私たちがこの振り付け装置に踊《おど》らされがちなのは事実です。最近ではむしろ、パソコンのデスクトップやスマートフォンの画面上に、こうしたトリガーは増殖《ぞうしょく》しているかもしれません。仕事をするつもりでパソコンを開いたら買い物をしていた……よくあることです。私たちは日々、軽い記憶喪失《きおくそうしつ》に見舞《みま》われています。いったい、私が情報を使っているのか、情報が私を使っているのか分かりません。（伊藤亜紗《いとうあさ》『目の見えない人は世界をどう見ているのか』）

(注1)　木下路徳さん＝一九七九年生まれ。生まれつき弱視で十六歳《さい》のときに失明。現在は全く目が見えない。
(注2)　大岡山＝東京都の地名。
(注3)　分節化＝切り分けること。区別すること。
(注4)　俯瞰＝高所から見おろしてながめること。
(注5)　三次元的＝立体的ということ。
(注6)　サークル＝趣味《しゅみ》を同じくする人の集まり。
(注7)　シャットアウト＝閉め出すこと。
(注8)　白杖＝目の不自由な人が歩行する際、使用する白い杖《つえ》。
(注9)　ビジョン＝展望。
(注10)　トリガー＝引き金。ある物事を引き起こすきっかけになるもの。
(注11)　桂離宮＝京都にあるたてものと庭園。江戸《えど》時代のはじめにつくられた。
(注12)　舞踏譜＝舞踏の動きを文字や記号を用いて記録したもの。
(注13)　資本主義システム＝経済のしくみのひとつ。

問一　傍線部《ぼうせんぶ》①「彼らは『道』から自由だと言えるのかもしれません。」とありますが、「彼らは自由だ」とは、どういうことですか。

問二　傍線部②「見えない人はある意味で余裕がある」とは、木下さんによれば、どういうことですか。

問三　傍線部③「環境に振り付けられながら行動している」とは、どういうことですか。次の解答欄《かいとうらん》に合うように本文中から三十字以内で抜《ぬ》ても、音の反響《はんきょう》や（注8）白杖《はくじょう》の感触《かんしょく》を利用して道の幅《はば》や向きを把握《はあく》しています。しかし、目が道のずっと先まで一瞬にして見通すことができるのに対し、音や感触で把握できる範囲《はんい》は限定されている。道から自由であるとは、予測が立ちにくいという意味では特殊《とくしゅ》な慎重《しんちょう》さを要しますが、だからこそ、道だけを特別視しない俯瞰的な（注9）ビジョンを持つことができたのでしょう。

全盲《ぜんもう》の木下さんがそのとき手にしていた「情報」は、私に比べればきわめて少ないものでした。少ないどころか、たぶん二つの情報しかなかったはずです。つまり「大岡山という地名」と「足で感じる傾《かたむ》き」の二つです。しかし情報が少ないからこそ、それを解釈《かいしゃく》することによって、見える人では持ち得ないような空間が、頭の中に作り出されました。

木下さんはそのことについてこう語っています。「たぶん脳の中にはスペースがありますよね。見える人だと、そこがスーパーや通る人だとかで埋《う》まっているんだけど、ぼくらの場合はそこが空いていて、見える人のようには使っていない。でもそのスペースを何とか使おうとして、情報と情報を結びつけていくので、そういったイメージができてくるんでしょうね。さっきなら、足で感じる『斜面を下っている』という情報しかないので、これはどういうことだ？と考えていくわけです。だから、②見えない人はある意味で余裕があるのかもしれないね。見えると、坂だ、ということで気が奪われちゃうんでしょうね。きっと、まわりの風景、空が青いだとか、スカイツリーが見えるとか、そういうので忙《いそが》しいわけだよね」。

まさに情報の少なさが特有の意味を生み出している実例です。都市で生活していると、目がとらえる情報の多くは、人工的なものです。大型スクリーンに映し出されるアイドルの顔、新商品を宣伝する看板、電車の中吊《なかづ》り広告……。見られるために設《しつら》えられたもの、本当は自分にはあまり関係のない＝「意味」を持たないかもしれない、純粋《じゅんすい》な「情報」もたくさんあふれています。視覚的な注意をさらっていくめまぐるしい情報の洪水《こうずい》。確かに見える人の頭の中には、木下さんの言う「脳の中のスペース」がほとんどありません。

それに比べて見えない人は、こうした洪水とは無縁《むえん》です。もちろん音や匂《にお》いも都市には氾濫《はんらん》していますが、それでも木下さんに言わせれば「頭のなかに余裕がある」。さきほど、見えない人は道から自由なのではないか、と述べました。この「道」は、物理的な道、つまりコンクリートや土を固めて作られた文字通りの道であると同時に、比喩的《ひゆてき》な道でもあります。つまり、「こっちにおいで」と人の進むべき方向を示すもの、という意味です。

人は自分の行動を一〇〇パーセント自発的に、自分の意志で行っているわけではありません。知らず知らずのうちにまわりの環境《かんきょう》に影響《えいきょう》されながら行動していることが案外多いものです。

「寄りかかって休む」という行為《こうい》ひとつとっても、たいていは寄りかかろうと思って壁《かべ》を探すのではなくて、そこに壁があるから寄っかかってしまう。子どもの場合は特にその割合が高くなります。「いたずら」とはたいていそうしたものです。ボタンがあるから押《お》したくなるし、台があるからよじ登ってしまう。環境に埋め込まれたさまざまなスイッチが（注10）トリガーになって、子どもたちの行動が誘発されていきます。

いわば、人は多かれ少なかれ③環境に振《ふ》り付《つ》けられながら行動している、と言えるのではないでしょうか。

【国　語】（五〇分）〈満点：七〇点〉

【一】次の文章を読んで、あとの問に答えなさい。

見えない人が「見て」いる空間と、見える人が目でとらえている空間。それがどのように違《ちが》うのかは、一緒《いっしょ》に時間を過ごす中で、ふとした瞬間《しゅんかん》に明らかになるものです。

たとえば、先ほども登場していただいた(注1)木下路徳《きのしたみちのり》さんと一緒に歩いているとき。その日、私と木下さんは私の勤務先である東京工業大学(注2)大岡山《おおおかやま》キャンパスの私の研究室でインタビューを行うことになっていました。

私と木下さんはまず大岡山駅の改札で待ち合わせて、交差点をわたってすぐの大学正門を抜《ぬ》け、私の研究室がある西9号館に向かって歩きはじめました。その途中《とちゅう》、一五メートルほどの緩《ゆる》やかな坂道を下っていたときです。木下さんが言いました。「大岡山はやっぱり山で、いまその斜面《しゃめん》をおりているんですね」。

私はそれを聞いて、かなりびっくりしてしまいました。なぜなら木下さんが、そこを「山の斜面」だと言ったからです。毎日のようにそこを行き来していましたが、私にとってはそれはただの「坂道」でしかありませんでした。

つまり私にとってそれは、大岡山駅という「出発点」と、西9号館という「目的地」をつなぐ道順の一部でしかなく、曲がってしまえばもう忘れてしまうような、空間的にも意味的にも他の空間や道から(注3)分節化された「部分」でしかなかった。それに対して木下さんが口にしたのは、もっと(注4)俯瞰的《ふかんてき》で空間全体をとらえるイメージでした。

確かに言われてみれば、木下さんの言う通り、大岡山の南半分は駅の改札を「頂上」とするお椀《わん》をふせたような地形をしており、西9号館はその「ふもと」に位置しています。その頂上からふもとに向かう斜面を、私たちは下っていました。

けれども、見える人にとって、そのような俯瞰的で(注5)三次元的なイメージを持つことはきわめて難しいことです。坂道の両側には、(注6)サークル勧誘《かんゆう》の立て看板が立ち並んでいます。学校だから、知った顔とすれ違うかもしれません。前方には混雑した学食の入り口が見えます。目に飛《と》び込《こ》んでくるさまざまな情報が、見える人の意識を奪《うば》っていくのです。あるいはそれらをすべて(注7)シャットアウトしてスマホの画面に視線を落とすか。そこを通る通行人には、自分がどんな地形のどのあたりを歩いているかなんて、想像する余裕《よゆう》はありません。

そう、私たちはまさに「通行人」なのだとそのとき思いました。「通るべき場所」として定められ、方向性を持つ「道」に、いわばベルトコンベアのように運ばれている存在。それに比べて、まるでスキーヤーのように広い平面の上に自分で線を引く木下さんのイメージは、より開放的なものに思えます。

物理的には同じ場所に立っていたのだとしても、その場所に与《あた》える意味次第《しだい》では全く異なる経験をしていることになる。それが、木下さんの一言が私に与えた驚《おどろ》きでした。人は、物理的な空間を歩きながら、実は脳内に作り上げたイメージの中を歩いている。私と木下さんは、同じ坂を並んで下りながら、実は全く違う世界を歩いていたわけです。

①彼《かれ》らは「道」から自由だと言えるのかもしれません。道は、人が進むべき方向を示します。もちろん視覚障害者だって、個人差はあるとし

MEMO

大切なことはメモしておこうネ！

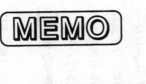

2020年度

解答と解説

《2020年度の配点は解答欄に掲載してあります。》

＜算数解答＞《学校からの正答の発表はありません。》

1. (1) 64　(2) 30　(3) 11

2. (1) $131\frac{7}{8}$度　(2) ① $32\frac{8}{11}$度　② $130\frac{10}{11}$度　(3) $32\frac{8}{11}$度　(4) $\frac{360}{719}$度

3. (1) AF, EF　(2) $\frac{1}{3}$cm　(3) $\frac{5}{7}$cm　(4) $2\frac{1}{3}$cm

4. (1) ① 解説参照　② 解説参照　(2) (0, 0, 1, 2) (1, 1, 2, 0) (2, 2, 0, 1)
(3) ① 解説参照　② 解説参照　(4) 4, 5, 6, 7, 8
(5) 0, 1, 2, 3, 4, 5, 6, 7, 8, 9, 10, 12, 16

○推定配点○
4.(2)～(5) 各4点×7　他 各3点×14(3.(1), 4.(4)・(5)各完答)　計70点

＜算数解説＞

1. (平均算, 数列・規則性, 数の性質)

基本 (1) 1から100までの整数の和から, 平均値×(100－1)の積を引く。
(1＋100)×100÷2－554÷11×(100－1)＝5050－4986＝64

重要 (2) 600×2＝1200, 30×30＝900, 35×36＝1260より, 1から35までの整数の和は(1＋35)×35÷2＝630　したがって, 除いた整数は630－600＝30

やや難 (3) 440÷13＝33…11より, 13の倍数で33×2＝66に近い数は13×5＝65である。
440×5＝2200, 2200×2＝4400, 60×60＝3600, 66×67＝4422より, 1から66までの整数の和は(1＋66)×66÷2＝2211　したがって, 除いた整数は2211－2200＝11

2. (速さの三公式と比, 時計算, 単位の換算)

1分で動く角度…時針：$\frac{1}{2}$度　分針：6度　秒針：360度

1秒で動く角度…時針：$\frac{1}{120}$度　分針：$\frac{1}{10}$度　秒針：6度

重要 (1) 1時23分45秒のとき, 文字盤の12の位置から秒針までの角度は30×3＝90(度)　同時刻のとき, 文字盤の12の位置から時針までの角度は$30+23\times\frac{1}{2}+45\times\frac{1}{120}=41\frac{7}{8}$(度)　したがって, 求める角度は$90+41\frac{7}{8}=131\frac{7}{8}$(度)

(2) ① 時針と分針の速さの比は1：12であり, 12－1＝11が360度に相当するので時針の角度は$\frac{360}{11}=32\frac{8}{11}$(度)

② ①の時刻は$360\div\frac{11}{2}=\frac{720}{11}=65\frac{5}{11}$(分)であり, このとき, 秒針と時針の間の角度は$360\times\frac{5}{11}-\frac{720}{11}\times\frac{1}{2}=\frac{1800}{11}-\frac{360}{11}=130\frac{10}{11}$(度)

(3)　時針と分針の間の角度が30度のとき，$30\div\frac{11}{2}=\frac{60}{11}=5\frac{5}{11}$(分)であり，このとき，秒針と時針の間の角度は$360\times\frac{5}{11}-\left(30+\frac{30}{11}\right)=163\frac{7}{11}-32\frac{8}{11}=130\frac{10}{11}$(度)　以下，同様に計算すると時針と分針の間の角度が240度のとき，$240\div\frac{11}{2}=\frac{480}{11}=43\frac{7}{11}$(分)であり，このとき，時針と秒針間の角度は$240+\frac{240}{11}-360\times\frac{7}{11}=261\frac{9}{11}-229\frac{1}{11}=32\frac{8}{11}$(度)で最小になる。

やや難　(4)　時針と分針が重なる時刻のうち，時針の角度と秒針の角度が最も近くなる時刻を探った後，時針と秒針が重なる角度と分針の角度の差を求める。

8時台で時針と分針が重なる時刻…$30\times8\div\frac{11}{2}=240\times\frac{2}{11}=\frac{480}{11}=43\frac{7}{11}$(分)

$43\frac{7}{11}$(分)の時針の角度…$240+\frac{480}{11}\div2=261\frac{9}{11}$(度)

8時43分のとき，秒針から時針までの角度は$240+\frac{43}{2}=\frac{523}{2}$(度)であり，秒針が時針に重なるまでの時間は$\frac{523}{2}\div\left(6-\frac{1}{120}\right)=\frac{523}{2}\times\frac{120}{719}=\frac{31380}{719}$(秒)，このときの分針の角度は$6\times43+\frac{31380}{719}\div10=262\frac{262}{719}$(度)であり，秒針の角度は$6\times\frac{31380}{719}=261\frac{621}{719}$(度)である。したがって，このとき分針と秒針の角度の差は$262\frac{262}{719}-261\frac{621}{719}=\frac{360}{719}$(度)

3.（平面図形，相似，図形や点の移動）

基本　(1)　図アより，辺AF，FE

基本　(2)　図イより，$1\div3=\frac{1}{3}$(cm)

図ア

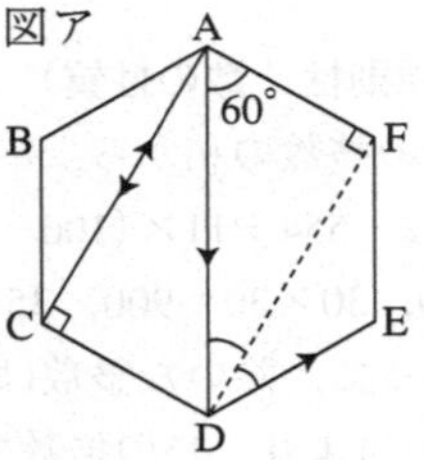

図イ

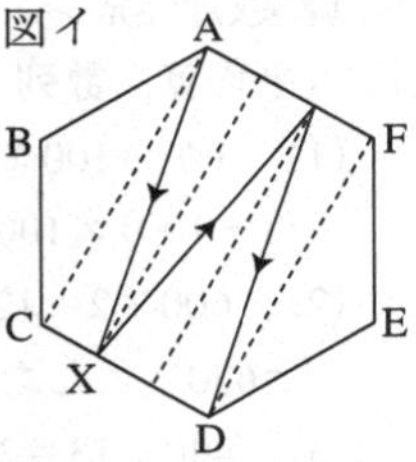

やや難　(3)　図ウにおいて，各辺につき線対称な正六角形を加えていくと，点Pの軌跡はAY＋YPとなる。直角三角形PYSとPQRは相似であり，正六角形の1辺を2にするとQRは$2\times2+2\div2=5$である。したがって，YSは$5\div7\times5=\frac{25}{7}$，CYは$5-\frac{25}{7}=\frac{10}{7}$であり，実際の長さは$\frac{10}{7}\div2=\frac{5}{7}$(cm)

図ウ

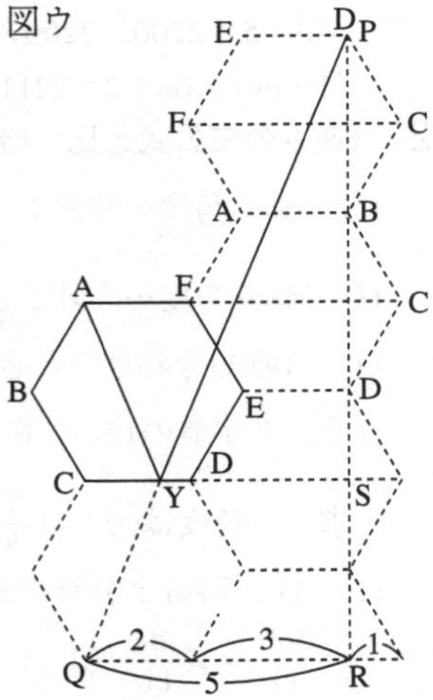

(4)　図エにおいて，2回反射して達することができるのは辺AF，CD，ABの部分であり，さらに，図オより，DUの部分にも達する。図オにおいて，三角形VUEとTUDは相似であり，UE：DTが$\frac{1}{4}$：$\frac{1}{2}$＝1：2であるから，UEは1÷(1＋2)＝$\frac{1}{3}$(cm)　　したがって，2回反射して達しない部分の長さは1×2＋$\frac{1}{3}$＝2$\frac{1}{3}$(cm)

図エ

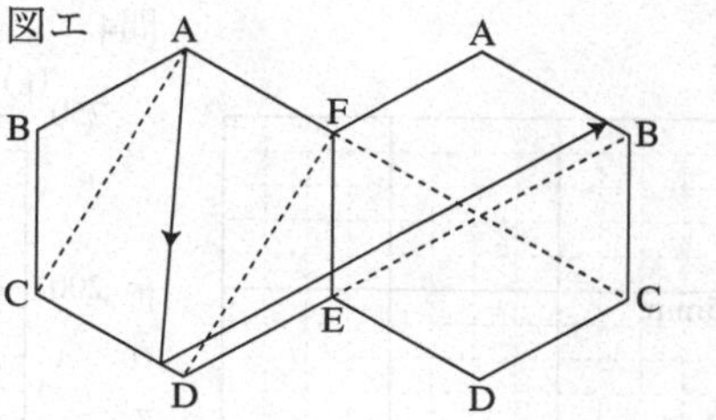

図オ

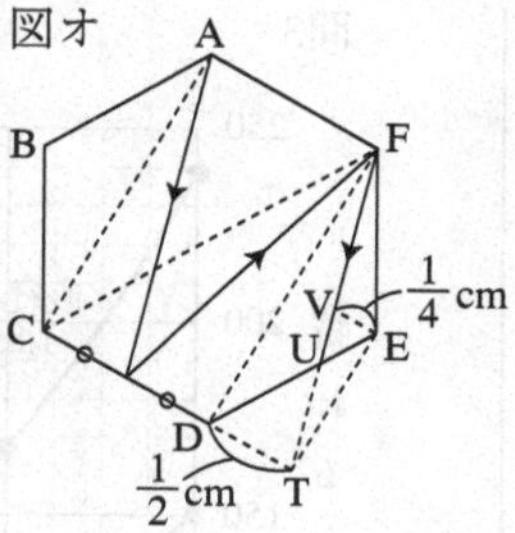

重要 **4.** (平面図形，規則性，数の性質，推理，場合の数)

(1)　ボタンを押す順番にしたがって，○→△→×が反復される。①図カになる。②図キになる。

(2)　Ⓔが0回…(0，0，1，2)　　Ⓔが1回…(2，2，0，1)　　Ⓔが2回…(1，1，2，0)

(3)　①Ⓕが1回・Ⓖが2回で図クになる。②Ⓐ・Ⓑ・Ⓖが1回ずつで図ケになる。

図カ

	Ⓐ	Ⓑ	Ⓒ	Ⓓ
Ⓔ	○	○	△	×
Ⓕ	○	○	△	×
Ⓖ	△	△	×	○
Ⓗ	×	×	○	△

図キ

	Ⓐ	Ⓑ	Ⓒ	Ⓓ
Ⓔ	×	×	△	△
Ⓕ	○	○	×	×
Ⓖ	○	○	×	×
Ⓗ	△	△	○	○

図ク

	Ⓐ	Ⓑ	Ⓒ	Ⓓ
Ⓔ	○	○	△	×
Ⓕ	△	△	×	○
Ⓖ	×	×	○	△
Ⓗ	?	?	?	?

図ケ

	Ⓐ	Ⓑ	Ⓒ	Ⓓ
Ⓔ	△	△	○	○
Ⓕ	?	?	?	?
Ⓖ	×	×	△	△
Ⓗ	△	△	○	○

(4)　ボタンC1回・ボタンD2回で，各行が○○△×になり，この後，各行のボタンを1回押しても2回押しても，それぞれ○が1枚表示される。したがって，○の数は4～8枚まで。

(5)　○○○○は操作後，0～4枚表示になるので0枚，1枚，2枚，3枚，4枚，2×4＝8(枚)，3×4＝12(枚)，4×4＝16(枚)がある。さらに，2×3＝6(枚)，3×3＝9(枚)があり，2＋1×3＝5(枚)，2×3＋1＝7(枚)があり，問題図4より，10枚がある。

★ワンポイントアドバイス★

2.(4)「時計の針の重なりと最小角」は難しく，3.(3)・(4)「点Pの道筋」は線対称な図形の利用に気づかないと手こずる。4.「パネルのボタン操作」は，見かけほど難しくない。1.(3)は，「平均値と13の倍数」の関係に注目する。

＜理科解答＞ 《学校からの正答の発表はありません。》

1. A　ウ　　B　ア　　C　エ　　D　イ

2. 問1　ア　　問 2　ウ

3. 問1　247.5cm　　問2　1.2倍　　問3　次ページ図　　問4　次ページ図

問5　A　2.07　　B　257.6　　C　247.5　　D　82.5　　問6　①　直径が大きいほど強い[直径が小さい方ほど弱い]　　②　長さが短いほど強い[長さが長いほど弱い]

問7　③　イ　　④　エ　　問8　E　570　　F　660　　G　500　　問9　キ

問3

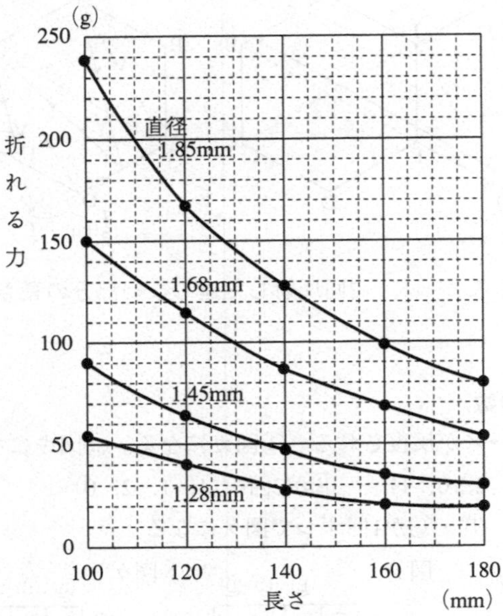

問4

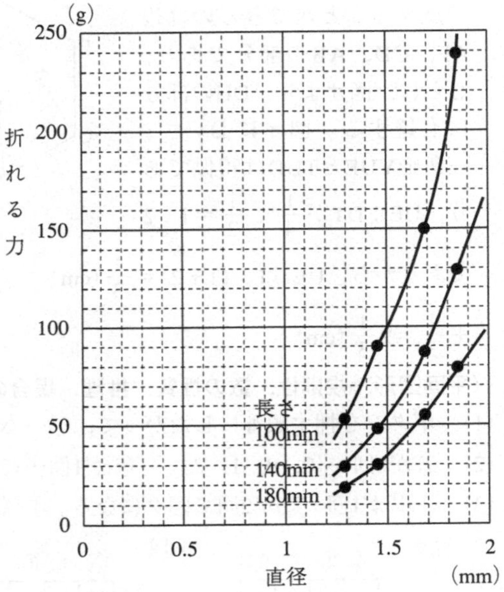

○推定配点○

1．各1点×4　　2．各2点×2

3．問1・問2・問5～問8　各3点×10(問5は完答)　　問3・問4　各5点×2　　問9　2点

計50点

＜理科解説＞

1．(植物のなかまーイネ科の植物)

A～Dは，すべて単子葉類のうちイネ科の植物である。Aは，本年のテーマのスパゲッティの原料であるコムギである。多くは，秋に種子をまいて冬を越し，春に発芽して夏にできる種子を収穫する。Bはイネであり，春に種子をまいて秋に収穫する。Cはエノコログサで，夏～秋に穂のような花を咲かせる。その細長い穂にネコが反応するので，ネコジャラシともよばれる。Dは，秋に十数本にわかれた花穂ができ，冬は地上部が枯れるが地下茎が生き続ける多年草である。

2．(物質の性質ー小麦粉に含まれる物質)

基本

問1　デンプンは，イネやコムギなどに多く含まれ，食べるとエネルギーのもとになる炭水化物の一種である。炭水化物は，成分として，炭素，水素，酸素からできており，デンプンのほか，デンプンを分解したブドウ糖をはじめとする糖類などが含まれる。

問2　からだをつくるもとになる栄養分はタンパク質である。タンパク質を多く含む食品は，肉，魚，卵，牛乳，ダイズなどである。小麦粉の大半は炭水化物でできているが，10%ほどタンパク質が含まれており，練り混ぜるとグルテンができて，粘りや弾力のもとになる。

3．(力のはたらきースパゲッティの強さ)

問1　表1から，長さの合計を求め，本数の100本で割れば，平均の長さが求められる。

$$(243\times2+244\times2+245\times4+246\times15+\quad\cdots\quad+251\times1)\div100=247.5$$

しかし，この計算を実行するには手間と時間がかかりすぎる。そこで，本数の最も多い247mmを仮の平均とし，そこからの差を考える方が，小さい数字で計算できて速い。例えば，仮平均よ

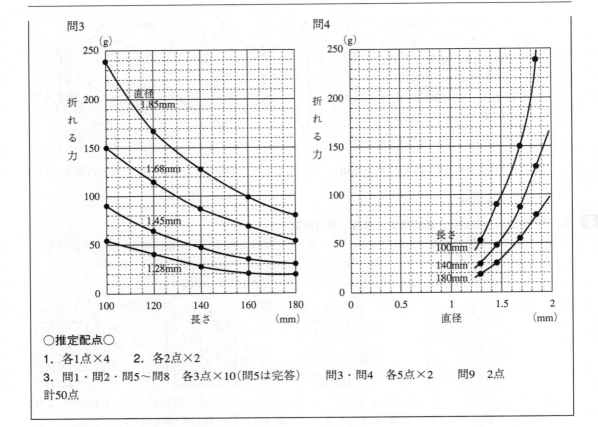

りも小さい243mmの場合，仮の平均よりも4cm短いと考える。

仮の平均より短い分の合計　…　4×2＋3×2＋2×4＋1×15＝37

仮の平均より長い分の合計　…　1×24＋2×19＋3×7＋4×1＝87

つまり，本当の平均は，仮の平均に比べて，(87－37)÷100＝0.5(mm)だけ長いことがわかる。よって，求める平均は，247＋0.5＝247.5(mm)である。

問2　直径のちがう2種類のスパゲッティで，成分が同じなので，重さの比は体積の比と同じである。また，長さが同じなので，体積の比は底面積の比と同じになる。底面積の比は，半径×半径の比と同じで，これは，直径×直径の比とも同じである。よって，(1.85×1.85)が(1.68×1.68)の何倍か求めればよい。それぞれの数値は，問題の冒頭に与えられている。

(1.85×1.85)÷(1.68×1.68)＝3.42÷2.82＝1.21…で，四捨五入により1.2倍である。

重要

問3・問4　縦軸，横軸に何を取るのかよく確認し，表の数値を読んで，1つ1つの測定値をはっきりと点や記号でグラフ用紙に取る。できるだけ多くの点を通るように，しっかりした曲線で結ぶ。描き方は，あとの図5を参考にすればよい。最後に，どの線がどの条件を表しているのか，問3では直径，問4では長さを記入する。条件ごとに，記号や線の種類を変えるなど工夫するのも良い。点を取らず線だけで描くのは良くない。

問5　ブカティーニの平均の長さは257.6mmで，平均の重さは2.07gである。一方，問1のことから，直径1.68mmのスパゲッティの平均の長さは247.5mmであり，問題文から平均の重さは82.5÷100＝0.82(g)である。この2つの重さを，同じ長さで比べるため，(ブカティーニの1mmあたりの重さ)を(スパゲッティの1mmあたりの重さ)で割り算すればよい。

(2.07÷257.6)÷{(82.5÷100)÷247.5}

これを，問題の式にあうように入れ替えれば，2.07÷257.6×247.5÷(82.5÷100)となる。計算すると，約2.4倍となり，問題文の値と合う。

問6　問3，問4で描いたグラフから，同じ長さで比べたときは，直径が大きい方が折れる力が大きい，つまり，直径が大きいほど強いことがわかる。また，同じ太さで比べたときは，長さが短い方が折れる力が大きい，つまり，長さが短いほど強いことがわかる。

重要

問7　問題文の通り，図6～図9のうち，比が一定になっているのは図8である。この図8を見ると，「直径に直径を3回かけた値」が10mm^4のとき，折れる力が約110gとなっている。つまり，「直径に直径を3回かけた値」に約11を掛けると，折れる力にほぼ等しい。この関係から，直径が1mmのとき，「直径に直径を3回かけた値」は1mm^4だから，折れる力は1×11で約11gである。また，直径が2mmのとき，「直径に直径を3回かけた値」は16mm^4だから，折れる力は16×11で約176gであり，選択肢では180gが最も近い。

問8　E…表3を見ると，長さ140mmのブカティーニが折れる力は570gである。F…外径の2.78mmを用いて，問7の計算をする。「直径に直径を3回かけた値」は，2.78×2.78×2.78×2.78であり，この計算結果は，問題の冒頭に与えられている約59.7である。折れる力は59.7×11で656.7gであり，

やや難

四捨五入して660gである。G…ブカティーニと同じ断面積のスパゲッティの直径が分かれば，問7と同じ計算から折れる力が求められる。また，問5で，ブカティーニの重さが，直径1.68mmのスパゲッティの重さの2.4倍とわかっている。そこで，2回かけて2.4になる数，つまり，□×□＝2.4となる数を考えると，ブカティーニの重さと同じ重さのスパゲッティの直径は，(1.68×□)mmと表せる。この直径を用いて問7と同様に考えると，「直径に直径を3回かけた値」は(1.68×□)×(1.68×□)×(1.68×□)×(1.68×□)＝1.68×1.68×1.68×1.68×□×□×□×□となる。この計算は，問題の冒頭に与えられている値の約7.97と，□×□＝2.4から，7.97×2.4×2.4≒45.9である。よって，折れる力は45.9×11で約504.9gであり，四捨五入して500gである。

問9　問8のことから，外径2.78mmのブカティーニの強さは，同じ直径のスパゲッティよりも弱いものの，同じ断面積のスパゲッティよりは強い。つまり，同じ量の材料でより強くなり，いいかえれば，より少ない量の材料で同じ強さとなる。

★ワンポイントアドバイス★

情報量の多い問題から，必要な情報を整理し，できるだけシンプルな関係を使って考えを進めていこう。

＜社会解答＞《学校からの正答の発表はありません。》

I　問1　A　イ　B　ア

問2

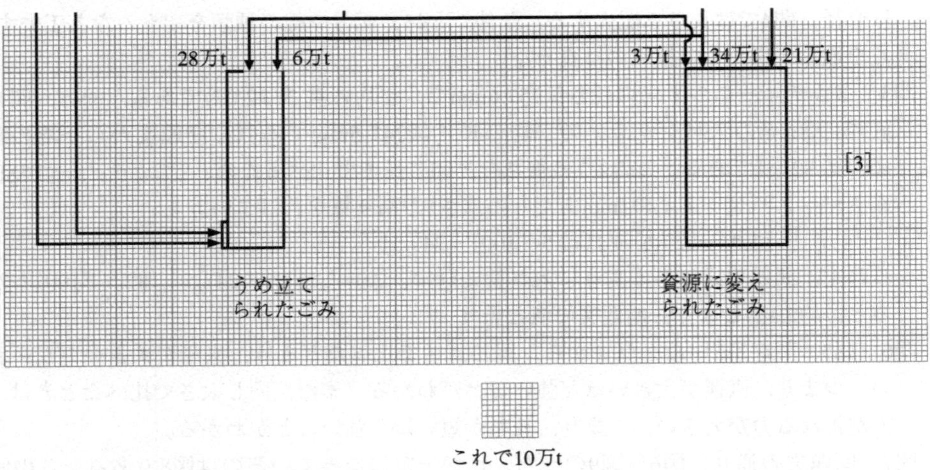

問3　(例)　可燃ごみが焼却施設で燃やされて灰になり，重量が軽くなったから。

問4　(1)　資源として再利用されたり，埋め立てられたりしている。　(2)　家電リサイクル(法)　問5　(1)　ペットボトル　(2)　ウ　(3)　(例)　ごみの排出量を減らす(こと)。

II　問1　ウ　問2　イ　問3　(例)　ごみから発生する悪臭

問4　(そのままうめ立てる場合)　土壌や地下水を汚染する。　(焼却する場合)　有害なガスが発生する。　問5　(例)　ごみ収集車によって，交通渋滞が発生する。

問6　(例)　高温で連続して焼却することにより，有害物質の発生を抑制する。

問7　(例)　熱(→)温水プール　(例)　灰(→)舗装用の材料

III　問1　a　330　b　34　c　272　d　58　問2　イ　問3　(例)　東京では，毎年，大量のごみが発生し，ごみのうめ立て処分場が不足してきている。このため，都民にリデュースを呼びかけ，ごみの総量を減らすことに取り組んでいる。さらに，ごみの資源化を進めるなどして，うめ立てられるごみの量を抑制している。

IV　問1　羽田　問2　都心に近い地域から，東京湾の沖合に移動してきた。

問3　(例)　14号地，15号地は可燃ごみも焼却されず，そのまま埋め立てられたので，短い期間で処分場が満杯になってしまった。中央防波堤外側埋立処分場は，可燃ごみは焼却し，灰として埋め立てるので，処分場が満杯になるには時間がかかる。

○推定配点○

Ⅰ 問1・問5(2) 各1点×3 問2 4点 他 各2点×5

Ⅱ 問1・問2 各1点×2 他 各2点×7

Ⅲ 問3 5点 他 各1点×5 Ⅳ 問3 3点 他 各2点×2 計50点

＜社会解説＞

Ⅰ （総合－ごみをテーマにした日本の地理，政治など）

基本 問1 Aは神奈川県で，人口は約917万人(2017年現在，以下同様)。東京都に次いで人口は第2位である。Bは愛知県で，人口は約755万人。東京都，神奈川県，大阪府についで第4位である。なお，京都府の人口は約260万人，福岡県の人口は約512万人，北海道の人口は約532万人である。

問2 うめ立てられたごみは，28万t＋6万t＝34万t。資源に変えられたごみは，3万トン＋34万t＋21万t＝58万t。

問3 焼却施設で運ばれた可燃ごみの大半は，焼却されて灰になる。そのため，焼却施設から出されたごみの量は，焼却施設に運ばれた可燃ごみの量に比べて，かなり少なくなる。

問4 (1) 図1から，粗大ごみの多くは，「焼却施設以外の処理施設」で，資源に変えられたり，埋め立てられたりしていることが読み取れる。 (2) 家電リサイクル法は，家庭から出たエアコン，テレビ，電気冷蔵庫，電気洗濯機などから有用なものは再資源化し，廃棄物の減量を図る法律。正式には「特定家庭用機器再商品化法」という。2001年に施行された。

問5 (1) ペットボトルは，ポリエチレン・テレフタレート(PET)製の透明容器。軽く，加工しやすいという特性から飲料，調味料などの容器として急速に普及した。それと同時に大量のごみが発生し，1995年，容器包装リサイクル法が成立し，1997年からはペットボトルの再商品化がメーカーに義務付けられた。 (2) 牛乳の約90％が紙パックで売られており，その約3割がリサイクルされている。牛乳パックは，主にトイレットペーパー，ティシュペーパー，キッチンペーパーにリサイクルされており，1リットルの牛乳パック6枚からトイレットペーパー1個ができる。
(3) リデュースは，環境保護の立場から，ごみを減らすこと。資源を大切にするという考え方から，リサイクル，リユースとともに3Rとよばれることがある。

Ⅱ （総合－ごみをテーマにした日本の地理，歴史など）

やや難 問1 日本で，1955年～1972年は，高度経済成長期にあたり，東京では，オフィスビル，ホテル，店舗などの建設ラッシュが起こった。そのため，東京23区では，「店，旅館，ホテル，事務所，銀行」の床面積の伸びが最も大きかった。

問2 高度経済成長期には，コピー機などの事務用機器が導入されたこと，容器・包装用の紙の使用が増加したことなどにより，大量の紙ごみが発生するようになった。

問3 悪臭の問題のほか，大量のハエの発生による健康被害，ごみ火災の煙による健康被害などがあげられる。

重要 問4 プラスチックはうめ立てても，腐らずにそのまま長期にわたって存在する。プラスチックは水や土と化学反応を起こして，有害物質を発生させてしまう可能性がある。また，プラスチックを低温で焼却すると，ダイオキシンなどの発ガン性の高い有害物質を発生させる可能性がある。

問5 焼却施設には，毎日のように，ごみ収集車によって大量のゴミが搬入される。このため，焼却施設周辺では，交通渋滞が発生する可能性がある。実際に，1970年代，江東区では，ごみ収集車を原因とした交通渋滞が深刻化した。

問6　焼却施設の煙突を高くすることにより，汚染物質の濃度を下げるなどの対策もとられた。

重要　問7　焼却施設から発生する排熱は，温水プールのほか，地域暖房や植物園などに利用されている。また，焼却施設から発生する灰は，歩道の敷石や消波ブロックなどに利用されている。

Ⅲ　（総合－ごみをテーマにした日本の地理，歴史など）

問1　a　図1の左上に「東京23区で集められたごみの総量330万t」とある。　b　うめ立てられたごみの量は，28万t＋6万t＝34万t。　c　焼却されたごみの量は，264万t＋8万t＝272万t。　d　資源に変えられたごみの量は，3万トン＋34万t＋21万t＝58万t。

問2　1961年では，集められたごみの総量に対するうめ立てられたごみの割合は，134万t÷158万t×100＝84.8…≒85（%）。1989年では，303万t÷557万t＝54.3…≒54（%）。1961年より1989年の方が割合は下がっているので，イは誤りである。

やや難　問3　1989年から2017年にかけて，集められたごみの総量は減少している。また，この間，うめ立てられたごみの量も激減している。一方，資源に変えられたごみの量は増加している。これらのことを，その背景として考えられることとともに記述すればよい。

Ⅳ　（総合－ごみをテーマにした日本の地理，歴史など）

基本　問1　羽田は，東京都大田区南東端，多摩川河口左岸にある地区名。古くは漁村で，沿岸漁業，ノリの養殖が盛んだったが，埋立地の拡張，水質の悪化のため衰えた。東京国際空港（羽田空港）の所在地でもある。

問2　8号地，14号地は，都心に近かったが，その後，都心から離れた東京湾の沖合がうめ立てられるようになった。

重要　問3　表2から，1961年ごろは，集められたごみのほとんどが，そのままうめ立てられていたが，1975年以降は，集められたごみの多くが焼却処分され，焼却できないごみだけがうめ立てられるようになったことが読み取れる。このことから，14号地，15号地は短い期間で処分場が満杯になってしまったが，中央防波堤外側埋立処分場は処分場が満杯になるには時間がかかっていると考えられる。

★ワンポイントアドバイス★

ごみが全体のテーマとなっている。途中の問題がヒントになっていることもあるので，時間のかかりそうな問題はとばして，先に進んだ方が得策である。

＜国語解答＞《学校からの正答の発表はありません。》

【一】　問一　（例）　見えない人は進むべき方向を指し示す「道」にしばられず，想像して俯瞰的なビジョンを持ち，自分の意志で行動できるということ。　問二　（例）　見えない人は視覚から入る様々な情報に意識を向ける必要がないため，少ない情報と情報を結びつけて想像するゆとりがあるということ。　問三　知らず知ら～動している（ということ。）
問四　（例）　もともと自分の中にはなかった欲望が作られ，欲望に基づく行動が次々に誘発される（ということ。）

【二】　問一　a　イ　b　オ　問二　（例）　ブルーのけがの状況が深刻で，早く医者に見せないといけないと思い，あせっていたから。　問三　（例）　ブルーにけがをさせたことで自分を責め続ける息子をなぐさめようという気持ち。　問四　（例）　自分ではなくバーンズ先生に腹を立てた父を見て，ブルーへの罪悪感から一瞬でも逃れることができたから。　問五　（例）ブルーは助からないだろうという強い不安を抱いており，悲しい事実と向き合う覚悟ができていなかったから。

【三】 1　謝絶　2　承服　3　候補　4　鳥居　5　加減　6　救護　7　均整　8　寒波　9　皇后　10　提供　11　預(かる)　12　肥(えた)　13　束(ねる)　14　修(める)　15　厚(く)

○推定配点○

【一】 問三　3点　他　各8点×3

【二】 問一　各2点×2　問二・問三　各4点×2　問四・問五　各8点×2

【三】 各1点×15　計70点

＜国語解説＞

【一】 (随筆文―要旨・細部表現の読み取り，記述)

重要 問一　傍線①直後にあるように，「道」は進むべき方向を示すものである。そのため，「道」から自由であるとは，「進むべき方向」を指示されることから自由になるのだとわかる。また，「全盲の木下さんは……」から始まる段落で書かれているように，「道」から自由な木下さんは，情報と情報を結びつけて想像している。その想像によって，傍線①直後に書かれているような「俯瞰的ビジョン」を持つことができたのだ。「道」から自由な人は「俯瞰的ビジョン」を持つことができると読み取れる。さらに，「人は自分の行動を……」以降で書かれているように，「道」から自由な人は「環境に影響されながら行動(する)」必要がない。環境に影響されないからこそ，自らの意志で行動できるのだと類推できる。以上の内容をまとめて，解答を作成して欲しい。記述の際には，「進むべき方向にしばられない」「想像して俯瞰的なビジョンを持つ」「自分の意志で行動できる」という三点を中心にまとめる。

問二　傍線②までの文脈をおさえることで，書くべき内容を判断できる。傍線②が含まれる段落の最初の方に，見える人は脳のスペースがスーパーや通る人などで埋まってしまうと書かれている。これは，見える人の意識が視覚から入る様々な情報に奪われることを意味する。逆の立場から考えると，見えない人は視覚から入る様々な情報に意識を奪われなくて済むのだ。また，同じ段落内に「情報と情報を結びつけていくので……イメージができてくる」と書かれている。見えない人は，視覚から入る情報に意識を奪われないので，手にした情報が少なくても，それを結びつけて想像ができるのだ。以上の2点から考えると，傍線部の「余裕がある」とは，見える人にとって難しいことができる，見えない人の「ゆとり」なのだと判断できる。記述の際には，「見えない人は視覚から入る様々な情報に意識を向ける必要がない」「見えない人は少ない情報と情報を結びつけることができる」+「見えない人にはゆとりがある」という内容を中心にする。

問三　傍線③直前に書かれた内容から抜き出し部分を見出すことができる。「人は自分の行動を100パーセント……」で始まる段落内に，「まわりの環境に影響されながら行動している」とある。この部分が傍線部の表現と意味が同じであり，言いかえた表現となる。この部分を設問の条件にあわせて抜き出せば，解答になる。

やや難 問四　傍線④直前にあるように，視覚刺激によって私たちの中には「欲望」が作られる。そして，その欲望に基づき，私たちは余計な買い物などをしてしまうのである。傍線③前後ではそのような状態を「行動が誘発され(る)」と表現されており，その部分を記述に活用することもできる。「欲望が作られる」→「欲望に基づく行動が誘発される」という流れでまとめるとよい。

【二】（物語文一心情・場面・細部表現の読み取り，記述，ことばの意味）

問一　a　心配や落胆などから，力なく首を下に向ける様子を意味する。選択肢の中では，イの「力なく下を向いた」が正解になる。　b 「くたびれる」とは，ここでは，使い古してみすぼらしい感じになった様子を意味する。選択肢の中では，「使い古した」とある，オが正解になる。

問二　傍線①が含まれる場面の内容を把握して，書くべき内容を考える。父さんが「医者に連れてってもどうにもならんだろうが」と言うぐらいブルーの状況は深刻なのである。だからこそ，「八キロぐらい」を「今日はとてつもなく長い旅」に思ったのだ。けがの状況が深刻だから，早く医者に見せなければいけない。そこから生まれたあせりの感情がいつもより長く感じさせた理由だと類推できる。記述の際には，「ブルーのけがの状況が深刻」「早く医者に見せないといけない」という状況を書き，それに対する「あせり」という感情をつけ加える。

基本　問三　傍線②直前に「……おれが悪かったんだ」という言葉がある。これはマール・ヘンリーがブルーのけがに責任を感じて口にした言葉である。マール・ヘンリーは，ブルーのけがについて自分を責め続けているのである。これに対して，母さんはマール・ヘンリーの背中をやさしくたたく。そして，傍線②の言葉につながる。この状況から，母さんは息子をなぐさめたいという気持ちを抱いていたことが類推できる。記述の際には，「ブルーのけがのことで自分を責め続ける息子」＋「なぐさめようという気持ち」という内容を中心にする。

重要　問四　傍線③を含む場面の展開をおさえて，書くべき内容を考える。「とうとう，マール・ヘンリーは……」から始まる段落で，マール・ヘンリーは「言わなきゃいけなかったこと」を両親に打ち明ける。それは，自分がバーンズ先生に罰を受けたことである。それがブルーの事件に関係あると考えていたマール・ヘンリーは，父さんからぶたれると思った。だが父さんはバーンズ先生に対して，腹を立てたのである。傍線③以降で「ブルーのことがまたひどく気になった」とあることから，傍線③の時点では，父さんの様子を見たマール・ヘンリーはブルーに対する罪悪感から一瞬ではあるが逃れることができた。それが，「ほっとした」理由なのである。記述の際には，「バーンズ先生に腹を立てた父さんを見たこと」＋「ブルーへの罪悪感から逃れることができた」＋「から」という内容を中心にする。

やや難　問五 「どうして母さんが迎えにきたんだろう」「ポッサムおじさんのことを伝えにきたときと同じじゃないか」という表現から，マール・ヘンリーが強い不安を抱いていることがわかる。マール・ヘンリーは，ブルーが助からないのではないかという不安を抱いているのだ。そして，「ソフトクリームを食べる気にぜったいになれない」という表現からは，ブルーの死という悲しい事実に向き合う覚悟がないマール・ヘンリーの様子が類推できる。記述の際には「ブルーは助からないという不安を抱いていた」＋「悲しい事実に向き合う覚悟がない」という内容を中心にまとめる。

【三】（漢字の書き取り）

1　人の申し出を断ること。入院患者への面会の申し出を断ることを「面会謝絶」という。　2　相手の主張に納得して，従うこと。「承伏」と表記される場合もある。　3　ここでは，選ばれる対象

やや難　となる人。候補者として名乗り出ることを，「立候補」という。　4　神社の参道の入り口などに立てる門のこと。　5　ここでは，ほどよく調節すること。　6　被災者やけが人を助け，看護すること。「救」にはすくうという意味があり，その意味で「救急」「救済」という言葉がある。　7　全体がつり合って整っていること。「均斉」と表記される場合もある。　8　冷たい寒気が流れ込み，

重要　気温が急激に下がる現象。その冷たい風を「寒風」という。　9　天皇の妻のこと。前天皇の皇后は，「皇太后」となる。　10　自分の持つものを与えたり使わせたりすること。書類や資料などを差し出すことは，「提出」という。　11　人の所有物を責任もって守ること。お金の場合，預けら

れたものは「預金」という。　12　ここでは土地が豊かなこと。「肥える」には，太っているという意味もある。その意味で「肥満」という言葉がある。　13　一つにまとめてくくること。花を一つにまとめてくくったものが「花束」である。　14　ここでは，学問を学んで身につけること。統治することを「治める」と書き表す。金品を受け取り手に渡すことを「納める」と書き表す。よい記録を生み出すことを「収める」と書き表す。　15　ここでは，物の両面の間の幅が大きいこと。物質の温度が高いことは「熱い」と書き表す。気温が高いことは「暑い」と書き表す。

基本

基本

★ワンポイントアドバイス★

基礎的な記述の型をおさえていれば，十分に書くことができる記述問題が多い。背景を書き，心情変化のきっかけを書き，心情を書くなど，記述の型を十分におさえておきたい。

MEMO

大切なことはメモしておこうネ！

2019年度

★★★★★★★★★★★★★★★★★★★★★★★★

入 試 問 題

2019年度

栄光学園中学校入試問題

【算　数】（60分）　＜満点：70点＞

1． 次の問に答えなさい。ただし，円周率は3.14とします。

(1)　半径10cmの円の内部に，1辺の長さが10cmの正三角形ABCが図1のようにあります。点Aをつけたまま，点Bが円周につくまで，正三角形を回転させます（図2）。

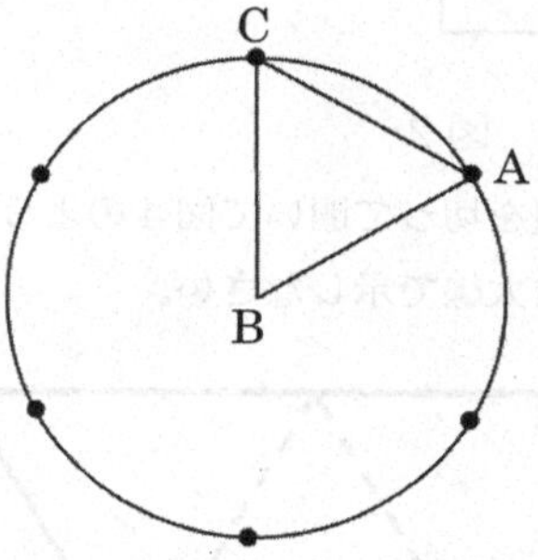

図1

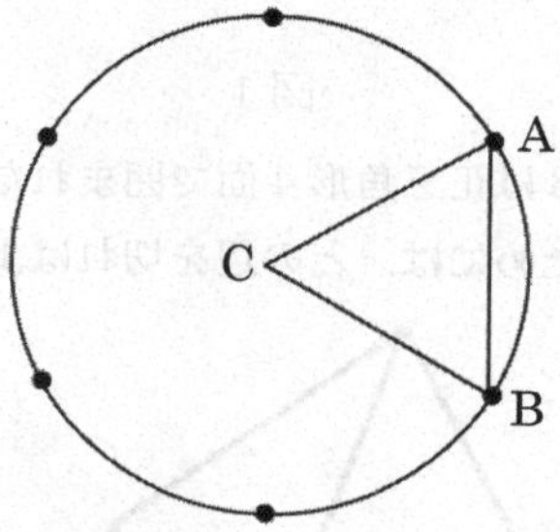

図2

次に，点Bをつけたまま，点Cが円周につくまで回転させます。このような回転を同じ向きに繰《く》り返していきます。

図1の位置からもとの位置に戻《もど》ってくるまで回転を6回繰り返したとき，点Bの動いた道すじの長さを，四捨五入して小数第2位まで求めなさい。

(2)　半径10cmの円の内部に，1辺の長さが10cmの正方形ABCDが図3のようにあります。点Aをつけたまま，点Bが円周につくまで，正方形を回転させます（図4）。

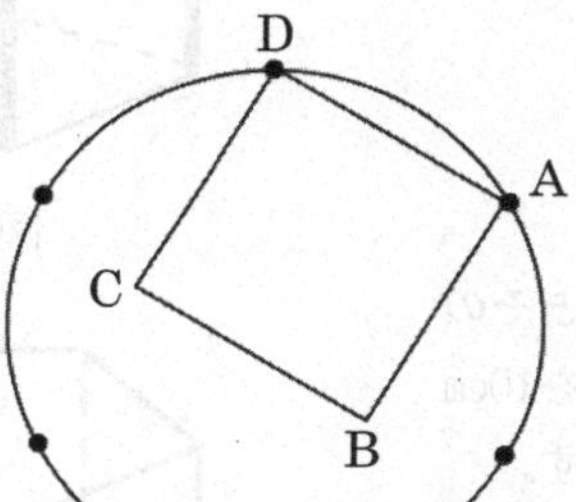

図3

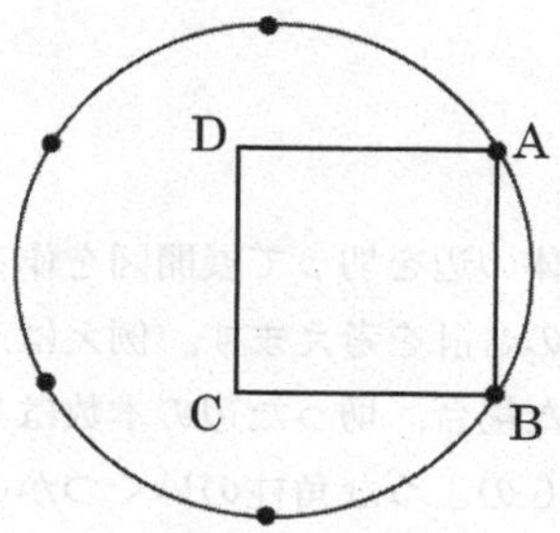

図4

(1)と同じように，図3の位置からもとの位置に戻ってくるまで回転を6回繰り返します（点A～Dの位置は元に戻るとは限りません）。点Bの動いた道すじの長さを，四捨五入して小数第2位まで求めなさい。ただし，この正方形の対角線の長さは14.1cmとします。

途《と》中の式も書きなさい。

2． 立体のいくつかの辺を切って開いたときの展開図について考えます。

例えば，図１の立方体において，太線で示した７つの辺を切って開くと，図２のような展開図になります。

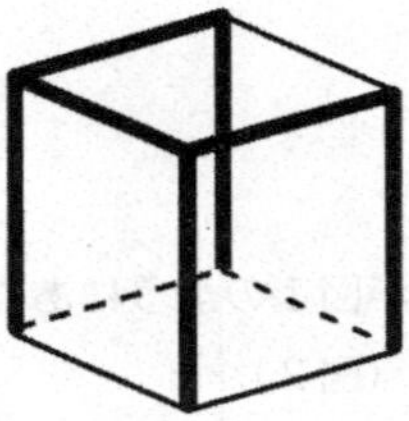

図１

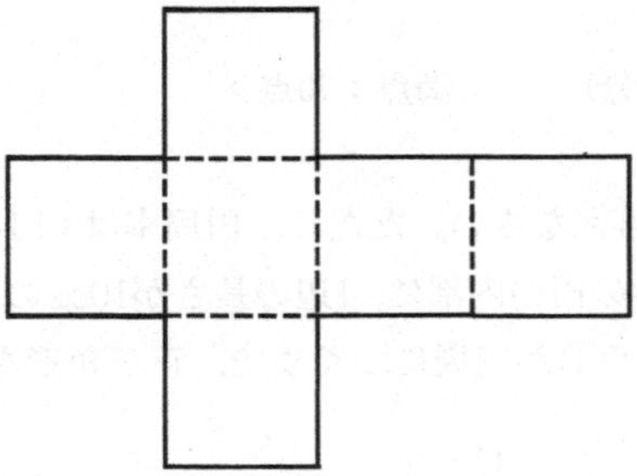

図２

(1)　図３は正三角形４面で囲まれた立体です。いくつかの辺を切って開いて図４のような展開図を作るためには，どの辺を切ればよいですか。解答欄《らん》の図に太線で示しなさい。

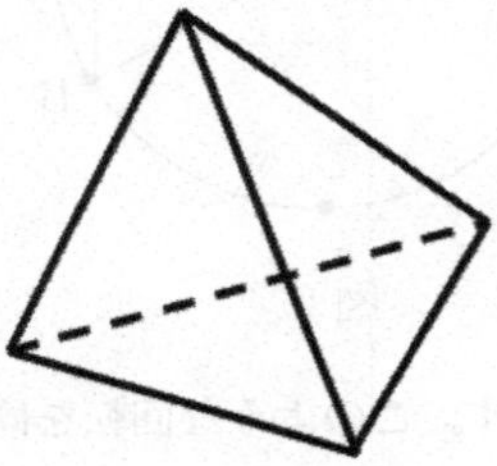

図３

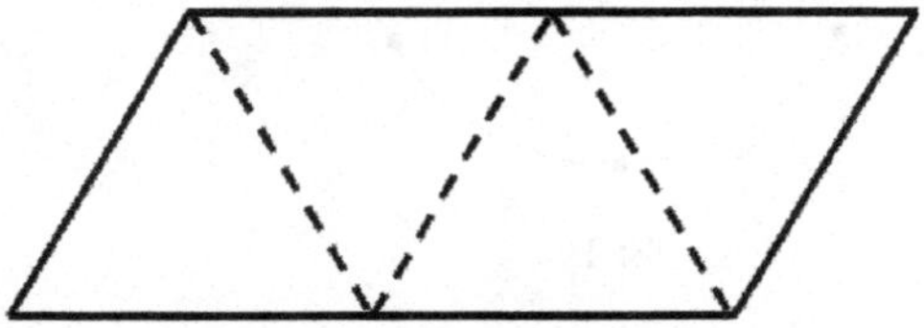

図４

(2)　図５の立方体において，太線で示した辺を切って開くと，どのような展開図になりますか。その展開図をかきなさい。

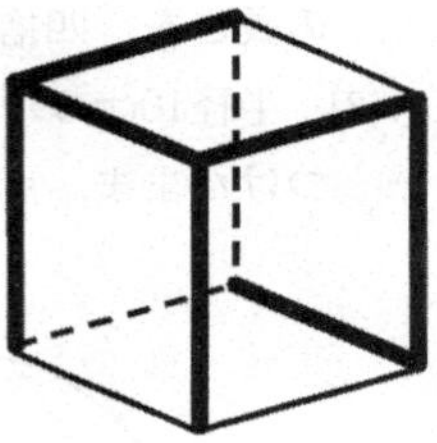

図５

(3)　立体の辺を切って展開図を作るときの，切った辺の本数とその長さの合計を考えます。例えば，(2)の立方体の１辺の長さを10㎝とした場合，切った辺の本数は７本，長さの合計は70㎝です。

図６のような角柱のいくつかの辺を切って展開図を作ります。角柱の底面は１辺の長さが10㎝の正五角形で，高さは15㎝です。

①　切った辺の長さの合計が最大になるときの，切った辺の本数とその長さの合計を答えなさい。

②　切った辺の長さの合計が最小になるときの，切った辺の本数とその長さの合計を答えなさい。

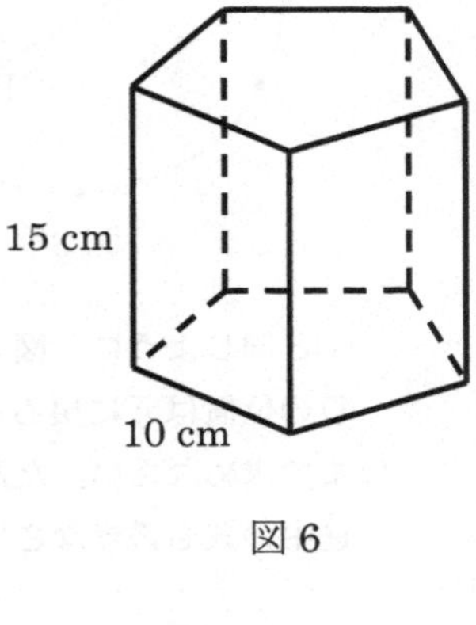

図６

(4) 図７は正五角形12面で囲まれた立体です。何本の辺を切れば展開図を作ることができますか。

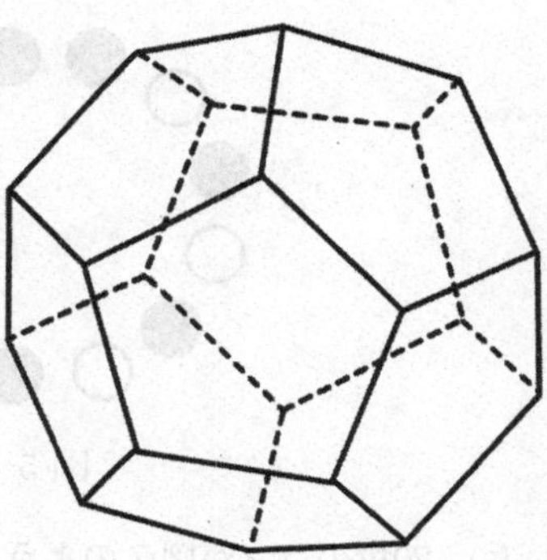

図７

３． 何枚かのオセロのコマ（片面が白，もう片面が黒のコマ）が白黒混ざった状態で円形に並べてあります。このコマに対して，以下の［作業］を，裏返すコマがなくなるまで操《く》り返します。

［作業］ 両隣《どなり》の色が自身の色とは異なるコマをすべて選び，それらを同時に裏返す。

例えば，図１のようにコマが並んでいる場合，まず，☆印のついた５つのコマを選び，裏返して図２のようにします。さらに，※印のついた１つのコマを選び，裏返して，図３のようにします。図３には，両隣の色が自身の色とは異なるコマはないので，ここで［作業］の繰り返しは終了になります。

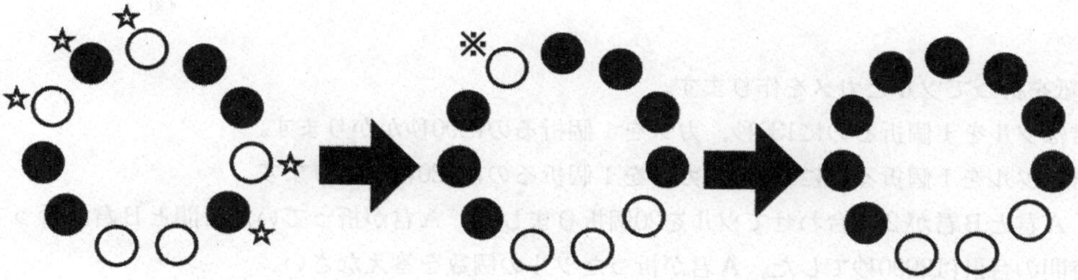

図１　　図２　　図３

(1) 図４のように並んでいるコマに対して，裏返すコマがなくなるまで［作業］を繰り返したとき，最後まで１度も裏返されることのなかったコマをすべて選び，丸で囲みなさい。

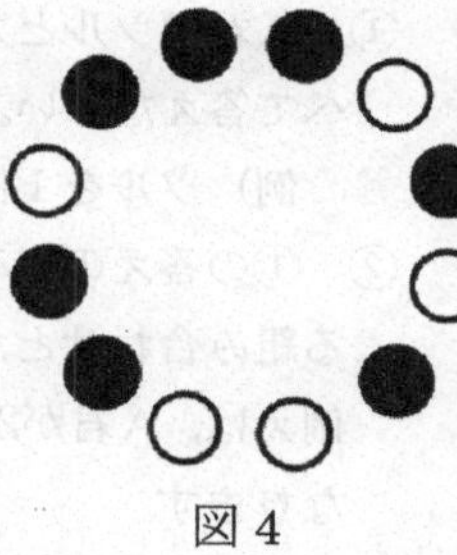

図４

(2) 次のページの図５，図６のように並んでいるコマに対して，それぞれ裏返すコマがなくなるまで［作業］を繰り返したとき，最後の並び方はどうなりますか。解答欄の図に示しなさい。

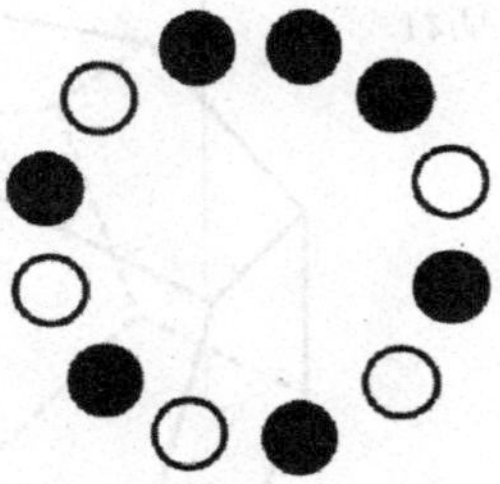

図５

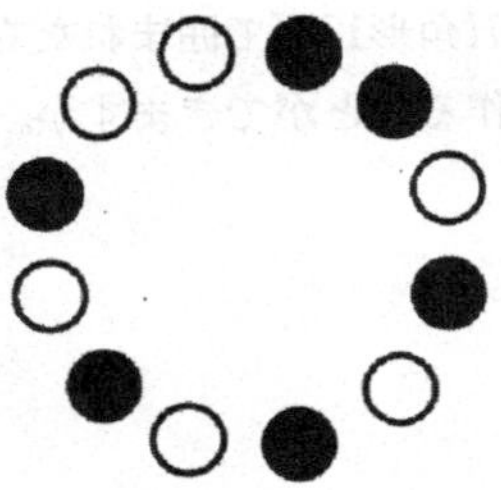

図６

(3)　20枚のコマが図７のように並んでいます。これに対して，裏返すコマがなくなるまで［作業］を繰り返したとき，最後に黒は何枚になりますか。

(4)　31枚のコマを，白が16枚，黒が15枚になるように，好きな順番で円形に並べ，［作業］を繰り返します。最後に黒は何枚になりますか。最も多いときと最も少ないときの枚数を答えなさい。

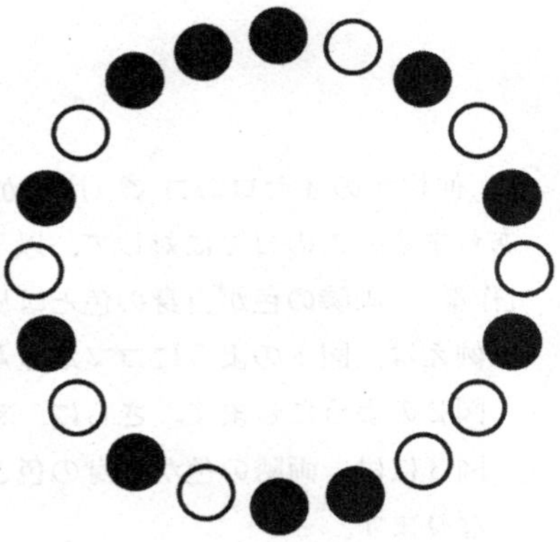

図７

4． 紙を折ってツルとカメを作ります。

Ａ君はツルを１個折るのに130秒，カメを１個折るのに90秒かかります。

Ｂ君はツルを１個折るのに160秒，カメを１個折るのに120秒かかります。

(1)　Ａ君とＢ君が２人合わせてツルを20個折りました。Ａ君が折っていた時間とＢ君が折っていた時間の合計は2990秒でした。Ａ君が折ったツルの個数を答えなさい。

(2)　Ａ君とＢ君が同時に折りはじめ，２人合わせてツルを10個，カメを10個折りました。Ａ君が折っていた時間とＢ君が折っていた時間の合計は2500秒でした。

①　Ａ君はツルとカメを何個ずつ折りましたか。考えられる組み合わせを，下の例にならってすべて答えなさい。

例）ツルを１個，カメを３個折った場合……（１，３）

②　①の答えの組み合わせの中で，折りはじめてから完成するまでにかかった時間が最も短くなる組み合わせと，そのときにかかった時間を答えなさい。

例えば，Ａ君が2000秒，Ｂ君が500秒折っていた場合は，完成するまでに2000秒かかったことになります。

(3)　Ａ君とＢ君が同時に折りはじめ，２人合わせてツルを10個，カメを10個折るとき，完成するまでにかかる時間は最も短くて何秒ですか。また，そのとき，Ａ君はツルとカメを何個ずつ折りましたか。(2)の例にならって，考えられる組み合わせをすべて答えなさい。

【理　科】（40分）＜満点：50点＞

栄一君の家の近くに，山をけずって道を通した切り通しがあります。切り通しの両側のがけには，土がくずれるのを防ぐために，**図１**のように「石積み」がされています。石は長方形に近い形で，石と石の間にはモルタル（コンクリート）がつめられていますが，ところどころ割れたり欠けたりしていて，石のすき間からいろいろな草が生えています。

図１

栄一君は，石積みに生えている植物の種類を調べてみました。

図１のような石積みがされている場所で，まず，石積みをはしから長さ２ｍごとに分けて，順に「区画１」，「区画２」，…と呼ぶことにしました。そして，石積みを「区画１」から順に観察して，それぞれの区画で見つけた植物の種類と生えている位置をすべて記録しました。

「区画１」から「区画38」まで調べた結果，全部で22種類の植物が見つかりました。その中には，ススキ，ヤマグワ（クワ），タンポポなどがありました。

横軸《じく》に区画の番号，縦軸に「区画１」からその区画までの間に生えていた植物の種類の数をとってグラフをかくと，**図２**のようになりました。

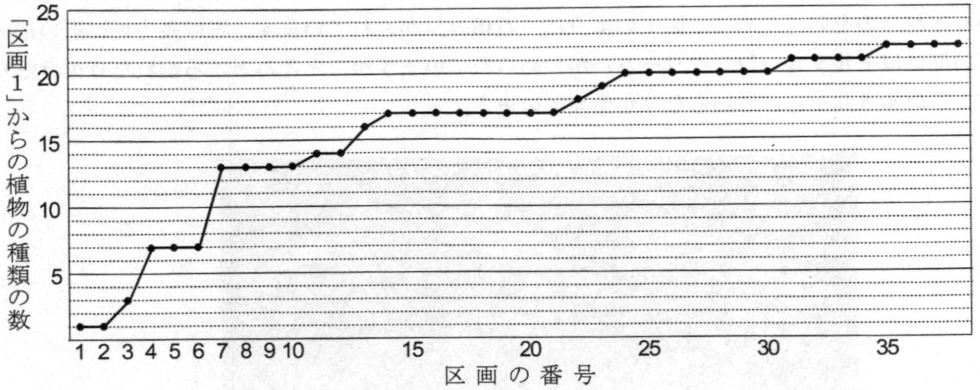

図２

問１　栄一君が調べた石積みに，植物はどのように生えていたでしょうか。「区画１」から「区画８」までに生えている植物を表す図として適当なものを次の**ア**～**エ**の中から１つ選び，記号で答えなさい。図の中のアルファベットは，それぞれ異なる植物の種類を表します。

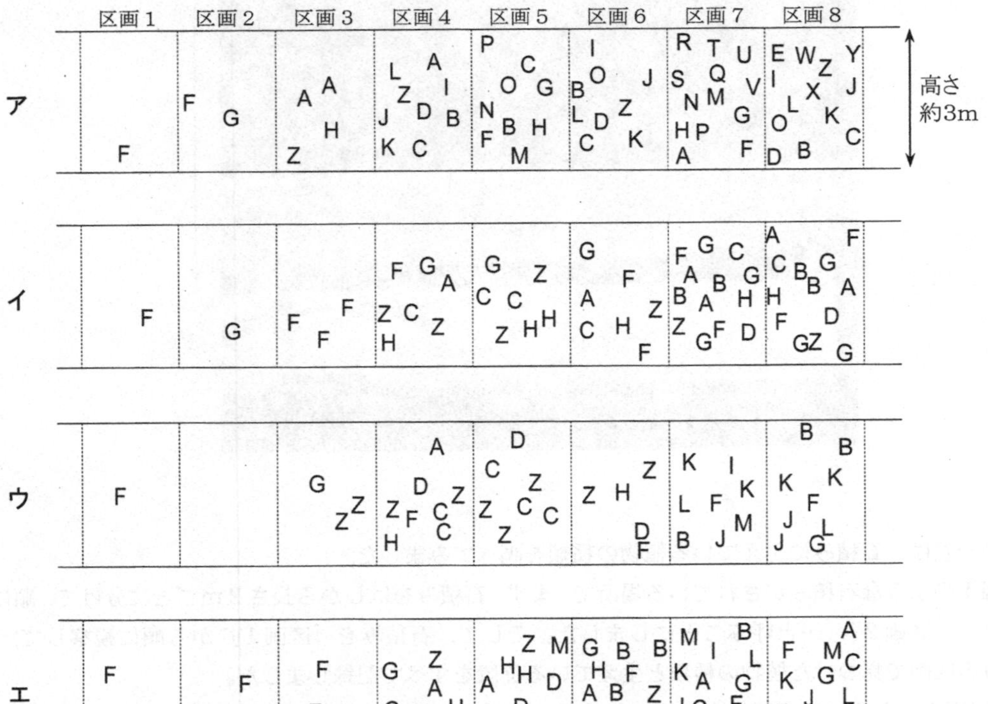

図３は，ススキの穂《ほ》です。**図４**は，ススキの花の１つ１つがよく見えるように広げたものです。

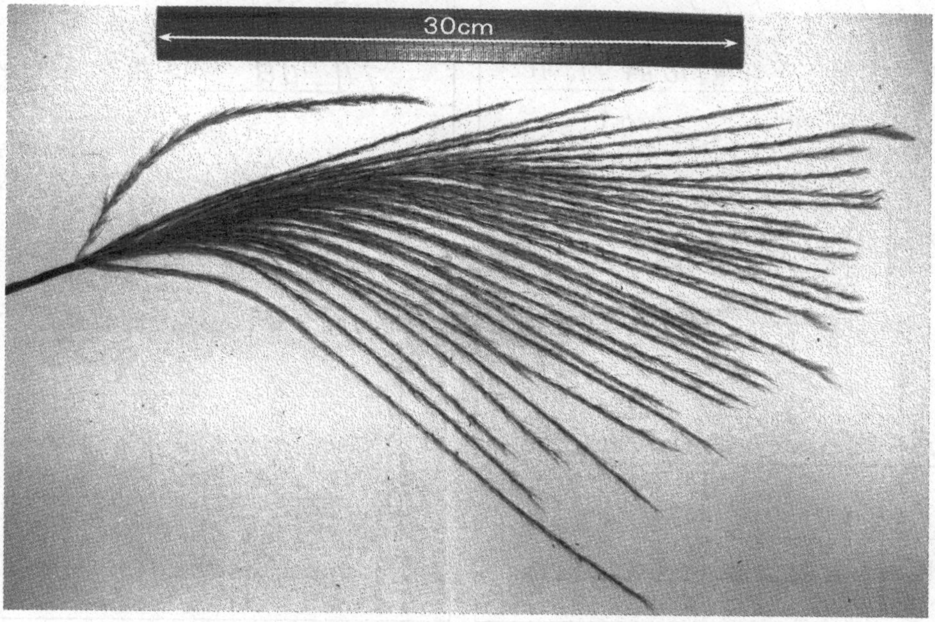

図３

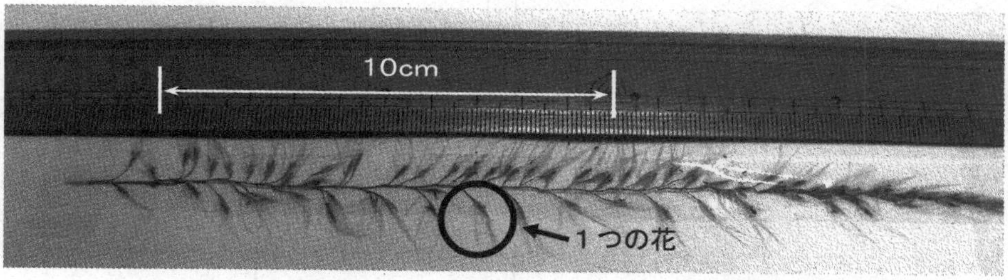

図４

問２　**図３**のススキの穂には，種子が何個できると推定できますか。最も適当なものを，次の**ア～カ**の中から１つ選び，記号で答えなさい。１つの花から１つの種子ができるものとします。

ア　10個未満　　**イ**　10個～100個　　**ウ**　100個～1000個

エ　1000個～10000個　　**オ**　10000個～100000個　　**カ**　100000個以上

問３　切り通しのまわりには，ススキ，ヤマグワ，タンポポなどの石積みで見られたものと同じ植物が生えています。また，コナラなどのドングリがなる木も生えていますが，ドングリのなる木は，石積みには生えていません。次のページの**図５**は，栄一君がいろいろな季節に作った観察カードです。これを参考にして，石積みに生えるのに有利な植物の実の特徴《とくちょう》を２つあげなさい。また，それぞれについて，有利になる理由を書きなさい。

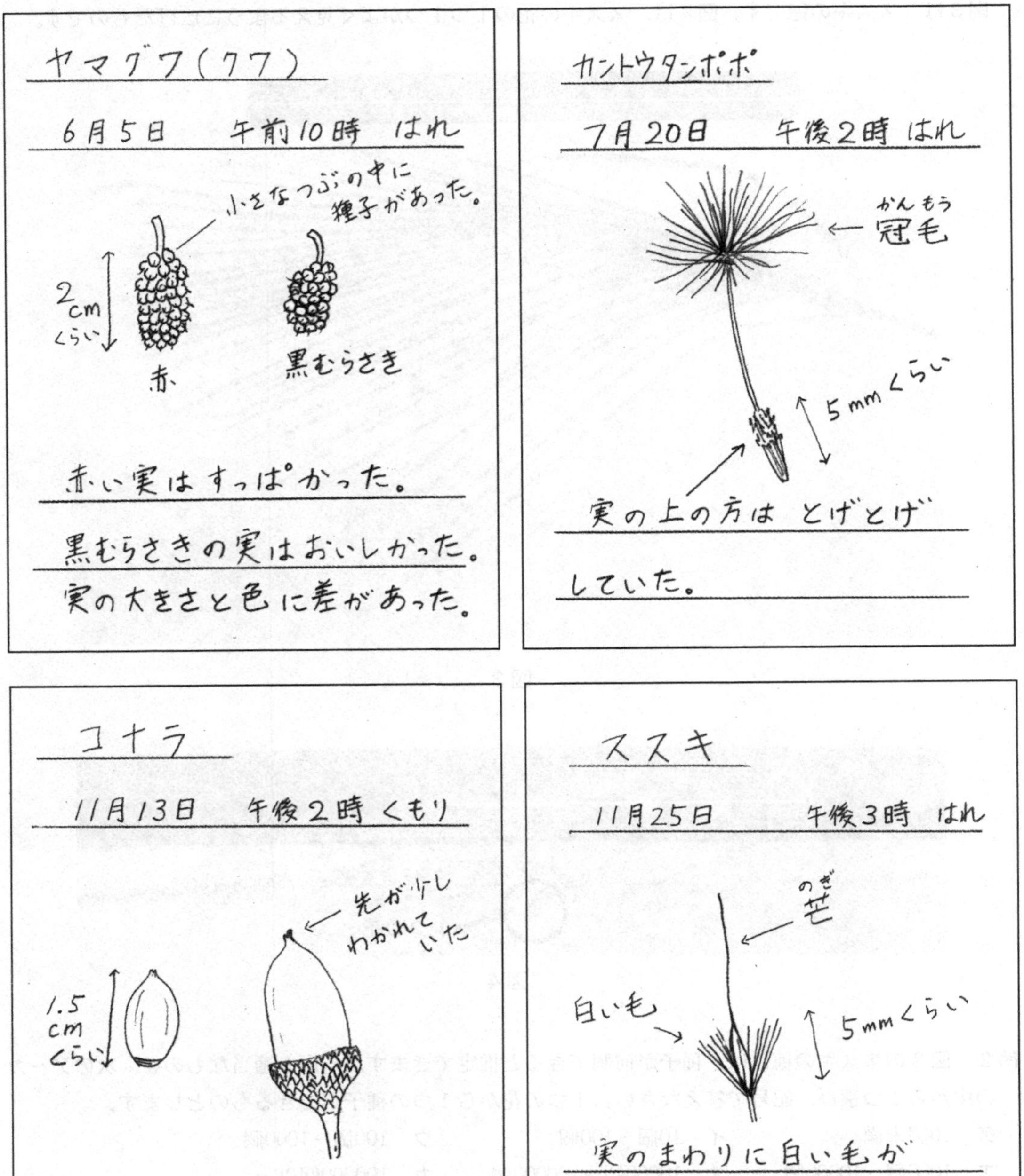
ヤマグワ（クワ）
6月5日　午前10時　はれ
小さなつぶの中に種子があった。
2cmくらい
赤
黒むらさき
赤い実はすっぱかった。
黒むらさきの実はおいしかった。
実の大きさと色に差があった。
カントウタンポポ
7月20日　午後2時　はれ
冠毛《かんもう》
5mmくらい
実の上の方はとげとげしていた。
コナラ
11月13日　午後2時　くもり
先が少しわかれていた
1.5cmくらい
どんぐりが落ちていた。
近くにコナラの木を見つけた。
ススキ
11月25日　午後3時　はれ
芒《のぎ》
白い毛
5mmくらい
実のまわりに白い毛がたくさん生えていた。

図５

図6は，５ページの**図１**の一部です。栄一君は，石積みは**図７**のような積み方が多いのかと思っていましたが，注意してみると，**図６**のような積み方をしている場所も多いことに気づきました。**図８**のような積み方の石積みを見かけることもあります。

図６

図７

図８

いろいろな積み方があって面白いと思ったので，このことを先生に話してみると，次のように教えてくれました。

「**図７**の積み方は，形や大きさのそろった石を用意できれば，規則的に積んでいけばよいので，積むのが簡単です。いっぽう，**図８**の積み方は，石と石の境の線が一直線にならないので，**図７**の積み方よりもじょうぶでくずれにくいのですが，形や大きさのそろっていない石をすき間なくきちんと積み上げることがとても難しいのです。」

問４　**図６**の積み方は，**図７**や**図８**にくらべてどのような点が良いか，説明しなさい。

栄一君は，**図６**を見ながら，石はどうやって積まれたのだろうと考えてみました。まず，**図１**（５ページ）の写真にうすい紙を重ねて，一部の石の輪かくをかき写し，次のページの**図９**のような図を作りました。次に，あいている部分に，自分で積むつもりになって石積みの絵をかいてみました。すると，石の並べ方が規則的であること，大きさを考えて石が配置されていること，石を積む順序に決まりがあることなど，いろいろなことに気がつきました。

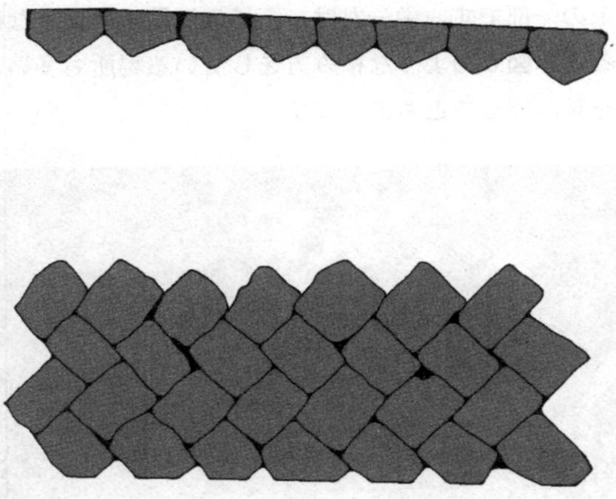

図９

問５　解答用紙の「**問５**」の図の白い部分にうまく合うように，石積みの絵をかきなさい。**図10**のように，石を１つずつかくようにすること。

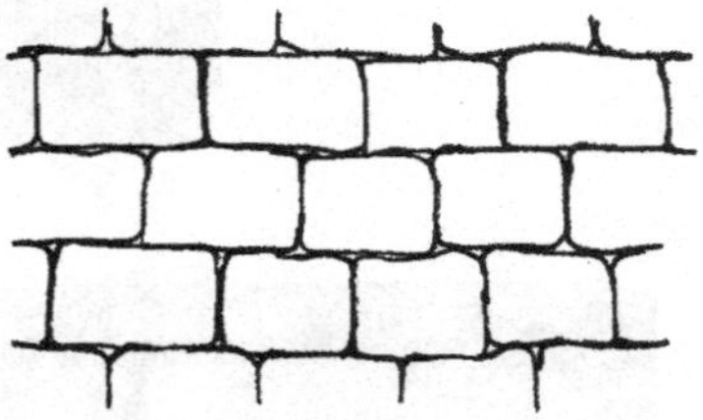

図10

石積みは，裏側にもくふうがされています。

図11は，先生が石積みの裏側のようすを教えるためにかいてくれた絵です。

小石をつめた部分は，「積んだ石の重さを分散させて支える」「地しんなどのゆれを吸収して積んだ石を安定させる」などの役割を持っているそうです。そのためには，小石どうしのすき間が多くあって，簡単には動かない状態がよいそうです。

図11

栄一君は，石の重さや体積を調べる実験をしてみました。

<u>使ったもの</u>

・でこぼこの石（**図12**の左）

・なめらかな石（**図12**の右）

図12

・円柱形の容器（**図13**）

中の底面積は210cm^2

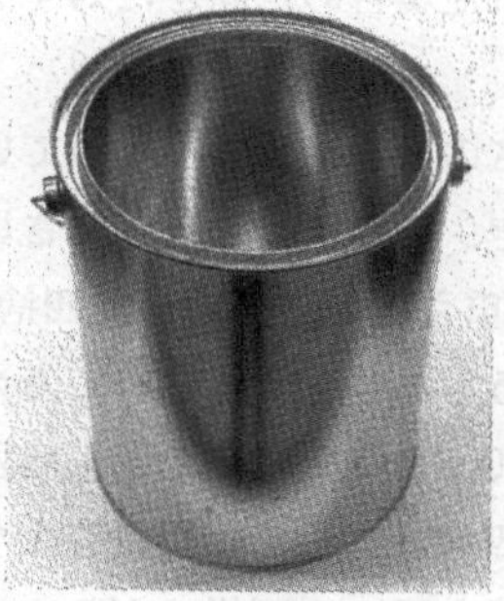

図13

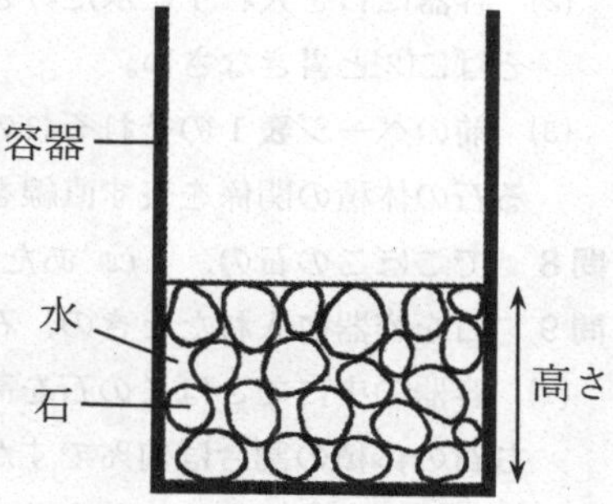

図14

はかりかた

① でこぼこの石を容器の中に，適当な高さで平らになるように入れて，重さをはかりました。

② ちょうど石の高さと同じ高さになるように水を入れて，重さをはかりました。容器の中に石と水を入れた様子が**図14**です。

③ 高さをかえて①，②を８回行いました。

④ でこぼこの石をなめらかな石にかえて，①～③を行いました。

測定結果

はかった数値から，それぞれの高さのときの石の重さと水の重さを計算しました。でこぼこの石についての結果が**表１**です。

表１

高さ(cm)	石の重さ(kg)	石と水の重さ(kg)	水の重さ(kg)
2.4	0.62	0.90	0.28
3.8	1.08	1.47	0.39
5.0	1.47	1.98	0.51
6.1	1.83	2.43	0.60
7.2	2.19	2.88	0.69
8.4	2.58	3.40	0.82
9.6	2.97	3.88	0.91
10.5	3.27	4.27	1.00

問６ **表１**を，横軸に高さ，縦軸に石や水の重さをとったグラフにします。解答用紙の「**問６**」の図には，水の重さのグラフだけがかいてあります。石の重さのグラフをかきなさい。水の重さのグラフと同じように，直線を引きなさい。

問７ 横軸に高さ，縦軸に石や水の体積をとったグラフをかきます。以下の⑴～⑶を，解答用紙の「**問７**」の図にかきなさい。

⑴ **問６**のグラフから，**表１**のそれぞれの高さのときに容器に入っていた水の体積がわかります。高さに対する水の体積の関係を表す直線をかき，そばに⑴と書きなさい。ただし，水１Ｌの重さを１kg とします。

(2)　容器に石を入れずに水だけを入れた場合の，高さに対する水の体積の関係を表す直線をかき，そばに(2)と書きなさい。

(3)　前のページ**表1**のそれぞれの高さのときに容器に入っていた石の体積を考えます。高さに対する石の体積の関係を表す直線をかき，そばに(3)と書きなさい。

問8　でこぼこの石の，1 cm^3あたりの重さは何gですか。四捨五入して小数第一位まで答えなさい。

問9　石を容器に入れたときの，石どうしのすき間について考えます。

(1)　容器の中にでこぼこの石を高さ10cmまで入れたとき，容器の底から10cmまでの部分の体積のうち石の体積の割合は何％ですか。四捨五入して整数で答えなさい。

(2)　なめらかな石を使った実験の結果を**問6**と同様のグラフにすると，**図15**のようになりました。容器の中になめらかな石を高さ10cmまで入れたとき，容器の底から10cmまでの部分の体積のうち石の体積の割合は何％ですか。四捨五入して整数で答えなさい。

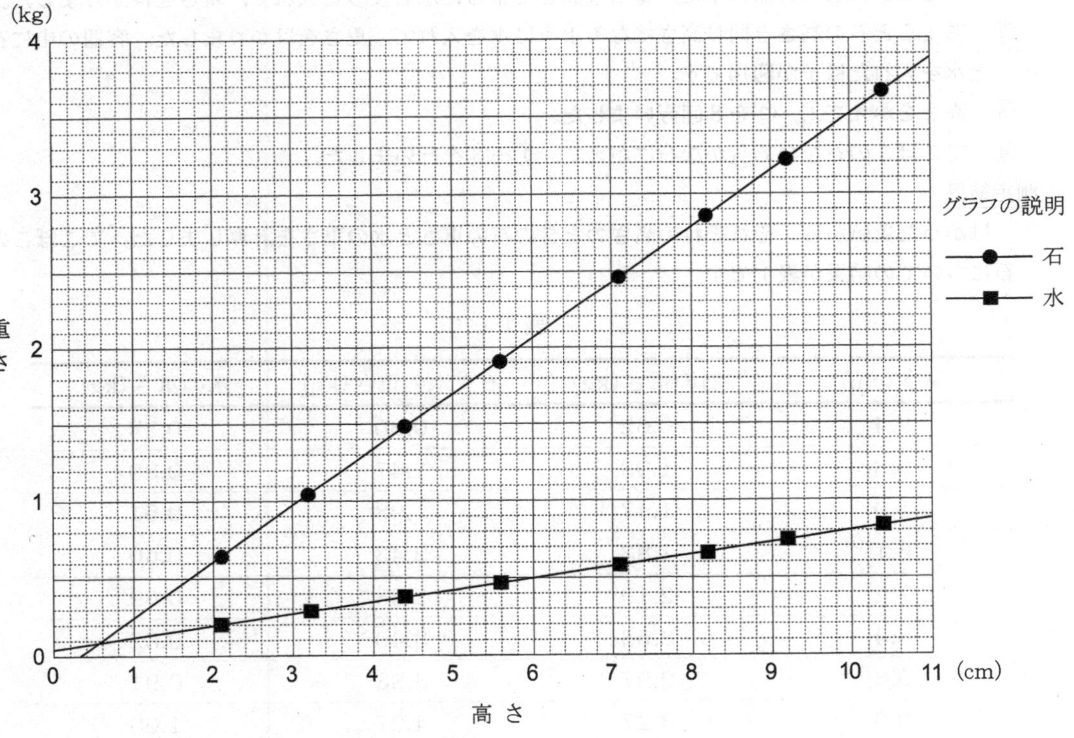

図15

問10　容器に入れたときにすき間がより多くできるのは，でこぼこの石となめらかな石のどちらだと考えられますか。

問11　石を容器に入れて水を入れたときの水の重さについて考えます。容器の中に，**問10**で答えた石を高さ10cmまで入れ，石の高さと同じ高さになるまで水を入れると，石と水を合わせた重さは石だけの重さの何倍になりますか。四捨五入して小数第一位まで答えなさい。

雨がふると，雨水は地面にしみこんで土の中を通り，石積みの裏側に流れ出てきます。その水は，小石のすき間を通り，最後には石積みの外へ出ます。そのため，石積みには，水をぬくための穴が一定の面積ごとにあけられています。

問12　図16のように大きさと形の整ったブロックを積んだ石積みがあります。このブロックの表面は長方形で，辺の長さは25㎝と40㎝です。水をぬくための穴は，石積みの表面の面積何m^2ごとに１つずつあけられていますか。小数第一位まで答えなさい。なお，写真の外側も，写真と同じ規則で穴があけられているものとします。

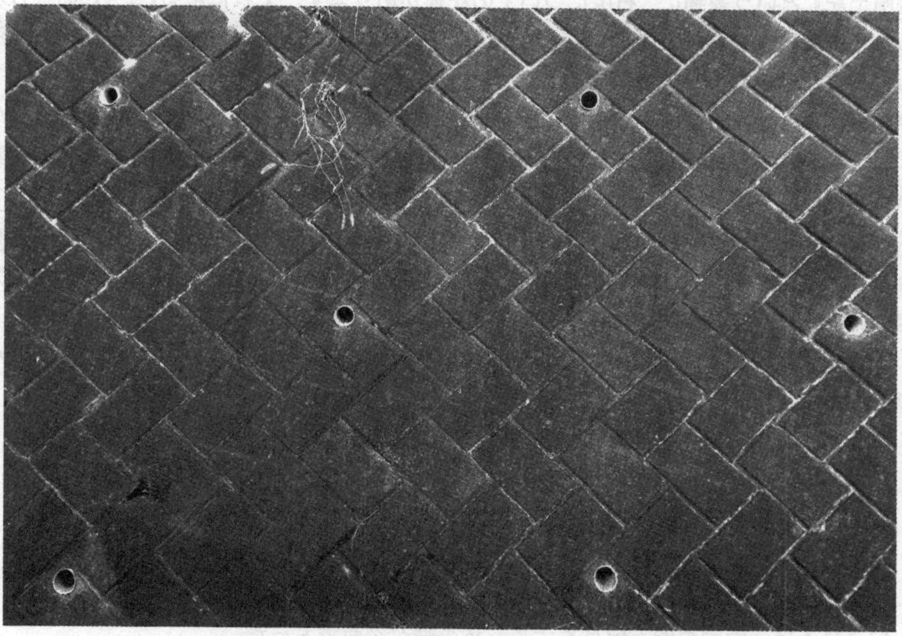

図16

もし，石積みから水が出なくなったら，小石のすき間に水がたまり，その重さで石積みを外向きにおします。そのために，石積みがくずれやすくなるかもしれません。

栄一君は穴からごみを取り出し，家に持って帰りました。

【社 会】 (40分) <満点:50点>

私たちは，自然界に存在するさまざまなエネルギー資源を利用して生活をしています。なかでも「石炭」は，私たちの生活にかかせないものとして，長く利用されてきました。石炭がどのように利用されてきたか考えてみましょう。

Ⅰ．文章を読んで，問に答えなさい。

石炭は，江戸《えど》時代にはすでに使われていました。この時代に貝原益軒《かいばらえきけん》という学者が著《あらわ》した『①筑《ちく》前国続風土記《ぜんのくにぞくふどき》』という書物に，石炭についての記述があります。それによると，「燃石（もえいし）」といわれた石炭は，家庭などで薪《まき》のかわりとして使われていました。その後，石炭は，瀬戸《せと》内《うち》地方で盛《さか》んであった製塩業でも使われました。

江戸時代のおわりの1853年に「黒船」が浦賀《うらが》沖に現れました。「黒船」は，蒸気船でした。蒸気船は，石炭を燃料として，蒸気を発生させて，蒸気のもつエネルギーを動力とする蒸気機関を利用していました。②アメリカ合衆国《がっしゅうこく》の使節ペリーは，開国を求める大統領からの手紙を持ってきました。③1854年，日米和親条約《にちべいわしんじょうやく》が結ばれ，下田《しもだ》と函館《はこだて》の２港が開港し，1858年に日米修好通商条約《にちべいしゅうこうつうしょうじょうやく》が結ばれると，横浜《よこはま》や長崎《ながさき》などが開港しました。④江戸幕府《ばくふ》の役人であった勝海舟《かつかいしゅう》は，オランダ製の蒸気船の咸臨丸《かんりんまる》で，条約手続きのためアメリカに渡《わた》りました。

問１　下線部①について，筑前国とは，おおむね現在のどの県にあたるのか，次の**ア**～**エ**から１つ選びなさい。

ア　岡山県　　**イ**　福井県　　**ウ**　福岡県　　**エ**　宮城県

問２　下線部②について，まちがっているものを次の**ア**～**エ**から１つ選びなさい。

ア　ペリーは，琉球《りゅうきゅう》（沖縄）に立ち寄ってから来た。

イ　ペリーの乗った黒船には，大砲《たいほう》が備えられていた。

ウ　アメリカは，船に石炭や食料を補給するための基地が必要であった。

エ　アメリカは，中国《ちゅうごく》の明《みん》と貿易をするための港が必要であった。

問３　下線部③について，右の表は，1867年の函館港，横浜港，長崎港で取り引きされた主要輸出品の輸出額の順位をあらわしたものです。このうち**イ**はどの港か，答えなさい。

	第１位	第２位	第３位
ア	生糸類《きいと》	蚕卵紙《さんらんし》	茶
イ	茶	石炭	人参《にんじん》
ウ	昆布《こんぶ》	蚕卵紙	乾燥《かんそう》ナマコ

※石井孝《いしいたかし》『幕末貿易史《ばくまつぼうえきし》の研究《けんきゅう》』をもとに作成。

問４　下線部④について，勝海舟とともに咸臨丸に乗船し，アメリカに渡った人物がいました。その中で，後に『西洋事情《せいようじじょう》』や『学問《がくもん》のすゝめ』を著した人物を答えなさい。

明治《めいじ》時代になると，蒸気機関を用いた乗り物が利用されるようになり，⑤1872年に鉄道が開通しました。この鉄道は「蒸気車」や「陸蒸気《おかじょうき》」などと呼ばれていました。その後，鉄道は全国に広がり，旅客だけでなく貨物の輸送でも大きな役割を果たしました。

やがて，蒸気船や鉄道は，石炭を燃料としないように変化していきました。⑥日露《にちろ》戦争では蒸気機関を使った軍艦《ぐんかん》が活躍《かつやく》しましたが，第二次世界大戦《だいにじせかいたいせん》のころには，新しい軍艦などは，〔　⑦　〕を燃料とするようになりました。

一方，多くの鉄道は，1950年代まで石炭を燃料としていました。第二次世界大戦より前から鉄道に電力を使う技術はありましたが，発電や送電のための施設《しせつ》が攻撃《こうげき》を受けると鉄道輸送ができなくなる可能性があるため，軍が反対していたといわれています。戦後，日本国有鉄道《にほんこくゆうてつどう》（国鉄《こくてつ》）では利用客や貨物の増加に対して，列車の速度を上げることで輸送力を増やそうとしました。そして，⑧現在のような電車を中心とした輸送方法に変わっていきました。

問５　下線部⑤について，この時，鉄道はどことどこの間に開通したのか，次のア～エから１つ選びなさい。

ア　新橋《しんばし》と品川《しながわ》　イ　横浜と新橋　ウ　横浜と高崎《たかさき》　エ　新橋と高崎

問６　下線部⑥について，この戦争では石炭を燃料とする軍艦が使われ，ロシアの艦隊は，石炭の補給に苦労したといわれています。石炭の補給の妨害《ぼうがい》をした日本の同盟国を次のア～エから１つ選びなさい。

ア　アメリカ　イ　イギリス　ウ　ドイツ　エ　フランス

問７　〔⑦〕にあてはまる燃料を答えなさい。

問８　下線部⑧について，蒸気機関車より電車のほうが，速度を上げられるという利点があります。蒸気機関車とくらべて，電車には他にどのような利点があるか，１つあげて具体的に説明しなさい。

石炭は，工場でも使われました。1872年に⑨群馬県の〔　⑨　〕に官営の製糸場が建てられました。この場所に建てられた理由のひとつに，機械を動かす蒸気機関の燃料となる石炭が，高崎など近いところから手に入れられることがあったといわれています。

⑩石炭は，鉄を作る製鉄の原料としても使われました。石炭を蒸《む》し焼きにしたものをコークスといいます。このコークスを鉄鉱石といっしょに燃やして，高温の炉《ろ》のなかで鉄を取り出します。さらにこの鉄をねばり強い鋼《はがね》にし，さまざまな形の鉄鋼製品を作ります。文明開化《ぶんめいかいか》の時代から，鉄は，建物や鉄道などさまざまなものに利用されてきました。1901年には⑪八幡《やはた》製鉄所が開業し，日露戦争後には，造船や機械などの重工業が発達していきました。第一次《だいいちじ》世界大戦《せかいたいせん》のころになると，機械を動かすために電気を使う工場が増えていきました。このころ工場の集まる大都市では，石炭を燃料とした火力発電が中心でした。一方，大都市から離《はな》れた山岳《さんがく》地帯で大規模に〔　⑫　〕発電を行い，送電することもこのころから盛んになっていきました。

問９　下線部⑨について，⑴と⑵に答えなさい。

⑴　〔⑨〕にあてはまる地名を答えなさい。

⑵　この製糸場の建設を指導した人物は，どこの国の技術者か，次のア～エから１つ選びなさい。

ア　イギリス　イ　中国　ウ　フランス　エ　ロシア

問10　下線部⑩について，日本では，石炭を使って製鉄を行う以前は，木炭を原料として使っていました。鉄で作られた刀剣《とうけん》などが各地の遺跡《いせき》から出土しています。「ワカタケル大王」の名前が刻まれた鉄剣が出土した遺跡はどこか，次のア～エから１つ選びなさい。

ア　稲荷山古墳《いなりやまこふん》　イ　大森貝塚《おおもりかいづか》　ウ　三内丸山《さんないまるやま》遺跡　エ　吉野ヶ里《よしのがり》遺跡

問11　下線部⑪について，まちがっているものを次のア～エから１つ選びなさい。

ア　八幡製鉄所では，近くの炭田から手に入れた石炭が使われた。

イ　八幡製鉄所では，中国などから輸入した鉄鉱石が使われた。

ウ　八幡製鉄所は，日清《にっしん》戦争の賠償金《ばいしょうきん》などを使って建てられた。

エ　八幡製鉄所は，ロシアに鉄鋼製品を輸出するために建てられた。

問12　〔⑫〕にあてはまる語句を次の**ア**～**エ**から１つ選びなさい。

ア　原子力　　**イ**　水力　　**ウ**　太陽光　　**エ**　地熱

文明開化の時代，輸送や工場の蒸気機関の燃料としてだけでなく，石炭は灯《あか》りの原料にもなりました。この時代にガス事業が開始され，1872年には横浜にガス灯がともりました。ガス灯は，石炭から作られたガスを使っていました。⑬ガス灯は，街灯だけでなく，室内でも使われました。やがて灯りは，電球などの開発が進み，ガス灯から電灯へとかわっていきます。

その後，石炭から作ったガスは，おもに熱源として利用されるようになっていきます。ガスを使った調理器具や湯沸《ゆわ》かし器などが使われるようになりました。1882年に立憲改進《りっけんかいしん》党をつくった〔　⑭　〕の家の台所には，イギリスから取り寄せたガスレンジがあったそうです。近年，⑮台所，風呂《ふろ》などで使う都市ガスは，石炭から作られなくなってきています。

問13　下線部⑬について，1883年に明治政府は，東京に外国人を招いて舞踏会《ぶとうかい》を開くための洋館を建て，その室内にもガス灯がともされていました。明治政府によって建てられたこの洋館の名前を答えなさい。

問14　〔⑭〕にあてはまる人物を答えなさい。

問15　下線部⑮について，現在，都市ガスの多くは，天然ガスから作られています。石炭からガスを作っていた工場は，使われなくなりました。石炭ガス工場の跡地《あとち》が，さまざまな形で利用されています。2018年に築地《つきじ》から移転した市場のある場所もそのひとつです。その場所はどこか，地名を答えなさい。

Ⅱ．表やグラフを見て，問に答えなさい。

問１　次の**表１**は，日本国内で産出した石炭量と輸入された石炭量を示しています。「**原料炭**《げんりょうたん》」は，おもに製鉄の原料となる石炭です。また「**一般炭**《いっぱんたん》」は，発電の燃料などに使用される石炭です。解答用紙の**グラフ**の例を参考にして，国内産の石炭と輸入された石炭の量がわかるように**グラフ１**を完成させなさい。また，原料炭と一般炭の量がわかるように**グラフ２**を完成させなさい。

表１　国内産の石炭と輸入された石炭の量の移り変わり　　単位（100万トン）

	1955年	1965年	1975年	1985年	1995年	2005年	2015年
国内原料炭	7	13	9	4	0	0	0
国内一般炭	35	38	9	12	6	1	1
輸入原料炭	3	16	61	69	65	82	73
輸入一般炭	0	1	2	25	59	96	118

※資源エネルギー庁『エネルギー白書』，および『石炭・コークス統計年報』などをもとに作成。一般炭には無煙炭《むえんたん》などをふくむ。

問２　**グラフ１**から読み取れることをいくつかあげて説明しなさい。

問３　現在，日本がもっとも多くの石炭を輸入している国を次の**ア**～**エ**から１つ選びなさい。

ア　アメリカ　　**イ**　オーストラリア　　**ウ**　サウジアラビア　　**エ**　中国

問4　次の**グラフ3**は鉄鋼（粗鋼《そこう》）生産量の移り変わりをあらわしています。**グラフ3**と問1で作成した**グラフ**から読み取れることを次の**ア～エ**から1つ選びなさい。

ア　鉄鋼生産量の移り変わりは，輸入された石炭量の合計と関係がある。

イ　鉄鋼生産量の移り変わりは，国内産の石炭量の合計と関係がある。

ウ　鉄鋼生産量の移り変わりは，国内産と輸入された原料炭の量の合計と関係がある。

エ　鉄鋼生産量の移り変わりは，一般炭と原料炭の量の合計と関係がある。

グラフ3　鉄鋼（粗鋼）生産量の移り変わり　単位（万トン）

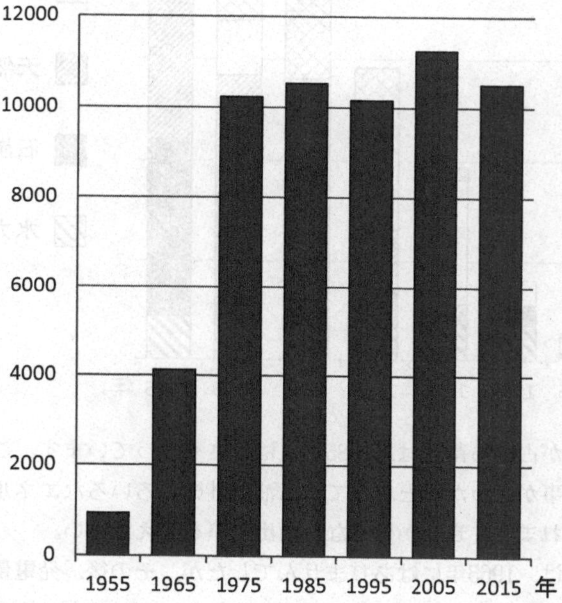

※『日本国勢図会《にほんこくせいずえ》』をもとに作成。

問5　次の**表2**は，電力会社の発電量の移り変わりを示したものです。次のページの**グラフ4**は，**表2**をもとに作成したものです。これらを見て，あとの問に答えなさい。

表2　電力会社の発電量の移り変わり　　　　**単位（億キロワット時）**

		1955年	1965年	1975年	1985年	1995年	2005年	2015年
水力		425	691	785	807	854	813	871
火力	石炭	108	430	153	572	1,172	2,529	3,551
	天然ガス	0	2	204	1,267	1,918	2,339	4,253
	石油など	6	506	2,482	1,592	1,661	1,072	1,024
原子力		0	0	251	1,590	2,911	3,048	94
新エネルギーなど		0	0	1	13	42	88	618
合計		539	1,630	3,876	5,840	8,557	9,889	10,412

※資源エネルギー庁『エネルギー白書』をもとに作成。

グラフ4　電力会社の発電量の移り変わり　単位（億キロワット時）

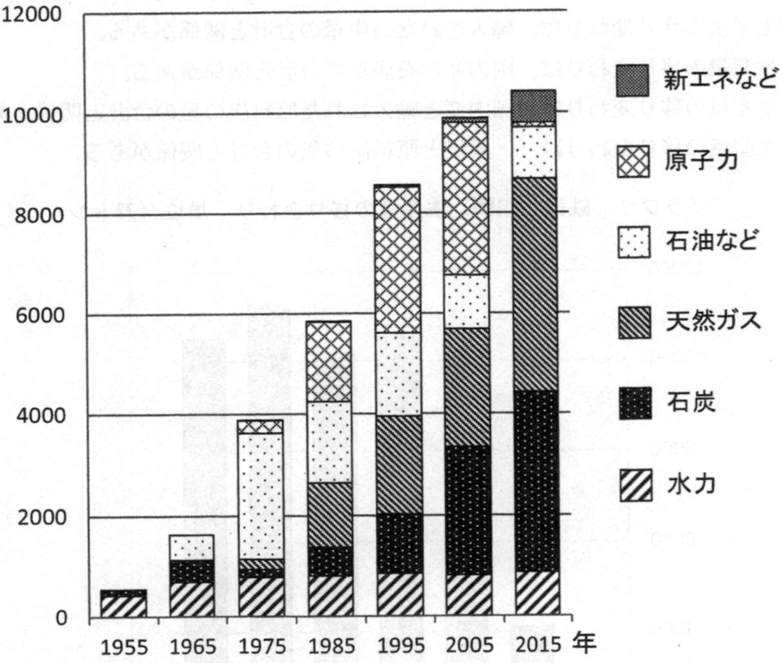

(1)　石油火力の発電量が占《し》める割合は，1985年には小さくなっています。これは，1970年代に起きたある大きな出来事がきっかけとなって，石油以外のいろいろなエネルギーが見直されたことが原因だと考えられます。きっかけとなった出来事を答えなさい。

(2)　原子力による発電は，1965年にはありませんでしたが，その後，発電量を大きくしていき，1995年には，３割以上の割合を占めるまでになりました。ところが，原子力発電の発電量は，2015年には落ち込んでいます。落ち込んだ原因として考えられることを説明しなさい。

問６　石炭火力の発電について，これまでに見た**表**や**グラフ**から読み取れることとしてまちがっているものを次の**ア**～**エ**から１つ選びなさい。

ア　石炭火力の発電量は，1975年から2015年まで拡大し続けた。

イ　1975年から国内産の石炭量の増加にともなって，石炭火力の発電量が拡大し続けた。

ウ　1975年の石炭火力の発電量が占める割合は，1955年の割合を下回っていた。

エ　石炭火力の発電量が占める割合は，2015年には３割を超《こ》えている。

Ⅲ． 明治時代から現在まで，石炭の使いみちは，どのように変わってきましたか。これまで解いてきた問題や解答をもとに説明しなさい。今はなくなった使いみちと，今もある使いみちをあげながら書きなさい。

「そうしたら周りからも認めてもらえるでしょ。」

早く一人前になりたい、佐藤先輩はつぶやいた。

（こまつあやこ『リマ・トゥジュ・リマ・トゥジュ・トゥジュ』）

（注1）朋香ちゃん＝誰《だれ》とでも仲良くできる沙弥の級友。

（注2）タンカード＝短歌を書き留めておく専用カードの作中での名称《めいしょう》。

（注3）コンドミニアム＝マンションの一種。

問一　傍線部《ぼうせんぶ》①「それくらい、逃げなんて、佐藤先輩らしくない言葉だ。」とありますが、「わたし」がそのように感じたのはなぜですか。四十字以内で答えなさい。

問二　傍線部②「その次」とありますが、佐藤先輩は「その次」の魔法によってどのように変わりましたか。

問三　傍線部③「きゅっと表情を引き締めた。」とありますが、このとき佐藤先輩はどのような気持ちでしたか。

問四　次の短歌は過去のタンカードに書かれた佐藤先輩の短歌です。どういうことが表現されていると考えられますか。問題文全体の内容をふまえて答えなさい。

　白と黒しか押《お》したことない指が行き先ボタンをためらっている

【三】　次のカタカナの部分を漢字に直しなさい。

1　ユウラン船に乗る。

2　室内をソウショクする。

3　小笠原《おがさわら》ショトウをめぐる。

4　ソシキに属する。

5　数々のコウセキをたたえる。

6　野原をジュウオウにかけめぐる。

7　オンダンな気候。

8　車の運転にシュウジュクする。

9　ヒンジャクな内容の本。

10　親フコウを重ねる。

11　鳥がスをつくる。

12　竹にはフシがある。

13　馬がアバれる。

14　光をアびる

15　日本記録をヤブる。

「平日の二時半過ぎっていったら、わたしたちはどこで何してる?」

「……学校、ですよね。六時間目のまんなかくらい。」

「そういうこと!」

佐藤先輩はパチンと指を鳴らした。

「六時間目の授業中に、暇《ひま》だから(注2)タンカード開いてぼんやりしてたら、ふと思いうかんだの。たとえばさ、わたしがこうして教室の机にいるとき、望さんは仕事のお客さんのところに向かう電車に乗ってるかもしれないし、大学生はバイトしてるかもしれないし、イラストレーターの人はきっとまた新しいイラストを描いてる。義務教育中の中学生はどうあがいたって中学生でしかいられないんだけど、大人になると人によって全然ちがう。そういうふうに、時間の過ごし方っていろいろなんだなって。でも、生活が全然ちがうのに、みんなが短歌でつながってるって、なんかすごいなって思うんだよね。平日の昼下がりに、日常の仕事や勉強を利《き》き手でやってるけど、実はもう一つの手では短歌を指折って詠んでいる。これはそんなイメージでつくった短歌だよ。」

……何でだろう。その感覚、ちょっと分かる気がする。

日本に帰ってから、マレーシアが恋《こい》しいと思うとき、わたしはいつもマレーシアを想像していた。こうしている間にも、マレーシアでも日常がちゃんと回っていると思うと、何だか少し楽になった。

たとえば同じ(注3)コンドミニアムに住んでいたマレーシア人の女の子。屋台でドリアンを切り分けて売っていたおじちゃん。

きっと、それぞれの毎日をちゃんと今日も送っている。

もしかしたら、佐藤先輩が言っているのは、それと似たことなのかもしれない。

「望さんたちに学校の人間関係を相談したわけじゃないんだけどね。たとえ今の教室でたまたま毎日一緒に過ごすことになった同い年の人とうまくいかなくても、それがわたしのすべてじゃない、落ち込《こ》むことないんだって思えたの。歌会がわたしの居場所になってくれてるんだ。そう思えてから強くなれた気がする。それが次の魔法かな。」

ああ、そっか。

佐藤先輩がいつでもどこでも堂々としていられる、その理由はそんなところにあったのか。

カラフルな絵の具が画用紙からはみ出るように、教室の外に広がっている佐藤先輩の交友関係を初めて知った。

「いろんな人と知り合いで、何か、佐藤先輩すごいです。わたしだったら、そんな短歌の集まりを見つけても、そこに一人で飛び込むような勇気ないから。」

「だって親を見返したいんだもん。」

佐藤先輩は③きゅっと表情を引き締《し》めた。

「わたし、短歌で親を見返したい。音楽じゃなくても、わたしはわたしの歌でちゃんと一人前になれるんだって証明したいの。将来は歌人になりたい。」

「歌人になるって、どうすればなれるんですか?」

「短歌の雑誌が募集《ぼしゅう》してる新人賞を取る、とか。」

新人賞だなんて、わたしの日常にはない言葉だったから、今ひとつピンと来なかった。マレーシア語でもなんていうのか分からない。

それでも佐藤先輩なら取れる。理由なんてないけど、確かにそう思った。

気持ちになった。

「いろんな世代の人と友達みたいに話すなんて、何だかすごいですね。」

ちょっと、うらやましかった。

「それが楽しくて参加してるっていうのもある。わたし、クラスに友達いないから。」

さらっと出た言葉に、耳がぴくっと反応する。きくなら今だ。そんな気がした。

「あの、さっき、佐藤先輩は音楽大学の付属から転校してきたって言ってましたよね？　理由とか、そのころのこと、きいてもいいですか？」

知りたかった。

転校生としての佐藤先輩の顔を知りたかった。

わたしみたいに周りの反応を気にしない。いつも堂々としている。

転校生という条件はわたしと同じなのに、どうしてなんだろう。

「逃《に》げたかったから。」

一瞬《いっしゅん》、聞き間違《まちが》いかと思った。

①それくらい、逃げなんて、佐藤先輩らしくない言葉だ。

「わたし、親の希望で三歳《さい》の誕生日からピアノを始めたの。でも音楽大学の付属中学校に入ったら、自分には全然才能がないことがよく分かったんだ。入学する前はここで一番になってやるなんて思ってたけど、実際は毎日が敗北感でいっぱいだったよ。その場所にい続けるのがつらくて公立に転校したんだよね。それからもしばらくは、自分は逃げたんだっていう負い目でいっぱいだった。」

敗北感。逃げ。負い目。

立て続けにそんな言葉をこぼす佐藤先輩は、わたしが知っている佐藤先輩じゃないみたいだ。

「でも、短歌に出合えた。楽器がなくても、ちゃんと心に音を鳴らしてくれる歌があるんだって知った。音楽じゃない、でもわたしはわたしの歌をつくろうと思った。わたしのやりたいことはこれなんだって、初めてパズルがはまるような感覚がしたの。それが、短歌がわたしにかけてくれた最初の魔法《まほう》。」

「最初の魔法？　②その次があるってことですか。」

「うん、さっき歌会の話したでしょ？　あそこに参加するまでは、友達のいない自分が苦しかった。わたしは別に一人でもいいんだって、強がることで耐《た》えてたけど、一人でいると、周りの目が気になって仕方なかったよ。」

「それ、わたしも一緒《いっしょ》です！　わたしは別に一人でもいいとは思えなくて、なじもうと必死なんですけど……。」

そう、いつも必死だ。

（注1）朋香《ともか》ちゃんにくっついて、顔は笑っていても、こんなこと言ったら変じゃないかなっていつもおびえている。

教室にいるとき、素《す》の自分で話したことなんてあるのかな。

「歌会に行ったら、いろんな人に会えるの。教室だけがすべてじゃないって思える。わたしはそれに救われたの。」

そのときに詠んだ短歌があるんだけど、と佐藤先輩は前置きして、

『それぞれの午後二時四十三分に左の指で歌を唱える』

「何ですか、その中途半端《ちゅうとはんぱ》な時間。」

そう言いながら、わたしは短歌の意味を想像した。

佐藤先輩の短歌はどれもナゾナゾみたいだ。

が理解されていて、人はそれを意図的に読み取ることで、さまざまな判断をしてきたのです。昔といわず、現代のアメリカの大学でも声から病気を診断《しんだん》する研究が進められています。

読み取る、読み取らないにかかわらず、声にはその人のすべてが出てしまうということは、ちょっと頭の片隅《かたすみ》で憶えておいてください。じつのところ、④声はその人そのものなのです。（山﨑広子《やまざきひろこ》『声のサイエンス』）

（注）「はじめに」＝問題文が載《の》っている本の前書き。

問一　傍線部《ぼうせんぶ》①「話の内容」とありますが、「話の内容」はどういう過程を経て理解されるのですか。それを説明している一文の最初の五字を抜き出しなさい。（字数には句読点等もふくみます。）

問二　傍線部②「私たちの心は、時として語られた言葉よりも、声によって動かされているのです。」とありますが、なぜ声は人の心を動かすのですか。五十字以内で答えなさい。

問三　空欄《くうらん》アに入る言葉を漢字三字で答えなさい。

問四　空欄イ・ウに入る言葉として最も適当なものを次の中から選び、それぞれ記号で答えなさい。

1　印象　2　意志　3　理性　4　感覚　5　本能

問五　傍線部ａ「絶世」、ｂ「機知」の意味として最も適当なものを次の中から選び、それぞれ記号で答えなさい。

ａ「絶世」

ア　世の中にいない　イ　国を滅《ほろ》ぼすほどの

ウ　世に知られた　エ　この上ない

ｂ「機知」

ア　その場をなごませる能力

イ　とっさにうまく対応する才能

ウ　複雑な話をくみたてる知恵《ちえ》

エ　相手を骨抜きにする魅力

問六　傍線部③「胎児は羊水を通じて、母親の声や外部の音を聞いています。」とありますが、それがわかるのはなぜですか。五十字以内で説明しなさい。

問七　傍線部④「声はその人そのものなのです。」とありますが、それはどういうことですか。六十字以内で説明しなさい。

【二】　次の文章を読んで、あとの問に答えなさい。

中学二年の九月にマレーシアから日本の中学校に編入した「わたし」（花《はな》岡沙弥《おかさや》）は、通学を始めてから間もなく中学三年の図書委員である「佐藤先《さとうせん》輩《ぱい》」（佐藤莉々子《りりこ》）から声をかけられ、吟行《ぎんこう》（短歌・俳句などを作るために、名所などに行くこと）に参加することになった。りりしい姿で本の返却《へんきゃく》をうながす佐藤先輩は、学校では「督促《とくそく》女王」というあだなで呼ばれている。問題文は、十月半ばに二人で吟行に出かけた先で出会った佐藤先輩の歌会仲間である望《のぞみ》さんの短歌について、佐藤先輩が「わたし」に説明しているところから始まる。なお、望さんはこの場面ではすでに去ってしまっている。

「歌会ではね、最初に詠《よ》んだ人の名前を伏《ふ》せて、みんなでその歌についての感想を言い合うの。それから、作者を明かす。でも望さんはいつもネコの歌を詠むからすぐ分かっちゃうんだ。」

思い出し笑いをする佐藤先輩を見て、わたしは何だかちょっと複雑なえようと意識しなくても、脳にしっかりと刻まれるのです。とても不思議なことですが、眠っている母親にさまざまな赤ちゃんの泣き声を聞かせると、自分の子どもの声だけに身体が反応し、起きてしまうことが実験によって確かめられています。

さて、生まれたばかりの新生児は、言葉はまだわからないものの、母親の声の調子やリズムから、感情や体調、行動まで読み取っています。

そして母親の声をはじめとする外部環境《かんきょう》の「音」は、絶え間なく赤ちゃんの耳から入り、脳に聴覚の神経を作っていきます。ただ寝転《ねころ》がっているように見える新生児は、耳という閉じることのない扉《とびら》から膨大な情報を取り込んで、脳はスーパーコンピュータのようにデータを蓄積《ちくせき》し、分《ぶん》析《せき》して、神経細胞《さいぼう》を増やし続けているのです。

絶対音感というものをご存知《ぞんじ》の方は多いでしょう。楽器の音でも、グラスをカチンと鳴らす音でも、瞬時《しゅんじ》に「ド#《シャープ》」とか「ラ」などとわかってしまう能力のことですが、じつはその音感の素質は、すべての赤ちゃんが持っています。

ただ、成長してその素質を開花させるためには、耳から入った音をしかるべき時期（だいたい四歳前後まで）に「音の高さ＝音名」という概《がい》念《ねん》と一致《いっち》させないと、音感としての神経回路はできあがりません。そのため、絶対音感を持つ人は特殊《とくしゅ》だと思われていますが、音と音名を繋《つな》ぐ時期さえ間違わなければ、誰《だれ》もが絶対音感を持って大人になることは可能です。

絶対音感はともかくとしても、新生児は「あらゆる言語のいかなる複雑な発音」も聴き分けるという驚異《きょうい》的な聴覚を持っています。成長に伴《ともな》って母国語にない発音、つまり聴くことのない音に対しては回路が薄《うす》れていきますが、さまざまな声を聞いている限り、「声に含まれる要素を聴き取る能力」は持ち続けています。

そのような聴覚の能力を、ほとんどの方は自覚的に使うことがありません。しかし私たちは「声という音」に含まれる要素を、ほぼ無意識裡にではありますが、確かに読み取っているのです。

声という音は、話し手のじつに多くの情報を含んでいます。どのような情報かというと、身長、体格、顔の骨格、性格、生育歴、体調から心理状態まで。つまり、その人のほぼすべてです。

なぜそんな情報が声に出てしまうのか。その理由は追って説明していきますが、声とはひとりひとりの履歴書《りれきしょ》のようなものなのです。声を形成する要素の二割ほどが、生まれ持った体格・骨格や声帯の長さ、共鳴《きょうめい》腔《こう》（口腔や鼻腔《びこう》など）の形など、いわゆる先天的な声の素質で、残りの八割は生育環境や性格と、そのときの心身の状態です。ですから履歴書どころか、そのときの体調や心情を実況《じっきょう》放送しているようなものであるとすら言えます。

そして人間の聴覚と脳は、それらをすべて受け取っており、かなりの要素を読み取ることができるのです。

「まさか」と思いますか？

中国には古くから、声で人の体質や性格、生《お》い立ちや既往症《きおうしょう》、さらには親や兄弟の体格・体質までをも読み取る「声相」という易学《えきがく》があります。その人の現在と過去を声から読み取るのはもちろん、未来までもわかってしまうものだと考えられてきました。同じく中国の古代医学書には、声に含まれる音から病気を判断する方法が記されています。

古くから人の声には、当人についての多くの情報が含まれていることえるでしょう。

しかし声の「内容」と同時に、私たちは声という「音そのもの」も同時に脳内に取り込んでいます。そしてこの「声という音」は新皮質だけでなく、大脳のもっとも深いところにある旧皮質を刺激するのです。旧皮質はその名のとおり、発生系統としては進化のごく初期の段階でできたもので、本能領域にあたります。ここは危険を察知したり、快・不快を［イ］と関係なく判断したりするところです。最新の研究では、音は脳のほぼ全領域に影響することがわかっています。

声という音は、新皮質と同時に旧皮質に滑《すべ》り込み、「心地よい、悪い、好き、嫌《きら》い」といった本能的な感情を起こさせます。もちろん無意識裡《り》に、です。つまり、顕在《けんざい》意識にも潜在《せんざい》意識にも作用しているわけですね。

ここに声の影響力の秘密があります。言葉を無視して心の奥底《おくそこ》に届き、私たちの感情を揺《ゆ》り動かしてしまう。それが声の知られざる、そして恐《おそ》るべき力です。

唐突《とうとつ》ですが、二〇〇〇年ほど時代を遡《さかのぼ》って、古代エジプトに生きた女王、クレオパトラのお話をしましょう。クレオパトラ七世は一八歳《さい》でプトレマイオス朝最後のファラオとなった女性です。ローマのユリウス・カエサルを、カエサルの死後にはその部下だったアントニウスをも虜《とりこ》にしたa絶世の美女と語り継《つ》がれていますが、クレオパトラを知る文筆家、ローマのプルタルコスは彼女《かのじょ》についてこんなふうに記録しています。

「クレオパトラの容姿は、目をひくほど美しくはない。しかしその声は大変魅力《みりょく》的で、その声色《こわいろ》を聞くだけで快楽であった」

もちろん、b機知に富んだ話術《わじゅつ》にも長《た》けていたのでしょうが、このようにわざわざ記述されるほど、彼女の声は魅力的だったのです。声が理《り》屈抜《くつぬ》きに［ウ］に作用することを考えると、クレオパトラにまつわる伝説の数々も、妙《みょう》に納得《なっとく》がいくのです。

たかが声にそんな力が？ と思われるでしょうか。

しかし(注)「はじめに」でお伝えしたように、声という音が脳内でどのように作用しているかという研究が進み、近年多くのことが解明されてきています。先ほど、声は脳の本能領域に取り込まれ、人の心を動かすというお話をしましたが、ここからはもう一つの重要な要素である「聴覚」について解説しましょう。

人間の聴覚は、感覚器の中でも大変早くから発達します。胎児《たいじ》の時期、妊娠《にんしん》六か月頃《ごろ》にはほぼ完成していますから、その頃から③胎児は羊《よう》水《すい》を通じて、母親の声や外部の音を聞いています。羊水の中で聞いていた声はくぐもっていて、生まれ出て空気を通して聞く母の声とはずいぶん違《ちが》うはずですが、新生児は自分の母の声を間違いなく認識し、他の母親の声と聞き分けることが実験によって裏付けられています。それどころか、お腹《なか》の中で聞いていた母の言葉、母国語に特徴的な発音に、生まれてすぐに反応することも確かめられました。この優《すぐ》れた聴覚は、生まれてからもさらに発達を続けます。

視覚は生まれてからしばらくは未発達で、あまり役に立ちません。そのぶんを補うのが聴覚です。胎児のときも生まれてからも、人間にとっての世界の認識は聴覚から始まります。自分を取り巻く音、特に母親の声によって赤ちゃんは、自分のいる場所や守ってくれる人を脳に刻みつけていきます。

そして母親もまた、自分の子どもの声を出産後すぐに記憶《きおく》します。憶

【国語】（五〇分）〈満点：七〇点〉

【一】 次の文章を読んで、あとの問に答えなさい。

ある実験で、声の特徴《とくちょう》が異なるA・Bの二人に同じ言葉を同じ速度で話してもらい、被験者《ひけんしゃ》にそれを聞いた印象を回答してもらいました。その結果、Aに対しては九〇パーセント超《ちょう》の人が「信頼《しんらい》できそう、リーダーになってほしい、友人になりたい」といった、良い印象を抱《いだ》いたのに対して、Bはそのような票をほとんど獲得《かくとく》することができませんでした。

この実験結果が示すことは、人は声だけで、その人物に対してかなり明確に「好ましい・好ましくない」というイメージを持つということです。実験で、A・Bは否定的なことと肯定《こうてい》的なことの両方を話し、被験者はその二種類の言葉を聞いているのですが、否定的な内容のほうがAにより多くの「好ましい」票が集まりました。つまりAは、否定的なことを言っても好ましい印象を与えることができたのです。

会話でも演説でも、綿密なメモでも取らない限り、人はその内容を一割程度しか憶《おぼ》えていないと言われます。一方でこの実験が示すように、私たちは話し手の印象を、その「声」によって無意識にイメージしています。もっと話を聞いていたいと思わせたり、逆にもういやだな、さっさと話が終わらないかなと感じさせたりするのも、①話の内容だけではなく、声によるもの、声に含《ふく》まれる音の要素による影響《えいきょう》が大きいのだということが、近年の研究によって明らかになってきました。②私たちの心は、時として語られた言葉よりも、声によって動かされているのです。

なぜ声が、そのように人の心を動かすのでしょうか。

その秘密は「聴覚《ちょうかく》と脳」にあります。

聴覚とは、音を受け取る器官である耳から入った音が、脳内で処理される一連の感覚のことをいいます。感覚というものは謎《なぞ》に満ちています。耳や目といった受容器が刺激《しげき》を受け取り、それを脳で処理した結果を感覚といいますが、私たちはそれによって自分を取り巻く世界を認識しているわけです。

視覚はかなり自覚的な感覚器官です。見たくなければ目を閉じればいいし、見たものは絵に描《えが》いたり写真に撮《と》ったりして再現と確認ができる。一方で耳は閉じることができず、眠《ねむ》っているときにも、さらには昏《こん》睡《すい》状態のときですら音を受け取り続けます。人は閉じることができない耳から絶え間なく膨大《ぼうだい》な音を受け取っていて、それは録音によって再現はできるものの、脳が自覚した音の正確な再現や確認はできません。聴覚は、視覚に比べるとはるかに［ア］的な器官なのです。

たとえば街に出たとき、どれほど多くの音が満ちているでしょうか。木々の葉擦《はず》れ、鳥のさえずり、雑踏《ざっとう》の音、車のエンジン音やクラクション、人の話し声、商店街から流れてくる音楽や宣伝の音など、いちいち自覚して聴《き》いてはいませんよね。聞き流している音がほとんどです。しかし聞き流していても、その音はすべて聴覚を通して脳に取り込《こ》まれています。

人の話を聞くときには、まず話されている内容を理解しようとしますよね。声は耳から大脳の聴覚野《や》を通って、言葉を理解する言語野という部分に送られ、言葉の内容を受け取ります。言語野というのは大脳の新皮質という、人間が人間として進化を遂《と》げていく段階で新しくできた部分にあります。新皮質は理性、つまり知的領域を担《にな》っている場所だと言

MEMO

大切なことはメモしておこうネ！

2019年度

解　答　と　解　説

《2019年度の配点は解答欄に掲載してあります。》

＜算数解答＞ 《学校からの正答の発表はありません。》

1. (1)　41.87cm　　(2)　23.08cm

2. (1)　解説参照　　(2)　解説参照　　(3)　①　9本115cm　　②　9本95cm　　(4)　19本

3. (1)　解説参照　　(2)　(図5)　解説参照　　(図6)　解説参照　　(3)　15枚

(4)　(最も多いときの枚数)　27枚　　(最も小さいときの枚数)　0枚

4. (1)　7個

(2)　①　(10，0)(9，1)(8，2)(7，3)(6，4)(5，5)(4，6)(3，7)(2，8)(1，9)(0，10)

②　(最も短くかくなる組み合わせ)　(9，1)　　(かかった時間)　1260秒

(3)　(かかる時間)　1240秒　　(考えられる組み合わせ)　(3，9)(4，8)(6，5)

○推定配点○

3.　各3点×6　　他　各4点×13(2.(3)①・②，4.(2)①・(3)「組み合わせ」各完答)　　計70点

＜算数解説＞

基本　**1.** (平面図形，図形や点の移動，概数)

(1)　下図より，Bの軌跡の長さは10×2×3.14÷360×(60×4)＝40×3.14÷3＝41.866…であり，約41.87cmである。

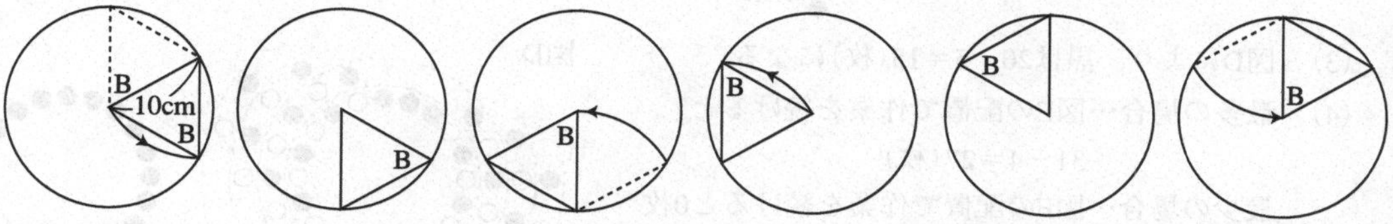

(2)　下図において，正六角形の一1つの内角は120度であり，Bの軌跡の長さは10×2×3.14÷360×(30×3)＋14.1×2×3.14÷360×30＝15.7＋14.1×3.14÷6＝23.079(cm)であり，約23.08cmである。

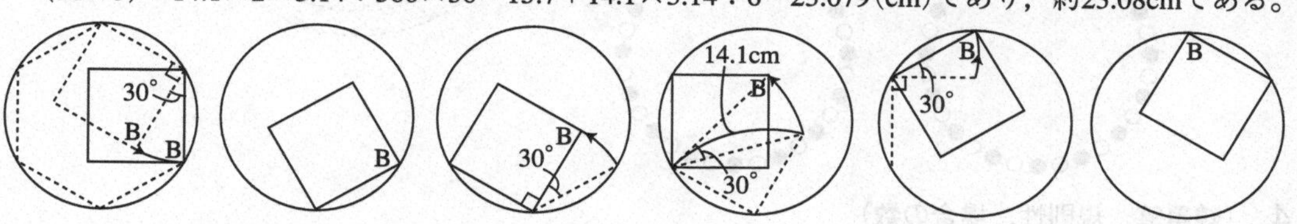

2. (平面図形，立体図形)

基本　(1)　下図の例がある。

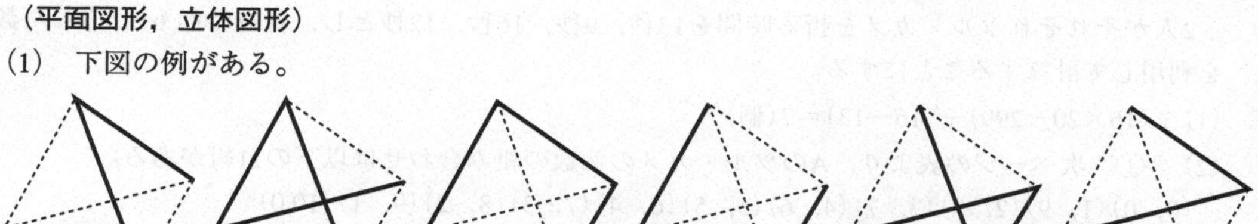

基本　(2)　右図の例がある。

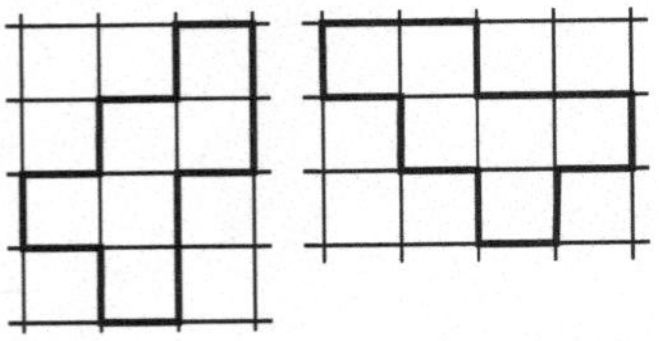

やや難　(3)　①　図アにおいて，切る辺は5＋4＝9(本)，長さの合計は15×5＋10×4＝115(cm)である。

②　図イにおいて，切る辺は1＋4×2＝9(本)，長さの合計は15＋10×8＝95(cm)である。

図ア

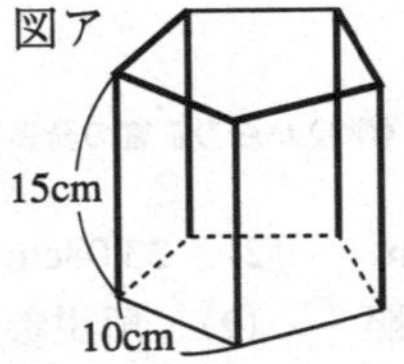

図イ

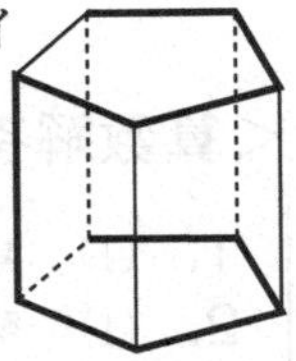

やや難　(4)　右図の展開図において，つながっている辺は5×2＋1＝11(本)あり，切る辺は5×12÷2－11＝19(本)ある。

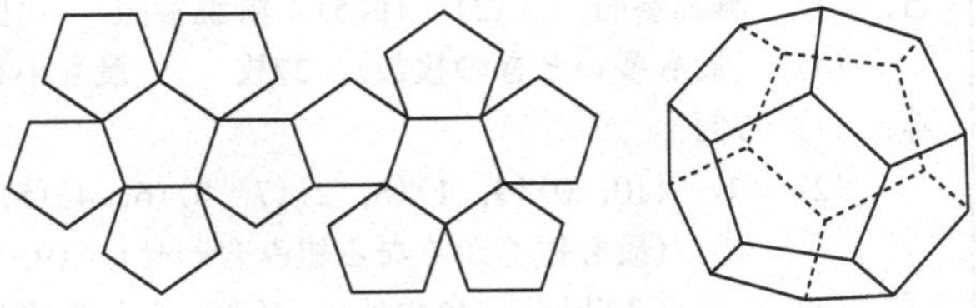

3.（平面図形，推理）

基本　(1)　作業によって裏返しにされるコマを外側に描いていくと，図Aのようになる。

基本　(2)　同様に，作業によって裏返しにされるコマを外側に描いていくと，図B・Cのようになる。

図A

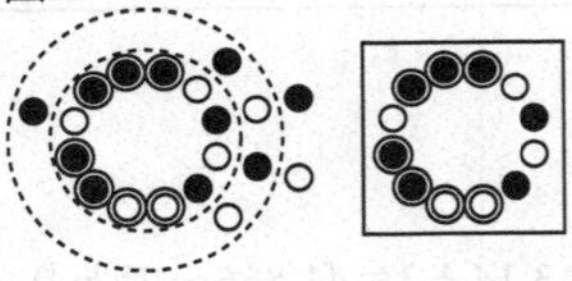

図B

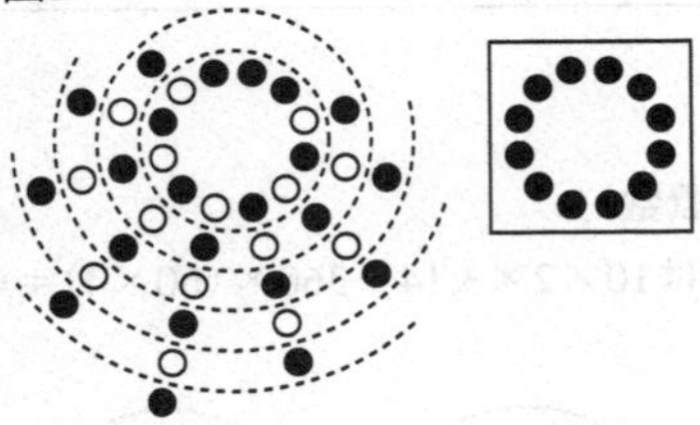

図C

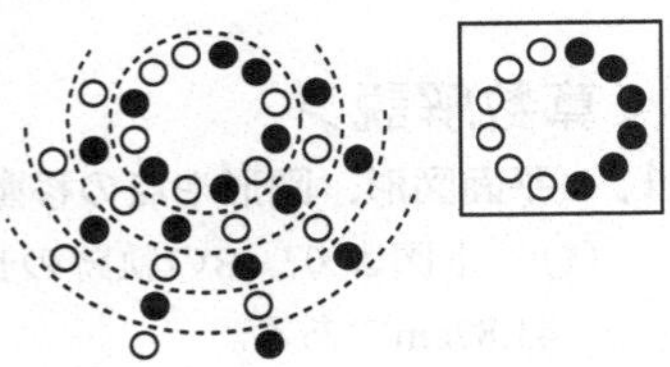

基本　(3)　図Dにより，黒は20－5＝15(枚)になる。

やや難　(4)　最多の場合…図Eの配置で作業を続けると

31－4＝27(枚)

最少の場合…図Fの配置で作業を続けると0枚

図D

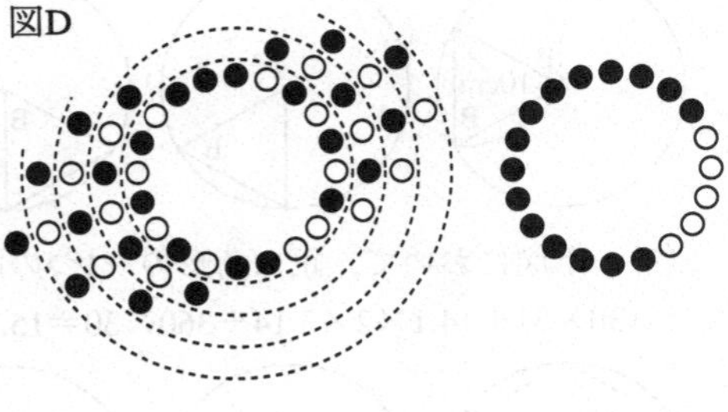

図E

図F

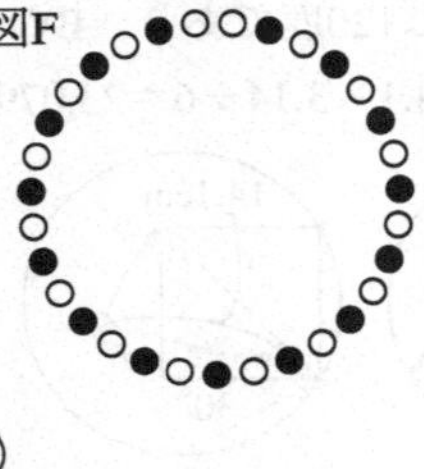

4.（鶴亀算，規則性，場合の数）

2人がそれぞれツル・カメを折る時間を13秒，9秒，16秒，12秒とし，合計時間も0.1倍した数値を利用して計算することにする。

基本　(1)　(16×20－299)÷(16－13)＝7(個)

重要　(2)　①　次ページの表より，Aのツル・カメの個数の組み合わせは以下の11組がある。

(0，0)(1，9)(2，8)(3，7)(4，6)(5，5)(6，4)(7，3)(8，2)(9，1)(10,0)

②　①の表において，Aが折る合計時間は90秒から4秒ずつ増えて130秒で終わり，Bが折る合計

時間は160秒から4秒ずつ減って120秒で終わる。したがって，コ行(9，1)のAが折る合計時間は126秒，Bが折る合計時間は124秒であり，実際には，完成までの時間が最短の1260秒になる。

	Aのツル		Bのツル		合計①	Aのカメ		Bのカメ		合計②
ア	0個	0秒	10個	160秒	160秒	10個	90秒	0個	0秒	90秒
イ	1	13	9	144	157	9	81	1	12	93
ウ	2	26	8	128	154	8	72	2	24	96
エ	3	39	7	112	151	7	63	3	36	99
オ	4	52	6	96	148	6	54	4	48	102
カ	5	65	5	80	145	5	45	5	60	105
キ	6	78	4	64	142	4	36	6	72	108
ク	7	91	3	48	139	3	27	7	84	111
ケ	8	104	2	32	136	2	18	8	96	114
コ	9	117	1	16	133	1	9	9	108	117
サ	10	130	0	0	130	0	0	10	120	120

①＋②
250秒

やや難

(3)　①の表において，例えば，サ行においてBのツルが0個0秒のとき，Bのカメの時間は0～120秒の範囲であり，Aが折る合計時間は最短で130＋0＝130(秒)であるから，2人がそれぞれ折る合計時間が129秒以下で最短になる場合を調べると，以下の場合がある。

エ行においてAのツルが3個39秒のとき，Bのツルは7個112秒であり，イ行のカメの時間を加えるとAの合計時間が39＋81＝120(秒)，Bの合計時間が112＋12＝124(秒)になるので他の行の場合より最短になる。

オ行においてAのツルが4個52秒のとき，Bのツルは6個96秒であり，ウ行のカメの時間を加えるとAの合計時間が52＋72＝124(秒)，Bの合計時間が96＋24＝120(秒)

キ行においてAのツルが6個78秒のとき，Bのツルは4個64秒であり，カ行のカメの時間を加えるとAの合計時間が78＋45＝123(秒)，Bの合計時間が64＋60＝124(秒)になり，カ行においてAのツルが5個65秒のとき，Bのツルは5個80秒であり，合計時間が124秒以下になる場合がない。したがって，合計時間が最短になる実際の時間は「1240秒」であり，A(ツル，カメ)の組み合わせは(3，9)，(4，8)，(6，5)である。

★ワンポイントアドバイス★

比較的難しい問題は，**2.**(4)「正五角形12面体」，**4.**(3)「最短の完成時間」であり，特に**4.**(3)は，(2)の問題文との関連を理解していないと意味がわからなくなる。欲張らずに，解ける問題で着実に得点することがポイントである。

＜理科解答＞《学校からの正答の発表はありません。》

問1　ウ　　問2　エ　　問3　(実の特徴)　種子の大きさが小さい。　(有利な理由)　石積みの石と石のすき間に入りこんで，そこから芽を出しやすいから。　(実の特徴)　果実に色や味があったり，毛があったりする。　(有利な理由)　果実を鳥が食べたり，風に飛ばされたりして，種子が広い範囲に運ばれ，石積みに到達しやすい。　問4　形や大きさのそろっている石を使うため積むのが簡単で，石と石の境の線が一直線にならないのでじょうぶでくずれにくい点。

問5

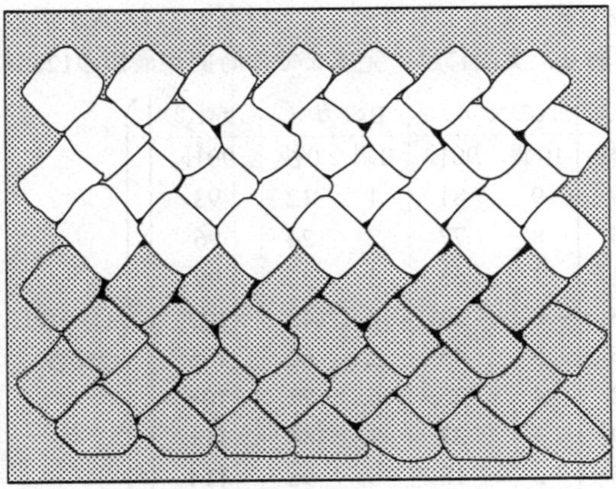

問6

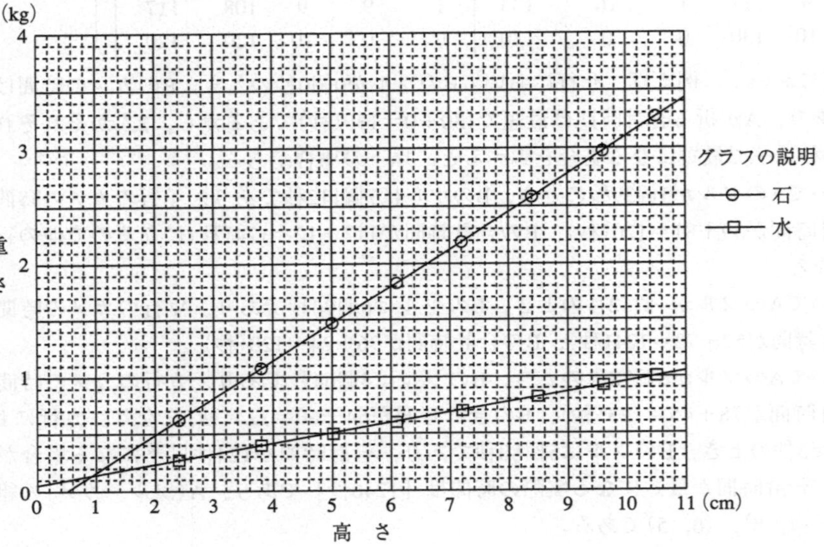
(kg)
4
3
2
1
0
重さ
0 1 2 3 4 5 6 7 8 9 10 11 (cm)
高　さ
グラフの説明
石
水

問7

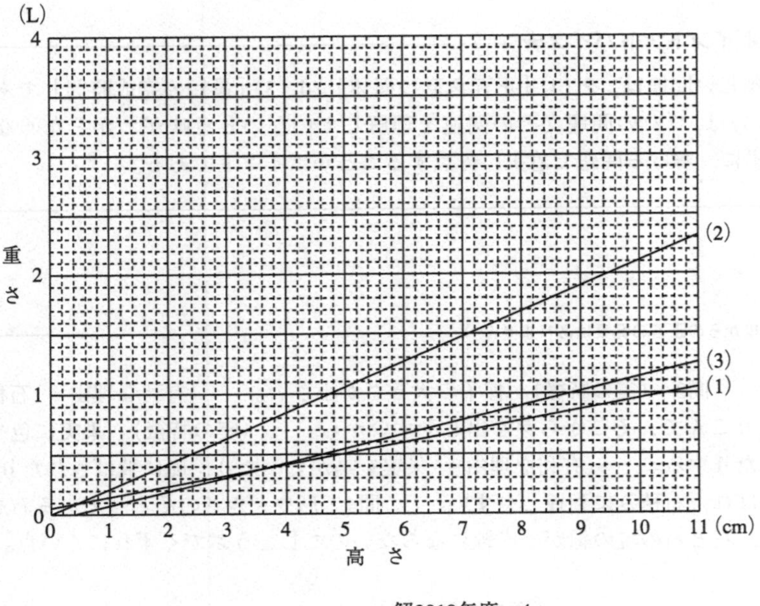
(L)
4
3
2
1
0
重さ
0 1 2 3 4 5 6 7 8 9 10 11 (cm)
高　さ
(2)
(3)
(1)

問8　2.7g　問9　(1)　55%　(2)　62%　問10　でこぼこの石　問11　1.3倍
問12　$2.4m^2$
○推定配点○
問1・問2　各3点×2　問3　各4点×2　問4～問6　各4点×3　問7　各2点×3
問8～問12　各3点×6　計50点

＜理科解説＞

(総合ー石積み)

問1　図2によると，区画2までの種類の数は1である。選択肢アとイは，区画2までにFとGの2種類があるので誤りである。残るウ，エは，区画3までの種類の数は3，区画4までの種類の数は7までは正しい。区画6までの種類の数も7だから，区間5や区間6で種類が増えると誤りである。エでは，区画5でM，区画6でBが現れており，種類が増えているので誤りである。ウは，区画7以降も正しく，これが正解である。

問2　図3のすべての花の数を正確に数える必要はなく，およその計算で充分である。図4で，穂のうち1本の10cmの花の数を数え，あとは本数と長さを使って全体の数を推測すればよい。図4で，10cmの間にある花は約30個なので，種子は約30個できる。図3では，穂が約35本に分かれている。長いものや短いものがあるものの，平均が30cm程度で，図4で測った部分の約3倍である。よって，花の概数は，30×35×3＝3150(個)となり，種子は3150個程度になる。おおざっぱな計算なので誤差は大きいが，選択肢ではエの範囲に入ることは確実である。

重要　問3　ススキ，ヤマグワ，タンポポは石積みにも生えているが，コナラは石積みには生えていない。図5の観察カードを見ると，生えている3種の果実は数mm程度で小さい。一方，コナラはどんぐりが果実であり大きい。石積みのすき間から生えるには，そのすき間に種子が入らなければならず，小さい果実が有利である。また，ヤマグワは果実に色と味があり，鳥が食べて動いてフンをすることで，種子が運ばれる。タンポポやススキの果実には毛がついていて，風によって運ばれやすい。このように，種子が遠距離に運ばれる仕組みがあるので，石積みのすきまに運ばれる可能性もある。コナラは丸っこい形なので，果実は転がって運ばれ，石積みのすきまにとどまる可能性は低い。

問4　設問の直前にある先生の発言がヒントになる。図7の良い点は，形や大きさがそろっている石を使うため積むのが簡単な点である。図8の良い点は，石と石の境の線が一直線にならないのでじょうぶでくずれにくい点である。図6は，図7と図8の良い点を両方とも持っている。

問5　すでに描かれている部分にならって書き進めればよい。長方形に近い形で大きさがそろえられた石を組み上げていく。このとき，長方形の長い辺と，となりの長方形の短い辺が接するように，交互に重ね合わせる。これにより，問4で見たように，石と石の境の線が一直線につながらないことで，石積みの強度が増す。

問6　表1をもとにしてグラフを作成する。水の重さのグラフがすでに描かれているので，参考にすればよい。表の「石の重さ」について，1つ1つの測定値をしっかりと○印で書き表し，できるだけ多くの点を通るように，しっかりした直線で結ぶ。

重要　問7　(1)　水1kgが1Lだから，水の重さを体積に直すには，数値を変えずに単位だけ置き換えればよい。つまり，水の体積のグラフを描くには，問6にすでに描かれていた「水の重さ」のグラフをそのまま問7のグラフ用紙に書き写せばよい。　(2)　石を入れずに水だけを入れたときの水の体積は，底面積$210cm^2$に高さを掛け算して，単位を〔L〕に直せばよい。高さが0ならば体積も0である。高さが1cmならば体積は210×1＝210(cm^3)だから0.21Lである。高さが10cmならば体積は210×10＝2100

(cm^3)だから2.1Lである。このような点を通る直線を描く。（3）　石がない場合の水の体積が(2)，石がある場合の水の体積が(1)なので，引き算すれば石の体積が求められる。例えば，高さが5cmのとき，(1)のグラフは0.51L，(2)のグラフは1.05Lを通るから，(3)のグラフが通るのは，1.05－0.51＝0.54(L)である。また，高さが10cmのとき，(1)のグラフは0.95L，(2)のグラフは2.1Lを通るから，(3)のグラフが通るのは，2.1－0.95＝1.15(L)である。このような点を通る直線を描く。

やや難 問8　表1や問6のグラフでは石の重さが分かる。また，問7(3)では石の体積が分かる。そこで，石の重さを体積で割り算すれば，1cm^{3}あたりの石の重さが求められる。ところで，問6や問7のグラフは，本来はどの直線も原点(横軸0のとき縦軸0の点)から伸びなければならない。しかし，測定値からグラフを描くと，必ずしも原点を通らない。これは，測定の誤差のためである。誤差の影響を受けにくいのは，数値の大きい方なので，グラフの左の方ではなく右の方で値を読んで計算するのがよい。本問では，例えば問7(3)でも計算したように，高さが10cmの場合，石の重さは問6のグラフから3.1kg＝3100g，石の体積は，1.15L＝1150cm^{3}である。これより，石1cm^{3}あたりの重さは，3100÷1150＝2.695…≒2.7g/cm^{3}となる。あるいは，表1で高さが10.5cmのとき，石の重さは3.27kg＝3270g，問7(1)のグラフは1.0L，(2)のグラフは2.2Lだから，石の体積(3)は，2.2－1.0＝1.2L＝1200(cm^3)である。これより，石1cm^{3}あたりの重さは，3270÷1200＝2.725≒2.7(g/cm^3)となる。他の高さを使って計算しても，2.7g/cm^{3}前後の答えが出る。

問9　(1)　高さが10cmのとき，問7(3)で計算したように，容器の体積は2100cm^{3}であり，石の体積は1150cm^{3}なので，石の体積の割合は1150÷2100＝0.547…より55％である。（2）　図15で，高さ10cmのところを読み取り，問7と同じ手順で計算する。図15で高さ10cmのとき，水の重さは0.8kgであり，水の体積は0.8L＝800cm^{3}である。高さ10cmまでの容器の体積は，210×10＝2100(cm^3)なので，石の体積は2100－800＝1300(cm^3)である。よって，石の体積の割合は1300÷2100＝0.619…より62％である。

問10　問9で求めたように，でこぼこの石の場合，石の体積の割合が55％だから，すきまの体積の割合は100－55＝45(％)である。一方，なめらかな石の場合，石の体積の割合が62％だから，すきまの体積の割合は100－62＝38(％)である。よって，でこぼこの石の方がすきまがより多くできる。このすきまが，地震の揺れなどを吸収して，簡単には動かない状態をつくっている。

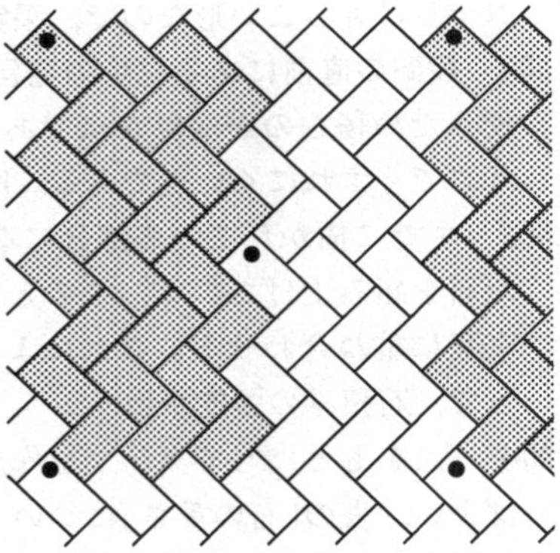

問11　問6で描いたグラフを読み取る。高さ10cmのとき，石の重さは3.1kg，水の重さは0.95kg，合計の重さは4.05kgである。石と水を合わせた重さは石だけの重さに対して，4.05÷3.1＝1.30…で，1.3倍となる。

問12　右図は，石積みのようすを表したものである。右図で着色した部分の繰り返しになっている。つまり，ブロック24枚ごとに1つの穴が開いている。ブロック1枚の面積は，0.25×0.40＝0.1(m^2)だから，24枚では0.1×24＝2.4(m^2)である。つまり，表面2.4m^{2}ごとに穴があけられている。

★ワンポイントアドバイス★

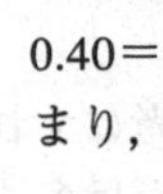

表や資料の持つ意味，描いたグラフの表す内容，計算結果が示していることがらなど，具体的に考えて解いていこう。

＜社会解答＞ 《学校からの正答の発表はありません。》

Ⅰ．問1　ウ　　問2　エ　　問3　長崎(港)　　問4　福沢諭吉　　問5　イ　　問6　イ
問7　石油　　問8　(例)　すすなどが発生しないので，大気汚染につながらない。
問9　(1)　富岡　　(2)　ウ　　問10　ア　　問11　エ　　問12　イ　　問13　鹿鳴館
問14　大隈重信　　問15　豊洲

Ⅱ．問1

グラフ1
国内産の石炭と輸入された石炭の量

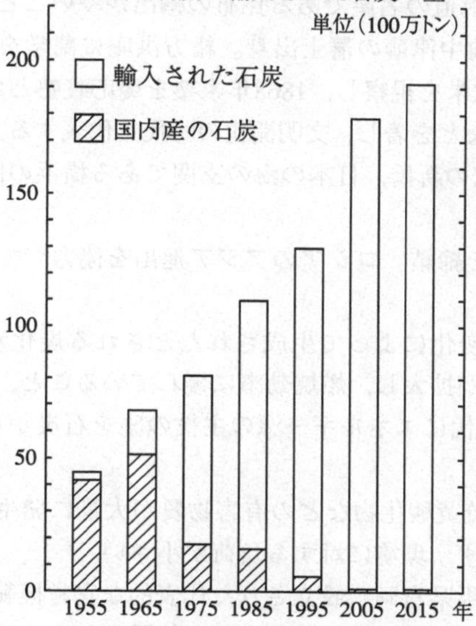

グラフ2
原料炭と一般炭の量

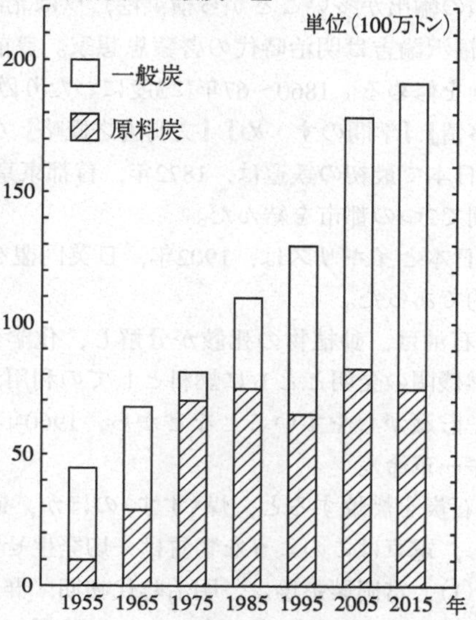

問2　(例)　日本の石炭の需要は一貫して増加している。一方，国内産の石炭の量は減少傾向，輸入された石炭の量は増加傾向にあり，石炭の自給率は低下してきている。
問3　イ　　問4　ウ　　問5　(1)　石油危機　　(2)　(例)　2011年3月11日の東日本大震災に伴って発生した福島第一原子力発電所の重大事故により，日本の原子力発電所のほとんどが稼働を停止したから。　　問6　イ

Ⅲ．(例)　明治時代になると，蒸気機関を用いた蒸気機関車や蒸気船が利用されるようになり，石炭がその燃料として使われた。また，石炭は工場でも使われるようになり，1972年に開業した富岡製糸場，1901年に開業した八幡製鉄所でも石炭は利用された。石炭からつくられたガスは，街灯だけでなく，一般の家庭の熱源としても用いられた。しかし，現在では，石炭を輸送や工場の蒸気機関の燃料として用いることはなくなり，家庭用のガスも石炭からつくられることはなくなった。現在は，大半が製鉄所のコークス用，火力発電所の燃料用として用いられている。

○推定配点○
Ⅰ．問1～問8　各2点×8　　他　各1点×8
Ⅱ．グラフ1・グラフ2，問2，問5(2)　各3点×4　　他　各2点×4　　Ⅲ．6点　　計50点

＜社会解説＞

Ⅰ．（総合－石炭をテーマにした日本の地理，歴史など）

問1　筑前は旧国名の一つで，現在の福岡県北西部に相当する。なお，筑後は，現在の福岡県南部に相当する。

問2　アメリカは，中国の清(1616～1912年)と貿易をするための港が必要であった。明(1368～1644年)が誤り。

やや難　問3　長崎港からは，佐賀県の嬉野茶，福岡県の筑豊地方の石炭などが海外に輸出された。アは生糸類の輸出が多いことから横浜港，ウは北海道の名産である昆布の輸出が多いことから函館港。

基本　問4　福沢諭吉は明治時代の啓蒙思想家。豊前中津藩の藩士出身。緒方洪庵に蘭学を学び，のちに英学を修める。1860～67年に3度にわたり欧米を視察し，1868年家塾を慶応義塾と名付けた。『西洋事情』『学問のすゝめ』『文明論之概略』などを著し，文明開化の時代を代表する人物とされる。

基本　問5　日本で最初の鉄道は，1872年，首都東京の新橋，日本の海の玄関である横浜の間に開通。約1時間で2つの都市を結んだ。

問6　日本とイギリスは，1902年，日英同盟を締結。ロシアのアジア進出を協力して牽制するのが目的であった。

問7　石油は，動植物の死骸が分解し，化学変化によって生成されたとされる炭化水素の混合物。内燃機関の発明とともに燃料としての利用が拡大し，燃焼効率に優れていること，液体なので輸送や貯蔵がしやすいことなどから，1960年代にエネルギー源の主役の座を石炭から奪った(エネルギー革命)。

問8　石炭を燃焼すると，煤(すす)のほか，硫黄酸化物などの有害物質が大量に発生する。これに対し，電車はこのような物質は一切発生せず，環境に対する負荷が小さい。

重要　問9　(1)　富岡製糸場は，明治時代初期，群馬県富岡に設立された代表的な官営模範工場。明治政府の殖産興業政策に基づき，1870年設置，1872年操業開始。富岡に建設されたのは養蚕業が発達していたからである。　(2)　富岡製糸場は，フランス製の製糸器械300釜を備えた近代的な製糸工場で，フランス人技師ブリューナが設計し，その指導で操業を開始した。

問10　稲荷山古墳は，埼玉県行田市の埼玉(さきたま)古墳群内にある前方後円墳。1968年，後円部から鏡，銀環，帯金具，鉄剣など武器，馬具などの副葬品が出土。1978年，保存修理中に，鉄剣の表裏にわたり115字の金象嵌の銘文が発見された。銘文中の「辛亥年」は471年，「獲加多支鹵大王(ワカタケル大王)」は雄略天皇に比定され，この時代，大和政権の勢力が関東地方に及んでいたことがわかった。

問11　八幡製鉄所は，ロシアとの戦争に備えるため，武器や兵器の製造に必要な鉄鋼を生産することを目的の一つとして建設された。

問12　大規模な水力発電は，河川の上流部にダムを建設し，高めの水位によって落差を得て，発電を行う。このため，一般に，大規模な水力発電所は，大都市から離れた山岳地帯に立地している。なお，原子力発電所は人里離れた臨海部に，太陽光発電所は日照時間が長い地域に，地熱発電所は火山の近くに立地することが多い。

問13　鹿鳴館は，明治政府が国際的社交場として建設した洋風建築物。1883年完成。内外の上流社会人による舞踏会，音楽会などが開催され，欧化政策の先端をきったので，この時代を鹿鳴館時代と呼ぶ。

基本　問14　大隈重信は，明治，大正期の政治家。肥前藩出身。明治政府の参議，大蔵卿などを歴任。明治十四年の政変(1881年)で下野し，翌年立憲改進党を結成し，党首となった。東京専門学校(現在の早稲田大学の前身)の創設者でもある。

問15　豊洲は，東京都江東区南部，隅田川河口左岸の埋立地。大正時代末期より埋め立てが始まり，1950年の造成を完了。北側の地区には石川島播磨重工業が立地して造船が行われ，第二次世界大戦後に石炭の荷揚げ場ができ，これに接して東京ガスなどが進出した。東京ガスの跡地に豊洲市場が建設され，2018年に築地市場からの移転が完了した。

Ⅱ．（総合―表やグラフの読み取りを中心とした日本の地理，歴史など）

問1　国内産の石炭＝国内原料炭＋国内一般炭，輸入された石炭＝輸入原料炭＋輸入一般炭，で求められる。また，原料炭＝国内原料炭＋輸入原料炭，一般炭＝国内一般炭＋輸入一般炭で求められる。

問2　完成したグラフから，1955年では国内産の石炭が圧倒的に多かったが，これ以降，輸入された石炭が年々増加し，2015年では，ほとんどが輸入された石炭となっていることが読み取れる。すなわち，石炭の自給率が年々低下し，現在ではほぼ100％を輸入に依存しているといえる。

基本　問3　2017年現在，日本が最も多くの石炭を輸入している国はオーストラリアで，重量の61.8％，金額の62.3％を同国が占めている。

やや難　問4　グラフ3から鉄鋼の生産量は，1955年ではまだ少なかったが，1965年に約4倍に増え，さらに1965年～1975年には約2.5倍に増加したが，これ以降はほぼ横ばいになっていることが読み取れる。これとほぼ同じような変化がみられるのは，完成したグラフ2中の「原料炭の量」（国内原料炭＋輸入原料炭）である。

重要　問5　(1)　石油危機は，1973年に勃発した第四次中東戦争に際し，アラブ諸国がとった石油戦略によって発生した世界的な経済混乱。第四次中東戦争が起こると，アラブ石油輸出国機構（OAPEC）が石油の減産，禁輸を行ったのに並行して，石油輸出国機構（OPEC）は原油価格を一挙に4倍に引き上げた。この結果，基幹産業のほとんどを石油に依存している日本をはじめ世界各国は経済的な打撃を受け，日本では，国民がパニックに陥り，トイレットペーパーや洗剤などの買いだめ騒ぎが起こった。　(2)　2011年3月11日の東日本大震災に伴う津波により，福島第一原子力発電所では原子炉が冷却できない事態に陥って，炉心融解に至り，周辺地域には放射性物質が飛散，土壌や水，農産物などを汚染した。このような事態を受けて，国内のすべての原子力発電所は稼働を中止し，その後，少数が再稼働しているものの，発電量に占める割合はまだわずかである。

問6　1975年以降，国内産の石炭量は一貫して減少している。石炭火力の発電量の増加を支えているのは，輸入されている石炭である。

Ⅲ．（総合―石炭の使いみちの変化）

明治時代～現在までの石炭の使いみちの変化を，Ⅰ，Ⅱの問題文や表やグラフなどをもとに説明する。その際，今はなくなった使いみち（工場で使用する蒸気機関の燃料用，蒸気機関車用，都市ガス用），今もある使いみち（製鉄業のコークス用，火力発電所の燃料用）をあげながら説明すればよい。

★ワンポイントアドバイス★

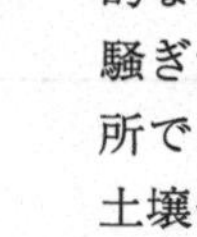

本校では，グラフの作図問題が定番となっている。ほぼ毎年出題されているので，対策が必要である。

＜国語解答＞ 《学校からの正答の発表はありません。》

【一】 問一　声は耳から　問二　(例)　声は音として，大脳の本能領域である旧皮質を刺激して，言葉を無視した本能的な感情を起こさせるから。　問三　無自覚
問四　イ　3　ウ　5　問五　a　エ　b　イ　問六　(例)　新生児は自分の母親の声を間違いなく認識し，母の言葉や母国語に特徴的な発音に生後すぐ反応できるから。
問七　(例)　声を形成する要素には，話し手の情報が多く含まれているため，声から話し手についてさまざまな判断ができるから。

【二】 問一　(例)　周りの目を気にせず，いつも堂々とした佐藤先輩から意外な言葉が出てきて驚いたから。　問二　(例)　歌会という居場所ができたため，学校の人間関係がうまくいかなくても，それが自分のすべてではないと思えるようになり，精神的に救われ，強くなれた。　問三　(例)　親の希望で始めた音楽ではうまくいかずにつらい思いをしたが，短歌では一人前になって親に認めてもらいたいと，決意を新たにする気持ち。
問四　(例)　小さい頃からピアノを続けてきた自分が音楽学校で行き詰まり，先行きに不安と戸惑いを感じているということ。

【三】 1　遊覧　2　装飾　3　諸島　4　組織　5　功績　6　縦横　7　温暖
8　習熟　9　貧弱　10　不孝　11　巣　12　節　13　暴(れる)
14　浴(びる)　15　破(る)

○推定配点○
【一】 問一　4点　問二・問六　各5点×2　問三　3点　問七　6点
問四・問五　各2点×4
【二】 各6点×4　【三】 各1点×15　計70点

＜国語解説＞

【一】 (説明文－理由・根拠・細部表現の読み取り，空欄補充，記述，ことばの意味)

問一　問一　傍線部①を先に読み進めた部分に「話の内容」について書かれている。「人の話を聞くときには……」で始まるの段落の中である。段落の二文目に「耳から大脳の聴覚野を通って」「言語野という部分に送られ」「言葉の内容を受け取ります」とある。それらの表現が含まれる一文を，解答として抜き出す。

問二　「しかし声の『内容』と同時に……」で始まる段落と，そこに続く「声という音は……」「ここに声の影響力の……」で始まる段落に解答の手がかりを見出すことができる。人間は，声の「内容」だけでなく，「声という音」も脳内に取り組むのである。その音は，本能領域に関係する旧皮質に届く。そして，言葉を無視して，本能的な感情を起こさせるのだ。だから，私たちの心は，語られた言葉よりも声に動かされる時があるのだ。記述の際には，「声という音が本能領域である旧皮質を刺激する」＋「言葉を無視した本能的な感情を起こす」という内容を中心にする。

問三　空欄アが含まれる段落内の表現から考えることができる。段落内では，視覚と聴覚が比較されている。視覚は，見たくなければ目を閉じるなどできて，自覚的なのである。一方，聴覚は，絶え間なく膨大な量の情報を受け取らなくてはならないなど，［ア］的なのである。視覚との対比で考えると，アには「無自覚」という言葉があてはまる。

問四　「人の話を聞くときには……」で始まる段落以降の内容から考えることができる。新皮質は理性を担っていると書かれている。また，旧皮質は本能に関係していると書かれている。

イ　旧皮質に関係する部分である。「理性」と関係がないのである。解答は3の「理性」になる。
ウ　声は，旧皮質に作用するのである。つまり，空欄ウには5の「本能」があてはまる。

問五　a 「絶世」とは，この世で並ぶものがないほどすぐれていることを意味する。ここでは，クレオパトラが非常に美しかったことを意味する。選択肢の中では，エの「この上ない」があてはまる。　b 「機知」とは，その場に応じて素早く働く才知のことである。クレオパトラは，会話でもその場に応じてうまく対応できたのである。選択肢の中では，イがあてはまる。

重要　問六　傍線部③直後の内容から，判断することができる。新生児は自分の母親の声を間違いなく認識するのである。また，母の言葉，母国語に特徴的な発音にも反応できるのである。以上の二点を中心にまとめる。

やや難　問七　文章最後の部分を手がかりに考えることができる。声を構成する要素には，話し手の生まれ持った特徴，生育環境，性格など，実に多くの情報が含まれている。また，その情報から，人は，その人について，さまざまな判断ができるのだ。人について，多くの情報が含まれていて，その人について読み取れる。だから，声はその人そのものといえるのだ。記述の際には，「声に話し手の情報が多く含まれる」ことと，「声からその人について読み取ることができる」ことを中心にまとめる。

【二】（物語文一心情・場面・細部表現の読み取り，記述）

問一　傍線部①の直前で，「周りの反応を気にしない」「いつも堂々としている」と佐藤先輩の様子が書かれている。そのような佐藤先輩から「逃げたかった」という言葉が出てきたのである。その言葉を意外と感じて驚いたから，わたしは聞き間違いだと思ったのだ。記述の際には「周りの反応を気にせず，堂々としている佐藤先輩」+「発言を意外に思った／驚いた」という内容を中心にする。

重要　問二　文章の後半にある，「望さんたちに学校の人間関係を相談したわけじゃない……」という表現に続く，佐藤先輩の言葉に着目する。学校の人間関係がうまくいかなくとも，それが自分のすべてではない。落ち込むことはない。歌会が居場所だ。強くなれた。以上のようなことが書かれている。その後に，「それが次の魔法かな」と締めくくられている。佐藤先輩の変わった様子は，「それ」が指している表現から読み取ることができる。その点を記述する。

やや難　問三　まず，傍線部③直後の佐藤先輩の言葉に着目する。「音楽じゃなくとも」とあるように，佐藤先輩は，親が希望した音楽に取り組み続けたが挫折した。そして，「短歌で親を見返したい」「一人前になれるんだって証明したい」「歌人になりたい」とあるように，短歌で成功を収めて，親に認められるような一人前の存在になりたいのだ。「きゅっと表情を引き締めた」のは，自分の思いをこの場で「わたし」に言うことで，決意を新たにしたためである。記述の際には，「親が希望した音楽では挫折した」という背景を書き，「短歌で親に認められるようになりたい」と決意の中身を書き，「決意を新たにした」と，表情の引き締めという動作につながる心情を書く。

問四　「白と黒しか押したことのない指」とは，三歳からピアノを始めて，音楽大学の付属中学に進学した佐藤先輩自身を表している。傍線①以降にあるように，その佐藤先輩は「毎日が敗北感でいっぱい」の状況に陥るのだ。そして「行き先ボタンをためらっている」とは，先行きをどうすればいいのか，不安と戸惑いでいっぱいな様子を意味している。以上の点を中心にまとめる。記述の際には，「ピアノで挫折をした」とうい内容に，「先行きが不安で戸惑っている」という内容を中心にする。

【三】（漢字の書き取り）

1　見物することを意味する。「遊覧船」とは，周囲の見物を目的とした船のことである。　2　美しく飾ることを意味する。　3 「諸島」となる。一定の広さのなかにある，多くの島々を意味する。

「諸」に，多くのという意味がある。その意味で，「諸国」「諸問題」という言葉がある。　4　ここでは，集団のことである。「組織」には，生物の，ある機能を持つ細胞の集まりという意味もある。その意味で，「筋肉組織」などの言葉がある。　5　すぐれた成果を意味する。「手柄」ということもできる。　6　ここでは，いたるところを意味する。「縦横無尽」という言葉があり，物ごとを自
基本 由自在に行う様子を意味する。　7　気候などがあたたかなことを意味する。反対の意味の言葉は，「寒冷」である。　8　習って，よく身につけることを意味する。反対に，学習不足であることを「未熟」という。　9　ここでは，必要なことを十分に備えていないことを意味する。「貧弱」は，
重要 みすぼらしい様子も意味する。その意味で，「貧弱な体格」などと表現できる。　10　「親不孝」と
基本 は，子が親を大切にしない，つまり，親孝行でない様子を意味する。　11　ここでは，鳥のすみかを意味する。「巣」には，悪い人の集まる場所という意味もある。その意味で「悪の巣」という言葉がある。　12　ここでは，竹の区切りになっている部分を意味する。　13　荒々しい振る舞いをすること。「暴」を使った言葉には，「暴言」「横暴」「暴風雨」などがある。　14　ここでは，光を全身に受けるという意味。健康のために太陽の光を全身に浴びることを，日光浴という。　15　ここでは，記録を更新することを意味する。

★ワンポイントアドバイス★

本校の記述問題の場合，解答の手がかりを見つけるのは，それほど困難ではない。解答の手がかりになる部分を正確に把握して，書くべき内容を慎重に判断したい。

平成30年度

★★★★★★★★★★★★★★★★★★★★★★★★

入　試　問　題

平成30年度

栄光学園中学校入試問題

【算　数】（60分）　　＜満点：70点＞

1． 下の図のような，６つの正方形からなるマス目があります。この正方形の辺を通って，点Ａから点Ｂへ行きます。

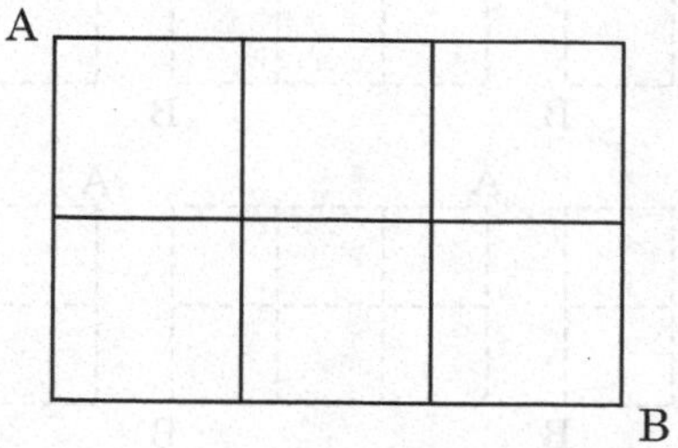

点Ａから点Ｂへ最短距離《きょり》で行くときは５つの辺を通ることになりますが，以下の問では最短距離では行かず，７つや９つの辺を通る行き方を考えます。
ただし，同じ辺や頂点は２回以上通ってはいけないこととします。

⑴　点Ａを右向きに出発します。下の例のように行くと，点Ａから点Ｂまで７つの辺を通ることになります。この行き方以外に，点Ａを右向きに出発して７つの辺を通って点Ｂへ行く行き方は何通りか答えなさい。

例

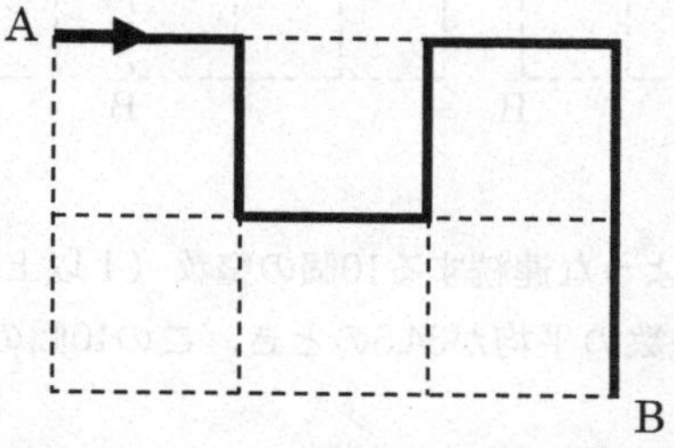

⑵　点Ａを下向きに出発して，7つの辺を通って点Ｂへ行く行き方をすべてかきなさい。ただし，解答欄《らん》にあるマス目はすべて使うとは限りません。

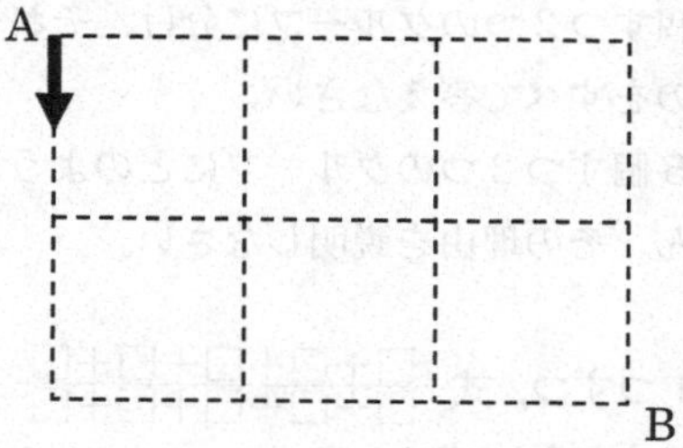

⑶　点Ａから点Ｂまで９つの辺を通る行き方は何通りか答えなさい。

必要なら以下のマス目を使って考えなさい。

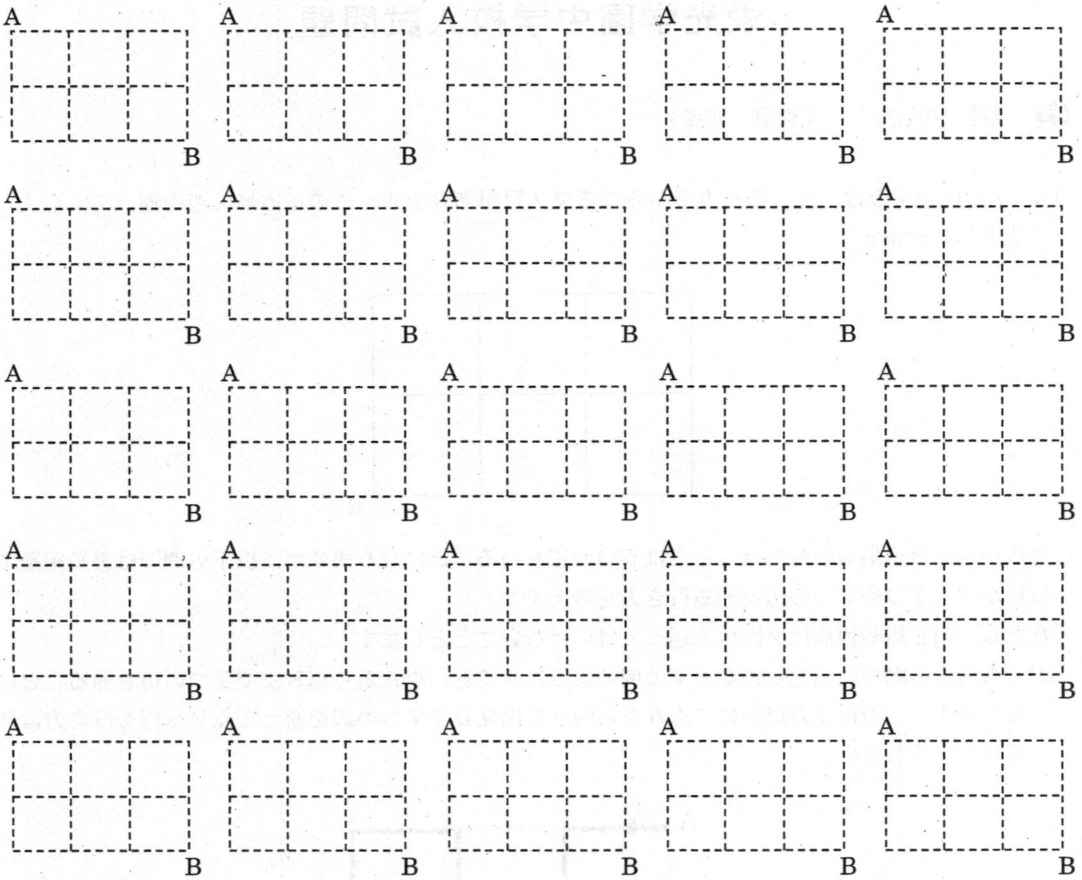

2. 1～10，2～11，… のような連続する10個の整数（1以上の整数）について考えます。

⑴　ある連続する10個の整数の平均が34.5のとき，この10個の整数を下の例にならって答えなさい。

（答え方の例）

求めた10個の整数が1～10の場合：（1～10）

⑵　1～10の10個の整数を5個ずつ2つのグループに分け，それぞれの和を計算します。それらの値の差として考えられるものをすべて答えなさい。

⑶　連続する10個の整数を，5個ずつ2つのグループにどのように分けても，それぞれの和の値が等しくなることはありません。その理由を説明しなさい。

次に，連続する10個の整数を1つずつ，式 $\frac{\square+\square+\square+\square+\square}{\square+\square+\square+\square+\square}$ の□の中に入れ，この式の値を計算します。その値をXとすることにします。

例えば，9～18を $\frac{9+11+12+14+17}{10+13+15+16+18}$ のように入れた場合は，

$\dfrac{9+11+12+14+17}{10+13+15+16+18}=\dfrac{63}{72}=\dfrac{7}{8}$ なので $X=\dfrac{7}{8}$ となります。

⑷　考えられるXの値のうち，最も大きい値を答えなさい。

⑸　Xの値が整数となるように，□の中に整数を入れなさい。一通りの場合だけ示せばよいものとします。

⑹　$X=\dfrac{11}{14}$ となるとき，□の中に入れた連続する10個の整数は何ですか。考えられるものをすべて求め，下の例にならって答えなさい。

（答え方の例）

求めた10個の整数が１～10と５～14の場合：（１～10），（５～14）

3． 下の図のような，底面の半径が10㎝，高さ20㎝の円柱の容器と，底面の半径が５㎝，高さ10㎝の円柱のおもりA，底面の半径が４㎝，高さ20㎝の円柱のおもりBがあります。

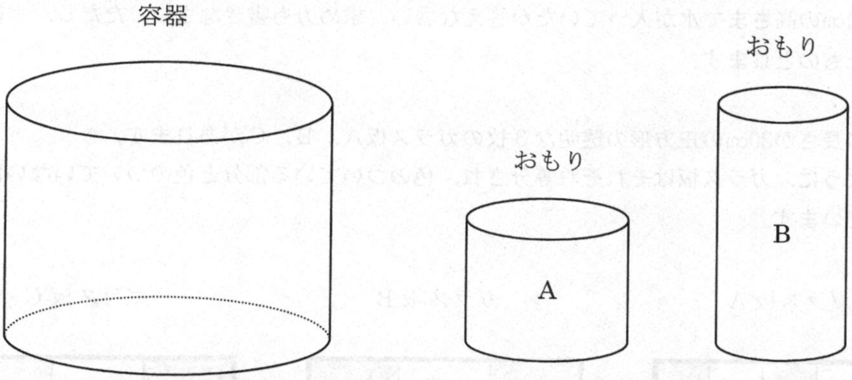

様々な高さまで水が入った容器におもりAとBを入れたときの水位（水面の高さ）の変化について考えます。ただし，容器の底におもりの底面がぴったり重なるようにおもりを入れます。また，容器の厚さは考えないものとします。

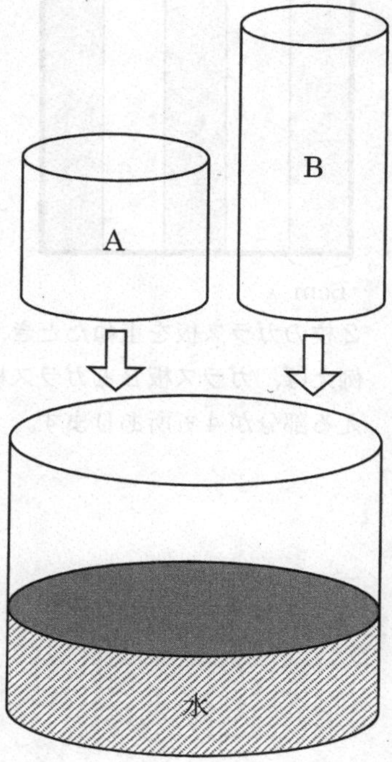

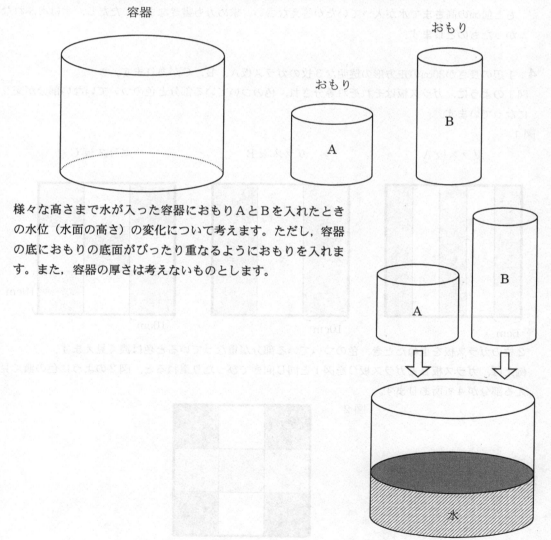

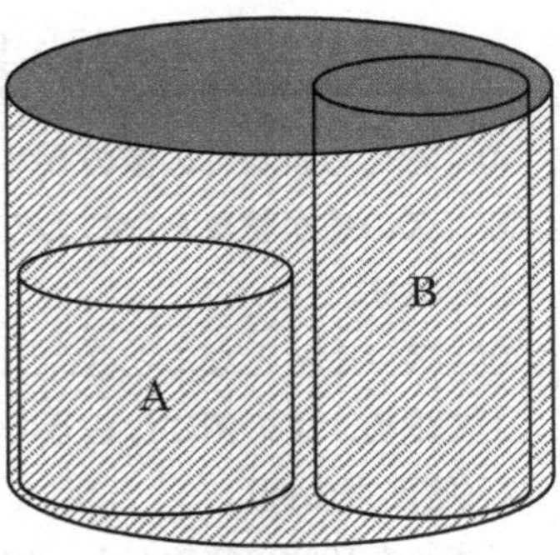

小数点以下がある場合は，四捨五入をして小数第1位まで答えなさい。

(1)　ある高さまで水が入った容器にAとBのおもりを入れたところ，右の図のように容器はちょうど満水になりました。容器にはもともと何cmの高さまで水が入っていたか答えなさい。

(2)　6cmの高さまで水の入った容器にAとBのおもりを，まずA，その後でBの順に入れました。

①　Aのおもりを入れると水位は何cmになるか答えなさい。

②　Bのおもりを入れると水位は何cmになるか答えなさい。

(3)　ある高さまで水が入った容器に，A，Bの順におもりを入れたときとB，Aの順におもりを入れたときとでは，2つ目のおもりを入れる前と後の水位の差が等しくなりました。容器にはもともと何cmの高さまで水が入っていたか答えなさい。求め方も書きなさい。ただし，水はあふれなかったものとします。

4. 1辺の長さが30cmの正方形の透明《とうめい》な3枚のガラス板A，B，Cがあります。

図1のように，ガラス板はそれぞれ等分され，色のついている部分と色のついていない部分が交互《こうご》になっています。

図1

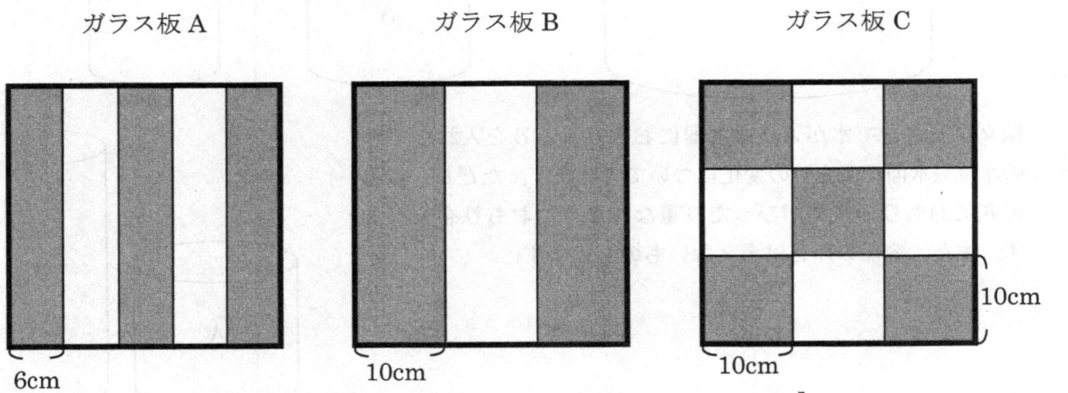

2枚のガラス板を重ねたとき，色のついている部分が重なっていると色は濃《こ》く見えます。

例えば，ガラス板Bとガラス板Cを図1と同じ向きでぴったり重ねると，図2のように色の濃く見える部分が4ヵ所あります。

図2

⑴　固定したガラス板Ａの上にガラス板Ｂを図１と同じ向きでぴったり重ね，ガラス板Ｂを右に秒速１㎝で30秒間動かしていきます。

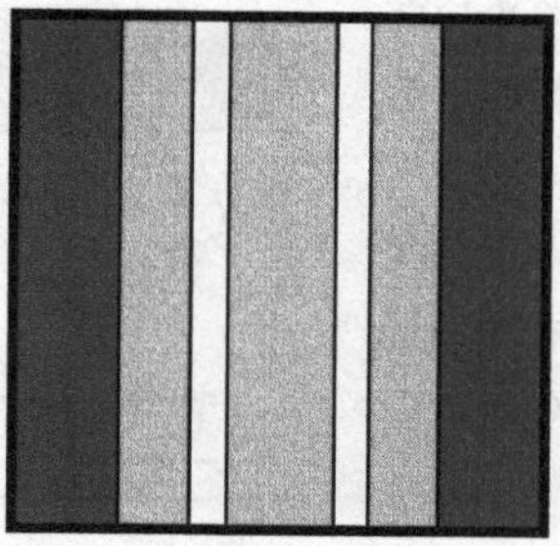

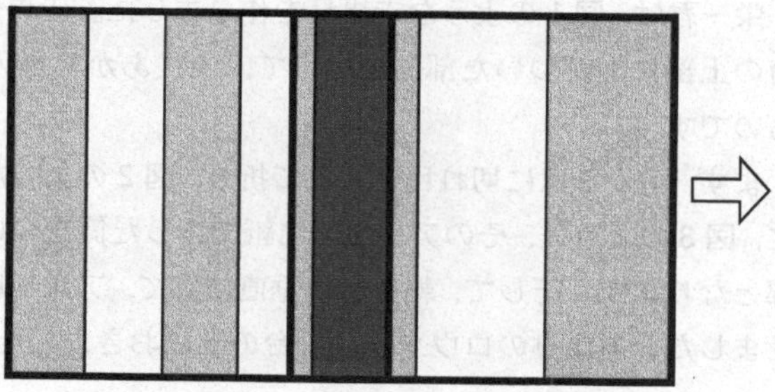

①　５秒後に色の濃く見える部分の面積の和を答えなさい。

②　ガラス板Ｂを動かしても，色の濃く見える部分の面積の和が変化しないときがあります。それは動かし始めてから何秒後から何秒後の間ですか。考えられるものをすべて求め，下の例にならって答えなさい。

(答え方の例)

３秒後から５秒後の間と，10秒後から13秒後の間の場合：（３～５），(10～13)

⑵　固定したガラス板Ａの上にガラス板Ｃを図１と同じ向きでぴったり重ね，ガラス板Ｃを右に秒速１㎝で30秒間動かしていくとき，ガラス板Ｃを動かしても色の濃く見える部分の面積の和が変化しないときがあります。それは動かし始めてから何秒後から何秒後の間ですか。考えられるものをすべて求め，⑴②と同じように答えなさい。

【理　科】（40分）　＜満点：50点＞

栄一君は，**図１**のような走馬灯《そうまとう》を作りました。走馬灯は，絵を切りぬいた筒《つつ》の上部に羽がついた部品をつけて，中にあかりを入れて筒を回転させるものです。

まず，アルミ皿に切れ目を入れて折り，**図２**のような羽を作りました。次に，**図３**のように，そのアルミ皿に紙で作った筒をつけました。これが回転部となります。そして，軸《じく》を台に垂直に立て，アルミ皿の中心を軸の針にのせました。あかりのロウソクは，台の上におきました。

図１　走馬灯

回転部に使ったアルミ皿

ふちを曲げ，羽を折った
アルミ皿

図２

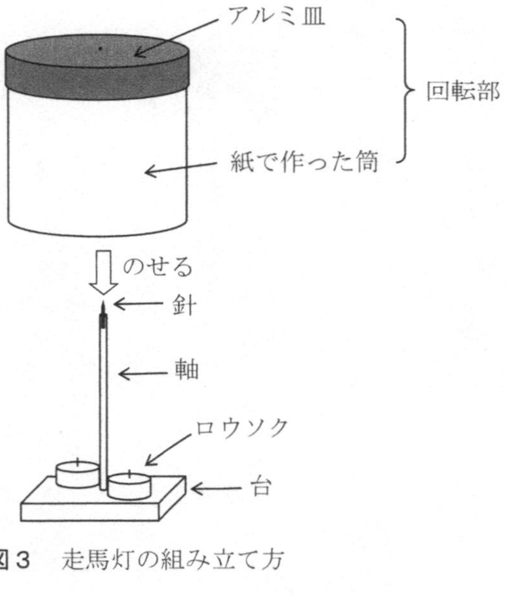

図３　走馬灯の組み立て方

問１　次のページの**図４**は，燃えているロウソクの断面図です。矢印**ア**～**ウ**の部分のロウのすがた（状態）を答えなさい。

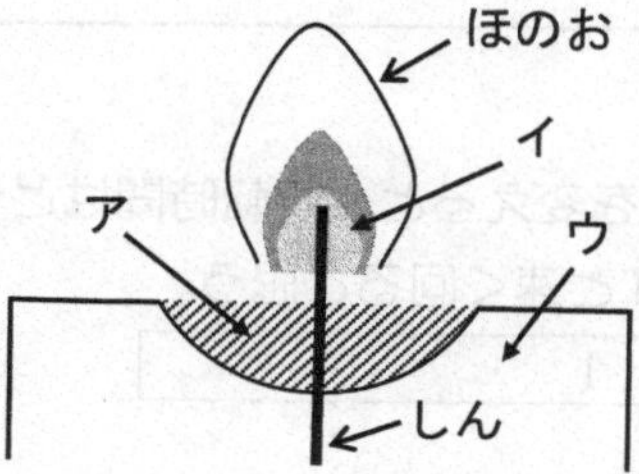

図４　ロウソクの断面図

問２　ロウソクのしんの材料は，ワタからとれる木綿《もめん》です。木綿はワタのどの部分からとれますか。次の**ア**～**オ**から最も適当なものを選び，記号で答えなさい。

ア　葉　　**イ**　くき　　**ウ**　実　　**エ**　花　　**オ**　根

問３　アルミ皿の材料であるアルミニウムについて，正しいものを次の**ア**～**カ**からすべて選び，記号で答えなさい。

ア．電気を通す。

イ．磁石に引きつけられる。

ウ．ボーキサイトが原料である。

エ．一円玉の材料に使われている。

オ．塩酸に入れるとあわを出してとける。

カ．同じ重さで比べると，鉄よりも体積が小さい。

問４　走馬灯の回転部について，次の問⑴，⑵に答えなさい。

⑴　ロウソクに火をつけると回転部が回転します。そのようすを「空気」と「羽」の二つの言葉を使って説明しなさい。

⑵　**図５**は回転部を上から見たようすです。谷折り線（------）は，羽の折り目を示しています。この回転部が回転する向きを，図の**ア**・**イ**から選び，記号で答えなさい。

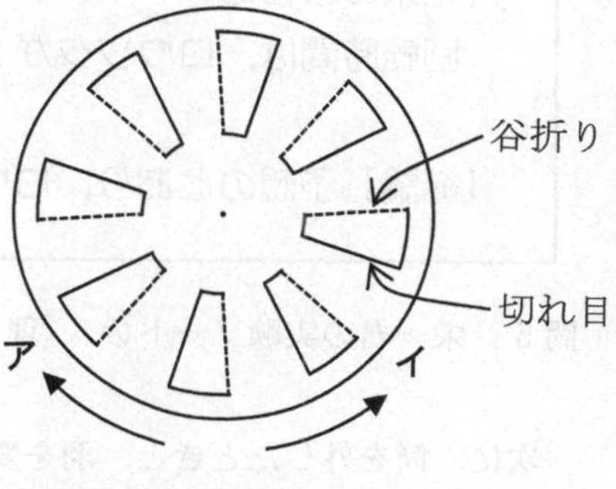

図５　回転部を上から見たようす

栄一君は，２個のロウソクに火をつけて走馬灯を回転させてみました。その回転は想像していたよりも遅いように感じました。そこで，回転を速くする工夫を考え，実験をして速さを比べることにしました。

実験は，速さを比べるために，回転部が10回転するときに何秒かかるかを測定し，この結果を「**回転時間**」としました。ただし，測定は回転の速さが一定になってから行いました。また，次のどの実験でもロウソクの燃え方は同じでした。

まず，栄一君はロウソクの個数を変える実験をしました。

実験の内容を，次のページのように実験ノートに整理しました。

2月2日

実験１　ロウソクの個数を変えると，回転時間はどうなるか。

［予想］ロウソクを増やすと速く回ると思う。

［理由］［　1　］

［方法］

・右の図のアルミ皿Ａを使う。
・ロウソクを２個で回したときと，
　４個で回したときとで，回転時間を比べる。

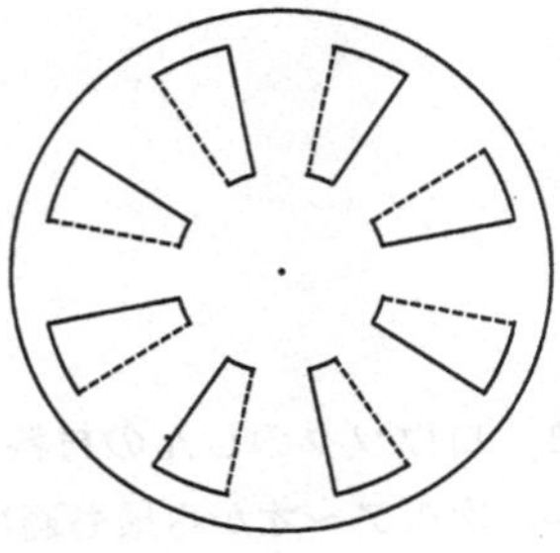

アルミ皿Ａ

［結果］

走馬灯の回転時間

ロウソク	回転時間
２個	44 秒
４個	32 秒

［結果のまとめ］

回転時間は，ロウソクが２個よりも４個のほうが短くなった。

［結論］予想のとおり，ロウソクを増やすと，回転が速くなる。

問５　栄一君の実験ノートの，［理由］の空欄《くうらん》［　1　］に入る文を考えて答えなさい。

次に，筒を外したときと，羽を変えたときについて実験をしました。

実験２　走馬灯の筒を外すと，回転時間はどうなるか。

［予想］筒を外すと回転が速くなると思う。

［理由］［　2　］

［方法］

・アルミ皿Ａを使う。
・回転部から筒をつけたときと筒を外したときとで回転時間を比べる。
　筒をつけたとき…「筒あり」，筒を外したとき…「筒なし」
・ロウソクが２個と４個のときで実験する。

問6　前のページの実験２の［理由］の空欄 2 に入る文を２つ考えて答えなさい。

実験３　走馬灯の羽を変えると，回転時間はどうなるか。

［方法］

- 下の図のアルミ皿Bとアルミ皿Cを使って回転時間を比べる。
- 羽を折る角度はアルミ皿Aのときと同じにする。
- ロウソクが２個のとき，筒ありと筒なしで実験する。
- ロウソクが４個のときでも，実験する。

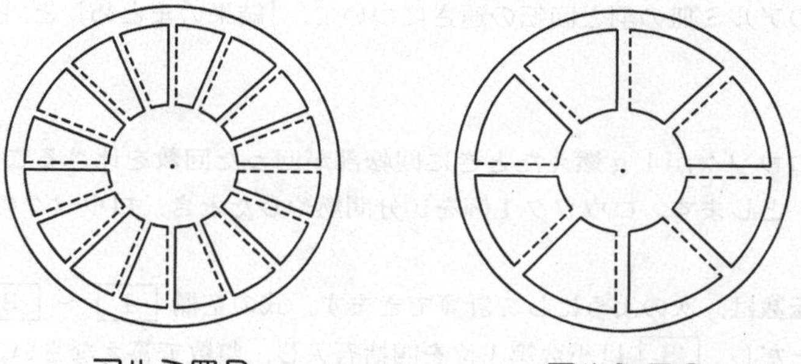

アルミ皿B　　アルミ皿C

問7　実験３では，アルミ皿の羽と回転の速さについて［予想］と［理由］を考えて，アルミ皿Bとアルミ皿Cを作りました。次の文章は，アルミ皿の羽の説明です。**図6**をみて，文章中の空欄（1）～（3）に当てはまる言葉を考えて答えなさい。ただし，同じ数字の空欄には同じ言葉が入ります。

アルミ皿Aと比べ，アルミ皿Bとアルミ皿Cはどちらも（　1　）がおよそ２倍になっている。ただし，アルミ皿Aと比べ，アルミ皿Bでは（　2　）が２倍で，（　3　）は同じである。いっぽう，アルミ皿Aと比べ，アルミ皿Cでは（　3　）が２倍で，（　2　）は同じである。実験３では，（　1　）と回転の速さの関係を調べる。

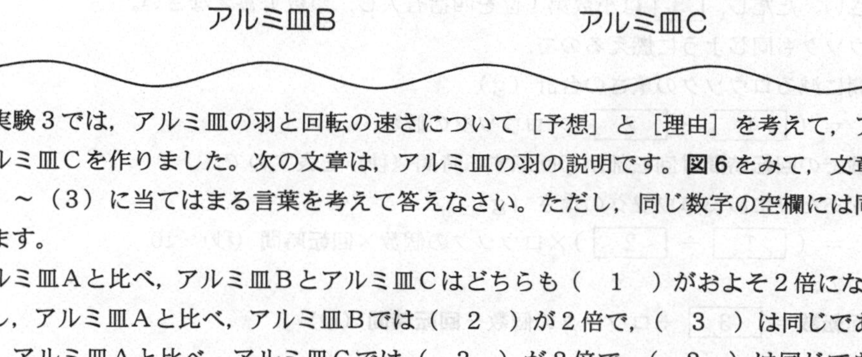

アルミ皿A　　アルミ皿B　　アルミ皿C

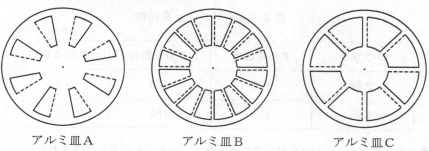

図6　実験で使ったアルミ皿

8～9ページの実験1～3の結果は，**表1**のようになりました。

表1　走馬灯の**回転時間**

（単位　秒）

ロウソク	アルミ皿A		アルミ皿B		アルミ皿C	
	筒あり	筒なし	筒あり	筒なし	筒あり	筒なし
2個	44	42	31	30	36	27
4個	32	27	22	17	21	20

実験2の結果，走馬灯の筒を外すと**回転時間**は短くなりました。しかし，その差はロウソクを2個から4個に増やしたときほど大きくありませんでした。そこで，結論は「予想に反して，筒を外したときの回転はあまり速くならない。」と考えました。

問8　実験3のアルミ皿の羽と回転の速さについて，［結果のまとめ］と［結論］を考えて答えなさい。

栄一君は，ロウソクが1g燃えたときに回転部が回った回数を比べることにしました。これを「**1g回転数**」とします。ロウソク1個を10分間燃やしたとき，ロウソクの重さは0.35g減りました。

問9　**1g回転数**は，次のようにして計算できます。式の空欄 $\boxed{1}$ ～ $\boxed{3}$ に当てはまる数を答えなさい。ただし， $\boxed{3}$ は小数第1位を四捨五入し，整数で答えなさい。

どのロウソクも同じように燃えるので，

1秒間に減るロウソクの重さの合計（g）

＝（ $\boxed{1}$ ÷ $\boxed{2}$ ）×ロウソクの個数

この実験での**回転時間**は回転部が10回転する時間（秒）を表すので，

1回転あたりに減るロウソクの重さ（g）

＝（ $\boxed{1}$ ÷ $\boxed{2}$ ）×ロウソクの個数×**回転時間**（秒）÷10

したがって，

1g回転数＝ $\boxed{3}$ ÷ロウソクの個数÷**回転時間**（秒）

1g回転数を**筒あり**の実験結果で計算すると，**表2**のようになりました。

表2　走馬灯の**1g回転数**

（単位　回）

ロウソク	アルミ皿A	アルミ皿B	アルミ皿C
2個	195	276	（1）
4個	134	195	（2）

問10　**表2**の空欄（1）と（2）に当てはまる数を，それぞれ計算して答えなさい。

問11　**表1**と**表2**の値を使い，「**回転時間と1g回転数の関係**」を示すグラフを次のようにかきなさい。グラフに必要なことがらも示しなさい。

・横軸《じく》を「**回転時間（秒）**」，縦軸を「**１ｇ回転数（回）**」とする。

・**表１**の**筒あり**の値を横軸にとり，それぞれに対応する**表２**の値を縦軸にとって，グラフに６個の点をかき入れる。

・グラフの点は，ロウソク２個を○で，ロウソク４個を●で示す。

・○と●の左横か右横にアルミ皿の記号Ａ，Ｂ，Ｃをかき入れる。

例　●Ａ

問12　問11のグラフをみて，実験の結果を次のようにまとめました。空欄（1）～（7）に当てはまる言葉や文を答えなさい。

①　回転が最も速いのは（　１　）の場合で，**１ｇ回転数**が最も多いのは（　２　）の場合である。

②　ロウソクを２個から４個に増やすと，どのアルミ皿でも回転の速さは（　３　）。また，**１ｇ回転数**は（　４　）。ただし，（　５　）では**１ｇ回転数**の差は小さい。

③　アルミ皿Ａで，ロウソクを２個から４個に増やしたときと，ロウソク２個のまま，アルミ皿Ａからアルミ皿Ｂに変えたときを比べると，回転の速さは（　６　），**１ｇ回転数**は（　７　）。

栄一君は，ロウソクの個数を増やすのではなくアルミ皿の羽を工夫することで，走馬灯を速く回し，またロウソクの節約もできることに気がつきました。

【社　会】（40分）　＜満点：50点＞

みなさんは，税についてふだん考えることがありますか。税とは，政治をおこなうのに必要な費用として人びとから集めるもののことをいいます。ここでは，税の集め方や使い道の決め方について考えてみることにします。

なお，税として何を集めるか，そして誰が集めるのか，ということは，時代によって異なるので注意が必要です。また，政治をおこなうのに必要な費用を「税」とよぶかどうかも時代によって異なりますが，この問題では時代を問わず「税」とよぶことにします。

1　次の文章を読んで，問に答えなさい。

いつから税は集められてきたのでしょうか。日本列島で税が集められていたことを示すもっとも古い記述は，3世紀につくられた中国《ちゅうごく》の歴史書（「魏志《ぎし》」の倭人伝《わじんでん》）にあります。この書物には，3世紀ころ日本列島にあったとされる①邪馬台国《やまたいこく》について，「租賦《そふ》を収《おさ》む邸閣《ていかく》有り」と書かれています。集められた税をしまうための建物がある，といった意味です。くわしいことはわかっていませんが，この書物の別の部分には，邪馬台国には支配者を意味する「大人《たいじん》」とよばれる人びとと，民衆《みんしゅう》を意味する「下戸《げこ》」とよばれる人びとがいたと書かれていることから，民衆が何らかのものを差し出し，それが支配者の管理する建物に納められていたと考えられています。

奈良《なら》時代になると，天皇《てんのう》や貴族《きぞく》を中心とする政府が，中国の法律を参考にしながら律令《りつりょう》というきまりを制定しました。そして，それにもとづいて戸籍《こせき》に人びとを登録して管理し，税を集めるしくみをつくりました。政府は人びとに口分田《くぶんでん》とよばれる土地を支給して，租《そ》・調《ちょう》・庸《よう》などの税を課しました。また，これとは別に兵士として都や地方の守りにつかせたり，土木工事などの労働をおこなわせたりしました。しかし，②政府が律令のきまり通りに税を集めることは，実際には困難でした。

平安《へいあん》時代にも，政府は律令にもとづいて税を集めようとしました。しかし，地方では，有力者が人びとに土地を切り開かせてその土地を自分のものにし，しだいに勢力を伸ばしていきました。

鎌倉《かまくら》時代や室町《むろまち》時代になると，土地を支配する③武士や寺社などの領主が，土地を耕す領民から税として収穫《しゅうかく》の一部を取り立てました。こうした税は年貢《ねんぐ》とよばれます。また，領民は領主に命令されて土木工事や荷物輸送などの労働をおこなうこともありました。このような労働は，夫役《ぶやく》とよばれます。

戦国《せんごく》時代の終わり，全国を統一した豊臣秀吉《とよとみひでよし》は，支配下に置いた土地にくまなく役人を派遣《はけん》して，④検地《けんち》をおこないました。検地では，土地の面積やその良し悪し，収穫高を調べました。これによって，人びとは土地を耕すことを認められ，そのかわりに，決められた年貢を領主に納める義務を負いました。

⑤江戸《えど》時代になると，将軍《しょうぐん》や大名《だいみょう》などの領主は，豊臣秀吉の時代に成立したしくみを引きついで，領民に対して土地の耕作，山林での木の伐採《ばっさい》，川や海での漁を認めるかわりに年貢を取り立てました。また，地域によっては領民に労働をおこなわせたり，労働の代わりの米などを取り立てたりするところもありました。一方，領民は重い年貢の取り立てに反対して，一揆《いっき》をおこすことがありました。なかでも，1637年におこった⑥島原《しまばら》・天草《あまくさ》一揆はとくに大きなものでした。

問1　下線部①について，邪馬台国は卑弥呼《ひみこ》という女王によって治められていました。卑弥呼について「魏志」の倭人伝に記されていることをのべた文としてまちがっているものを，次のページのア～エから1つえらび，記号で答えなさい。

ア　30ほどの国をしたがえていた。

イ　中国の皇帝《こうてい》に使いを送り，王の称号《しょうごう》を受けた。

ウ　まじないの力があり，弟が政治をたすけた。

エ　仏教をあつく信仰《しんこう》して，いくつもの寺院を建てた。

問２　下線部②について，なぜ律令のきまり通りに政府が税を集めることが難しかったのか，問題文と次の**文章１～３**をもとに，税の内容や人びとの行動に注意して具体的に説明しなさい。

文章１

> 租は稲の収穫高の約３％を地方の役所に納める税でした。調は織物や地方の特産物を，庸は都で年間に10日間働く代わりに，布を納める税でした。調や庸については，村で集められた税をまとめて都まで運ぶことも人びとの義務でした。たとえば相模国《さがみのくに》（現在の神奈川県《かながわけん》）と都との往復には平安時代のころで38日かかったとされ，その間に必要な食料は村で負担することになっていました。

文章２

> 人びとが戸籍に登録された土地からはなれたり，律令で定められた兵士としての義務をのがれたりすることは，律令のきまりでは罪とされていました。このようなおこないには，むち打ちなどの刑罰《けいばつ》が定められていました。

文章３

> 奈良時代に作成された，税を集めるための台帳によると，山背国愛宕郡《やましろのくにおたぎぐん》（現在の京都府《きょうとふ》）のある村に41人の人びとが登録されているにもかかわらず，実際に村で生活をしていたのは20人だけでした。残りの21人のうち，11人はすでにこの村をはなれてちがう場所で生活をしているとされ，10人は行方不明《ゆくえふめい》になっていました。

問３　下線部③について，鎌倉時代，将軍と主従関係を結んだ武士を御家人《ごけにん》とよびました。御家人は鎌倉の警備をしたり，幕府《ばくふ》のために戦ったりしました。これを「奉公《ほうこう》」とよびます。これに対して，将軍は御家人に「御恩《ごおん》」をあたえました。この「御恩」の内容を説明しなさい。

問４　下線部④について，豊臣秀吉は検地をおこなうにあたって，地域によって不公平が生じないように，あらかじめある工夫をしました。それはどのような工夫か，説明しなさい。

問５　下線部⑤について，江戸時代には，武士が支配する社会を維持《いじ》するために，人びとの身分が武士，百姓《ひゃくしょう》（農民や漁民など），町人（職人や商人）に分けられました。このなかで，百姓が江戸時代の人口に占《し》めるおおよその割合としてもっともふさわしいものを，次の**ア～エ**から１つえらび，記号で答えなさい。

ア　25％　　**イ**　45％　　**ウ**　65％　　**エ**　85％

問６　下線部⑥についてのべた文として正しいものを，次の**ア～エ**から１つえらび，記号で答えなさい。

ア　この一揆には，キリスト教の信者が多数参加していた。

イ　この一揆の中心人物は，大塩平八郎《おおしおへいはちろう》だった。

ウ　この一揆をうけて，幕府は島原・天草の領民の借金を帳消しにした。

エ　この一揆は九州《きゅうしゅう》地方でおこり，中国《ちゅうごく》・四国《しこく》地方に広がった。

2 次の文章を読み，表や図をみて，問に答えなさい。

明治《めいじ》時代になると，税を集めるしくみが大きく変わっていきます。

新しくできた明治政府は，政治をおこなうために必要な費用を安定的に得るために，人びとに土地所有の権利を保障したうえで，現金で地租《ちそ》を納めさせることにしました。地租は（　A　）の３％とされました。1873年のことです。地租はこのころの政府のもっとも大きな収入源でした。

政府は強い国をつくるために，①産業を発展させようとしました。こうしたことには，多額の費用がかかりました。さらに1894年，朝鮮《ちょうせん》半島をめぐって中国（清《しん》）との戦争が始まりました。日清《にっしん》戦争《せんそう》です。この戦争の費用は，当時の国家予算の２倍にもなるものでしたが，戦争に勝った日本は，それをこえる額の賠償金《ばいしょうきん》を得ました。②この賠償金は，おもに軍隊の増強に使われましたが，一部は工場の建設にも使われました。

その後日本は，中国東北部（満州《まんしゅう》）に勢力を広げつつあったロシアと対立しました。これを受けて，政府はさらに軍隊を増強するために地租をはじめとする税を引き上げました。

その後始まった日露戦争《にちろせんそう》では，多くの死傷者がでて，日清戦争の何倍もの費用がかかりました。政府は，地租などの引き上げをおこないましたが，それだけでは足りず，外国からの借金もおこなわれました。最終的にはアメリカの仲介《ちゅうかい》で講和条約が結ばれましたが，賠償金を得ることはできませんでした。

日清・日露戦争の後には工業化が進み，それまで中心だった軽工業に加えて重工業も発達して，さまざまな会社が利益をあげるようになっていました。このような状況《じょうきょう》に注目して，政府はさらなる収入を確保しようとしました。

③明治から昭和《しょうわ》のはじめにかけての税収の総額やその内わけをみてみると，政府がどのような税によって収入を確保してきたかということがわかります。

問１　（A）に入る言葉を答えなさい。

問２　下線部①について，産業を発展させるために，明治時代のはじめに政府がおこなったこととしてまちがっているものを，次の**ア**～**エ**から１つえらび，記号で答えなさい。

ア　鉄道を建設した。　　**イ**　外国から技術者を招いた。

ウ　飛行機をつくるための工場を建設した。　　**エ**　電信や電話を開設した。

問３　下線部②について，日清戦争の賠償金を使って福岡県《ふくおかけん》に建設された製鉄所を答えなさい。

問４　下線部③について，**表**は1870年から1930年までの10年おきの税収総額を示したものです。また，次のページの**図**はそれぞれの年の税収の内わけを示したものです。**表**と**図**をみて，⑴と⑵に答えなさい。

⑴　図中の（B）は，輸入品に課される税です。このような税を何とよびますか。答えなさい。

⑵　次の文**い**～**に**を読んで，**表**および**図**から読み取ることができる内容をのべた文として，正しいものには○，まちがっているものには×と，それぞれ答えなさい。

い　税収総額に占める地租の割合は，時期を追うご

表　国税収入の総額

年	金額
1870	932 万円
1880	5526 万円
1890	6611 万円
1900	1億 3393 万円
1910	3億 1729 万円
1920	6億 9626 万円
1930	8億 3504 万円

大蔵省主税局《おおくらしょうしゅぜいきょく》『明治初年以降歳 入一覧《めいじしょねんいこうさいにゅういちらん》』をもとに作成。

とに減っている。

ろ　1880年と1910年を比べると，地租として納められた金額は減っている。

は　商品に課された税として納められた金額は，時期を追うごとに増えている。

に　日露戦争より前から，政府は会社の利益に税を課していた。

図　国税収入の内わけ（1870年～1930年の10年おき）

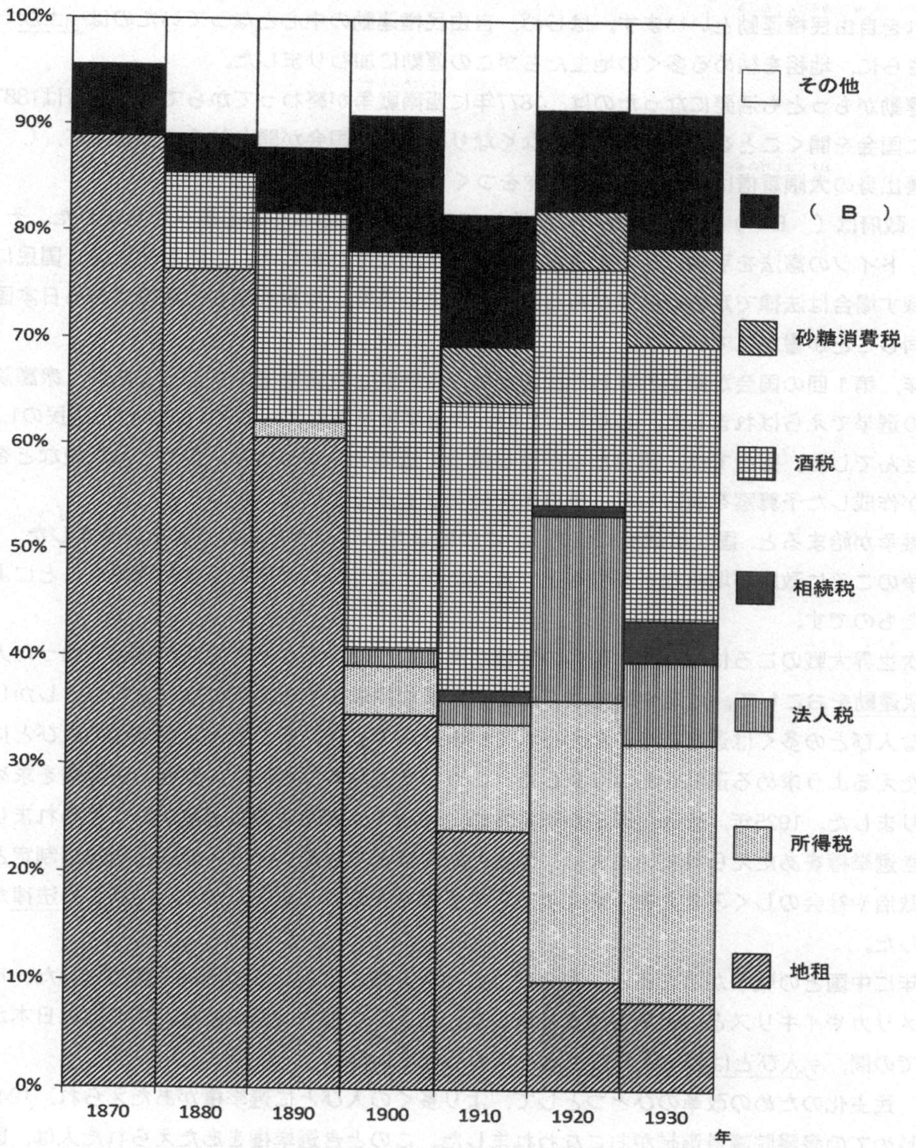

林《はやし》 健久《たけひさ》・今井《いまい》勝人《かつひと》・金澤《かなざわ》史男《ふみお》編『日本財政要覧《にほんざいせいようらん》　第《だい》５版《はん》』をもとに作成。

注）図の「相続税」は，亡《な》くなった人などの財産を引きつぐときに課される税のことです。
「法人税」は，会社の利益に課される税のことです。
「所得税」は，個人の収入に課される税のことです。

3 次の文章を読んで，問に答えなさい。

ここで，税の集め方や使い道を誰がどのように決めるのか，ということに目を向けてみましょう。

①明治政府の中心となっていたのは，江戸幕府を倒《たお》した薩摩藩《さつまはん》出身の（　C　）や長州《ちょうしゅう》藩出身の木戸孝允《きどたかよし》でした。それに対して不満をもつ人びとの一部が，土佐《とさ》藩出身の（　D　）を中心として，1874年に政府に意見書を出して，選挙でえらばれた代表からなる国会をすぐに開くことを求めました。政府はこれを聞き入れませんでしたが，②国会を開くことを求める動きは広がっていきました。これを自由民権運動《じゆうみんけんうんどう》といいます。はじめ，自由民権運動の中心となっていたのは③士族《しぞく》たちでした。さらに，地租を納める多くの地主たちがこの運動に加わりました。

この運動がもっとも活発になったのは，1877年に西南戦争《せいなんせんそう》が終わってからです。政府は1881年，10年後に国会を開くことを約束せざるをえなくなりました。国会が開かれるのに備えて，（　D　）や佐賀《さが》藩出身の大隈重信《おおくましげのぶ》は，それぞれ④政党をつくりました。

一方，政府は（　E　）をヨーロッパに派遣して各国の政治のしくみを調べさせました。そして，1889年，ドイツの憲法を手本にした大日本帝国憲法《だいにほんていこくけんぽう》が制定されました。この憲法には，国民に新たな税を課す場合は法律で定める必要があると書かれています。なお，現在の憲法である日本国憲法《にほんこくけんぽう》にも，同じことが書かれています。

1890年，第１回の国会が開かれました。国会は，貴族院《きぞくいん》と衆議院《しゅうぎいん》で成り立っており，衆議院議員は国民の選挙でえらばれました。しかし，このとき選挙権をあたえられていた人は，国民の1.1％にすぎませんでした。国会では，議員たちが話し合って法律をつくったり，集められた税などをもとに政府が作成した予算案を検討して，予算を決めたりすることになりました。

日清戦争が始まると，国会は政府に協力し，この戦争をおこなうための予算を認めました。また，日露戦争のころに政府が地租などを引き上げましたが，こうした増税も国会が認めたことによって実現したものです。

第一次世界大戦《だいいちじせかいたいせん》のころになると，国内の物価が高くなったことなどで生活が苦しくなった人びとが⑤民衆運動をおこして，政府や地主などにさまざまな要求をするようになりました。しかし，このような人びとの多くは選挙権をあたえられていませんでした。そこで，より多くの人びとに選挙権をあたえるよう求める運動がおこりました。こうした運動のなかには，女性の選挙権を求めるものもありました。1925年，普通選挙法《ふつうせんきょほう》が制定され，1928年に衆議院議員選挙がおこなわれました。このとき選挙権をあたえられていた人は，国民の20％ほどでした。一方，普通選挙法の制定と同じ年に，政治や社会のしくみを大きく変えようとする動きを取りしまるために，⑥新しい法律が制定されました。

1937年に中国との戦争が始まると，国会はこの戦争をおこなうための予算を認めました。1941年にはアメリカやイギリスとの戦争も始まりました。こうした戦争は長く続き，1945年に日本が降伏《こうふく》するまでの間，⑦人びとは戦争優先の生活を求められました。

戦後，民主化のための改革のひとつとして，より多くの人びとに選挙権があたえられ，1946年に戦後はじめての衆議院議員選挙がおこなわれました。このとき選挙権をあたえられた人は，国民の50％ほどになりました。その後，2015年には選挙に関する法律が改正され，現在ではさらに多くの人びとに選挙権があたえられています。

また，戦後新しく制定された⑧日本国憲法によって，人びとには⑨新たな選挙権があたえられました。さらに日本国憲法のもとでは，それまで国の強い影響《えいきょう》下にあった⑩都道府県や市町村に自治が保障され，さまざまな権限があたえられています。

問１　下線部①について，1868年，明治政府は，政府の方針を示すために「五か条の御誓文《ごせいもん》」を発表しました。その内容をのべた文としてまちがっているものを，次のア～エから１つえらび，記号で答えなさい。

ア　政治のことは，ひろく会議を開いてみんなの意見を聞いて決めよう。

イ　みんなが心を合わせ，国の政策をおこなおう。

ウ　知識を世界に学び，天皇中心の国を栄えさせよう。

エ　主君，親，夫，年長者，友人をうやまおう。

問２　（Ｃ），（Ｄ），（Ｅ）にあてはまる人物を，次のア～エからそれぞれえらび，記号で答えなさい。

ア　板垣退助《いたがきたいすけ》　　イ　伊藤博文《いとうひろぶみ》　　ウ　大久保利通《おおくぼとしみち》　　エ　福沢諭吉《ふくざわゆきち》

問３　下線部②について，この動きが広がっていった背景には，多くの人びとに毎日情報を伝えるメディアの発達がありました。このメディアを答えなさい。

問４　下線部③について，当時の士族のことをのべた文としてまちがっているものを，次のア～エから１つえらび，記号で答えなさい。

ア　政府から，刀をもつ権利をあたえられた。

イ　政府からの米の支給を打ち切られた。

ウ　政府に対して武力を用いた反乱をおこす者もいた。

エ　政府の働きかけに応じて，北海道《ほっかいどう》の開拓《かいたく》をおこなう者もいた。

問５　下線部④について，大隈重信が1882年につくった政党を答えなさい。

問６　下線部⑤について，このころの民衆運動についてのべた文としてまちがっているものを，次のア～エから１つえらび，記号で答えなさい。

ア　米の値下げを求める人びとが，米屋などに押しかけた。

イ　労働者が組合《くみあい》をつくり，賃金の引き上げなどを求めた。

ウ　不平等条約の改正を求める人びとが，役所に集団で押しかけた。

エ　小作人《こさくにん》が組合をつくり，地主に納める土地使用料の引き下げなどを求めた。

問７　下線部⑥について，この法律を答えなさい。

問８　下線部⑦について，アメリカやイギリスとの戦争中に始められたことをのべた文として正しいものを，次のア～エから２つえらび，記号で答えなさい。

ア　人びとが政府の命令で軍需《ぐんじゅ》工場の働き手として動員された。

イ　都市部の子どもたちが，政府のすすめにしたがって農村部などへ疎開《そかい》をした。

ウ　多くの大学生が，陸海軍の部隊に配属され，戦地に送られた。

エ　商品や運送料などの値上げが，政府によって禁止された。

問９　下線部⑧について，日本国憲法の内容をのべた文として正しいものを，次のア～エから１つえらび，記号で答えなさい。

ア　天皇は，主権者であり，この憲法にしたがって国を統治する権限をもつ。

イ　国民は，法律の範囲《はんい》内で言論・著作・出版・集会・結社の自由をもつ。

ウ　天皇は，陸海軍を統率《とうそつ》する。

エ　国会だけが，法律をつくることができる。

問10　下線部⑨についてのべた次の**文章４**の（Ｆ）～（Ｉ）に入る言葉をそれぞれ答えなさい。なお，順番は問いませんが，同じ言葉を答えてはいけません。

文章４

現在，神奈川県鎌倉市《かまくらし》に住んでいる有権者の栄光太郎《えいこうたろう》さんは，衆議院議員をえらぶ選挙と参議院《さんぎいん》議員をえらぶ選挙のほかに，（　Ｆ　）をえらぶ選挙，（　Ｇ　）をえらぶ選挙，（　Ｈ　）をえらぶ選挙，（　Ｉ　）をえらぶ選挙の選挙権をあたえられています。

問11　下線部⑩について，日本国憲法のもとで，都道府県や市町村にあたえられている権限の内容をのべた文としてまちがっているものを，次の**ア～エ**から１つえらび，記号で答えなさい。

ア　住民から税を集める。

イ　予算案を作成して，使い道を決める。

ウ　条例《じょうれい》の制定や改正，廃止《はいし》をおこなう。

エ　犯罪などの事件の裁判をおこなう。

４　これまでの問題文や設問をふまえて，次の問に答えなさい。

問１　**《国会ができる前》**と**《国会ができた後》**との時期について，人びとから集める税の内容を誰がどのように決めていたのか，それぞれ説明しなさい。

問２　国会ができてから現在までの間に，誰に選挙権があたえられたのかということは，変化してきました。どのような人に選挙権があたえられるようになったのか，いくつかの段階にわけて具体的に説明しなさい。

理子は、はーっと重たいため息をついたが、佑にもわかる気がした。

祖父はじつにかくしゃくとしていたのだ。ちょっと前までは。

佑は荒《あら》い手つきでコショウを取った。ふたを開けて振りかける。

「ベックション」

④鼻の奥が激しくツンとしたのは、コショウのせいではなかった。

（まはら三桃《みと》『奮闘《ふんとう》するたすく』より）

（注1）林さん＝祖父が通っている介護施設「こもれび」で働くスタッフの一人。

（注2）理子＝佑の姉。中学三年生。

問一　傍線部①「笑顔を張りつけた。」とありますが、どういうことですか。

問二　傍線部②「落ち着いた声になっていた。」とありますが、それはなぜですか。

問三　傍線部③「祖父が言い残していった言葉が引っかかった」とありますが、それはなぜですか。

問四　傍線部④「鼻の奥が激しくツンとした」とありますが、それはなぜですか。

問五　傍線部Ａ・Ｂの意味として最も適当なものを次の中から選び、それぞれ記号で答えなさい。

Ａ「やまやま」

ア　本能のおもむくままに行動する様子
イ　ことが実現することを恐《おそ》れる様子
ウ　ことの成り行きにまかせる様子
エ　実際にはできないがそうしたい様子
オ　仕方がないとあきらめる様子

Ｂ「もどかしい」

ア　出すぎた態度でおこがましい
イ　どうなるかと心配ではらはらする
ウ　思うようにならなくてじれったい
エ　心が晴れなくてもんもんとする
オ　動作が危なっかしくてたどたどしい

【三】　次のカタカナの部分を漢字に直しなさい。

1　ニクガンでも見える大きさ。
2　創立者のドウゾウ。
3　地下シゲンにめぐまれる。
4　近所をサンサクする。
5　身のケッパクを証明する。
6　ムソウだにしない出来事。
7　テツボウにぶら下がる。
8　にわとりをシイクする。
9　先生のコウギに出席する。
10　日本画のコテンを開く。
11　木のミキと枝。
12　商店をイトナむ。
13　空が夕日にソまる。
14　検査のために血をトる。
15　友だちに本をカす。

腹には、充分《じゅうぶん》おいしかった。

「そう？」

理子は不思議なものを見るように目を細めたが、なにかを思いだしたみたいに、その目を戻《もど》した。

「おじいちゃん、今日、デイサービスに行かなかったんだって？」

「うん。今、心配してデイサービスの人が来てた」

いっぱいの口をもごもごさせながら、佑は答えた。麺《めん》はやわらかいくせに、キャベツとニンジンは固かった。しかも、ちょっと味も薄い。空腹が、あらかたおさまってくると、姉の作った焼きそばの、真の実力が見えてきた。

「味、薄かったら、いろいろあるから」

佑の箸《はし》が鈍《にぶ》ってきたのに気づいたのか、理子は、各種調味料を勧めてくれた。

「あのさ」

ソースを回しかけながら、佑は理子にたずねてみることにした。空腹がおさまったおかげか、引っかかっていたことを思いだしたのだ。

「おじいちゃんって、自分がぼけてることわかってんの？」

祖父の口からは、「ぼけてなぞおらん」というセリフを、これまで何回かきいていたから、最後に言い残した、「わしだって、好きでぼけてしまったわけではない」は不思議だったのだ。

すると、理子は意外な返事を返した。

「たまに、ふっとわかるみたいよ」

「へ？　そうなの？」

「うん。だって私たちだって、気分に波があるでしょ。佑だって楽しいときもあれば、落ち込んでしまうときもあるでしょ」

「そりゃあるよ」

遊ぶときは楽しいが、テストは嫌《いや》だ。悪い点数が返ってくると、さらに落ち込む。

「認知症の人は、その差が大きいらしいの。おじいちゃんも支離滅裂《しりめつれつ》なときと、まともなときがあるでしょ」

「あるねえ」

「だから、まともなときには、自分がおかしいことがわかってしまって、あせったり落ち込んだりするんだって、お母さんが言ってた。おじいちゃん、この間泣いてたんだって」

「この間？」

「うん。お母さんが泊《と》まりにいったじゃん？　あとからきいたんだけど、そのとき、夜中仏壇《ぶつだん》の前でごにょごにょ言ってたんだって。『わしはどうしてこんなになってしまったのか』って」

「そうだったのか」

佑は誰かに素手《すで》で、心臓をつかまれたみたいな気になった。ひゅっと体の芯《しん》が引きつって、胸が熱く苦しくなる。

理子が席を立った。こちらも気分がよろしくないのか、浮《う》かない顔をしている。

「昨日返ってきたテストが最悪で。このままじゃまずいから、自習室に行く」

らしい。

「おじいちゃんにとっては、認知症は、ほかの病気になるよりも、辛かったかもしれない。プライドが高いから」

わざとらしい言い方ではなかった。

祖父は黙《だま》った。そのまましばらく間をとったのち、小さく息をついた。そして、言った。②落ち着いた声になっていた。

「ただ、『どうしたいのか』なんてきかれたって、答えられんだけなのだ。こっちだって、人の世話になりたくないのは、Aやまやまなのだ。けれども自分ひとりでは、できないことがあるのも知っている。そこへきて、自分がどうしてもらいたいかを言ったら、強制してるみたいじゃないかね。わしがまるで、横暴な頑固《がんこ》じじいみたいじゃないかね」

いや、ちょっとはそうなんですけど。

と一瞬、思いかけたが、佑は祖父を見た。まじまじと。祖父の言い分は、わかるような気がしたのだ。

じっと見た祖父の目は、空洞《くうどう》なんかではなかった。見つめていたのは林さんではなく、自分の足元だったが、黒目にはしっかりと力があった。

林さんもしばらく考え込《こ》むように黙っていたが、ふっと顔を上げた。

「なるほど。わかったわ」

感心したような声を出す。

「そうよね。そうよ。誰だって、誰かの世話になるのは申し訳ないと思っているのよ。それを『どうしたいか』なんてきかれたって、言いづらいわよねえ。こっちは、言ってもらったほうが楽なんだけど、世話をされるほうとすればねえ」

林さんはすっきりしたように笑った。そして、佑に向かって説明してくれた。

「あのね、佑くん。私、今日は大内さんに希望をききに来たの。だって、せっかくこもれびに来てもらっているんだもの。もっと快適に過ごしてもらおうと思ってね。でも、大内さんの言う通りだわ。ありがとう。そう言われて、初めてわかったわ」

林さんにお礼を言われて、祖父は顔を赤くした。よっぽど恥《は》ずかしかったのだろうか。

「うむ」

と唸《うな》ったあと、

「わ、わしだって、好きでぼけてしまったわけではない」

そう言い残し、せかせかと奥《おく》に引っ込んでしまった。

「申し訳ありません」

林さんに頭を下げた母の向かいで、佑はちょっと首を傾《かし》げた。③祖父が言い残していった言葉が引っかかったのだ。

もう少し様子を見る、と母が残ったので、佑はひとりで家に帰った。

ダイニングでは、(注2)理子《りこ》が焼きそばを食べていた。テーブルには、塩、コショウ、ソース、マヨネーズなどが並んでいる。

母が帰ってこないので、自分で作ったらしいが、ひと目見ただけで、焼きそばがのびきっているのがわかった。

「食べる?」

が、勧《すす》められると、猛烈《もうれつ》にお腹がすいていたことを思いだした。なにしろ、プールの帰りなのだ。

「うん。いただく」

フライパンに残っていた焼きそばを、皿に大盛りにして、かき込んだ。

「うっまー」

見た目通り、のびきってはいたが、かむのもBもどかしいくらいの空

問三　傍線部④「稲作と狩猟とのかかわり」とありますが、日本で稲作と水鳥猟とのかかわりが深いのはなぜですか。

問四　空欄《くうらん》部□に入れるのに最も適当なものを次の中から選び、記号で答えなさい。

ア　捕ったウサギは鍋《なべ》で煮《に》たりして、みんなで食べました。
イ　捕ったウサギを受け取る人は、村の長老が決めました。
ウ　捕ったウサギは、みんなで集めて神社に奉納《ほうのう》しました。
エ　捕ったウサギは出荷して、村の金銭収入になりました。
オ　捕ったウサギの数は、制限内におさえられていました。

【二】　次の文章を読んで、あとの問に答えなさい。

佑《たすく》は小学五年生。近所で独り暮らしをしている祖父に最近、認知症《にんちしょう》の症状が見られるようになった。祖父が転んでケガをし、週に三日、介護施設《かいごしせつ》「こもれび」の入浴サービスを利用することになったので、それに付き添《そ》って行くのが、ちょうど夏休みに入った佑の役割になった。ところが、今日は祖父がどうしても施設に行こうとせず、付き添いの必要が無くなった佑は同級生の一平《いっぺい》とプールで泳いできた。

ただならぬ胸騒《むなさわ》ぎを覚えたのは、祖父の家の前まで来たときだった。玄関《げんかん》ドアが開いていて、中から声がちらっときこえたのだ。通り過ぎる耳に一瞬《いっしゅん》届いた声は、どうやら緊迫《きんぱく》していた。

プールの帰り、佑は祖父の家に寄ることにした。気になったからだ。たとえば一平がごねて学校を休んだら、帰りに様子を見に行く。そんな感じ。

空っぽになったガレージには、見覚えのない軽自動車が止まっていた。

誰《だれ》のだろ？

自転車を止めた佑の耳に、今度ははっきり声がきこえた。

「ぼけてなぞおらん」

祖父の声だ。

「お父さんったら」

それをとりなすような、母の声も。

やっぱ。

佑は思わず玄関に走り込んだ。玄関に立っていた人が振《ふ》り返った。

「あ、こんにちは」

(注1)林さんだった。

「ああ、佑くん」

林さんは①笑顔《えがお》を張りつけた。

「林さんが心配して、来てくださったんだけどね」

一方の母は、眉毛《まゆげ》が下がっていた。困りきった表情で、祖父を見やる。

おじいちゃんたら、こんな調子で。

無言の目くばせがそう言っていた。

「大事なことだから、もう一度言おう。わしはぼけておらんっ！」

佑は母と顔を見合わせた。認知症は、自分が病気だという自覚が薄《うす》いのが症状のひとつであることを、知っていたからだ。

だからふたりで首を横に振り合ったのだが、林さんだけはうなずいた。

「そうよ、大内さんはしっかりしてるわよ」

さまざまな取り決めがあります。カモ猟のための組合は明治初期に設立されたもので、お金を出した人による株主制《かぶぬしせい》をとっていました。その数は一〇〇株に初めから限られており、この株主が組合員ということになるため、株を持たない人は猟ができませんでした。このため、結果的に猟をする人の数も厳しく制限されていました。ただ、今では片野鴨池にやってくるカモの数が少なくなり、坂網で捕れるカモの数もたいへんに減ってしまったため、猟をしたいという人は二〇人ほどになってしまいました。そのため、株は実質的には意味がなくなってしまっています。

　このようなさまざまな制限を設けた背景には、明治時代には片野鴨池のカモ猟が金銭収入の手段として重要な意味を持っていたことがあります。その当時、一株は一五〇俵（九〇〇〇キログラム）のコメと同じ価値があるとされ、実際、猟をおこなうため株を手に入れるには高額な金銭が必要であったと言われています。

　④稲作と狩猟とのかかわりでとくに注目されるのは、種子島や大聖寺の例で示したように、渡《わた》り鳥として冬にやってくるガンやカモを主な猟の対象とする点にあります。前にも述べたように、日本列島には田んぼや用水路・ため池といった人工的な湿地《しっち》が多くあり、そこは多くの水鳥にとって餌を食べたり、羽根を休めたりする場となっています。とくにシベリアなど北の方からやってくる渡り鳥にとっては、冬を越すための場所としてとても大切なところです。

　そのため、田んぼやその周りが、そのまま稲作農民による水鳥の猟場となることが多いのです。しかし、そこは人里でもあるため、銃を使うことは厳しく制限されてきました。手網や鳥もちを用いた素朴《そぼく》な猟の方法が、水田地帯の農家に現代まで伝えられてきたのはそのためです。

　また、銃の使用が制限された背景には、地域に暮らす人びとの信仰《しんこう》が深く関《かか》わっている場合もあります。種子島の場合、昔から渡り鳥の冬越しの場となっている宝満池は、地域の守り神をまつる神社の中にあります。その水は、地域の大切な水田用水でもあります。当然、神社の池では生き物を殺すことは固く禁じられており、またその周辺でも銃砲《じゅうほう》などで大きな音を立てることは強くいましめられてきました。そのため、カモを捕るには、池から離《はな》れた時を狙《ねら》い、しかも大きな音を立てることのない突き網を用いざるをえなかったのです。

　かつて日本の農村では、稲刈りのころにやってくるガンやカモは、イネを食い荒らす害鳥とされてきました。そのため、収穫《しゅうかく》を前にした時期におこなわれるガンやカモの猟は、一部の地域ではイネなどの農作物を守るための行為《こうい》でもありました。

　そういった田畑を守るための狩猟は、水鳥のほかウサギについても見られます。とくに山間の農村では、秋になると「ヤトガリ（野兎狩）」と言って、村人が総出でウサギ狩りをおこなったところもあります。もちろん、［　　　　］

（安室知《やすむろさとる》『田んぼの不思議』より）

問一　傍線部《ぼうせんぶ》①「小さな手網を用いたカモ猟が、農家の人たちなどによりおこなわれています。」とありますが、農家の人たちが農業のかたわら「小さな手網を用いたカモ猟」をおこなうことができるのはなぜですか。五十字以内で説明しなさい。（字数には句読点等もふくみます。）

問二　傍線部②「大聖寺の坂網猟」、傍線部③「種子島の突き網猟」とありますが、二つの猟の目的を、解答欄《らん》に合うようにそれぞれ二十字以内で説明しなさい。（字数には句読点等もふくみます。）

【国　語】〈五〇分〉　〈満点：七〇点〉

【一】　次の文章を読んで、あとの問に答えなさい。

現在、鹿児島《かごしま》県南種子町《みなみたねちょう》（種子島《たねがしま》）にある宝満池《ほうまんいけ》の周辺では、「突《つ》き網《あみ》」と呼ぶ、①小さな手網を用いたカモ猟《りょう》が、農家の人たちなどによりおこなわれています。専門の猟師は一人もいません。この猟はここでは昔からおこなわれており、江戸《えど》時代の『種子島家譜《たねがしまかふ》』という記録にも、突き網についての記述があります。

この猟は、昼間のうちは池で休んでいるカモが、周辺の水田地帯に餌《えさ》をとりに行くためにいっせいに飛び立つ夕暮れ時におこなわれます。また反対に、夜通し落ち穂《ぼ》などの餌を食べていたカモが、餌場の田んぼから池に戻《もど》ってくる夜明け時分にもおこなわれます。

その時カモを捕《と》ろうとする人は、池を囲む山の上で待ちかまえ、上空を飛び越《こ》えようとする瞬間《しゅんかん》に突き網を投げ上げて、カモを網に掛《か》けて捕ります。猟のやり方は単純ですが、カモが池のどこからどの方向に向けて飛び立つかを見きわめる必要があるため、豊かな経験と独特なカンが必要とされます。

突き網猟の場合、猟の道具はほぼすべて農家の人が自ら手作りします。また、猟の時間は、夕暮れ時および夜明け前の各十五分間程度で、猟場も日常生活の範囲内《はんいない》にあるため、徒歩や自転車でかんたんに行くことができます。

ですから、一日がかりで、かつボートや猟犬など猟のための装備を多く必要とする銃《じゅう》を使った猟に比べ、はるかに猟の効率はよく、手間もあまりかかりません。この猟をおこなうのは、ほとんどが宝満池の近くに住む農家の人びとで、捕ったカモは自分で食べるほか、親戚《しんせき》への土産《みやげ》にしたりして、すべて自分の家で消費されます。

この例のように、もともと稲作《いなさく》農民による小規模な水鳥猟は、自分たちで食べるためのものでした。また、稲刈《いねか》りが終わっていない田んぼでは、イネを食い荒《あ》らす害鳥と考えられていたカモやガンを退治するためのものでもありました。

しかし、大都市の近郊《きんこう》では、たとえば千葉県我孫子《あびこ》市などにまたがる手賀沼の場合のように、江戸時代以降、カモを江戸や東京へ出荷《しゅっか》するために、稲作農民による水鳥猟が大規模におこなわれるところも出てきます。

加賀百万石《ごく》の城下町として栄えた金沢にほど近い石川県加賀市②大聖寺《だいしょうじ》の坂網猟は、その代表的なものでしょう。猟の仕方や使う道具は、③種子島の突き網猟と基本的に同じです。用いる網の形だけでなく、網を支える柄《え》の部分の呼び名なども似ているところが多くあることを考えると、両者の間にはもとは何らかの交流があったと思われます。

ただ、両者のカモ猟でもっとも大きな違《ちが》いは、大聖寺の場合、種子島とは異なり、カモ猟をする人たちにより組合が作られ、それにより猟がさまざまに管理されている点です。猟場となる片野鴨池《かたのかもいけ》の周りの山には、昔から「坂場」と呼ぶ猟場が細かく指定され、それ以外のところでは猟はできないことになっています。また、どの坂場を使うかはくじ引きで決められ、かつ、その坂場の中でも網をかまえる場所を順番で変えていくようにするなど、厳《きび》しい取り決めがあります。

また、種子島では狩猟免許《しゅりょうめんきょ》さえあれば猟は誰《だれ》でもできますが、大聖寺の場合には組合員にしか猟の権利はなく、その組合員になるにもやはり

平成30年度

解答と解説

《平成30年度の配点は解答用紙に掲載してあります。》

＜算数解答＞《学校からの正答の発表はありません。》

1. (1)　4通り　(2)　解説参照　(3)　11通り

2. (1)　(30～39)　(2)　1, 3, 5, 7, 9, 11, 13, 15, 17, 19, 21, 23, 25　(3)　解説参照

(4)　$2\frac{2}{3}$　(5)　(例)　$\frac{8+9+10+11+12}{3+4+5+6+7}$　(6)　(3～12) (8～17) (13～22)

3. (1)　14.3cm　(2)　①　8cm　②　10.1cm　(3)　13.1cm

4. (1)　①　270cm^2　②　(2～4) (6～8) (10～12) (14～18) (20～24)

(2)　(6～8) (10～12) (20～24)

＜算数解説＞

1. (平面図形，図形や点の移動，場合の数)

基本　(1)　以下の4通りがある。

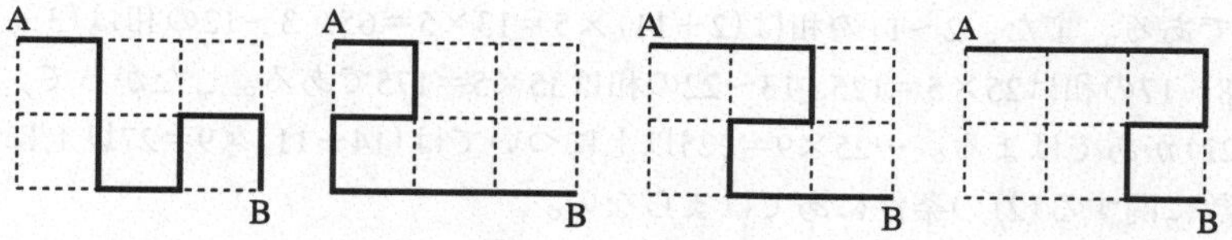

重要　(2)　以下の8通りがある。

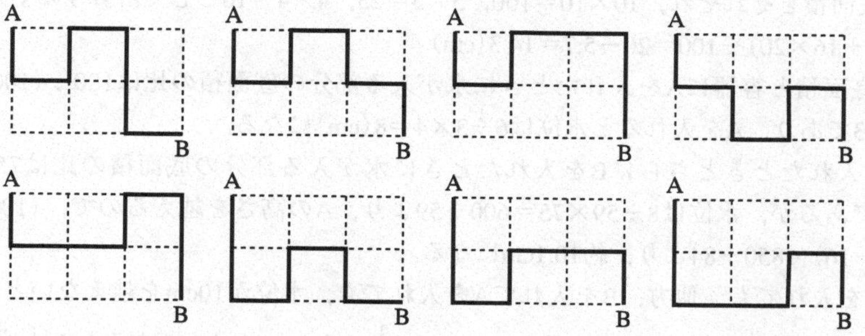

やや難　(3)　以下の11通りがある。

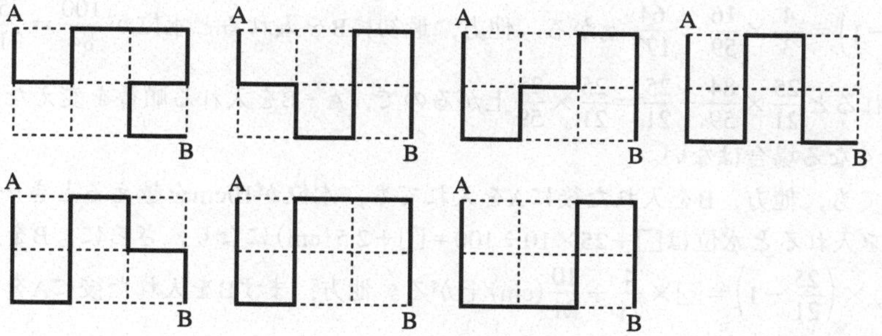

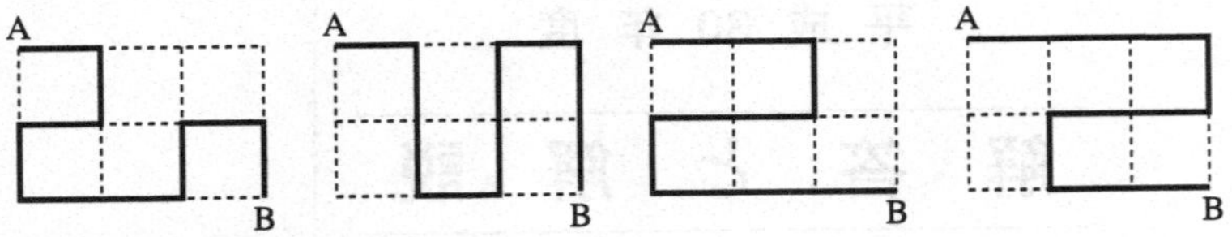

2.（数の性質，数列，推理，平均算）

基本 (1)　平均が34.5なので34－4＝30から35＋4＝39までの10個になり，(30～39)

重要 (2)　1～10の和は(1＋10)×10÷2＝55であり，例えば，1＋2＋3＋4＋5＝15と残りの5個の整数の和の差は55－15×2＝25であり，5が6と入れ替わると差が順に2つずつ小さくなる。したがって，2つのグループの差は1，3，5，7，9，11，13，15，17，19，21，23，25になる。

重要 (3)　(例)　連続する10個の整数には奇数が必ず5個ふくまれており，これらの和が奇数であるから全体の和も奇数であり，2で割っても商は整数にならない。したがって，5個ずつのグループの整数の和が等しくなることはない。

やや難 (4)　最小の整数を□にすると，□，～，□＋4までの整数の和は□×5＋10，□＋5，～，□＋9までの整数の和は□×5＋35である。したがって，□×5＋35すなわち□＋7の5倍を，□×5＋10すなわち□＋2の5倍で割ると，□＝1のとき，最大の$\frac{8}{3}$になる。

(5)　(4)の例を利用すると，□＋7が□＋2の整数倍になるとき，□＝3であり，$\frac{8+9+10+11+12}{3+4+5+6+7}$になる。

(6)　分子・分母の和，11＋14＝25の倍数のうち55以上で奇数になるものは25×3＝75，25×5＝125，25×7＝175，…である。また，2～11の和は(2＋11)×5＝13×5＝65，3～12の和は(3＋12)×5＝15×5＝75，…，8～17の和は25×5＝125，13～22の和は35×5＝175である。したがって，(3～12)，(8～17)，(13～22)があてはまる。…25×9＝225以上については(14－11)×9＝27以上になり，連続する10個の整数に関する(2)の条件にあてはまらない。

3.（立体図形，消去算，概数）

容器・A・Bの底面積をそれぞれ，10×10＝100，5×5＝25，4×4＝16として計算する。

基本 (1)　20－(25×10＋16×20)÷100＝20－5.7＝14.3(cm)

重要 (2)　①　容器の底面積と容器にAを入れたときに水が入る部分の底面積の比は100：(100－25)＝100：75＝4：3であり，Aを入れると水位は6÷3×4＝8(cm)になる。

②　容器にAを入れたときとさらにBを入れたときに水が入る部分の底面積の比は75：(75－16)＝75：59であるが，水位は8÷59×75＝600÷59より，Aの高さを越えるので，(100×6＋10×25)÷(100－16)＝850÷84より，約10.1cmになる。

やや難 (3)　Aを入れてBを入れても，他方，Bを入れてAを入れても，水位が10cmを越えないとき…最初の水位を1とすると，水位は，(2)より，Aを入れると$\frac{4}{3}$になり，さらにBを入れると$\frac{4}{3}\times\frac{75}{59}-\frac{4}{3}=\frac{4}{3}\times\left(\frac{75}{59}-1\right)=\frac{4}{3}\times\frac{16}{59}=\frac{64}{177}$上がる。他方，最初にBを入れると水位が$\frac{100}{84}=\frac{25}{21}$になり，この後にAを入れると$\frac{25}{21}\times\frac{84}{59}-\frac{25}{21}=\frac{25}{21}\times\frac{25}{59}$上がるので，A・Bを入れる順番を変えたときに上がる水位が等しくなる場合はない。

最初にAを入れても，他方，Bを入れた後にAを入れても，水位が10cmを越えるとき…〈最初の水位が□cm〉Aを入れると水位は□＋25×10÷100＝□＋2.5(cm)になり，さらに，Bを入れると水位は(□＋2.5)×$\left(\frac{25}{21}-1\right)$＝□×$\frac{4}{21}+\frac{10}{21}$(cm)上がる。他方，まずBを入れた後にAを入れると水位は$25\times10\div84=\dfrac{125}{42}$(cm)上がる。したがって，$\square\times\dfrac{4}{21}+\dfrac{10}{21}$が$\dfrac{125}{42}$に等しいとき，□は，$\left(\dfrac{125}{42}-\dfrac{10}{21}\right)\times\dfrac{21}{4}=\dfrac{105}{8}$より，約13.1cmである。

※Aを入れても水位△が10cmを越えず，この後，Bを入れると水位が10cmを越えるとき…水位は$(75\times\triangle+25\times10)\div84-\triangle=\dfrac{25}{28}\times\triangle-\triangle+\dfrac{125}{42}$上がり，Bを入れた後にAを入れて水位が上がる$\dfrac{125}{42}$cmと等しくなる場合がない。

4.（平面図形，図形や点の移動）

重要

(1) ① 右図において，A・Bが重なる横の長さは$6-5+15-12+30-25=1+3+5=9$(cm)，重なる面積は$30\times9=270$(cm²)である。

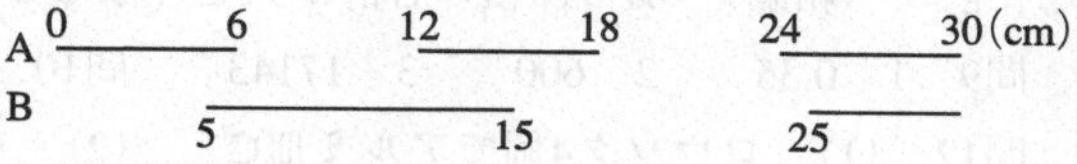

② 右図において，BがAの0～6，12～18，24～30の長さと重なる長さを表にすると以下のようになり，面積が変化しないのは(2～4)，(6～8)，(10～12)，(14～18)，(20～24)である。

0	1	2	3	4	5	6	7	8	9	10	11	12	13	14	15	16	17	18	19	20	21	22	23	24	秒後
6	5	4	3	2	1	0	0	0	0	0	0	0	0	0	0	0	0	0	0	0	0	0	0	0	cm
0	0	0	1	2	3	4	5	6	6	6	6	6	5	4	3	2	1	0	0	0	0	0	0	0	
6	6	6	6	6	5	4	3	2	1	0	0	0	0	0	1	2	3	4	5	6	6	6	6	6	
12	11	10	10	10	9	8	8	8	7	8	8	8	5	4	4	4	4	4	5	6	6	6	6	6	合計

25	26	27	28	29	30	秒後
0	0	0	0	0	0	cm
0	0	0	0	0	0	
5	4	3	2	1	0	

やや難

(2) 上表をもとにして，CがAの0～6，12～18，24～30の長さと重なる長さの和を表にすると以下のようになり，面積が変化しないのは(6～8)，(10～12)，(20～24)である。

0	1	2	3	4	5	6	7	8	9	10	11	12	13	14	15	16	17	18	19	20	21	22	23	24	秒後
12	10	8	6	4	2	0	0	0	0	0	0	0	0	0	0	0	0	0	0	0	0	0	0	0	cm
6	6	6	7	8	9	10	11	12	12	12	12	12	10	8	6	4	2	0	0	0	0	0	0	0	
12	12	12	12	12	11	10	9	8	7	6	6	6	6	6	7	8	9	10	11	12	12	12	12	12	
30	28	26	25	24	22	20	20	20	19	18	18	18	16	14	13	12	11	10	11	12	12	12	12	12	合計

25	26	27	28	29	30	秒後
0	0	0	0	0	0	cm
0	0	0	0	0	0	
10	8	6	4	2	0	

★ワンポイントアドバイス★

比較的難しい問題は，1.(3)「9辺の行き方」，2.(4)～(6)「Xの値」，3.(3)「水位の差が等しい場合」，4.(2)「AとCの重複」である。欲張らずに，解ける問題で着実に得点することがポイントである。「概数」の条件に注意しよう。

＜理科解答＞ 《学校からの正答の発表はありません。》

問1　ア　液体　イ　気体　　ウ　固体　　問2　ウ　　問3　ア，ウ，エ，オ

問4　(1)　ロウソクの炎で温められた空気が上昇し，アルミ皿の羽に当たって動かすから。
(2)　イ　　問5　上昇する空気の流れが強まるから。　　問6　筒の重さだけ，回転部が軽くなるから。　ロウソクに横から入ってくる空気の量が増えるから。

問7　(1)　羽の面積の合計　　(2)　羽の枚数　　(3)　1枚あたりの羽の面積

問8　(結果のまとめ)　回転時間は，AよりBやCの方が短かったが，BとCではあまり差がなかった。　(結論)　羽の面積の合計が大きくなると回転が速くなるが，羽の枚数による差は少ない。

問9　1　0.35　　2　600　　3　17143　　問10　(1)　238　　(2)　204　　問11　下図

問12　(1)　ロウソク4個でアルミ皿C　　(2)　ロウソク2個でアルミ皿B　　(3)　速くなる
(4)　小さくなる　　(5)　アルミ皿C　　(6)　あまりちがいはない　　(7)　アルミ皿Bに変えた方が変化が大きい

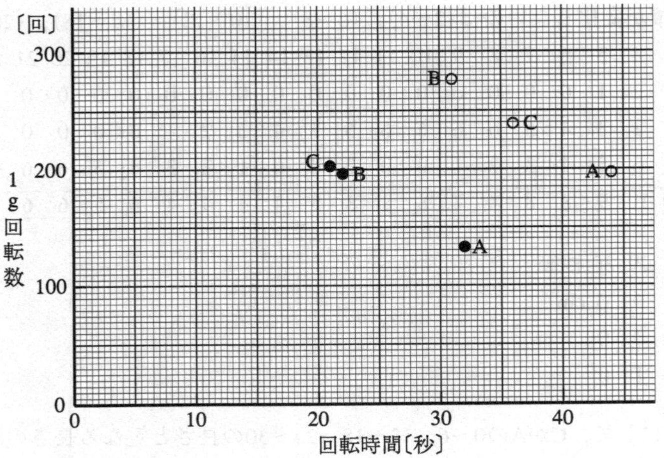

＜理科解説＞

(物体の運動ーロウソクを用いた走馬灯)

問1　固体のロウソク(ウ)に火を近づけると，その熱でろうの一部が融け，液体(ア)になる。ろうの液体は，しんをのぼって気体(イ)になる。その気体が燃焼している現象が炎であり，外側にいくほど酸素と触れやすいので，温度が高い。

問2　ロウソクのろうは，かつては植物油や動物油からつくられてきたが，現代では石油から作られるものが多い。しんのまわりにろうをつけたものがロウソクである。しんは木綿からつくる。木綿は植物のワタの花が咲いたあとにできる種子のまわりについている。つみ取って，種子を取り除いてから，さまざまな繊維製品になる。

基本　問3　ア　金属なので電気を通す。　イ　鉄などとちがい，磁石にはつかない。　ウ　ボーキサイトは，酸化アルミニウムを主とする鉱石である。　エ　現在の1円硬貨は，アルミニウム1gからできている。　オ　水素が発生する。　カ　アルミニウムは密度の小さい軽い金属なので，同じ重さだと体積が大きい。

問4　ロウソクに火をつけると，ロウソクの炎で温められた空気は，密度が軽くなって上昇する。こ

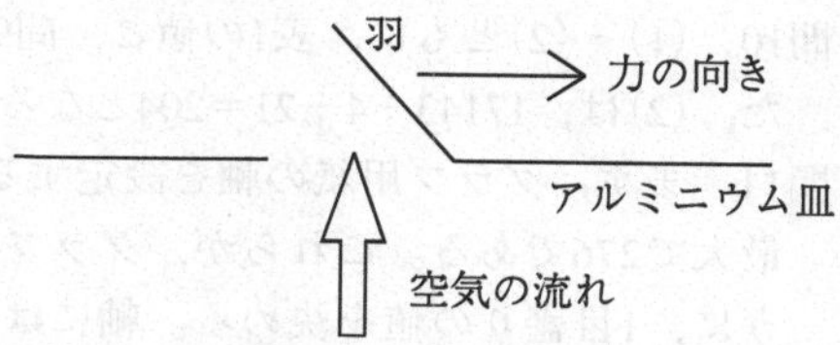

のように上昇する空気が羽にあたり，羽を動かす。羽は，アルミニウム皿の一部を上向きに折り曲げて空気を受ける。右図は，横から見た羽の様子である。上向きに動く空気をはねでうけると，図のように横向きに力がはたらく。

問5　ロウソクを増やすと，そのぶん，ロウソクに横から入る空気の量が増え，温められて上昇する空気の量も増える。そのため，羽に当たる空気の量や速さが増して，羽を動かす力が強まると予想される。

問6　筒はアルミ皿と一緒に動く。そのため，羽が受けた力は，両方を動かすはたらきをする。筒がないと，筒の分の重さがなくなり，アルミ皿だけが動くので，回転は速くなると予想される。また，筒はロウソクにかぶさるように取り付けられている。筒がないと，横からロウソクに空気が入りやすくなるので，ロウソクで温められて上昇する空気の流れも強まり，羽が受ける力も強まると考えられる。

問7　アルミ皿Aに比べて，アルミニウム皿Bは，1枚ずつの羽の大きさ(面積)は変わらないが，羽の枚数が8枚から16枚へ増やしたので，羽の面積の合計も2倍になっている。また，アルミ皿Aに比べて，アルミ皿Cは，羽の枚数は8枚のまま変わらないが，羽の枚数が1枚ずつの羽の大きさ(面積)が約2倍になったので，羽の面積の合計も2倍になっている。

問8　実験3では，羽の異なるアルミ皿どうしの比較をする。ロウソクの数については実験1で調べ，筒の有無は実験2で調べたので，本問の実験3の結果や結論では述べない。

表1で，アルミ皿A，B，Cの比較をするため，条件をそろえて数値を抜き出す。

［ロウソク2個，筒あり］　A：44秒　B：31秒　C：36秒
［ロウソク2個，筒なし］　A：42秒　B：30秒　C：27秒
［ロウソク4個，筒あり］　A：32秒　B：22秒　C：21秒
［ロウソク4個，筒なし］　A：27秒　B：17秒　C：20秒

これらを見ると，Aに比べて，BやCでは，明らかに時間が短くなっており，回転速度が速いことがわかる。それに対して，BとCとの比較では，差が小さいうえ，Bが速かったりCが速かったりと，規則性は見出せない。これらの結果から，回転を速くしている原因は，羽の枚数ではなく，羽の面積の合計であると結論できる。

やや難　問9　燃えているロウソク1個の重さは，10分間で0.35g減るので，1秒あたりでは，0.35gを600秒で割って，$\frac{0.35}{600}$g減る。1回転あたりに減るロウソクの重さは，$\frac{0.35}{600}$gに1回転の時間をかける。ただし，1回転の時間は，この実験で測定した「回転時間」を10で割った値である。つまり，次のようになる。

$$1回転あたりに減るロウソクの重さ=\frac{0.35}{600}\times ロウソクの個数\times 回転時間\div 10$$

次に，1gで何回転したかを求めるのだから，

$$\begin{aligned}1g回転数&=1\div(1回転あたりに減るロウソクの重さ)\\&=1\div\left(\frac{0.35}{600}\times ロウソクの個数\times 回転時間\div 10\right)\\&=1\times\frac{600}{0.35}\div ロウソクの個数\div 回転時間\times 10\\&=\frac{6000}{0.35}\div ロウソクの個数\div 回転時間\\&=17143\div ロウソクの個数\div 回転時間\end{aligned}$$

なお，6000÷0.35＝17142.85…の計算では，問題文の通り，小数第1位を四捨五入する。

問10　(1)・(2)ともに，表1の値と，問9の式を使って求める。(1)は，17143÷2÷36＝238となる。また，(2)は，17143÷4÷21＝204となる。

重要　問11　まず，グラフ用紙の軸を設定する。横軸の回転時間は，最大で44であり，縦軸の1g回転数は，最大で276である。これらが，グラフ用紙からはみ出さない範囲内で，できるだけ大きく描けるように，1目盛りの値を決める。軸には，何の値をとったのか，言葉と単位を必ず記入する。取るべき6つの点は，表1と表2を組み合わせると，次の通りである。なお，次の値は(横軸，縦軸)の順に示している。

A○　(44，195)　　B○　(31，276)　　C○　(36，238)
A●　(32，134)　　B●　(22，195)　　C●　(21，204)

これら6つの点を，問題文の指示にしたがって，はっきりとていねいにグラフ上に取っていく。

問12　それぞれの項目を，問11のグラフの左右あるいは上下で読み取る。
(1)　回転が最も速いのは，回転時間が最も短いものであり，グラフでは最も左にあるC●，つまり，ロウソク4個でアルミ皿Cの場合である。　(2)　1g回転数が最も多いのは，グラフでは最も上にあるB○，つまり，ロウソク2個でアルミ皿Bの場合である。　(3)　A，B，Cともに，グラフでは●が○よりも左にある。つまり，ロウソクが2個から4個になると，回転時間が短くなり，回転は速くなる。　(4)　A，B，Cともに，グラフでは●が○よりも下にある。つまり，ロウソクが2個から4個になると，1g回転数が小さくなる。　(5)　A，B，Cのうち，グラフで●と○の上下の差が小さいのはCである。これは，ロウソクが2個でも4個でも，1g回転数があまり変わらないことを意味する。　(6)　A○→A●の場合と，A○→B○の場合について，回転時間の差をグラフで比較する。A●とB○は，左右方向での差は小さいので，回転の速さはほとんど同じである。　(7)　A○→A●の場合と，A○→B○の場合について，1g回転数の差をグラフで比較する。B○はA●に比べてかなり上にあるので，アルミ皿を変えた方が1g回転数が大きくなる。つまり，回転させる効率をよくするには，ロウソクを増やすよりも，アルミ皿の羽を改良した方がよいと結論できる。

★ワンポイントアドバイス★

先入観や思い込みで記述するのではなく，問題の指示の意味をよく考えて，実験結果や計算，グラフから直接に言えることは何か見出そう。

＜社会解答＞《学校からの正答の発表はありません。》

1　問1　エ　　問2　(例)　人々には，租・庸・調などの税だけでなく，兵士として都や北九州の守りについたり，土木工事を行ったりする義務も課せられた。また，調や庸については，村で集められた税をまとめて都まで運ぶことも人々の義務であった。このように人々の負担は非常に大きく，律令で厳しく禁じられていたにもかかわらず，苦しい生活に耐えかねて村から逃亡する人が多かったから。　問3　(例)　御家人の所有している土地を保護したり，その手柄に応じて新しい土地を与えたりすること。　問4　(例)　それまで地方によってまちまちであった長さや量の単位を統一し，定められた物差しや枡を使うことを強制した。　問5　エ　　問6　ア

2　問1　地価　　問2　ウ　　問3　八幡製鉄所　　問4　(1)　関税　　(2)　い　○　ろ　×　は　○　に　○

3 問1 エ　問2 C ウ　D ア　E イ　問3 新聞　問4 ア
問5 立憲改進党　問6 ウ　問7 治安維持法　問8 イ・ウ　問9 エ
問10 F・G・H・I　鎌倉市長・神奈川県知事・鎌倉市議会議員・神奈川県議会議員
問11 エ

4 問1 （例） 国会ができる前は，明治政府の中心となっていた薩摩藩や長州藩出身の人々が自分たちの考えで税の内容を決めていた。国会ができた後は，議員たちが話し合って法律をつくり，その法律に基づいて人々に税を課したり，また税の内容を決めたりした。
問2 （例） 1890年に行われた第1回衆議院議員選挙で，選挙権が与えられたのは，直接国税15円以上納める25歳以上の男子のみで，国民のわずか1.1％にすぎなかった。1925年に制定された普通選挙法により，納税額による制限は撤廃され，25歳以上の男子全員に選挙権が与えられた。しかし，女性には一切選挙権はなかった。戦後，民主化のための改革の一つとして，選挙法が改正され，20歳以上の男女全員に選挙権が与えられた。現在では年齢制限が引き下げられ，18歳以上の男女全員に選挙権が与えられている。

＜社会解説＞

1 （日本の歴史―税をテーマにした古代～近世の通史）

問1 卑弥呼が活躍したのは3世紀の半ば(卑弥呼が中国の魏に使いを送ったのが239年)。一方，仏教が日本に公式に伝来したのは6世紀半ばの538年とされる。

重要 問2 租・庸・調などの税だけでなく，兵士として都や北九州の守りにつくこと(都の守りにつく兵役が衛士，北九州の守りにつく兵役が防人)，土木工事を行ったりすること(国司の命令で土木工事にあたることを雑徭とよんだ)も義務であった。また，調や庸については，村で集められた税をまとめて都まで運ぶことも人々に課せられた(このような人夫を運脚とよんだ)。このように人々の負担は重く，苦しい生活に耐えかねて村から逃亡する人が多かった。

問3 鎌倉幕府の将軍と御家人の間では，御家人の本領に対する権利を認めこれを保護すること(本《ほん》領《りょう》安堵《あんど》)，きわだった功績に対して新たな所領を給付すること(新恩給与)が，御恩の主な内容であった。

重要 問4 豊臣秀吉は，1582～1598年にかけて全国的な検地を実施した(太閤検地)。6尺3寸竿，1反300歩，上・中・下・下々4等級の石盛《こくもり》，京枡の使用など，統一した基準を用いた。この検地によって封建制が確立し，封建領主の土地所有と小農民の土地耕作が全国的に確定した。

基本 問5 江戸時代の人口に占める割合は，武士が7％，町人が5％，百姓が85％ほどで，圧倒的に百姓が多かった。

問6 島原・天草一揆(島原の乱)は，1637年から翌年にかけて肥前島原(長崎県)と天草(熊本県)のキリシタンが中心となって起こした一揆。この地方は，キリシタン大名有馬晴信や小西行長の旧領で，住民にもキリシタンが多かった。イ―一揆の中心人物は天草四郎時貞(益田四郎時貞)。ウ―島原・天草の領民対し，借金を帳消しにするような法令は発布されていない。エ―一揆は，島原・天草地方に限定され，中国・四国地方へは波及していない。

2 （日本の歴史―税をテーマにした近代～現代の通史）

基本 問1 明治政府は，従来の農民の土地耕作権を所有権として公認し，土地所有者に地券を交付するとともに，地価の3％を地租として課税した(地租改正)。地価が高めに設定されたため，重税感が大きく，各地で地租改正に反対する大規模な一揆が起こった。

問2 飛行機が発明されたのは20世紀の初頭。1903年にアメリカ合衆国のライト兄弟が動力飛行に成功したのが最初とされる。よって，明治時代のはじめに飛行機をつくるための工場を建設することはありえない。

基本 問3 八幡製鉄所は，福岡県八幡(現在の北九州市)に建設された日本最初の本格的な製鉄所。日清戦争の賠償金などをもとに1897年に着工し，1901年に操業を開始した。中国の大冶(ターイエ)鉄山の鉄鉱石を原料とすることなどから，これに近い福岡県八幡に立地した。

問4 (1) 関税は外国から輸入する品物に課せられる税。国内産業の保護をおもな目的とする保護関税と，財政収入の確保を主な目的とする財政関税があるが，多くの国の関税は前者の見地から課せられている。 (2) い 地租は，1870年では90％近くを占めていたが，年々割合は低くなり，1930年では10％を割っている。 ろ 1880年の地租の割合は約75％，1910年の地租の割合は約25％。1880年の国税収入の総額は5,526万円だから，地租として納められた金額は，5,526万円×0.75＝4,144.5万円程度。一方，1910年の国税収入の総額は3億1,729万円だから，地租として納められた金額は，3億1,729万円×0.25＝7,932.25万円程度。よって，後者が前者より多い。

は 酒税は，1880年では10％程度であったが，1930年では25％程度となっている。 に 日露戦争が始まったのは1904年。図から，1900年の段階ですでに法人税が課せられていることが読み取れる。

3 (総合一税をテーマにした日本の歴史，政治など)

問1 「主君，親，夫，年長者，友人をうやまおう」としたのは1890年に発布された教育勅語。国民の道徳の基本を示し，教育の根本理念を明らかにすることを目的としたもの。1947年の学校教育法制定に伴い，翌年，国会において失効宣言が採択された。

基本 問2 C 大久保利通は，幕末・明治初期の政治家。薩摩藩出身。幕末には，倒幕運動を指導し，薩長連合，王政復古の実現に努力した。明治新政府の参与・参議として，版籍奉還，廃藩置県を断行し，さらに内務卿として，地租改正，殖産興業政策を進めた。1878年，東京の紀尾井坂で不平士族に暗殺された。 D 板垣退助は，土佐藩出身の政治家。倒幕運動，戊辰戦争に参加。明治新政府の参議となったが，征韓論をめぐる権力闘争に敗れて下野。1874年，民撰議院設立の建白書を提出し，自由民権運動をリードした。1881年，自由党を結成し，その総裁となった。

E 伊藤博文は，長州藩出身の政治家。松下村塾に学び，尊皇攘夷運動に参加。1882年，憲法調査を目的に渡欧し，帰国後，大日本帝国憲法の制定に指導的役割を果たした。1885年，内閣制度を確立するとともに，自ら初代内閣総理大臣に就任。日露戦争後，初代韓国統監として韓国併合の基礎をつくったが，1909年，ハルビンで暗殺された。

問3 1870年に最初の邦字日刊紙「横浜毎日新聞」が登場し，新聞は文明開化の担い手として隆盛に向かい，自由民権運動に対応して，世論をリードしたが，政府からは新聞紙条例などによって激しい弾圧も受けた。

問4 1876年，明治政府は軍人，警察官以外の帯刀を禁止する法令(廃刀令)を発布。苗字帯刀を武士の特権とした士族たちの中には，廃刀令を不満とした者が多く，神風連の乱などの原因となった。

問5 立憲改進党は，大隈重信を中心に1882年に結成された政党。イギリス流の立憲君主制を理想とし，都市商工業者や知識人を基盤とした。板垣退助を中心に結成された自由党のライバル政党である。

やや難 問6 不平等条約の改正は，1911年の関税自主権の回復によってすでに達成。第一次世界大戦(1914～1918年)より前の出来事である。

問7 治安維持法は，第一次加藤高明内閣が立案し，1925年3月，普通選挙法とともに成立した法律。普通選挙法の実施による社会主義の拡大，日ソ国交樹立後の社会主義運動の活発化をみこして，これらの動きを取り締まることを目的とし，国体変革や私有財産制の否認を目的とする結社・運動を厳禁した。

やや難 問8　学童疎開が開始されたのは1944年，本格的な学徒動員が実施されたのは1943年以降で，いずれも太平洋戦中のことである。アー国家総動員法が発布されたのは1938年。エー1939年，政府は国家総動員法に基づき価格等統制令を発布し，価格の据え置いて，値上げを禁止した。

基本 問9　日本国憲法第41条は，「国会は，国権の最高機関であり，国の唯一の立法機関である。」と明記している。一方，ア～ウはいずれも大日本帝国憲法の内容である。

問10　日本国民は，衆議院議員選挙，参議院議員選挙，市(区)町村長選挙，都道府県知事選挙，市(区)町村議会議員選挙，都道府県議会議員選挙について，選挙権をもっている。

問11　犯罪などの事件の裁判を行うのは裁判所の仕事。このような権限を司法権という。

4　**(総合ー税の決め方，選挙権の拡大など)**

問1「国会ができる前」については，3のリード文の第1段落，第2段落に書かれている。「国会ができた後」については，3のリード文の第3段落，第4段落に書かれている。

問2　1890年の第1回衆議院議員選挙，1925年の普通選挙法の制定，1945年の選挙法の改正について，それぞれどのような人に選挙権が与えられたのかを書けばよい。そして，最後に，現在の有権者の条件を付け加える。

★ワンポイントアドバイス★

本年は出題されなかったが，本校では，グラフの作図問題が定番となっている。復活する可能性が高いので，対策が必要である。

＜国語解答＞ 《学校からの正答の発表はありません。》

【一】 問一　(例)　道具は手作りで，猟の時間もさほどかからず，猟場が日常生活の範囲内にあり，手間があまりかからないから。　問二　(大聖寺の坂網猟)　(例)　捕ったカモを出荷して，金銭収入を得る(ため。)　(種子島の突き網猟)　(例)　食用にしたり，害鳥として退治したりする(ため。)　問三　(例)　稲作のために設けた人工的な湿地が，渡り鳥たちの冬越しの重要な場所になり，同時に稲作農民による猟場にもなっているから。　問四　ア

【二】 問一　(例)　佑を心配させないように，無理して笑顔を作ったということ。
問二　(例)　自分がぼけていないことを林さんが認めてくれたので，いら立つ気持ちが少しおさまったから。　問三　(例)　ぼけていないと主張する祖父の言葉を何度も聞いていたので，ぼけたことを認めるような祖父の発言に違和感を抱いたから。
問四　(例)　プライドの高い祖父が，自分の認知症を自覚して苦しんでいることを思うと，切ない気持ちになり，涙がこみあげてくるようだったから。　問五　A　エ　B　ウ

【三】 1　肉眼　2　銅像　3　資源　4　散策　5　潔白　6　夢想　7　鉄棒　8　飼育　9　講義　10　個展　11　幹　12　営(む)　13　染(まる)　14　採(る)　15　貸(す)

＜国語解説＞

【一】（説明文一理由・根拠・細部表現の読み取り，空欄補充，記述）

重要　問一　設問には，「農業のかたわら」とある。これは「農業の合間に」という意味である。「突き網猟の場合，猟の道具は……」で始まる段落以降を読み進めることで，農業の合間に猟ができる理由が見つかる。「猟の道具は……農家の人が自ら手作りします」「猟の時間は……各十五分間程度」「猟場も日常生活の範囲内」「手間もあまりかかりません」などである。それぞれの内容をまとめるとよい。

問二　文章は「突き網猟」の具体例→「坂網猟」の具体例という形で書かれている。それぞれの具体例の中に，解答の手がかりになる表現が見つかる。大聖寺の坂網猟の猟場は，片野鴨池である。「このようなさまざまな制限……」で始まる段落に，「片野鴨池のカモ猟が金銭収入の手段として重要な意味を持っていた」とある。その表現を活用して，解答を作るとよい。

種子島の突き網猟は，「この例のように，もともと……」で始まる段落に着目する。「自分たちで食べるため」「イネを食い荒らす害鳥……退治するため」と書かれている。この二点をまとめて解答にする。

やや難　問三　傍線部④以降を読み進めることで解答の手がかりを見出すことができる。日本列島には，たんぼや用水路・ため池といった，稲作のための人工的な湿地が多くあるのだ。そしてその湿地は，渡り鳥が冬越しの際に，エサを食べたり，羽を休めたりする重要な場所になっている。同時に，その湿地は，稲作農民たちが猟をする場所にもなっているのだ。解答の際には，「稲作のための湿地」＋「渡り鳥の冬越しの場所」＋「稲作農民たちの猟の場所」という内容を中心にまとめるとよい。

問四　空欄を含む段落の，前の段落に着目する。その段落内には，害鳥の退治について書かれている。ただし，害鳥である鳥は田畑を守るために狩猟されたが，文章の前半部分にもあるように，食べるためのものでもあった。食用でもあったことをふまえて，空欄を含む段落の内容を確認する。害をもたらすウサギを狩った。その後の動きは，食用にしたのだと類推される。「みんなで食べました」とある，アが正解になる。エは「金銭収入」について書かれているが，それはあくまでも大都市近郊のこと。ここでは大都市近郊との限定はない。

【二】（物語文一心情・場面・細部表現の読み取り，記述，ことばの意味）

基本　問一　傍線部①を含む場面の状況をおさえることで，解答を見出すことができる。祖父の家の前に見覚えのない軽自動車が止まっているのである。そして，祖父の家から，緊迫した声が聞こえてくるのである。このような状況を見た佑は，当然心配な気持ちになると類推できる。その佑に向けて，笑顔が張りつけられたのである。状況から考えて，林さんは佑を心配させないように，無理して笑顔を作ったのだと考えられる。「無理して笑顔を作った」という内容を中心に解答をまとめる。

問二　傍線部②までの話の展開をおさえて，解答すべき内容を考える。祖父は，ぼけてはいないと主張しているのである。だが，その場の佑と母は，お互いに顔を見合わせた。つまり，祖父の主張を受け入れてはいない。一方，林さんだけはうなずき，「大内さんはしっかりしてる」と主張を受け入れたのである。このような林さんの行動を受けて，祖父のいら立ちはおさまり，落ち着いた声になるのだ。解答の際には，「林さんが祖父の主張を受け入れる」＋「いら立つ気持ちがおさまる」という内容を中心にするとよい。

重要　問三　傍線部③までの展開をおさえる。祖父は「ぼけていない」と主張している。だが，林さんが祖父の発言を受け入れたあと，傍線部③直前で，祖父は「好きでぼけてしまったわけではない」と発言しているのだ。「ぼけていない」と主張していた祖父が，ぼけを認めるような発言をした。

そこに違和感を抱いたため，言葉が引っかかったのである。記述の際には，「祖父はぼけていないと主張していた」＋「ぼけを認める発言をした」＋「違和感」という内容を中心にする。

やや難 問四　傍線部④直前に書かれているように，もともと祖父はかくしゃくとしていて，プライドも高かった。また，傍線部④より少し前に書かれているように，祖父は自分のぼけ始めていることに気づき，泣いたりして苦しんでいるのである。佑の鼻の奥がツンとしたのは，そのような祖父の状況を知り，せつない気持ちになって，涙が込み上げてきたためだと類推できる。記述の際には，「プライドの高い祖父」「自分が認知症であることがわかり苦しんでいる」という内容に，「切ない気持ち」になったという佑の心情を加えてまとめる。

問五　A 「やまやま」とは，食べたいのはやまやまだが我慢する，などと使う。したいができないという意味を表す。解答はエである。　B 「もどかしい」とは，はがゆい・じれったいという意味である。ここでは，かむのもじれったいぐらいにお腹が減っているのである。解答はウになる。

基本 **【三】（漢字の書き取り）**

1　ここでは，顕微鏡などを用いない，そのままの目という意味。マイクなどを通さない，そのままの声を「肉声」という。　2　青銅で作った像のこと。木で作った像は「木像（もくぞう）」となる。　3　ここでは，産業の原材料となる自然から得られるもののこと。産業を支えるものを意味することもある。その場合，「人的資源」などと表現する。　4　気の向くままに，周辺をぶらぶらと歩くこと。つまり，散歩である。　5　心や行いが正しくて，後ろめたいことがないこと。「清廉潔白（せいれんけっぱく）」という言葉がある。心が清らかで欲がなく，不正などを全くすることがない様子を意味する。　6　夢の中で思うこと。あるいは，空想という意味。「夢想だにしない」で，思いもしなかったという意味になる。　7　ここでは，運動で使う鉄の棒でできた体操器具のこと。ただの鉄の棒を，「鉄棒」と呼ぶこともある。　8　家畜などを育てることを意味する。植物を育てることは，「栽培」という。　9　大学などにおける，授業を意味する。講義を受けることは，「受講」という。　10　ある個人の作品のみを集めた，展覧会のこと。展覧会に作品を出すことを「出展」という。　11　ここでは，樹木の主軸となる部分を意味する。中心となる重要な道路や鉄道を，「幹」という文字を用いて，「幹線」（かんせん）という。　12　ここでは，その仕事をしているという意味である。つまり，経営しているのである。　13　ここでは，空がその色を帯びているという意味である。「染める」には，色をしみこませるという意味もある。その意味で「染色（せんしょく）」という言葉がある。　14　ここでは，検査に必要な血液を採取する意味である。熟語にすると，「採血」となる。　15　ここでは，本を他人差し出して使わせてあげること。友だち側からすると，「借りる」になる。

★ワンポイントアドバイス★

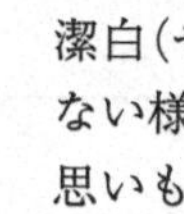

基礎的な漢字の書き取りが多数出題される。漢字の出題量を考えると，この部分で不要な失点をしたくない。日頃から漢字の学習をていねいに進めて，確実に得点してほしい。

MEMO

大切なことはメモしておこうネ！

平成29年度

★★★★★★★★★★★★★★★★★★★★★★★★

入　試　問　題

平成29年度

栄光学園中学校入試問題

【算　数】（60分）　　＜満点：70点＞

円周率は3.14とします。

1　一辺の長さが10cmの正方形の紙があります。この正方形の内部のどこか１点にピンをさし，その点を中心に紙を１回転させたときにこの紙が通過する範囲《はんい》を考えます。

⑴　下図において，点Ｏにピンをさすとき，正方形の紙の通過する範囲を図にかき，その範囲がわかるように斜線《しゃせん》を引きなさい。

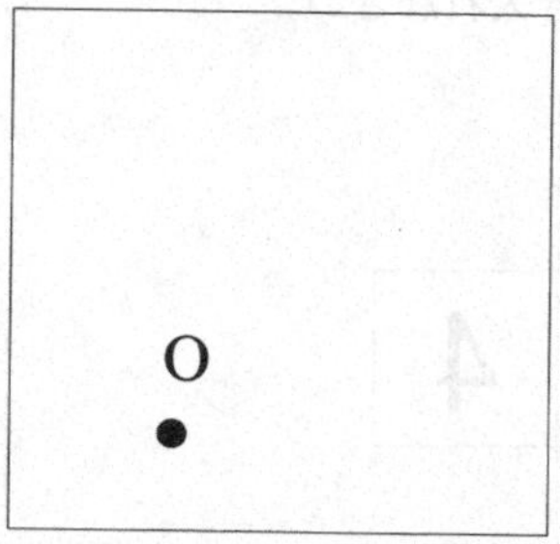

⑵　正方形の紙が通過する範囲の面積が最も小さくなるのは，どこにピンをさしたときですか。ピンの位置を黒丸（●）で示しなさい。また，そのときの面積を求めなさい。

⑶　正方形の紙が通過する範囲の面積が314cm²以下となるようにピンをさします。ピンをさすことができる範囲を図にかき，その範囲がわかるように斜線を引きなさい。

2　次のような５か所の空欄《くうらん》に１～９の数字を入れ，その間の４か所で ＋（足す）か ×（かける）かを選んで計算するとＸが決まります。ただし，空欄には同じ数字を何度入れてもかまいません。

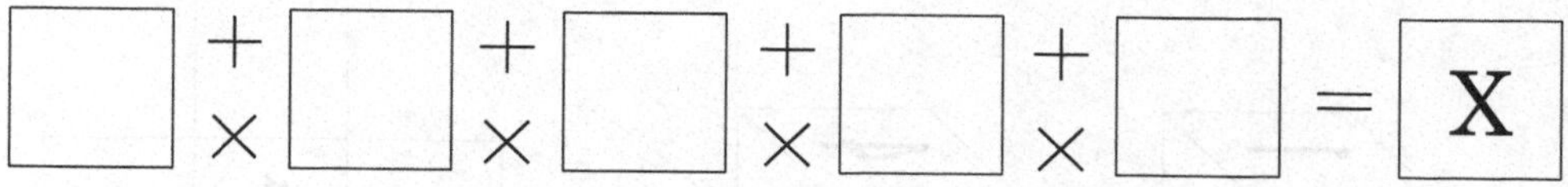

例えば，

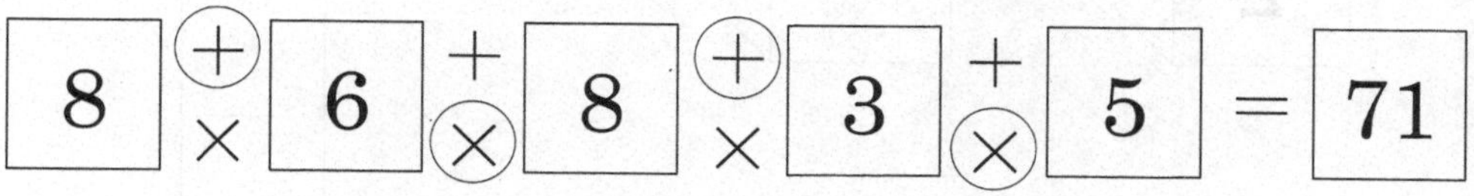

では，8＋６×８＋３×５＝71 なので，Ｘは71と決まります。

このとき，次の問に答えなさい。

⑴　＋（足す）を３個，×（かける）を１個使ってできるＸのうちで最も大きい数と最も小さい数をそれぞれ求めなさい。

⑵　1～5の数字を1回ずつ使ってできるXのうちで最も大きい数と最も小さい数をそれぞれ求めなさい。ただし，＋（足す）か ×（かける）かを自由に選んでよいものとします。

⑶　次のように数字が入っていて，＋（足す）か ×（かける）かが決まっていないとき，真ん中の空欄に入る数字として考えられるものをすべて求めなさい。

□1□ ＋/× □2□ ＋/× □　□ ＋/× □9□ ＋/× □9□ ＝ □29□

3　立方体のサイコロについて考えます。サイコロの向かい合う面の数字の和は7になります。

⑴　図1は，あるサイコロの展開図です。これを組み立てたものが図2です。図2の空いている面に入る数字を，向きも考えて書き入れなさい。

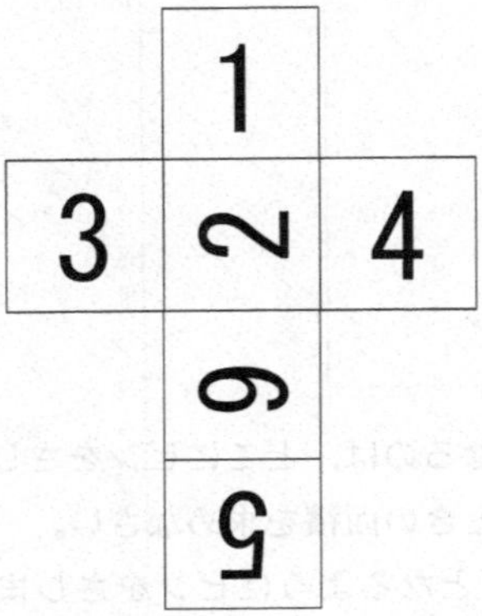

図1

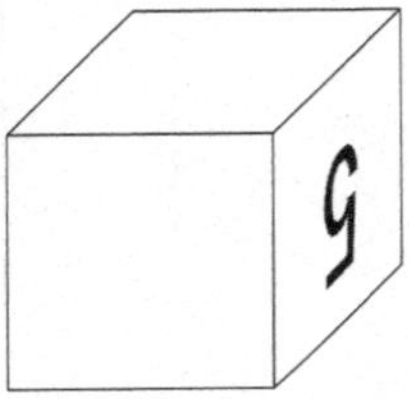

図2

⑵　図3は，あるサイコロを2方向から見た図です。このサイコロの展開図が図4です。図4の空いている面に入る数字を，向きも考えて書き入れなさい。

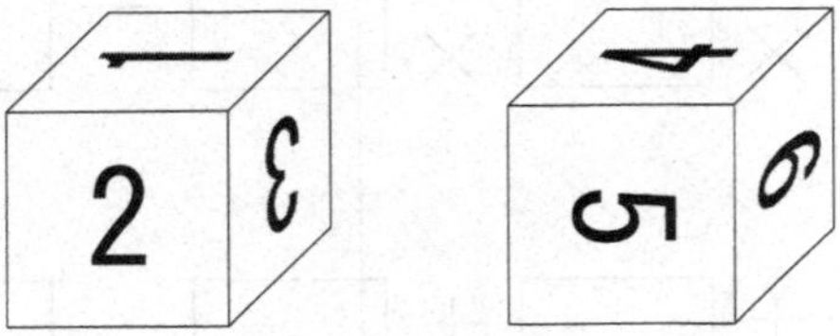

図3

図4

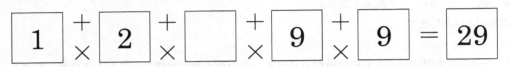

4 横から見たときに下図のような階段があり，1段の高さは20cm，奥行きは25cmです。階段は，下から1段目，2段目，3段目，……とし，Pを1段目の角《かど》と呼びます。この階段に向かってまっすぐ進む人の影を考えます。このとき，次の問に答えなさい。なお，太陽の光は⑴，⑵のいずれの場合も階段に向かう人のちょうど真後ろから当たっているものとします。

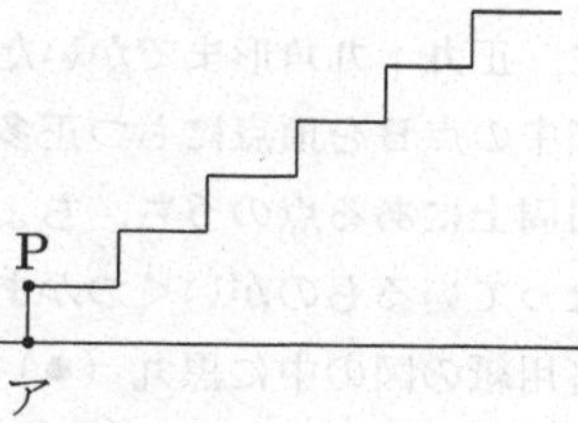

身長が160cmのAさんが，階段の端《はし》の地点アから180cm離《はな》れた地点に立ったところ，ちょうどアの位置にAさんの影の頭の先がありました。Aさんはその地点から階段に向かってまっすぐ移動します。

⑴ Aさんの影の頭の先がPの位置にくるのは，Aさんが何cm移動したときか答えなさい。

⑵ 最初の位置から80cm移動したとき，Aさんの影の頭の先はどの位置にありますか。「○段目の△の，角から□cmの位置」という形式で答えなさい。ただし，△には「縦」か「横」かが入ります。例えば，図のQは「3段目の横の，角から15cmの位置」となります。また，考え方も書きなさい。

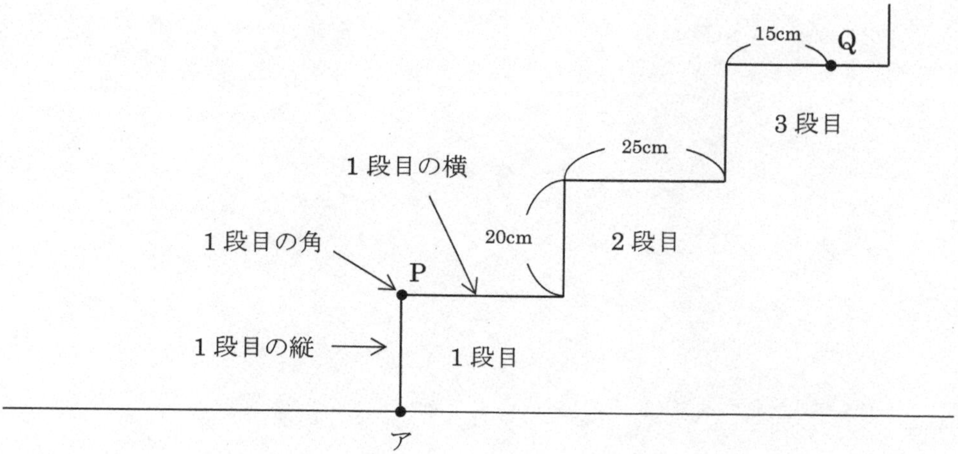

5　点Aを周上にもつ円があり，その円の内側にぴったりとおさまる正多角形（正三角形，正方形，正五角形，……）の頂点について考えます。円の内側に，どの正多角形も点Aを頂点としてもつように，正三角形→正方形→正五角形→……の順にかいていきます。例えば，下の図のように正方形までかいたとき，円周上にある点の数は6つとなります。

(1)　正六角形までかいたとき，円周上にある点の数はいくつになりますか。

(2)　正十二角形までかいたとき，円周上にある点の数はいくつになりますか。

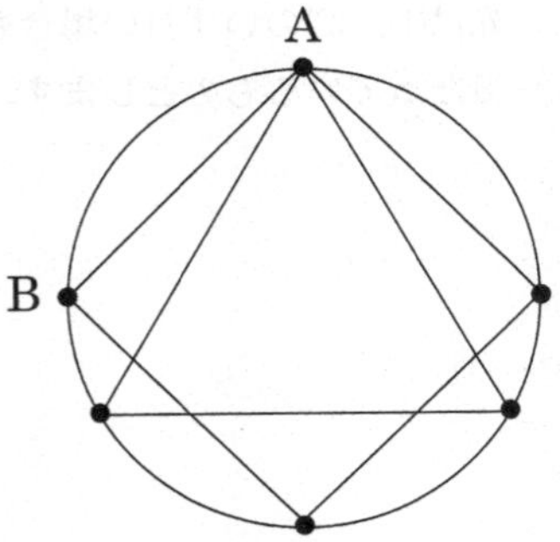

次に，正九十九角形までかいたときを考えます。

(3)　図中の点Bを頂点にもつ正多角形は何種類ありますか。

(4)　円周上にある点のうち，ちょうど12種類の正多角形の頂点になっているものがいくつかあります。それらの点をすべて解答用紙の図の中に黒丸（●）でかき入れなさい。参考のため，図には12等分の目盛りがかかれていますが，目盛り上にそれらの点があるとは限りません。

【理　科】（40分）　　＜満点：50点＞

夏，ダムの貯水率が下がり，水不足を心配するニュースを聞いた栄一君は，ダムの働きについて調べました。最も重要な働きは，川の水量を一定に保つことです。大雨が降ったときにはダムに水をため，川の水量が急激に増えないようにして，土砂《どしゃ》くずれや下流での洪水《こうずい》などを防ぎます。また，降水が少ないときにはダムにためた水を少しずつ放出して，川の水量を調節しています。

調べているうちに，「緑のダム」という言葉を見つけました。森林の土はスポンジ状になっていて，雨水をたくわえて少しずつ放出することで，ダムと同じように川の水量を一定に保つ働きがあるため，森林は緑のダムといわれているということです。栄一君は，スポンジが水をたくわえる様子を実験で確かめることにしました。

1　栄一君は透明《とうめい》なまるい筒《つつ》を作って，**図1**のように固定しました。さらに，この筒に密着する大きさのスポンジを筒にいれ，筒の下にビーカーとはかりを置きました。上から水を注ぐとスポンジはしばらくの間水をたくわえ続けましたが，やがてたくわえきれなくなった水がスポンジから流れ落ちだしました。今後，筒に水を注ぐことを「注水」，スポンジから水が流れ落ちることを「放水」と呼ぶこととします。**図1**の装置で，放水された量をはかりで量りました。注水量から放水量を差し引くことで，スポンジにたくわえられた水の量を求めることができます。

栄一君は，毎秒0.8ｇずつ450秒間，合計で360ｇ注水し，注水開始から900秒後までの放水量を測定しました。この測定を，筒にいれるスポンジの厚さを変えて何度か行いました。

次ページの**表**は，実験の結果を示したものです。

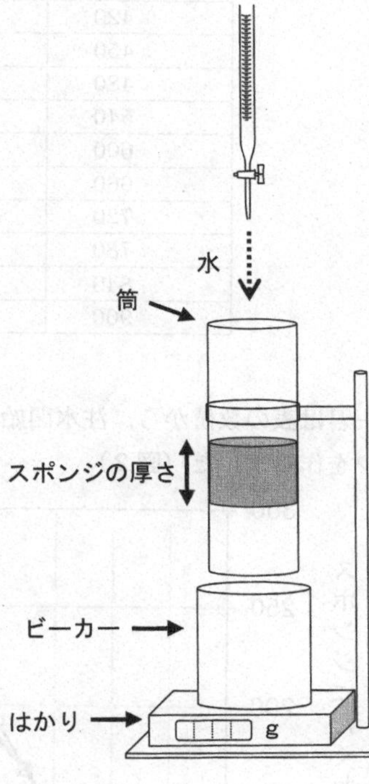

図1　実験装置

問1　下の**ア**～**ウ**それぞれについて，正しいものには○，誤っているものには×と答えなさい。

ア．スポンジの厚さと，注水開始から放水が始まるまでの時間は比例する。

イ．スポンジの厚さが２倍になると，実験終了時までの放水量は半分になる。

ウ．注がれた水は，時間をかけても全量が放水されるわけではない。

問2　スポンジの厚さ10㎝，15㎝，20㎝それぞれの場合について，注水開始後360秒から390秒までの30秒間の放水量を答えなさい。

問3　上の文章中の下線部と**問2**の結果から，わかることを書きなさい。

表　実験結果

注水開始からの時間（秒）	放水量（g）		
	スポンジの厚さ 10cm	スポンジの厚さ 15cm	スポンジの厚さ 20cm
0	0	0	0
60	0	0	0
120	0	0	0
180	0	0	0
210	18	0	0
240	42	9	0
270	66	33	0
300	90	57	19
330	114	81	43
360	138	105	67
390	162	129	91
420	186	153	115
450	210	177	139
480	221	194	159
540	223	207	186
600	223	211	194
660	223	214	199
720	223	214	202
780	223	214	204
840	223	214	204
900	223	214	204

栄一君は表の数値から，注水開始からの時間と，スポンジにたくわえられた水の重さの関係を表すグラフを作りました（図2）。

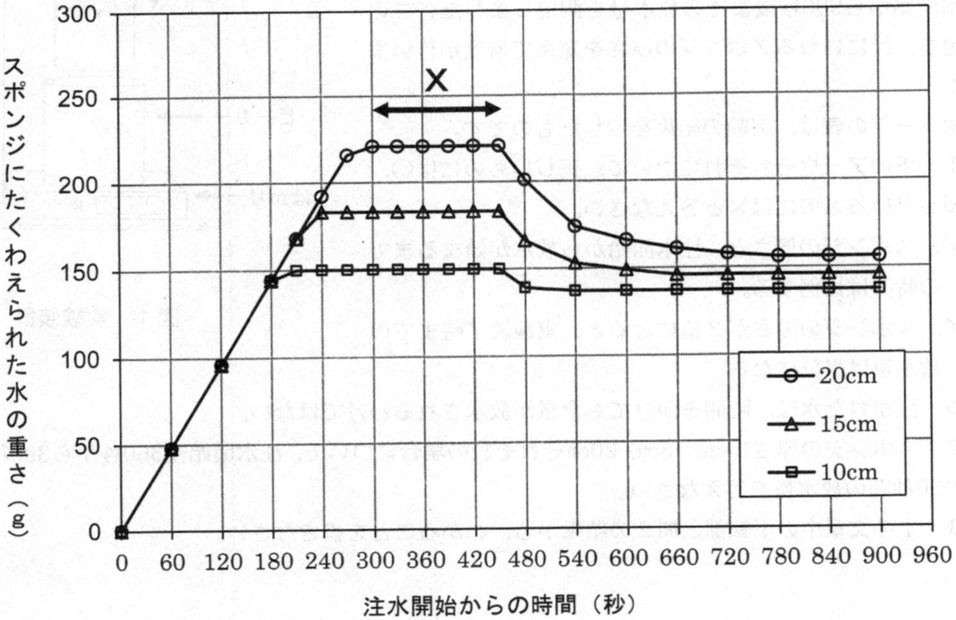

図2　注水開始からの時間と，スポンジにたくわえられた水の重さの関係

問4　厚さ20㎝のスポンジでの結果に注目します。**図2のXの範囲《はんい》**（注水開始後300秒から450秒まで）で起こっていることの説明として正しいものを下の**ア～エ**から1つ選び，記号で答えなさい。

ア．注水していて，放水も起こっている。　**イ**．注水しているが，放水は起こっていない。

ウ．注水していないが，放水は起こっている。

エ．注水していなくて，放水も起こっていない。

問5　厚さ20㎝のスポンジが実験中にたくわえた水の重さの最大値と，測定終了時にたくわえていた水の重さを，**図2**と**表**を参考に答えなさい。また，注水が終わってから放水が終わるまでにかかった時間として最も適当なものを下の**ア～キ**から1つ選び，記号で答えなさい。

ア．50秒くらい　**イ**．100秒くらい　**ウ**．170秒くらい　**エ**．250秒くらい

オ．320秒くらい　**カ**．370秒くらい　**キ**．410秒くらい

問6　厚さ10㎝のスポンジについても**問5**と同様に，実験中にたくわえた水の重さの最大値と測定終了時にたくわえていた水の重さを答えなさい。また，注水が終わってから放水が終わるまでにかかった時間として最も適当なものを，**問5のア～キ**から1つ選び，記号で答えなさい。

問7　スポンジが厚くなると，水のたくわえ方はどのように変化すると考えられますか。**問5**と**問6**の答え，および**図2**に注目して答えなさい。

スポンジを使った実験では，スポンジにしみこんでたくわえられる水に注目し，水が蒸発することについては考えませんでした。しかし，森林に降った雨の一部は，土から直接蒸発したり植物を通って蒸発したりして空気中にもどっていくはずです。森林から蒸発して空気中にもどっていく水の量を量ることは無理だと思ったので，鉢《はち》に植えた植物で実験することにしました。

2　栄一君は，鉢4つとオクラの苗《なえ》2本を用意しました。すべての鉢に土をいれ，**A**と**C**の鉢にはオクラの苗を1本ずつ植え，**B**と**D**の鉢には何も植えませんでした。オクラの苗はどちらも15ｇでした。4つの鉢は，雨があたらない風通しのよいところに置きました。

7／9（7月9日）の朝，すべての鉢にたっぷり水をやりました。翌日からは，**A**と**B**には毎朝水をやり，**C**と**D**には水をやりませんでした。

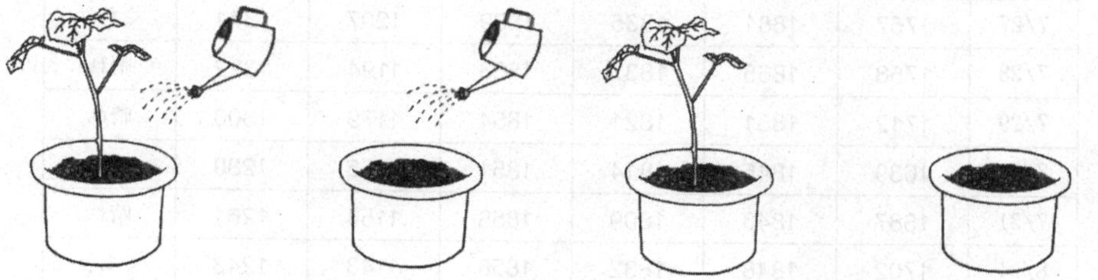

A：オクラあり　毎朝水をやる　**B**：オクラなし　毎朝水をやる　**C**：オクラあり　水をやらない　**D**：オクラなし　水をやらない

7／10から毎朝**A～D**の重さを量りました。**A～D**の重さというのは，それぞれの鉢と，鉢にいれた土と，土にふくまれる水と，オクラの苗の重さの合計です。**A**と**B**は，水をやる前と後にそれぞれ量りました。

次のページの**表**は実験の結果を示したものです。毎日の天気ものせてあります。どの鉢も翌日の

朝までに重さが減りました。蒸発した水の分だけ重さが減ったと考えました。

Cのオクラは，7／20ころまでは順調に成長していましたが，その後だんだん元気がなくなり，8／1の朝にはしおれてしまいました。このため，実験は8／1の朝で打ち切り，8／1以降は，Cのオクラにも水をやるようにしたら元気を取りもどしました。

表　実験結果

日付	重さ（g）						天気
	A		B		C	D	
	水やり前	水やり後	水やり前	水やり後			
7/10	1823	1835	1820	1830	1835	1827	晴れ
7/11	1791	1840	1794	1840	1791	1789	晴れ
7/12	1786	1843	1796	1841	1740	1746	晴れ
7/13	1784	1857	1799	1848	1687	1703	雨
7/14	1823	1867	1827	1863	1660	1684	晴れ
7/15	1797	1864	1827	1862	1606	1644	雨
7/16	1831	1884	1848	1868	1584	1628	くもり
7/17	1821	1868	1840	1865	1549	1598	くもり
7/18	1782	1865	1831	1865	1501	1563	晴れ
7/19	1760	1884	1830	1866	1445	1527	晴れ
7/20	1770	1868	1821	1860	1379	1480	くもり
7/21	1781	1880	1828	1865	1336	1446	雨
7/22	1856	1883	1858	1872	1325	1439	雨
7/23	1854	1890	1860	1873	1310	1429	くもり
7/24	1802	1878	1842	1871	1272	1407	晴れ
7/25	1787	1881	1839	1869	1243	1382	くもり
7/26	1792	1872	1844	1872	1222	1362	くもり
7/27	1767	1881	1835	1869	1207	1341	くもり
7/28	1758	1865	1837	1863	1194	1322	晴れ
7/29	1712	1851	1821	1854	1179	1300	晴れ
7/30	1689	1845	1814	1851	1165	1280	晴れ
7/31	1687	1843	1809	1858	1154	1261	晴れ
8/ 1	1702	1848	1832	1856	1143	1243	くもり

次のページの図1は，AとBについて，毎日の蒸発量を計算しグラフにしたものです。その日の朝に水をやった後の重さと翌日の朝に水をやる前の重さの差を，その日の蒸発量とします。たとえば，7／10の朝から7／11の朝までに減った重さが，7／10の蒸発量ということになります。

AとBはどちらも水を毎朝やっているので，AとBのちがいはオクラが植えられているかどうかです。つまり，AとBを比べることで土が水を十分たくわえている場合の，オクラの葉から蒸発する水の量について調べることができます。

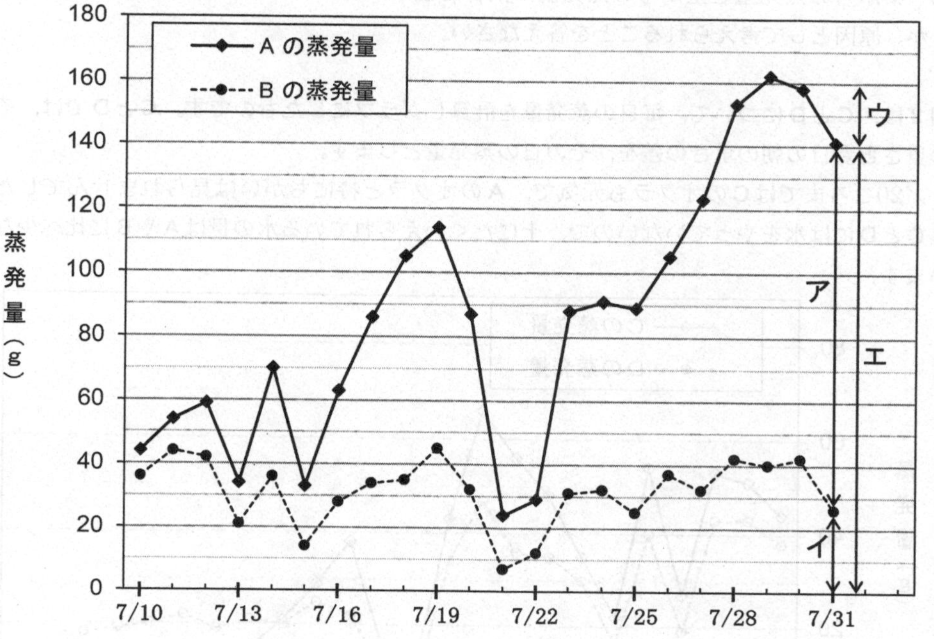

図１　AとBの蒸発量

問１　植物の体から水が水蒸気となって出ていくことを何といいますか。漢字２字で答えなさい。

問２　⑴　Aの蒸発量は土からの蒸発量と葉からの蒸発量の合計，Bの蒸発量は土からの蒸発量だけです。土からの蒸発量はAとBでほぼ等しいと考えると，7／31のAの葉からの蒸発量に相当するのは，**図１**の**ア**～**エ**のどれですか。

⑵　天気は日によって異なりますが，AとBでは共通です。雨の日の蒸発量は，晴れやくもりの日に比べてどうなりますか。７／20～７／24の結果に注目し，下の**ア**～**カ**から最も適当なものを１つ選び，記号で答えなさい。

ア．土からの蒸発量は多くなるが，葉からの蒸発量は少なくなる。

イ．土からの蒸発量は少なくなるが，葉からの蒸発量は多くなる。

ウ．土からの蒸発量も葉からの蒸発量も少なくなる。

エ．土からの蒸発量も葉からの蒸発量も多くなる。

オ．土からの蒸発量は少なくなるが，葉からの蒸発量は天気とは関係がない。

カ．土からの蒸発量は多くなるが，葉からの蒸発量は天気とは関係がない。

⑶　７／14のAの葉からの蒸発量は，土からの蒸発量の何倍でしたか。**図１**から読み取り，下の［　　］の中から最も近いものを選び，答えなさい。

７／18と７／29についても，Aの葉からの蒸発量が土からの蒸発量の何倍だったか，同様に答えなさい。

$\frac{1}{5}$倍　$\frac{1}{3}$倍　$\frac{1}{2}$倍　１倍　２倍　３倍　４倍

⑷　葉からの蒸発量を土からの蒸発量で割った値が，⑶で答えたように変化するのはなぜですか。原因として考えられることを答えなさい。

図２は，**Ｃ**と**Ｄ**について，毎日の蒸発量を計算しグラフにしたものです。**Ｃ**と**Ｄ**では，その日の朝の重さと翌日の朝の重さの差を，その日の蒸発量とします。

７／20ころまでは**Ｃ**のオクラも元気で，**Ａ**のオクラと特にちがいは見られませんでした。しかし，**Ｃ**と**Ｄ**には水をやっていないので，土にたくわえられている水の量は**Ａ**や**Ｂ**に比べ少なくなっています。

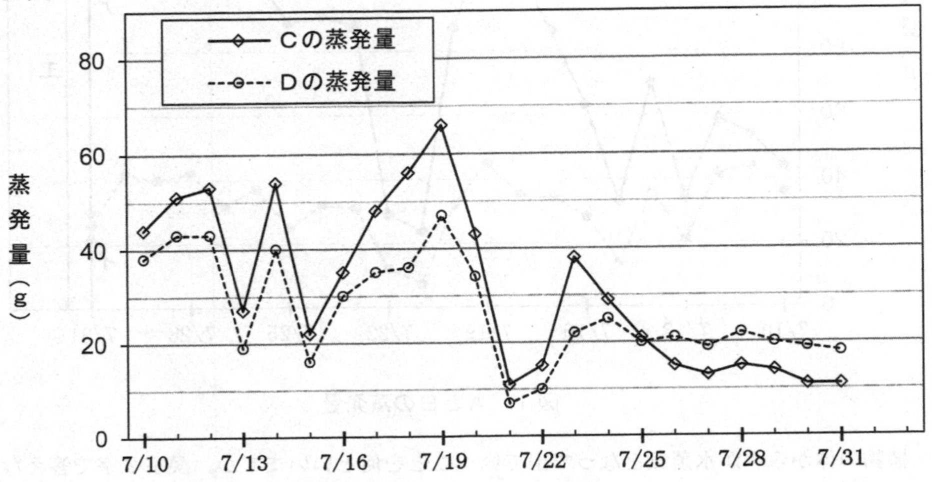

図２　ＣとＤの蒸発量

問３　⑴　７／18の**Ｃ**の葉からの蒸発量は，土からの蒸発量の何倍でしたか。**図２**から読み取り，下の[　　]の中から最も近いものを選び答えなさい。７／18の土からの蒸発量は**Ｃ**と**Ｄ**でほぼ等しいと考えます。

$\frac{1}{5}$倍　$\frac{1}{3}$倍　$\frac{1}{2}$倍　1倍　2倍　3倍　4倍

⑵　７／18の**Ｂ**と**Ｄ**の蒸発量がほぼ等しかったので，この日の土からの蒸発量は**Ａ**～**Ｄ**のすべてで等しかったと考えられます。このことをふまえ，**問３**⑴の答えと，**問２**⑶の７／18についての答えから，わかることを書きなさい。

3　若い木の多い森林は，何十年も経《た》つと木が大きくなったり，落ち葉が積もって土になることで土の層が厚くなったりして，成熟していきます。日本には，このような成熟した森林がたくさんあり，森林大国といわれています。

森林が，「若い木の多い森林」から「成熟した森林」へと変わっていくと，川の急激な増水が起こりにくくなると考えられます。それは，森林の緑のダムとしての働きがどう変化するからですか。今までの問題をふまえて答えなさい。

【社　会】（40分）　＜満点：50点＞

Ⅰ． 紙の歴史について，文章を読んで問に答えなさい。

日本で紙がつくられはじめたのは６～７世紀ごろと考えられています。奈良《なら》時代に完成した『日本《にほん》書紀《しょき》』には，７世紀のはじめに朝鮮《ちょうせん》半島から渡来《とらい》した僧侶《そうりょ》が墨《すみ》や絵の具とともに製紙技術を伝えた，と記されています。紙の材料には，おもに麻《あさ》や楮《こうぞ》などが使われ，手すきで生産されました。紙は貴重品であったため，一度使った紙の裏面《りめん》を使ったり，すき直して利用したりすることもあったようです。これらの紙は，①公文書の作成や②お経《きょう》などに使われました。

問１　下線部①のうち，政府が人びとに田を支給するために作成した文書が正倉院《しょうそういん》に残っています。この文書を何と呼びますか。

問２　下線部②を書き写すことを写経といいます。聖武天皇《しょうむてんのう》は，国ごとに国分寺《こくぶんじ》を建てることや写経をすることを命じました。その理由を説明しなさい。

平安《へいあん》時代になると，貴族《きぞく》たちは，これまでに伝わってきた大陸文化を生かしながら，日本風の文化を育てていきました。これに一役買ったのは国産の紙でした。大陸の紙に比べて日本の紙の質は向上し，貴族たちに使われることになります。強くなめらかで，色どり豊かな紙の登場とともに，③かな文字や④絵巻物《えまきもの》がつくられていきました。また，貴族たちは⑤やしきの中を，紙を使った仕切りでわけることもありました。今日の「屏風《びょうぶ》」や「襖《ふすま》」がこれにあたります。これらには，はじめ大陸からもたらされた紙が使われていましたが，しだいに国産の紙が使われるようになり，日本の風景や四季の移り変わりがえがかれるようになりました。大陸風の絵に対して，このような日本風の絵のことを〔　⑥　〕と呼びます。

問３　下線部③について，平安時代のことを述べたア～エから，まちがっているものを１つ選びなさい。

ア　漢字の形の一部から，かたかながつくられた。

イ　漢字のくずし字から，ひらがながつくられた。

ウ　政府が編集した正式な歴史書は，かな文字で書かれた。

エ　清少納言《せいしょうなごん》はひらがなと漢字を使って『枕草子《まくらのそうし》』を書いた。

問４　下線部④は図１のような形をしていました。この形は当時「巻子《かんす》」と呼ばれ，紙でつくられた書物の一般《いっぱん》的な形でした。しかしこの後，書物の形は図２のような「冊子《そうし》」となっていきます。「巻子」に比べて，「冊子」がすぐれている点を答えなさい。

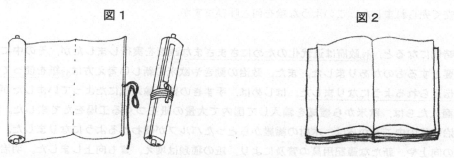

図１

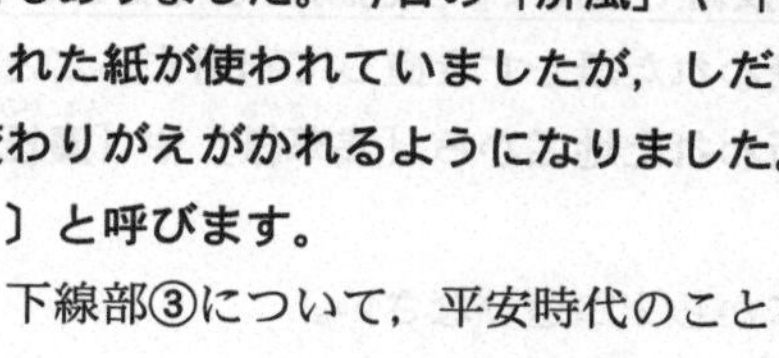

図２

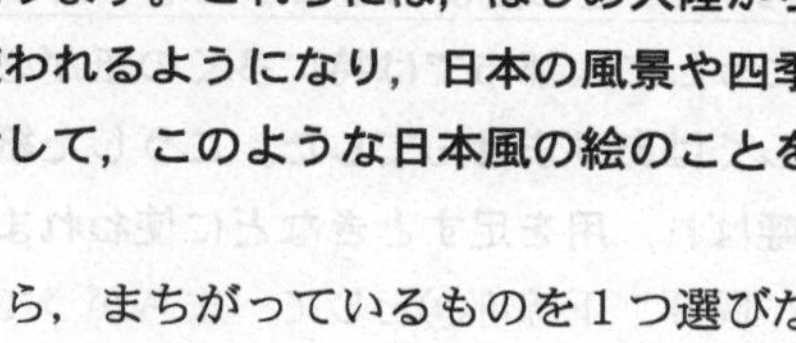

問５　下線部⑤について，貴族たちの住宅様式を何と呼びますか。

問６　〔⑥〕にあてはまる語句を答えなさい。

鎌倉《かまくら》時代には，武士たちも紙を使いました。特に武士は自ら開墾《かいこん》した〔　⑦　〕の権利を証明したり，自らの命令を家臣に伝えたりするために文書のやり取りをたびたび行い，それらを保管しました。こうして紙に記録された文書は，寺院や神社などの建物や倉の中などに保存され，現在に伝わっています。

室町《むろまち》時代のころになると，貴族や武士の住居には木の戸だけでなく，⑧木わくにうすい白紙をはったものが広く使われるようになりました。これを今日では障子《しょうじ》と呼んでいます。

問７　〔⑦〕にあてはまる語句を答えなさい。

問８　下線部⑧について，⑴と⑵に答えなさい。

⑴　下線部⑧の利点を答えなさい。

⑵　室町時代において，障子，襖，畳《たたみ》，ちがい棚《だな》などを使った部屋がつくられました。このような部屋を含む建築様式を何と呼びますか。

江戸《えど》時代になると，商売をしたり，幕府《ばくふ》や藩《はん》の指示を受けて村を運営したりするために読み書きをする人が増えました。そのため庶民《しょみん》の中にも紙を日常的に使う人びとが現れました。⑨紙を使った商品を専門に売る人びともいました。また，印刷の技術が向上したことで⑩さまざまな書物が出版され，人びとに読まれるようになりました。⑪版画の印刷技術も進んで，多色刷りも可能となりました。こうして大都市では特に多くの紙が必要になり，一度使われた紙をすき直して利用することもめずらしくはありませんでした。こうした紙は，すき直しが行われた地名から「浅草紙《あさくさがみ》」や「湊紙《みなとがみ》」などと呼ばれ，用を足すときなどに使われました。

問９　下線部⑨として，まちがっているものをア～エから１つ選びなさい。

ア　くし　　イ　うちわ　　ウ　傘《かさ》　　エ　ちょうちん

問10　下線部⑩について，江戸時代の書物のことを述べたア～エから，まちがっているものを１つ選びなさい。

ア　杉田玄白《すぎたげんぱく》たちは，中国《ちゅうごく》語で書かれた医学書を翻訳《ほんやく》して，『解体新書《かいたいしんしょ》』を出した。

イ　町人の姿を生き生きとえがいた芝居《しばい》の脚本《きゃくほん》が数多く出された。

ウ　本居宣長《もとおりのりなが》は，日本の古典を研究して『古事記伝《こじきでん》』を完成させた。

エ　さし絵入りの本や地図などが売られた。

問11　風景や人気の役者をえがいた絵が，下線部⑪のような技術を使って，版画として大量に刷られ安く売られました。このような絵を何と呼びますか。

明治《めいじ》時代になると，⑫政府は近代化のためにさまざまな政策を実行しましたが，その中には多くの紙を必要とするものがありました。また，政治の動きや欧米《おうべい》の新しい考え方は⑬紙を使って多くの人びとに伝えられるようになりました。はじめは，手すきの紙や輸入紙にたよっていましたが，政府や有力な商人たちは，欧米から機械を輸入して国内で大量の紙をつくる工場をたてました。紙の原料も，明治時代の中ごろからは，木材の繊維《せんい》からとったパルプが使われるようになりました。また，印刷技術の向上や，新たな筆記用具の普及《ふきゅう》により，紙の種類は増え，質も向上しました。明治時代のおわりから大正《たいしょう》時代のはじめには，⑭北海道《ほっかいどう》や樺太《からふと》にも大規模な製紙工場がたてられました。このように，はじめは輸入にたよっていた紙の国産化が進みました。また，明治時代のおわりごろには，割れやすいものを包んだり，箱の形に組み立てて中に物を入れたりするための紙が国内ではじめてつくられ，「段ボール」と名付けられました。

問12　下線部⑫のうち，地租改正《ちそかいせい》による税の納め方の変化を説明しなさい。

問13　下線部⑬について述べたア～エから，明治時代のこととしてまちがっているものを1つ選びなさい。

ア　福沢諭吉《ふくざわゆきち》が『学問のすゝ《す》め』を書き，多くの人びとに読まれた。

イ　毎日発行の新聞が，はじめて横浜《よこはま》で創刊された。

ウ　郵便制度がはじまり，手紙のやり取りが増えた。

エ　軍国主義に関わる部分が墨で消された教科書が使われた。

問14　下線部⑭について，北海道や樺太に製紙工場をたてることの利点を，紙の原料に注目して説明しなさい。

Ⅱ． 以下の図や表をみて問に答えなさい。

図3は，1930年以後の日本の紙類の生産量の移り変わりを示したものです。2015年については，使いみちの内わけを示しました。紙類の生産量は，紙類の消費量とほぼ同じです。

図3　日本の紙類の生産量の移り変わり

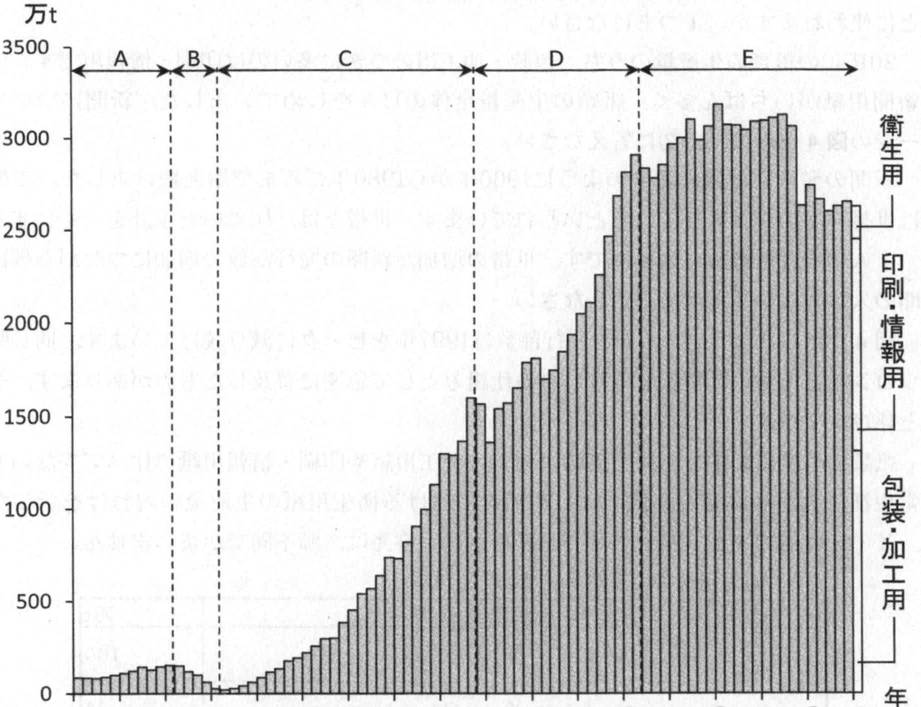

日本製紙連合会『紙・板紙統計年報』，『日本国勢図会《にほんこくせいずえ》』，

経済産業省『紙パルプ統計年報』をもとに作成

問１　次の①～④の文は**図３**中の**Ａ～Ｅ**のどの時期にあてはまりますか。記号で答えなさい。同じ記号を２回以上使ってはいけません。

①　石油の値段が急に上がり，紙類の生産量が減った。

②　日中《にっちゅう》戦争がはじまり，紙類の使用が制限された。

③　紙類やパルプの生産工場から廃液《はいえき》が大量に出て，公害が大きな問題になった。

④　連合国《れんごうこく》との戦争の影響《えいきょう》で，紙類の生産が困難になった。

問２　前のページの**図３**で2015年の生産量を使いみちにわけてみると，もっとも多いのは包装・加工用です。その中では，段ボール用紙がもっとも多く，生産量全体の35％をしめています。段ボールの利用について，(1)と(2)に答えなさい。

(1)　段ボール箱の利用が急速に増えたのは**図３**の**Ｃ**の時期です。この時期に，例えば，みかんの輸送には，木箱にかわって段ボール箱が使われるようになりました。**Ｃ**の時期のこととして，まちがっているものを**ア～エ**から１つ選びなさい。

ア　渋沢栄一《しぶさわえいいち》が，銀行や多くの会社を設立した。

イ　高速道路が各地に建設された。

ウ　政府が所得倍増計画《しょとくばいぞうけいかく》を発表した。

エ　中学校を卒業したばかりの人が，集団で都会に就職《しゅうしょく》した。

(2)　最近は，包装用以外にも，災害時に避難《ひなん》所の生活で段ボールが利用されます。どのようなことに使われますか。１つあげなさい。

問３　2015年の紙類の生産量のうち，包装・加工用のつぎに多いのは印刷・情報用です。その中では新聞用紙がいちばん多く，紙類の生産量全体の11％をしめていました。新聞について，次のページの**図４**をみて(1)と(2)に答えなさい。

(1)　新聞の発行部数は，**図４**のように1960年から1980年ごろまで増え続けました。このことには世帯の増加が関係しているといわれています。世帯とは，住まいと家計をともにする人びと（１人の場合もある）の単位です。世帯の増加が新聞の発行部数の増加につながる理由を，新聞の入手方法から考えて説明しなさい。

(2)　**図４**に示したように，新聞の発行部数は1997年をピークに減り続けています。同じ時期にパソコンなどを用いて情報を取りいれる仕組みとして急速に普及したものがあります。それを何と呼びますか。

問４　紙類の生産量の中で，衛生用紙は包装・加工用紙や印刷・情報用紙に比べて少ないものの，日常生活に欠かせません。**表１**は，2015年における衛生用紙の生産量の内わけを示したものです。**Ｘ・Ｙ**は何ですか，品目を２つ答えなさい。答えは，順不同でかまいません。

表1　衛生用紙の生産量の内わけ（2015年）

品目	万t
X	100
Y	44
タオル用紙（キッチンペーパーや手ふき用など）	19
その他の衛生用紙（テーブルナプキン，おむつ用紙など）	10
計	173

経済産業省『紙パルプ統計』，日本製紙連合会『紙・板紙統計年報』をもとに作成

図４　新聞の発行部数の移り変わり

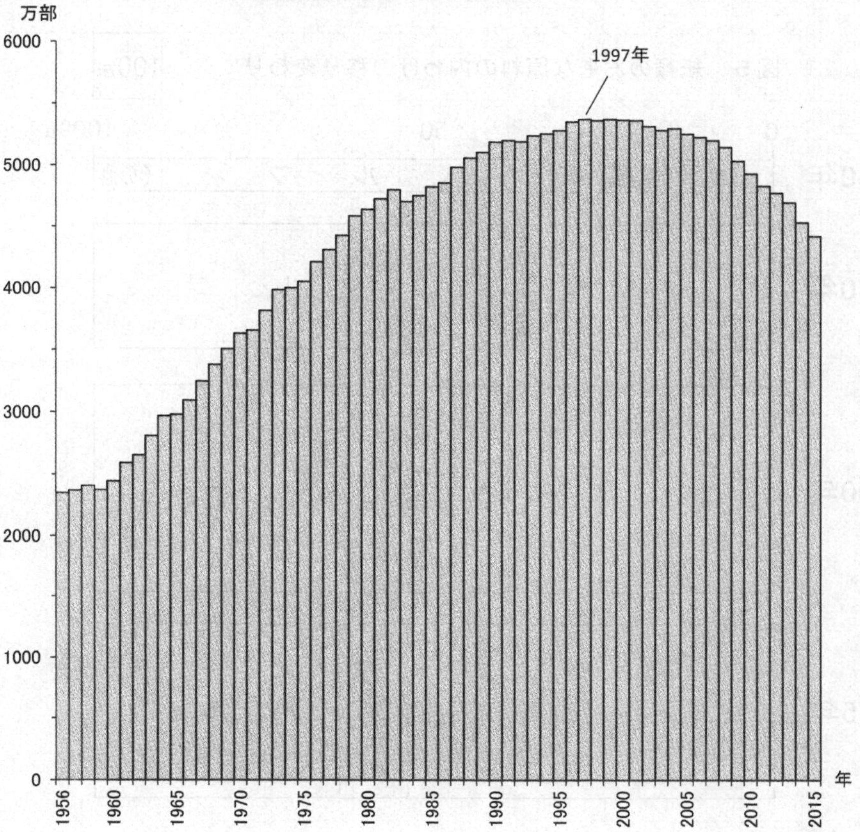

日本統計協会『日本長期統計総覧』および総務省の資料をもとに作成（新聞の発行部数は，新聞協会会員社のみのもの。1955 年以前は統計の取り方がちがうので，1956 年以後に限った。）

問５　**表２**は，2015年における紙類のおもな原料の内わけを示したものです。次のページの**図５**は紙類のおもな原料の内わけの移り変わりを調べたものです。これらをみて⑴と⑵に答えなさい。なお，古紙とは製紙用の原料として回収された紙製品のことです。

⑴　**表２**のＬ，Ｍ，Ｎは，2015年に回収された古紙です。Ｌは何ですか。正しいものを**ア**～**エ**から１つ選びなさい。

ア　紙パック
イ　新聞
ウ　雑誌
エ　段ボール

表２　紙類のおもな原料の内わけ（2015年）

原料		万t
古紙	Ｌ	860
	Ｍ	390
	Ｎ	190
	その他の古紙	260
パルプ		950
計		2650

日本製紙連合会『パルプ統計』をもとに作成

⑵　次のページの**図５**の2015年のグラフは書きかけです。古紙の内わけがわかるように，**表２**を使い1980年と2000年の例にならって完成させなさい。

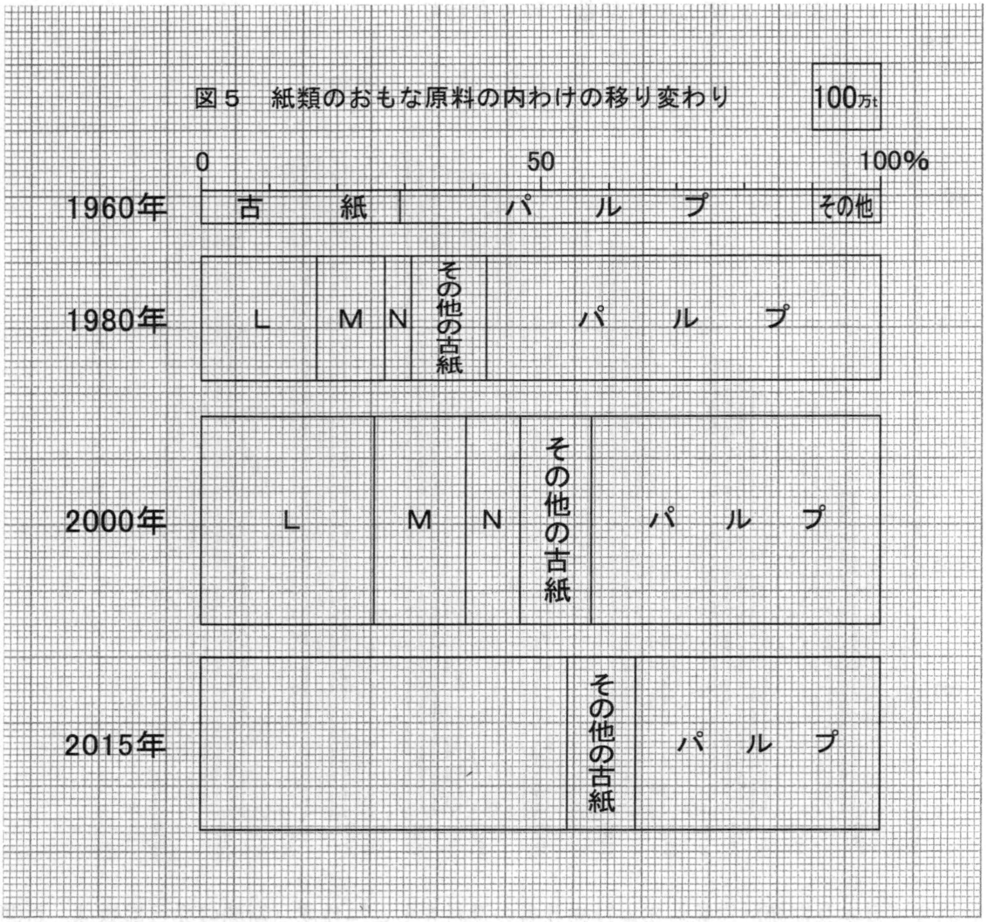

図５　紙類のおもな原料の内わけの移り変わり

古紙回収促進《そくしん》センター『古紙ハンドブック』，経済産業省『紙パルプ統計年報』，日本製紙連合会『パルプ統計』をもとに作成

Ⅲ． これまでみてきたように，紙は情報の記録や伝達あるいはそれ以外の使いみちにおいて，私たちの生活の中で広く利用されています。これまでの文章や問題を参考にして問に答えなさい。

問１　情報の記録や伝達において，日本に伝わってから明治時代まで，紙はどのように使われてきましたか。紙を多く使った人びとの移り変わりに注目して説明しなさい。

問２　情報の記録や伝達以外の場面でも，現在私たちは紙の特徴《とくちょう》をいかした製品を使っています。例えば包装用に段ボールを使う場合に，どのような特徴をいかしていますか，説明しなさい。

【三】 次のカタカナの部分を漢字に直しなさい。

1 飛行機のモケイを作る。
2 美しいガイロジュが並ぶ。
3 それぞれのリョウイキを守る。
4 両者の差はレキゼンだ。
5 事態にゼンショする。
6 相手の失敗をキョヨウする。
7 月は地球のエイセイだ。
8 辞書をハイシャクする。
9 ムザンなありさまとなった。
10 平和をキキュウする。
11 耳をウタガう。
12 解くのがヤサしい。
13 畑をタガヤす。
14 むだをハブく。
15 目がサめる。

ルを映画館まで送ってくれて、映画が終わるころに、また迎《むか》えにくることになっていた。でも、約束の時間より少し早く映画館を出られたので、ぼくは「マクドナルドでコーラを飲もう」とヴィクトールをさそった。それから、となりのゲームセンターにも入ってみた。

そのあとは映画館にもどったけれど、結局、迎えにきた母さんには会えなかった。どこかで、すれちがってしまったのだ。それならそうで、思いきり楽しんじゃえ。そう思って、ぼくはヴィクトールとふたりで、もう一本映画を見た。ヴィクトールも口では「えー」なんて言っていたけれど、楽しそうだった。

映画が終わって外に出ても、ぼくたちはたくさんふざけあった。何せ、ふたりだけで外に出るのは、初めてだったのだ。すれちがう人たちは、ぼくたちを少し不思議そうな目で見ていた。きっと、どっちが保護者の役目をはたしているのか、よくわからなかったからだろう。どう見ても、まだ七歳のヴィクトールは、僕の介助《かいじょ》をするには小さすぎるし、車いすのぼくは、小さい弟の面倒《めんどう》をみるには体が不自由すぎるから。

でも、そういう目で見られると、ぼくはイライラした。だから、花柄《はながら》のスパッツの太った女の人が「かわいそうに」って顔をしたときには、べえっと舌を出してやった。女の人はあわてて逃げていった。

そのうち暗くなってきて、さすがにヴィクトールが家に帰りたがったので、ぼくは家に電話をかけた。みんな、ひどく心配していた。母さんは、あちこちにSOSを出していて、父さんも会社から帰っていた。おまけに、警察にまで連絡《れんらく》されていた。最悪だった。帰ったら、こってりしかられそうだった……。

ところが、そうはならなかった。もちろん、「心配でたまらなかった」とか「大変なことになっていたかもしれないんだぞ」とは言われたけど、それで終わりだった。少なくとも、ぼくのほうは……。というのも、ヴィクトールには続きがあったからだ。ぼくがシャワーを浴びていると、父さんと母さんが、ヴィクトールにこう言っているのが聞こえてきたのだ。

「ヴィクトール、あなたは弟だけど、あなたがちゃんとお兄ちゃんを見てあげなくちゃだめでしょ。いい？　父さんと母さんがいないときに、ふたりだけで外に出るのは、ぜったいにやめてちょうだい。もしテオが車いすから落ちたり、たおれたりしたら、ひとりじゃどうすることもできないのよ。あなたがちゃんとしてないといけないの。お願いよ」

④それを聞いて、ぼくは頭がかっとなった。

（クロディーヌ・ル・グイック＝プリエト作
坂田雪子《さかたゆきこ》訳『テオの「ありがとう」ノート』）

（注1）ニコラのさわぎ＝年少のニコラが、ベッドでおもらしをしたこと。
（注2）指導員＝「ぼく」の生活を指導する立場の職員。

問一　傍線部①「『ありがとう』なんて呼吸のようなものだ」とありますが、どういうことですか。

問二　傍線部②「クリスティーヌは不思議そうに、ぼくを見た。」とありますが、なぜ「不思議そう」だったのですか。

問三　傍線部③「絶体絶命。」とありますが、なぜ「絶体絶命」なのですか。

問四　傍線部④「それを聞いて、ぼくは頭がかっとなった。」とありますが、「ぼく」はなぜ「頭がかっとなった」のですか。

れでも夜までなんとか逃げきらないと。ぼくは何か手伝ってもらっても、ふざけたり、だまったままでいたりして、どうにか切りぬけていた。ほかにどうしようもなかったから。正直に「悪いけど、もう『ありがとう』は言いたくないんだ。うんざりしてるから」なんて言ったりしたら、すぐにカウンセラーの相談室行きになるだろうし……。

こうして、ぼくが「ありがとう」を言わなくなってから二週間。ある日、朝食のテーブルに（注2）指導員がやってきた。指導員は、いっしょに朝ごはんを食べながら、集団生活の心得について、あれこれお説教をしはじめた。規則を守ることは大切だとか、世話してくれる人たちがどれだけ親切で献身《けんしん》的かとか、ずっと話している。そして最後に、ぼくに向かって「きみを信じてるよ」と言った。何か念でも押すように……。

その瞬間、ぼくは理解した。みんな、ぼくがわざと「ありがとう」を言わないでいることに気づいていたんだ。このまま続けると、みんなにきらわれそうだった。こんなこと、もうやめようかな……。ぼくはそう思いかけた。このごろ、まわりの人の態度が変わってきて少しさみしくなっていたから、よけいにくじけそうだった。エヴリーヌは前みたいに冗談《じょうだん》を言わなくなったし、療法士もあまり話しかけてこない。

とはいえ、この二週間ずっとがんばってきたのに、ちょっと指導員にお説教されたくらいですぐやめるというのも、何かがちがうような気がした。だいたい、指導員は集団生活がどういうものかわかっているんだろうか？　一年中、他人と顔をつきあわせる生活なんてしたことがないくせに……。ほとんど毎日、自分の家に帰っているくせに……。ひょっとして、ぼくがただふざけて、世話してくれる人にお礼を言わなくなったとでも思ってるんじゃ……。だめだ！　やっぱりここでやめるわけにはいかない！

そういうわけで、ぼくはその後も「ありがとう」を言わない生活を続けた。

ところがお説教から一週間後、今度は運動療法の時間に、クリスティーヌとシャンタルに厳しくしかられた。トイレに連れていってくれた職員に、ぼくがお礼を言わなかったからだ。たぶん、ふたりともぼくの態度にもうがまんがならなかったのだろう。そもそも、運動療法室に入ったときから空気がピリピリしていた。それが、ついに爆発《ばくはつ》したのだ。

翌朝、ふたたび指導員がやってきた。ただし、今回ははっきり言われた。ぼくの態度の悪さに、みんな、いいかげんうんざりしているという。これまでのことを謝《あやま》って態度を変えないかぎり、運動療法に行ってはいけないことになった。おまけに、今日の午後三時に両親と三人でカウンセラーと面談しろと言う。

運動療法に行かなくてもいいのは、それだけなら罰《ばつ》というより、むしろごほうびだ。でも実際はもっと複雑だった。運動療法に行かなくなると、まずお医者さんをはじめ、ここの関係者全員がそのことを知る。そうなると、施設長も首をつっこんでくるだろう。リハビリをしないのならここを出ていってくださいと言われる可能性もある。要するに、やっかいなことになりそうだった。そのうえ、父さんと母さんに会ったら、しかられるだろうし……。といってももちろん、やんわりとだろうけど。でも、ぼくにはそっちのほうがこたえた。

父さんと母さんに最後にしかられたのは、二月の冬休みに弟のヴィクトールと映画を見た日のことだ。その日、母さんは、ぼくとヴィクトーわなかった。たぶん、ぼくがただぼーっとしていたとでも思ったんだろう。

　そのあとの訓練では、ぼくはふつうにしゃべって、言われたことをきちんとやった。しばらくして訓練が終わると、クリスティーヌはぼくを車いすに乗せてくれた。ふだんならここで、「また明日」だけじゃなくて、「ありがとう」を言うところだ。でも、ぼくはやっぱり「ありがとう」は言わないでおいた。さっと逃《に》げるようにして、次の〈直立練習〉を担当するシャンタルのところに向かう。

〈直立練習〉はむずかしくはないけど、退屈だ。この訓練では、全身をかたどった、石膏《せっこう》の台のなかに固定されて、その台ごと体を起こされる。つまりそれが、〈直立〉ということ。そのまま一時間ほうっておかれるから、すぐにあきてくる。

　もちろん、いっしょに練習している人はいる。でも、それがいつでも友だちだとはかぎらない。機嫌《きげん》の悪い大人とか（大人は、たいてい機嫌が悪い！）、ミニカーで遊びたがる年少の子とか、うまく話のできない知的障がいの子とかといっしょのときもある。そんなときは、一時間が何百年にも思えて、二度と台からおりられないんじゃないかと思う。だからぼくは、たいてい、かばんの中に本かゲーム機を入れていた。ただ、問題はひとりでそれを取り出せないってことだ。

〈直立練習〉をしながら、ぼくは迷った。何もたのまずに、このまま退屈しつづけるか、それとも、「ありがとう」や「すみません、……してもらえませんか」を使わないでたのんでみるか……。でも、それから十五分もすると、もう退屈でいやになってきた。そこで、手のあいているシャンタルに、マンガを出してもらうことにした。

「シャンタル、かばんから『アステリックス』を出して」

　シャンタルは、だまってマンガを出してくれた。ぼくが礼儀正しくたのむことに慣れているせいで、いつもと何かがちがうことに気づいていないようだ。さらに、シャンタルは角度を調節できるテーブルを持ってきてくれた。そこにマンガをのせて、ぼくが読みやすいようにしてくれる。なんて、いい人だろう！　でも、ぼくはここでも「ありがとう」を言わなかった。すると、さすがにシャンタルもおどろいたようだ。

「あら、『ありがとう』はないの？」

　③<u>絶体絶命</u>。ぼくはマンガに熱中しているふりをして、答えなかった。ほかの子の世話があったので、シャンタルもそれ以上は何も言ってこなかった。

　そのあとは、とくに何ごともなく一日が終わった。ぼくが礼儀正しくするのをやめたことに、だれも気づかなかったのだ。ベッドの中でぼくは思った。結局、「ありがとう」なんて、そんなに必要なさそうじゃないか。みんな、ほとんど気にしてないし……。

　ところが、そうでもなかった。何日か続けていると、どうも居心地《いごこち》が悪くなってきたのだ。とくに、療法士のクリスティーヌとシャンタルは、「あら、『ありがとう』は？」とか「何か言うのを忘れてない？」と、しつこかった。はじめは聞こえないふりで通したけれど、ふたりともなかなかあきらめようとしない。しかたなく、ぼくはこのふたりには「ありがとう」を言うことにした。

　でも、一日に言える「ありがとう」の数にはかぎりがある。だって、弟のヴィクトールと同じ数にすると決めたのだから。そうしたら、午後三時すぎにはいつも、一日分の「ありがとう」を使いきってしまった。そ共通するのはどのような点ですか。

問五　傍線部④「じつは、これこそがイノコヅチの高度な作戦である。」とありますが、それはどのような作戦ですか。

【二】　次の文章を読んで、あとの問に答えなさい。

「ぼく」はふだん施設《しせつ》で暮らし、時おり自宅などに外泊《がいはく》している。施設内には、居住棟《とう》や学校・小児科《しょうにか》棟などがあり、「ぼく」はそれらを行き来している。

ぼくはついに、大きな決心をした。礼儀《れいぎ》正しい子は今日で終わりにする。「ありがとう」も「すみません」も、これからは弟のヴィクトールと同じくらいしか言わない。まわりから、礼儀がなっていないと思われたって、かまわない。

でも、口で言うのは簡単だけど、いざやるとなったらなかなかむずかしい。何しろ、ぼくは生まれつき両足と左手が不自由で、今、十二歳《さい》だというのに十年間も車いすで過ごしている。そんな人間にとって、礼儀正しくすることは、もはや体の一部だ。①「ありがとう」なんて呼吸のようなものだし、いきなりやめるのは大変だ。

そんなことを考えていると、ようやくエヴリーヌが部屋にきた。(注1)ニコラのさわぎでおそくなったからか、どことなく気が立っている。ぼくは、おとなしくかばんに入れてほしいものを伝え、かばんを電動車いすのうしろに引っかけてもらうと、レバーを押《お》して出発した。ちなみに、車いすの名前は、アルベール。いつもいっしょだから、いつのまにかぼくは車いすに話しかけるようになっていて、それで名前をつけたんだ。

エヴリーヌの勤務時間は、ぼくが学校からもどる前に終わる。だから、部屋を出るとき、ぼくは小声で「また明日」とあいさつした。でも、「ありがとう」はわざと言わなかった。エヴリーヌは忙《いそが》しくて、何も気づいていないようだった。

そのあと、学校ではとくに何もなかった。授業が終わり、昼食後は運動療法《りょうほう》と〈直立練習〉が待っていた。この時間はなかなかハードだ。たとえば、ほとんど泳げない人に、プールを何度も泳いで往復させるようなものなんだ。療法士は厳しくて、まったく手かげんしてくれない。

いつものように、ぼくは運動療法室に着いた。

「こんにちは！」

「どう、元気？」

「ばっちりです」

担当のクリスティーヌは、まだセバスチャンという年少の子の訓練をしていた。ぼくはじっと待った。こんなとき、いつもなら、ほかのだれかにお願いして、靴《くつ》とセーターをぬがせてもらい、準備にできるだけ時間がかからないようにする。でも、今日は何もお願いしないでいた。だんだん退屈《たいくつ》になってくる。セバスチャンは、今日が初めて三輪車に乗る訓練だったらしく、おもしろがってなかなかやめそうになかった。しばらくして、やっとセバスチャンが訓練をやめた。ようやく、クリスティーヌがぼくのほうを向く。

「ちょっと、テオ、何やってるの？　準備できてないじゃない」

「終わるのを待ってたから」

②クリスティーヌは不思議そうに、ぼくを見た。でも、とくに何も言

じである。

植物にとって昆虫は敵として手強《てごわ》い。昆虫は世代交代が早いため、さまざまな発達を遂《と》げやすい。そのため、せっかく苦労して強力な毒成分を蓄えても、ついには毒成分に対する対応策を発達させて、防御システムを突破してしまうのだ。毒で撃退《げきたい》するという手段では、昆虫の攻撃《こうげき》を避《さ》けることはできない。それでは、どうすれば良いのだろうか。

その方法こそが、強い毒ではなく、逆に弱い毒を使うという方法なのである。

完全に昆虫の攻撃を防御しようとすると、昆虫の方も本気になってその防御を破ろうとしてくるから、最後には防御網《もう》は突破されてしまう。そればかりか、せっかく作った毒を逆に利用されてしまったのでは、やりきれない。

それでは植物はどうすれば良いのだろうか。

完全にやりこめようとするよりも、少しは食べられても、やられたふりをしながら被害《ひがい》が大きくならないように食い止める方が現実的である。そこで、植物はいくつかのアイデアで対抗《たいこう》している。

その一つが昆虫の成長を促進《そくしん》させることにある。

イノコヅチという植物には、昆虫の脱皮《だっぴ》を促《うなが》す成長ホルモンのような物質が含《ふく》まれているという。脱皮をさせて昆虫の成長を手伝うことは、ずいぶん昆虫にとってありがたいことのように思える。どうして、植物は憎らしい害虫のために、親切にもそんな物質を作らなければならないのだろう。

④じつは、これこそがイノコヅチの高度な作戦である。

イノコヅチの葉を食べるイモムシは成長の過程で何度か脱皮を繰り返して成虫になる。ところが、この物質を食べると体内のホルモン系が攪《かく》乱《らん》を起こし、大して体も大きくならないうちに脱皮を繰り返して早く成虫になってしまうのだ。こうして、葉っぱの上で過ごす成長期間を短くすることでたくさん食べられるのを防ごうというのである。いやなお客は、さっさとお土産《みやげ》を渡《わた》して早々と帰ってもらおうということなのである。

ただ追い払《はら》おうとすれば、昆虫の反撃にあう。そこで、昆虫に食べられるふりをして追い払っているのである。何とも手が込《こ》んだ方法である。

（稲垣栄洋《いながきひでひろ》『たたかう植物――仁義なき生存戦略』）

問一　傍線部《ぼうせんぶ》①「昆虫の中には、特定の種類の植物しか食べないという偏食家が多い。」とありますが、なぜ、そうなるのですか。次の空欄《らん》に合うように四十五字以内で答えなさい。（字数には句読点もふくみます。）

すべての植物は毒を作っていて、昆虫はそのことに対応していかなければならない以上、

（四十五字以内）

問二　傍線部②「この繰り返し」とありますが、このような状況《じょうきょう》を何と表現しますか。解答欄に合うように適切な言葉を入れて答えなさい。

問三　傍線部③「悪知恵がはたらく」とありますが、ジャコウアゲハの場合、どのような点で「悪知恵がはたらく」と言えるのですか。

問四「ジャコウアゲハ」と「ヘクソカズラヒゲナガアブラムシ」とに

そして、ジャコウアゲハは体内に溜《た》めた毒に守られながら、のうのうと葉を食べ続けるのである。芋虫《いもむし》にとって天敵は鳥である。そのため、一般《いっぱん》に芋虫の類《たぐ》いは、葉の裏に隠《かく》れながら葉を食べていたり、昼間の間は隠れていて、暗くなってから這《は》い出てきて葉を食べたりする。ところが、毒で守られたジャコウアゲハは鳥に襲《おそ》われる心配がない。そのため、昼間から葉の上で堂々と葉を食べているのである。

また、ふつうの芋虫は、葉と同じ緑色をしていて身を隠しているが、ジャコウアゲハは違《ちが》う。黒色に赤い斑点《はんてん》という目立つ色で、自分の存在をアピールしている。警戒《けいかい》色と言われるが、食べられるものなら食べてみろとばかりに鳥に見せつけているのである。

こうしてウマノスズクサから奪《うば》った毒をジャコウアゲハが簡単に手放すはずがない。憎《にく》たらしいことに、ジャコウアゲハは成虫になっても、幼虫のときに蓄えた毒成分を持ち続けている。そして、ジャコウアゲハの成虫も黒い羽に赤い斑点という毒々しい警告色をしているのである。

ジャコウアゲハは他のチョウと比べると、ひらひらとゆっくりした羽の動きで悠々《ゆうゆう》と空を飛んでいる。これも、他のチョウと誤って食べられないように、わざと目立たせて有毒なチョウであることを鳥にアピールしているのである。

それだけではない。ジャコウアゲハは次世代の卵を産むときに、卵の表面に毒成分を塗《ぬ》り付けて、ウマノスズクサに産み付ける。そして、卵から孵《かえ》った幼虫は、まず自分の卵の殻《から》を食べ毒を手に入れる。そしてその後は、毒草のウマノスズクサを食べて毒を補給していくのである。こうして、体内に取り入れたウマノスズクサの毒を、生涯《しょうがい》を通じてフル活用しているのである。

（中　略）

ヘクソカズラも毒成分で身を守る植物である。

ヘクソカズラの名前は「屁《へ》」と「糞《くそ》」に由来している。つまり、「屁糞かずら」なのである。

ヘクソカズラの名前の由来は、悪臭《あくしゅう》を放つことによる。この臭《にお》い成分がペテロシドと呼ばれる物質である。このペテロシドは硫黄《いおう》化合物の一種で、分解するとメルカプタンという臭《くさ》いにおいのする揮発性のガスになる。こうして身を守っているのである。

ところが、これだけ臭いにおいで身を守っているにもかかわらず、ヘクソカズラには害虫が色々とついている。ヘクソカズラヒゲナガアブラムシという長い名前のアブラムシも、ヘクソカズラにつく害虫の一つである。

やっかいなことに、このアブラムシは、悪臭成分をものともせずにヘクソカズラの汁《しる》を吸ってしまう。それどころか、このアブラムシは、悪臭成分を自らの体内に溜めこんでしまうのだ。こうして、アブラムシは外敵から身を守るのである。

アブラムシの天敵はテントウムシである。しかし頼《たの》みのテントウムシも、臭いにおいのするアブラムシは食べようとしない。臭いにおいで身を守るというヘクソカズラの戦略は完全に裏目に出てしまっているのである。

アブラムシは、目立たないように植物と同じ緑色をしているものが多いが、このアブラムシはよく目立つピンク色をしている。こうして、そのまずさを誇示《こじ》しているのである。

まさに、ジャコウアゲハがよく目立つ色をしていたのと、まったく同

【国　語】〈五〇分〉　〈満点：七〇点〉

【一】　次の文章を読んで、あとの問に答えなさい。なお、問題作成上、中略したり表記を改めたりしたところがあります。

「蓼《たで》食う虫も好き好き」という諺《ことわざ》がある。

　タデという植物は、とても辛味《からみ》がある。しかし、そんなタデでさえも、ちゃんとそれを食べる害虫がいる。そのように、人の好みはさまざまであるという意味である。

　植物はさまざまな物質で身を守っているが、必ずと言っていいほど、その植物を害する昆虫《こんちゅう》が存在する。しかも、①昆虫の中には、特定の種類の植物しか食べないという偏食家《へんしょくか》が多い。

　たとえば、モンシロチョウの幼虫のアオムシは、キャベツなどアブラナ科の植物だけを食べる。他の植物は食べることができないのである。同じように、アゲハチョウの幼虫は、ミカンなどの柑橘《かんきつ》類だけをエサにしている。一方、アゲハチョウの仲間でもキアゲハは、ニンジンやパセリなどセリ科の植物しか食べることができない。

　このように、昆虫の中には決まった植物しか食べられないものが多い。

　どうして、昆虫たちは、こんなにも偏食家なのだろうか。

　すべての植物は、昆虫に食べられないように毒を作り、それに応じて昆虫はその毒に対応して進化していく。すると植物はさらに新たな毒を作り、昆虫はその毒に対応する。もう、こうなると乗りかかった舟《ふね》、今さら新しい植物に手を出して一から突破《とっぱ》する方法を組み立てるよりも、少し工夫《くふう》して今まで食べてきた植物を食べる方が早い。そして、昆虫は植物の防御《ぼうぎょ》を突破し、一方の植物も再び新たな防御法を作る。②この繰《く》り返しによって、ある植物とある昆虫が一対一のライバル関係のように進化していくのである。

　こうなると他の昆虫は置いてけぼりである。他の昆虫たちは、とても進化した防御システムを突破することはできない。そして、ずっと戦いを繰り返してきたライバルとなる昆虫だけが、まさに戦いの最中の段階にあって、かろうじてその植物を食べることができるのである。

　このように一対一の関係で、進化が進んでいくことは「共進化」と呼ばれている。

　ところが、世の中には③悪知恵《わるぢえ》がはたらく生き物もいるものである。植物がせっかく作った毒を、逆に利用する悪いやつまで現れた。

　ウマノスズクサは、アリストロキア酸という毒成分で身を守っている毒草である。驚《おどろ》くことにジャコウアゲハというチョウの幼虫は、この毒草をエサにしているのだ。そして、あろうことか、ジャコウアゲハはウマノスズクサの毒を、自らの体内に蓄《たくわ》えてしまうのである。捕食《ほしょく》者である鳥は、この毒のせいでジャコウアゲハの幼虫を食べることはない。

　こうしてジャコウアゲハは、ウマノスズクサの毒で身を守るのである。

　毒は身を守るのに最高の防御物質だが、毒を作りだすことは簡単ではない。そこで、ジャコウアゲハは、ウマノスズクサが苦労して作り上げた毒を横取りしてしまうのである。

　ウマノスズクサは、自分の身を守るために毒成分を生産した。それなのに、好き放題食べられた挙句《あげく》に、せっかく作った毒まで取り上げられてしまうのだから、本当にやりきれないだろう。

平成29年度

解答と解説

《平成29年度の配点は解答用紙に掲載してあります。》

＜算数解答＞ 《学校からの正答の発表はありません。》

1 (1) 解説参照　(2) 解説参照　(面積) 157cm^2　(3) 解説参照

2 (1) (最も大きい数) 108　(最も小さい数) 4

(2) (最も大きい数) 121　(最も小さい数) 14　(3) 2，5，8，9

3 (1) 解説参照　(2) 解説参照

4 (1) 22.5cm　(2) 【2】段目の【横】の，角から【10】cmの位置

5 (1) 12　(2) 46　(3) 24　(4) 解説参照

＜算数解説＞

1 (平面図形，図形や点の移動)

基本 (1) 図1のように，点Oから最も遠くにある正方形の頂点Aまでの距離OAを半径とする円を点Oを中心にして描き，この内部に斜線を引く。

基本 (2) (1)より，正方形の中心に点Oがあるとき，各頂点までの距離である半径が最短になる。このとき，正方形が通過する部分の面積は，図2より，10×10÷2×3.14＝157(cm^2)である。…「半径×半径」が正方形の面積の半分の大きさになる。

重要 (3) 314＝10×10×3.14であり，(1)より，各頂点からの距離が10cm以内にある範囲は図3のようになる。

図1

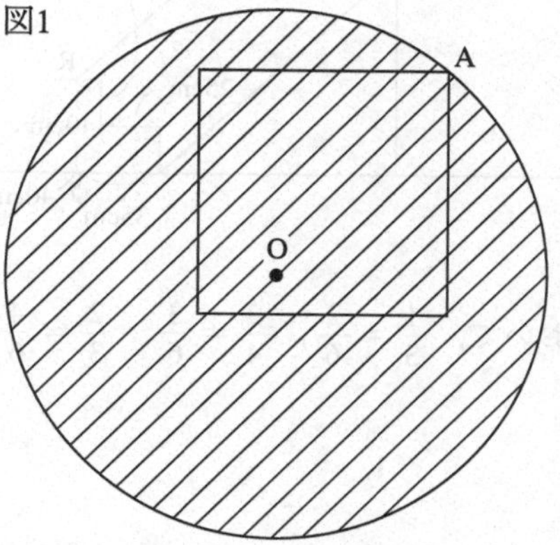

図2

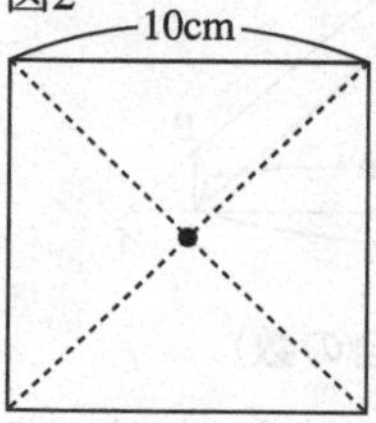

図3

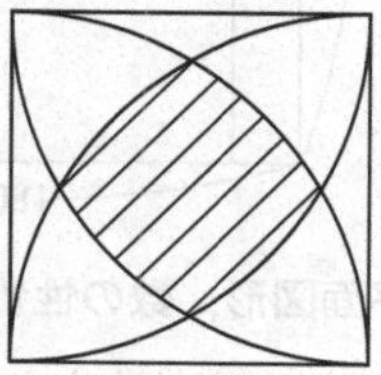

2 (推理，数の性質，場合の数)

基本 (1) 最大の数…9＋9＋9＋9×9＝27＋81＝108　最小の数…1＋1＋1＋1×1＝4

重要 (2) 最大の数…1＋2×3×4×5＝121　最小の数…1×2＋3＋4＋5＝14

(3) 1(　)2(　)□(　)9＋9＝29であり，1(　)2(　)□(　)9＝29－9＝20となる場合は以下の4通りがあるので，□にあてはまる数は2，5，8，9である。

1×2＋2×9＝20　1＋2×5＋9＝20　1＋2＋8＋9＝20　1×2＋9＋9＝20

3 （立体図形，平面図形，推理）

基本 (1)　図アより，上面に6を記入し，正面に上下を逆した3を記入すると，図イのようになる。

やや難 (2)　図カのサイコロの向きを図クに対応するように変えると図キのようになる。したがって，図クにおいて，
1の左側に2の上が1のほうを向くように記入し
1の右側に5の下が1のほうを向くように記入し
1の上側に4の上が1のほうを向くように記入し
1の下側に3の下が1のほうを向くように記入し
3の下側に6の右が3のほうを向くように記入する。

図ア

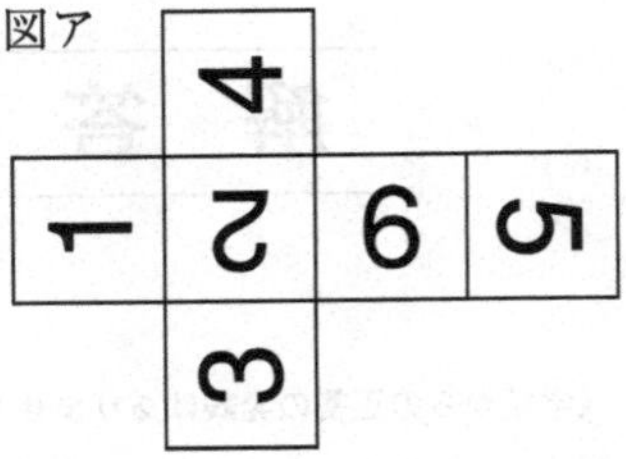

図イ

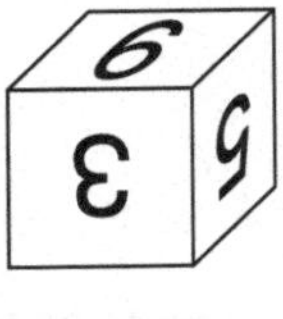

図ケ

図カ

図キ

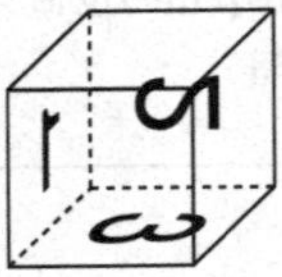

図ク

基本 4 （平面図形，相似）

(1)　図1において，Pア：アイは160：180＝8：9でありAは20÷8×9＝22.5(cm)移動した。

(2)　図2において，(1)と同じく，Rウが20×2＝40(cm)のとき，ウエは22.5×2＝45(cm)であり，影の先は，2段目の横の，角から80－(45＋25)＝10(cm)の位置である。

図1

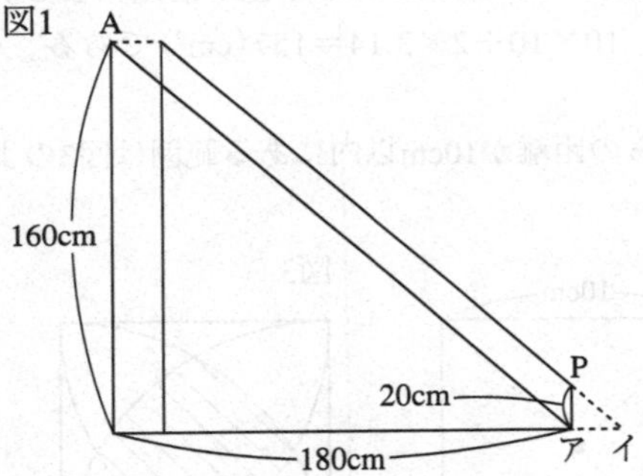

図2

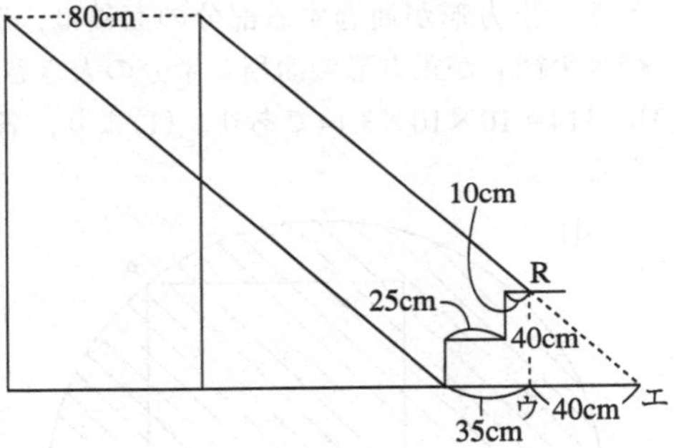

5 （平面図形，数の性質，場合の数）

基本 (1)　頂点Aを始点として円周を1とすると，下表において，$\frac{1}{3}=\frac{2}{6}$，$\frac{2}{4}=\frac{3}{6}$，$\frac{2}{3}=\frac{4}{6}$，1が重複するので，12個の頂点がある。

正三角形の頂点の位置…		$\frac{1}{3}$		$\frac{2}{3}$		1
正方形の頂点の位置　…	$\frac{1}{4}$		$\frac{2}{4}$		$\frac{3}{4}$	1
正五角形の頂点の位置…	$\frac{1}{5}$	$\frac{2}{5}$	$\frac{3}{5}$	$\frac{4}{5}$		1
正六角形の頂点の位置…	$\frac{1}{6}$	$\frac{2}{6}$	$\frac{3}{6}$	$\frac{4}{6}$	$\frac{5}{6}$	1

やや難 (2)　(1)より，正七角形の頂点で7－1＝6(個)が増え，正八角形の頂点で$\frac{1}{8}$，$\frac{3}{8}$，$\frac{5}{8}$，$\frac{7}{8}$の4個

が増え，正九角形の頂点で$\frac{1}{9}$，$\frac{2}{9}$，$\frac{4}{9}$，$\frac{5}{9}$，$\frac{7}{9}$，$\frac{8}{9}$の6個が増え，正十角形の頂点で$\frac{1}{10}$，$\frac{3}{10}$，$\frac{7}{10}$，$\frac{9}{10}$の4個が増え，正十一角形の頂点で11−1＝10(個)が増え，正十二角形の頂点で$\frac{1}{12}$，$\frac{5}{12}$，$\frac{7}{12}$，$\frac{11}{12}$の4個が増える。したがって，これらの合計は12＋6×2＋4×3＋10＝46(個)になる。

(3)　頂点Bの位置は$\frac{1}{4}$であり，$\frac{2}{8}$，$\frac{3}{12}$，…，$\frac{24}{96}$が重複するので，Bを共有する正多角形は96÷4＝24(種類)ある。

(4)　(3)より，$\frac{1}{8}$，$\frac{3}{8}$，$\frac{5}{8}$，$\frac{7}{8}$の位置にある頂点は，24÷2＝12(種類)の正多角形が共有する(右図)。

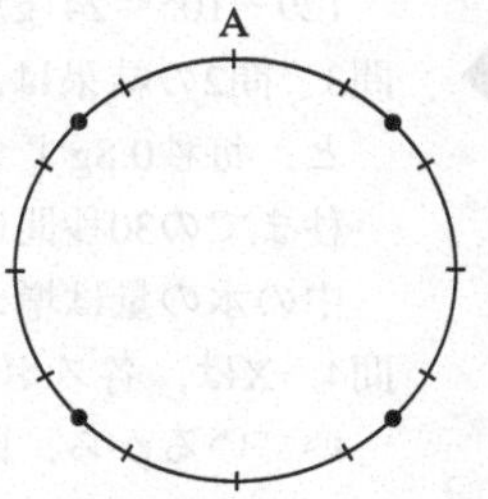

★ワンポイントアドバイス★

[4]までで，しっかりと得点しよう。[2](2)「最大・最小」に注意できるかどうかが1つの分かれ目であるが，[4]「相似」は難しくない。[5](2)「頂点の数」を時間内で解くには，1周を1あるいは360度とする視点が有効である。

＜理科解答＞《学校からの正答の発表はありません。》

[1]　問1　ア　×　イ　×　ウ　○　問2　(10cm)　24g　(15cm)　24g　(20cm)　24g
問3　360秒から390秒までででは，注水した量と同じだけ放水していて，スポンジの中の水の量は変わっていない。　問4　ア　問5　(最大値)　221g　(終了時)　156g　(時間)　オ
問6　(最大値)　150g　(終了時)　137g　(時間)　ア　問7　スポンジが厚いと，注水時にはより多くの量の水をたくわえ，その後は終了時までにより多くの放水をする。放水の続く時間もより長い時間におよぶ。

[2]　問1　蒸散　問2　(1)　ア　(2)　ウ　(3)　(7/14)　1倍　(7/18)　2倍　(7/29)　3倍　(4)　植物が成長して，葉の数や面積が増えたから。　問3　(1)　$\frac{1}{2}$倍
(2)　土の中の水の量が少ないと，オクラは蒸散量を減らして，水分が逃げるのをできるだけ防いでいる。

[3]　若い木の多い森林では土の層がうすいが，成熟した森林では土の層が厚いため，森林が成熟するにつれ大雨でも水を多くたくわえ，長い日数かけて放水するようになる。また，成熟した森林では蒸散量が多く，土の中の水分を効率よく大気中に出している。そのため，川の急激な増水が起こりにくい。

＜理科解説＞

[1]　(物質の性質ースポンジの注水と放水)

問1　ア　誤り。表でスポンジの厚さが10cmのときは，放水を開始したのが180秒と210秒の間だが，厚さが20cmのときは270秒と300秒の間である。スポンジが厚いほど時間がかかっているが，厚

さが2倍のとき時間が2倍とはなっておらず，比例とはいえない。　イ　誤り。表でスポンジの厚さが10cmのときは，放水量は223gである。厚さが20cmのときは204gであり，厚さが2倍のときに減ってはいるが，半分にはなっていない。　ウ　正しい。注がれた水はどれも360gだが，放水量はどれも360gよりずっと少ない。

問2　360秒から390秒までの30秒間の放水量は，390秒までの放水量から，360秒までの放水量を引けばよい。スポンジの厚さが10cmのときは，162－138＝24(g)である。厚さ15cmのときは，129－105＝24(g)である。厚さ20cmのときは，91－67＝24(g)である。

重要　問3　問2の結果は，どの厚さのスポンジでも同じ24gとなった。問題文の下線部のことから考えると，毎秒0.8gずつの注水量の30秒ぶんが，0.8×30でちょうど24gになる。つまり，360秒から390秒までの30秒間は，どの厚さのスポンジも，注水された分と同じ量が放水されていて，スポンジ中の水の量は増えも減りもしていない状態だといえる。

問4　Xは，各スポンジにたくわえられた水の量が増えても減ってもいない。450秒までは注水が続いているから，問3でみたように，注水量と放出量がちょうど同じになっている。

問5　厚さ20cmのスポンジがたくわえた最大量は，図2で見ると300秒から450秒までの間である。そこで，表の300秒までを見ると，注水量が0.8×300＝240(g)に対し，放水量が19gだから，スポンジがたくわえている水の最大量は240－19＝221(g)である。その後は注入量と放水量が同じである。また，終了時までに注水した量は360gで，放出した量は204gだから，最後にたくわえていた水の量は360－204＝156(g)である。450秒に注水が終わったが，780秒からは放水量が増えていないので，放水が終わったのは720秒と780秒の間である。かかった時間は720－450＝270(秒)と，780－450＝330(秒)の間で，選択肢では320秒である。

問6　厚さ10cmのスポンジがたくわえた最大量は，図2で見ると210秒から450秒までの間である。そこで，表の210秒を見ると，注水量が0.8×210＝168(g)に対し，放水量が18gだから，スポンジがたくわえている水の量は168－18＝150(g)である。その後は注入量と放水量が同じである。また，終了時までに注水した量は360gで，放出した量は223gだから，最後にたくわえていた水の量は360－223＝137(g)である。450秒に注水が終わったが，540秒からは放水量が増えていないので，放水が終わったのは480秒と540秒の間である。かかった時間は480－450＝30(秒)と，540－450＝90(秒)の間で，選択肢では50秒である。

やや難　問7　問5，問6と同じように，厚さ15cmの場合も計算すると，スポンジのたくわえた水の最大量は，表の240秒を見て，0.8×240－9＝183(g)である。また，最後にたくわえていた水の量は，360－214＝146(g)である。また，放水が終わるのにかかった時間は600－450＝150(秒)と660－450＝210(秒)の間で，選択肢にあるとすれば170秒である。以上の計算結果をまとめると次のようになる。

スポンジの厚さ	たくわえた水の量の最大値	測定終了時にたくわえていた水の重さ	注水が終わってから放水が終わるまでにかかる時間
20cm	221g	156g	オ(320秒くらい)
15cm	183g	146g	ウ(170秒くらい)
10cm	150g	137g	ア(50秒くらい)

以上より，スポンジが厚いほど，たくわえた水の最大量は多く，終了時にたくわえている水の量も多い。そして，その両者の差も多い。また，スポンジの厚さが厚いほど，注水が終わってから放水が終わるまでにかかる時間が長い。このことから，スポンジが厚いと，たくわえる水の量が多く，また，より多くの水を長い時間かけて流しだすということがわかる。

2 （植物のはたらき－蒸散量の測定）

問1　植物が，体内の水分を水蒸気として空気中に放出するはたらきは，蒸散作用とよばれる。その多くは，葉の表面の気孔で行われる。

重要　問2　(1)　7月31日のAの蒸発量は図1のエで，これは土からの蒸発量とオクラの葉からの蒸発量の合計である。一方，Bの蒸発量はイで，これは土からの蒸発量だけである。よって，オクラの葉からの蒸発量は，エからイを引き算したもの，つまりアである。　(2)　7/21と7/22が雨で，7/20と7/23がくもり，7/24が晴れであることを踏まえる。図1を見ると，7/21と7/22は，AもBも極端に蒸発量が減っており，葉からの蒸発量を示すAとBの差も減っている。　(3)　問題文の説明と例にならうと，7/14の蒸発量とは，7/14の朝に水をやった後の重さと，7/15の朝に水をやる前の重さの差のことである。そこで，表を見ると，Aの蒸発量は1867－1797＝70(g)であり，Bの蒸発量は1863－1827＝36(g)である。よって，土からの蒸発量はBの36g，葉からの蒸発量はAとBの差で70－36＝34(g)である。求める値は34÷36≒1(倍)である。同様に，7/18について，Aの蒸発量は1865－1760＝105(g)であり，Bの蒸発量は1865－1830＝35(g)である。よって，土からの蒸発量はBの35g，葉からの蒸発量はAとBの差で105－35＝70(g)である。求める値は70÷35＝2(倍)である。さらに，7/29について，Aの蒸発量は1851－1689＝162(g)であり，Bの蒸発量は1854－1814＝40(g)である。よって，土からの蒸発量はBの40g，葉からの蒸発量はAとBの差で162－40＝122(g)である。求める値は122÷40≒3(倍)である。つまり，この日のオクラは，土からの蒸発量の3倍もの水分を空気中に蒸発させている。　(4)　(3)で計算した3つの観測日の天気は，いずれも晴れであって同じである。また，土からの蒸発量は，36g，35g，40gで，大きな変化はない。一方，葉からの蒸発量は，日付があとになるにつれて多くなっている。このことは，図1を見て，Bの蒸発量はあまり大きく変化していないのに対し，AとBの差はあとになるにつれて大きく開いていくことから理解できる。この原因は，7月下旬になるにつれ，気温が上がったと推測することもできる。しかし，最も重要な原因は，オクラが成長し，葉が大きくなることで，蒸散量が増えたためである。

問3　(1)　Cの蒸発量は，土からの蒸発量とオクラの葉からの蒸発量の合計である。一方，Dの蒸発量は土からの蒸発量だけである。よって，オクラの葉からの蒸発量は，Cの蒸発量からDの蒸発量を引き算した値である。それぞれの蒸発量は，問2と同じように翌日の重さからその日の重さを引いて求める。7/18のCの蒸発量は1501－1445＝56(g)である。また，Dの蒸発量は1563－1527＝36(g)，葉からの蒸発量はCとDの差で56－36＝20(g)である。求める値は20÷36≒$\frac{1}{2}$(倍)である。　(2)　7/18の結果について，ここまでの問いで出した数値をまとめておくと，各蒸発量は，Aが105g，Bが35g，Cが56g，Dが36g，AとBの差が70g，CとDの差が20gである。つまり，同じ日の土からの蒸発量はほぼ同じだが，葉からの蒸発量は大きく異なる。また，7/19の朝の鉢の重さは，Aが1760g，Cが1445gであり，Cの土の中の水分はかなり失われていることも読み取れる。つまり，水やりをせず，水分量が減った土に生えているオクラでは，蒸散量を少なくして，水の減少をおさえていると考えられる。

やや難　3 （生態系－緑のダムのはたらき）

1と2の内容を踏まえて作文する。つまり，実験結果からいえること，それを森林に当てはめていえることを，1つ1つ作文の材料にする。

1では，厚いスポンジのほうが，より多くの水を保持することができ，長時間にわたって放水することができた。これを実際の森林に置き換えると，長い年月をかけて厚くなった森林の土がスポンジに当たる。森林の土が厚いほど，大雨の時にいったん水を保持し，日数をかけて川に流していく。

2では，毎日水やりをしている植物では，晴れの日には蒸散量が多く，成長するとさらに蒸散量が多くなった。その蒸散量は，オクラの成長にともなって土の蒸発量の2倍や3倍になることもあった。ここが，問題文の「成熟した森林」に対応している。また，水の少ない土の場合は，植物は蒸散量を減らして，水がなくなるのを抑えた。以上のことを実際の森林に置き換えると，雨のあとで水が豊富な時は，成長した植物がさかんに蒸散をすることで，土の中の水分を効率よく大気中へ逃がしている。一方，土の中の水が少ないときは蒸散量を減らし，土の中の水分量をできるだけ保持している。

★ワンポイントアドバイス★

問題の数値やグラフから，まず直接的に言えることは何かを言葉にし，次の段階で，実際の生物体や自然界で何のモデルになっているのか考えてみよう。

＜社会解答＞（学校からの正答の発表はありません。）

Ⅰ．問1　戸籍　　問2　（例）　仏教の力で平穏な国をつくるため。　　問3　ウ
問4　（例）　読みたいところ，見たいところがすぐにわかる。　　問5　寝殿造
問6　大和絵　　問7　荘園　　問8　（1）　屋外の光を室内に取り入れることができる。
（2）　書院造　　問9　ア　　問10　ア　　問11　浮世絵　　問12　（例）　米で納めていたものが，現金で納めるようになった。　　問13　エ　　問14　（例）　森林が多いため，紙の原料となる木材が入手しやすかったから。

Ⅱ．問1　①　D　　②　A　　③　C　　④　B　　問2　（1）　ア　　（2）　間仕切り
問3　（1）　（例）　新聞は世帯ごとに宅配されることが多いから。
（2）　インターネット
問4　トイレットペーパー・ティッシュペーパー
問5　（1）　エ　　（2）　右図

紙類のおもな減量の内わけ

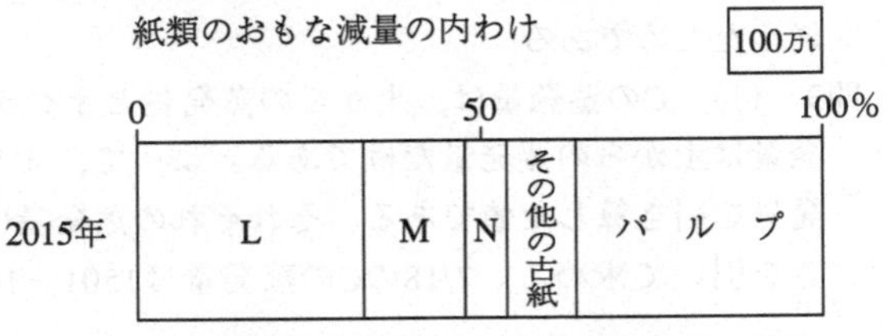

日本製紙連合会『パルプ統計』をもとに作成

Ⅲ．問1　（例）　日本で紙がつくられはじめた6～7世紀ごろには，公文書を作成する役人や写経をする僧侶が紙を使った。平安時代になると，貴族らが書物を著したり，絵画を描いたりするために紙を使った。鎌倉時代には，武士たちが自分の荘園の権利を証明したり，自分の命令を家臣に伝えたりするために紙を用いた。江戸時代には，庶民の中にも，商売をしたり，村の運営をするために紙を日常的に使う人が現れた。そして，明治時代になると，政府の動きや欧米の新しい考え方を多くの人々に伝えるため，政府の人々が多くの紙を必要とした。　問2　（例）　軽くて，運びやすい。また，さまざまな形に加工することができる。さらに，クッション性があるので，衝撃から中の荷物を守ることができる。

＜社会解説＞

（総合一紙をテーマにした日本の地理，歴史など）

Ⅰ．問1　戸籍は，6～7世紀ごろから作成されはじめ，大化の改新後の670年に全国的な戸籍である庚午年籍が作成された。戸(家)ごとに戸主や家族の続柄・氏名・年齢・性別などが記され，人民の把握，租税徴収の原簿となった。また，口分田も戸籍に基づいて配分された。

基本　問2　724年に天皇の位についた聖武天皇は，天候不順による不作，伝染病の流行，一部の貴族の武力による反乱などで相次ぐ中で，仏教に深く帰依し，仏教の力で平穏な国をつくろうとした。

やや難　問3　平安時代，政府が編集した正式な歴史書は，原則，漢字で書かれた。

問4　絵巻物(巻子)は，巻物をすべて開かないと，見たいところ，読みたいところがわからない。また，この作業のために広い場所が必要である。一方，冊子はパラパラとめくっていけば，見たいところ，読みたいところがすぐにわかる。また，この作業は手元でできる。

基本　問5　寝殿造は，平安時代に完成された貴族の邸宅の建築様式。中央に主人が居住する主屋としての寝殿を南面して建て，その東西の対(たい)とよばれる副屋との間を吹き通しの廊下(渡殿)で結んだ。また，庭には池や築山があり，釣殿，泉殿とよばれる建物が池に臨んで建てられた。

問6　大和絵は，日本風風物を主題とした絵画。多くは季節の推移を主題とした四季絵で，日本画の源流となる。中国風の唐絵に対する用語。

問7　荘園は，平安時代より室町時代にかけて発達した貴族や寺社の私有地。奈良時代に墾田などを起源として発生したが，平安時代には地方豪族の寄進による荘園形成が盛んになり，全国に拡大した。鎌倉時代には，有力な御家人が地頭として荘園に配置され，荘園の管理，年貢の取り立てなどを行った。

重要　問8　(1)　障子(明障子)は，外からの光を通すように紙や絹を木枠にはった建具。鎌倉時代の公家，武家の家屋で用いられ始め，書院造の流行とともに普及。採光に利点があり，座敷廻りを中心に用いられた。(2)　書院造は，室町時代におこり，江戸時代初期に完成した住宅建築の様式。接客空間を独立させ，これを立派につくる。主となる座敷は上段の間とし，床の間，違い棚，付書院などを備える。畳は完全に敷きつめる。現代の和風建築の源流となる建築洋式。

問9　くし(櫛)は，頭髪をすいたり髪飾りとしてさしたりする道具。竹，黄楊(つげ)，象牙，鼈甲などでつくる。通常，紙でつくることはない。

問10　オランダ語で書かれた解剖学書『ターヘル・アナトミア』を翻訳し，『解体新書』として出版した。

問11　浮世絵は，江戸時代に発達した風俗画の様式。肉筆画もあるが，特に多色刷りの版画において独特の美を開いた。その主題は，美女，役者，力士などの似顔絵を中心とし，歴史画や風景，花鳥風月におよぶ。菱川師宣，喜多川歌磨，東洲斎写楽，葛飾北斎，歌川広重などが著名。19世紀後半からヨーロッパの美術にも影響を及ぼした。

重要　問12　地租改正(1873年)が行われるまで，税は，江戸時代と同様に米などの物納であった。しかし，米による税収は不安定で，税制の改革が急務であった。そこで，地租改正の前年，政府は地価(土地の値段)を定め，土地の持ち主に対し，土地の所在，種類，地価，面積などを記した地券を与え，土地の私有を認めた。そして，この地券に基づいて，地租を地価の3%として，土地の持ち主が現金で税を納めることとした。

基本　問13　軍国主義に関わる部分が墨で消された教科書(墨塗り教科書)が使われたのは太平洋戦争後。

重要　問14　北海道や樺太は，トドマツ，エゾマツなどの針葉樹の原生林が広がり，紙の原料である木材を入手しやすかった。

Ⅱ．問1　①　石油危機によって石油の値段が急に上がったのは1973年，1979年。　②　日中戦争がはじまったのは1937年。　③　公害が大きな問題になったのは高度経済成長期の1960年代。

④　連合国との戦争(太平洋戦争)は1941～1945年。

やや難　問2　(1)　渋沢栄一(1840～1931)が，銀行や多くの会社を設立したのは明治・大正時代。

(2)　避難所の生活では，プライバシーを確保することが難しい。そのため，段ボールを間仕切りとして使用することがある。この他，床材として段ボールが使用されることもある。

問3　(1)　日本の新聞は，店売りが多い諸外国と異なり，各地の新聞配達所による戸別配達が主流である。このため，世帯の増加が新聞の発行部数の増加に直接つながるとされる。　(2)　インターネットは世界規模のコンピューターネットワーク。アメリカ国防総省が構築した実験的な軍事用ネットワークから発展し，大学・研究機関などの相互接続により，全世界を網羅するネットワークに成長した。現在は，インターネットを通じて情報を入手する人が多く，これが新聞の発行部数の減少の一つの要因となっている。

問4　Xはトイレットペーパー，Yはティッシュペーパーで，いずれも私たちの生活の必需品となっている。

やや難　問5　(1)　Lが段ボール，Mが新聞，Nが雑誌である。　(2)　Lが32.5%，Mが14.7%，Nが7.2%。

Ⅲ．問1「情報の記録や伝達において，…紙を多く使った人びとの移り変わり」に注目しながら，「日本に伝わってから明治時代まで」の紙の使われ方を説明すればよい。ほぼ本文の抜き出しとなる。

問2　包装用としての段ボールの特徴は，①軽い，②さまざまな形に加工しやすい，③衝撃を吸収してくれるなどである。

★ワンポイントアドバイス★

かなり行数の多い問題が出題されているが，基本的には，本文の抜き出し問題である。条件をしっかり確認して取り組めば，それほど難しい問題ではない。

＜国語解答＞《学校からの正答の発表はありません。》

【一】　問一　(例)　(すべての植物は毒を作っていて，昆虫はそのことに対応していかなければならない以上,)特定の植物の毒に対応して進化する方が，他の昆虫より優位にその植物を食べることができるから。　問二　いたち(ごっこ)　問三　(例)　エサであるウマノスズクサを食べ続けて毒成分を体内に蓄え，捕食者である鳥から生涯を通じて身を守っている点。　問四　(例)　植物が身を守るために準備した毒成分を体内に蓄積して自分の身を守るために活用するとともに，警戒色で自らを目立たせている点。

問五　(例)　脱皮を促す成長ホルモンのような物質で，葉を食べるイモムシのホルモン系を撹乱して，早く成虫にしてしまい，葉を食べられる期間を短くする作戦。

【二】　問一　(例)　常に口にしていて，言うのが習慣になっているということ。

問二　(例)　いつもは誰かにお願いして準備にできるだけ時間がかからないようにする「ぼく」が，何も準備せずに，ただ待っていたから。　問三　(例)「ぼく」に対するシャンタルの親切さを目の当たりにして，しかも，シャンタルからお礼を言うことを促され，「ありがとう」を言わない決意がゆらぎそうな事態に追い込まれたから。

問四　「ぼく」が引き起こした問題なのに，年下の弟だけが厳しく叱られることになったので，兄としての自尊心が傷つき，耐えられなくなったから。

【三】 1 模型　2 街路樹　3 領域　4 歴然　5 善処　6 許容　7 衛星
8 拝借　9 無残　10 希求　11 疑(う)　12 易(しい)　13 耕(す)
14 省(く)　15 覚(める)

＜国語解説＞

【一】（説明文一理由・根拠・細部表現の読み取り，記述，慣用句）

問一　傍線①以降の内容をおさえることで解答できる記述問題である。特に「すべての植物は……」で始まる段落以降に，昆虫の偏食の理由がまとまっている。記述の際には，「特定の植物の毒に対応した方がよい」という内容と，「そうすることで，他の昆虫に対して優位に立てる」という内容を合わせて書く。

基本　問二　解答欄に書かれた「ごっこ」という表記も手がかりになる。解答は「いたち(ごっこ)」である。「いたちごっこ」とは，同じようなことが繰り返されることを意味する表現である。

問三　傍線③以降に，「ジャコウアゲハ」と「ウマノスズクサ」についての具体例がまとまっている。ウマノスズクサを食べることで，ジャコウアゲハの幼虫は毒成分を体内に蓄えている。そして，その毒成分を，生涯を通じて活用して，自分の身を守っているのである。ウマノスズクサが自らを守ろうとした毒成分で，それを食べるジャコウアゲハが身を守る。そのような行為が「悪知恵」になるのだ。記述の際には，毒成分を体内に蓄えていることと，その毒で生涯を通じて身を守っていることを中心に解答をまとめるとよい。

重要　問四　ジャコウアゲハの場合，ウマノスズクサの毒成分を体内に取り入れて身を守る。ヘクソカズラヒゲナガアブラムシの場合，ヘクソカズラの悪臭成分（毒成分）を体内に取り入れて身を守る。両者とも，植物が自らを守るために準備した毒成分で，自分の身を守っているのである。また，両者ともに，警戒色で身を目立たせている点も共通している。解答の際には「植物が身を守るために準備した毒成分を活用している」という内容と「警戒色で自らを目立たせている」という内容を中心にまとめる。

問五　傍線④前後の内容をおさえて解答する。傍線④よりも少し前に，イノコヅチには「脱皮を促す成長ホルモンのような物質」が含まれていることが書かれている。傍線④以降にあるように，イノコヅチは，その物質を使って，イモムシのホルモン系を攪乱する。その結果，イモムシは早く成長して，葉を食べる期間が短くなるのである。このような内容をまとめて記述する。

【二】（物語文一主題・心情・場面・細部表現の読み取り，記述）

基本　問一　傍線①直前では，「体の一部」とも表現されている。「呼吸」であるから，つまり，いつも当たり前のようにしている習慣ということだ。

問二　傍線②までの部分に，いつもの「ぼく」の様子と，今回の「ぼく」の様子が書かれている。その二点をまとめることで，クリスティーヌが不思議そうに感じた理由は説明できる。「いつもは誰かにお願いして準備を進めている」という内容と，「今回は準備もせずに，ただ待っていた」という内容を中心に記述するとよい。

やや難　問三　傍線③に書かれた，シャンタルの「ぼく」に対する親切さに着目する。その部分に「なんていい人だろう！」と書かれている。この時点で，「ぼく」はシャンタルに対して感謝の気持ちを持っていた。しかも，このような状況で，「ぼく」はシャンタルからお礼を言うことを促されたのだ。「ぼく」の「ありがとう」を言わない決意は揺らぐ。そのため，傍線③では「絶体絶命」と表現されたのである。

やや難 問四　映画館での出来事は，兄である「ぼく」がさそったことから生じた問題である。だが，障害のある「ぼく」は，軽く注意されただけで，弟のヴィクトールだけが，厳しく注意を受けた。その点から，「ぼく」は兄としての自尊心が傷つけられ，それが怒りにつながったのである。記述の際には，「『ぼく』は軽く注意で，弟は厳しく叱られた」というできごとについて記し，その後，「自尊心が傷つけられた」という心情の部分を加えるとよい。

基本 **【三】（漢字の書き取り）**

1　実際のものをまねて作ったもののことである。「模」には，まねるという意味がある。その意味で，「模試」などの言葉がある。　2「街路」とは，市街の道路の意味である。「街路樹」は，市街の道路にある樹木となる。　3　あるものが関係する範囲を表す。例えば，一国が関係する範囲を表す言葉は「領土」「領空」「領海」となる。　4　はっきりとしている様子を表す。「歴」には，順を追って通るという意味もあり，その意味で「歴史」「歴訪」などの言葉がある。　5　適切な処置をすることを意味する。つまり，善い処置である。　6　許される範囲を表す。「容」自体にも，ゆるすという意味がある。その意味で「受容」「包容」という言葉がある。　7　惑星のまわりを回る小さな星のことである。地球は「惑星」になる。太陽は「恒星」になる。　8　借りることをへりくだっていう言葉である。同じように見ることをへりくだっていうと「拝見」になる。　9　あまりにもひどくて，あわれな様子を意味する。「無惨」と表記されることもある。注意したい。

10　強く願い求めるという意味である。「希」自体に，ねがうという意味がある。その意味で「希望」という熟語もある。　11　ここでは，本当ではないと思う，という意味である。「耳を疑う」では，信じられなくて聞きちがいではないかと思うという意味になる。　12　たやすい，簡単だという意味である。「易」自体にたやすいという意味がある。この意味で「安易」「簡易」などという熟語がある。　13　畑をほり返して，農作物を作りやすくすることである。農作物を育てることを「耕作」ともいう。　14　取り除くという意味である。「省」には「省(かえり)みる」という言葉の使い方もある。この場合，反省するという意味になる。　15　心の働きがはっきりしてきたことを意味する。「覚める」の反対の意味の言葉は「眠る」である。

★ワンポイントアドバイス★

設問形式は記述式問題が中心である。その記述式問題は，字数指定がないものがほとんどである。字数指定がない場合，解答欄の大きさを把握して，書くべき量を判断したい。

データ対応

収録から外れてしまった年度の
問題・解答解説・解答用紙を弊社ホームページで公開しております。
巻頭ページ＜収録内容＞下方のＱＲコードからアクセス可。

※都合によりホームページでの公開ができない内容については，
　次ページ以降に収録しております。

⑤秘密の木までたどり着くと、かごの中の虫を次々と雑木林に放してしまった。

　あのあと間もなく、父の転勤で僕はこの町をはなれたが、山口君には住所も知らせず、手紙を書くこともなかった。階段を下りた僕は、古い記憶《きおく》をたよりにかれの家をさがしてみた。しかし、様変わりした風景の中で、とうとう見つけることはできなかった。

（本文は、本校国語科による。）

問一　傍線部①「僕はまんざらでもなかった。」とありますが、どういうことを言っているのですか。その理由をふくめて説明しなさい。

問二　傍線部②「ランドセルを投げ出して、きれいにほこりをぬぐうと、虫が生活するためのかれ葉や木くずをていねいに底にしきつめ、いつでも虫を入れられるように準備を整えた。」とありますが、ここから「僕」のどのような気持ちがわかりますか。

問三　傍線部③「さっきよりも小さな声で、僕はもう一度呼んだ。」とありますが、なぜ「さっきよりも小さな声」で呼んだと考えられますか。

問四　傍線部④「僕は、獲物の入った虫かごを背中の後ろにかくしながら、上目づかいにかれの顔を見て言った。」とありますが、ここから「僕」のどのような気持ちがわかりますか。

問五　傍線部⑤「秘密の木までたどり着くと、かごの中の虫を次々と雑木林に放してしまった。」とありますが、「僕」がこのようなことをしたのはなぜですか。

【三】　次のカタカナの部分を漢字に直しなさい。

1　町のビカンをそこねる。
2　各国のシュノウ。
3　ユケツをする。
4　キリツを守る。
5　受賞をジタイする。
6　シナンのわざ。
7　道路をカクチョウする。
8　わずかなゴサ。
9　エイダンを下す。
10　イシツ物を受け取る。
11　争いをサバく。
12　一家をササえる。
13　計画をネる。
14　経験をツむ。
15　海にノゾむ町。

育箱がカブト虫まで入れて売られているが、当時は自分たちで作ったのだ。僕のものは、前年父が古い木箱を使って作ってくれた、両手でかかえるほどの大きな飼育箱だった。僕は、準備をしながら、この箱の中でカブト虫やクワガタがえさのスイカの汁《しる》を吸っている姿を想像していた。

休みの日には寝坊《ねぼう》ができるのに、こういう日には必ず早く目が覚める。大人になった今だってそうだ。いつも学校へ行くのに母に起こされてばかりいるにもかかわらず、その日は四時に目が覚めてしまった。はやる気持ちをおさえきれない僕は、早々と家を出た。里山に入る道の手前にある山口君の家までは十分とかからないから、僕がかれの家の前に立ったのは、四時半くらいだと思われる。あたりはまだうす暗かった。

「山口君。」

家の外から、近所を気づかって小さな声で呼んだが、返事はなかった。約束の時間よりも早すぎたせいにちがいない。しばらく待ってからもう一度呼んでみようと思った僕は、今日の収穫《しゅうかく》を想像した。たとえ途中《とちゅう》であまりつかまえられなくても、鉄塔山の秘密の木まで行けば、樹液に虫が群がっているだろう。僕の秘密の木には……。そう、僕だけの秘密の木には……。

「山口君。」

③さっきよりも小さな声で、僕はもう一度呼んだ。近所に迷惑《めいわく》にならないためだと自分に言い聞かせ、返事がないことを期待して。

階段に腰《こし》をおろした僕の横で、心地《ここち》よい風にふかれて犬も静かにふせている。返事がなかったから仕方がない、と自分を説きふせて、里山の細い道を登っていく僕の姿が思い出される。あの日は、鉄塔山まで何の収穫もなかったが、想像していたとおり、例の秘密の木でつがいのカブト虫や大きなクワガタをつかまえたのだ。獲物《えもの》をとらえて有頂天《うちょうてん》だった僕は、足どりも軽く里山から下りてきた。山口君の家の前までは、約束のことも忘れて。

「ずいぶんおそかったね。寝坊したの？」

山口君は、僕がやってきたのが里山の方からであるとわかっているはずなのに、そうたずねた。

「……。い、いや、朝呼んだのに、返事なかったからさ。一人で……。」

④僕は、獲物の入った虫かごを背中の後ろにかくしながら、上目づかいにかれの顔を見て言った。山口君の表情がちょっとくもった。僕はすぐに目をそらした。

「おかしいなあ。五時ちょっと前から家の前で待ってたのに。」

「ご、ごめん。朝早くて寝《ね》ぼけてたから、時間まちがえたのかな……。また今度行こうよ。」

「まあ、いいか。親友には、うそつくなよ。じゃあ、今日はもう一眠《ひとねむ》りするから、またな。」

山口君が家の中に入ると、僕は一目散に走り出した。——山口君とはとても仲がいい。でも、かれは時々僕をからかうことだってあるじゃないか。でも、僕のことを親友だと公言していた。今だって、僕のうそを見ぬいていたのに責めなかった。僕だって、山口君が親友だと思っている。でも、僕は秘密の木を知られたくなかった。——いろいろな思いが、僕の頭の中をかけ回った。

その晩あまりよく眠れなかった僕は、翌朝早く、飼育箱の中の虫を全部虫かごに入れて、もう一度鉄塔山に出かけた。やぶをかき分けて、かり妻や僕の役目になってしまった。

　僕がほかの土地で生活している間に、この町はすっかり変わってしまった。町の中心部にあった魚屋や八百屋などの小さな商店はほとんど姿を消し、大きなスーパーマーケットや大型家電店が進出していた。町の周囲にあって子供たちの自然の遊び場となっていた小高い山や林や水田や小川――いわゆる里山と呼ばれる風景も、マンションや住宅地にけずり取られていた。そんな町中を、犬の散歩のついでに歩き回り、昔なつかしい場所を発見したり変化におどろいたりするのは、ちょっと楽しみでもあった。

　だから、犬の散歩が僕の役目になったことについて、①僕はまんざらでもなかった。

　里山の奥《おく》の一番高い所に電波の中継《ちゅうけい》用の鉄塔が立っていたので、町の人々はそこを鉄塔山と呼んでいた。小学生のころの僕は、夏休みなどには母に弁当まで作ってもらってそのあたりまで出かけ、カブト虫やクワガタをつかまえて遊んだ。新しい家の窓からは、その鉄塔山の変わらぬ姿が見えたので、いつか行ってみようと思っていた。

　町の中心部から鉄塔山の頂上までは、少年時代の僕にはずいぶん遠く思われたのに、今日の僕には案外近く感じられた。それは、大人と子供の距離《きょり》感のちがいとばかりは言えなかった。かつては、里山の曲がりくねった細い道を登っていったのに、鉄塔山以外はすっかりくずされて、ふもとまで広がる住宅地の中を、よく整備された道路がまっすぐにのびている。最後はやぶの中をかき分けて山頂に立つ鉄塔を囲むフェンスのところまでやっとたどり着いたのに、今では頂上へ登る階段まで作られていた。昔よりも道のりが近くなったのは確かだった。そして、ここまでの風景のあまりの変化に気を取られ、その階段を上がって頂上に着くまで、僕は時間がたつのも忘れていた。

　少し急な階段で汗《あせ》ばんだ額《ひたい》を、山頂の風がなでていく。かつては雑木林にさえぎられて、昼間でもうす暗かったのに、今日は僕の住む町を一望することができた。やぶを分けいった雑木林の中に、カブト虫やクワガタの集まる樹液がよく出る木があって、僕はそれを友だちにも秘密にしていた。しかし、あの日以来ここに来たことのなかった僕に、これほど風景の変わってしまった今となっては、その場所を見つけ出すことなどとうていできるはずがなかった。

　いつもいっしょに遊んでいる仲よしの山口君が、夏休みが始まったらすぐにカブト虫をとりに行こうとさそってきたのは、五年生の終業式の三日前だった。カブト虫やクワガタは、夏の少年たちにとって、欠かせぬおもちゃだった。大きさを比べ合ったり、たがいに戦わせたり。夏休みになればみんながとりにいくから、山があらされる前にできるだけ早くつかまえにいこうというのが、山口君の提案だった。昼間は土にもぐってしまうカブト虫は早朝の方がつかまえやすいのを知っている僕らは、終業式の翌日の朝五時に、山口君の家の前で待ち合わせることになった。

　終業式が終わり、待ち合わせの約束を確認《かくにん》して家に帰るとすぐに、しまいこんであった飼育箱を物置から取り出した。少しほこりをかぶっていたが、どこもこわれてはいない。②ランドセルを投げ出して、きれいにほこりをぬぐうと、虫が生活するためのかれ葉や木くずをていねいに底にしきつめ、いつでも虫を入れられるように準備を整えた。最近では、夏になるとデパートやスーパーマーケットで、プラスチック製の飼るが、アナゴは川にはあまり進入しないで、汽水の中でも塩分の高い場所で成長するようだ。成長すると、アナゴは八〇センチを超《こ》える大きさになるけれど、児島湾で捕《つか》まえた一番大きいアナゴは、五三センチでしかなかった。児島湾で育ったアナゴは、成長するとともに、児島湾の外へと移動しているようだ。

この地域では、ウナギは旭川の中で初めの数年間を過ごし、大きく成長してから児島湾に降りてくる。一方アナゴは、赤ちゃんの時から児島湾で成長し、大きくなると児島湾の外へ出ていく。その結果、児島湾ではアナゴよりもウナギの体長のほうがずっと大きいことになる。大きなウナギと小さなアナゴは、エサをめぐって激しく争うことなく、児島湾の中で共存しているようだ。ウナギとアナゴの回遊生態の微妙《びみょう》なちがいから、彼らが競争しないでもすむような、絶妙なバランスが生み出されている。

（海部健三《かいふけんぞう》『わたしのウナギ研究』）

（注1） シラスウナギ＝ウナギの幼魚期の名称《めいしょう》。
（注2） 旭川＝岡山県中央部を流れ、児島湾に注ぐ川。
（注3） 淡水＝塩分をほとんどふくまない水。
（注4） 汽水＝海水と淡水のまざりあった低塩分の海水。
（注5） 問題文よりも前の箇所《かしょ》で、筆者は児島湾のウナギの食べ物について説明している。
（注6） アナジャコ＝河口や沿岸の干潟《ひがた》の泥《どろ》の中に穴を掘《ほ》って住む生物。
（注7） 問題文よりも前の箇所で、筆者はシラスウナギについて説明している。

問一 傍線部《ぼうせんぶ》①「児島湾と旭川で捕れるウナギとアナゴについて、その生態を比較してみた。」とありますが、どういうことがわかったのですか。52行目までを読んで答えなさい。

問二 傍線部②「同じエサを食べる動物どうしが同じ場所に住んでいると、エサをめぐって競争になることが多い。」にもかかわらず、児島湾のウナギとアナゴは実際には競争していないと筆者は述べています。その理由を解答欄《らん》に合うように三十字以内で答えなさい。（字数には句読点等もふくみます。）

問三 傍線部③「エネルギーのむだづかいだ。」とありますが、どういう点が「むだづかいだ」と言えるのですか。

問四 傍線部④「なぜ児島湾ではウナギの方が大きく、アナゴの方が小さいのか。」とありますが、なぜ児島湾にすむウナギとアナゴの大きさが違うのですか。

【二】 次の文章を読んで、あとの問に答えなさい。

今日は、鉄塔山《てっとうやま》あたりまで行ってみようかな――犬を散歩に連れ出した僕《ぼく》は、少し遠出をしてみようという気になった。

小学生のころに暮らしていたこの町にもどってきたのは半年前。新しい家に引っ越《こ》してきた時に、近所のペットショップで見かけた子犬を、二人の子供たちに強くせがまれ、いつも電池の切れたおもちゃを放っておくかれらに、えさと散歩の世話を約束させて新しい家族を迎《むか》えることになった。小学五年生の兄と三年生の妹は、昔この町で過ごしたことのある僕とはちがって知り合いや友だちもおらず、犬がいればいくらかは気持ちが安らぐだろうと思ったからだ。しかし、そんな親の心配は無用だったらしく、たくさんの友だちがすぐにできて、電池が切れたわけではないのに、最近は犬のことなどあまりかまわなくなった。はじめのうちは二人で争って散歩に連れていったのに、今では世話をするのはすっかを見てみると、やはりアナジャコが出てくることが多かった。ウナギの場合は、胃から出てきたエサのうち、約七五パーセントがアナジャコだったが、アナゴもおよそ六〇パーセントはアナジャコで占《し》められていた。

児島湾を住み場所としているウナギとアナゴでは、行動時間だけでなく、エサの種類も共通していた。やはり、彼らは児島湾の中で、食べ物をめぐって互いに競争しているのだろうか。

②同じエサを食べる動物どうしが同じ場所に住んでいると、エサをめぐって競争になることが多い。競争では、競争相手に勝つためにエネルギーを使うので、その分自分が成長したり、子孫を残したりするためのエネルギーは減ってしまう。つまり、生物にとって、競争は基本的に損なのだ。多くの場合、生物は競争をしないですむように、バランスをとっている。たとえば、住む場所、行動時間、食べ物などを、異なる種類の生き物と、少しだけ生きかたをずらすことによって、競争を避《さ》ける。ウナギとアナゴも、競争ばかりしていたら、③エネルギーのむだづかいだ。彼らは、本当に競争しているのだろうか。

よくよく調べてみると、やはりちがいが見つかった。食べているエサの大きさがちがうのだ。ウナギとアナゴの胃の中から出てきたアナジャコの、一番大きな足の部分（第一脚《きゃく》の指節《しせつ》と呼ばれる部分）の大きさを比べてみると、アナゴよりも、ウナギの胃から出てきたアナジャコのハサミの方が大きいことがわかった。どうやら、ウナギの食べているアナジャコは、アナゴが食べているアナジャコよりも大きいようだ。エサの種類は同じでも、大きさがちがうということは、ウナギとアナゴの食べているエサは異なっているということになる。食べているものがちがうのだからウナギとアナゴが競争しているとは考えにくい。やはり彼らは、競争にむだなエネルギーを使うことなく、仲よく共存していたのだ。

なぜ、ウナギとアナゴの食べているエサの大きさが異なるのか。それは、児島湾に生息しているウナギとアナゴの大きさが異なるからだ。児島湾で捕れたウナギの平均体長はおよそ五五センチで、最も小さいウナギは三四センチだった。これにたいして、同じく児島湾で捕れたアナゴの平均体長は三五センチで、最も大きいアナゴは五三センチだった。つまり、ウナギは体が大きいために、大きいアナジャコを食べ、アナゴは体が小さいために、小さいアナジャコを食べているということだ。

アナゴは、成長すると八〇センチ以上にまで大きくなる。一方のウナギも、生まれた時から体長が三〇センチ以上あるわけではない。シラスウナギの平均体長はおよそ六センチで三〇センチに育つまでには三年程度かかる。それでは、④なぜ児島湾ではウナギの方が大きく、アナゴの方が小さいのか。

その理由は、ウナギとアナゴの回遊生態のちがいにあるようだ。

（注7）本章第2節で紹介したように、児島湾に進入したシラスウナギは、一度児島湾を通り過ぎ、旭川などの河川を数キロメートル上ったところに落ち着く。一部のウナギは、ここから数年かけて児島湾まで移動するため、児島湾にウナギが入るときは、すでに体長が三〇センチ以上にまで成長しているのだ。

アナゴはどうだろうか。アナゴの産卵《さんらん》場も、ウナギと同じように遠い海の中にある。海で生まれたアナゴの赤ちゃん（やはり葉っぱの形をしているので、ウナギと同じようにレプトセファルスと呼ばれる）は、陸地の近くにやってくる。その後、ウナギは川を数キロメートルさかのぼ

【国　語】（五〇分）　〈満点：七〇点〉

【一】　**次の文章を読んで、あとの問に答えなさい。**

現在、ウナギの値段はどんどん高くなっている。その理由は、養殖《ようしょく》に使う（注1）シラスウナギがあまり捕《と》れなくなったからだ。ウナギの値段が高くなると、アナゴの値段も高くなる。その理由は、形が似ているからではない。調理法が似ているからだ。ウナギもアナゴも、どちらも火を通して、甘《あま》めの味付けで食べることが多い。ウナギならば蒲焼《かばやき》で、アナゴなら煮《に》アナゴだ。アナゴが蒲焼にされることもある。たとえばお寿《す》司《し》屋《や》さんでウナギのお寿司を注文したときに、「最近仕入れ値が高くなったので、ウナギはありません」と言われたら、どうするか。ウナギの代わりにアナゴを注文する人が多いのではないか。

生物としてのウナギとアナゴも似ているのか。日本の河川《かせん》や沿岸に住んでいるニホンウナギとマアナゴを比べてみると、まず、形が似ている。どちらも「ウナギ目《もく》」という、細長い形をした魚の仲間だ。形が似ている動物どうしは、食べ物も共通している場合が多い。食べ物が共通する動物どうしは、限られた食物をめぐって競争する。ウナギとアナゴも競争しているのか。

岡山県《おかやまけん》の児島湾《こじまわん》では、ニホンウナギも捕れるし、マアナゴも捕れる。同じ場所に住んでいる似た形の魚どうしは、互《たが》いに競争しているかもしれない。そこで、①児島湾と（注2）旭川《あさひがわ》で捕れるウナギとアナゴについて、その生態を比較《ひかく》してみた。

ウナギは（注3）淡水《たんすい》から（注4）汽水にかけて生息しているが、アナゴは汽水から海水にかけて生息している。だから、ウナギとアナゴが出会うのはおもに汽水域だ。汽水域である児島湾には、ウナギもアナゴも豊富に存在する。児島湾を住み場所としているウナギとアナゴについて、行動している時間帯と食べ物が一致《いっち》している場合には互いに資源を奪《うば》い合っている可能性が高い。しかし、行動時間と食べ物のうち、どちらかが大きく異なっている場合には、同じ場所でウナギとアナゴが共存することも可能なはずだ。

行動する時間は、胃の中に残っている食べ物を利用して調べることができる。ウナギもアナゴも、夜にエサを食べる、夜行性の魚だと考えられている。夜中にエサを食べたら、次の日の朝はまだお腹《なか》がいっぱいで、夕方になったらお腹がすくのではないだろうか。

そこで、午前中に捕れた魚と、午後に捕れた魚の胃の中にどの程度エサが残っているのか、比べてみた。夜行性で夜にエサを食べるのなら、午前中に捕れた魚の方が、午後に捕れたものよりも、胃の中にエサが残っている場合が多いはずだ。比較の結果、ウナギもアナゴも午前中に捕った魚の胃にはエサが残っていたが、午後に捕った魚の胃からは、あまりエサが見つからなかった。やはり、ウナギもアナゴも夜行性で、夜にエサを探しているのだ。

食べているエサの種類はどうだろうか。エサは動物が生きていくうえで、欠かすことのできない重要なもののひとつだ。児島湾に住んでいるウナギとアナゴでは、行動時間が共通していた。もしも、エサも共通しているようであれば、彼《かれ》らは互いに激しく競争している可能性が高くなる。（注5）本章の第4節で紹介《しょうかい》したように、児島湾のウナギは、ほとんど（注6）アナジャコばかり食べている。

それでは、アナゴはどうだろうか。児島湾で捕れたアナゴの胃の中身

【二】

※問題に使用された作品の著作権者が二次使用の許可を出していないため、問題を掲載しておりません。

【三】

次のカタカナの部分を漢字に直しなさい。

1 夜空のセイザ。
2 ウチュウのかなた。
3 県の新しいチョウシャ。
4 高いバイリツの試験。
5 ピアノのドクソウ。
6 ヨクアサまで待つ。
7 夕暮れのジョウケイ。
8 広大なコクソウ地帯。
9 産業カクメイの歴史。
10 肉をレイゾウする。
11 魚のホネ。
12 教えにシタガう。
13 キビしい指導。
14 勇気をフルう。
15 税金をオサめる。

の要望でもあったわけです。

日本はこれまで、土地開発として干潟や湾岸を埋め立てたり、魚をとって豊かになるために漁港をつくったり、交通の便をよくしようと思って島や半島の先まで道路をつくったりしてきたのですが、あとになってみると、それが結局は、魚がとれない、海藻が生えないという結果を招いてしまったのではないかと思います。

ただ、ありがたいのは、漁師さん側にも、③そういうことをいってくれる人が出てきたことです。私もあちこちの海をいろいろ見て歩くと、「これはまずかった。この港をつくったから、この海域が悪くなって海藻が生えなくなったのではないか。魚がとれなくなったのではないか」ということを感じるわけです。

それ以来、ずっと胸を痛めてきましたが、いみじくも漁師さんの側からもそういう発言が出だしているのが、いまの日本の海だと思います。

日本の国を豊かにしようと思って、工業化を進めてきた結果、④自然の海がなくなってきたということです。自然の海というのは何の役にも立っていないようで、よく見ていると役に立っているのです。砂浜一つひとつにしても、また干潟一つにしても、じっと観察すれば非常に役に立っているのです。水の浄化《じょうか》になっていたり、生き物たちの産卵《さんらん》場や育成場になっていたりすることが見えてきます。日本の海は、日本が島国だけに、工業化に伴う海の埋め立ての占《し》める割合が大きかったのが特徴《とくちょう》だったように思います。

（渋谷正信《しぶやまさのぶ》『海のいのちを守る――プロ潜水士の夢――』）

（注1）まず＝本文には書かれていないが、筆者はこの文章の後に「国外の海」について述べている。

（注2）懺悔＝過去の自分のあやまちなどを他者に告白すること。

（注3）斜路＝舟を海から引き揚げたりおろしたりするためにつくられた斜面。スロープ。

問一 傍線部《ぼうせんぶ》A「大仰な」B「いみじくも」の意味として最も適当なものを次の中から選び、それぞれ記号で答えなさい。

A「大仰な」

ア 重大な　イ おおげさな

ウ おおざっぱな　エ 不正確な

オ わざとらしい

B「いみじくも」

ア 意外にも　イ おどろいたことに

ウ はっきりと　エ 不思議なことに

オ まことにうまく

問二 傍線部①「埋め立てが進みました。」とありますが、昔はなぜこれほどまでに「埋め立て」をおし進めたのでしょうか。

問三 傍線部②「防波堤をつくったので、潮の流れが変わって」とありますが、これ以外に漁師さんがあげている、海産物がとれなくなった原因を二つ答えなさい。

問四 傍線部③「そういうこと」とはどういうことですか。二十字以内で答えなさい。（字数には句読点等もふくみます。）

問五 傍線部④「自然の海がなくなってきた」とありますが、筆者の考える「自然の海」とはどのようなものですか。

師さんと言葉を交《か》わしたことがありました。その方は古くから漁をしている高齢《こうれい》の漁師さんでした。私も縁《えん》があって、増毛の海の調査をずっと続けていて、十年近くになっていました。

その日の調査が一段落して、港で次の準備をしていたところ、その漁師さんが漁を終えて港に帰ってきました。船揚場《ふなあげば》があって、漁師さんが舟《ふね》を揚《あ》げていたのですが、その方は年をとっていたので、その作業が大変そうにみえました。それで、そばに行って舟を支えたりして(注3)斜路《しゃろ》に引き揚げるのを手伝いました。

すると、その漁師さんが「あんた方《がた》、何やってるのさ」と北海道弁で聞いてきました。「海藻《かいそう》を増やすのにどうやったらいいか、調査をやってるんです」。「ふーん」といって、「増毛もだめになったもんな。いや、だめになったべ」。「昔は、増毛は（魚介類がとれて）すごかったんですよね」というと、「うん、昔は山のように魚がとれた。でも港が立派になればなるほど、魚とれなくなるんだ」と、その漁師さんがBいみじくも、そういったのです。

港が立派《りっぱ》になればなるほど、何か知らんけど魚とれなくなるんだよな、と洩《も》らしたわけです。現役《げんえき》の年のいっている漁師さんの口から、はっきりとその言葉が聞かれました。

そして、②防波堤《ぼうはてい》をつくったので、潮の流れが変わって魚もすみづらくなって、どんどん魚がとれなくなってきた、といって笑っていました。

潮の流れというのは、私たちが想像する以上に、海の生き物に大きく影響《えいきょう》するようです。人工物をつくって、ある場所の潮の流れがほんのちょっと変わっただけでも、海にとってはそれがかなり大きなダメージになっていくと思われます。

港ができて生活が便利になった半面、どんどん魚がとれなくなってきたという、漁師さんの言葉は、確かに的を射ていると思います。以前、やはり北海道のある漁業組合《くみあい》の方と磯《いそ》焼け（＝海藻が消失して海の中が砂漠《さばく》のようになること）の話をしていたとき、古老の漁師さんがいいました。「昔は昆布《こんぶ》もたくさん生えていたし、ウニもたくさんとれた。大学の先生なんかは、いまはウニが増えたから昆布がとれなくなった、というけれど、おれらの小さいころはウニもどっさりいたけど、昆布もたくさん生えてた。これをどうやって説明するんだ」といっていました。

さらに、「確かに水温が上がったせいもあるかもしれないけれど、山から海藻や生き物に必要な栄養分が海に行かなくなったのだろう。だって海岸線に道路ができて、海岸線はコンクリートで固められているのだから、山からの養分も出ていかないんだろう」と、このように漁師さんなりの感覚の話が出ていました。

それから、「昔はタコでもニシンでも、とってきたら、みんな浜でさばいて、さばいたカスや洗ったカスはみんな海に流していたんだ。あれはきっと栄養になっていたのではないか」というわけです。

さらに、「それをいまはあれをやっちゃだめ、これはやっちゃだめで、海にそんなことをしたらすぐ罰《ばっ》せられてしまう。それを全部処理しなければいけない。それも化学薬品を使って処理しなければいけない」と話してくれました。

実は私も、そのことは海に潜《もぐ》りながら敏感《びんかん》に感じていました。私自身もプロの潜水士として、港づくりや防波堤づくりは専門であり、さんざんそれらをつくってきた側ですから、痛いほど漁師さんのいうことがわかるのです。でも、港をつくってほしいというのは、漁師さんたちから

【国語】（五〇分）〈満点：七〇点〉

【一】次の文章を読んで、あとの問に答えなさい。

環境破壊《かんきょうはかい》などというと、なにかＡ大仰《おおぎょう》な感じがしないわけでもないのですが、確かに私たち人間は海や山などの自然環境を壊《こわ》したり、悪くしたりするようなことを、開発という名のもとに、さんざん行ってきました。

（注1）まず日本の海から見ていきますと、日本は小さな島国なのに、人間の生活を便利にするということで、海岸線に沿って道路をつくったり、橋をつくったり、港をつくったりしてきました。

日本は工業化が進むにつれて、海がどんどんと埋《う》め立てられて、海岸線が人工化されたものへと変わっていったのです。環境破壊をあえてやったわけではないのですが、国民の生活を豊かにしようということで開発がどんどん進められ、その結果として、私たちの予想をはるかに超《こ》える自然環境の破壊へと至ったと思います。

いま考えてみると、もっと海のことを考えてあげればよかったのではないかというくらい、①埋め立てが進みました。たとえば、東京湾《わん》などはほとんど自然の海岸線がないのではないかと思えるほどで、その大部分が埋め立てによる人工物になってしまっています。

干潟《ひがた》や浅瀬《あさせ》などの砂浜《すなはま》地帯はみんな役に立たないというような考えだったのでしょう。それで干潟を見れば、こんなところはすぐ埋め立てて、経済発展に役に立つ工場を建てたり、飛行場をつくったりしたほうがよいということになり、そういう方向にどんどん進んでいったものと思われます。

こうした埋め立ては、東京湾をはじめ名古屋《なごや》の伊勢《いせ》湾、大阪《おおさか》湾、福岡《ふくおか》の博多《はかた》湾など、最初は大都市だけでしたが、やがてそれが大都市近県にも及《およ》び、さらにその後、地方都市へもどんどん進んでいったのです。こうして、全国各地の海も次々と埋め立てられて人工物をつくることになり、結局、自然の海が非常に少なくなってきたというのが、日本の海の現状といえます。

港についても同様です。こんなことをいうと漁師さんは怒《おこ》るかもしれませんが、漁業的に見て、こんなところにも港をつくる必要があったのか、というような場所にまで港をつくりました。漁業の人が数名程度しかいないようなところにも港をつくってきたのです。

港をつくるというのは、漁師さんの船を守るということもあるのですが、一方で、それは潮の流れを変えてしまうことにもなります。漁港をつくったために、その近辺の海の環境が変わってしまったり、悪化《あっか》してしまったりするわけです。そのため当然、魚介《ぎょかい》類がとれなくなってきたということが実際に起きています。私は北海道《ほっかいどう》から沖縄《おきなわ》までずっとそういうところを見させてもらっているので、本当にそれを強く感じます。

このへんで誤解がないように、私自身のやってきたことも付け加えておかねばなりません。私は、港をつくったり、海を埋めたりと、最前線で潜水《せんすい》工事をしてきた張本人です。ですから、海の自然環境に直接手を加えてきた人間だともいえます。ですから、自分は正しいという立場から日本の海の現状を話すつもりはサラサラありません。むしろ、日本中の海の自然環境を何らかの形で破壊してきたことの見直しと（注2）懺悔《ざんげ》の思いも込《こ》めて、現状を自分のためにも見たものです。

あるとき、私は北海道の日本海側にある増毛《ましげ》という漁港で、一人の漁

のサドルをもとにもどせるぞ！」とありますが、このときのヴィクトールの気持ちを説明しなさい。

問二　傍線部②「何でもない、ふだんと同じ晩のようにふるまった。」とありますが、それはなぜですか。

問三　傍線部③「オリヴィエは笑顔をつくりながら、土地言葉で『またね！《アラビーレ》』と言った。」とありますが、このときのオリヴィエの気持ちを説明しなさい。

問四　傍線部④「あのおばあちゃんが……。」とありますが、「あの」とは、「祖母」のどのような様子を指していますか。「〜様子。」に続くように、二十字以内で答えなさい。（字数には句読点等もふくみます。）

【三】　**次のカタカナの部分を漢字に直しなさい。**

1　先生からペンをハイシャクする。
2　雨で運動会をジュンエンする。
3　エンゲキを鑑賞《かんしょう》する。
4　努力する人をソンケイする。
5　王にチュウセイをちかう。
6　サイゲンのない要求をする。
7　会社にシュウショクする。
8　タンジュンな仕組み。
9　セイミツな機械。
10　新商品をセンデンする。
11　ゴムのクダがつまる。
12　身ぶりをマジえて話す。
13　机にキズがつく。
14　支配者にサカらう。
15　体操で上半身をソらす。

なからは離《はな》れて、まるで(注7)下働きの女が自分には関係のない光景をながめているみたいだった。祖父が、オリヴィエを妻のほうへ押《お》しやった。

「さあ、おばあちゃんにもさよならをお言い」

初めて、祖母が自分からオリヴィエのほうへ歩み寄った。急なことにどぎまぎしているオリヴィエの肩《かた》に両手を触れ、体をかがめて、不器用なキスの音を二回、オリヴィエの頰《ほお》のわきで鳴らした。そうして頭を上げたとき、いつもはあんなに硬《かた》く光っているきれいな青い瞳《ひとみ》から、長いことまつげに引きとめられていた涙《なみだ》が、ふた筋流れ落ちた。

「急いで行こう、オリヴィエ、時間だ!」

③オリヴィエは笑顔《えがお》をつくりながら、土地言葉で「またね《アラビーレ》!」と言った。そしてヴィクトールのあとを追い、牛小屋で三頭の牛たちと小さな(注8)マルカドゥーヌにさよならを言い、(注9)シロアシの頭にキスをした。ヴィクトールが言った。

「おばあちゃんが、珍《めずら》しくちょびっとだけ泣いて見せたね」

④あのおばあちゃんが……。中庭のはしまで来て、オリヴィエはふりかえり、窓を見上げた。ぼやけた景色の中にふたりの姿があった。いつもの丸い帽子《ぼうし》をかぶり、首にスカーフを巻いてチョッキを着こんだおじいちゃん。おばあちゃんはすっかりかぼそく見える。ふたりは、まるで黄ばんでしまった昔の写真のようにそこにいた。すっかり古び、色あせ、ひからびて、時とともにはかなく消えてしまう写真……。

オリヴィエはうつむき、きゃしゃな肩をすぼめて自転車を押しながら、トゥール=ヌーヴ通りを歩きだした。ポケットはハシバミの実でふくらんでいた。額や鼻のまわりには、太陽がそばかすを残していた。手足や胸には筋肉がつき、心にも新しい力をもらった。それなのに、悲しみや辛《つら》さが波のように打ち寄せては体を通り抜《ぬ》け、心の中で何かが震《ふる》えている。

「さよなら、オリヴィエ……」そっとささやいたのは、だれだろう? 木々の葉ずれか、友人たちか、ソーグの村か、それとも「時」か——。でもその声は、オリヴィエには届かなかった。

通りのはしまで行くと、オリヴィエはあごを上げた。小さな風が、ぬれた頰を冷やして吹《ふ》き過ぎていった。

(ロベール・サバティエ作　堀内紅子《ほりうちもみこ》訳『ソーグのひと夏』)

(注1) 夜なべ仕事=ここでは、女性たちが毎晩仲間と話しながら編み物をする集まりのこと。

(注2) ニッカーボッカー=ひざ下ですそ口をしぼった、ゆったりとしたズボン。

(注3) かぶりもの=頭にかぶるもののことで、帽子《ぼうし》や頭巾《ずきん》、手ぬぐいなどの類。

(注4) 前世紀の貧しい少女マリー=若いころの祖母のこと。

(注5) ブーレ=フランスの古い舞曲《ぶきょく》、または踊《おど》り。

(注6) 祖母は暖炉のそばに突っ立っていた。=食事のとき、調理ストーブから離《はな》れずに、立ったまま食べるのが田舎《いなか》の女性の習慣だった。

(注7) 下働き=家の雑用などを仕事とする使用人。

(注8) マルカドゥーヌ=オリヴィエがいちばん好きな牛マルカードの子どもの名前。お産のとき、オリヴィエが取り上げた。

(注9) シロアシ=犬の名前。足だけが白い。

問一 傍線部①「やれやれ、まったく大変だったよ! ようやく自転車それから、早口でつけ加えた。

「残ってくれればいいと思ってたんだ。自転車だってどこかで見つけてやったさ。ここは気に入ったろう?」

「うん、すごく、すごく!」

「おまえほどあちこち、山ん中を歩きまわったもんはおらんよ。ひとりをのぞいてはな」祖父が妻を見やりながら言った。

それ以外、三人は旅立ちのことにふれなかった。②何でもない、ふだんと同じ晩のようにふるまった。祖母は(注1)夜なべ仕事を持って出かけていき、三人の男たちは床《とこ》についた。オリヴィエはなかなか寝《ね》つけず、暗闇《くらやみ》の中で長いこと目を開けていた。

(注2)ニッカーボッカーと対《つい》の上着、きれいにアイロンをかけられた半《はん》袖《そで》シャツ、ぴかぴかのサンダル、紺《こん》のベレー帽《ぼう》、出発を待つばかりに用意されたトランク。不器用にひもを掛《か》けた、ヴィクトリア伯母のためのソーセージとチーズをつめこんだ段ボール箱。いい天気の一日を約束する朝もや。牛たちが飼い葉桶《おけ》の干し草を引っぱり出す音、鎖《くさり》が木をこする音、首から下げた鈴《すず》の音、溝《みぞ》に糞《ふん》が落ちる音。いつもよりゆっくりとした朝ごはん。ひっきりなしに四人のうちのだれかが、時計の文字盤《ばん》に目をやった。

祖父は、食器棚の前で木靴《きぐつ》の先を見つめながら、ゆっくりとももへ上がってくる痛みに耳をすましていた。ヴィクトールは洗面台に向かい、すみっこをぬらしたタオルで猫《ねこ》みたいに身づくろいをした。オリヴィエは、塩気のきいたバターを塗《ぬ》ったパン切れについた自分の歯形を見ていた。

祖母は、まだ(注3)かぶりものを着けていなかった。オリヴィエは、腰まで波打つ、驚《おどろ》くほど豊かな灰色の髪《かみ》を初めて目にした。祖母はどこかうわのそらで、いつになくせわしげに貯蔵室と部屋を行ったり来たりしていた。ひとつひとつの動作がやけにぎこちなくて、心ここにあらずというふうだった。

「おれもバスでランジャックまで下るよ」ヴィクトールが言った。「鉄の支払《しはら》いをひとつすませて、自転車でもどってくる」

話好きな祖父がだまりこくっていた。心の中で何をつぶやいているのだろう?……さよなら? そう、さよならかもしれない。さよなら、高い山々とけわしい峡谷《きょうこく》よ、さよなら、岩だらけの高原よ、さよなら、森の草花と小川のせせらぎよ、石づくりの村よ、草原よ、小径《こみち》よ、木々よ。……オリヴィエの祖父もこんなふうに、別れを告げているのかも知れなかった。オリヴィエよりももっと長い旅に出るために、「またね」ではなく「さよなら」と。さよなら、(注4)前世紀の貧しい少女マリーよ、さよなら、(注5)ブーレ、さよなら、若き日々よ、さよなら、かわいい孫よ、さよなら。

「もう行く時間だ」ヴィクトールがトランクを持ち上げて言った。「さあ、おじいちゃんにお別れをして……」

「オリヴィエ……」

老人は立ち上がり、オリヴィエをぎゅっと抱《だ》きしめた——長いこと、何も言わないままで。それから、体を傾《かたむ》けて、孫の耳元にささやいた。

「これっきり会えなくなっても、おじいちゃんのことを忘れないでおくれ」

(注6)祖母は暖炉《だんろ》のそばに突《つ》っ立っていた。しゃんと背を伸《の》ばし、みん

は考えていますか。「〜という目的。」に続くように、本文中から十五字以上、二十字以内で抜《ぬ》き出しなさい。（字数には句読点等もふくみます。）

問五　傍線部⑤「これ」とありますが、「これ」の指している内容を、本文中から五字以上、十字以内で抜き出しなさい。（字数には句読点等もふくみます。）

問六　傍線部⑥「共通の思想」とありますが、それはどのような考えですか。

【二】　次の文章を読んで、あとの問に答えなさい。

少年オリヴィエは、第一次世界大戦後のパリで父そして母を亡《な》くし、父方の伯母《おば》（ヴィクトリア）の一家に引き取られる。その年の夏休み、一人で、初めて父母の故郷の村ソーグに行き、父方の祖父母と叔父《おじ》ヴィクトールの住む家で過ごす。祖父は半年前から脚《あし》に痛みを覚えて鍛冶屋《かじや》の仕事を休んでおり、跡継《あとつ》ぎのヴィクトールが仕事を続けている。祖母はいまも元気で、毎日のように野山を歩きまわり、魚やキノコなどを採っては、オリヴィエたちにごちそうしている。オリヴィエは、異国のような村で、豊かな大地に触《ふ》れ、温かな人々の懐《ふところ》に飛び込《こ》んでいった。そして、そんな夏休みも終わりを告げようとしていた。

「みんなにさよならを言ったかい？」オリヴィエがもどると、祖父が言った。「坂下のいとこたち、役場の人たち、それに……」

「みんなに言ったよ、おじいちゃん」

「よろしい。失礼があってはいかんからな」

夕方、オリヴィエは窓辺の祖父の隣《となり》に腰《こし》かけた。ヴィクトールがその日最後のハンマーをふるい、祖母が夕食の準備をしているあいだ、ふたりは太陽がしずんでいくのを見つめた。

そこには、忘れられない風景が広がっていた。何ひとつ動かない静かな世界だ。季節だけが色あいを変えていく。サン＝シェリー＝ダプシェ行きのバスが下っていくル・ピュイ街道《かいどう》、小さな洗濯《せんたく》小屋、カエルのいる灌漑《かんがい》用水路のほとり、けわしい坂道、ムスロン茸《だけ》が生えている野原。ふたりは何も話さなかったが、いろいろな思いがあふれかえりそうな沈《ちん》黙《もく》の中で、老人と少年は、いく千もの言葉をかわしていた。

ふたりは、祖父がたどたどしい手つきで初めて文字を書いたテーブルや、四人の子どもたちが生まれたベッド、自慢《じまん》の食器棚《だな》、それから、夏にとり残されてふらふらと飛んでいる一匹《いっぴき》のハエを見つめた。祖父が口を開いた。

「子ども時代にあるんだ……」

「何が？」

「人生でいちばんいい日々だよ」

夕食は、レンズ豆のスープと「マヌー」だった。羊の足と米を煮込《にこ》んだ郷土料理だ。でも、みんな、少ししか食べなかった。

ヴィクトールは、オリヴィエのあごを、どこか照れくさそうに持ち上げた。

「①やれやれ、まったく大変だったよ！　ようやく自転車のサドルをもとにもどせるぞ！　おれがあれに乗ると、まるでカエルがマッチ箱にまたがってるみたいだったからな！」

た。なぜなら、おカネになる世界とは別の世界で自給されていたからです。その自給までもおカネに換算するようになったのは、(注)6章で説明しますが、④農家の自給を捨てさせたかった日本の農業政策の影響《えいきょう》です。

こうして百姓の暮らしの自給率はどんどん低くなってきました。昭和三〇年ごろの調査では、多くの百姓が金額では七〇％ほどの食料を自給していました。現在では一〇～二〇％ぐらいの百姓が多いと言われています。もともと一〇〇％自給するのは不可能ですが、どうしてこんなに低くなってしまったのでしょうか。

仕事の「分業」が進んだからです。それは日本の国をあげての政策でもありました。分業する目的は安く生産するためです。田んぼで稲《いね》と麦を作付けし、畑ではいろいろな野菜を栽培し、牛や鶏《にわとり》を飼い、山では薪をとり、綿を栽培して糸を紡いで染めて織って着るよりも、田んぼだけで稲と麦だけを栽培するほうが、田んぼの面積を広げられるなら、稲麦だけの機械ですむし、仕事もそのことだけに専念できて、生産性が高まるのです。野菜や肉や卵や服は、買ったほうが安くなるし、薪を採りに山に行くよりは、ガスや石油や電力のほうが手間が省けるのです。

つまり、自給するよりも「買ったほうが安い」という状況《じょうきょう》こそが、進歩・発展した近代化された社会の姿だったのです。百姓も含めて、国民全体が「経済成長」という夢に人生をかけた時代が、一九六〇年代から七〇年代にかけてあったために、自給は衰《おとろ》えたのです。そうしたほうが社会全体としても、おカネがまわり、経済が大きくなり、成長できるのですから、否定する必要は何もないように思えました。現実に農林水産省は一貫《いっかん》して、農業はもっと規模拡大してください、と分業化（専門化）をすすめてきました。農家の食料自給は、別に低くなってもかまわないと言いつづけてきたのです。

これは、多かった百姓を減らして、農業以外の産業に労働力を「供給」するための日本政府の政策だったのです。⑤これが国内だけの奨励《しょうれい》であれば、百姓の暮らしは壊れても、「日本農業」の国民への食料供給率（つまり日本の食料自給率）は下がるはずはなかったでしょう。ところが、分業は国内にとどまらず、外国にもおよんでいったのです。わかりやすく言えば、外国から安く豊富に輸入できる農産物は、外国から輸入すればいいという考え方が広まっていったのです。農家の食料自給率衰退と国家の食料自給率衰退は、土台において⑥共通の思想にもとづいているのです。

（宇根豊《うねゆたか》『農は過去と未来をつなぐ―田んぼから考えたこと―』）

（注）「6章で説明します」とありますが、問四については、本文中に書かれていることのみによって解答してください。

問一 傍線部《ぼうせんぶ》①「その竹籠づくりの技も、今ではほとんど無用のものになってしまい」とありますが、どうして「無用のもの」になったのですか。

問二 傍線部②「『自給自足』」とありますが、ここでいう自給自足とは、どのようにすることですか。「自給」という言葉を使わずに答えなさい。

問三 傍線部③「現代でも同じようなことがつづいています。」とありますが、「同じようなこと」の表す内容を、傍線部③の直前の段落中の表現を使って答えなさい。

問四 傍線部④「農家の自給を捨てさせたかった日本の農業政策の影響です。」とありますが、そのような日本の農業政策の目的は何だと筆者した。それでも牛や馬は家で育てていたのです。それが耕耘機《こううんき》やトラクターになると、もう自給できるものではありません。

私も「米は自給しています」と平気で言いますが、耕耘機とその燃料の軽油は購入し、肥料は養鶏《ようけい》農家の友人から鶏糞《けいふん》を分けてもらっています。一〇〇%自給しているわけではないのです。私たち百姓は近代化に応じるために、まず手段（農機具）や資材の自給を捨て、せめて仕事と食べもの（農産物）の自給だけは守ったのです。ところが、さらに近代化が進むと、その仕事と食べものの自給もしだいに捨てざるをえなくなっていきました。

こう考えてくると、私たちが現在使用している「自給」とは、けっして②「自給自足」のことではありません。手段や資材は自給しなくても、結果として生産される食べものだけを自給していると表現しているのです。その典型が「食料自給率」なのです。しかし、そういう手段や資材の自給を捨てないと、農業は近代化できずに「進歩・発展」もできなかったのです。

食べものの自給すら「遅《おく》れた暮らし」だという思想が村に入りこんできたのが、一九七〇年代だったと思います。農業の近代化は、生産技術からはじまり、とうとう暮らしにまでおよぶようになったのです。これとほぼ同時に、町村の小さな青果市場が、都市の大きな市場に合併《がっぺい》されていきました。自給野菜の余ったものを出荷することは不可能になりました。こうして農家の仕事の自給は壊れはじめ、食べものの自給も衰退《すいたい》してきました。

とくに家族みんなで農業をしていた一九六〇年代までは、自給していた野菜も、家族が働きに出だすと、「買ったほうが安い」状態になりました。野菜のタネをまいて育てて、収穫する時間があれば、働きに出たほうが収入が高くなったからです。またそういう時間をほかの作物の栽培に振《ふ》り向けるほうが、もうかるようになったからです。これに危機感を抱いた百姓たちは、野菜の自給運動を起こしましたが、その根拠《こんきょ》は「買ったほうが安いかもしれないが、買うにはおカネがいる。自給するとおカネが節約できる」というものでした。これでは、おカネ（収入）が増えれば自給は不要になるのは目に見えています。一方、自給を軽視する人たちからは、「農家が自給するから、野菜が売れなくて、専業の野菜農家の発展を妨《さまた》げる」という主張が真顔でなされていました。

③現代でも同じようなことがつづいています。北海道の百姓の友人から聞いた話ですが、昼食時間になると、村のコンビニの弁当売り場に行列ができるのだそうです。弁当をつくる時間よりも、畑で生産する時間のほうがおカネになるからでしょう。畑で働いて国内農産物の生産高を上げるほうが「自給率」には貢献《こうけん》するでしょうが、何かが壊れてしまっています。

私たち百姓は、自分が食べているもののうち、わが家の田畑でとれたものはわかっています。私は米や野菜を買うことはほとんどありません。牛乳や肉や魚やビールは買います。どれくらい自給しているかはわかっています。しかし、これを数字であらわすとなると、かんたんではありません。自給しているものを仮に買ったとしたらいくらになるか、それに対して購入した食料品の金額はどれくらいになるか、を計算すれば、自給しているものの金額の割合が出るでしょう。わが家では約五〇%でしょうか。

しかし、自給をおカネに換算《かんさん》する習慣はそれまではありませんでし

【国　語】〈五〇分〉〈満点：七〇点〉

【一】　次の文章を読んで、あとの問に答えなさい。

みなさんは「自給」という言葉を聞いたことがありますか。最近は「日本の食料自給率が四〇％しかない」などとよく言われていますから、そこで「自給」を聞いたりしますが、ほかには使われているのを知らないでしょう。

百姓《ひゃくしょう》にとっても、「自給」はあまり使う言葉ではありませんでした。綿を栽培《さいばい》し、収穫《しゅうかく》し、紡《つむ》いで糸にして、村の中の染め物屋に染めてもらって、それを冬の農閑期《のうかんき》に織って、その生地《きじ》で家族の服を縫《ぬ》う、というのはあたりまえにおこなわれていたことで、それをことさらに「着物を自給している」と言うことはなかったでしょう。米だって、野菜だって、薪《たきぎ》だって、山菜だって、自給しているというのではなく、一昔前までは、そういう暮らしがとうぜんでした。なぜなら、そうしないと村では暮らしていけなかったからです。そういう暮らしが暮らしやすかったからです。それほど、田畑も含《ふく》めて自然との関係が、昔の日本人は深かったのです。自然のふところに抱《いだ》かれて暮らしていれば、自給などはあたりまえでした。

むしろ自給を意識するのは、よそから購入《こうにゅう》するときでした。竹のない村に竹籠《たけかご》を売りに来る人たちがいました。村人は感心して、その竹細工の籠や笊《ざる》を買い求め、大切に使いました。「こういう笊になる竹というものはどういうふうに生えているのだろう」とうらやましがったのです。近くの村の一〇〇歳《さい》になるじいちゃんから聞いた話ですが、青年のころ、遠い地方から来た竹細工の上手な人に、青年たちは竹籠づくりを習ったのだそうです。一〇日ほどその人には村に泊《と》まってもらって、毎日公民館で真剣《しんけん》に竹の切り方から、割り方、削《けず》り方、編み方まで、教えてもらったのだそうです。それから、竹籠や竹の道具を村の人たちは自給できるようになったと聞きました。この場合の自給は、竹を加工する技《わざ》（仕事）の自給と切り離《はな》せません。

①その竹籠づくりの技も、今ではほとんど無用のものになってしまい、竹藪《たけやぶ》ばかりが目立ちます。輸入された竹籠や笊が驚《おどろ》くぐらい安い価格で売られているので、今さら竹細工でもあるまいとみんなが思っています。しかし、ときどき私は思うのです。竹の用具を自給していたころには、こんな竹藪は出現しなかっただろうし、竹林の風景はいとおしく見えていただろうと。

よくわからないことがあります。自給はあたりまえすぎるものであったために、ことさらにそれを守ろうとする気持ちもありませんでした。しかし、それが壊《こわ》れていくことに抵抗《ていこう》が少なかったのはどうしてだろうか、と疑問に思うのです。竹製品にかわるプラスチック製品が入ってきても、当初はそんなものを買わなくても、従来のものでまにあっていたでしょう。しかしそれがいたんで、新しい竹の籠や笊が必要になっても、もう「買ったほうが安い」と思うようになっていったのだと思います。

自給を壊したのは「買ったほうが安い」という経済システムで、それは分業からはじまり、やがて農業が農業の内部の仕事を、ほかの産業へ外注するシステムへと拡大していきました。鍬《くわ》で耕していたころは、鍬は村の中の鍛冶屋《かじや》で自給できていました。それが牛や馬で耕すことになると、犂《すき》は村では自給できず、遠くの犂の製造所から買うようになりま

（注２）　最期＝命が尽《つ》きるとき。

問一　傍線部①「父さんは、てのひらほどの、一枚の写真のなかに住んでいる。」とありますが、「住んでいる」という表現から、アリのどのような思いが読み取れますか。

問二　傍線部②「だからぼくは不安になった。」とありますが、アリの抱《いだ》いた不安はどのようなものですか。

問三　傍線部③「でも、母さんには、それきりたずねはしなかった。」とありますが、アリはなぜ母さんにたずねることをやめたのですか。

問四　傍線部④「そんなふうに言ってくれて、うれしかった。」とありますが、アリはなぜうれしかったのですか。

問五　傍線部⑤「ぼくはようやく、『ぼく』でいられるようになった。」とありますが、それはどういうことですか。

【三】　次のカタカナの部分を漢字に直しなさい。

1　赤組にグンバイが上がる。
2　ミジュクな考え方。
3　家をルスにする。
4　ホショウ書つきの製品。
5　レンタイ責任。
6　カイテキな室温。
7　本社にハイゾクされる。
8　キンベンな性格。
9　チョサク集を刊行する。
10　自宅にショウタイする。
11　マドを閉める。
12　車にノる。
13　もちをヤく。
14　今年の夏はアツい。
15　ケワしい道のり。

ぼくはきつくまばたきし、アザミの模様の額に入った写真のことを思った。

あれは、ジェイミーがずうっと前から知ってる場所を、三人でハイキングしていたときだ。丘《おか》には、むかしの金の採掘《さいくつ》でぼこぼこ穴があいていて、古い機械も残されていた。囚人《しゅうじん》たちのつくった道。アカシアの花が甘《あま》くにおった。母さんたら、三人で探検してるといつもたいていそうなんだけど、このときも、どんどん先を歩いていた。

「母さんは、いつもあんなに早足なのか?」ジェイミーがぼくにたずねた。

「うん、いっつもだよ。ぼく、小さかったときなんて、走って追いつかなくちゃなんなかった」

「ドイツ語で〝もっとゆっくり〟って、なんて言うの? アリ、大声で言ってやってよ」

「ねえ、母さん」ぼくは母さんのほうへ声をあげた。丘のむこうへ、いまにも姿を消しそうだ。「マッハ・ラングザーム!」

「ねえ、アリ、ドイツ語なまりが少し取れてきちゃったわよ」と母さんに、二度だか言われたことがある。「前とはちがってきたもの。母さんにはわかる。飛行機雲……みたいに、だんだんだんだん消えていってしまうのね。そのうち、あなたの英語、そこらのおちびの〈オスィー〉みたいになるんじゃない?」オーストラリア人を指す〈オージー〉を、母さんは〈オスィー〉と発音する。

もうずいぶん前の話だけれど、こっちの学校に転校してきて半月ぐらい、ぼくはなにか言うたびに、ほかの子たちに笑われた。

おい、アリ、おっかしいよ、おまえの言葉。

ねえ、アリ、ドイツ語でののしり言葉、言ってみて。

なあ、アリ、「マニング先生はあほんだら」って、ドイツ語でなんて言うの?

でも、そうこうするうち、また何人か転校生が入ってきて、⑤ぼくはようやく、「ぼく」でいられるようになった。アリ、サッカーの名ゴールキーパー。アリ、算数の問題をだれよりも早く解く子。アリ、町はずれの、洞窟《どうくつ》のそばのカフェに住んでる子。

ぼくにあれこれきいてくるのは、いまではカフェのお客たちだ。はじめてやってくるお客たちだ。ぼくが、いらっしゃいませと言ってテーブルに案内すると、言葉になまりを聞きつけてたずねてくる。「きみはどこの生まれ?」

ドイツのハットルフです、とぼくは答える。八つのとき、母さんとオーストラリアへ遊びにきて、とても気に入ったので、こんどは住むことにしたんです。こっちへ来てもうじき三年になります。ここで料理をつくるのは、母さんと、いまの父さん。食事を出すのは九時半までです。そのあとまでいてくだされば、生演奏が聴《き》けますよ。ええ、あそこのステージで。演奏するのも、母さんと父さんです。アリソンとベンもいっしょです。ふたりとも大学生で、ピアノとコントラバスを担当します。いいえ、ぼくはステージには立ちません——聴いてるだけです。ワインは、冷やしたほうがよろしいですか。冷蔵庫にちょっと入れておきますけれど。注文は、べつの者がうかがいにまいりますので。ええ、ここの生活、気に入ってます——楽しいです。名前? アリです、アリと言います。

(サイモン・フレンチ作 野《の》の水生《みお》訳『そして、ぼくの旅はつづく』)

(注1) トマス=「ぼく」の友だちの一人。

とは思うけど」きょうも晴れならいいのにな、そんな口調で言ってしまって、②だからぼくは不安になった。どうでもいいみたいに聞こえたんじゃないかなあ。

でも、母さんは言った。「父さんが生きていれば、あなたのことをさぞや自慢《じまん》に思うでしょうね」

それで、ぼくにもわかったんだ。母さんはほんとうに、父さんのことを思いつづけているんだって。ときには、ぼくのぶんまでも。

父さんの形見を、ぼくはふたつ持っている。ひとつは、銀の腕《うで》時計。太陽と月の絵が、昼と夜とにかわりばんこにあらわれて、文字盤《ばん》の上をぐるぐるまわる。もうひとつは、浮《う》き模様を織り出したサテンのチョッキだ。毎週、金曜と土曜の晩、ぼくはこれを着て、カフェを手伝う。母さんの話によると、オーパが着ていたチョッキを――若いころにインドを旅して買ったチョッキを――父さんがすごくほめて、そうしたら、ゲッティンゲンの市で、オーパがよく似たチョッキを見つけて、父さんにプレゼントしたんだそうだ。

「これできみも、老いぼれヒッピーの仲間入りができるぞ――オーパったら、父さんにそう言ったのよ」母さんは、なつかしそうな目になった。「ふたり、すっかり気が合って。エミールとオーパ。冗談《じょうだん》ばかり言い合ってたわ」

父さんはどこへ行ったの？　どうして帰ってこないの？

ぼくは何度もたずねた気がする。いや、たずねたのにちがいない。母さんは答えてくれて、そしてぼくも、最後にはのみこむことができたから。

あれは金曜日だったわ、父さんはいつもより早く仕事に出たの。あなたが三つになって二週間てときだった。会社でコンピュータに問題が起きて、父さんは、その日のうちに解決しなきゃならなくなった。まだ夜も明けてなくて暗くてね、おまけに雨も降ってたわ。で、道路で大きな事故があった。車が何台も巻きこまれて、おおぜいの人がけがをした。父さんも……エミールも、大けがをして、そのまま逝《い》ってしまったの。

その話をようやく理解できたのは、五つのときだ。それからずっと、父さんの(注2)最期《さいご》のことを、ぼくは思いつづけてきた。③でも、母さんには、それきりたずねはしなかった。そのかわり、「ぼく、父さんに似てる？」ってきいてみた。知りたくて。

これには母さんも、ちょっぴりだけど笑みを浮かべて答えてくれた。「父さんも、あなたとおなじで数学が得意だったわ。コンピュータにもすばらしくくわしかった。音楽も大好きでね。ただし、楽器を弾《ひ》くのは大の苦手。だけど、歌はうまかった。いい声をしていたわ。父さんて、ほんとにすてきな人だったのよ、アリ」

「ジェイミーみたいに？」

母さんは、ちょっと考えこんでから言った。「似ているところもあれば、全然似てないところもある」

ジェイミー。ジェイムズ・ニコル。

「ぼくはね、アリ、きみの父さんに取って代わろうとは思ってない」とジェイミーに言われたことがある。「ぼくはぼくだ。きみが、いつでもなんでも話せる相手、と思ってほしい」

ぼくは、だまってうなずいた。④そんなふうに言ってくれて、うれしかった。それでもやっぱり、胸のどこかが、へんなふうにちくりとした。

【国　語】（五〇分）〈満点：七〇点〉

【一】　※問題に使用された作品の著作権者が二次使用の許可を出していないため、問題を掲載しておりません。

【二】　**次の文章を読んで、あとの問に答えなさい。**

「ぼく」の名前はアリ。八つのとき、母親の再婚《さいこん》により、ドイツからオーストラリアに引《ひ》っ越《こ》してきた。もうじき、それから三年になろうとしている。

オーパ。ドイツ語で、〈おじいちゃん〉のこと。

ママーは、〈母《かあ》さん〉のこと。ぼくの母さん、名前はイロナ。

なにかドイツ語言ってみて、とあるときトマスにせがまれて、「オーパ」と言ったら、このひびきにはなじみがあったようだけど、もうひとつ言ってみせたら、(注1)トマスはくすくす笑った。

そして「ママー」とまねをした。「ママー、ママー。お話し人形みたいじゃん」

「ふん、つっまんないこと言うなよな。笑ってなんかやんないよ。おんなじこと、前にもだれかに言われたよ。それにもう、ママーなんて呼んでない。母さんって呼んでるよ。ほんとにほんと」

そうは言っても、ドイツ語を、ぼくはちゃんと覚えていた。話す機会がたまにあって、そのときのために、頭にしまいこんである。たとえば、親戚《しんせき》のだれかと長距離《ちょうきょり》電話で話すとき。母さんとも、ドイツ語で話すことがたまにある。目がさめて、ああ、夢のなかでドイツ語をしゃべっていたなと、思い出すこともある。でも、起きているときは、なにを思うにも英語でだ。父《とう》さんのことを思うときですら、英語でだった。

ぼくの父さん。名前はエミール。

①父さんは、てのひらほどの、一枚の写真のなかに住んでいる。明るい色のセーターに革《かわ》のジャケットをはおり、にっこりと大きな笑《え》みを見せている。父さんにあかんぼ用のバックパックでおぶわれて、幼いぼくも写っている。帽子《ぼうし》をかぶり、マフラーをして、毛糸のミトンをはめたぼく。父さんといっしょに笑ってる。

ベルリンの平和集会に参加したときの写真よ、と母さんは言った。人波のなかの、父さんとぼく。ふたつの笑顔。シャッターを切ったのは母さんだ。

おなじ人波のなかで、父さんも、母さんに向けてシャッターを切った。そっちの写真はアルバムにおさめてある。父さん母さん、一歳《さい》、二歳、三歳のぼくが住んでるアルバムに。

父さんとぼくを写したほうは、おなじものが二枚あって、それぞれ、アザミの模様をほどこした銀色の額に入れられ、ひとつは母さんの寝室《しんしつ》に、もうひとつは、ぼくの枕《まくら》もとのテーブルに飾《かざ》ってある。父さんは、遠くからぼくにほほえみかけてくる。ぼくはよく想像してみる。父さんにバックパックでおぶわれるって、父さんの声を間近に聞くって、どんな感じだっただろう、と。

「ねえ、父さんのこと、思い出したりする？」母さんに、いちどたずねたことがある。

「あのね、アリ、母さんは毎日、父さんのことを思っているわ。あなたは？」

ぼくは肩《かた》をすくめた。「そりゃ、いまも生きててくれればいいのにな、

とをそれとなく伝えようとしている。

イ　ジョンが外出して静かになった家の中で、ママに歴史について教わって勉強に集中しようとしている。

ウ　ジョンのことで家族の気持ちが沈《しず》んでいることにたえられず、別の話で気をまぎらせようとしている。

エ　ジョンが持ちこんだ鳩の問題よりも歴史の試験の方が大事だと、ママに気づいてもらおうとしている。

問四　傍線部④「たしか車のトランクにダンボール箱があったはずだから、わたし行って取ってくるわ」とありますが、ママが鳩を飼うことを許す気持ちになったのはなぜですか。

問五　傍線部⑤「つぎの朝、わたしは箱を自転車小屋に運ぶジョンのあとをついていった。」とありますが、このあと「わたし」の鳩に対する気持ちはどのように変わりましたか。

【三】　次のカタカナの部分を漢字に直しなさい。

1　人の気持ちをスイサツする。

2　ミンシュウの声をきく。

3　チョスイチを見学する。

4　世の中のフウチョウ。

5　船のキテキが鳴る。

6　海外のヒキョウをおとずれる。

7　午後五時にヘイカンする。

8　コンセンを制する。

9　時間をゲンシュする。

10　心臓をイショクする。

11　ハが立たない。

12　人数をフやす。

13　見る目をヤシナう。

14　土をカタめる。

15　念仏をトナえる。

「鳩って(注)気管支の病気うつすんだって。あとで後悔《こうかい》したって遅《おそ》いんだから」わたしはジョンにいった。

猫のパディが襲《おそ》いかかるかもしれないので、ママはジョンにその箱をじぶんの部屋に持ってあがることをゆるした。その晩わたしはほとんど徹夜《てつや》で歴史の勉強をしていたけれど、ジョンも鳩がひっかく音が気になり、やはりひと晩じゅう眠《ねむ》れなかったにちがいない。

⑤つぎの朝、わたしは箱を自転車小屋に運ぶジョンのあとをついていった。

「その鳩一生飼うつもり?」

「鳩が生きてるかぎりはね」

「でも弱ってるんでしょ?」

わたしは箱の中をのぞきこんだ。鳩は足をすって隅《すみ》に逃げた。

「持ってみてごらんよ。いいよ、抱きたいんなら」

「やだ。ぞっとしちゃうもん」

「なんだよ、鳥をみてぞっとするやつなんかいるか」

「きらいってわけじゃないんだけど、抱くこと考えるとぞっとするんだもん。からだじゅうかゆくなっちゃう」

「恐《こわ》がってるだけだよ。恐いことあるもんか。そんなの時間のむだ。さ、すわってごらん」

わたしがひざをついてしゃがむと、ジョンは両手で鳩の翼《つばさ》を包むようにして箱からとりだし、わたしの前にさしだした。受けとらなかったら、あの翼がまたもや顔にかかるかとおもうと恐ろしく、わたしは観念してその鳩を受けとった。そしてそのまま鳩を抱いていた。おもいのほか軽く、温かく、とくとくと波打ち、せかせかとおびえている小さな生きもの。わたしは鳩を安心させるようにかるく舌を鳴らした。わたしも鳩も、ともに落ちついたころをみはからって、ジョンはふたたび鳩を抱きとった。

「ほらね、これでもう恐くなくなっただろう」

(バーリー・ドハーティ作/中川千尋《ちひろ》訳『シェフィールドを発《た》つ日』)

(注) 気管支=気管が二つにわかれてから左右の肺に入るまでの部分。

問一 傍線部①「ジョンがすごい勢いで階段をかけのぼってきた」とありますが、ジョンはどうしてこのようにしたのですか。最も適当なものを次の中から選び、記号で答えなさい。

ア この日の家事の手伝いは、当番である自分がすべてやるつもりであったから。

イ 自分が乾燥機であたためていた鳩を家族に見つけられるのをおそれたから。

ウ ジェスが鳩と接触《せっしょく》して、病気がうつされるのではないかと不安だったから。

エ 乾燥機に入れたのは自分なので、元気になった鳩を最初に見たかったから。

問二 傍線部②「ボールペンでコツコツとテーブルをたたいてばかりいて、しょっちゅう窓の外に目を走らせている。」とありますが、このときママはどのような気持ちでしたか。

問三 傍線部③「ママ、歴史でわかんないとこあるの。あした試験だから教えてくれない?」とありますが、このときのジェスの気持ちとして最も適当なものを次の中から選び、記号で答えなさい。

ア ジョンの悪ふざけをしかったママに対して、自分は味方であるこ紙の束を持ちだして採点をはじめ、それに没頭《ぼっとう》しているふりをしていた。けれども②ボールペンでコツコツとテーブルをたたいてばかりいて、しょっちゅう窓の外に目を走らせている。窓に映るのは、うつむいているわたしたちの姿ばかりだ。ジョンはもう帰ってこないような気がしてきた。ダービーシャーの暗い小道をもくもくと自転車をこぎつづけているジョンの姿が目に浮《う》かんだ。

「③ママ、歴史でわかんないとこあるの。あした試験だから教えてくれない？」

「じぶんでやりなさい」

わたしは猫《ねこ》の鼻先で紙きれをぴらぴらさせてからかいはじめた。いやがる猫をあいてにいつまでもしつこくからかっていると、しまいにパパがぴしゃりとわたしの手を叩いた。

ついに車輪の音がした。ママはすばやく立ち上がってカーテンを引き、書類にもどった。パパはオーブンの火を消した。

「腹へったか？」

ジョンは返事をしなかった。部屋に入るなり、手足をなげだしてどさりと肘掛椅子《ひじかけいす》に腰《こし》をおろした。相当に疲《つか》れているようすだった。涙《なみだ》をこすったあとらしく、目のまわりにどろのすじがついている。

「また持って帰ってきたからね」ジョンはいった。

これをきいてパパが台所から顔をだしたが、あまりのことに物もいえないようだった。ジョンはそっと上着の前を開け、おとなしく丸まっている鳩をとりだした。ジョンがやさしくなでると、鳩は静かな目でわたしたちをみつめた。すると猫のパディが背中の毛を逆立て、しっぽをふくらませてうなったので、わたしはあわててパディをなだめた。

「どうしてなの？」ママがたずねた。

「ちゃんとみつけたところまで連れて戻《もど》ったんだ。すっごく遠いんだよ。ロングショウの地所の樹《き》の根元に置いてやったら、こいつ羽根をひろげてへたりこんだんだ。それで一度はそこを離《はな》れたんだけど、ほんとうにだいじょうぶなのか気になって、もういっぺんもどってみた。そしたらやっぱりおなじ場所におんなじかっこうをしてへばりついているんだ。だから持ちあげて、飛べるのかどうかためしに投げてみた。そしたらそのまま落っこっちゃったんだよ。飛べないんだ。だからまた連れてかえった。ぼくが世話をする」

「飛べないのは、なにもジョンの責任じゃないんでしょう」わたしがいった。

「みつけた以上ぼくの責任だよ。ほっとけば死んじゃうもの見捨てるなんて、パパやママだってできないだろ」

パパとママのあいだにすばやく視線が交《か》わされたが、わたしにはそれがどういう意味なのかわからなかった。ママは本をむこうに押しやって、あきらめたというふうにいった。

「マイク、ジョンにごはんの用意をしてやってちょうだい。④たしか車のトランクにダンボール箱があったはずだから、わたし行って取ってくるわ」

ジョンが食事をしているあいだ、鳩はダンボールの中でカサカサ音をたてて歩きまわり、猫のパディは部屋にただよう鳩の臭《にお》いのせいで落ちつかなかった。ジョンは食事がすむと、パンくずとミルクをあわせたものを、鳩のくちばしにつっこんでやった。わたしもおそるおそる箱の中をのぞいてはみたものの、とても触《さわ》る気にはならなかった。

の部屋で復習をしていた。ママが歴史の先生なのに、わたしは歴史の試験で落第点をとってしまったのだ。ママはそれほど気にしていないようだったけれど、わたしはたまらない気持ちで、二度と落第点なんか取らないと決心した。パパが二階にいるわたしを呼んで、バスルームの乾燥機《かんそうき》の中からテーブルクロスを取ってきてくれないかといった。

「ぼくがやる」①ジョンがすごい勢いで階段をかけのぼってきたときには、わたしはすでに乾燥機の前に立っていた。そのとびらを開けると、なにかが猛烈《もうれつ》な勢いで顔に飛びかかってきた。わたしは金切り声をあげ、ジョンがわたしを押《お》しのけた。ママがあわてて飛びこんできた。

「ちょっと、いったいなにごとなの？」ママの声は鋭《するど》かった。

ジョンがかかえていたのは灰色の鳩《はと》だった。鳩は目に恐怖《きょうふ》をみなぎらせ、手のなかで、けんめいにもがいていた。わたしはふるえがとまらなかった。あの羽根が、顔を叩《たた》きつけてきたときの驚《おどろ》きは一生忘れられない。ママは乾燥機から鳩の糞《ふん》のついたテーブルクロスや下着、シーツなどを取り出しながら怒《おこ》っていた。

「なんでまたこんなところに鳩が入りこんだのかしら？」

「ぼくが入れた」ジョンがいった。

「乾燥機に？」

「ごめんなさい、ママ。悪かったよ。サイクリングのとちゅうでみつけたんだ。ハギスは絶対死んでるっていったんだけど、ぼくは生きてるっていって、だからぼく、サドルバッグにいれて持ってきたんだ。乾燥機に入れておけば、あったまるとおもって」

「あきれたばかね」ママはわたしと同様すっかり取り乱していた。「ほんとにばかよ。シーツもなにもかも、みんなめちゃめちゃじゃないの、すぐに捨ててらっしゃい」

ジョンは鳩を胸にしっかり抱《だ》きしめて立っていた。鳩はまるでジョンの心臓そのもののようにどきどき波打っていた。

「捨ててらっしゃいったら！」ママは叫《さけ》んだ。「家のなかに鳥がいるなんてぞっとするわ」

さっきまでジョンといっしょに小麦粉をこねていたパパが、粉だらけのまま、騒《さわ》ぎをのぞきにやってきた。「ジョン、はやく始末してこい」

「始末してこいってどういうこと？」

「拾ったところに返してこい」

「だって、パパ、グリンフィールドの近くだよ。すっごく遠いんだ」

「いいから捨ててこい」

「でも夕飯食べてからでいいでしょう」

「夕飯はどこへも逃《に》げないから先に捨ててこい」

ジョンは青ざめ、顔をひきつらせた。叫び声をあげたわたしが騒ぎの原因ともいえるのだから、わたしが助《たす》け舟《ぶね》をだせばよかったのかもしれない。けれどもわたしは両親がそろって、かわいそうなわたしの肩《かた》をもってくれるので、いい気になっていた。

「ずいぶんひどい悪ふざけしてくれたわね」わたしはいった。

「悪ふざけじゃないよ。あったためてやったら元気になるかとおもって、入れておいただけなんだから」

「で、きみの説は正しかったと証明されたわけだ」パパはジョンを廊下《ろうか》に引っぱりだしていった。「さあ、置いてこい」

わたしは階段をおりていくジョンを、つんと見送った。

この日の日暮《ひぐ》れは早かった。ジョンは帰ってこない。ママはテスト用ありません。けれども実際に事故が発生したとき、「マニュアル」どおりに行動することが必ずしもよい結果を生むとは限りません。たとえば、上司との連絡に手間取ったり、責任者の判断が下るのに時間がかかったりして、現場の状況《じょうきょう》に応じて柔軟《じゅうなん》な対応をしていれば防げたはずの深刻な事態を招いてしまうようなこともあるでしょう。

さきほど私は、仕事を「マニュアル化」することによって、誰がやっても仕事内容に大きなぶれや失敗が生じにくくなり、仕事の安定化が図れると述べました。それは見方をかえれば、仕事に従事する者の考えや判断を排除《はいじょ》する方法が「マニュアル化」だということでもあります。したがって、「マニュアル」どおりの仕事からは、新しいものや新しいやり方は生まれてきません。また、「マニュアル」は、想定されることがらに対応するように作られていますので、想定外の状況に対しては対処できません。近年、仕事に限らずこうした作業の「マニュアル化」が進み、私たちには「マニュアル」のある生活が当たり前になっています。しかし、行動を「マニュアル化」し、それに慣れてしまうことによって、創意工夫《くふう》や臨機応変の姿勢が失われる危険性には、心を向けておきたいと思います。

（本文は本校国語科による。）

問一　傍線部《ぼうせんぶ》①「多機能化」が進んだ製品の「マニュアル」には、どのような問題点がありますか。

問二　傍線部③「このような『マニュアル化』には、よい面ばかりがあるわけではありません。」とありますが、これについて次の問に答えなさい。

(1)　「マニュアル化」とは、どうすることですか。

(2)　「マニュアル化」の長所は、どのようなことですか。

(3)　「マニュアル化」の短所は、どのようなことですか。

問三　傍線部②「至れり尽くせり」、傍線部④「気が気ではありません」とありますが、(1)「至れり尽くせり」(2)「気が気ではない」の意味として、最も適当なものを次の中から選び、それぞれ記号で答えなさい。

(1)　「至れり尽くせり」

ア　何も不満がおきない
イ　十分過ぎるくらいである
ウ　言い尽くすことができない
エ　何もかもよくいきとどいている

(2)　「気が気ではない」

ア　心配で言葉も出てこない
イ　気になって落ち着いていられない
ウ　腹が立ってしかたがない
エ　あせりから正気でいられない

問四　二重傍線部A～Dの「ため」の中で一つだけ意味の違《ちが》うものがあります。その記号を答えなさい。

【二】　次の文章を読んで、あとの問に答えなさい。

> 少女ジェスは、イギリスの金属工業のさかんな町、シェフィールドで生まれ育った。父親のマイクは工場で働き、母親のジョウジイは学校の先生をしている。「わたし」ジェスは十三歳《さい》、兄のジョンは近ごろサイクリングに夢中になっている。

この日の夕食のてつだいはジョンの当番だったから、わたしはじぶん知っていると便利な機能を簡単に検索《けんさく》できるようになっていたりします。

「仕事をマニュアル化する」という言い方をした場合の「マニュアル」も手引き書という意味で、仕事の手順を文章などにまとめたものを言います。仕事をするときに、作業手順などの「マニュアル」を作っておけば、誰《だれ》がやっても仕事内容に大きなぶれや失敗が生じにくくなり、仕事の安定化が図《はか》れます。「マニュアル」をきちんと読めば製品を使えるように、仕事も「正しく」「安全に」こなせるということでしょう。ファミリーレストランやコンビニエンスストアなどで客と対応する店員のことばづかいを思い出してみてください。「いらっしゃいませ、こんにちは。ご注文はお決まりでしょうか。」といったように、いつでも、どの店員でも、しかもどこの店舗《てんぽ》でもまったく同じ言い回しで、客に失礼のないようにことばづかいまで「マニュアル化」しているのです。多店舗展開している外食産業や、加盟店を募《つの》ってチェーン展開する企業《きぎょう》などにとっては、いまや「マニュアル化」は欠かすことのできない方法となっています。

しかし、③このような「マニュアル化」には、よい面ばかりがあるわけではありません。

最近のスーパーマーケットやコンビニエンスストアでは、代金を支払《しはら》うとき、バーコードリーダーという機械が用いられています。商品の一つ一つに、バーコードと呼ばれる白と黒のしま模様が印刷されていて、その線の太さと間隔《かんかく》を変えることによって商品名や価格などさまざまな情報がわかるようになっていますが、その情報を読み取ることのできる機械がバーコードリーダーです。これを導入している店舗の基本的な「マニュアル」では、店員は会計時に商品のバーコードを一つ一つバーコードリーダーにかざすことになっています。バーコードリーダーを使えば、いつ、どんな商品が、いくつぐらい売れたかといった情報が記録され、商品管理がしやすくなります。また、店員は、商品のバーコードをバーコードリーダーにかざすだけでいいわけですから、レジスターにいちいち金額を打ち込んで計算していた時代と比べ、はるかに短時間で会計が済ませられるようになって作業能率が向上しました。さらに、計算間違《まちが》いも減りました。

ある日、私が乗車するバスの発車時刻を気にしながら、一つ百円の同一商品を十個まとめ買いして会計をしようとしたときのことでした。店員は、「いらっしゃいませ、こんにちは。」と、午後八時ごろであるにもかかわらず決まりきったあいさつをし、「百円がお一つ。」と一回一回繰《く》り返しながら、バーコードリーダーに十回商品をかざしたのです。こうすれば、時間がかかりはしても、一見同じ商品に見えて異なる商品を見誤ったり、誤った個数のキーを押《お》してしまったりするミスを防げるのですから、店員の行動は、仕事を「正しく」「安全に」こなすための基本的な「マニュアル」に忠実だったと言えます。応対も表面的にはていねいに見えるのですが、ちょっと考えてみれば、「こんばんは。」であったでしょうし、一つの商品だけバーコードリーダーを通して十倍するキーを押せば同じ作業を十回繰り返す必要もなく、時間の短縮だってできたでしょう。あまり時間がかかるので、私はバスに乗り遅《おく》れるのではないかと④気が気ではありませんでした。

また、次のような場合を考えてみてください。会社などの組織では、部下は上司の指示や命令を受けて仕事をし、様々な場面で上司の判断を仰《あお》ぎますが、特に、事故など緊急時《きんきゅうじ》の対応については、上司や責任者と連絡《れんらく》を取ってから対処するように「マニュアル」が作られていることが

【国　語】〈五〇分〉〈満点：七〇点〉

【一】次の文章を読んで、あとの問に答えなさい。

みなさんは、「マニュアル」という外来語を聞いたことがありますか。もともとは英語なのですが、日本語の表現としては、「マニュアル操作をする」「マニュアルを読む」「仕事をマニュアル化する」などという言い方で使われています。そして、日本語の中では、その意味を二通りに使い分けています。

一つは、「マニュアル操作をする」といった場合の意味で、手で動かすこと・手を使うことを意味しています。自動車についての知識を持っている人ならば、手動で変速装置を操作するタイプの車を、「マニュアル車」などと呼ぶのを聞いたことがあるでしょう。今自家用車の多くは、運転をできるだけ楽にするAために、このような操作をコンピュータなどでコントロールして自動的に行う「オートマチック車」が主流になっていますが、「マニュアル車」に運転することの魅力《みりょく》を感じる人もいまだに少なくありません。何でも機械任せにするのではなく、運転者自身の判断や運転技術が反映されて、自分で車を操《あやつ》っているという感覚に浸《ひた》れるからかもしれません。

「マニュアルを読む」という言い方をした場合の「マニュアル」は、使用説明書とか手引き書といった意味で用いられています。電化製品などを買ったときについてくる、製品の取り扱《あつか》い方を説明している冊子がそれです。中を開くと、「このたびは、お買い上げいただきありがとうございます。この説明書には、製品の使い方がまとめられています。内容をご理解の上、正しくご使用ください。」とか、「本製品を安全にお使いいただくBために重要な事項《じこう》が記載《きさい》されています。よくお読みください。」などといった前書きの後に、その製品の使い方や注意事項、使っていて困った場合の対処の仕方など、それはていねいに、考えようによってはしつこいと感じられるくらいに書かれています。初めてその製品を使う人であっても、「マニュアル」をきちんと読めば「正しく」「安全に」使うことができるようになっているのです。特に最近の電化製品はコンピュータを組み込《こ》んであるCために、とても便利になり、一つの製品でいろいろなことができる①多機能化が進んでいます。たとえば、体重計一つを取り上げてみても、ただ体重を測定するだけではなく、その結果を記憶《きおく》して変化を追ったり、カロリー計算までしてダイエットに役立てることができたりと、②至れり尽《つ》くせりの健康管理機能を持つものが売られています。携帯《けいたい》電話にしても、電話やメールといった基本的な通信機能以外に、カメラやテレビ、さらには現金情報を記録して実際にお金のかわりに使えるおサイフケータイなどといった多くの機能を備えた、もはや電話と呼ぶのをためらうような機種が各社から次々に売り出されています。しかし、多機能化が進んだ製品を十分に使いこなすDためには、そのたくさんの機能を操作するための説明が必要となり、「マニュアル」もページ数の多いものになってしまうのです。携帯電話などに至っては、厚さが二センチくらいの分厚い「マニュアル」がついていて、全部読んでから使おうなどと考えたら、読むだけでかなりの時間を必要とするばかりか、内容も簡単《かんたん》には覚えきれず、それだけでうんざりしてしまうでしょう。そこで、製品によっては、「マニュアル」の初めの方に「簡単操作ガイド」がまとめてあって、基本的な機能に限られた使い方がとりあえずできるようになっていたり、よく使う機能や

解答用紙集

○月×日 △曜日　天気(合格日和)

◆ご利用のみなさまへ

＊解答用紙の公表を行っていない学校につきましては、弊社の責任において、解答用紙を制作いたしました。

＊編集上の理由により一部縮小掲載した解答用紙がございます。

＊編集上の理由により一部実物と異なる形式の解答用紙がございます。

人間の最も偉大な力とは、その一番の弱点を克服したところから生まれてくるものである。 ──カール・ヒルティ──

東京学参株式会社

栄光学園中学校　2024年度

◇算数◇

※ 119%に拡大していただくと，解答欄は実物大になります。

1.

(1) (ア)	(1) (イ)
(2) □ □ □ □ □ □	
(3) 回	(4) 回
(5) 回	

2.

(1) L	(2) 分 秒後
(3) 分 秒後	

(4) ＜求め方＞

答え　　L より多く　　L 以下

３．

(1) (ア)　　個	(1) (イ)
(2) (ア)　　個	(2) (イ)

(3) (ア)

(3) (イ)

一の位	0	1	2	3	4
個数	個	個	個	個	個
一の位	5	6	7	8	9
個数	個	個	個	個	個

４．

(1)　　cm^3

(2) (ア)　　面	(2) (イ)　　cm^3

(3) (ア)

(3) (イ)　　cm^3

栄光学園中学校　2024年度

◇理科◇

※ 182%に拡大していただくと，解答欄は実物大になります。

問 1

問 2 プラ ℃ 素焼き ℃

問 3 プラ ℃ 素焼き ℃

問 4

問 5
(1) プラ g 素焼き g
(2) プラ g 素焼き g
(3) プラ g 素焼き g

問 6

問 7 方法
予想

問 8 予想
理由

問 9

問10 記号 時刻 時

問11

問12

問13

問14

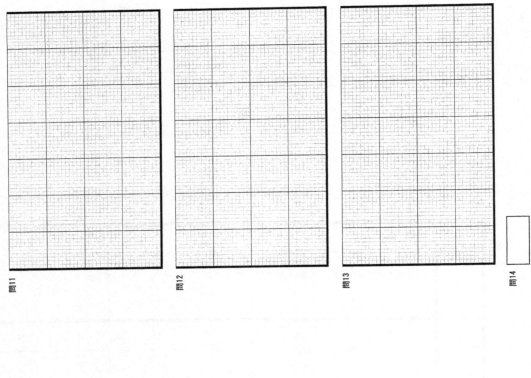

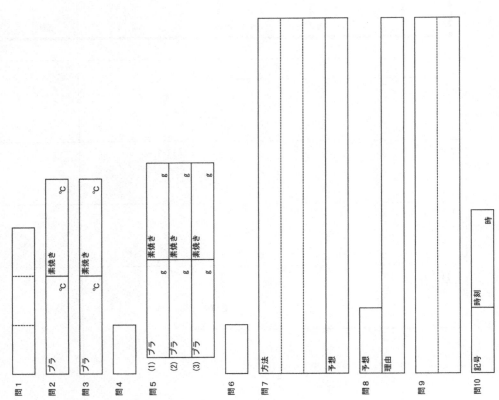

栄光学園中学校　2024年度

◇社会◇

※ 175%に拡大していただくと，解答欄は実物大になります。

1

問１　問２　問３　A

2

問１　B　C

問２　問３　問４

問５
・
・

3

問１

問２（１）石見銀山　佐渡金山

（２）

問３

4

問１

問２

問３　問４　問５

問６

5

問１

問２　国名　通貨単位

問３

問４　D

問５
金と比べて
鉄と比べて

6

問１

問２

栄光学園中学校　２０２４年度

※１４１％に拡大していただくと、解答欄は実物大になります。

◇国語◇

【一】

問一

問二

問三

問四

問五

【二】

問一

問二

問三

問四

ことによって、思いもよらず、アオイからとげのある反応を示されたから。

問五

【三】

1	2	3	4	5
6	7	8	9　む	10　う

栄光学園中学校　　2023年度　　　　◇算数◇

※ 127%に拡大していただくと，解答欄は実物大になります。

1．

(1) (ア)　cm^2	(1) (イ)　cm^2
(1) (ウ)　cm^2	
(2)　秒後	
(3)　秒後	

2．

(1) (ア)　個	(1) (イ)　個
(2) (ア)　個	(2) (イ)　個
(3) (ア)　個	(3) (イ)　個

３．

(1)

(2)

(3)

	[2]	[3]	[4]	[5]	[6]	[7]	[8]	[9]	[10]
	1	3	2	5					
[11]	[12]	[13]	[14]	[15]	[16]	[17]	[18]	[19]	[20]
[21]	[22]	[23]	[24]	[25]	[26]	[27]	[28]	[29]	[30]

(4) ア

(4) イ

(5)

４．

(1)

(2) (ア) ＜途中式＞

答え

(2) (イ)

(3) (ア)

(3) (イ)

(4)

栄光学園中学校　2023年度

◇理科◇

※ 189％に拡大していただくと，解答欄は実物大になります。

問１

問２

問３　g

問４

問５

問６	(1)	(2) g	(3) g	(4)

問７	(1) g	(2) g	(3) g

問８	(1) mL	(2) mL	(3) mL

問９

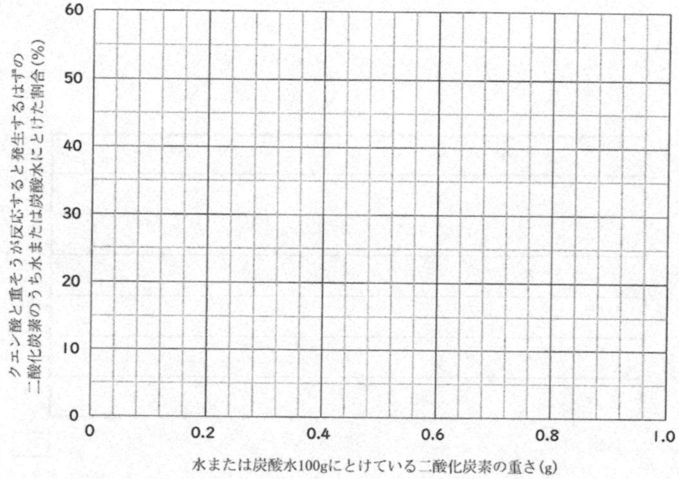

問10

クエン酸と重そうが反応すると発生するはずの二酸化炭素のうち水または炭酸水にとけた割合は，

問11	クエン酸　g	重そう　g

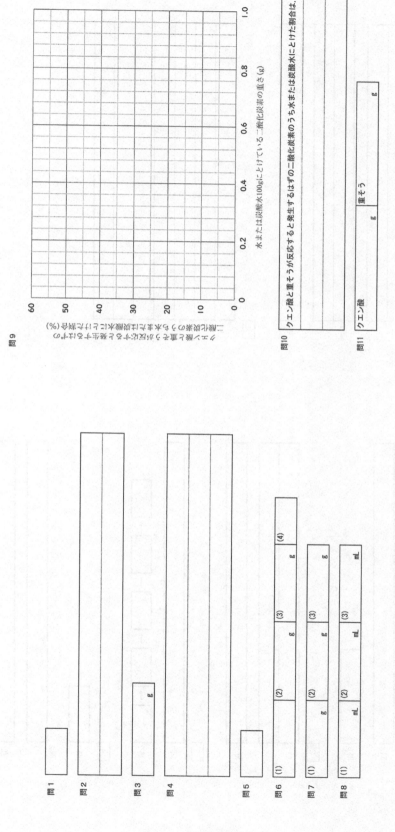

栄光学園中学校　2023年度

◇社会◇

※ 182%に拡大していただくと，解答欄は実物大になります。

1

問1

問2

問3

2

問1

問2

3

問1

問2　→　→　→　→

4

問1

問2

(1)

(2)

問3

5

問1

問2

問3

6

◇国語◇

栄光学園中学校　２０２３年度

※１７２％に拡大していただくと、解答欄は実物大になります。

【一】

問一

と筆者は思っていないということ。

問二

問三

問四

問五

【二】

問一　a　b

問二

問三

問四

問五

という考え。

【三】

1	2	3	4	5
6	7	8　れる	9　れる	10

栄光学園中学校　2022年度

◇算数◇

※ 127%に拡大していただくと，解答欄は実物大になります。

1．

(1)

(2) 式 $\frac{\square}{\square}+\frac{\square}{\square}+\frac{\square}{\square}+\frac{\square}{\square}+\frac{\square}{\square}$ 計算結果

(3) 式 $\frac{\square}{\square}+\frac{\square}{\square}+\frac{\square}{\square}+\frac{\square}{\square}+\frac{\square}{\square}$ 計算結果

(4) 式 $\frac{\square}{\square}\times\frac{\square}{\square}\times\frac{\square}{\square}\times\frac{\square}{\square}\times\frac{\square}{\square}$ 計算結果

(5)

2．

(1)（ア）　通り	(1)（イ）
(2)（ア）	(2)（イ）　回

(3)

(4)　通り

3.

(1) m

(2) m

(3) 分 秒

(4)（ア） m

(4)（イ） 秒

(5) m のところ

4.

(1) 倍

(2) 点 P が移動した距離 cm

点 Q の位置

(3) 実際の XP の長さ cm

図 5 の XP の長さ cm

(4)（ア）

(4)（イ） 度

(4)（ウ）＜記号＞

＜理由＞

(5) 度

栄光学園中学校　2022年度

◇理科◇

※ 189%に拡大していただくと，解答欄は実物大になります。

問１

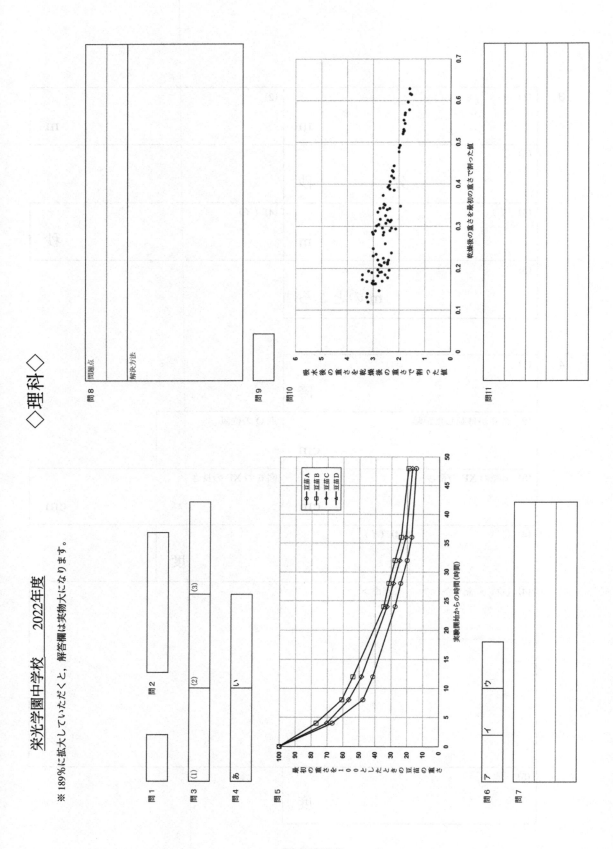

問２

問３ (1) (2) (3)

問４ あ い

問５

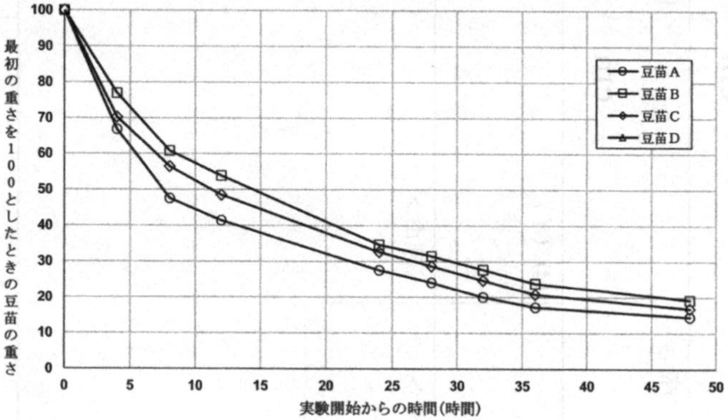

問６ ア イ ウ

問７

問８ 問題点

解決方法

問９

問10

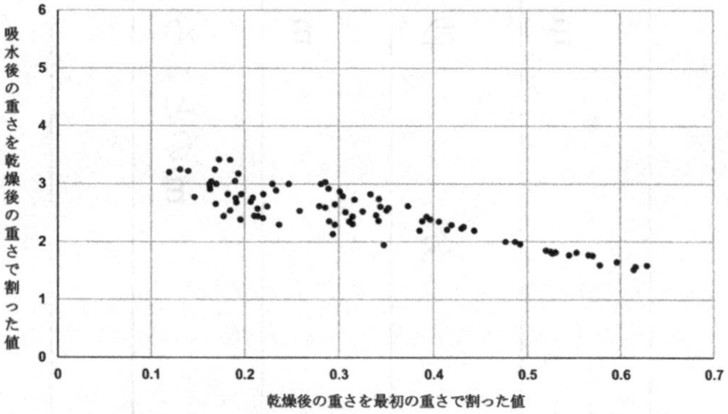

問11

栄光学園中学校　2022年度

◇社会◇

※ 204％に拡大していただくと，解答欄は実物大になります。

1

問1

問2

問3

問4

2

問1

問2

問3　問4

3

問1（a）（b）（c）

（d）

問2

問3（1）

（2）

問4　問5

4

問1　1　2　3

4

問2　問3　m

問4

問5　f　g

問6

5

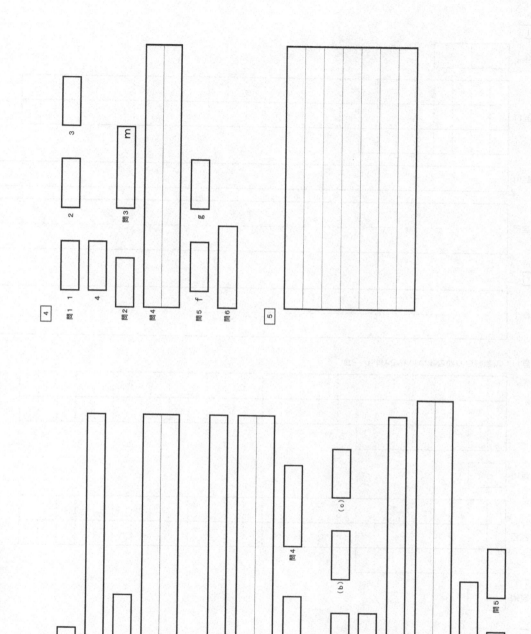

◇国語◇

栄光学園中学校　２０２２年度

※１７２％に拡大していただくと、解答欄は実物大になります。

【一】

問一

問二

問三

問四

【二】

問一

問二　お葬式のときのおじちゃんとサマーは

から。

問三

問四

問五

【三】

1	2	3	4	5
6	7	8	9　ます	10　げる

栄光学園中学校　2021年度　　◇算数◇

※ 122％に拡大していただくと，解答欄は実物大になります。

1．

(1)

(2)

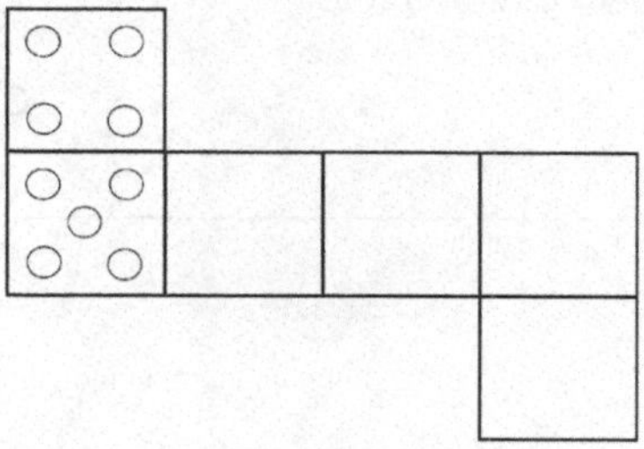

(3)

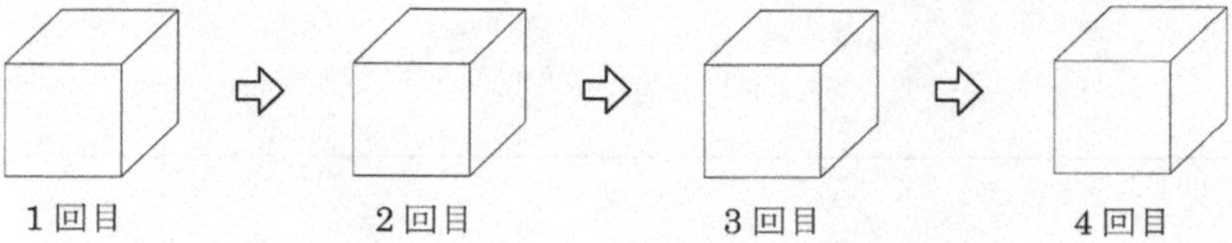

(4)

2．

(1)　　cm^2

(2)　①　　cm

②　　cm^2

(3)　　cm^2

(4)　　cm

３．

(1)　最初の黒い部分	隣の透明な部分
cm	cm

(2)

(3)

(4)

４．

(1)

(2)

(3)

(4)

問１

問２　あ　い

問３・問８

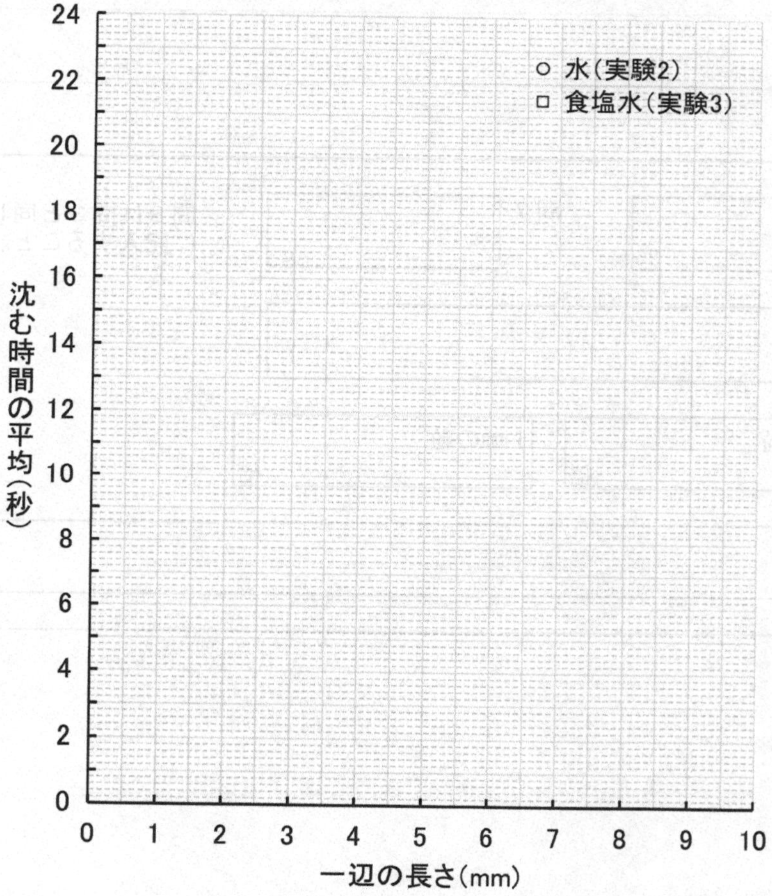

問４　う　え　お

か　き　く

け

問５

問６ %

問７ g

問８は問３と同じ解答欄に記入すること。

問９

問10 ４㎜の粒 倍 １㎜の粒 倍

問11

問12

Ⅰ

問1

問2

⑤	⑥	⑦

Ⅱ

問1　　　　　　　　　　問2　　　　　　　　　　問3

問4　　　　　　　　　　問5　　　　　問6

問7

問8

問9　　　　　　問10

問11

Ⅲ

問1　（a）　　　　　　　　　　（b）　　　　　　　　　　（c）

問2　　　　　　　問3　（1）　　　　　　（2）

問4　　　　　　　　　　　問5

Ⅳ

問１　　問２　　問３

問４

Ⅴ

問１

問２

問３

Ⅵ

栄光学園中学校　２０２１年度

※１４７％に拡大していただくと、解答欄は実物大になります。

◇国語◇

【一】

問一

問二

問三　こと。

問四

問五

問六

【二】

問一　a　b

問二

問三

問四

問五

問六

【三】

1	2	3	4	5
6	7	8	9	10
11	12 む	13 う	14 れる	15 ばす

栄光学園中学校　2020年度

◇算数◇

※119％に拡大していただくと，解答欄は実物大になります。

1．

(1)　求め方

答え＿＿＿＿＿＿＿＿

(2)	(3)

2．

(1)　度	
(2) ①　度	②　度
(3)　度	(4)　度

3．

(1)	(2)　cm
(3)　cm	(4)　cm

4．

(1) ①

	Ⓐ	Ⓑ	Ⓒ	Ⓓ
Ⓔ				
Ⓕ				
Ⓖ				
Ⓗ				

②

	Ⓐ	Ⓑ	Ⓒ	Ⓓ
Ⓔ				
Ⓕ				
Ⓖ				
Ⓗ				

(2)

(3) ①

	Ⓐ	Ⓑ	Ⓒ	Ⓓ
Ⓔ	○	○	△	×
Ⓕ		△	×	
Ⓖ				△
Ⓗ				

②

	Ⓐ	Ⓑ	Ⓒ	Ⓓ
Ⓔ		△	○	○
Ⓕ				
Ⓖ	×	×		
Ⓗ				○

(4)

(5)

栄光学園中学校　　2020年度

◇理科◇

※124％に拡大していただくと，解答欄は実物大になります。

1．A　B　C　D

2．問１　問２

3．問１　mm　問２　倍

問３

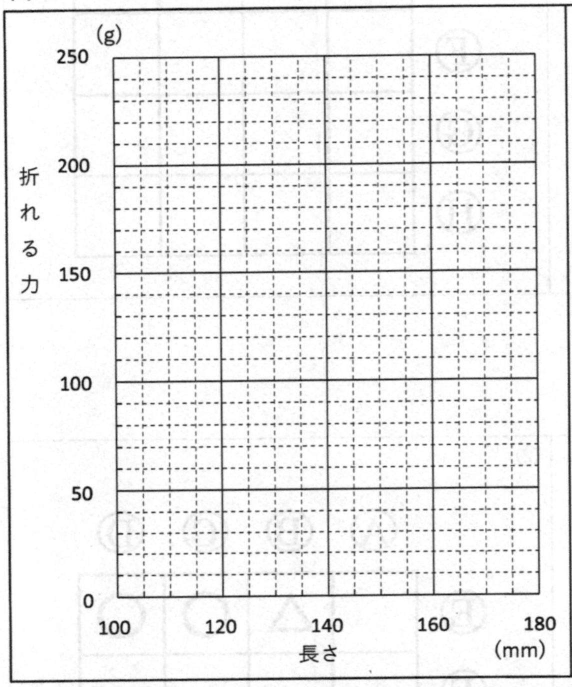

問４

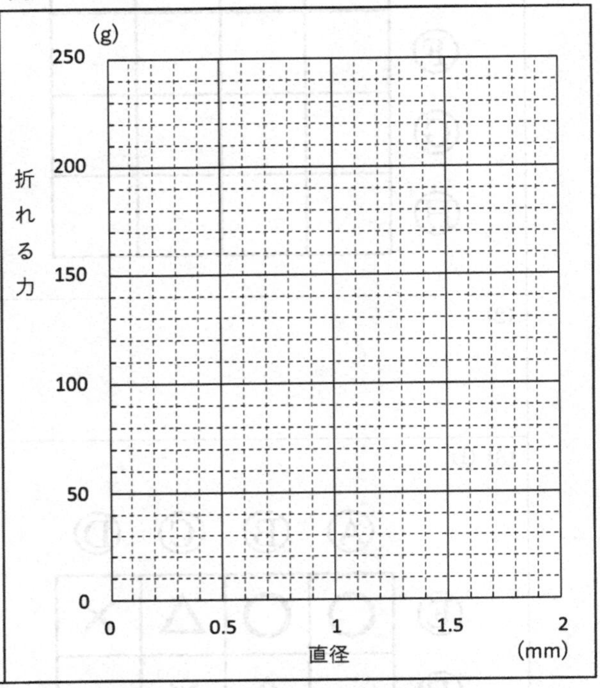

問５　A　B　C　D

問６　①

②

問７　③　④

問８　E　F　G

問９　⑤

栄光学園中学校　2020年度

◇社会◇

※125％に拡大していただくと，解答欄は実物大になります。

I

問1　A　　B

問2

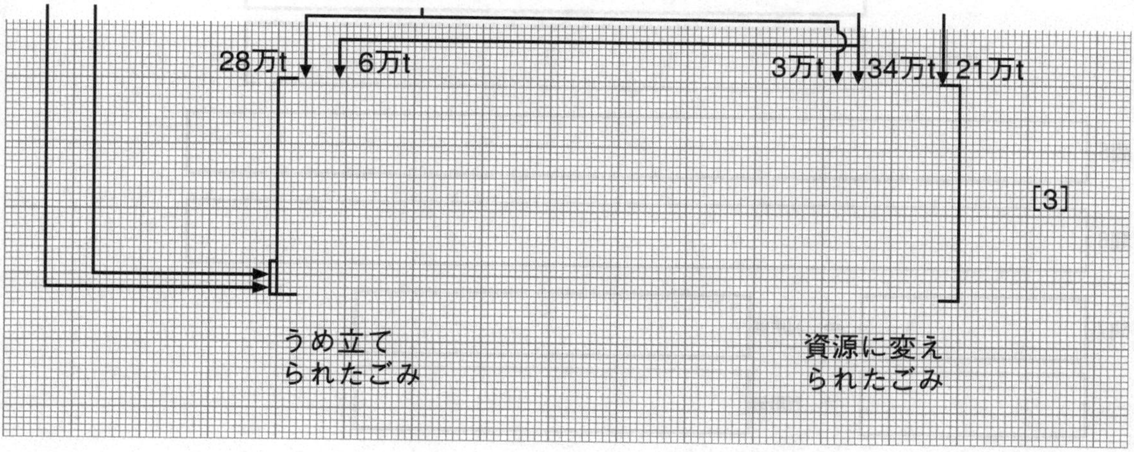

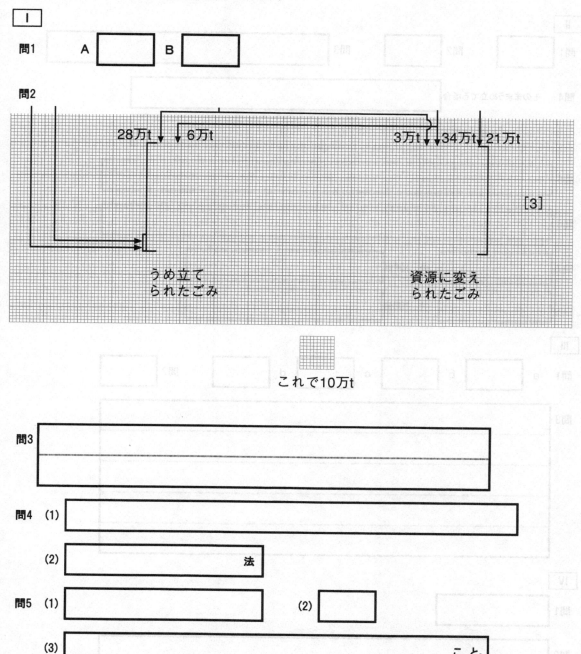

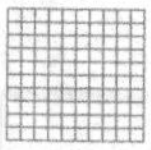
これで10万t

問3

問4　(1)

(2)　法

問5　(1)　　(2)

(3)　こ と。

II

問1　　問2　　問3

問4　そのままうめ立てる場合

焼却する場合

問5

問6

問7　⇒ 利用例

⇒ 利用例

III

問1　a　b　c　d　問2

問3

IV

問1

問2

問3

◇国語◇

栄光学園中学校　２０２０年度

※１５０％に拡大していただくと、解答欄は実物大になります。

【一】

問一

問二

問三 〜 ということ。

問四 コーラの看板や「本日三割引き」ののぼりといった視覚刺激によって

ということ。

【二】

問一 a b

問二

問三

問四

問五

【三】

1	2	3	4	5
6	7	8	9	10
11 かる	12 えた	13 ねる	14 める	15 く

栄光学園中学校　　2019年度　　◇算数◇

※この解答用紙は121％に拡大していただくと，実物大になります。

1．

(1)

cm

(2)　式

答え　＿＿＿＿＿＿＿＿＿＿＿＿ cm

2．

(1)

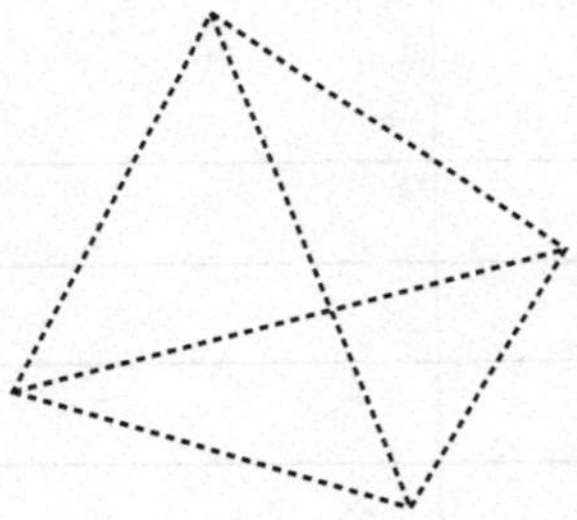

(2)

(3)①

本　　cm

②

本　　cm

(4)

本

3．

(1)

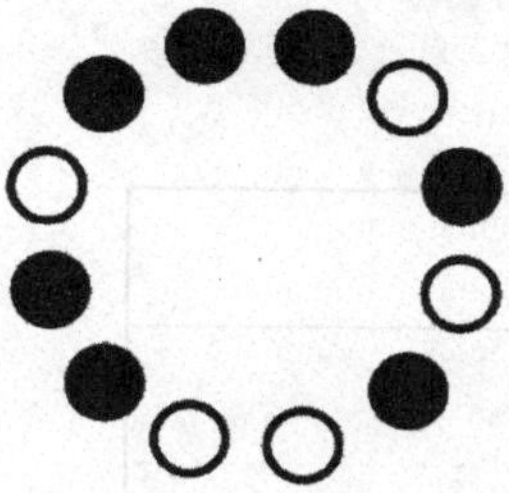

(2)図 5

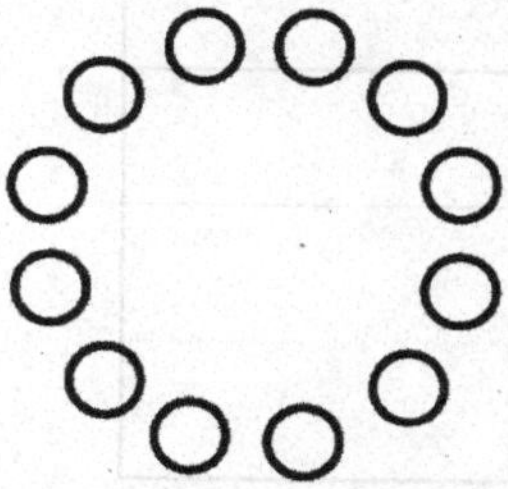

図 6

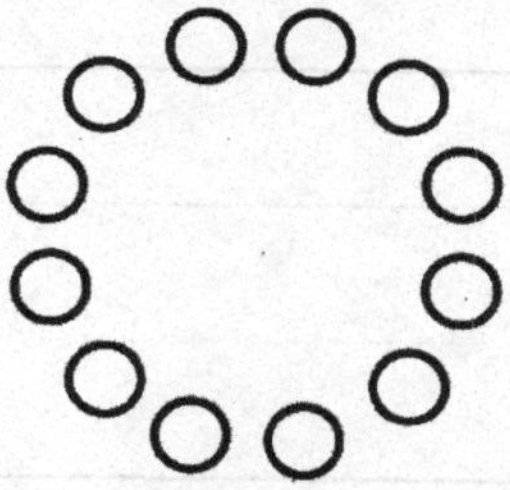

(3)

枚

(4) 最も多いときの枚数

枚

最も少ないときの枚数

枚

4．

(1)

個

(2)①

② 最も短くなる組み合わせ

かかった時間

秒

(3) かかる時間

秒

考えられる組み合わせ

栄光学園中学校　　2019年度　　　◇理科◇

※この解答用紙は127％に拡大していただくと，実物大になります。

問１　　　　問２

問３

実の特徴
有利な理由
実の特徴
有利な理由

問４

問５

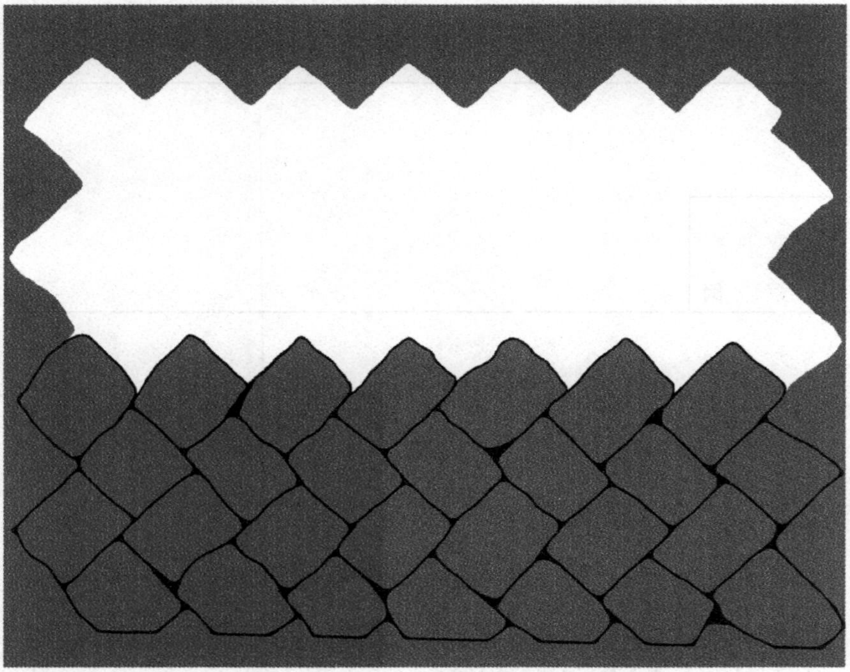

問6

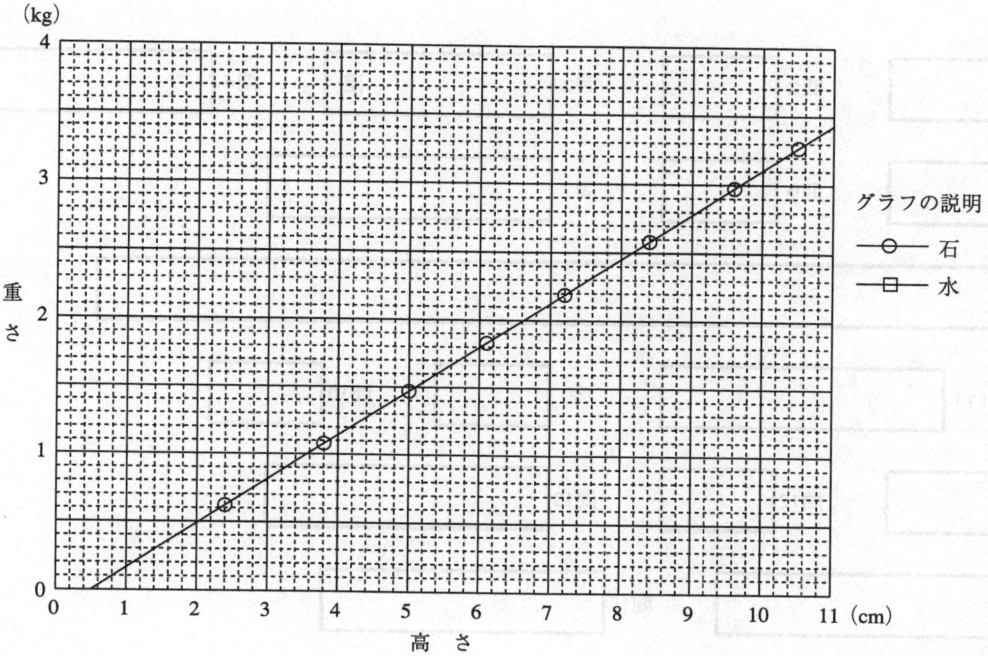

問7

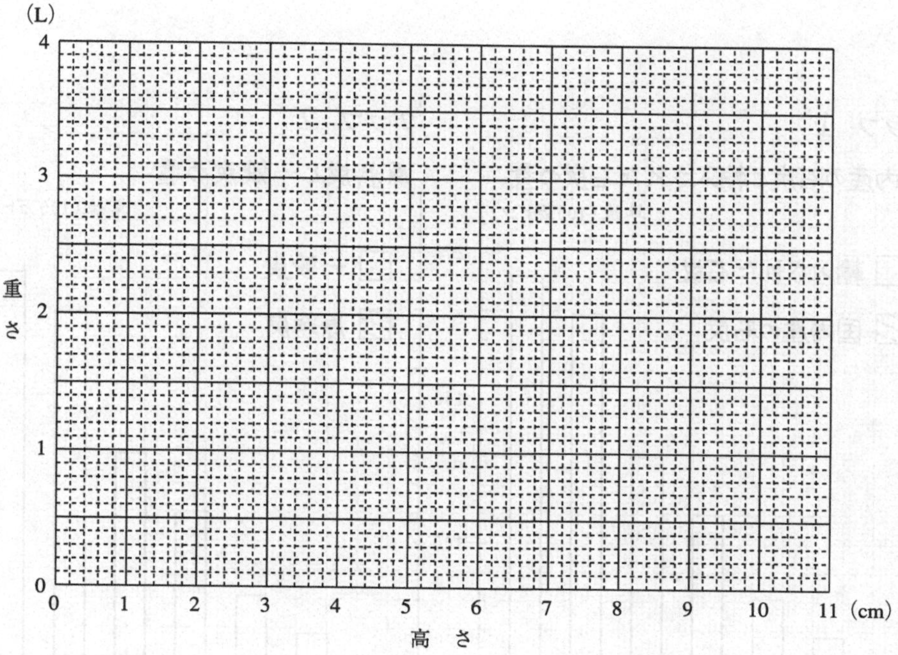

問8 g

問9 (1) % (2) %

問10

問11 倍

問12 m^2

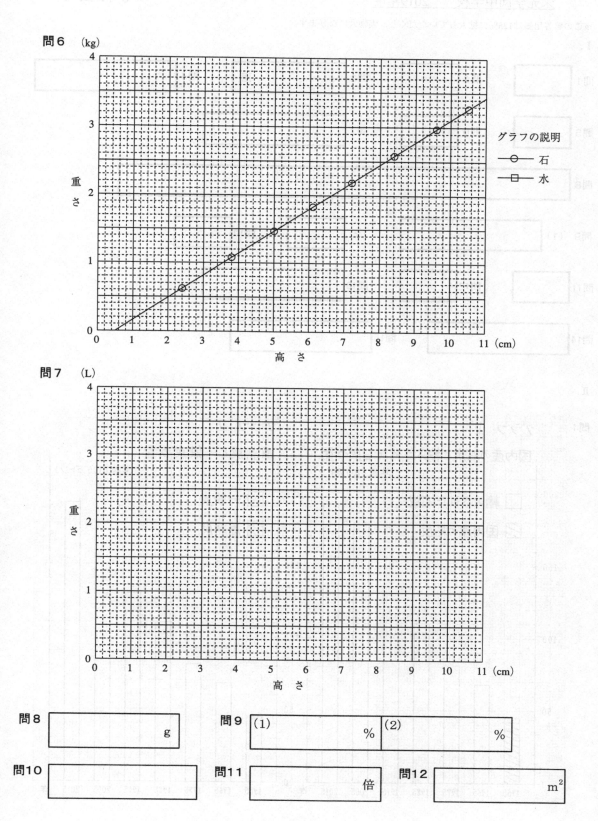

栄光学園中学校　　2019年度

◇社会◇

※この解答用紙は125％に拡大していただくと，実物大になります。

Ⅰ.

問1

問2

問3　　　　港

問4

問5

問6

問7

問8

問9　(1)　　　(2)

問10

問11

問12

問13

問14

問15

Ⅱ.

問1

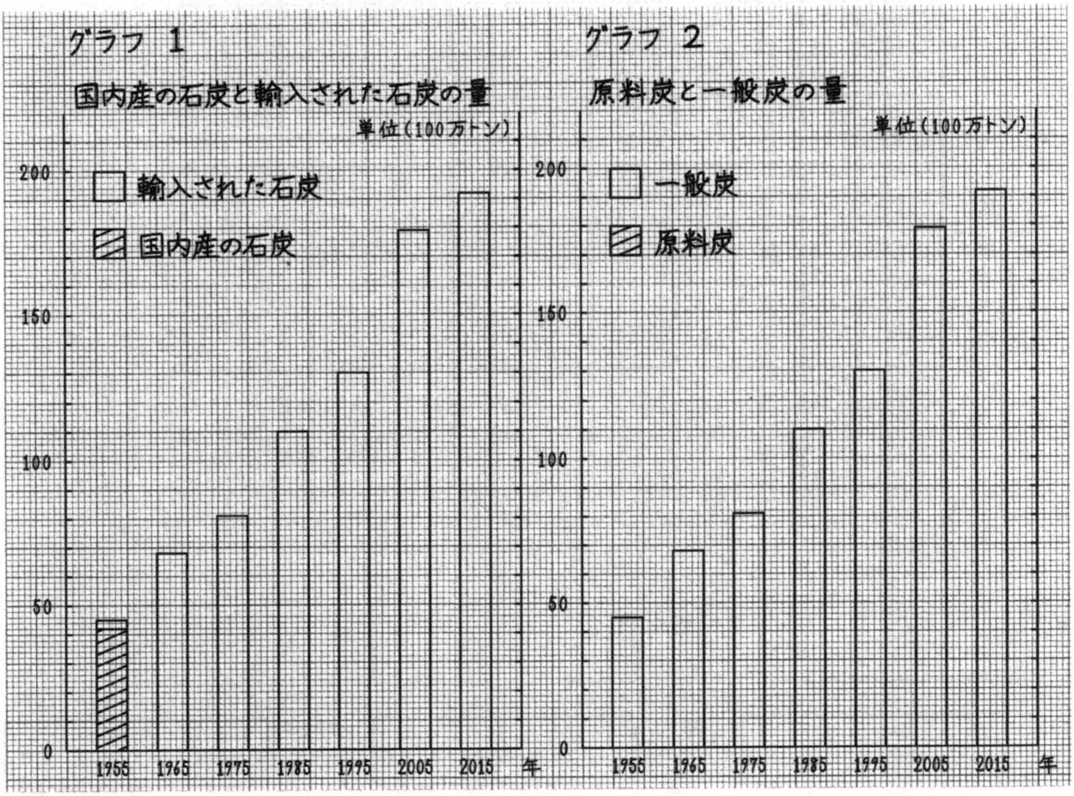

Ⅱ.

問2

問3　　問4

問5（1）

（2）

問6

Ⅲ.

◇国語◇

栄光学園中学校　２０１９年度

※この解答用紙は１５２％に拡大していただくと、実物大になります。

【一】

問一

問二

問三

問四　イ　ウ

問五　a　b

問六

問七

【二】

問一

問二

問三

問四

【三】

1	2	3	4	5
6	7	8	9	10
11	12	13 れる	14 びる	15 る

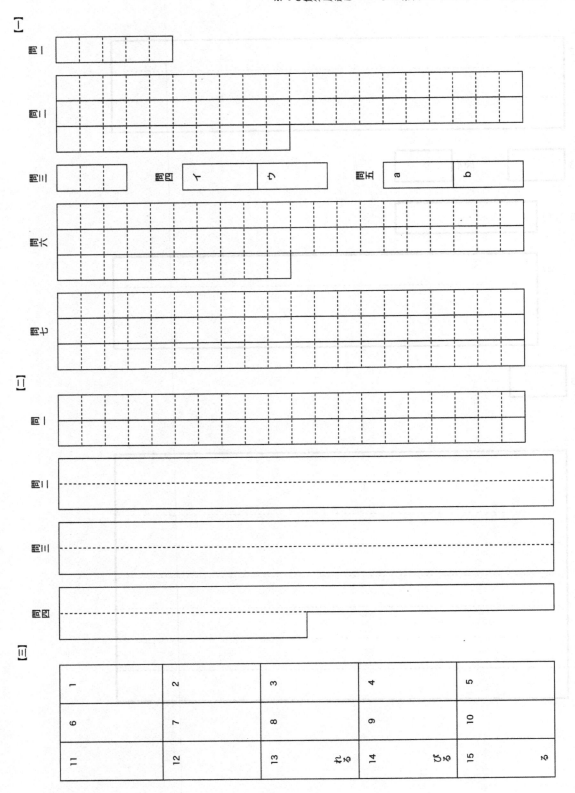

栄光学園中学校　平成30年度　　◇算数◇

※この解答用紙は118％に拡大していただくと，実物大になります。

1．

(1) 例の行き方以外に　　通り

(2)

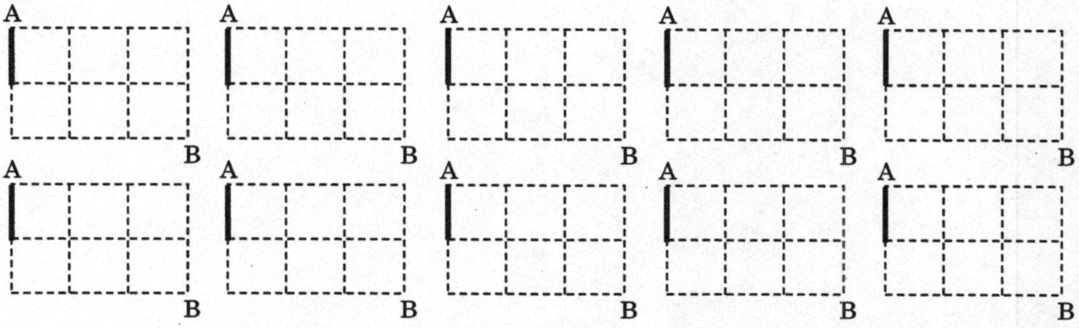

(3)　　通り

2．

(1)

(2)

(3)

(4)

(5)

$$\frac{\square+\square+\square+\square+\square}{\square+\square+\square+\square+\square}$$

(6)

3．

(1) cm	(2)① cm	② cm

(3) 求め方

答え　　　　　cm

4．

(1)①　　cm²

②

(2)

○推定配点○　1.(2)，2.(4)～(6)，4.(1)②・(2)　各5点×6(1.(2)，2.(6)，4.(1)②・(2)各完答)
他　各4点×10(2.(2)完答)　　計70点

/70

栄光学園中学校　　平成30年度

◇理科◇

※この解答用紙は120%に拡大していただくと，実物大になります。

問1 ア　イ　ウ

問2

問3

問4 (1)

(2)

問5

問6

問7 (1)

(2)

(3)

問8 結果のまとめ

結論

問９	1	2	3

問10	(1)	(2)

問11

問12			
	(1)		
	(2)		
	(3)	(4)	(5)
	(6)		
	(7)		

○推定配点○　問1　各1点×3　問2　1点　問3　2点　問4　(1)　3点　(2)　1点
問5　3点　問6　各2点×2　問7　各2点×3　問8　各3点×2
問9　各2点×3　問10　各2点×2　問11　4点　問12　各1点×7　計50点

50

栄光学園中学校　　平成30年度

◇社会◇

※この解答用紙は121％に拡大していただくと，実物大になります。

1

問1

問2

問3

問4

問5　　問6

2

問1　　問2　　問3

問4（1）

（2）い　　ろ　　は　　に

3

問1　　問2　C　　D　　E

問3　　問4

3

問5　　問6　　問7

問8　　問9

問10　F　　G

H　　I

問11

4

問1

問2

○推定配点○　1　問2　4点　問3　3点　問4　2点　他　各1点×3　2　各1点×8
3　問1～問4　各2点×6　他　各1点×10（問8は完答）
4　問1　3点　問2　5点　計50点

/50

平成30年度
栄光学園中学校

◇国語◇

※この解答用紙は166%に拡大していただくと、実物大になります。

【一】

問一

問二 〈大聖寺の坂網猟〉 ため。

〈種子島の突き網猟〉 ため。

問三

問四

【二】

問一

問二

問三

問四

問五 A B

【三】

1	2	3	4	5
6	7	8	9	10
11	12 む	13 まる	14 る	15 す

○推定配点○
【一】 問一 6点 問三 7点 他 各4点×3
【二】 問一 5点 問五 各2点×2 他 各7点×3
【三】 各1点×15 計70点

/70

栄光学園中学校　平成29年度

◇算数◇

※この解答用紙は150％に拡大していただくと，実物大になります。

1

(1)

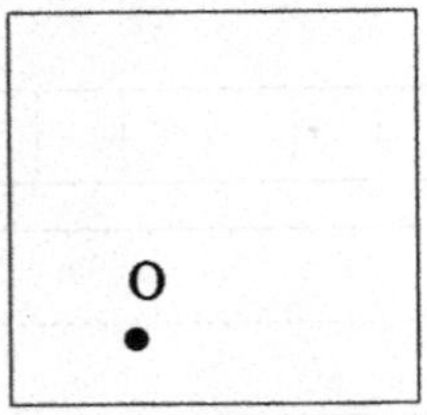

(2)

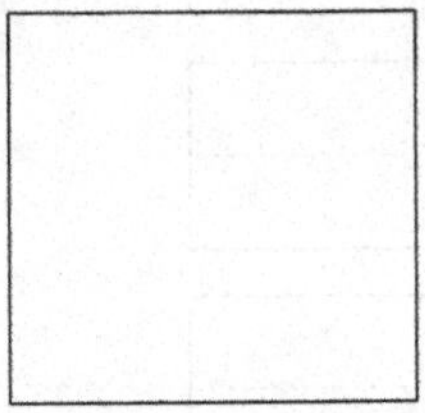

cm²

(3)

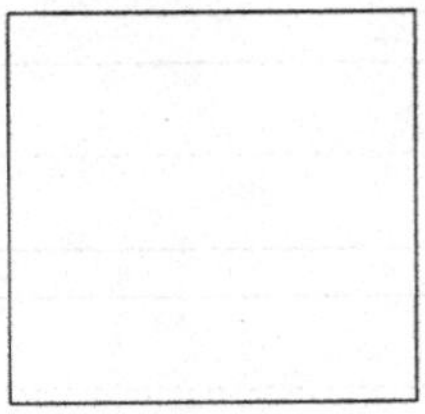

2

(1)

最も大きい数　最も小さい数

(2)

最も大きい数　最も小さい数

(3)

3

(1)

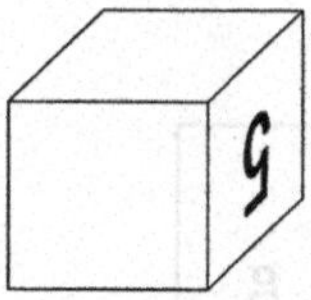

(2)

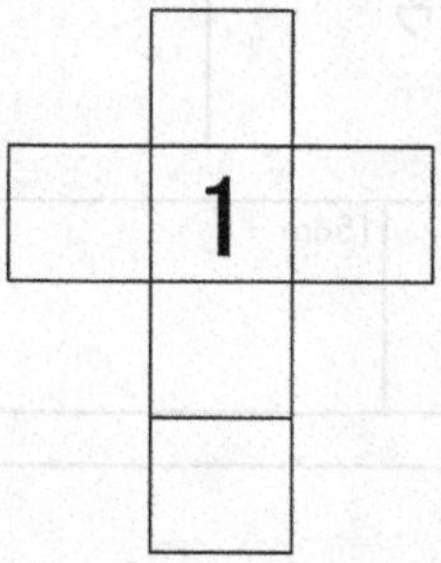

4

(1)

cm

(2) 考え方

【　　　】段目の【　　　】の，角から【　　　】cm の位置

5

(1)

(2)

(3)

(4)

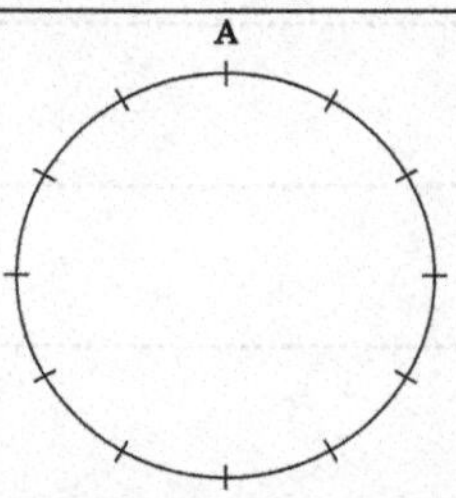

○推定配点○　5(2)・(3)　各5点×2　他　各4点×15(2(3)，3，4(2)各完答)　計70点

/70

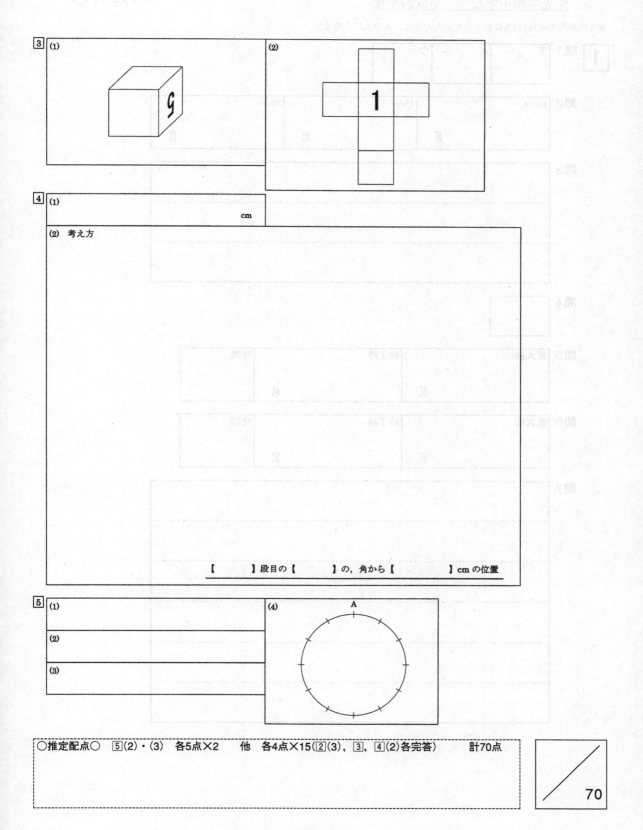

栄光学園中学校　　平成29年度

◇理科◇

※この解答用紙は114%に拡大していただくと，実物大になります。

1

問1

ア	イ	ウ

問2

10cm	15cm	20cm
g	g	g

問3

問4

問5

最大値	終了時	時間
g	g	

問6

最大値	終了時	時間
g	g	

問7

2

問1

問2 (1) (2)

(3) 7/14 倍 7/18 倍 7/29 倍

(4)

問3 (1) 倍

(2)

3

○推定配点○
1 問1・問2 各1点×6 問3・問7 各4点×2 問4～問6 各2点×7
2 問1・問2(1), (2) 各1点×3 問2(3), (4)・問3(1) 各2点×5
問3(2) 4点
3 5点 計50点

50

栄光学園中学校　平成29年度

◇社会◇

※この解答用紙は135%に拡大していただくと，実物大になります。

Ⅰ.

問1

問2

問3

問4

問5　問6　問7

問8　(1)

(2)

問9　問10　問11

問12

問13

問14

Ⅱ.

問1　①　②　③　④

問2　(1)　(2)

問3　(1)

(2)

問4

問5 （1） （2）

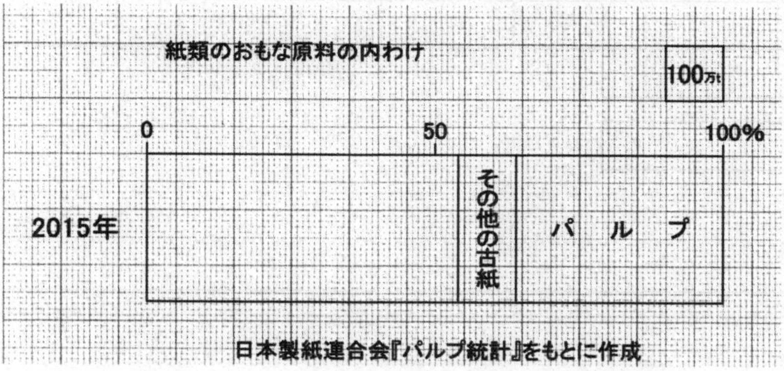

Ⅲ.
問1

問2

○推定配点○ Ⅰ 問3・問9・問10・問13 各1点×4 他 各2点×11
Ⅱ 問1・問2 各1点×6 他 各2点×5(問4は完答)
Ⅲ 問1 5点 問2 3点 計50点

50

栄光学園中学校　平成29年度

※この解答用紙は165％に拡大していただくと、実物大になります。

◇国語◇

【一】

問一　すべての植物は毒を作っていて、昆虫はそのことに対応していかなければならない以上、

問二　ごっこ

問三

問四

問五

【二】

問一

問二

問三

問四

【三】

1	2	3	4	5
6	7	8	9	10
11　う	12　しい	13　す	14　く	15　める

○推定配点○

【一】問二　3点　他　各6点×4

【二】各7点×4

【三】各1点×15　計70点

/70

MEMO

東京学参の
中学校別入試過去問題シリーズ

＊出版校は一部変更することがあります。一覧にない学校はお問い合わせください。

東京ラインナップ

あ　青山学院中等部(L04)
麻布中学(K01)
桜蔭中学(K02)
お茶の水女子大附属中学(K07)
か　海城中学(K09)
開成中学(M01)
学習院中等科(M03)
慶應義塾中等部(K04)
啓明学園中学(N29)
晃華学園中学(N13)
攻玉社中学(L11)
国学院大久我山中学
（一般・CC）(N22)
（ＳＴ）(N23)
駒場東邦中学(L01)
さ　芝中学(K16)
芝浦工業大附属中学(M06)
城北中学(M05)
女子学院中学(K03)
巣鴨中学(M02)
成蹊中学(N06)
成城中学(K28)
成城学園中学(L05)
青稜中学(K23)
創価中学(N14)★
た　玉川学園中学部(N17)
中央大附属中学(N08)
筑波大附属中学(K06)
筑波大附属駒場中学(L02)
帝京大中学(N16)
東海大菅生高中等部(N27)
東京学芸大附属竹早中学(K08)
東京都市大付属中学(L13)
桐朋中学(N03)
東洋英和女学院中学部(K15)
豊島岡女子学園中学(M12)
な　日本大第一中学(M14)
日本大第三中学(N19)
日本大第二中学(N10)
は　雙葉中学(K05)
法政大学中学(N11)
本郷中学(M08)
ま　武蔵中学(N01)
明治大付属中野中学(N05)
明治大付属八王子中学(N07)
明治大付属明治中学(K13)
ら　立教池袋中学(M04)
わ　和光中学(N21)
早稲田中学(K10)
早稲田実業学校中等部(K11)
早稲田大高等学院中学部(N12)

神奈川ラインナップ

あ　浅野中学(O04)
栄光学園中学(O06)
か　神奈川大附属中学(O08)
鎌倉女学院中学(O27)
関東学院六浦中学(O31)
慶應義塾湘南藤沢中等部(O07)
慶應義塾普通部(O01)
さ　相模女子大中学部(O32)
サレジオ学院中学(O17)
逗子開成中学(O22)
聖光学院中学(O11)
清泉女学院中学(O20)
洗足学園中学(O18)
捜真女学校中学部(O29)
た　桐蔭学園中等教育学校(O02)
東海大付属相模高中等部(O24)
桐光学園中学(O16)
な　日本大中学(O09)
は　フェリス女学院中学(O03)
法政大第二中学(O19)
や　山手学院中学(O15)
横浜隼人中学(O26)

千・埼・茨・他ラインナップ

あ　市川中学(P01)
浦和明の星女子中学(Q06)
か　海陽中等教育学校
（入試Ⅰ・Ⅱ）(T01)
（特別給費生選抜）(T02)
久留米大附設中学(Y04)
さ　栄東中学（東大・難関大）(Q09)
栄東中学（東大特待）(Q10)
狭山ヶ丘高校付属中学(Q01)
芝浦工業大柏中学(P14)
渋谷教育学園幕張中学(P09)
城北埼玉中学(Q07)
昭和学院秀英中学(P05)
清真学園中学(S01)
西南学院中学(Y02)
西武学園文理中学(Q03)
西武台新座中学(Q02)
専修大松戸中学(P13)
た　筑紫女学園中学(Y03)
千葉日本大第一中学(P07)
千葉明徳中学(P12)
東海大付属浦安高中等部(P06)
東邦大付属東邦中学(P08)
東洋大附属牛久中学(S02)
獨協埼玉中学(Q08)
な　長崎日本大中学(Y01)
成田高校付属中学(P15)
は　函館ラ・サール中学(X01)
日出学園中学(P03)
福岡大附属大濠中学(Y05)
北嶺中学(X03)
細田学園中学(Q04)
や　八千代松陰中学(P10)
ら　ラ・サール中学(Y07)
立命館慶祥中学(X02)
立教新座中学(Q05)
わ　早稲田佐賀中学(Y06)

公立中高一貫校ラインナップ

北海道　市立札幌開成中等教育学校(J22)
宮　城　宮城県仙台二華・古川黎明中学校(J17)
市立仙台青陵中等教育学校(J33)
山　形　県立東桜学館・致道館中学校(J27)
茨　城　茨城県立中学・中等教育学校(J09)
栃　木　県立宇都宮東・佐野・矢板東高校附属中学校(J11)
群　馬　県立中央・市立四ツ葉学園中等教育学校・
市立太田中学校(J10)
埼　玉　市立浦和中学校(J06)
県立伊奈学園中学校(J31)
さいたま市立大宮国際中等教育学校(J32)
川口市立高等学校附属中学校(J35)
千　葉　県立千葉・東葛飾中学校(J07)
市立稲毛国際中等教育学校(J25)
東　京　区立九段中等教育学校(J21)
都立大泉高等学校附属中学校(J28)
都立両国高等学校附属中学校(J01)
都立白鷗高等学校附属中学校(J02)
都立富士高等学校附属中学校(J03)
都立三鷹中等教育学校(J29)
都立南多摩中等教育学校(J30)
都立武蔵高等学校附属中学校(J04)
都立立川国際中等教育学校(J05)
都立小石川中等教育学校(J23)
都立桜修館中等教育学校(J24)
神奈川　川崎市立川崎高等学校附属中学校(J26)
県立平塚・相模原中等教育学校(J08)
横浜市立南高等学校附属中学校(J20)
横浜サイエンスフロンティア高校附属中学校(J34)
広　島　県立広島中学校(J16)
県立三次中学校(J37)
徳　島　県立城ノ内中等教育学校・富岡東・川島中学校(J18)
愛　媛　県立今治東・松山西中等教育学校(J19)
福　岡　福岡県立中学校・中等教育学校(J12)
佐　賀　県立香楠・致遠館・唐津東・武雄青陵中学校(J13)
宮　崎　県立五ヶ瀬中等教育学校・宮崎西・都城泉ヶ丘高校附属中学校(J15)
長　崎　県立長崎東・佐世保北・諫早高校附属中学校(J14)

公立中高一貫校「適性検査対策」問題集シリーズ

総合編　作文問題編　資料問題編　数と図形編　生活と科学編　実力確認テスト編

私立中・高スクールガイド
THE《ザ》私立
私立中学＆高校の学校生活がわかる！

〈ダウンロードコンテンツについて〉

本問題集のダウンロードコンテンツ、弊社ホームページで配信しております。現在ご利用いただけるのは「2025年度受験用」に対応したもので、**2025年3月末日**までダウンロード可能です。弊社ホームページにアクセスの上、ご利用ください。

※配信期間が終了いたしますと、ご利用いただけませんのでご了承ください。

中学別入試過去問題シリーズ

栄光学園中学校　2025年度

ISBN978-4-8141-3193-8

[発行所] 東京学参株式会社

〒153-0043　東京都目黒区東山2-6-4

書籍の内容についてのお問い合わせは右のQRコードから　⇒

※書籍の内容についてのお電話でのお問い合わせ、本書の内容を超えたご質問には対応できませんのでご了承ください。

2024年5月23日　初版